U0896162

广州统计年鉴

GUANGZHOU STATISTICAL YEARBOOK

2018

（总第30期 NO. 30）

广　州　市　统　计　局
国家统计局广州调查队　编
Guangzhou Municipal Statistics Bureau
Guangzhou Survey Office of National Bureau of Statistics

中国统计出版社
China Statistics Press

图书在版编目（CIP）数据

广州统计年鉴. 2018 / 广州市统计局, 国家统计局广州调查队编.
-- 北京 : 中国统计出版社, 2018.9
ISBN 978-7-5037-8592-4

Ⅰ. ①广…
Ⅱ. ①广… ②国…
Ⅲ. ①统计资料—广州—2018—年鉴
Ⅳ. ①C832.651-54

中国版本图书馆 CIP 数据核字(2018)第 191350 号

广州统计年鉴-2018

作　　者/ 广州市统计局　国家统计局广州调查队
责任编辑/ 陈越月
装帧设计/ 广州市人民印刷厂股份有限公司
出版发行/ 中国统计出版社
地　　址/ 北京市丰台区西三环南路甲 6 号　邮政编码/100073
电　　话/ 邮购（010）63376909　书店（010）68783171
网　　址/ http://csp.stats.gov.cn
印　　刷/ 广州星河印刷有限公司
经　　销/ 新华书店
开　　本/ 890mm×1240mm　1/16
字　　数/ 1485 千字
印　　张/ 35
版　　别/ 2018 年 9 月第 1 版
版　　次/ 2018 年 9 月第 1 次印刷
定　　价/ 398 元

如有印装差错，由本社发行部调换。

地区生产总值（亿元）
[Gross Domestic Product (100 million yuan)]

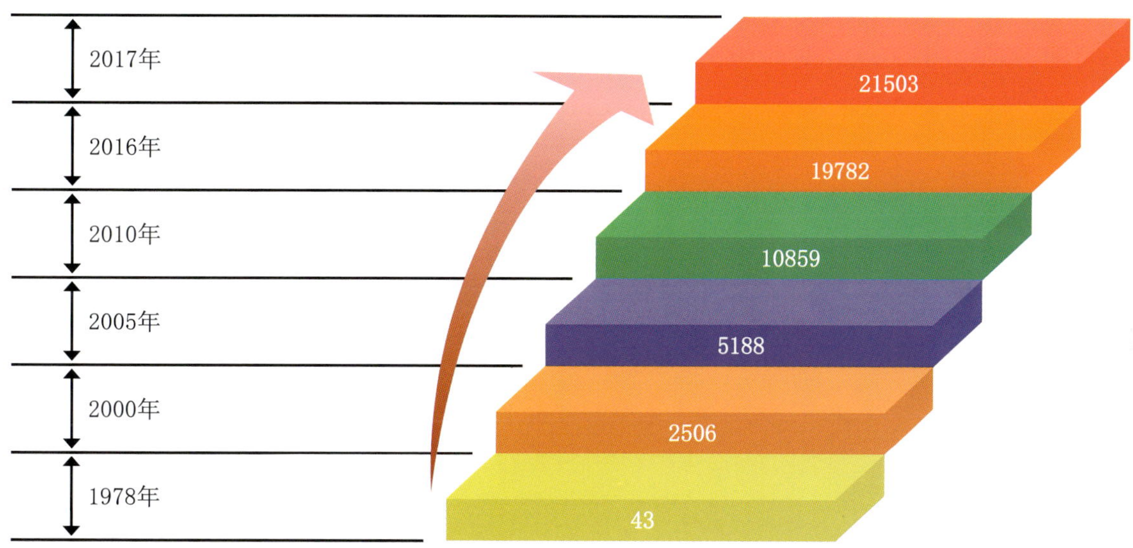

地区生产总值构成（%）
[Proportions in GDP (%)]

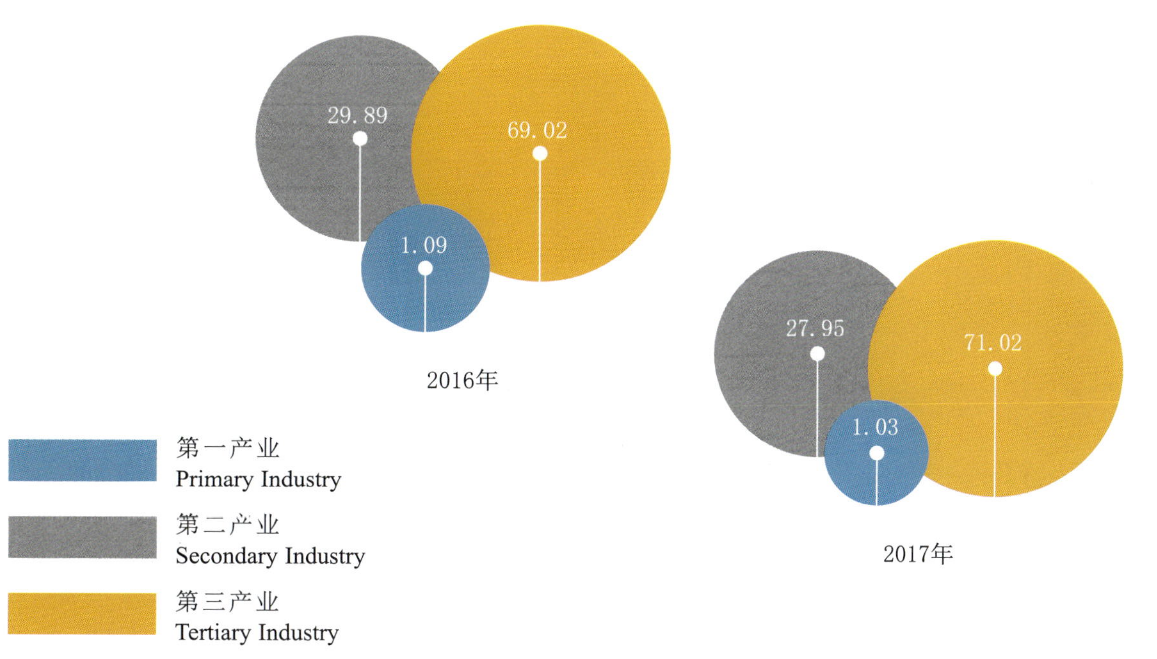

年末户籍总人口（万人）
[Total Registered Permanent Residents at Year-end (10000 persons)]

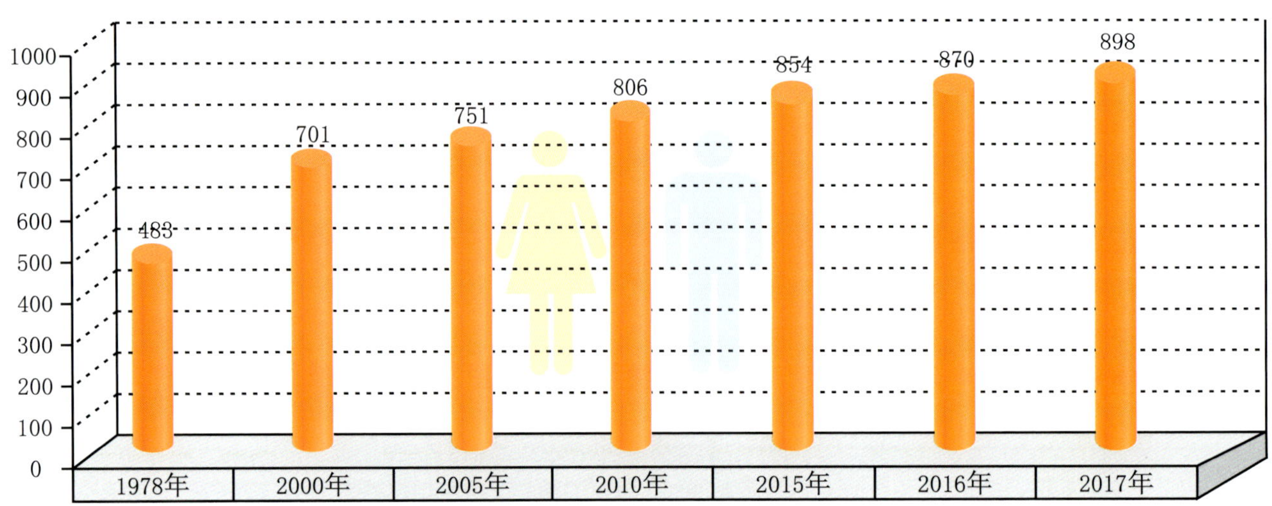

户籍人口自然增长率（‰）
[Natural Growth Rate of Registered Population (‰)]

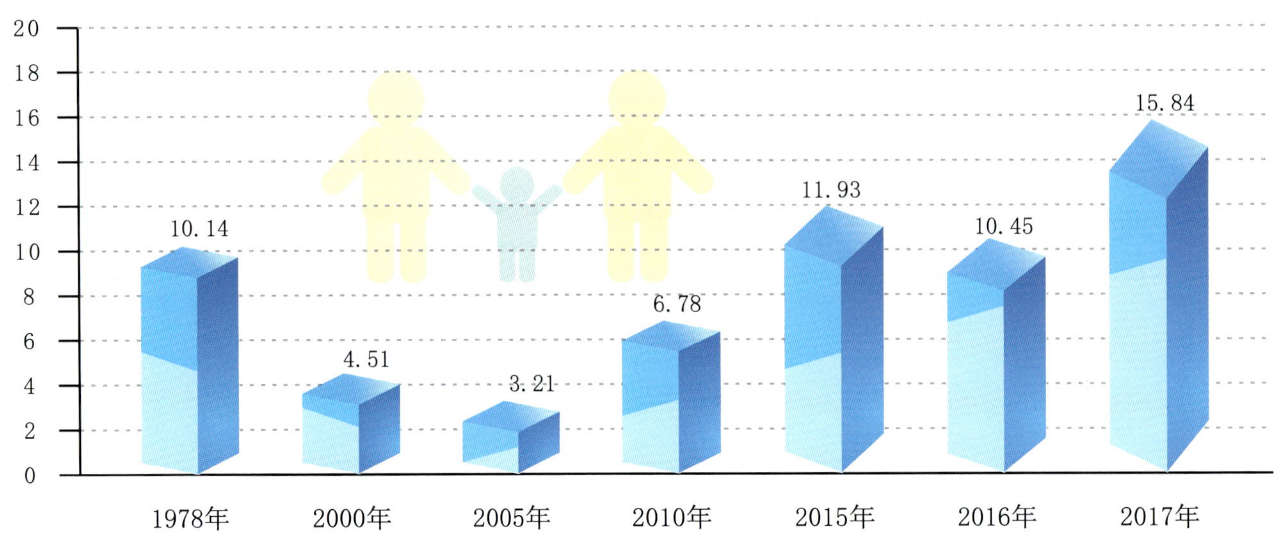

社会从业人员（万人）
[Number of Employed Persons (10000 persons)]

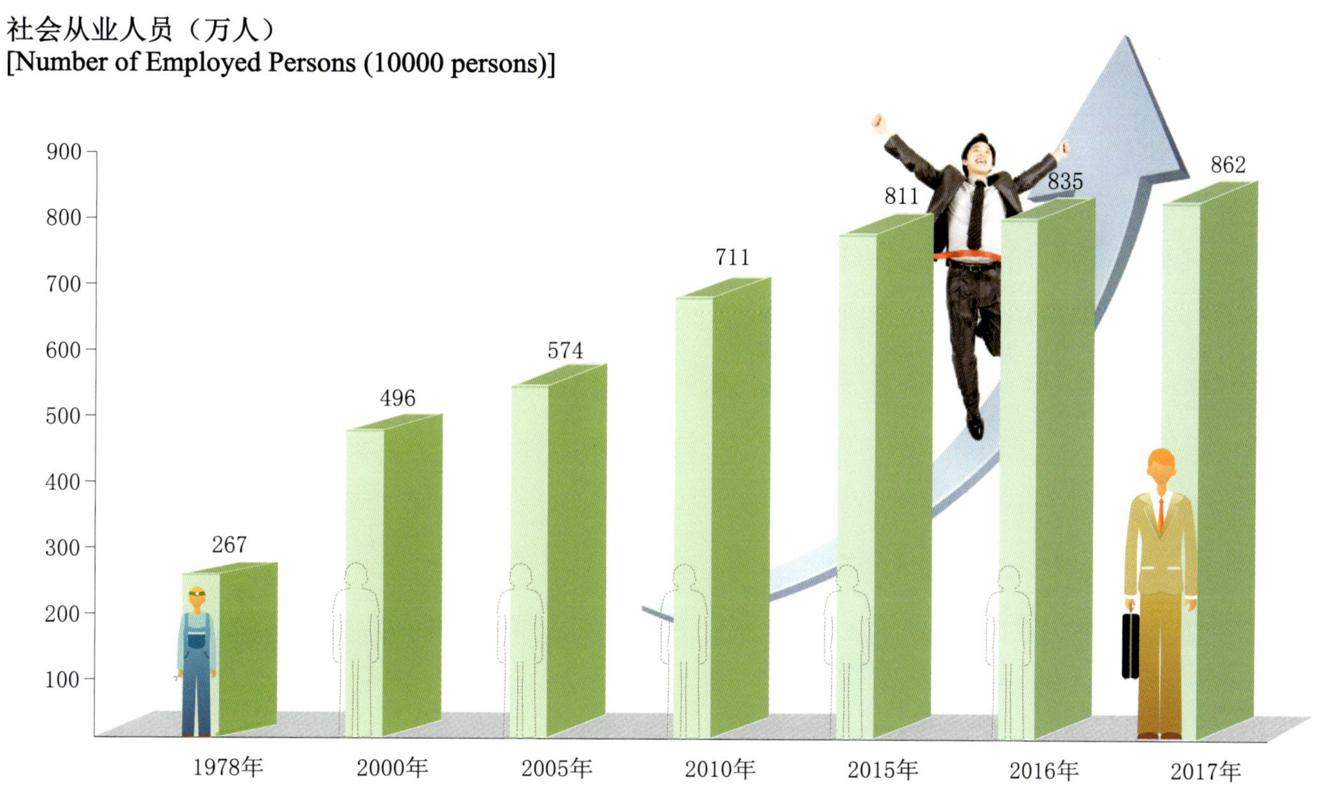

城镇非私营单位在岗职工年平均工资（元）
[Average Wage of Fully Employed Staff and Workers in Urban Units (yuan)]

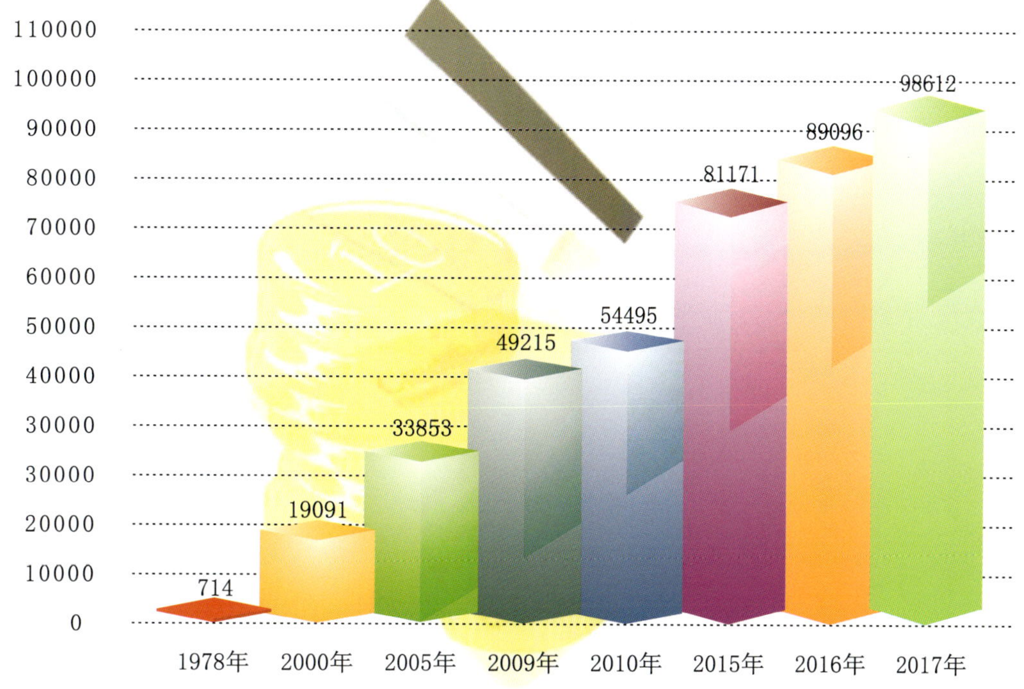

固定资产投资
INVESTMENT IN FIXED ASSETS

固定资产投资额（亿元）
[Total Investment in Fixed Assets (100 million yuan)]

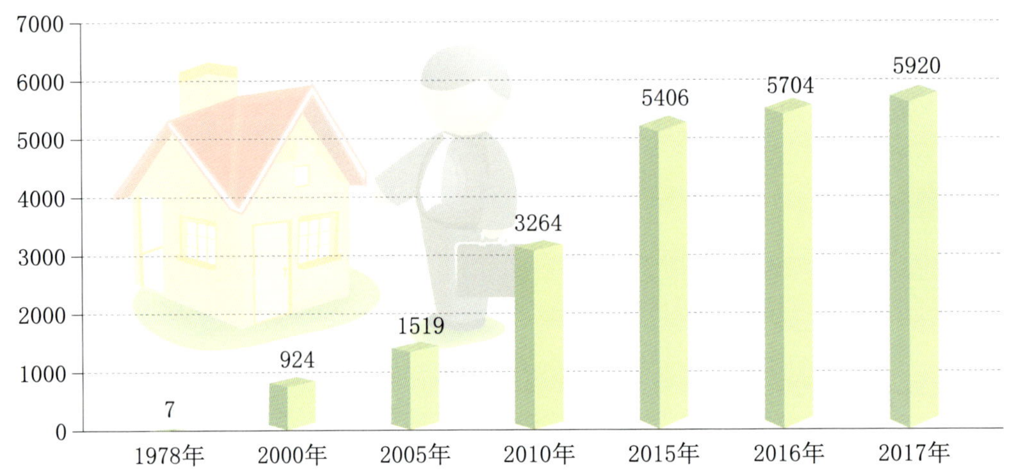

固定资产投资额三次产业构成（%）
[Compositions of Investment in Fixed Assets Classified by Three Strata of Industries (%)]

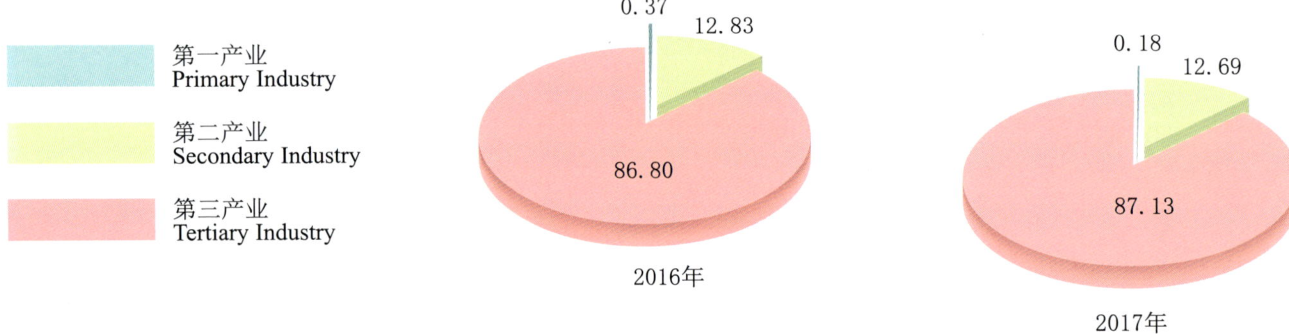

房屋建设(万平方米）
[Real Estate Development (10000 sq.m)]

房屋施工面积
Floor Space under Construction

11564
12045
2016年
2017年

房屋竣工面积
Floor Space Completed

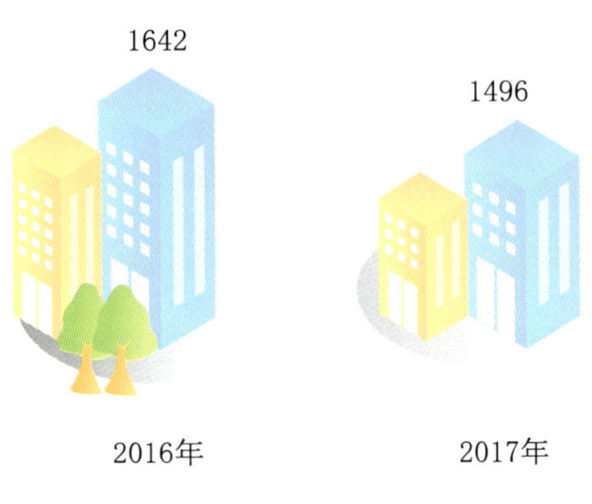

能源

能源消费总量（万吨标准煤）
[Total Energy Consumption (10000 tons of SCE)]

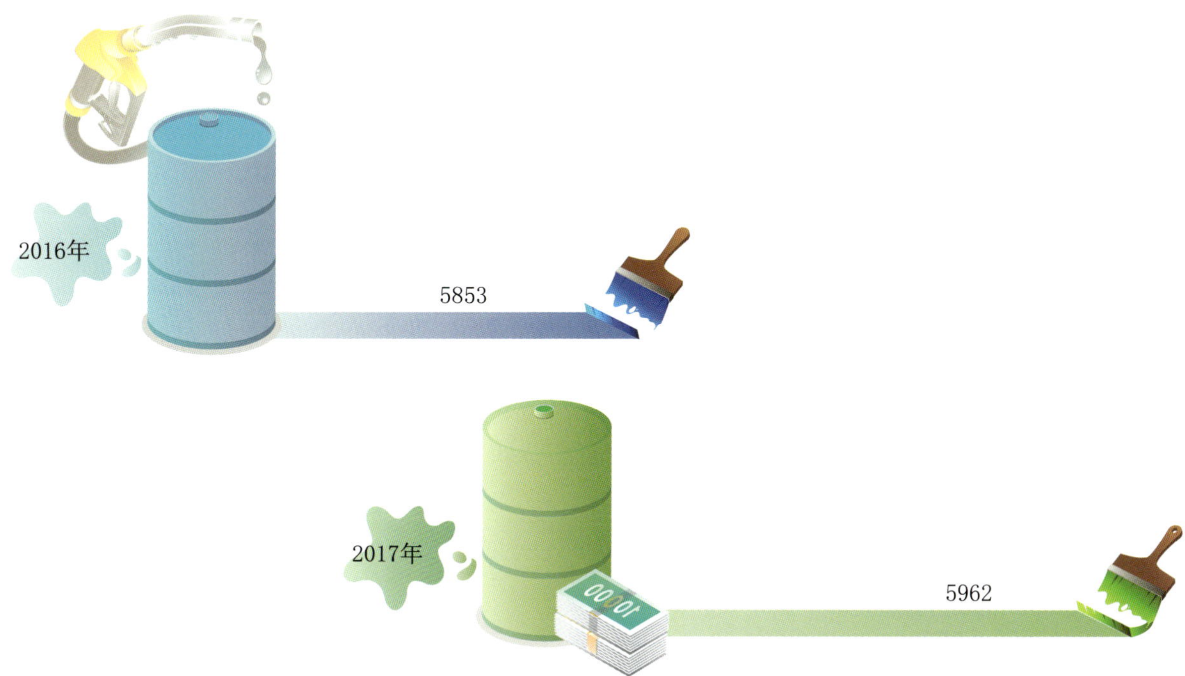

能源消费总量构成（%）(2017 年）
[Proportions of Total Energy Consumption (%) (2017)]

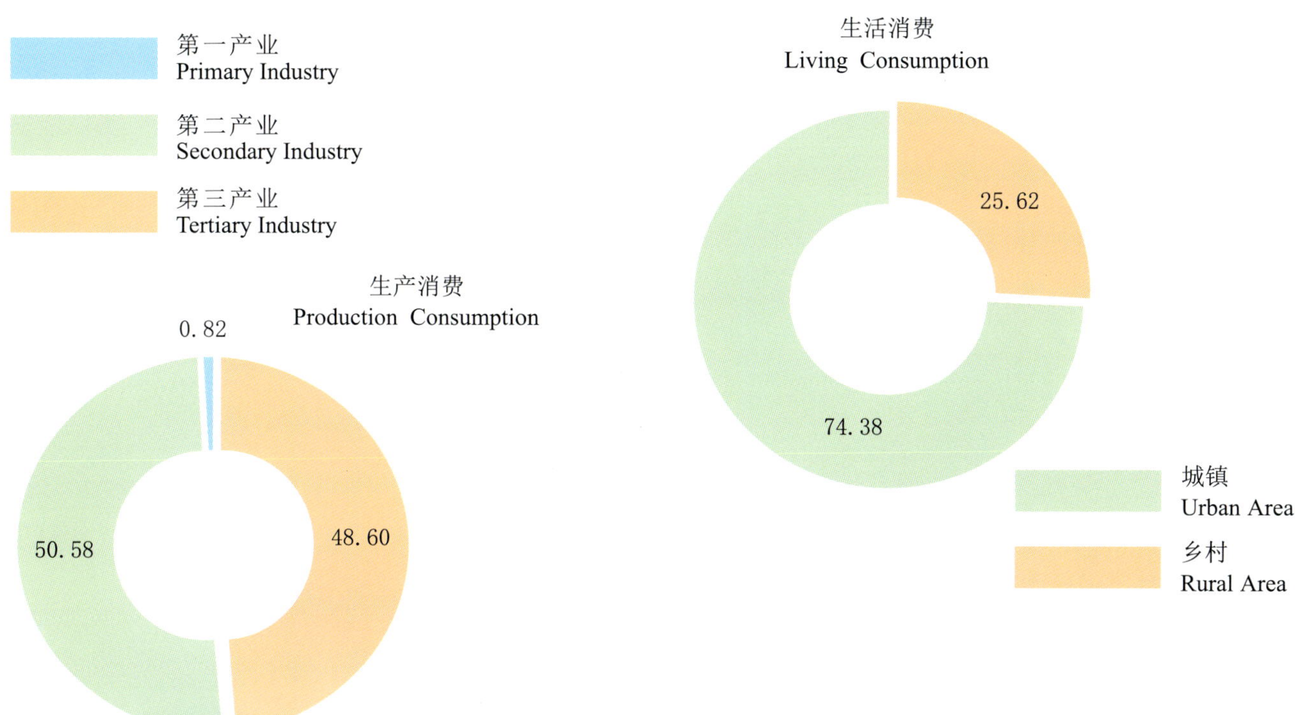

财政和金融
GOVERNMENT FINANCE AND BANKING

财政收支（按当年口径、亿元）
[Revenue and Expenditure of Local Government (at the Coverage of Current Year,100 million yuan)]

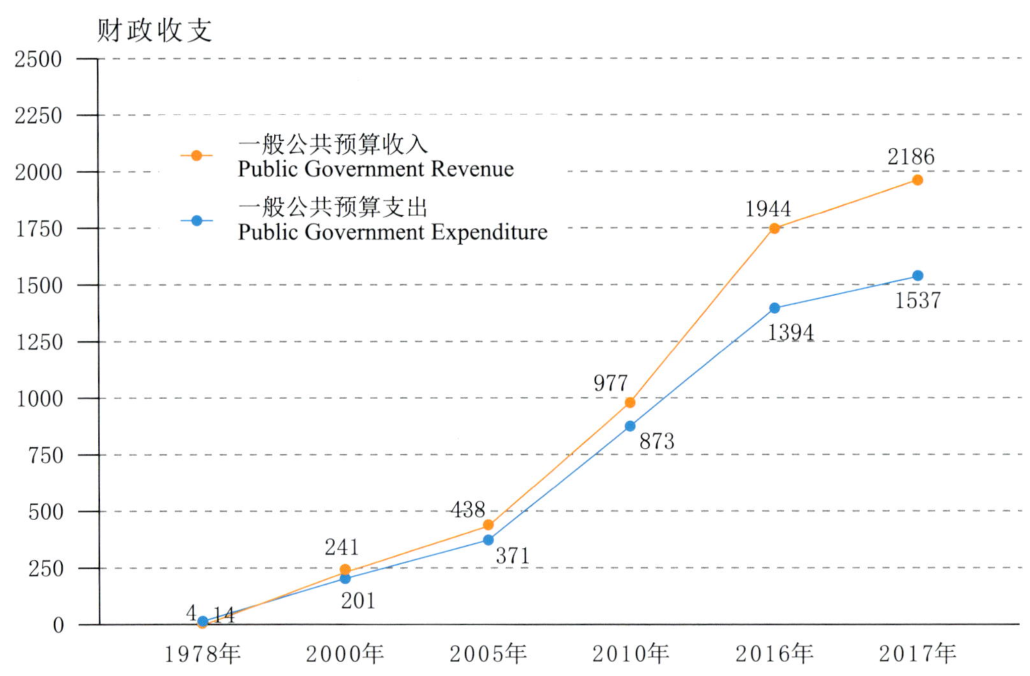

金融机构人民币存、贷款余额（亿元）
[RMB Saving Deposit and Loan of Financial Institutions (100 million yuan)]

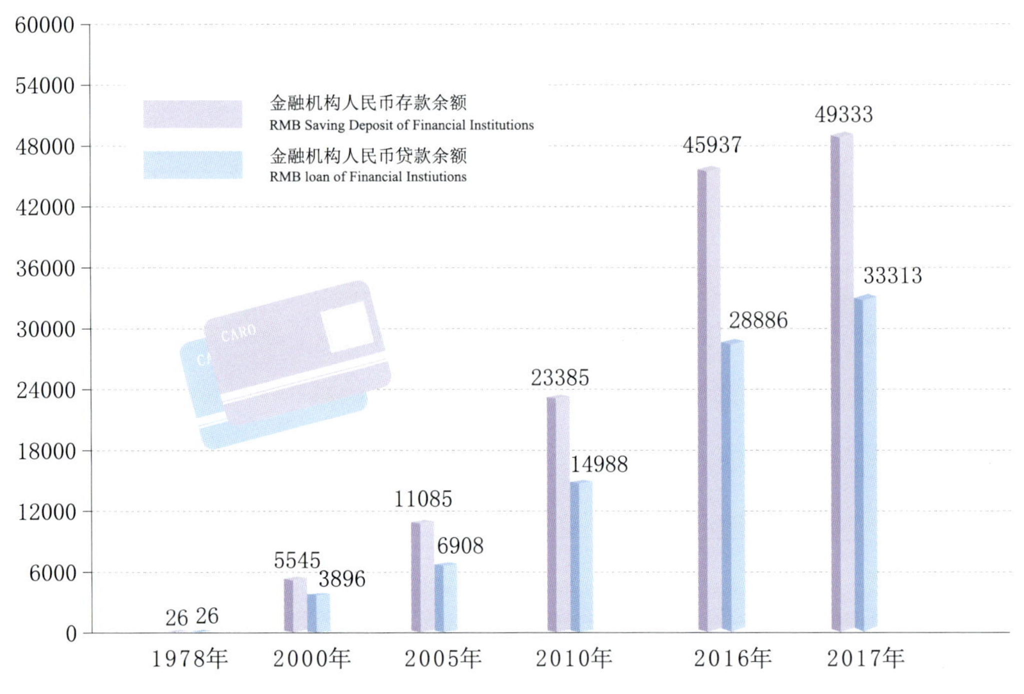

城市居民消费价格指数（以1978年价格为100）
[Urban Residents Consumer Price Indices (the price of 1978=100)]

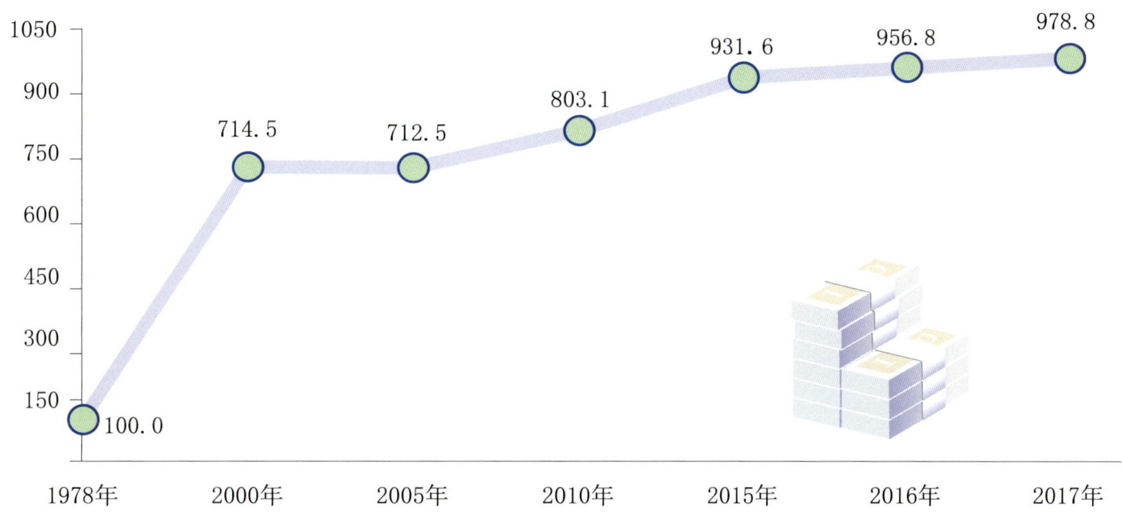

城市商品零售价格指数（以1978年价格为100）
[Urban Retail Price Indices in Main Years (the price of 1978=100)]

城市居民年人均可支配收入（元）
[Per Capita Annual Disposable Income of Urban Residents (yuan)]

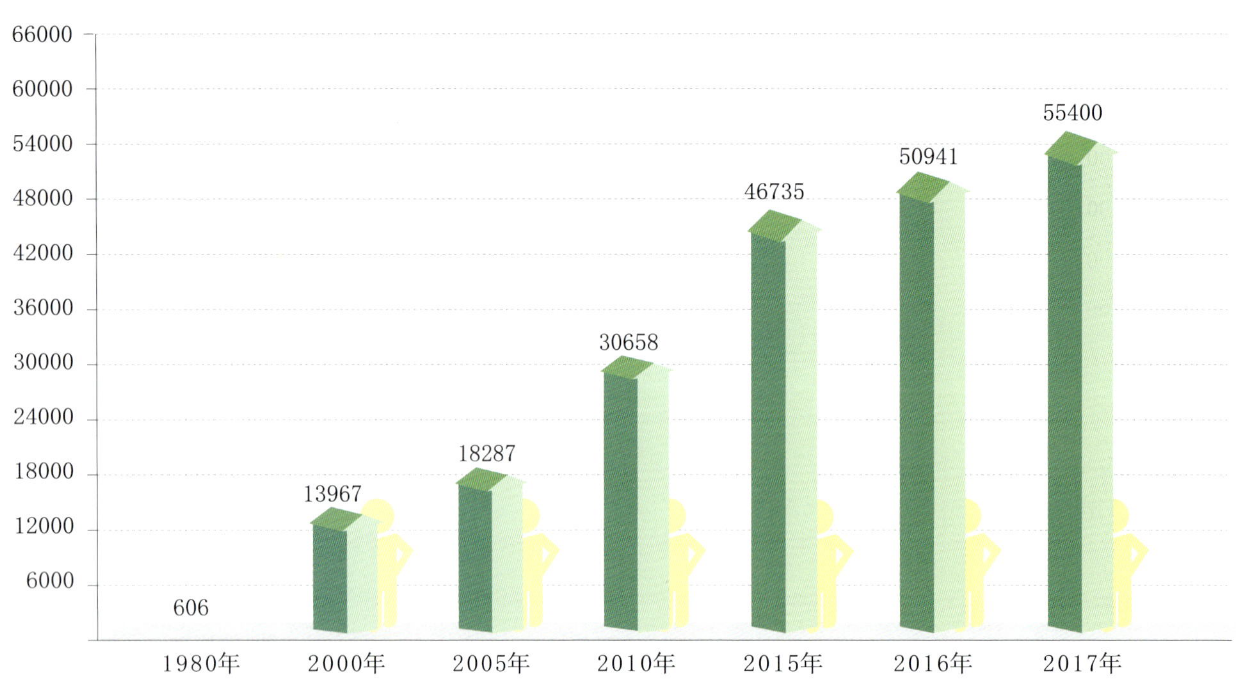

农村居民年人均可支配收入（元）
[Per Capita Annual Net Income of Rural Residents (yuan)]

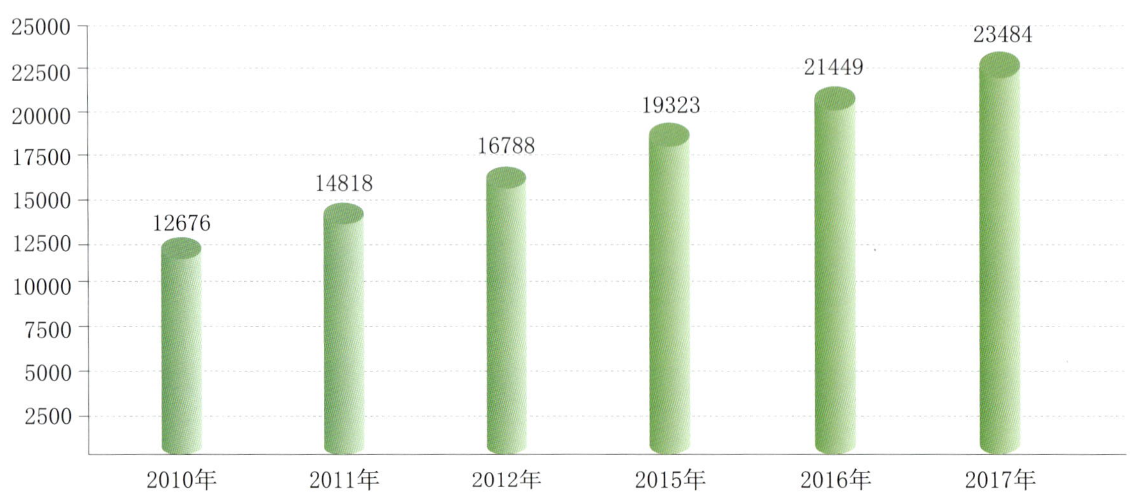

城市市政公用设施建设固定资产投资（亿元）
[Investment in Fixed Assets in Public Facilities in Urban Districts (100 million yuan)]

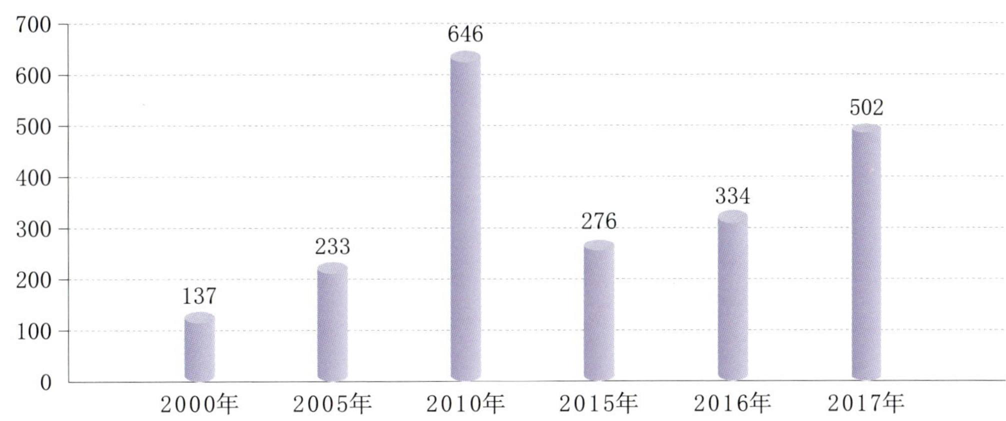

城市道路面积（万平方米）
[Roads Area in Urban Districts (10000 sq.m)]

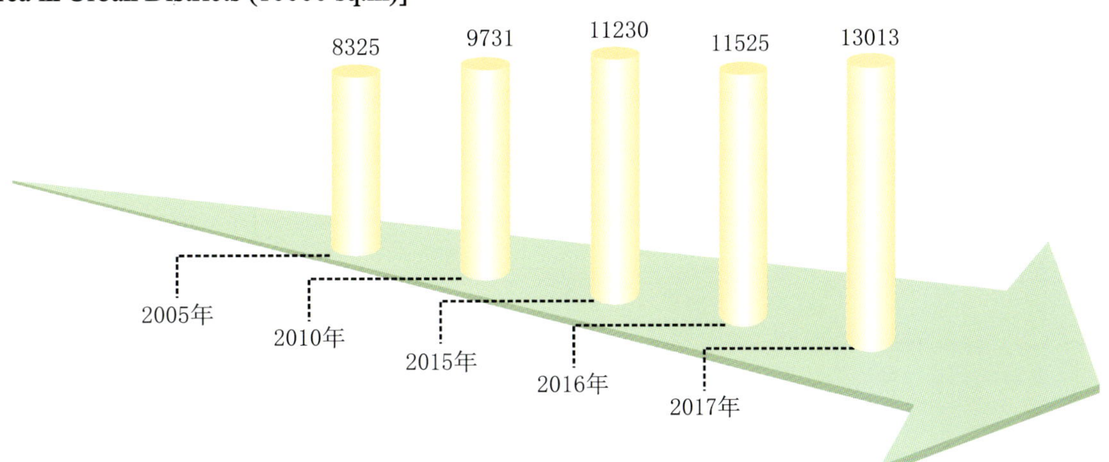

绿地面积（公顷）
[Area of Green Areas (hectare)]

农 业
AGRICULTURE

农、林、牧、渔业总产值及增加值（亿元）
[Gross Output Value and Added Value of Agriculture (100 million yuan)]

农、林、牧、渔业总产值
Gross Output Value of Agriculture

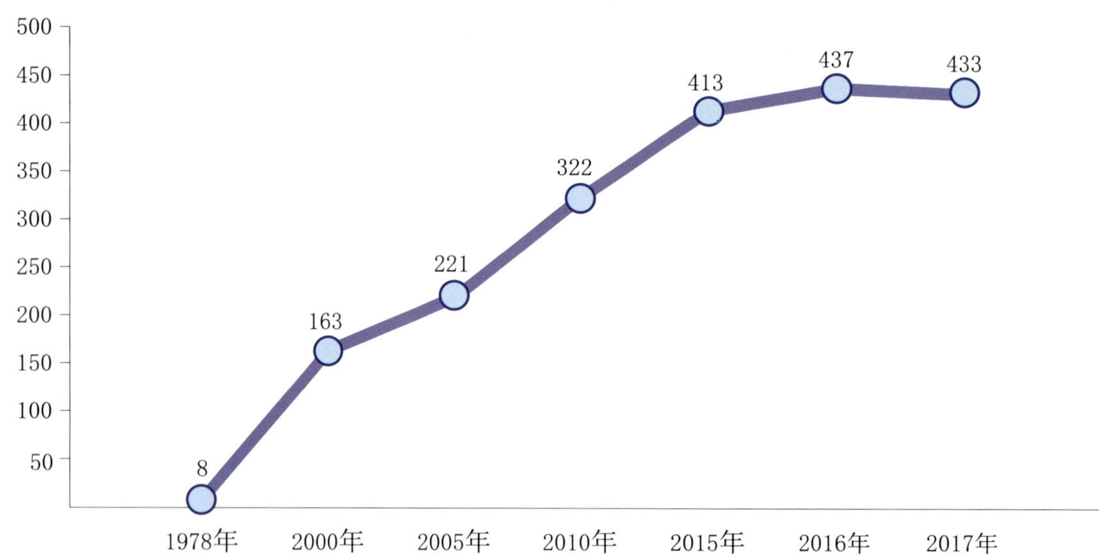

农、林、牧、渔业增加值
Added Value of Agriculture

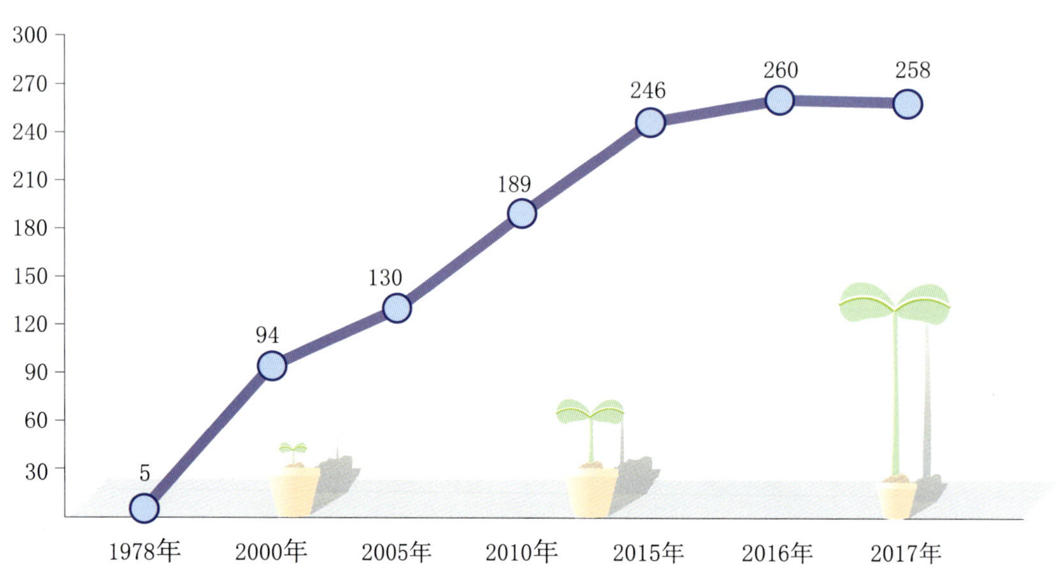

工业总产值（亿元）
[Gross Output Value of Industry (100 million yuan)]

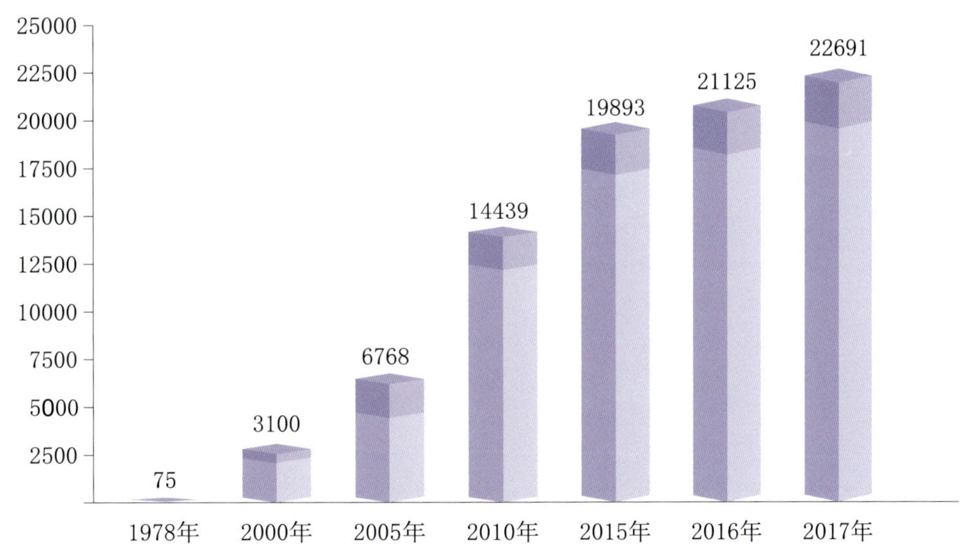

规模以上工业总产值构成（%）(2017)
[Proportions in Gross Output Value of Industry Enterprises above Designated Size(%) (2017)]

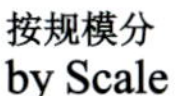

按轻重工业分
by Light and Heavy Industries

建筑业
CONSTRUCTION

建筑业总产值（亿元）
[Gross Output Value (100 million yuan)]

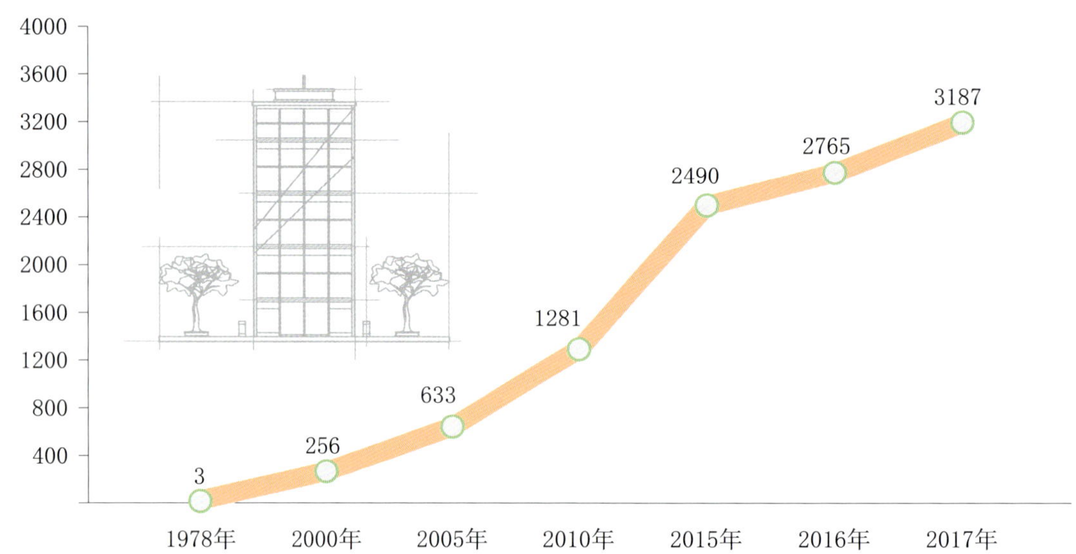

运输和邮电
TRANSPORT, POSTAL AND TELECOMMUNICATION SERVICES

邮电业务收入（亿元）
[Revenue of Postal and Telecommunication Services (100 million yuan)]

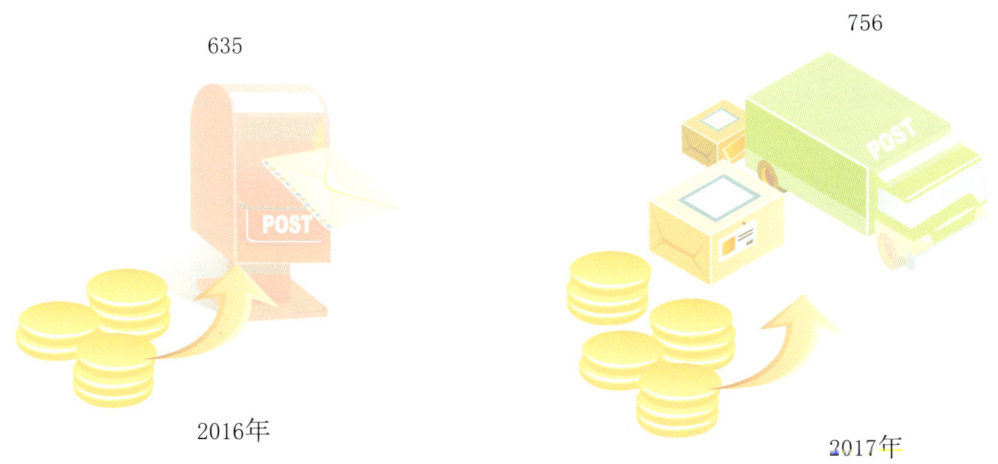

社会消费品零售总额（亿元）
[Retail Sale of Consumer Goods (100 million yuan)]

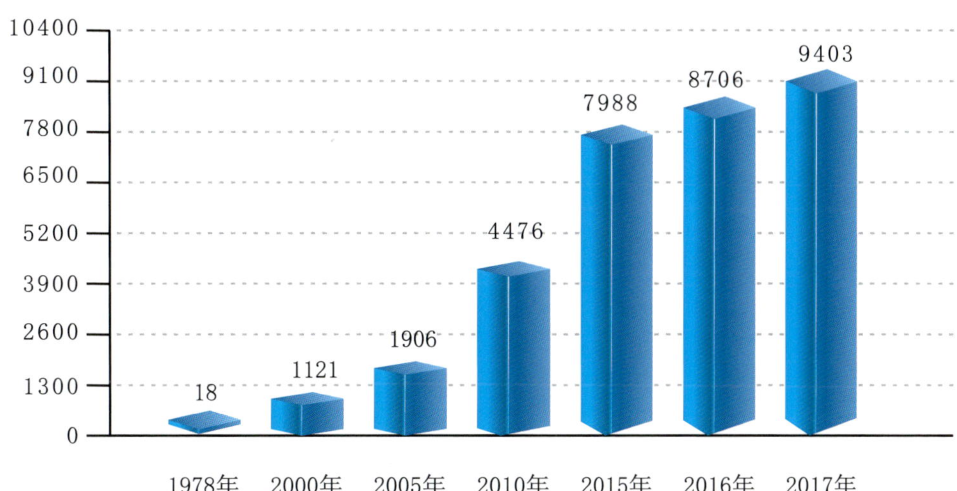

社会消费品零售总额构成（%）
[Proportions in Retail Sale of Consumer Goods (%)]

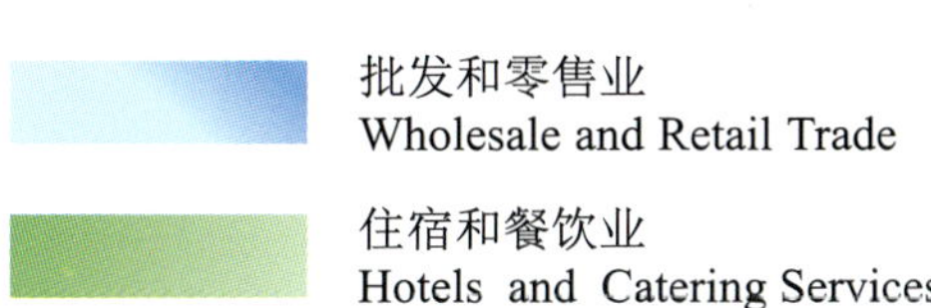
批发和零售业
Wholesale and Retail Trade

住宿和餐饮业
Hotels and Catering Services

海外旅游者（万人次）
[International Tourists (10000 person-times)]

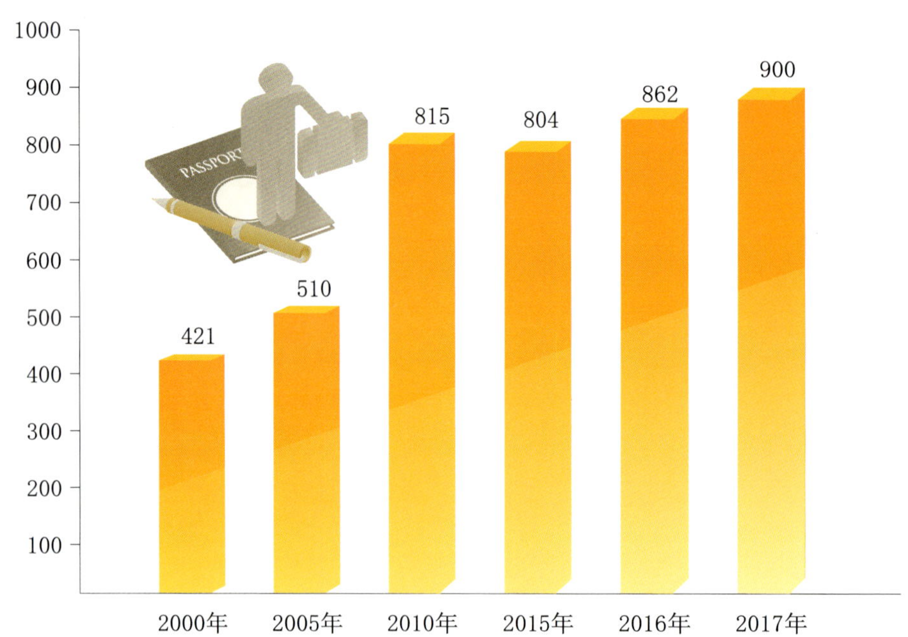

商品出口总值构成（%）
[Proportions in Total Value of Export Comodities (%)]

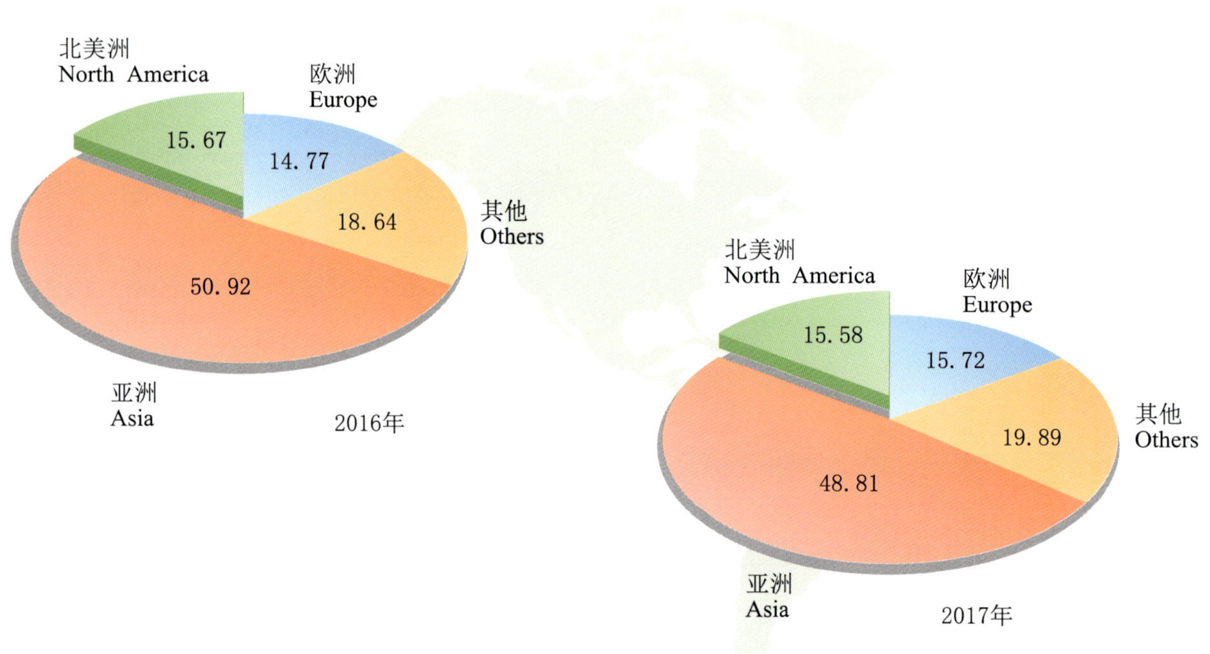

专利申请量和专利授权量
[Patent Applications and Patent Certified]

专利申请量（件）
Patent Applications (item)

专利授权量（件）
Patent Certified (item)

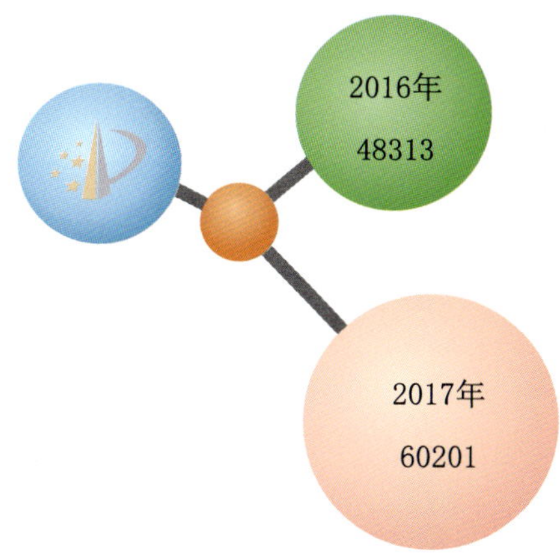

教育、文化、体育、卫生、社会福利和其他

EDUCATION, CULTURE, SPORTS, PUBLIC HEALTH, SOCIAL WELFARE AND OTHERS

各类学校及在校学生数
[Number of Schools and Enrolled Students]

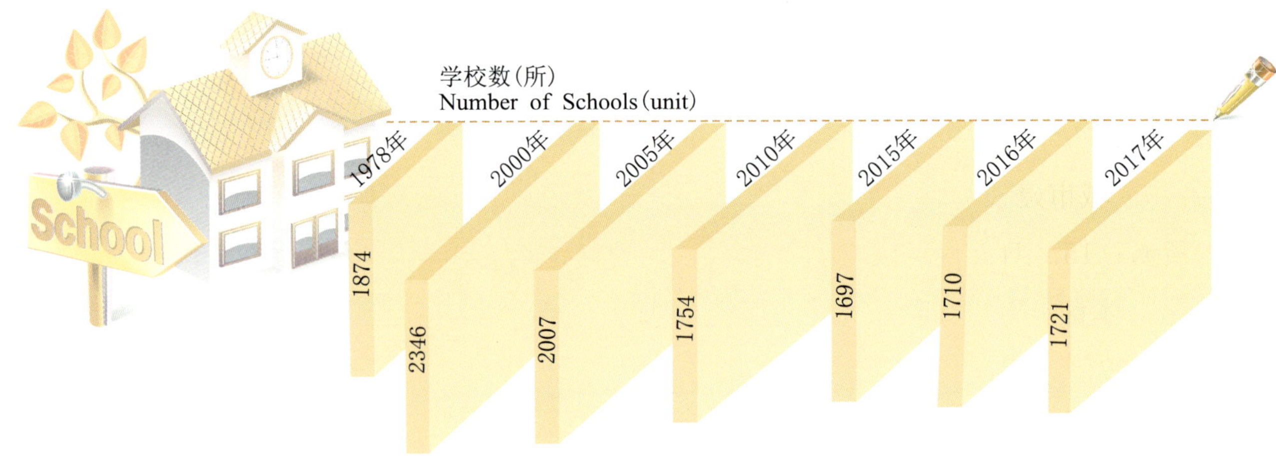

在校学生数(万人)
Number of Enrolled Students (10000 persons)

年份	在校学生数
1978年	99.71
1995年	127.69
2000年	158.09
2005年	232.66
2010年	274.70
2015年	297.41
2016年	297.37
2017年	301.09

卫生事业机构床位数（张）
[Number of Beds in Health Institutions (unit)]

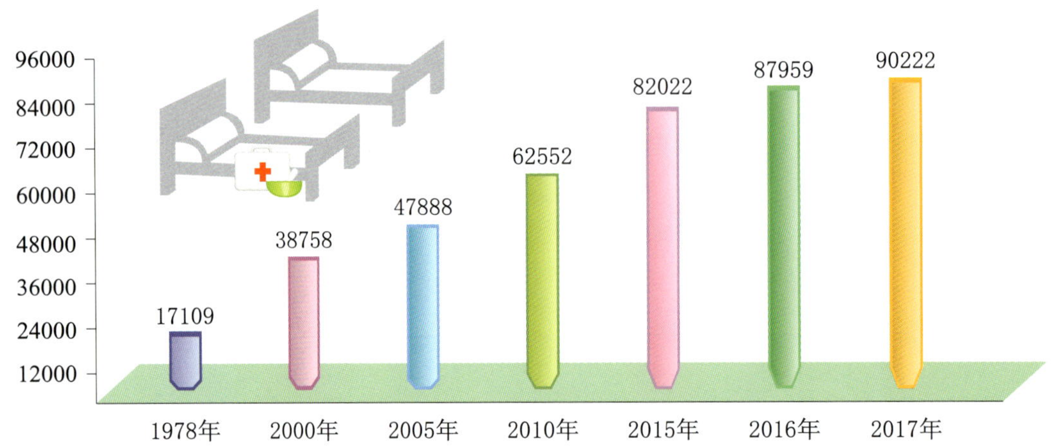

编者说明
EDITOR'S NOTE

一、《2018 广州统计年鉴》是一本全面反映广州经济和社会发展的资料工具书。本书通过大量的统计数据，全面客观地记录了2017年及重要历史年份广州市经济、社会的发展情况。

二、全书内容分为18个篇目，即：1. 综合；2. 人口；3. 从业人员和工资；4. 固定资产投资；5. 能源和环保；6. 财政和金融；7. 价格指数；8. 人民生活；9. 城市建设；10. 农业；11. 工业；12. 建筑业；13. 运输和邮电；14. 国内贸易；15. 对外经济贸易和旅游；16. 规模以上服务业；17. 科技；18. 教育、文化、体育、卫生、社会福利和其他。在附录部分，收集了全国、广东省及香港特别行政区、澳门特别行政区主要经济指标。

三、本年鉴资料主要来自广州市的政府各级统计局、国家统计局广州调查队的各种定期统计报表和抽样调查资料，部分资料来自省属、市属各主管部门。

四、2014年广州市行政区划有调整，原黄埔区和原萝岗区合并为新黄埔区，原增城市和原从化市撤市设区。从2015年起，我市行政区划包括荔湾区、越秀区、海珠区、天河区、白云区、黄埔区、番禺区、花都区、南沙区、从化区和增城区等11个区，无县级市。

五、从2014年起广州市实施城乡一体化分市县住户调查制度，住户调查统计指标体系有较大变动。

六、根据《国家统计局关于执行新国民经济行业分类国家标准的通知》（国统字〔2017〕142号）要求，新《国民经济行业分类》从2017年统计年报和2018年定期统计报表统一开始使用。本资料中凡是涉及到分行业的表式（除个别部门提供的数据仍按旧行业分类，表中有注明），均按照新的行业分类《国民经济行业分类 GB/T4754-2017》作调整。

七、从2018年起，新增《规模以上服务业》篇。

八、本年鉴总量指标计算所采用的价格除注明外均为当年价格。

九、读者在使用历年资料时，凡与本年鉴有出入的，均以本年鉴为准。

十、本年鉴中部分数据合计数或相对数由于单位取舍不同而产生的计算误差，均未作机械调整。

十一、本年鉴表中的符号使用说明：“空格”表示该项统计指标数据不详或无该项数据；“…”表示数不足本表最小单位数；“#”表示其中的主要项。

编者说明
EDITOR'S NOTE

Ⅰ. Guangzhou Statistical Yearbook 2018(abbreviation as the Yearbook below)is an annual statistics publication, reflecting comprehensively the economic and social development of Guangzhou. It covers maily statistics in 2017 and some selected major data series in historically important years, at municipal level and local level of district.

Ⅱ. The Yearbook contains the following 18 chapters: 1. Gerneral Survey; 2. Population; 3. Employment and Wages; 4. Investment in Fixed Assets; 5. Energy and Environment; 6. Government Finance and Banking; 7. Price Indices; 8. People ' s Livelihood; 9. City Construction; 10. Agriculture; 11. Industry; 12. Construction; 13. Transport, Postal and Telecommunication Services; 14. Domestic Trade; 15. Foreign Economy and Tourism; 16. Service Industry above Scale; 17. Science and Technology; 18. Education, Culture, Sports, Public Health, Social Welfare and Others. The data listed in the Appendix are main economic indicators of China, Guangdong province, Hongkong Special Administrative Region and Macao Administrative Region.

Ⅲ. The data in the Yearbook are mainly obtained from regular ststistical reports and sample surveys conducted by statistics bureaus of all levels of government and the Surney office of the National Bureau of statistics in Guangzhou. Some data are collected from the departments of the provincial and municipal government.

Ⅳ. Since 2014 Guangzhou administrative division has been adjusted. The original Huangpu and Luogang districts have been merged into the new Huangpu district. The former Zengcheng City and the former Conghua City are divided into districts. Since 2015, Guangzhou city administrative division has included 11 districts, which are Liwan district, Yuexiu district, Haizhu district, Tianhe district, Baiyun district, Huangpu district, Panyu district, Huadu district, Nansha district, Conghua district and Zengcheng district, excluding county-level cities.

Ⅴ. From 2014 urban and rural integrated household survey is carried out in Guangzhou, statistical indicator system of urban and rural integrated household survey is changed greatly.

Ⅵ. According to the notice of the National Bureau of Statistics on the implementation of the new national standard of national economic industry classification (2017) 142, the new national economic industry classification has been used from the statistical annual report of 2017 and the periodic statistical report of 2018. In this data, all the tables related to sub-industries (except the data provided by individual departments are classified according to the old industry, as indicated in the table), are adjusted according to the new industry classification & GB/T4754-2017 of national economy.

Ⅶ. Starting from 2018, a new chapter entitled "Service Industry above scale" has been added.

Ⅷ. The prices used in calculation in the Yearbook are current prices except noted.

Ⅸ. In any case the data of this book shall be deemed as the authoritative ones.

Ⅹ. In the Yearbook all caculating errors of some total and regular figures for the differency of measuring units haven't been adjusted.

Ⅺ. Notations in this book: blank space indicates data are not available; "…" indicates not large enough to be rounded into the least unit of measurement; "#" indicates major item in a category.

CONTENTS
GUANGZHOU STATISTICAL YEARBOOK

第一篇 综 合
General Survey

第二篇 人 口
Population

第三篇 从业人员和工资
Employment and Wages

第四篇 固定资产投资 Investment in Fixed Assets

第五篇 能源和环境
Energy and Environment

第六篇 财政和金融
Government Finance and Banking

第七篇 价格指数
Price Indices

第八篇 人民生活
People's Livelihood

第九篇 城市建设
City Construction

第十篇 农 业
Agriculture

第十一篇 工 业
Industry

第十二篇　建筑业
Construction

第十三篇　运输和邮电
Transport，Postal and Telecommunication Services

第十四篇 国内贸易
Domestic Trade

第十五篇 对外经济贸易和旅游
Foreign Economy and Tourism

第十六篇 规模以上服务业
Service Enterprise above the Designated Size

第十七篇 科 技
Science and Technology

第十八篇 教育、文化、体育、卫生、社会福利和其他
Education, Culture, Sports, Public Health, Social Welfare and Others

附 录
Appendix

第一篇 CHAPTER 1

综合
GENERAL SURVEY

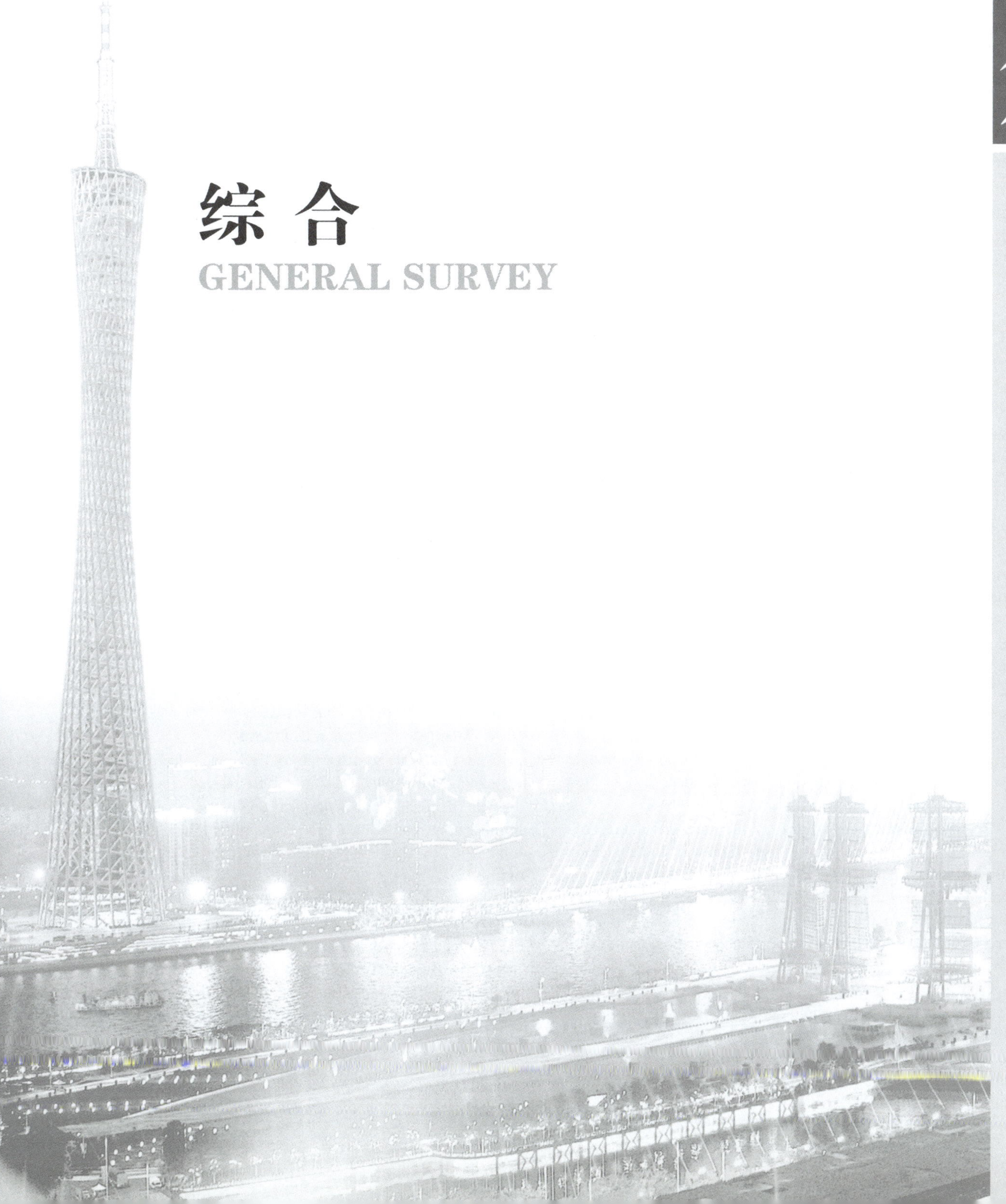

简要说明

Brief Introduction

第一篇 综 合

一、本篇资料反映广州国民经济和社会发展的综合情况以及国民经济核算情况，分别由广州市统计局综合统计处和国民经济核算处整理提供。

二、综合统计资料是根据广州市统计局各专业统计年报资料以及广州市有关部门提供的统计资料加工整理而成。

三、国民经济核算资料主要包括广州市地区生产总值及其有关资料。地区生产总值是根据不同产业部门、不同支出构成的特点和资料来源情况而采用不同方法计算的。2017年，根据国家对研究与开发支出计入GDP核算的统一布置，以及第六次农业普查数据，我市对1995-2016年度GDP数据进行了修订。

地区生产总值是一个价值量指标，其价值的变化受价格变化和物量变化两大因素影响。不变价地区生产总值是把按当期价格计算的地区生产总值换算成按某个固定期（基期）价格计算的价值，从而使两个不同时期的价值进行比较时，能够剔除价格变化的影响，以反映物量变化，反映生产活动成果的实际变动。地区生产总值指数就是根据两个时期不变价地区生产总值计算得到的。随着经济的不断发展，各行业的价格结构也会不断发生变化，为了更好的反映这种变化对于经济的影响，计算不变价地区生产总值需要每隔若干年调整一次基期。我国自开始核算国内生产总值以来，共有1952年、1957年、1970年、1980年、1990年、2000年、2005年、2010年、2015年9个不变价基期，目前的基期是2015年。2015-2017年的不变价地区生产总值是按照2015年价格计算的。

四、根据《国家统计局关于执行新国民经济行业分类国家标准的通知》（国统字〔2017〕142号）要求，新《国民经济行业分类》从2017年统计年报和2018年定期统计报表统一开始使用。本资料中凡是涉及到分行业的表式（除个别部门提供的数据仍按旧行业分类，表中有注明），均按照新的行业分类《国民经济行业分类GB/T4754-2017》作调整。

五、资料来源

1. 行政区划资料由广州市民政局提供；

2. 城市房地产市场交易情况、国有土地使用权出让、划拨情况由广州市国土规划委提供；

3. 气象资料由广州市气象局提供；

4. 劳动力市场情况由广州市人力资源和社会保障局提供；

5. 技术市场交易情况由广州市科技创新委员会提供；

6. 私营企业、城乡个体工商企业资料由广州市工商行政管理局提供。

1 General Survey

I. The summary data in this chapter reflect the national economy and social development of Guangzhou and also cover the data on its national economic accounts. The data are prepared and provided by the Division of Comprehensive Statistics and the Division of National Accounts of Guangzhou Municipal Bureau of Statistics respectively.

Ⅱ. The summary data are processed and prepared in the light of the annual reports of various specialized fields provided by Guangzhou Municipal Bureau of Statistics and data provided by some related departments of Guangzhou Municipality.

Ⅲ. The data on the national economic accounts mainly cover the gross domestic Product (GDP)and related data of Guangzhou. The regional gross domestic product is calculated by different methods according to the characteristics and sources of different industrial sectors and different expenditure components. In 2017, according to the unified arrangement of national GDP accounting for research and development expenditure, And the sixth agricultural census data, our city to 1995-2016 year GDP data were revised.

Regional GDP is an index of value, and the change of value is influenced by two factors: price change and material quantity change. The regional GDP at constant prices is converted to the value calculated at a fixed (base period) price at current prices, so that when comparing the values of two different periods, the effects of price changes can be excluded. In order to reflect the volume of change, reflect the actual changes in the results of production activities. Regional GDP index is based on two periods of constant price region GDP calculation. With the continuous development of economy, the price structure of various industries will change constantly. In order to better reflect the impact of this change on the economy, the base period should be adjusted once every several years to calculate the gross domestic product in the constant price area. Since the beginning of our gross domestic product (GDP) accounting, there have been nine constant price base periods in 1952, 1957, 1970, 1980, 1990, 2000, 2005, 2010 and 2015. The current base period is 2015. Gross domestic product in constant prices for 2015-2017 is calculated at 2015 prices.

IV. According to the notice of the National Bureau of Statistics on the implementation of the new national standard of national economic industry classification (2017) 142, the new national economic industry classification has been used from the statistical annual report of 2017 and the periodic statistical report of 2018. In this data, all the tables related to sub-industries (except the data provided by individual departments are classified according to the old industry, as indicated in the table), are adjusted according to the new industry classification & GB/T4754-2017 of national economy.

V. Data Resources comes as follows:

The data on administrative divisions are provided by Guangzhou Municipal Bureau of Civil Affairs.

The data on transaction in urban real estate, lease and administrative allocation of the use right of state-owned land are provided by Guangzhou Land Resources & Urban Planning Committee.

The data on meteorological phenomena are provided by Guangzhou Municipal Bureau Meteorology.

The data on labor force markets are provided by Guangzhou Municipal Bureau of Labor and Social Security.

The data on transactions in technology markets are provided by Guangzhou Science Technology and Innovation Commission.

The data on private enterprises and individuals are provided by Guangzhou Municipal Administration for Industry and Commerce.

1-1 行政区划（2017年末）

Administrative Divisions (Year-end of 2017)

单位：个 (unit)

地区	Districts	街道办事处 Street Communities	镇 Towns	社区居委会 Community Committees	村民委员会 Villagers' Committees
合计	**Total**	**136**	**34**	**1549**	**1144**
荔湾区	Liwan	22		186	
越秀区	Yuexiu	18		222	
海珠区	Haizhu	18		265	
天河区	Tianhe	21		217	
白云区	Baiyun	18	4	268	118
黄埔区	Huangpu	14	1	99	28
番禺区	Panyu	11	5	96	177
花都区	Huadu	4	6	64	188
南沙区	Nansha	3	6	28	128
从化区	Conghua	3	5	47	221
增城区	Zengcheng	4	7	57	284

注：本表数据由广州市民政局提供。
Note: The data in this table are provided by Guangzhou Municipal Civil Affairs Bureau.

1-2 各月平均温度、湿度（2017年）

Monthly Average Temperature and Humidity (2017)

月份	Month	平均温度(℃) Average Temperature (℃) 全 市 Total	番禺站 Panyu	花都站 Huadu	从化站 Conghua	增城站 Zengcheng	平均相对湿度(%) Average Humidity (%) 全 市 Total
全 年	**Annual Total**	**22.6**	**23.6**	**23.1**	**21.6**	**22.5**	**78.5**
一 月	January	16.0	17.2	16.3	14.7	16.2	79.6
二 月	February	15.5	16.5	16.0	14.4	15.5	73.8
三 月	March	18.2	19.3	18.3	17.4	18.3	84.3
四 月	April	22.1	23.1	22.7	21.3	22.0	81.1
五 月	May	25.5	26.2	26.1	24.7	25.5	81.6
六 月	June	28.4	29.4	28.7	27.6	28.1	84.0
七 月	July	28.4	29.0	29.0	27.7	28.2	83.4
八 月	August	29.1	29.9	29.9	28.2	28.9	80.9
九 月	September	28.5	29.6	29.4	27.4	28.1	82.1
十 月	October	24.4	25.7	25.0	23.5	24.4	72.1
十一月	November	19.8	20.9	19.9	18.8	19.9	77.1
十二月	December	15.1	16.6	15.5	14.0	15.0	62.1

注：本表数据由广州市气象局提供。

Note: The data in this table are provided by Guangzhou Meteorological Bureau.

1-3 各月降雨量、日照时数(2017年)

Monthly Precipitation and Sunshine Hours (2017)

月份	Month	降雨量(毫米) Precipitation (millimeter) 全 市 Total	#番禺站 Panyu	#花都站 Huadu	#从化站 Conghua	#增城站 Zengcheng	日照时数(小时) Sunshine Hours (hour) 全 市 Total	#番禺站 Panyu	#花都站 Huadu	#从化站 Conghua	#增城站 Zengcheng
全 年	**Annual Total**	**2035.2**	**1793.7**	**2261.5**	**2094.5**	**1959.4**	**1753.3**	**1723.5**	**1888.9**	**1661.5**	**1820.8**
一 月	January	18.9	22.3	29.9	19.0	10.0	129.3	127.2	138.5	117.9	140.5
二 月	February	22.9	29.0	21.1	19.5	18.4	127.8	131.5	131.8	121.5	137.6
三 月	March	154.7	156.4	161.9	155.8	125.1	49.4	50.3	42.8	49.6	60.6
四 月	April	149.9	98.6	164.4	231.7	136.9	101.8	116.5	101.0	89.6	107.2
五 月	May	401.3	337.4	449.5	385.8	412.6	111.0	111.1	127.8	102.6	116.9
六 月	June	420.5	150.0	628.2	481.6	437.0	141.7	171.0	143.3	115.8	143.3
七 月	July	334.6	450.7	268.0	338.2	304.3	186.4	169.7	216.7	185.8	191.6
八 月	August	234.0	290.5	259.4	177.7	197.4	210.3	206.5	233.1	204.6	204.7
九 月	September	205.6	163.2	170.5	191.3	233.8	203.2	187.3	218.6	206.9	209.1
十 月	October	46.7	49.3	63.6	52.3	24.2	231.9	209.5	244.4	233.4	236.6
十一月	November	44.8	46.2	43.3	39.1	58.9	87.7	84.0	95.1	81.7	91.9
十二月	December	1.3	0.1	1.7	2.5	0.8	172.8	158.9	195.8	152.1	180.8

注：本表数据由广州市气象局提供。

Note: The data in this table are provided by Guangzhou Meteorological Bureau.

1-4 行政区域面积和人口密度(2017年)
Land Area and Population Density (2017)

各区	Districts	行政区域面积（平方公里）Administrative Area (sq.km)	年末常住人口（万人）Permanent Populationat Year-end (10000 person)	年末户籍人口（万人）Registered Permanent Residents at Year-end (10000 person)	常住人口密度（人/平方公里）Permanent Population Density (person/sq.km)	户籍人口密度（人/平方公里）Population Density by Registered Permanent Residents (person/sq.km)
全 市	**Total**	**7434.40**	**1449.84**	**897.87**	**1950**	**1208**
荔湾区	Liwan	59.10	95.00	73.59	16074	12452
越秀区	Yuexiu	33.80	116.38	117.82	34432	34858
海珠区	Haizhu	90.40	166.31	104.03	18397	11508
天河区	Tianhe	96.33	169.79	90.28	17626	9372
白云区	Baiyun	795.79	257.24	98.92	3233	1243
黄埔区	Huangpu	484.17	109.10	48.94	2253	1011
番禺区	Panyu	529.94	171.93	93.45	3244	1763
花都区	Huadu	970.04	107.55	74.90	1109	772
南沙区	Nansha	783.86	72.50	41.54	925	530
从化区	Conghua	1974.50	64.21	62.63	325	317
增城区	Zengcheng	1616.47	119.83	91.77	741	568

注：本表行政区域面积数据由广州市民政局提供，户籍人口数据由广州市公安局提供。

Note: The data of administrative area in this table are provided by Guangzhou Municipal Civil Affairs Bureau, and registered permanent residents data are provided by Guangzhou Public Security Bureau.

1-5 法人和产业活动单位数（2017年）

单位:个

项　　目	Item
总　计	**Total**
按产业分	**Grouped By Industry**
第一产业	Primary Industry
第二产业	Secondary Industry
第三产业	Tertiary Industry
按行业分	**Grouped By Sector**
农、林、牧、渔业	Agriculture, Forestry, Animal Husbandry and Fishery
采矿业	Mining
制造业	Manufacturing
电力、热力、燃气及水生产和供应业	Production and Supply of Electricity, Heat,Gas and Water
建筑业	Construction
批发和零售业	Wholesale and Retail Trade
交通运输、仓储和邮政业	Transport, Storage and Post
住宿和餐饮业	Hotels and Catering Services
信息传输、软件和信息技术服务业	Information Transmission, Software and Information Technology
金融业	Financial Intermediation
房地产业	Real Estate
租赁和商务服务业	Leasing and Business Services
科学研究和技术服务业	Scientific Research and Technical Services
水利、环境和公共设施管理业	Management of Water Conservancy, Environment and Public Facilities
居民服务、修理和其他服务业	Service to Households, Repair and Other Services
教　育	Education
卫生和社会工作	Health and Social Service
文化、体育和娱乐业	Culture, Sports and Entertainment
公共管理、社会保障和社会组织	Public Management, Social Security and Social Organizations

Number of Corporate Units and Industrial Establishments (2017)

(unit)

法人单位 Corporate Units	单产业 法人单位 Single Industry	多产业 法人单位 Multi-industry	产业活动单位 Industrial Establishments	其中:多产业法人所属的产业活动单位 Establishments belonging to Multi-industry Corporation	法人单位中的企业法人 Enterprise Judicial Entities
336326	**325559**	**10767**	**371332**	**45773**	**311943**
1615	1582	33	1671	89	1321
63196	61534	1662	65317	3783	63189
271515	262443	9072	304344	41901	247433
1787	1748	39	1843	95	1446
38	37	1	39	2	38
50956	49861	1095	51981	2120	50954
372	344	28	490	146	367
11830	11292	538	12807	1515	11830
112414	109421	2993	124812	15391	112395
10820	10160	660	13009	2849	10778
7471	7114	357	9231	2117	7395
17976	17459	517	18919	1460	17905
2041	1846	195	5416	3570	2020
15809	14661	1148	19542	4881	15070
51410	50070	1340	55452	5382	44368
23369	22690	679	24082	1392	22766
1311	1266	45	1415	149	926
6330	6079	251	7099	1020	6029
5436	5157	279	6148	991	1524
2031	1895	136	2523	628	665
5962	5838	124	6245	407	5467
8963	8621	342	10270	1658	

1-5 续表

单位:个

项 目	Item
总 计	**Total**
按地区分	**Grouped By District**
荔湾区	Liwan
越秀区	Yuexiu
海珠区	Haizhu
天河区	Tianhe
白云区	Baiyun
黄埔区	Huangpu
番禺区	Panyu
花都区	Huadu
南沙区	Nansha
从化区	Conghua
增城区	Zengcheng
按注册类型分	**Grouped by Registration Status**
内资	Domestic Funded
国有	State-owned
集体	Collective-owned
股份合作	Cooperative
联营企业	Joint Ownership Enterprises
有限责任公司	Limited Liability Corporations
股份有限公司	Share-holding Corporations Ltd.
私营企业	Private Enterprises
其他	Others
港澳台商投资企业	Enterprises with Funds from Hong Kong, Macao and Taiwan Investors
合资经营企业（港或澳、台资）	Joint-venture Enterprises（Hong Kong, Macao and Taiwan Investors）
合作经营企业（港或澳、台资）	Cooperative Enterprises（Hong Kong, Macao and Taiwan Investors）
港澳台商独资经营企业	Enterprises with Sole Funds from Hong Kong, Macao and Taiwan
港澳台商投资股份有限公司	Share-holding Corporations Ltd. with Funds from Hong Kong, Macao and Taiwan
其他港澳台商投资企业	Other Enterprises with Funds from Hong Kong, Macao and Taiwan
外商投资企业	Foreign Funded Enterprises
中外合资经营企业	Joint-venture Enterprises
中外合作经营企业	Cooperative Enterprises
外资企业	Enterprises with Sole Foreign Funds
外商投资股份有限公司	Share-holding Corporations Ltd.
其他外商投资企业	Other Foreign Funded Enterprises

continued

(unit)

法人单位 Corporate Units	单产业法人单位 Single Industry	多产业法人单位 Multi-industry	产业活动单位 Industrial Establishments	其中:多产业法人所属的产业活动单位 Establishments belonging to Multi-industry Corporation	法人单位中的企业法人 Enterprise Judicial Entities
336326	**325559**	**10767**	**371332**	**45773**	**311943**
17914	17146	768	20847	3701	16676
41455	38936	2519	48873	9937	37967
26868	25991	877	30588	4597	25291
69326	66717	2609	76452	9735	67201
49661	48548	1113	52633	4085	46922
23498	22623	875	25195	2572	22087
44820	43933	887	48617	4684	42986
22252	21877	375	24045	2168	19998
13752	13375	377	15067	1692	12869
6994	6849	145	7748	899	4809
19786	19564	222	21267	1703	15137
324971	315189	9782	354263	39074	300634
8582	7769	813	13061	5292	2010
8310	8058	252	10277	2219	3891
2791	2622	169	3543	921	2754
633	604	29	804	200	575
52850	50770	2080	58195	7425	52761
3030	2749	281	5565	2816	3018
230037	224283	5754	242388	18105	229343
18738	18334	404	20430	2096	6282
6995	6414	581	9676	3262	6979
921	806	115	1641	835	919
474	437	37	692	255	472
4848	4442	406	6483	2041	4841
177	167	10	241	74	177
575	562	13	619	57	570
4360	3956	404	7393	3437	4330
951	856	95	1772	916	949
161	144	17	379	235	161
2809	2538	271	4662	2124	2790
234	225	9	338	113	234
203	193	12	242	49	196

1-6 按登记注册类型分组的法人单位数（2017年）

单位：个

项　目	Item	总　计 Total
总　计	**Total**	**336326**
按地区分	**Grouped By District**	
荔湾区	Liwan	17914
越秀区	Yuexiu	41455
海珠区	Haizhu	26868
天河区	Tianhe	69326
白云区	Baiyun	49661
黄埔区	Huangpu	23498
番禺区	Panyu	44820
花都区	Huadu	22252
南沙区	Nansha	13752
从化区	Conghua	6994
增城区	Zengcheng	19786
按产业分	**Grouped By Industry**	
第一产业	Primary Industry	1615
第二产业	Secondary Industry	63196
第三产业	Tertiary Industry	271515
按行业分	**Grouped By Sector**	
农、林、牧、渔业	Agriculture, Forestry, Animal Husbandry and Fishery	1787
采矿业	Mining	38
制造业	Manufacturing	50956
电力、热力、燃气及水生产和供应业	Production and Supply of Electricity, Heat,Gas and Water	372
建筑业	Construction	11830
批发和零售业	Wholesale and Retail Trade	112414
交通运输、仓储和邮政业	Transport, Storage and Post	10820
住宿和餐饮业	Hotels and Catering Services	7471
信息传输、软件和信息技术服务业	Information Transmission, Software and Information Technology	17976
金融业	Financial Intermediation	2041
房地产业	Real Estate	15809
租赁和商务服务业	Leasing and Business Services	51410
科学研究和技术服务业	Scientific Research and Technical Services	23369
水利、环境和公共设施管理业	Management of Water Conservancy, Environment and Public Facilities	1311
居民服务、修理和其他服务业	Service to Households, Repair and Other Services	6330
教　育	Education	5436
卫生和社会工作	Health and Social Service	2031
文化、体育和娱乐业	Culture, Sports and Entertainment	5962
公共管理、社会保障和社会组织	Public Management, Social Security and Social Organizations	8963

Number of Corporate Units by Status of Registration (2017)

(unit)

内资 Domestic Funded	国有 State-owned	集体 Collective-owned	股份合作 Cooperative	联营企业 Joint Ownership Enterprises	有限责任公司 Limited Liability Corporations	股份有限公司 Share-holding Corporations Ltd.	私营企业 Private Enterprises	其他 Others
324971	**8582**	**8310**	**2791**	**633**	**52850**	**3030**	**230037**	**18738**
17436	664	359	643	11	1476	98	13449	736
39463	2212	459	869	60	5321	365	28073	2104
26385	625	464	567	56	4991	460	17862	1360
67353	1153	252	223	171	15223	905	47096	2330
49059	709	1403	286	106	9215	433	33736	3171
22073	583	739	67	50	3426	239	16154	815
43393	679	551	61	32	3915	228	36517	1410
21622	566	1596	33	22	2903	84	14925	1493
12174	365	172	18	15	2755	101	7672	1076
6702	502	1046	10	28	863	45	3301	907
19311	524	1269	14	82	2762	72	11252	3336
1577	38	14	1	4	209	15	762	534
59662	285	433	567	94	8098	600	48359	1226
263732	8259	7863	2223	535	44543	2415	180916	16978
1743	57	23	1	5	230	18	836	573
37	1	1			16		18	1
47543	172	327	517	76	6132	505	38766	1048
341	26	23		3	120	14	149	6
11741	86	82	50	15	1830	81	9426	171
109211	430	701	1246	189	19156	828	85148	1513
10422	121	90	62	18	2085	82	7785	179
7134	160	75	224	11	719	60	5736	149
17475	72	10	30	20	3831	265	12997	250
1834	59	4	4	7	479	168	1055	58
14911	280	1336	100	64	3363	147	8943	678
49983	519	4852	170	109	7187	417	31918	4811
22842	650	91	86	40	5671	272	15596	436
1279	337	43	3	4	203	9	616	64
6217	160	96	198	18	584	50	4836	275
5404	1405	214	21	21	276	31	1384	2052
2017	471	209	8	3	142	12	515	657
5884	376	42	67	15	804	67	4268	245
8953	3200	91	4	15	22	4	45	5572

1-6 续表

单位:个

项目	Item	港澳台商投资企业 Enterprises with Funds from Hong Kong, Macao and Taiwan Investors	合资经营企业(港或澳、台资) Joint-venture Enterprises (Hong Kong, Macao and Taiwan Investors)
总计	**Total**	**6995**	**921**
按地区分	**Grouped By District**		
荔湾区	Liwan	292	20
越秀区	Yuexiu	1215	106
海珠区	Haizhu	261	38
天河区	Tianhe	1112	171
白云区	Baiyun	329	55
黄埔区	Huangpu	668	145
番禺区	Panyu	934	111
花都区	Huadu	384	42
南沙区	Nansha	1238	161
从化区	Conghua	238	31
增城区	Zengcheng	324	41
按产业分	**Grouped By Industry**		
第一产业	Primary Industry	34	3
第二产业	Secondary Industry	2282	318
第三产业	Tertiary Industry	4679	600
按行业分	**Grouped By Sector**		
农、林、牧、渔业	Agriculture, Forestry, Animal Husbandry and Fishery	38	3
采矿业	Mining	1	
制造业	Manufacturing	2195	301
电力、热力、燃气及水生产和供应业	Production and Supply of Electricity, Heat,Gas and Water	16	7
建筑业	Construction	70	10
批发和零售业	Wholesale and Retail Trade	1821	145
交通运输、仓储和邮政业	Transport, Storage and Post	261	38
住宿和餐饮业	Hotels and Catering Services	191	29
信息传输、软件和信息技术服务业	Information Transmission, Software and Information Technology	291	38
金融业	Financial Intermediation	124	43
房地产业	Real Estate	659	105
租赁和商务服务业	Leasing and Business Services	869	137
科学研究和技术服务业	Scientific Research and Technical Services	298	31
水利、环境和公共设施管理业	Management of Water Conservancy, Environment and Public Facilities	19	3
居民服务、修理和其他服务业	Service to Households, Repair and Other Services	66	12
教育	Education	16	1
卫生和社会工作	Health and Social Service	6	3
文化、体育和娱乐业	Culture, Sports and Entertainment	48	13
公共管理、社会保障和社会组织	Public Management, Social Security and Social Organizations	6	2

continued

(unit)

合作经营企业(港或澳、台资) Cooperative Enterprises (Hong Kong, Macao and Taiwan Investors)	港澳台商独资经营企业 Enterprises with Sole Funds from Hong Kong, Macao and Taiwan	港澳台商投资股份有限公司 Share-holding Corporations Ltd. From Hong Kong, Macao and Taiwan	其他港澳台商投资企业 Other Share-holding Corporations Ltd. From Hong Kong, Macao and Taiwan	外商投资企业 Foreign Funded Enterprises	中外合资经营企业 Joint-venture Enterprises	中外合作经营企业 Cooperative Enterprises	外资企业 Enterprises with Sole Foreign Funds	外商投资股份有限公司 Share-holding Corporations Ltd.	其他外商投资企业 Other Share-holding Corporations Ltd.
474	**4848**	**177**	**575**	**4360**	**951**	**161**	**2809**	**234**	**205**
26	241	3	2	186	21	8	138	6	13
137	940	20	12	777	101	35	569	35	37
32	177	12	2	222	47	7	130	16	22
75	785	66	15	861	167	26	535	97	36
25	230	16	3	273	69	11	141	17	35
28	472	15	8	757	187	25	509	18	18
44	750	22	7	493	115	15	323	17	23
34	296	8	4	246	50	6	177	7	6
18	530	7	522	340	136	15	174	8	7
16	188	3		54	20	1	27	5	1
39	239	5		151	38	12	86	8	7
2	27		2	4	1	2	1		
117	1719	38	90	1252	322	40	819	26	45
355	3102	139	483	3104	628	119	1989	208	160
4	29		2	6	2	2	2		
1									
111	1694	35	54	1218	308	38	806	25	41
2	7			15	10	1	3	1	
3	18	3	36	19	4	1	10		4
21	1418	67	170	1382	179	17	1025	98	63
71	113	11	28	137	45	24	52	7	9
18	125	10	9	146	34	7	81	18	6
5	216	9	23	210	55	3	136	11	5
	73	1	7	83	40		34	7	2
196	328	7	23	239	61	37	109	21	11
17	588	21	106	558	105	9	362	33	49
5	158	9	95	229	74	10	131	8	6
3	10	1	2	13	2	3	7		1
4	36	1	13	47	12	4	28	1	2
4	9	1	1	16	2	2	9		3
1	1		1	8	4		3		1
7	23	1	4	30	12	3	9	4	2
1	2		1	4	2		2		

1-7 国民经济和社会发展总量与速度指标

指 标		Item		1978	2000
人口和劳动力		**Population and Employment**			
年末户籍人口	(万人)	Year-end Registered Permanent Residents	(10000 persons)	482.90	700.69
年末常住人口	(万人)	Year-end Permanent Population	(10000 persons)	482.90	994.80
年末社会从业人员	(万人)	Year-end Employment	(10000 persons)	266.90	496.26
城镇非私营单位从业人员年末人数	(万人)	Number of Employed Persons at Year-end in Urban Units	(10000 person)	147.36	175.55
地区生产总值	**(亿元)**	**Gross Domestic Product**	**(100 million yuan)**	**43.09**	**2505.58**
第一产业		Primary Industry		5.03	94.37
第二产业		Secondary Industry		25.24	1029.94
第三产业		Tertiary Industry		12.82	1381.27
人均地区生产总值	(元)	Per Capita GDP	(yuan)	907	25758
农业生产		**Agriculture**			
农林牧渔业总产值	(亿元)	Gross Output Value of Agriculture, Forestry, Animal Husbandry and Fishery	(100 million yuan)	7.99	163.05
主要农业产品产量		Output of Major Farm Products			
粮 食	(万吨)	Grain	(10000 tons)	111.06	88.11
园林水果	(万吨)	Fruits	(10000 tons)	5.17	32.97
花 生	(万吨)	Peanuts	(10000 tons)	3.31	2.56
蔬 菜	(万吨)	Vegetable	(10000 tons)	55.68	306.49
水产品	(万吨)	Aquatic Products	(10000 tons)	3.16	32.52
工业生产		**Industry**			
工业总产值	(亿元)	Gross Industrial Output Value	(100 million yuan)	75.39	3100.02
主要工业产品产量		Output of Major Industrial Products			
汽 车	(万辆)	Motor Vehicles	(10000 unit)	0.23	3.81
新能源汽车	(辆)	New Energy Automobile	(unit)		
摩托车整车	(万辆)	Motorcycles	(10000 units)		60.31
家用电冰箱	(万台)	Household Refrigerators	(10000 sets)		58.14
智能电视	(万台)	Smart TV	(set)		
房间空气调节器	(万台)	Air Conditioners	(10000 sets)	0.32	103.43
原电池及原电池组	(亿只)	Primary Cells and Batteries	(100 million units)	2.69	18.89
锂离子电池	(亿只)	Lithium Ion Battery	(10000unit)		
光缆	(芯千米)	Optical Cable	(Core Km)		
工业机器人	(套)	Industrial Robot	(set)		
工业自动调节仪表与控制系统	(万套)	Industrial Automatic Regulating Instrument and Control System	(set)		
粗 钢	(万吨)	Crude Steel	(10000 tons)	18.46	151.16
固定资产投资		**Investment in Fixed Assets**			
固定资产投资	(亿元)	Total Investment in Fixed Assets	(100 million yuan)	7.26	923.67
# 住 宅		Residential Buildings		0.90	325.03
社会消费品零售总额	**(亿元)**	**Total Retail Sales of Consumer Goods**	**(100 million yuan)**	**17.63**	**1121.13**

注：本表地区生产总值和工业总产值指数按照可比口径计算。

Principal Aggregate Indicators on National Economic and Social Development and Growth Rates

2005	2010	2015	2016	2017	速度指标(%) Indices and Growth Rates (%)									
					指数(2017为以下各年) Index(2017 as percentage of the following years)						平均增长速度 Average Annual Growth Rate			
					1978	2000	2005	2010	2015	2016	1979–2017	2001–2017	2006–2017	2011–2017
750.53	806.14	854.19	870.49	897.87	185.9	128.1	119.6	111.4	105.1	103.1	1.6	1.5	1.5	1.6
949.68	1270.96	1350.11	1404.35	1449.84	300.2	145.7	152.7	114.1	107.4	103.2	2.9	2.4	3.5	2.2
574.46	711.07	810.99	835.26	862.33	323.1	173.8	150.1	121.3	106.3	103.2	3.1	3.3	3.4	2.8
199.76	246.37	320.31	325.23	329.17	223.4	187.5	164.8	133.6	102.8	101.2	2.1	3.8	4.2	4.2
5187.85	**10859.29**	**18313.80**	**19782.19**	**21503.15**	**12604.0**	**678.8**	**354.8**	**187.4**	**115.7**	**107.0**	**13.2**	**11.9**	**11.1**	**9.4**
130.22	181.31	206.52	216.03	220.45	606.4	165.1	126.6	117.4	102.9	102.2	4.7	3.0	2.0	2.3
2067.00	4078.90	5873.54	5912.94	6011.01	13425.7	629.9	313.5	170.7	110.3	104.6	13.4	11.4	10.0	7.9
2990.63	6599.09	12233.74	13653.21	15271.69	15771.8	736.4	391.0	198.6	118.6	108.2	13.9	12.5	12.0	10.3
54160	88361	137793	143638	150678	4554.9	462.7	238.1	161.3	107.8	103.2	10.3	9.4	7.5	7.1
220.81	322.13	413.46	436.65	432.92	634.3	159.1	126.1	112.6	101.4	100.7	4.9	2.8	2.0	1.7
51.73	43.04	44.09	43.65	27.34	24.6	31.0	52.9	63.5	62.0	62.6	-3.5	-6.7	-5.2	-6.3
48.87	39.92	48.58	49.48	52.81	1021.5	160.2	108.1	132.3	108.7	106.7	6.1	2.8	0.6	4.1
2.24	1.80	1.88	1.88	1.69	51.1	66.0	75.4	93.9	89.9	89.9	-1.7	-2.4	-2.3	-0.9
348.89	325.99	369.10	374.02	383.77	689.2	125.2	110.0	117.7	104.0	102.6	5.1	1.3	0.8	2.4
38.83	44.14	48.39	48.25	47.16	1492.4	145.0	121.5	106.8	97.5	97.7	7.2	2.2	1.6	0.9
6767.96	14438.99	19892.51	21125.06	22691.06	23167.7	850.9	367.4	176.7	110.6	104.5	15.0	13.4	11.5	8.5
41.35	135.84	220.99	262.88	310.81	135134.0	8157.7	751.7	228.8	140.6	118.2	20.3	29.6	18.3	12.6
		2613	4869	7382					282.5	151.6				
196.57	441.05	363.77	291.42	260.87		432.6	132.7	59.1	71.7	89.5		9.0	2.4	-7.2
146.29	179.14	349.74	373.50	277.89		478.0	190.0	155.1	79.5	74.4		9.6	5.5	6.5
		568.39	612.43	471.39					82.9	77.0				
292.71	636.78	1154.23	1244.22	709.62	221756.1	686.1	242.4	111.4	61.5	57.0	21.8	12.0	7.7	1.6
39.35	22.90	2.26	2.87	5.31	197.3	28.1	13.5	23.2	234.8	184.9	1.8	-7.2	-15.4	-18.8
		1.18	1.46	1.67					141.4	114.3				
		13960	19962	17755					127.2	88.9				
		1737	2287	3205					184.5	140.1				
		30.17	43.57	77.67					257.5	178.3				
308.71	403.17	101.44	143.96	163.57	886.1	108.2	53.0	40.6	161.3	113.6	5.8	0.5	-5.2	-12.1
1519.16	3263.57	5405.95	5703.59	5919.83	81540.4	640.9	389.7	181.4	109.5	105.7	20.3	12.1	13.4	10.7
377.70	572.71	1406.81	1618.40	1778.95	197661.1	547.3	471.0	310.6	126.5	109.9	22.8	8.8	13.1	18.0
1905.84	**4476.38**	**7987.96**	**8706.49**	**9402.59**	**54979.5**	**913.0**	**538.2**	**228.4**	**117.7**	**108.0**	**17.6**	**13.9**	**15.1**	**12.5**

Note:Indices of gross domestic product and gross industrial output value are calculated at comparable coverage.

1-7 续表

指标		Item		1978	2000
运输邮电		**Transport, Post and Telecommunication**			
货运量	(万吨)	Total Freight Traffic	(10000 tons)		27972
#铁路		Railway			5398
公路		Highway			12549
水路		Waterway			9569
民航		Civil Aviation			27
客运量	(万人次)	Total Passenger Traffic	(10000 person-times)		26097
#铁路		Railway			4848
公路		Highway			19964
水路		Waterway			190
民航		Civil Aviation			1095
港口货物吞吐量	(万吨)	Volume of Freight Handled at Ports	(10000 tons)	1950	12455
邮电业务收入	(亿元)	Postal and Telecommunication Services	(100 million yuan)	0.24	138.48
对外贸易、外经		**Foreign Trade and Economic Cooperation**			
商品进口总值	(亿美元)	Total Imports through Customs	(USD 100 million)		115.60
商品出口总值	(亿美元)	Total Exports through Customs	(USD 100 million)		117.91
外商直接投资实际使用金额	(亿美元)	Amount of Foreign Direct Investment Capital Actually Used	(USD 100 million)		29.89
财政		**Government Finance**			
一般公共预算收入	(亿元)	General Budgetary Revenue	(100 million yuan)	13.65	200.55
一般公共预算支出	(亿元)	General Budgetary Expenditure	(100 million yuan)	3.87	240.72
价格指数	**(上年=100)**	**Price Indices**	**(preceding year =100)**		
城市居民消费价格总指数		Urban Residents Consumer Price Index		100.3	102.8
人民生活		**People's Livelihood**			
城镇非私营单位从业人员年平均工资	(元)	Average Wage of Employed Persons in Urban Units	(yuan)	714	19091
城镇非私营单位在岗职工年平均工资	(元)	Average Wage of Fully Employed Staff and Workers in Urban Units	(yuan)		19674
城市居民年人均可支配收入	(元)	Per Capita Annual Disposable Income of Urban Households	(yuan)	442	13967
农村居民年人均可支配收入	(元)	Per Capita Annual Disposable Income of Rural Households	(yuan)	250	6086
教育文化		**Education and Culture**			
普通高等学校所数	(所)	Number of Regular Institutions of Higher Education	(unit)	15	31
普通高等学校在校学生数	(万人)	Number of Students Enrollment of Regular Institutions of Higher Education	(10000 persons)	2.17	18.51
普通中学所数	(所)	Number of Regular Secondary Schools	(unit)	234	388
普通中学在校学生数	(万人)	Number of Students Enrollment of Regular Secondary Schools	(10000 persons)	38.43	42.53
小学学校所数	(所)	Number of Primary Schools	(unit)	1515	1626
小学学校在校学生数	(万人)	Number of Students Enrollment of Primary Schools	(10000 persons)	56.92	75.70
卫生		**Health Care**			
医院病床数	(万张)	Hospital Beds	(10000 units)	1.44	3.37
卫生技术人员	(万人)	Medical Technical Personnel	(10000 persons)	3.15	5.57
#医生		Doctors		1.20	2.35

注：国家统计局对2012年城市居民可支配收入统计方法有所调整，绝对值按新口径，增长幅度按可比口径计算。

continued

2005	2010	2015	2016	2017	速度指标(%) Indices and Growth Rates (%)									
					指数(2017为以下各年) Index(2016 as percentage of the following years)						平均增长速度 Average Annual Growth Rate			
					1978	2000	2005	2010	2015	2016	1979–2017	2001–2017	2006–2017	2011–2017
38153	57369	100124	107992	120737		450.1	329.7	219.5	125.7	111.8		9.3	10.5	11.9
6379	6689	4811	4884	5121		94.9	80.3	76.6	106.4	104.9		-0.3	-1.8	-3.7
20601	39696	71284	71860	77099		652.9	397.5	206.4	114.9	107.3		11.7	12.2	10.9
10710	10169	23007	30212	37506		392.0	350.2	368.8	163.0	124.1		8.4	11.0	20.5
63	90	116	125	132		488.9	209.5	146.7	113.8	105.6		9.8	6.4	5.6
40524	62595	106082	45823	49442		468.3	301.7	195.5	115.2	107.9		9.5	9.6	10.0
6356	9362	13647	14348	15641		322.6	246.1	167.1	114.6	109.0		7.1	7.8	7.6
30782	47296	85109	23824	25430		489.0	317.3	206.2	114.5	106.7		9.8	10.1	10.9
104	273	281	246	285		150.0	274.0	104.4	101.4	115.9		2.4	8.8	0.6
3282	5664	7045	7404	8085		738.4	246.3	142.7	114.8	109.2		12.5	7.8	5.2
27283	42526	52096	54437	59012	3026.3	473.8	216.3	138.8	113.3	108.4	9.1	9.6	6.6	4.8
222.06	290.09	540.01	635.28	756.03	315012.5	545.9	340.5	260.6	143.0	119.0	22.9	10.5	10.7	14.7
268.07	553.89	527.01	511.32	579.30		502	216.4	104.7	109.9	113.3		10.0	6.6	0.7
266.68	483.79	811.67	781.77	853.20		723.2	319.6	176.2	105.1	109.1		12.3	10.2	8.4
26.49	39.79	54.16	57.01	62.89		538.7	237.6	158.1	116.1	110.3		10.4	7.5	6.8
371.26	872.65	1349.47	1393.64	1536.74	11258.2	766.3	413.9	176.1	113.9	110.3	12.9	12.7	12.6	8.4
438.41	977.32	1727.72	1943.75	2186.01	56486.1	908.1	498.6	223.7	126.5	112.5	17.6	13.9	14.3	12.2
101.5	103.2	101.7	102.7	102.3	978.8	137.0	137.4	121.9	105.1	102.3	6.0	1.9	2.7	2.9
33853	54495	79534	88136	97522	13658.5	510.8	288.1	179.0	122.6	110.6	13.4	10.1	9.2	8.7
34328	54807	81171	89096	98612		501.2	287.3	179.9	121.5	110.7		9.9	9.2	8.8
18287	30658	46735	50941	55400	15846.7	501.9	332.9	198.6	118.6	108.8	13.9	10.0	10.5	10.3
7080	12676	19323	21449	23484	13038.9	535.1	391.2	218.6	121.5	109.5	13.3	10.4	12.0	11.8
59	77	81	82	82	546.7	264.5	139.0	106.5	101.2	100.0	4.5	5.9	2.8	0.9
55.43	84.39	104.32	105.73	106.73	4918.4	576.6	192.5	126.5	102.3	100.9	10.5	10.9	5.6	3.4
448	475	510	514	518	221.4	133.5	115.6	109.1	101.6	100.8	2.1	1.7	1.2	1.2
55.03	57.23	51.52	50.57	50.94	132.6	119.8	92.6	89.0	98.9	100.7	0.7	1.1	-0.6	-1.6
1283	1004	941	953	961	63.4	59.1	74.9	95.7	102.1	100.8	-1.2	-3.0	-2.4	-0.6
90.34	82.48	93.79	96.85	100.47	176.5	132.7	111.2	121.8	107.1	103.7	1.5	1.7	0.9	2.9
3.94	5.32	7.33	7.90	8.17	567.4	242.4	207.4	153.6	111.5	103.4	4.6	5.3	6.3	6.3
6.42	9.55	12.67	13.80	14.50	460.3	260.3	225.9	151.8	114.4	105.1	4.0	5.8	7.0	6.1
2.59	3.36	4.25	4.68	4.97	414.2	211.5	191.9	147.9	116.9	106.2	3.7	4.5	5.6	5.8

Note: Since 2012,the coverage of per capita annual disposable income of urban households has been adjusted,the grow rate of which being calculated at comparable coverage.

1-8 各时期主要指标平均每年增长速度

Average Annual Growth Speed of Main Indicators in Different Periods

单位:% (%)

时　期	Period	地区生产总　值 Gross Domestic Product	工　业总产值 Gross Output Value of Industry	农林牧渔业总 产 值 Gross Output Value of Agriculture	社会消费品零售总额 Total Retail Sales of Consumer Goods	一般公共预算收入 Genera Budgetary Revenue	居民消费水　平 Resident Consumption Level
“六五”时期	6th Five-year Plan Period	12.7	12.8	6.2	21.2	13.3	13.0
“七五”时期	7th Five-year Plan Period	10.8	13.1	4.6	14.5	5.1	15.8
“八五”时期	8th Five-year Plan Period	20.2	26.1	10.0	30.1	21.3	8.9
“九五”时期	9th Five-year Plan Period	13.2	15.7	5.9	14.1	23.6	6.7
“十五”时期	10th Five-year Plan Period	13.9	18.3	5.8	11.1	18.1	13.0
“十一五”时期	11th Five-year Plan Period	13.6	15.8	2.3	18.7	18.6	11.0
“十二五”时期	12th Five-year Plan Period	10.1	9.8	2.1	14.2	9.1	8.5
1979-2017	1979-2017	13.2	15.0	4.9	17.6	12.9	
2001-2017	2001-2017	11.9	13.4	2.8	13.9	12.7	10.0
2006-2017	2006-2017	11.1	11.5	2.0	15.1	12.6	8.8
2011-2017	2011-2017	9.4	8.5	1.7	12.5	8.4	7.3

1-9　全市产业及主要结构情况
Basic Statistics on Industries and Main Structure of Guangzhou

项　　目	Item	2016	2017
地区生产总值　(亿元)	Gross Domestic Product　(100 milllion yuan)	19782.19	21503.15
# 服务业增加值	Service Industry Added Value	13653.21	15271.69
现代服务业增加值　(亿元)	Modern Service Added Value　(100 milllion yuan)	8938.61	10100.93
规模以上工业增加值　(亿元)	Added Value of Industry above Designated Size　(100 milllion yuan)	4897.61	5172.61
先进制造业增加值　(亿元)	Added Value of Advanced Manufacturing Industry　(100 milllion yuan)	2436.11	2456.01
高技术制造业增加值　(亿元)	Added Value of High-technology Industry　(100 milllion yuan)	508.30	564.25
民营经济增加值　(亿元)	Added Value of Private Economy　(100 milllion yuan)	7877.98	8568.24
规模以上民营工业增加值　(亿元)	Added Value of Private Industry above Designated Size　(100 milllion yuan)	1030.02	826.93
固定资产投资　(亿元)	Total Investment in Fixed Assets　(100 milllion yuan)	5703.59	5919.83
民间投资　(亿元)	Private Investment in Fixed Assets　(100 milllion yuan)	2519.77	2495.73
出口　(亿元)	Exports　(100 milllion yuan)	5158.76	5792.43
现代服务业增加值占服务业增加值比重　(%)	Modern Service Added Value Accounts for Service Industry Added Value　(%)	65.50	66.10
先进制造业增加值占规模以上工业增加值的比重　(%)	Added Value of Advanced Manufacturing Industry Accounts for Added Value of Industry above Designated Size　(%)	55.50	59.50
高技术制造业增加值占规模以上工业增加值的比重　(%)	Added Value of High-technology Industry Accounts for Added Value of Industry above Designated Size　(%)	11.60	13.70
民营经济增加值占GDP比重　(%)	Added Value of Private Economy Accounts for Gross Domestic Product　(%)	39.82	39.85
规模以上民营工业增加值占规模以上工业增加值比重　(%)	Added Value of Private Industry above Designated Size Accounts for Added Value of Industry above Designated Size　(%)	23.50	20.02
民间投资占固定资产投资比重　(%)	Private Investment in Fixed Assets Accounts for Total Investment in Fixed Assets　(%)	44.18	42.16
工业品内销占工业销售产值的比重　(%)	Domestic Sales of Industrial Products Accounts for Sales Value of Industry　(%)	84.32	87.05
私营企业出口占全市出口的比重　(%)	Private Sector Exports Accounts for Total Exports　(%)	44.48	50.34
一般贸易出口占全市出口的比重　(%)	General Trade Exports Accounts for Total Exports　(%)	36.90	35.34
加工贸易出口占全市出口的比重　(%)	Processing Trade Exports Accounts for Total Exports　(%)	32.56	29.01

1-10 主要年份人民物质文化生活水平

Material and Culture Life of the People in Main Years

项　　目	Item	2016	2017
城镇非私营单位在岗职工年平均工资 （元）	Average Wage of Fully Employed Staff and Workers in Urban Units (yuan)	89096	98612
城市居民年人均可支配收入 （元）	Per Capita Annual Disposable Income of Urban Residents (yuan)	50941	55400
农村居民年人均可支配收入 （元）	Per Capita Annual Disposable Income of Rural Residents (yuan)	21449	23484
社会消费品零售总额 （亿元）	Total Retail Sales of Consumer Goods (100 million yuan)	8706.49	9402.59
储　蓄	**Savings Deposits**		
住户存款余额 （亿元）	Deposits of Households (100 million yuan)	13995.79	14625.63
平均每人储蓄额 （元）	Per Capita Savings Deposits (yuan)	103199	102485
交　通	**Transportation**		
每万人拥有公交车辆 （辆）	Possession of Buses per 10000 Persons (unit)	16.32	16.80
公交车辆平均每日乘客人数 （万人次）	Average Daily Passengers by Buses (10000 person-times)	661.25	653.43
每万人拥有出租汽车 （辆）	Possession of Taxis per 10000 Persons (uint)	25.63	25.20
出租车平均每日乘客人数 （万人次）	Average Daily Passengers by Taxi (10000 person-times)	154.58	166.24
通讯、电信	**Postal and Telecommunication Services**		
城市电话普及率(含移动电话) （部/百人）	Possession of Telephones per 100 Persons in Urban Areas (including mobile telephones) (sets/100 persons)	374.78	387.47
每人每年函件交寄 （件）	Per Capita Annual Number of Letters Mailed (unit)	337	466
供　气	**Gas Supply**		
居民燃气普及率 （%）	Popularization Rate of Residents with Access to Gas (%)	99.80	99.03
自来水	**Tap Water**		
人均日生活用水量 （升）	Per Capita Daily Water Used (liter)	240.80	321.00

1-10 续表 continued

项 目	Item	2016	2017
文 化	**Culture**		
每百万人拥有出版物	Number of Publications per one million Persons		
报纸(每天) (份)	Newspaper (Daily) (piece)	68	59
杂志(每年) (册)	Magazines (Annual) (volume)	1277	1176
图书(每年) (册)	Books (Annual) (volume)	3530	3376
教 育	**Education**		
每万人拥有在校大学生 (人)	Number of University and College Students Enrollment per 10000 Persons (person)	1215	1189
适龄儿童入学率 (%)	Percentage of School-age Children Enrolled (%)	100.00	100.00
卫 生	**Public Health**		
每万人拥有医院床位 (张)	Number of Hospital Beds per 10000 Persons (unit)	91	91
每万人拥有医生 (人)	Number of Doctors per 10000 Persons (person)	54	55
就 业	**Employment**		
城镇每一就业者负担人口 (人)	Number of Dependents per Employee in Urban Areas (person)	1.69	1.70
绿 化	**Green Areas**		
建成区绿化覆盖率 (%)	Coverage Rate of Green Areas in Developed Land Area (%)	41.8	42.5
人均公园绿地面积 (平方米)	Per Capita Garden (sq.m)	16.8	17.1
居民家庭耐用消费品拥有量	**Number of Durable Consumer Goods Owned**		
每百户城市居民家庭拥有	Owned by per 100 Urban Households		
彩色电视机 (台)	Color TV Sets (set)	131	132
计算机 (台)	Computers (set)	122	123
洗衣机 (台)	Washing Machines (set)	100	100
电冰箱 (台)	Refrigerators (set)	103	103
空调器 (台)	Air Conditioners (set)	235	237
每百户农村居民家庭拥有	Owned by Per 100 Rural Household		
彩色电视机 (台)	Color TV Sets (set)	141	144
计算机 (台)	Computers (set)	90	86
洗衣机 (台)	Washing Machines (set)	102	103
电冰箱 (台)	Refrigerators (set)	105	108
空调器 (台)	Air Conditioners (set)	184	198

1-11 主要年份地区生产总值

Gross Domestic Product in Main Years

单位:万元 (10000 yuan)

年 份 Year	地区生产总值 Gross Domestic Product	第一产业 Primary Industry	第二产业 Secondary Industry	第三产业 Tertiary Industry	地区生产总值中 In GDP: 工 业 Industry	建筑业 Construction	人均地区生产总值（元） Per Capita GDP (yuan)	人均地区生产总值(美元) Per Capita GDP (USD)
1978	430947	50287	252479	128181	243585	8894	907	
1980	575497	62438	313734	199325	295337	18397	1160	
1985	1243623	120449	658130	465044	577048	81082	2302	784
1986	1395466	132079	701074	562313	608511	92563	2536	734
1987	1732050	156794	794127	781129	693003	101124	3092	831
1988	2400818	227772	1141606	1031440	972078	169528	4205	1130
1989	2878733	243187	1296309	1339237	1093864	202445	4953	1315
1990	3195952	257288	1362975	1575689	1180978	181997	5418	1133
1991	3866741	281734	1799166	1785841	1582970	216196	5956	1119
1992	5107027	356399	2413129	2337499	2120096	293033	7521	1364
1993	7443455	475960	3512607	3454888	3050098	462509	10481	1819
1994	9853082	606222	4556278	4690582	3870183	686095	13264	1539
1995	12603097	734606	5787475	6081016	4941140	846335	16222	1943
1996	14706621	811630	6736549	7158442	5791501	945048	18098	2179
1997	16828743	857155	7642990	8328598	6635562	1007428	19800	2389
1998	19004058	888763	8245913	9869382	7113774	1132139	21378	2582
1999	21492534	928522	9375989	11188023	8044065	1331924	23116	2792
2000	25055794	943718	10299412	13812664	8861172	1438240	25758	3112
2001	28579151	972806	11228325	16378020	9657735	1570590	28700	3468
2002	32243283	1030721	12245382	18967180	10638507	1606875	32544	3932
2003	37804451	1099080	15000699	21704672	13279574	1721125	38621	4666
2004	44773511	1171452	18054293	25547766	16111365	1942928	46182	5579
2005	51878466	1302159	20670012	29906295	18652577	2017435	54160	6612
2006	61242011	1285022	24689504	35267485	22538389	2151115	62930	7894
2007	72029498	1495247	28665860	41868391	26428369	2237491	70284	9243
2008	83660227	1664782	32805810	49189635	30240254	2565556	77165	11111
2009	92405785	1676482	34744897	55984406	31851446	2893451	80272	11749
2010	108592945	1813096	40788965	65990884	37199024	3589941	88361	13016
2011	125621226	1940256	46736503	76944467	42351353	4385150	98677	15195
2012	136979051	2002700	48286714	86689637	43700231	4586483	107055	16960
2013	156634798	1961339	53779799	100893660	48764088	5127715	121584	19568
2014	168966187	2008134	57255300	109702753	52030418	5331517	129938	21153
2015	183137985	2065218	58735375	122337392	53330933	5511726	137793	22092
2016	197821876	2160317	59129414	136532145	53770681	5687448	143638	21639
2017	215031516	2204517	60110079	152716920	54596923	5889754	150678	22317

注：1. 本表数据按当年价格计算。
2. 从1991年起，人均地区生产总值按常住人口计算。
3. 人均地区生产总值(美元)按当年年平均汇率换算。
4. 2017年，根据国家对研究与开发支出计入GDP核算的统一布置，以及第六次农业普查数据，我市对1995—2016年度GDP数据进行了修订。

Note: I. The data in this table are calculated at current prices.
II. Since 1991 the per capita GDP are calculated by resident population.
III. The Per Capita GDP (USD) are calculated at current annual average exchange rate.
IV. In 2017, according to the unified arrangement of national GDP accounting for research and development expenditure, And the sixth agricultural census data, our city to 1995-2016 year GDP data were revised.

1-12 主要年份地区生产总值指数（上年=100）

Indices of Gross Domestic Product in Main Years (Preceding Year=100)

年份 Year	地区生产总值 Gross Domestic Product	第一产业 Primary Industry	第二产业 Secondary Industry	第三产业 Tertiary Industry	地区生产总值中： In Gross Domestic Product		人均地区生产总值 Per Capita GDP
					工业 Industry	建筑业 Construction	
1978	110.3	100.1	108.5	117.6	108.7	105.0	108.8
1980	115.4	114.6	119.0	110.3	117.4	154.8	113.2
1985	118.3	107.4	124.3	111.7	123.1	135.7	116.3
1986	105.7	100.5	101.3	114.1	101.3	101.3	103.7
1987	115.2	99.0	108.2	128.9	108.6	104.5	113.2
1988	117.8	104.6	126.3	109.0	125.1	137.2	115.6
1989	104.7	100.7	100.6	111.4	101.0	96.9	102.9
1990	111.3	103.7	107.8	116.9	109.6	92.1	109.7
1991	116.3	109.1	127.2	108.0	128.6	118.2	114.6
1992	123.3	120.4	128.1	118.8	128.7	123.3	117.9
1993	126.4	102.1	133.6	122.4	132.1	144.0	120.9
1994	118.8	112.6	123.2	114.5	121.0	137.3	113.6
1995	116.5	104.1	117.1	117.5	118.8	107.0	111.4
1996	112.5	105.3	113.5	112.1	115.7	99.5	107.6
1997	113.5	105.5	113.0	115.0	114.8	99.7	108.5
1998	113.2	104.0	112.7	114.7	113.0	110.2	108.2
1999	113.3	110.4	115.7	110.6	115.4	118.2	108.3
2000	113.4	101.7	111.9	116.3	112.5	106.7	108.4
2001	112.8	102.2	111.0	114.9	111.2	109.5	110.2
2002	113.3	109.8	112.5	114.1	113.9	103.9	113.9
2003	115.2	104.5	121.4	111.3	124.3	101.6	116.6
2004	115.1	105.4	117.2	113.9	118.6	105.7	116.2
2005	113.0	105.6	113.0	113.3	113.8	105.6	114.3
2006	115.0	95.7	116.6	114.7	117.9	104.4	113.2
2007	115.5	102.8	114.2	116.9	115.5	100.6	109.7
2008	112.6	102.2	111.3	113.9	112.0	102.6	106.5
2009	111.9	104.0	109.7	113.5	109.6	111.6	105.4
2010	113.2	103.2	113.0	113.5	112.5	119.0	106.0
2011	111.4	103.1	111.9	111.3	111.7	114.1	107.6
2012	110.4	103.2	108.5	111.9	109.0	102.8	109.9
2013	111.7	102.9	111.0	112.3	112.1	102.3	110.9
2014	108.6	101.8	107.5	109.5	107.9	102.4	107.6
2015	108.4	102.4	106.8	109.5	107.0	104.8	106.1
2016	108.2	100.6	105.5	109.6	106.0	104.0	104.4
2017	107.0	102.2	104.6	108.2	105.2	99.2	103.2

注：1.本表数据按可比价格计算。
2.2017年，根据国家对研究与开发支出计入GDP核算的统一布置，以及第六次农业普查数据，我市对1995—2016年度GDP数据进行了修订。

Note: I.The data in this table are calculated at comparable prices
II.In 2017,according to the unified arrangement of national GDP accounting for research and development expenditure,And the sixth agricultural census data, our city to 1995-2016 year GDP data were revised.

1-13 主要年份地区生产总值构成

Composition of Gross Domestic Product in Main Years

单位：%　　(%)

年 份 Year	地区生产总值 Gross Domestic Product	第一产业 Primary Industry	第二产业 Secondary Industry	第三产业 Tertiary Industry	地区生产总值中：In Gross Domestic Product 工 业 Industry
1978	100.00	11.67	58.59	29.74	56.52
1980	100.00	10.85	54.51	34.64	51.32
1985	100.00	9.69	52.92	37.39	46.40
1986	100.00	9.46	50.24	40.30	43.61
1987	100.00	9.05	45.85	45.10	40.01
1988	100.00	9.49	47.55	42.96	40.49
1989	100.00	8.45	45.03	46.52	38.00
1990	100.00	8.05	42.65	49.30	36.95
1991	100.00	7.29	46.53	46.18	40.94
1992	100.00	6.98	47.25	45.77	41.51
1993	100.00	6.39	47.19	46.42	40.98
1994	100.00	6.15	46.24	47.61	39.28
1995	100.00	5.83	45.92	48.25	39.21
1996	100.00	5.52	45.81	48.67	39.38
1997	100.00	5.09	45.42	49.49	39.43
1998	100.00	4.68	43.39	51.93	37.43
1999	100.00	4.32	43.62	52.06	37.43
2000	100.00	3.77	41.11	55.12	35.37
2001	100.00	3.40	39.29	57.31	33.79
2002	100.00	3.20	37.98	58.82	32.99
2003	100.00	2.91	39.68	57.41	35.13
2004	100.00	2.62	40.32	57.06	35.98
2005	100.00	2.51	39.84	57.65	35.95
2006	100.00	2.10	40.31	57.59	36.80
2007	100.00	2.08	39.80	58.12	36.69
2008	100.00	1.99	39.21	58.80	36.15
2009	100.00	1.81	37.60	60.59	34.47
2010	100.00	1.67	37.56	60.77	34.26
2011	100.00	1.54	37.20	61.26	33.71
2012	100.00	1.46	35.25	63.29	31.90
2013	100.00	1.25	34.33	64.42	31.13
2014	100.00	1.19	33.89	64.92	30.79
2015	100.00	1.13	32.07	66.80	29.12
2016	100.00	1.09	29.89	69.02	27.18
2017	100.00	1.03	27.95	71.02	25.39

注：本表数据按当年价格计算。

Note: The data in this table are calculated at comparable prices.

1-14 地区生产总值

Gross Domestic Product

单位：万元 (10000 yuan)

项　　目	Item	2016	2017	2017年比2016年增长(%) Growth Rate in 2017 over 2016 (%)
地区生产总值	**Gross Domestic Product**	**197821876**	**215031516**	**7.0**
按产业分	**Grouped By Industry**			
第一产业	Primary Industry	2160317	2204517	2.2
第二产业	Secondary Industry	59129414	60110079	4.6
第三产业	Tertiary Industry	136532145	152716920	8.2
按行业分	**Grouped By Sector**			
农、林、牧、渔业	Agriculture, Forestry, Animal Husbandry and Fishery	2364782	2423321	1.7
工　业	Industry	53770681	54596923	5.2
建筑业	Construction	5687448	5889754	-0.8
批发和零售业	Wholesale and Retail Trade	29383555	31558136	5.4
交通运输、仓储和邮政业	Transport, Storage and Post	13656971	14994456	11.1
住宿和餐饮业	Hotels and Catering Services	4271110	4330540	0.8
信息传输、软件和信息技术服务业	Information Transmission, Software and Information Technology	8314405	11162149	26.8
金融业	Financial Intermediation	18093663	19551186	7.2
房地产业	Real Estate	16205423	18337794	-0.9
租赁和商务服务业	Leasing and Business Services	14159355	16691568	15.7
科学研究和技术服务业	Scientific Research and Technical Services	5059255	5975009	5.5
水利、环境和公共设施管理业	Management of Water Conservancy, Environment and Public Facilities	1338738	1329221	-6.8
居民服务、修理和其他服务业	Service to Households, Repair and Other Services	2760081	2941031	2.8
教　育	Education	7841189	8784740	15.4
卫生和社会工作	Health and Social Work	5778261	6638644	7.4
文化、体育和娱乐业	Culture, Sports and Entertainment	3073306	3241494	2.3
公共管理、社会保障和社会组织	Public Management, Social Security and Social Organizations	6063653	6585550	6.3

注：本表数据绝对值按当年价格计算，增长速度按可比价格计算。

Note: The level data in this table are calculated at current prices while the growth rates at comparable prices.

1-15 各时期地区生产总值和平均每年增长速度

Gross Domestic Product and Annual Average Growth Speed in Different Periods

时 期	Period	地区生产总值 Gross Domestic Product	第一产业 Primary Industry	第二产业 Secondary Industry	第三产业 Tertiary Industry	地区生产总值中: In Gross Domestic Product	
						工 业 Industry	建筑业 Construction
绝对值 （万元）	**Absolute Figure (10000 yuan)**						
“六五”时期	6th Five-year Plan Period	4373327	459872	2395362	1518093	2137482	257880
“七五”时期	7th Five-year Plan Period	11603019	1017120	5296091	5289808	4548434	747657
“八五”时期	8th Five-year Plan Period	38873402	2454921	18068655	18349826	15564487	2504168
“九五”时期	9th Five-year Plan Period	97087750	4429788	42300853	50357109	36446074	5854779
“十五”时期	10th Five-year Plan Period	195278862	5576218	77198711	112503933	68339758	8858953
“十一五”时期	11th Five-year Plan Period	417930466	7934629	161695036	248300801	148257482	13437554
“十二五”时期	12th Five-year Plan Period	771339247	9977647	264793691	496567909	240177023	24942591
1950-1978	1950-1978	5578418	753734	3146791	1677893	2999275	147516
1979-2017	1979-2017	1950402477	36329028	691571350	1222502099	624392826	68209760
1991-2017	1991-2017	1933363119	34738037	683296439	1215328643	617152428	67175247
1996-2017	1996-2017	1894489717	32283116	665227784	1196978817	601587941	64671079
2001-2017	2001-2017	1797401967	27853328	622926931	1146621708	565141867	58816300
2003-2017	2003-2017	1736579533	25849801	599453224	1111276508	544845625	55638835
平均每年增长(%)	**Annual Average Growth Speed (%)**						
“六五”时期	6th Five-year Plan Period	12.7	7.6	13.6	12.5	12.5	27.6
“七五”时期	7th Five-year Plan Period	10.8	1.7	8.4	15.9	8.8	5.3
“八五”时期	8th Five-year Plan Period	20.2	9.5	25.7	16.1	25.8	25.3
“九五”时期	9th Five-year Plan Period	13.2	5.4	13.4	13.7	14.3	6.6
“十五”时期	10th Five-year Plan Period	13.9	5.4	15.0	13.5	16.3	5.2
“十一五”时期	11th Five-year Plan Period	13.6	1.5	12.9	14.5	13.5	7.4
“十二五”时期	12th Five-year Plan Period	10.1	2.7	9.1	10.9	9.5	5.2
1950-1978	1950-1978	9.2	3.8	12.7	9.5	12.7	13.1
1979-2017	1979-2017	13.2	4.7	13.4	13.9	13.7	12.3
1991-2017	1991-2017	13.7	4.6	14.3	13.4	15.0	9.1
1996-2017	1996-2017	12.2	3.5	11.9	12.8	12.6	5.7
2001-2017	2001-2017	11.9	3.0	11.4	12.5	12.1	5.4
2003-2017	2003-2017	11.8	2.6	11.4	12.2	12.1	5.3

注：本表数据绝对值按当年价格计算，增长速度按可比价格计算。

Note: The level data in this table are calculated at current prices while the growth rates at comparable prices.

1-16 地区生产总值使用表

Utilization Balance Sheet of Gross Domestic Product

单位:万元 (10000 yuan)

项　目	Item	2016	2017	2017年比2016年增长(%) Growth Rate in 2017 over 2016 (%)
支出法地区生产总值	**Gross Domestic Product by Expenditure Approach**	**197821876**	**215031516**	**7.0**
最终消费支出	Final Consumption Expenditure	100626697	109890365	7.4
居民消费支出	Household Consumption Expenditure	75516771	81695662	6.7
农村居民	Rural Households	6193616	6627627	6.6
城镇居民	Urban Households	69323155	75068035	8.0
政府消费支出	Government Consumption Expenditure	25109926	28194703	9.4
资本形成总额	Gross Capital Formation	73217987	80454149	6.5
固定资本形成总额	Gross Fixed Capital Formation	69551319	76609558	6.7
存货增加	Changes in Inventories	3666668	3844591	2.5
货物和服务净流出	Net Exports of Goods and Services	23977192	24687002	6.8

1-17 居民消费水平

Household Consumption

单位:元/人 (yuan/person)

项　目	Item	2016	2017	2017年比2016年增长(%) Growth Rate in 2017 over 2016 (%)
全市居民	Total Households	54832	57246	3.0
农村居民	Rural Households	31670	33412	6.5
城镇居民	Urban Households	58666	61094	2.5
农村居民与城镇居民对比	Ratio of Consumption of Urban Hous	1:1.85	1:1.83	
(农村居民为1)	Households (rural households=1)			

注:本表数据绝对值按当年价格计算,增长速度按可比价格计算。

Note: The level data in this table are calculated at current prices while the growth rates at comparable prices.

1-18 各行业增加值（2017年）

单位:万元

项　　目	Item
地区生产总值	**Gross Domestic Product**
按产业分	**Grouped By Industry**
第一产业	Primary Industry
第二产业	Secondary Industry
第三产业	Tertiary Industry
按行业分	**Grouped By Sector**
农、林、牧、渔业	Agriculture, Forestry, Animal Husbandry and Fishery
工　业	Industry
建筑业	Construction
批发和零售业	Wholesale and Retail Trade
交通运输、仓储和邮政业	Transport, Storage and Post
住宿和餐饮业	Hotels and Catering Services
信息传输、软件和信息技术服务业	Information Transmission, Software and Information Technology
金融业	Financial Intermediation
房地产业	Real Estate
租赁和商务服务业	Leasing and Business Services
科学研究和技术服务业	Scientific Research and Technical Services
水利、环境和公共设施管理业	Management of Water Conservancy, Environment and Public Facilities
居民服务、修理和其他服务业	Service to Households, Repair and Other Services
教　育	Education
卫生和社会工作	Health and Social Work
文化、体育和娱乐业	Culture, Sports and Entertainment
公共管理、社会保障和社会组织	Public Management, Social Security and Social Organizations

1-19 各行业增加值构成（2017年）

单位:%

项　　目	Item
地区生产总值	**Gross Domestic Product**
按产业分	**Grouped By Industry**
第一产业	Primary Industry
第二产业	Secondary Industry
第三产业	Tertiary Industry
按行业分	**Grouped By Sector**
农、林、牧、渔业	Agriculture, Forestry, Animal Husbandry and Fishery
工　业	Industry
建筑业	Construction
批发和零售业	Wholesale and Retail Trade
交通运输、仓储和邮政业	Transport, Storage and Post
住宿和餐饮业	Hotels and Catering Services
信息传输、软件和信息技术服务业	Information Transmission, Software and Information Technology
金融业	Financial Intermediation
房地产业	Real Estate
租赁和商务服务业	Leasing and Business Services
科学研究和技术服务业	Scientific Research and Technical Services
水利、环境和公共设施管理业	Management of Water Conservancy, Environment and Public Facilities
居民服务、修理和其他服务业	Service to Households, Repair and Other Services
教　育	Education
卫生和社会工作	Health and Social Work
文化、体育和娱乐业	Culture, Sports and Entertainment
公共管理、社会保障和社会组织	Public Management, Social Security and Social Organizations

Added Value by Sector (2017)

(10000 yuan)

合　计 Total	劳动者报酬 Compensation of Employees	固定资产折旧 Depreciation of Fixed Assets	生产税净额 Net Taxes on Production	营业盈余 Operating Surplus
215031516	**107839583**	**25179963**	**32718271**	**49293699**
2204517	2004408	200109		
60110079	23563678	7288046	12692856	16565499
152716920	82271497	17691808	20025415	32728200
2423321	2213343	209978		
54596923	20307306	6941023	11808415	15540179
5889754	3545073	387125	926155	1031401
31558136	16157247	1025192	6825634	7550063
14994456	8930307	3829626	972181	1262342
4330540	3260832	329382	308638	431688
11162149	5565089	1914177	1000695	2682188
19551186	5985030	440033	3057406	10068717
18337794	4717982	3813349	4370353	5436110
16691568	10455357	2546713	1999307	1690191
5975009	3420647	726900	527586	1299876
1329221	445499	243511	190750	449461
2941031	2431333	101836	137983	269879
8784740	6997477	1080812	138626	567825
6638644	5343551	317274	96382	881437
3241494	2238657	542067	330192	130578
6585550	5824853	730965	27968	1764

Composition of Added Value by Sector (2017)

(%)

合　计 Total	劳动者报酬 Compensation of Employees	固定资产折旧 Depreciation of Fixed Assets	生产税净额 Net Taxes on Production	营业盈余 Operating Surplus
100.00	**50.15**	**11.71**	**15.22**	**22.92**
100.00	90.92	9.08		
100.00	39.2	12.12	21.12	27.56
100.00	53.87	11.58	13.11	21.44
100.00	91.34	8.66		
100.00	37.19	12.71	21.63	28.47
100.00	60.19	6.57	15.72	17.52
100.00	51.20	3.25	21.63	23.92
100.00	59.56	25.54	6.48	8.42
100.00	75.30	7.61	7.13	9.96
100.00	49.86	17.15	8.97	24.02
100.00	30.61	2.25	15.64	51.50
100.00	25.73	20.80	23.83	29.64
100.00	62.64	15.26	11.98	10.12
100.00	57.25	12.17	8.83	21.75
100.00	33.52	18.32	14.35	33.81
100.00	82.67	3.46	4.69	9.18
100.00	79.65	12.30	1.58	6.47
100.00	80.49	4.78	1.45	13.28
100.00	69.06	16.72	10.19	4.03
100.00	88.45	11.10	0.42	0.03

1-20 三次产业对地区生产总值增长的贡献率(1990-2017年)
Share of the Contributions of the Three Strata of Industry to the Growth of GDP (1990-2017)

单位：%　　　　　　　　　　　　　　　　　　　　　　　　　　　　　　　　　(%)

年 份 Year	地区生产总值 Gross Domestic Product	第一产业 Primary Industry	第二产业 Secondary Industry	第三产业 Tertiary Industry	地区生产总值中：In Gross Domestic Product 工 业 Industry
1990	100.0	1.7	37.1	61.2	41.0
1991	100.0	4.2	71.3	24.5	64.9
1992	100.0	6.2	56.3	37.5	50.4
1993	100.0	0.5	61.6	37.9	51.8
1994	100.0	3.7	63.0	33.3	49.8
1995	100.0	1.3	54.7	44.0	51.5
1996	100.0	2.0	57.4	40.6	57.7
1997	100.0	1.8	51.8	46.4	51.9
1998	100.0	1.2	51.5	47.3	47.3
1999	100.0	2.9	62.8	34.3	55.5
2000	100.0	0.5	48.4	51.1	45.7
2001	100.0	0.7	35.3	64.0	31.1
2002	100.0	2.5	38.1	59.4	36.4
2003	100.0	1.0	56.7	42.3	56.1
2004	100.0	1.1	48.4	50.5	46.7
2005	100.0	1.2	43.4	55.4	41.6
2006	100.0	-0.7	44.1	56.6	42.9
2007	100.0	0.4	37.0	62.6	36.9
2008	100.0	0.3	35.7	64.0	35.0
2009	100.0	0.6	32.3	67.1	29.5
2010	100.0	0.4	38.2	61.4	34.2
2011	100.0	0.4	39.2	60.4	35.1
2012	100.0	0.5	30.6	68.9	29.7
2013	100.0	0.3	35.0	64.7	35.1
2014	100.0	0.2	32.0	67.8	31.1
2015	100.0	0.3	29.6	70.1	28.1
2016	100.0	0.1	21.4	78.5	21.4
2017	100.0	0.3	20.5	79.2	21.1

注：1．本表数据按可比价格计算。
　　2．三次产业贡献率指各产业增加值增量与GDP增量之比。

Note: I. The data of this table are calculated at comparable prices.
II. Share of the contributions of the three strata of industry to the growth of GDP refers to the proportion of the increment of the Value-added of each Industry to the increment of GDP.

1-21 三次产业对地区生产总值增长的拉动（1990-2017年）

Contribution of the Three Strata of Industry to the Growth of GDP (1990-2017)

单位：百分点 (percentage points)

年 份 Year	地区生产总 值 Gross Domestic Product	第一产业 Primary Industry	第二产业 Secondary Industry	第三产业 Tertiary Industry	地区生产总值中：In Gross Domestic Product 工 业 Industry
1990	11.3	0.2	4.2	6.9	4.6
1991	16.3	0.7	11.6	4.0	10.6
1992	23.3	1.4	13.1	8.8	11.7
1993	26.4	0.1	16.3	10.0	13.7
1994	18.8	0.7	11.8	6.3	9.4
1995	16.5	0.2	9.0	7.3	8.5
1996	12.5	0.2	7.2	5.1	7.2
1997	13.5	0.2	7.0	6.3	7.0
1998	13.2	0.2	6.8	6.2	6.2
1999	13.3	0.4	8.3	4.6	7.4
2000	13.4	0.1	6.5	6.8	6.1
2001	12.8	0.1	4.5	8.2	4.0
2002	13.3	0.3	5.1	7.9	4.8
2003	15.2	0.2	8.6	6.4	8.5
2004	15.1	0.2	7.3	7.6	7.0
2005	13.0	0.2	5.6	7.2	5.4
2006	15.0	-0.1	6.6	8.5	6.4
2007	15.5	0.1	5.7	9.7	5.7
2008	12.6		4.5	8.1	4.4
2009	11.9	0.1	3.8	8.0	3.5
2010	13.2	0.1	5.0	8.1	4.5
2011	11.4	0.1	4.4	6.9	4.0
2012	10.4	0.1	3.1	7.2	3.1
2013	11.7	0.1	4.1	7.5	4.1
2014	8.6		2.8	5.8	2.7
2015	8.4		2.5	5.9	2.4
2016	8.2		1.8	6.4	1.8
2017	7.0		1.5	5.5	1.5

注：1．本表数据按可比价格计算。
2．三次产业拉动指GDP增长速度与各产业贡献率之乘积。

Note: I. The data of this table are calculated at comparable prices.
II. Contribution of the three strata of industry to the growth of GDP refers to the growth rate of GDP multiplied by the contribution share of each industry.

1-22　三大需求对地区生产总值增长的贡献率和拉动（1991-2017年）
Contribution Share and Contribution of the Three Components of GDP to the Growth of GDP (1991-2017)

年 份 year	最终消费支出 Final Consumption Expenditure		资本形成总额 Gross Capital Formation		货物和服务净流出 Net Exports of Goods and Services	
	贡献率 (%) Contribution Share (%)	拉 动 (百分点) Contribution (percentage points)	贡献率 (%) Contribution Share (%)	拉 动 (百分点) Contribution (percentage points)	贡献率 (%) Contribution Share (%)	拉 动 (百分点) Contribution (percentage points)
1991	9.6	1.6	41.4	6.7	49.0	8.0
1992	37.1	8.6	133.9	31.2	-71.0	-16.5
1993	21.1	5.6	68.5	18.1	10.4	2.7
1994	32.1	6.0	75.7	14.2	-7.8	-1.4
1995	31.3	5.2	59.8	9.9	8.9	1.5
1996	30.4	3.8	5.4	0.7	64.2	8.0
1997	38.9	5.3	-2.6	-0.4	63.7	8.6
1998	35.5	4.7	56.1	7.4	8.4	1.1
1999	50.9	6.8	34.7	4.6	14.4	1.9
2000	58.7	7.9	14.5	1.9	26.8	3.6
2001	63.1	8.1	29.0	3.7	7.9	1.0
2002	55.1	7.3	22.0	2.9	22.9	3.1
2003	43.7	6.6	17.6	2.7	38.7	5.9
2004	15.3	2.3	42.8	6.5	41.9	6.3
2005	46.5	6.0	-7.5	-0.9	61.0	7.9
2006	38.8	5.8	39.7	6.0	21.5	3.2
2007	43.0	6.7	20.0	3.1	37.0	5.7
2008	47.1	5.9	35.0	4.4	17.9	2.3
2009	52.5	6.2	62.8	7.5	-15.3	-1.8
2010	67.6	8.9	44.3	5.9	-11.9	-1.6
2011	47.3	5.4	20.1	2.3	32.6	3.7
2012	46.4	4.8	51.4	5.4	2.2	0.2
2013	41.7	4.9	40.7	4.8	17.6	2.0
2014	41.1	3.5	49.8	4.3	9.1	0.8
2015	45.2	3.8	56.6	4.8	-1.8	-0.2
2016	53.9	4.4	42.2	3.5	3.9	0.3
2017	53.6	3.8	34.4	2.4	12.0	0.8

注：1．本表数据按可比价格计算。
2．三大需求指支出法计算的GDP的三大构成项目，即最终消费支出、资本形成总额、货物和服务净流出。
3．贡献率指三大需求增量与支出法计算的GDP增量之比。
4．拉动指GDP增长速度与三大需求贡献率的乘积。

Note: I. The data of this table are calculated at comparable prices.
II. Three Components of GDP by expenditure approached are final consumption expenditure, gross capital formation and net exports of goods and services.
III. Contribution Share of the three components to the increase of the GDP refers to the proportion of the increment of the each component of GDP by expenditure approach to the Increment of GDP.
IV. Contribution of the three components to GDP growth refers to the growth rate of GDP multiplied by the contribution share of the three components.

1-23 全市国有土地使用权出让、划拨情况

Total City Lease and Administrative Allocation of the Right to the Use of the State-owned Land

项　　目		Item		2016	2017
国有土地使用权出让		**Lease of the Right to the Use of the State-owned Land**			
出让地块	(宗)	Number of Plots	(piece)	133	245
出让面积	(公顷)	Areas	(hectare)	688.51	1327.00
成交价款	(万元)	Value of Transactions	(10000 yuan)	7072973	12199714
#公开出让		Lease by Public			
出让地块	(宗)	Number of Plots	(piece)	90	203
出让面积	(公顷)	Areas	(hectare)	620.82	1214.46
成交价款	(万元)	Value of Transactions	(10000 yuan)	6809699	11852290
国有土地使用权划拨		**Allocation of the Right to the Use of the State-owned Land**			
划拨地块	(宗)	Number of Plots	(piece)	138	164
划拨面积	(公顷)	Areas	(hectare)	712.69	839.03

注：1．本表数据由广州市国土资源和规划委员会提供。
　　2．本表数据已剔除被解除合同数据。
　　3．本表统计范围为全市口径。

Note: I. The data in this table are provided by Guangzhou Land Resources and Planning Commission.
　　II. The data in this table has excluded the part of terminated contracts.
　　III.The statistical scale of this table is total city scale.

1-24 全市房地产市场交易情况

Transactions in Total Real Estate Market

项　　目		Item		2016	2017
新建商品房现售		**Newly-constructed Commercial Buildings Sold out**			
成交面积	(万平方米)	Transacted Floor Space	(10000 sq.m)	344.70	326.15
#住　宅		Residential Buildings		232.96	162.77
成交金额	(万元)	Transacted Value	(10000 yuan)	6299853	5987977
#住　宅		Residential Buildings		4419977	3076418
住宅成交套数	(套)	Number of Transacted Flats	(flat)	16256	12089
新建商品房预售		**Newly-constructed Commercial Buildings Sold in Advance**			
成交面积	(万平方米)	Transacted Floor Space	(10000 sq.m)	1427.49	987.36
#住　宅		Residential Buildings		1183.03	819.03
成交金额	(万元)	Transacted Value	(10000 yuan)	24095746	17184175
#住　宅		Residential Buildings		19123375	13074144
住宅成交套数	(套)	Number of Transacted Flats	(flat)	112149	77890
存量房买卖		**Sales of Buildings in Stock**			
成交面积	(万平方米)	Transacted Floor Space	(10000 sq.m)	1317.39	1370.56
#住　宅		Residential Buildings		1153.32	1168.02
成交金额	(万元)	Transacted Value	(10000 yuan)	19521399	22476527
#住　宅		Residential Buildings		17799439	20360897
住宅成交套数	(套)	Number of Transacted Flats	(flat)	129923	134957

注：1.本表数据由广州市住房和城乡建设委员会提供。
　2.新建商品房现售和新建商品房预售为网签数据，存量房买卖为交易登记数据。
　3.本表统计口径为全市口径。

Note: I. The data in this table are provided by Guangzhou Housing and Urban-Rural Construction Committee.
　II.The Data of Newly-constructed Commercial Buildings Sold out and Newly-constructed Commercial Buildings Sold in Advance is Net Registered Data.The Data of Buildings in Stock is Transaction Registered Data.
　III.The statistical scale of this table is total city scale.

1-25 劳动力市场情况
Statistics on Labor Force Market

项　目	Item	2016	2017
全市经人力资源社会保障部门批准的人力资源服务机构(个)	Number of Employment Service Institutions Approved by Human Resources and Social Security Department (unit)	942	1026
劳动部门所属	Run by Labor Departments	199	199
非劳动部门所属	Run by Non-labor Departments	743	827

注：本表数据由广州市人力资源和社会保障局提供。
Note: The data in this table are provided by Guangzhou Municipal Bureau of Human Resources and Social Security.

1-26 技术市场交易情况
Statistics on Transactions in Technological Market

项　目	Item	2016		2017	
		合同数(项) Numbers of Contracts (unit)	金额(万元) Value (10000 yuan)	合同数(项) Numbers of Contracts (unit)	金额(万元) Value (10000 yuan)
买方市场	**Buyers' Market**	**6079**	**2896081**	**6612**	**3575125**
机关法人	Official Organ as Juridical Person	1021	153955	982	129173
事业法人	Institution as Juridical Person	1019	79427	859	107747
社团法人	Mass Organization as Juridical Person	32	1049	42	1769
企业法人	Corporate as Juridical Person	3833	2609332	4620	3328270
自然人	Natural Person	54	5303	75	4359
其他组织	Others	120	47014	34	3807
卖方市场	**Sellers' Market**	**6079**	**2896081**	**6612**	**3575125**
机关法人	Official Organ as Juridical Person	3	206	4	2990
事业法人	Institution as Juridical Person	2086	89215	2477	127228
社团法人	Mass Organization as Juridical Person	61	413514	38	254453
企业法人	Corporate as Juridical Person	3894	2389524	4024	3155793
自然人	Natural Person	24	1358	31	31821
其他组织	Others	11	2265	38	2840

注：本表数据由广州市科学技术和创新委员会提供。
Note: The data in this table are provided by Guangzhou Science, Technology and Innovation Commission.

1-27 公有制经济主要指标（2017年）

Main Indicators of Public-owned Economy (2017)

单位：万元、% (10000 yuan, %)

项目	Item	全市 Total	#公有制经济 Public-owned Economy	公有制经济占全市的比重 Ratio of Public-owned Economy to Total
地区生产总值	Gross Domestic Product	215031516	87122225	40.52
规模以上工业	**Above Designated Size Industry**			
工业总产值	Gross Industrial Output Value	209296501	68849857	32.90
工业增加值	Value Added	51726075	17139976	33.14
产品销售收入	Sales Revenue	208404043	68567385	32.90
建筑业	**Construction**			
建筑业增加值	Value Added	5889754	2387874	40.54
固定资产投资中:建筑安装工程投资	Investment in Construction Installation	31970283	8982063	28.10
交通运输、仓储和邮政业	**Transport, Storage and Post**			
交通运输、仓储和邮政业增加值	Value Added	14994456	6567659	43.80
货物运输量 (万吨)	Freight Traffic (10000 tons)	120737	72032	59.66
货物周转量 (万吨/公里)	Freight Ton-kilometers (10000 tons/kilometer)	214221822	204003441	95.23
客运量 (万人次)	Passenger Traffic (10000 persons-times)	49442	32864	66.47
旅客周转量 (万人/公里)	Passenger-kilometers (10000 persons/kilometer)	23488229	20336109	86.58
邮政业务收入	Revenue of Post	4159351	616416	14.82
批发和零售业、住宿和餐饮业	**Wholesale, Retail Trade, Hotels and Catering Services**			
批发和零售业增加值	Value Added of Wholesale and Retail Trade	31558136	7542660	23.90
住宿和餐饮业增加值	Value Added of Hotel and Catering Services	4330540	512397	11.83
社会消费品零售总额	Total Retail Sales of Consumer Goods	94025908	10314485	10.97
商品销售总额	Total Value of Commodities Sold	621646628	118081381	18.99

1-28 各区国民经济主要指标（2017年）

项　　目		Item	
土地面积	（平方公里）	Total Land Area	(10000 sq.m)
年末户籍人口	（人）	Year-end Population by household registered	(person)
街道办事处	（个）	Street Communities	(unit)
镇	（个）	Towns	(unit)
社区居委会	（个）	Community Committees	(unit)
村民委员会	（个）	Village Committees	(unit)
地区生产总值	（万元）	Gross Domestic Product	(10000 yuan)
第一产业	（万元）	Primary Industry	(10000 yuan)
第二产业	（万元）	Secondary Industry	(10000 yuan)
第三产业	（万元）	Tertiary Industry	(10000 yuan)
地区生产总值中：工业	（万元）	Industry In Gross Domestic Product	(10000 yuan)
年末全社会从业人员	（人）	Total Number of Employed Persons at Year-end	(person)
# 城镇非私营单位在岗职工年末人数	（人）	Number of Fully Employed Staff and Workers in Urban Units at Year-end	(person)
城镇非私营单位在岗职工工资总额	（万元）	Total Wages of Fully Employed Staff and Workers in Urban Units	(10000 yuan)
城镇非私营单位在岗职工年平均工资	（元）	Average Wages of Fully Employed Staff and Workers in Urban Units	(yuan)
固定资产投资额(按法人单位办公所在地分)	(万元)	Investment in Fixed Assets (by legal person office location)	(10000 yuan)
固定资产投资额(按项目所在地分)	（万元）	Investment in Fixed Assets (by project location)	(10000 yuan)
# 建筑和安装工程	（万元）	Construction and Erection Engineering	(10000 yuan)
新增固定资产(按法人单位办公所在地分)	（万元）	Newly-increased Investment in Fixed Assets (by legal person office location)	(10000 yuan)
一般公共预算收入	（万元）	General Budgetary Revenue	(10000 yuan)
一般公共预算支出	（万元）	General Budgetary Expenditure	(10000 yuan)
农林牧渔业总产值	（万元）	Gross Output Value of Agriculture	(10000 yuan)
社会消费品零售总额	（万元）	Total Retail Sales of Consumer Goods	(10000 yuan)
实际使用外商直接投资金额	（万美元）	Foreign Direct Capital Actually Utilized	(USD 10000)
普通中学学校数	（所）	Number of Regular Secondary Schools	(unit)
普通中学在校学生数	（人）	Number of Students Enrolled in Regular Secondary Schools	(person)
小学学校数	（所）	Number of Primary Schools	(unit)
小学在校学生数	（人）	Number of Students Enrolled in Primary Schools	(person)
幼儿园数	（所）	Number of Kindergartens	(unit)
幼儿园在园人数	（人）	Number of Children Enrolled	(person)
各类卫生机构数	（个）	Number of Health Institutions	(unit)
# 医　院		Hospitals	
各类卫生机构床位数	（张）	Number of Beds	(unit)
# 医　院		Hospitals	
卫生技术人员	（人）	Medical Technical Personnel	(person)
# 执业(助理)医师		Licensed (Assistant) Doctors	

Main Indicators of National Economic by District (2017)

荔湾区 Liwan	越秀区 Yuexiu	海珠区 Haizhu	天河区 Tianhe	白云区 Baiyun	黄埔区 Huangpu	番禺区 Panyu	花都区 Huadu	南沙区 Nansha	从化区 Conghua	增城区 Zengcheng
59.10	33.80	90.40	96.33	795.79	484.17	529.94	970.04	783.86	1974.50	1616.47
735939	1178229	1040263	902809	989168	489357	934526	749000	415395	626343	917688
22	18	18	21	18	14	11	4	3	3	4
				4	1	5	6	6	5	7
186	222	265	217	268	99	96	64	28	47	57
				118	28	177	188	128	221	284
11592657	31544843	17379262	42856173	18154721	32422306	19722430	12899249	13787250	4001046	10671579
48068		6335	2969	278883	55928	273202	339006	525398	216929	457799
2704368	581654	2473571	3405869	3121162	19544876	7418599	6736282	8277076	1671272	4175350
8840221	30963189	14899356	39447335	14754676	12821502	12030629	5823961	4984776	2112845	6038430
2562856	252948	1643031	2829952	2738504	18460758	6528147	6582488	7661041	1435267	3901931
346261	897889	657222	1162029	1239787	794302	1153538	752755	493835	416121	709539
145970	475244	260309	674785	321231	501860	242318	171316	185184	68970	117033
1425706	4617525	2736327	7729245	3380229	4919278	1965770	1288184	1475438	476901	1018157
98181	96476	105582	116817	105828	98157	80391	77349	79790	69070	87251
1793758	2688803	6558705	5344873	5493279	11011895	6361786	3508049	7449292	2090527	6897349
2105708	1696893	2929748	4608686	5902037	12125883	6959644	5170564	7731893	2325197	7642063
993608	802473	875561	2255737	2014044	7270508	3962453	3045377	4180220	1666830	4903472
1555677	2875225	803292	1582918	2937713	4108751	2201450	1130271	3354374	551256	2030402
463309	543695	510094	700381	560222	1603154	975503	800602	706608	269187	834038
898646	1211130	1034181	1380855	1372462	2305375	1334467	1198250	1500500	833980	1473522
79101		15260	49699	640401	137499	505921	647145	863187	474856	916098
8389103	13380663	9812942	17940728	12133628	8216592	12293478	4812798	2148041	1530137	3367798
3259	43856	54561	80114	11083	222131	31252	45899	104229	13192	19325
39	35	36	52	70	34	67	80	25	26	54
38587	58136	44280	49156	61111	29826	71404	57359	22642	28289	48637
52	53	82	69	181	61	132	103	60	68	100
60326	67002	85755	109346	155043	61490	138920	141029	43429	48381	93974
110	116	158	199	316	107	319	104	101	77	168
26748	30777	40308	45334	90952	29412	85756	30699	25412	27206	50893
204	343	290	598	570	251	331	455	190	346	480
23	32	19	44	44	14	25	10	11	9	12
5834	23500	10138	12153	18168	3380	5828	3550	1460	2984	3227
5642	21481	9462	11644	17009	3046	5044	2546	1348	2408	2117
8631	40402	15816	21661	19769	5590	11198	8039	2652	4503	6784
3300	12498	5323	7733	6709	1004	4222	2916	964	1495	2491

1-29 广州开发区国民经济主要指标

Main Indicators of National Economy of Guangzhou Development Zone

项目	Item	2016	2017
年末社会从业人员 (人)	Year-end Employed Persons (person)	473472	485120
# 工业从业人员	Employed Persons in Industry	288183	314796
地区生产总值 (万元)	Gross Domestic Product (10000 yuan)	24711898	26394499
第一产业	Primary Industry	48693	38608
第二产业	Secondary Industry	16390211	17118773
第三产业	Tertiary Industry	8272994	9237118
地区生产总值中:	In Gross Domestic Product		
工 业	Industry	15326488	15939547
建筑业	Construction	1063723	1179226
固定资产投资额 (万元)	Investment in Fixed Assets (10000 yuan)	7234928	9568665
# 基础(公共)设施	Infrastructure	1646578	2143544
工业项目	Industry	1504966	2335320
区内税收 (万元)	Tax (10000 yuan)	5367467	5711193
利润总额 (万元)	Total Profits (10000 yuan)	5814421	8380818
# 工业利润 (规模以上)	Industry	3314438	4991243
地方可支配财力 (万元)	Local Disposable Financial Resources (10000 yuan)	2983135	3452103
地方财政支出 (万元)	Local Government Financial Expenditure (10000 yuan)	2152252	2655607
工业总产值 (万元)	Gross Industrial Output Value (10000 yuan)	57760950	58376812
# 港澳台企业产值	Enterprises with Funds from Hong Kong, Macao and Taiwan	9546600	9665407
工业销售产值 (万元)	Output Value of Industrial Products Sold (10000 yuan)	53595238	55914197
商品销售总额 (万元)	Total Sales of Industrial Products (10000 yuan)	29715784	44264594
外贸出口总值 (万美元)	Total Exports (USD 10000)	1717177	1726538
外贸进口总值 (万美元)	Total Imports (USD 10000)	1664147	1830630
利用外资项目(合同)数(个)	Number of Projects (Contracts) for Utilization of Foreign Capital(USD 10000)	77	112
合同利用外资金额(万美元)	Contracted Value of Foreign Capital to be Utilized (USD 10000)	405124	216285
实际利用外资 (万美元)	Total Amount of Foreign Capital Actually Used (USD 10000)	205990	221043
# 外商直接投资	Direct Foreign Investment	205990	221043
在校学生数 (人)	Students Enrollment (person)	50496	—
# 中学生	Number of Students Enrollment of Secondary Schools	12913	—
小学生	Number of Students Enrollment of Primary Schools	26017	—
专业卫生技术人员 (人)	Medical Technical Personnel (person)	2121	—

注：广州开发区包括广州经济技术开发区、广州保税区、广州高新技术产业开发区和广州出口加工区。

Note: The indicators include Guangzhou economic and technological development zone, Guangzhou bonded zone, Guangzhou hi-tech development zone and Guangzhou exportance manufacturing district.

1-30 广州保税区国民经济主要指标

Main Indicators of National Economy of Guangzhou Bonded Zone

项　　目		Item		2016	2017
工业增加值	（万元）	Value-added of Industry	(10000 yuan)	118483	131395
工业总产值	（万元）	Gross Industrial Output Value	(10000 yuan)	501624	507315
固定资产投资额	（万元）	Investment in Fixed Assets	(10000 yuan)	356461	254382
国内投资企业		Domestic Investment Enterprises			
批准项目数	（个）	Number of Projects Approved	(unit)	54	62
注册资本	（万元）	Registered Capital	(10000 yuan)	37591	60437
进出区货物总值	（万美元）	Total Value of Imports and Exports	(USD 10000)	1066546	1261857
税收总额	（万元）	Total Taxes	(10000 yuan)	90934	95553

1-31 广州高新技术产业开发区国民经济主要指标

Main Indicators of National Economy of Guangzhou Hi-tech Development Zone

项　　目		Item		2016	2017
营业总收入	（万元）	Revenue	(10000 yuan)	60242204	71318365
工业总产值	（万元）	Gross Industrial Output Value	(10000 yuan)	39035207	41674387
高新区企业数	（个）	Number of Enterprises in Development Zone	(unit)	7655	17124
认定高新技术企业数	（个）	Number of Enterprises Certified	(unit)	1816	2877
港澳台企业数	（个）	Number of Enterprises with Funds from Hong Kong, Macao and Taiwan	(unit)	115	119
职工人数	（人）	Number of Staff and Workers	(person)	456733	541788
利税总额	（万元）	Total Profits and Taxes	(10000 yuan)	5367467	7568357
合同利用外资	（万美元）	Foreign Capital to be Utilized in the Signed Agreements and Contracts	(USD 10000)	380089	216285
实际利用外资	（万美元）	Foreign Capital Actually Utilized	(USD 10000)	194526	221043

1-32 私营企业基本情况（2017年末，按行业分）

项　　　目	Item
总　计	**Total**
农林牧渔业	Agriculture, Forestry, Animal Husbandry and Fishing
采矿业	Mining
制造业	Manufacturing
电力、热力、燃气及水生产和供应业	Production and Supply of Electricity, Heat,Gas and Water
建筑业	Construction
批发和零售业	Wholesale and Retail Trade
交通运输、仓储和邮政业	Transport, Storage and Post
住宿和餐饮业	Hotels and Catering Services
信息传输、软件和信息技术服务业	Information Transmission, Software and Information Technology
金融业	Financial Intermediation
房地产业	Real Estate
租赁和商务服务业	Leasing and Business Services
科学研究和技术服务业	Scientific Research and Technical Services
水利、环境和公共设施管理业	Management of Water Conservancy, Environment and Public Facilities
居民服务、修理和其他服务业	Service to Households, Repair and Other Services
教育	Education
卫生和社会工作	Health and Social Service
文化、体育和娱乐业	Culture, Sports and Entertainment
其他	Others

注：1.本表数据由广州市工商行政管理局提供。
2.年末人数包括年末投资者人数和年末雇工人数。

Basic Statistics on Private Enterprises (Year-end of 2017, by Sector)

全　市 Total			# 城　镇 Urban Areas		
户　数 (户) Number of Enterprises (unit)	年末人数 (人) Number of Personnel at Year-end (person)	注册资金 (万元) Registered Capital (10000 yuan)	户　数 (户) Number of Enterprises (unit)	年末人数 (人) Number of Personnel at Year-end (person)	注册资金 (万元) Registered Capital (10000 yuan)
719856	**1617029**	**344189357**	**665609**	**1451413**	**324334696**
3276	8332	1565743	3054	7029	1482680
45	194	143150	43	153	143107
76805	213842	22341065	66662	165609	17454308
314	1079	873719	294	985	848436
33962	72655	19816324	31445	66259	18506666
264505	511791	52959551	245242	463661	49671099
18858	38020	6068804	17191	33959	5634108
12365	30031	1160723	11527	24367	1106767
31956	75341	12413163	30859	72452	11922492
2088	12709	55908701	2014	12362	55042561
14743	38788	12067692	12819	33875	10141476
109644	285557	106847931	102664	268493	102993521
112199	239534	42212701	104739	222581	39878080
1115	3723	766554	1010	3345	716271
10669	25944	1218257	9701	21235	1153732
2651	5483	669810	2575	5271	663143
1063	3683	716970	999	2907	688026
23598	50323	6438499	22771	46870	6288223

Note: I. The data in this table are provided by Guangzhou Municipal Administration for Industry and Commerce.
II. The number of people at the year end include the number of investors and hired workers.

1-33 私营企业基本情况（2017年末，按地区分）
Basic Statistics on Private Enterprises (Year-end of 2017, by Region)

地 区	District	年末户数 (户) Number of Enterprises at Year-end (unit)	年末人数 (人) Number of Personnel at Year-end (person)	投资者人数 Numbers of Investors	雇工人数 Number of Employees
合 计	**Total**	**719856**	**1617029**	**1289098**	**327931**
荔湾区	Liwan	28015	68398	53407	14991
越秀区	Yuexiu	59311	139480	109644	29836
海珠区	Haizhu	60079	130096	107850	22246
天河区	Tianhe	182712	373413	329209	44204
白云区	Baiyun	134038	266109	227871	38238
黄埔区	Huangpu	18124	46710	35533	11177
开发区	Development Zone	26006	64132	53885	10247
番禺区	Panyu	88292	218703	155940	62763
花都区	Huadu	37613	88876	63068	25808
南沙区	Nansha	44849	94214	78239	15975
从化区	Conghua	8551	34766	17672	17094
增城区	Zengcheng	32266	92132	56780	35352

注：本表数据按注册地区分，由广州市工商行政管理局提供。
Note: The data in this table are classified according to the place of registration and provided by Guangzhou Administration for Industry and Commerce.

1-34 城乡个体工商业基本情况

Basic Statistics on Individual Business in Urban and Rural Areas

年　份 Year	期末户数 （户） Number of Year-end Enterprises (unit)	从业人数 （人） Number of Employees (person)	注册资金 （万元） Registered Capital (10000 yuan)
2000	226016	380941	404995
2001	250672	427923	490425
2002	245505	415817	660203
2003	230229	360809	585762
2004	244756	375349	546263
2005	285557	446874	592574
2006	308655	492191	603861
2007	417392	633234	701374
2008	469128	710642	754857
2009	552031	858694	912604
2010	596854	953510	999560
2011	661026	1031588	1166051
2012	675449	1055281	1262195
2013	716711	1127338	1434127
2014	739923	1169148	1604837
2015	799583	1256776	1836453
2016	862631	1357477	2123393
2017	933528	1480664	2933580

注：本表数据由广州市工商行政管理局提供。
Note: The data in this table are provided by Guangzhou Municipal Administration for Industry and Commerce.

1-35 城乡个体工商业基本情况（2017年末，按行业分）

项　　目	Item
总　　计	**Total**
#农林牧渔业	Agriculture, Forestry, Animal Husbandry and Fishing
采矿业	Mining
制造业	Manufacturing
电力、热力、燃气及水生产和供应业	Production and Supply of Electricity, Heat,Gas and Water
建筑业	Construction
批发和零售业	Wholesale and Retail Trade
交通运输、仓储和邮政业	Transport, Storage and Post
住宿和餐饮业	Hotels and Catering Services
信息传输、软件和信息技术服务业	Information Transmission, Software and Information Technology
金融业	Financial Intermediation
房地产业	Real Estate
租赁和商务服务业	Leasing and Business Services
科学研究和技术服务业	Scientific Research and Technical Services
水利、环境和公共设施管理业	Management of Water Conservancy, Environment and Public Facilities
居民服务、修理和其他服务业	Service to Households, Repair and Other Services
教育	Education
卫生和社会工作	Health and Social Service
文化、体育和娱乐业	Culture, Sports and Entertainment

注：本表数据由广州市工商行政管理局提供。

Basic Statistics on Individual Business in Urban and Rural Areas (Year-end of 2017, by Sector)

户 数 (户) Number of Enterprises (unit)	# 城 镇 Urban Areas	从业人员 (人) Number of Employed Persons (person)	# 城 镇 Urban Areas	注册资金 (万元) Registered Capital (10000 yuan)	# 城 镇 Urban Areas
933528	**918632**	**1480664**	**1455649**	**2933580**	**2875614**
5267	4863	12486	11248	148017	132429
2	1	2	1	198	18
70752	68977	223536	217250	267267	255740
104	45	208	94	10822	2014
5466	5366	10369	10169	36374	35625
628582	619354	805066	793739	1709809	1697539
9728	9675	15517	15437	36245	36062
122414	120678	252597	249211	444002	437764
1147	1090	1563	1489	1997	1931
27	27	35	35	95	95
1054	1041	1791	1769	5565	5529
14749	14563	24524	24216	47369	46941
4969	4880	8488	8362	13154	13034
64	61	140	130	440	433
61742	60586	108851	107072	150888	149246
1532	1531	3375	3374	9925	9924
1105	1094	3527	3506	29910	29856
4824	4800	8589	8547	21503	21434

Note: The data in this table are provided by Guangzhou Municipal Administration for Industry and Commerce.

1-36 内资企业基本情况（2017年末）

项　　目	Item
总　计	**Total**
按行业分	**Grouped by Sector**
农林牧渔业	Agriculture, Forestry, Animal Husbandry and Fishing
采矿业	Mining
制造业	Manufacturing
电力、热力、燃气及水生产和供应业	Production and Supply of Electricity, Heat,Gas and Water
建筑业	Construction
批发和零售业	Wholesale and Retail Trade
交通运输、仓储和邮政业	Transport, Storage and Post
住宿和餐饮业	Hotels and Catering Services
信息传输、软件和信息技术服务业	Information Transmission, Software and Information Technology
金融业	Financial Intermediation
房地产业	Real Estate
租赁和商务服务业	Leasing and Business Services
科学研究和技术服务业	Scientific Research and Technical Services
水利、环境和公共设施管理业	Management of Water Conservancy, Environment and Public Facilities
居民服务、修理和其他服务业	Service to Households, Repair and Other Services
教育	Education
卫生和社会工作	Health and Social Service
文化、体育和娱乐业	Culture, Sports and Entertainment
其他	Others

注：1. 本表数据由广州市工商行政管理局提供。
　　2. 本表不包括私营企业。

Basic Statistics on Domestic-Funded Enterprises (Year-end of 2017)

企业数 (户) Numbers of Enterprises (unit)	# 国有企业 Stated-owned Enterprises	# 集体企业 Collective-owned Enterprises	# 公司 Corporations	# 其他企业 Other Enterprises	注册资金 (万元) Registered Capital (10000 yuan)
71085	**2697**	**4534**	**59929**	**3925**	**172082980**
490	43	84	356	7	620892
22	2	3	17		156593
4185	249	720	2331	885	12801079
435	37	50	346	2	3460561
2259	179	210	1774	96	13398537
16616	793	2043	12039	1741	12656846
3014	346	162	2407	99	8623978
2033	145	84	1480	324	1244209
3705	5	13	3676	11	5501109
4499	13		4484	2	13307835
5221	140	545	4467	69	17861546
15231	460	358	14237	176	62157496
9091	176	110	8693	112	13209575
254	21	20	208	5	1527288
1070	41	87	635	307	230890
386	8	18	348	12	333455
554		4	547	3	1263102
2018	39	23	1882	74	3727889
2			2		100

Note: I. The data in this table are provided by Guangzhou Municipal Administration for Industry and Commerce.
II. This table excludes private enterprises.

【地区生产总值(GDP)】 指一个地区所有常住单位在一定时期内生产活动的最终成果。国内生产总值有三种表现形态，即价值形态、收入形态和产品形态。从价值形态看，它是所有常住单位在一定时期内生产的全部货物和服务价值与同期投入的全部非固定资产货物和服务价值的差额，即所有常住单位的增加值之和；从收入形态看，它是所有常住单位在一定时期内创造的各项收入之和，包括劳动者报酬、生产税净额、固定资产折旧和营业盈余；从产品形态看，它是所有常住单位在一定时期内最终使用的货物和服务价值与货物和服务净出口价值之和。在实际核算中，国内生产总值有三种计算方法，即生产法、收入法和支出法。三种方法分别从不同的方面反映国内生产总值及其构成。

【三次产业】 三产业的划分是世界上较为常用的产业结构分类，但各国的划分不尽一致。根据《国民经济行业分类》（GB/T 4754-2011），我国的三次产业划分是：

第一产业是指农、林、牧、渔业（不含农、林、牧、渔服务业）。

第二产业是指采矿业（不含开采辅助活动），制造业（不含金属制品、机械和设备修理业），电力、热力、燃气及水生产和供应业，建筑业。

第三产业即服务业，是指除第一产业、第二产业以外的其他行业。

【劳动者报酬】 指劳动者从事生产活动应获得的全部报酬，既包括货币形式的报酬，也包括实物形式的报酬。主要包括工资、奖金、津贴和补贴，单位为其员工交纳的社会保险费、补充社会保险费和住房公积金、行政事业单位职工的离退休金、单位为其员工提供的其他各种形式的福利和报酬等。

【生产税净额】 指生产税减生产补贴后的差额。其中，生产税指政府对生产单位从事生产、销售和经营活动，以及因从事生产活动使用某些生产要素（如固定资产和土地等）所征收的各种税收、附加费和其他规费。生产税分为产品税和其他生产税，产品税主要有：增值税、消费税、进口关税、出口税等；其他生产税主要有：房产税、车船使用税、城镇土地使用税等。生产补贴则相反，它是政府为影响生产单位的生产、销售及定价等生产活动而对其提供的无偿支付，包括农业生产补贴、政策亏损补贴、进口补贴等。生产补贴作为负生产税处理。

【固定资产折旧】 指由于自然退化、正常淘汰或损耗而导致的固定资产价值下降，用以代表固定资产通过生产过程被转移到其产出中的价值。原则上，固定资产折旧应按照固定资产的重置价值计算。

【营业盈余】 指常住单位创造的增加值扣除劳动者报酬、生产税净额和固定资产折旧后的余额。

【支出法国内生产总值】 是从最终使用的角度反映一个国家(或地区)一定时期内生产活动最终成果的一种方法，包括最终消费支出、资本形成总额及货物和服务净出口三部分。计算公式为：

支出法国内生产总值=最终消费支出+资本形成总额+货物和服务净出口

【最终消费支出】 指常住单位为满足物质、文化和精神生活的需要，从本国经济领土和国外购买的货物和服务的支出。它不包括非常住单位在本国经济领土内的消费支出。最终消费支出分为居民消费支出和政府消费支出。

【居民消费支出】 指常住住户在一定时期内对于货物和服务的全部最终消费支出。居民消费支出除了直接以货币形式购买的货物和服务的消费支出外，还包括以其他方式获得的货物和服务的消费支出，即所谓的虚拟消费支出。居民虚拟消费支出包括如下几种类型：单位以实物报酬及实物转移的形式提供给劳动者的货物和服务；住户生产并由本住户消费了的货物和服务，其中的服务仅指住户的自有住房服务；金融机构提供的金融媒介服务。

【政府消费支出】 指政府部门为全社会提供的公共服务的消费支出和免费或以较低的价格向居民住户提供的货物和服务的净支出，前者等于政府服务的产出价值减去政府单位所获得的经营收入的价值，后者等于政府部门免费或以较低价格向居民住户提供的货物和服务的市场价值减去向住户收取的价值。

【资本形成总额】 指常住单位在一定时期内获得减去处置的固定资产和存货的净额，包括固定资本形成总额和存货变动两部分。

【固定资本形成总额】 指常住单位在一定时期内获得的固定资产减处置的固定资产的价值总额。固定资产是通过生产活动生产出来的，且其使用年限在一年以上、单位价值在规定标准以上的资产，不包括自然资产、耐用消费品、小型工器具。固定资本形成总额包括住宅、其他建筑和构筑物、机器和设备、培育性生物资源、知识产权产品（研发支出、矿藏的勘探、计算机软件）的价值获得减处置。

【存货变动】 指常住单位在一定时期内存货实物量变动的市场价值，即期末价值减期初价值的差额，再扣除当期由于价格变动而产生的持有收益。存货变动可以是正值，也可以是负值，正值表示存货上升，负值表示存货下降。存货包括生产单位购进的原材料、燃料和储备物资等存货，以及生产单位生产的产成品、在制品和半成品等存货。

【可比价格】 指在不同时期的价值指标对比时，扣除了价格变动的因素，以确切反映物量的变化。按可比价格计算有两种方法：一种是直接用产品产量乘某一年的不变价格计算；另一种是用价格指数换算。

【平均增长速度】 表明社会经济现象在一个较长的时期内逐期平均增长变化的程度，它不能根据各个环比增长速度直接求得，但与平均发展速度之间存在着一定的数量关系：平均增长速度＝平均发展速度－1。

平均发展速度是一种根据环比发展速度计算的序时平均数，由于各时期对比的基础不同，所以计算平均发展速度不能采用一般的序时平均数的计算方法，计算方法分为水平法和累计法。水平法，又称几何平均法，即将环比发展速度按连乘法用几何平均数公式计算。累计法，也称方程法，根据一段时期内各年发展水平总和与基期水平的关系，列出方程式计算平均发展速度。水平法着重考虑最后一年所达到的发展水平；累计法着重考虑整个时期累计发展水平的总量。

本《年鉴》内所列的平均增长速度，除固定资产投资用

“累计法”计算外，其余均用“水平法”计算。从某年到某年平均增长速度的年份，均不包括基期年在内。如1979年平均增长速度是以1978年为基期计算的，余类推。

【国有企业】指企业全部资产归国家所有，并按《中华人民共和国企业法人登记管理条例》规定登记注册的非公司制的经济组织。不包括有限责任公司中的国有独资公司。

【集体企业】指企业资产归集体所有，并按《中华人民共和国企业法人登记管理条例》规定登记注册的经济组织。

【股份合作企业】指以合作制为基础，由企业职工共同出资入股，吸收一定比例的社会资产投资组建，实行自主经营，自负盈亏，共同劳动，民主管理，按劳动分配与按股分红相结合的一种集体经济组织。

【联营企业】指两个及两个以上相同或不同所有制性质的企业法人或事业单位法人，按自愿、平等、互利的原则，共同投资组成的经济组织。联营企业包括国有联营企业、集体联营企业、国有与集体联营企业和其他联营企业。

【有限责任公司】指根据《中华人民共和国公司登记管理条例》规定登记注册，由2个以上，50个以下的股东共同出资，每个股东以其所认缴的出资额对公司承担有限责任，公司以其全部资产对其债务承担责任的经济组织。有限责任公司包括国有独资公司以及其他有限责任公司。

【股份有限公司】指根据《中华人民共和国公司登记管理条例》规定登记注册，其全部注册资本由等额股份构成并通过发行股票筹集资本，股东以其认购的股份对公司承担有限责任，公司以其全部资产对其债务承担责任的经济组织。

【私营企业】指由自然人投资设立或由自然人控股，以雇佣劳动为基础的营利性经济组织。包括按照《公司法》、《合伙企业法》、《私营企业暂行条列》以及《个人独资企业法》规定登记注册的私营有限责任公司、私营股份有限公司、私营合伙企业、私营独资企业和个人独资企业。

【其他企业】指国有企业、集体企业、股份合作企业、联营企业、有限责任公司、股份有限公司和私营企业之外的其他内资经济组织。

【合资经营企业（港或澳、台资）】指港澳台地区投资者与内地企业依照《中华人民共和国中外合资经营企业法》及有关法律的规定，依照合作合同的约定进行投资或提供条件设立、分配利润、分担风险和亏损的企业。

【合作经营企业（港或澳、台资）】指港澳台地区投资者与内地企业依照《中华人民共和国中外合作经营企业法》及有关法律的规定，依照合作合同的约定进行投资或提供条件设立、分配利润和分担风险的企业。

【港澳台商独资经营企业】指依照《中华人民共和国外资企业法》及有关法律的规定，在内地由港澳台地区投资者全额投资设立的企业。

【港澳台商投资股份有限公司】指根据国家有关规定，经商务部（原外经贸部）依法批准设立，其中港、澳、台商的股本占公司注册资本的比例达25%以上的股份有限公司。凡其中港、澳、台商的股本占公司注册资本的比例小于25%的，属于内资企业中的股份有限公司。

【其他港澳台商投资企业】指在中国境内参照《外国企业或个人在中国境内设立合伙企业管理办法》和《外商投资合伙企业登记管理规定》，依法设立的港、澳、台商投资合伙企业。

【中外合资经营企业】指外国企业或外国人与中国内地企业依照《中华人民共和国中外合资经营企业法》及有关法律的规定，按合同规定的比例投资设立、分享利润和分担风险的企业。

【中外合作经营企业】指外国企业或外国人与中国内地企业依照《中华人民共和国中外合作经营企业法》及有关法律的规定，依照合作合同的约定进行投资或提供条件设立、分享利润和分担风险的企业。

【外资企业】指依照《中华人民共和国外资企业法》及有关法律的规定，在中国内地由外国投资者全额投资设立的企业。

【外商投资股份有限公司】指根据国家有关规定，经商务部（原外经贸部）依法批准设立，其中外资的股本占公司注册资本的比例达25%以上的股份有限公司。凡其中外资股本占公司注册资本的比例小于25%的，属于内资企业中的股份有限公司。

【其他外商投资企业】指在中国境内依照《外国企业或个人在中国境内设立合伙企业管理办法》和《外商投资合伙企业登记管理规定》，依法设立的外商投资合伙企业。

【法人单位】指同时具备以下条件的单位：（1）依法成立、有自己的名称、组织机构和场所、能够独立承担民事责任；（2）独立拥有和使用（或授权使用）资产或者经费、承担负债、有权与其它单位签订合同；（3）具有包括资产负债表在内的账户，或者能够根据需要编制账户。法人单位包括企业法人、事业单位法人、机关法人、社会团体法人、民办非企业法人和其他法人。

【单产业法人】指只在一个地点，主要从事一种生产经营活动的法人单位。

【多产业法人】指坐落于两个及两个以上地点或主要从事两种及两种以上生产经营活动的，按照单位划分规定可以划分为两个或两个以上的产业活动单位的法人单位。

【产业活动单位】是法人单位的组成部分。产业活动单位应同时具备下列条件：（1）在一个场所从事一种或主要从事一种社会经济活动；（2）相对独立组织生产活动或经营活动；（3）能够提供收入和支出等相关资料。

【Gross Domestic Product (GDP)】 refers to the final products produced by all resident units in a country during a certain period of time. Gross domestic product is expressed in three different perspectives, namely value, income, and products respectively. GDP in its value perspective refers to the balance of total value of all goods and services produced by all resident units during a certain period of time, minus the total value of input of goods and services of the nature of non-fixed assets; in other words, it is the sum of the value-added of all resident units. GDP from the perspective of income refers to the sum of all kinds of revenue, including Compensation of Employees, Net Taxes on Production, Depreciation of Fixed Assets, and Operating Surplus. GDP from the perspective of products refers to the value of all goods and services for final demand by all resident units plus the net exports of goods and services during a given period of time. In the practice of national accounting, gross domestic product is calculated from three approaches, namely production approach, income approach and expenditure approach, which reflect gross domestic product and its composition from different angles.

【Three Strata of Industry】 Classification of economic activities into three strata of industry is a common practice in the world, although the grouping varies to some extent from country to country. In China, according to Industrial classification for National Economic Activities (GB/T 4754-2011) and Dividing Basis of Three Industries, economic activities are categorized into the following three strata of industry:

Primary industry refers to agriculture, forestry, animal husbandry and fishery industries (not including services in support of agriculture, forestry, animal husbandry and fishery industries).

【Secondary industry】 refers to mining and quarrying(not including support activities for mining), manufacturing(not including repair service of metal products, machinery and equipment), production and supply of electricity, heat, gas and water, and construction.

Tertiary industry refers to all other economic activities not included in the primary or secondary industries.

【Compensation of Employees】 refers to the total payment of various forms to employees for the productive activities they are engaged in. It includes the employees earn in cash or in kind. It mainly include: wages, bonuses and allowances, subsidies, social insurance paid by company or unit for its staff, supplementary social insurance, housing fund, the pension for the employees of the administrative institution, other forms of welfare and remuneration provide by the units for its employees.

【Net Taxes on Production】 refers to taxes on production less subsidies on production. The taxes on production refers to the various taxes, extra charges and fees levied on the production units on their production, sale and business activities as well as on the use of some factors of production, such as fixed assets, land etc. in the production activities they are engaged in. Taxes on production are divided into product tax and other kinds of taxes on production, product tax mainly includes: value-added tax, consumption tax, import duty, export duty; other taxes on production mainly include: House Property Tax, Tax on Vehicles and Boat Operation, Urban Land Use Tax, etc. In contrast to taxes on production, subsidies on production refer to the payment by the government for free to the production units to influence production activities of production units such as production, sales and pricing, which include agricultural production subsidies, subsidies for policy losses, import subsidies, etc. Subsidies on production are therefore regarded as negative taxes on production.

【Depreciation of Fixed Assets】 Refers to the decline of the value of fixed assets due to natural deterioration, normal elimination or loss, it reflects the value of transfer of the fixed assets in the production of the current period. In principle, the depreciation of fixed assets should be calculated on the basis of the re-purchased value of the fixed assets.

【Operating Surplus】 refers to the balance of the value added created by the resident units after deducting the labourers remuneration, net taxes on production and the depreciation of fixed assets.

【GDP by Expenditure Approach】 refers to the method of measuring the final results of production activities of a country (region) during a given period from the perspective of final uses. It includes final consumption expenditure, gross capital formation and net export of goods and services. The formula for computation is:

GDP by expenditure approach = final consumption expenditure + gross capital formation + net export of goods and services.

【Final Consumption Expenditure】 refers to the total expenditure of resident units for purchases of goods and services from both the domestic economic territory and abroad to meet the needs of material, cultural and spiritual life. It does not include the expenditure of non-resident units on consumption in the economic territory of the country. The final consumption expenditure is broken down into household consumption expenditure and government consumption expenditure.

【Household Consumption Expenditure】 refers to the total expenditure of resident households on the final consumption of goods and services. In addition to the consumption of goods and services bought by the households directly with money, the household consumption expenditure also includes expenditure on goods and services obtained by the households in other ways, i.e. the latter so-called imputed consumption expenditure, which mainly includes: (a) the goods and services provided to households by employers in the form of payment in kind and transfer in kind; (b) goods and services produced and consumed by the households themselves (such as self produced agricultural products); (c) financial intermediate services provided by banking and insurance institutions.

【Government Consumption Expenditure】 refers to the consumption expenditure spent for the provision of public services provided by the government to the whole country and the net expenditure on the goods and services provided by the government

to households free of charge or at reduced prices. The former equals to the output value of the government services minus the value of operating income obtained by the government departments. The latter equals to the market value of the goods and services provided by the government free of charge or at reduced prices to the households minus the value received by the government from the households.

【Gross Capital Formation】 refers to the fixed assets acquired less disposals and the net value of inventory, thus including gross fixed capital formation and changes in inventories.

【Gross Fixed Capital Formation】 refers to the value of acquisitions less those disposals of fixed assets during a given period. Fixed assets are the assets produced through production activities with unit value above a specified amount and which could be used for over one year. Natural assets, consumer durables, small instruments are not included. Gross Fixed Capital Formation includes the value of housing, other buildings and structure, equipment and machinery, breeding biological resources, intellectual property right product (expenditure for R&D, the prospecting of minerals and the acquisition of computer software) minus the disposal of them.

【Changes in Inventories】 refers to the market value of the change in the physical volume of inventory of resident units during a given period, i.e. the difference between the values at the beginning and at the end of the period minus the gains due to the change in prices. The changes in inventories can have a positive or a negative value. A positive value indicates an increase in inventory while a negative value indicates a decrease in inventory. The inventory includes raw materials, fuels and reserve materials purchased by the production units as well as the inventory of finished products, semi-finished products and work-in-progress.

【Comparable price】 refers to when the value index is compared in different periods, the factors of price change are deducted to reflect the change of material quantity. There are two methods to calculate the comparable price: one is to calculate the product output directly by the constant price of a certain year, and the other is to convert by the price index.

【Average Annual Growth Rate】 shows the average growth rate of social and economic development during a longer period. It can not be directly calculated by chain based growth rate. The relation is:

Average Annual Growth Rate = Average Speed of Development - 1

Average speed of development is the time series average of speed which calculated by chain based. Because the reference bases during the different periods are not same, average speed of development can not be calculated by the general method. Level approach and accumulative approach for calculating average speed of development rate are applied. The "level approach", or the method of calculating the geometric average is derived by the formula of geometric average of the chain-based speeds of development, or comparing the level of the last year of the interval with that of the beginning year; the other is called the "accumulative approach" or the "algebraic average", "equation" method, which is derived by the summation of the actual figure of each year in the interval divided by the figure in the base year. The level approach focuses on the level of the last year, while the accumulative approach emphasizes the aggregate development in the duration.

The average annual growth rates listed in the Yearbook are calculated by the level approach except for the growth rate of investment in fixed assets. The base year is not listed in the duration for which average annual growth rates are computed. For example, the average growth rate in 1979 is calculated on the basis of 1978, and so on.

【The state-owned enterprises】 are economic organizations whose assets are solely owned by the state and whose registrations are made according to "Regulations of the People's Republic of China for Controlling the Registration of Enterprises as legal Persons." Excluding the state-owned solely enterprises of liability limited companies.

【The collective-owned enterprises】 are economic organizations whose assets are owned by the collective and whose registration are made according to"Regulations of the People's Republic of China for Controlling the Registration of Enterprises as Legal Persons."

【Joint stock cooperative enterprises】 are a kind of collective economic organizations based on a cooperative system. In addition to the shares bought by their workers and staff, the enterprises also absorb a certain percentage of social capital. They enjoy staff, the autonomy in operation and take care of their own losses and profits. The shareholding work together, conduct democratic management, and combine distribution according to one's performance with sharing out profits according to shares.

【Joint operation enterprises】 refer to economic organizations set up with joint investment from legal persons of two or more enterprises of different ownerships or institutions according to principle of voluntary participation, equality and mutual benefit. They include state-owned joint operation enterprises, collective joint operation enterprises, state-collective joint operation enterprises and other types of joint operation enterprises.

【Company with limited liability】 is a company registered in accordance with the "Regulations of the People's Republic of China on Administration of Company Registration."Its investment comes from more than 2 and less than 50 shareholders. Each shareholder assumes limited liability for the company according to his subscription to capital stock. The company assumes liabilities for its debts according to all its assets. Such economic organizations include solely state invested companies and other types of companies with limited liability.

【The joint stock company limited】 refers to economic organizations registered in accordance with the"Regulations of the People's Republic of China on Administration of Company Registration."All its registered capital is composed of shares of equal value and its capital is collected through share issuing. The shareholders bear limited liability for the company according to the amount of shares they have bought from the company and the company assumes liabilities for its debts according to all its assets.

【Private enterprise】 refers to profit making economic organizations set up with investment from natural persons or with controlling interest in the hands of natural persons who employ laborers for operation. Such enterprises include private companies with limited liability, private joint stock companies limited, private partnership enterprises and solely individual invested enterprises, which are registered according to the "Company Law","Partnership Enterprises Law","Temporary Regulations of Private Enterprises" and "Individual Proprietorship Enterprise Law".

【Other companies】 refers to other economic organizations exclude the state-owned enterprises, the collective-owned enterprises, joint stock cooperative enterprises, joint operation enterprises, company with limited liability, the joint stock company limited, private enterprise.

【Joint Venture Enterprises(Funds are from Hong Kong, Macao or Taiwan.) 】 are enterprises established by investors from Hong Kong, Macao and Taiwan with enterprises in the mainland of China in accordance with the Law of the People's Republic of China on Sino-foreign Equity Joint Ventures and other relevant laws, where the establishment of the investment and the sharing of profits and risks are stipulated under joint venture contracts.

【Cooperative Enterprises(Funds are from Hong Kong, Macao or Taiwan.)】 established by investors from Hong Kong, Macao and Taiwan with enterprises in the mainland of China in accordance with the Law of the People's Republic of China on Sino-foreign Contractual Joint Venture and other relevant laws, where the investment or provision of facilities and the sharing of profits and risks are stipulated under cooperative contracts.

【Solely invested Hong Kong, Macao and Taiwan enterprises】 refer to enterprises set up on the mainland according to the "Law of the People's Republic of China on Foreign Capital Enterprises and solely invested by investors from Hong Kong, Macao and Taiwan."

【The joint stock company limited funded by investors from Hong Kong, Macao and Taiwan】 refers to any joint stock company limited that is set up according relevant state regulations and is approved by the Ministry of Commerce of PRC (former Ministry of Foreign Economic Relations and Trade). The investment from Hong Kong, Macao and Taiwan investors must account more than 25 percent of the company's total capital. If such investment is less than 25 percent, it shall be classified as a joint stock company limited invested by domestic investors.

【Other Enterprises with Funds From Hong Kong, Macao and Taiwan】 refer to partnership enterprises with investments from Hong Kong, Macao and Taiwan established within the territory of China in accordance with Administrative Measures on the Establishment of Partnership Enterprises in China by Foreign Enterprises or Foreign Individuals and Regulations for the Administration of the Registration of Foreign-invested Partnership Enterprises.

【The Sino foreign joint ventures】 refers to any enterprise that is jointly set up by foreign enterprises or foreigners with Chinese enterprises in accordance with the "Law of the People's Republic of China on Joint Ventures with Chinese and Foreign Investment." The investors shall put in investment, share profits and risks according to the contract on the joint venture.

【The foreign capital enterprise】 refers to any enterprise that is set up on the Chinese mainland according to the "Law of the People's Republic of China on Foreign Capital Enterprises" and with all its investment coming from foreign investors.

【The foreign-invested joint stock company limited】 refers to any joint stock company limited that is set up according to relevant state regulations and is approved by the Ministry of Foreign Economic Relations and Trade. The foreign investment must account more than 25 percent of the company's total capital .If such investment is less than 25 percent, it shall be classified as a joint stock company limited invested by Chinese investors.

【Other foreign capital enterprises】 refer to the foreign capital enterprises set up on the mainland according to the Ministry of Commerce of PRC (former Ministry of Foreign Economic Relations and Trade) on Foreign enterprises or individuals to establish a partnership enterprises"and "Foreign-invested Partnership Enterprise Registration Regulations".

【Legal entities】 Refers to a unit meet the following conditions at the same time: Established by law, it has its own name, organization and location, ability to independently bear civil liability; Independently owned and use (or authorize the use of) assets or funds, assume liabilities, and entitled to sign contracts with other units; Having accounts including balance sheet, including, or can prepare accounts according to needs. Legal entities including corporate, legal institutions, corporate bodies, corporate social groups, private non-enterprise legal persons and other legal entities.

【Single-industry Legal entities】 refers to the legal entities at only one location and mainly one production and business activities .

【Multi-industry Legal entities】 refers to the legal entities located in two or more locations or mainly engaged in two kinds and two or more production and business activities, in accordance with the provisions of the unit can be divided into two or more of the industrial units of legal entities.

【Industrial units】 is part of Legal entities. Industrial units should also meet the following conditions: engaged in a place or primarily in a social economic activities; a relatively independent production activities or operating activities; the ability to provide income and expenditure and other related information.

第二篇 CHAPTER 2

人口
POPULATION

第二篇　人　口

一、本篇资料由广州市统计局人口和社会科技统计处整理提供。

二、本篇资料2-4表中2006-2009年的常住人口数根据2010年第六次全国人口普查结果进行了修正。2-6表中的婴儿死亡率和2-8表数据由广州市卫生和计划生育委员会提供，其他资料均由广州市公安局提供。

三、本篇资料中的农业与非农业人口统计，2003年以前按户口性质分类。2003-2014年，非农业人口的统计口径根据省公安厅《转发公安部办公厅关于修改人口统计年报表等有关问题的通知》（广公（办）字[2003]146号）调整为：设区市的区和不设区市的市区所辖街道办事处区域内的常住人口和市辖镇、县辖镇所辖居民委员会或镇政府驻地村委会区域内的常住人口按非农业人口统计。表2-2中2003-2014年的农业人口和非农业人口均按此口径列出。从2015年开始，按户籍人口所在区域城乡属性分为城镇人口和乡村人口。

2 Population

I. The data in this chapter are prepared by the Division of Population, Social, Science and Technology Statistics of Guangzhou Statistics Bureau.

II. The resident population data for 2006- 2009 of table 2-4 in this chapter has been revised, according to the Sixth National Census in 2010. The death rate of infants in table 2-6 and table 2-8 is provided by Health and Family Planning Commission of Guangzhou Municipality, the other data on household population are provided by the Public Security Bureau of Guangzhou Municipality.

Ⅲ. The agricultural population and nonagricultural population in this chapter were cataloged by residence registration before 2003. From 2003 to 2014 the statistical coverage of nonagricultural population has been adjusted in accordance with The Notice about Some Items on Changing the Annual Reporting Tables of Population Statistics Transmitted from the Ministry of Public Security stipulated by Guangdong Provincial Bureau of Public Security. The permanent population living in the region of sub-district offices under the jurisdiction of districts, neighborhood committees under the jurisdiction of towns and village committees where town governments seat are cataloged to non-agricultural population. The agricultural population and nonagricultural population from 2003 to 2014 in table 2-2 are cataloged on this coverage. Since 2015, urban population and rural population are divided by the registered region of registered population.

2-1 主要年份全市年末户籍总户数、总人口数
Total Registered Households and Population at Year-end in Main Years

年 份 Year	总户数 （户） Total Households (household)	总人口 （人） Total Population (person)			性别比 （女=100） Sex Ratio (Female=100)
			男 Male	女 Female	
1978	1145925	4828961	2454010	2374951	103.33
1980	1162717	5018638	2549801	2468837	103.28
1985	1369661	5449820	2786389	2663431	104.62
1986	1414794	5554073	2844443	2709630	104.98
1987	1462530	5650761	2898250	2752511	105.29
1988	1514705	5769101	2964697	2804404	105.72
1989	1565517	5854265	3009581	2844684	105.80
1990	1641840	5942534	3055107	2887427	105.81
1991	1675951	6022186	3096991	2925195	105.87
1992	1722833	6122016	3151204	2970812	106.07
1993	1825541	6236647	3210324	3026323	106.08
1994	1832571	6370241	3284477	3085764	106.44
1995	1871894	6467115	3334356	3132759	106.44
1996	1905998	6560508	3380751	3179757	106.32
1997	1945905	6664862	3432921	3231941	106.22
1998	2007082	6741400	3469164	3272236	106.02
1999	2044756	6850024	3522913	3327111	105.89
2000	2100434	7006896	3605481	3401415	106.00
2001	2135837	7125979	3670177	3455802	106.20
2002	2162532	7206229	3705036	3501193	105.82
2003	2202851	7251888	3722168	3529720	105.45
2004	2259730	7376720	3779757	3596963	105.08
2005	2302890	7505322	3839680	3665642	104.75
2006	2346536	7607220	3883760	3723460	104.31
2007	2382491	7734787	3942645	3792142	103.97
2008	2425582	7841695	3990328	3851367	103.61
2009	2474396	7946154	4036898	3909256	103.27
2010	2526804	8061370	4089885	3971485	102.98
2011	2595686	8145797	4125784	4020013	102.63
2012	2646091	8222969	4158292	4064677	102.30
2013	2706068	8323096	4201393	4121703	101.93
2014	2765020	8424169	4244403	4179766	101.55
2015	2802675	8541913	4293289	4248624	101.05
2016	2871024	8704901	4366737	4338164	100.66
2017	2950211	8978717	4493885	4484832	100.20

2-2 主要年份全市年末户籍常住户口户数、常住户口人口数

Permanent Registered Households and Population at Year-end in Main Years

年 份 Year	总户数 (户) Total Households (household)	人口数 (人) Total Population (person)	农业人口(乡村人口) Agricultural Population	非农业人口(城镇人口) Non-agricultural Population
1978	1145925	4815417	2500559	2314858
1980	1162717	5000658	2444826	2555832
1985	1369170	5431487	2475329	2956158
1986	1414007	5532926	2485169	3047757
1987	1461719	5632622	2492576	3140046
1988	1513715	5750293	2484339	3265954
1989	1564202	5837019	2475068	3361951
1990	1641063	5918462	2504602	3413860
1991	1674843	5997893	2514973	3482920
1992	1721098	6095547	2537164	3558383
1993	1784571	6204135	2450263	3753872
1994	1831663	6338332	2465936	3872396
1995	1871173	6433241	2480482	3952759
1996	1905305	6532967	2500263	4032704
1997	1945526	6629339	2520700	4108639
1998	2006279	6704699	2531875	4172824
1999	2042447	6807635	2551340	4256295
2000	2090384	6939568	2578513	4361055
2001	2127840	7058885	2548091	4510794
2002	2162199	7171300	2297622	4873678
2003	2202124	7226882	990540	6236342
2004	2251393	7348972	828510	6520462
2005	2294825	7466206	784226	6681980
2006	2330293	7573939	782154	6791785
2007	2361299	7701900	787611	6914289
2008	2402885	7802474	760735	7041739
2009	2450739	7917646	806140	7111506
2010	2510473	8042445	820905	7221540
2011	2580335	8129427	806652	7322775
2012	2646091	8222969	782640	7440329
2013	2706068	8323096	792254	7530842
2014	2765020	8424169	761300	7662869
2015	2802675	8541913	1731646	6810267
2016	2871024	8704901	1762341	6942560
2017	2950211	8978717	1823858	7154859

注：2003—2014年，农业人口、非农业人口资料口径与以前口径不同，详细情况见第二篇简要说明。2015年开始，户籍人口按所在区域城乡属性分为城镇人口和乡村人口。

Note: 2003-2014 agricultural population and non-agricultural population has been calculated on different coverage.Since 2015, urban population and rural population are divided by the registered region of registered population.

2-3 主要年份全市户籍总人口自然变动情况

Statistics on Natural Changes of Total Registered Population in Main Years

单位:人、‰ (person, ‰)

年 份 Year	年平均人数 Annual Average Population	出 生 Birth		死 亡 Death		自然增长率 Natural Growth Rate
		人 数 Population	出生率 Birth Rate	人 数 Population	死亡率 Death Rate	
1978	4753314	73470	15.46	25283	5.32	10.14
1980	4959822	80604	16.25	27643	5.57	10.68
1985	5402904	89630	16.59	28968	5.36	11.23
1986	5501946	91522	16.63	27839	5.06	11.57
1987	5602417	89106	15.90	28794	5.14	10.76
1988	5709931	86032	15.07	30265	5.30	9.77
1989	5811683	91402	15.73	30910	5.32	10.41
1990	5898400	88289	14.97	32388	5.49	9.48
1991	5982360	78680	13.15	30476	5.09	8.06
1992	6072101	79592	13.11	33588	5.53	7.58
1993	6179332	82515	13.35	34619	5.60	7.75
1994	6303444	78614	12.47	33349	5.29	7.18
1995	6418678	75867	11.82	35735	5.57	6.25
1996	6513812	78339	12.03	37216	5.71	6.32
1997	6612685	75184	11.37	35696	5.40	5.97
1998	6703131	67695	10.10	40981	6.11	3.99
1999	6795712	81485	11.99	39176	5.76	6.23
2000	6928460	71248	10.28	39987	5.77	4.51
2001	7066438	67542	9.56	37641	5.33	4.23
2002	7166104	61929	8.64	39673	5.54	3.10
2003	7229059	57277	7.92	41082	5.68	2.24
2004	7314304	69928	9.56	41961	5.74	3.82
2005	7441021	65840	8.85	41949	5.64	3.21
2006	7556271	67662	8.95	40936	5.42	3.53
2007	7671004	71332	9.30	42548	5.55	3.75
2008	7788241	79130	10.16	44420	5.70	4.46
2009	7893925	76482	9.69	42746	5.42	4.27
2010	8003762	99779	12.47	45571	5.69	6.78
2011	8103584	87024	10.74	44130	5.45	5.29
2012	8184383	101782	12.44	50538	6.17	6.27
2013	8273033	115813	14.00	44966	5.44	8.56
2014	8373633	113926	13.61	46767	5.59	8.02
2015	8483041	150403	17.73	49158	5.79	11.94
2016	8623407	137275	15.92	47145	5.47	10.45
2017	8841809	200958	22.73	60947	6.89	15.84

2-4 各区、县级市年末人口数(2005-2014年)

Population at Year-end by District and County-level City (2005-2014)

单位:万人 (10000 person)

地 区	District	2005	2006	2007	2008	2009	2010	2011	2012	2013	2014
户籍人口	**Registered Population**										
全 市	Total	750.53	760.72	773.48	784.17	794.62	806.14	814.58	822.30	832.31	842.42
荔湾区	Liwan	70.47	70.53	70.48	70.61	70.65	70.93	71.04	71.20	71.56	71.96
越秀区	Yuexiu	115.06	115.15	115.84	116.33	116.69	116.97	117.17	117.21	117.52	117.55
海珠区	Haizhu	87.70	89.05	90.79	92.31	93.73	95.28	96.75	97.74	98.89	99.81
天河区	Tianhe	61.97	64.54	69.00	71.66	74.53	77.06	78.51	79.63	80.95	82.43
白云区	Baiyun	76.07	76.77	77.65	78.99	80.65	83.19	84.66	86.31	88.15	89.83
黄埔区	Huangpu	19.27	19.36	19.55	19.71	19.85	19.97	20.15	20.42	20.64	20.93
番禺区	Panyu	93.08	94.76	97.51	98.92	99.92	100.39	100.86	80.81	82.06	83.57
花都区	Huadu	63.03	63.67	63.93	64.62	65.16	66.19	66.93	67.71	68.73	69.56
南沙区	Nansha	14.26	14.76	14.86	15.05	15.23	15.41	15.68	36.74	37.23	37.74
萝岗区	Luogang	16.37	16.73	17.16	17.63	18.27	18.90	19.57	20.20	20.91	21.58
增城市	Zengcheng	79.43	81.06	81.80	82.66	83.36	83.98	84.58	84.77	85.44	86.46
从化市	Conghua	53.82	54.34	54.91	55.68	56.58	57.87	58.68	59.56	60.23	61.00
常住人口	**Permanent Population**										
全 市	Total	949.68	996.66	1053.01	1115.34	1186.97	1270.96	1275.14	1283.89	1292.68	1308.05
荔湾区	Liwan	71.08	73.80	77.11	80.74	84.91	89.82	89.15	89.31	88.92	89.14
越秀区	Yuexiu	98.34	100.66	103.69	107.03	110.98	115.73	114.89	114.95	114.09	114.65
海珠区	Haizhu	122.07	127.01	132.99	139.56	147.09	155.92	156.63	157.58	158.34	159.98
天河区	Tianhe	104.56	110.34	117.19	124.74	133.34	143.37	143.65	144.66	148.43	150.61
白云区	Baiyun	155.45	165.46	177.24	190.27	205.16	222.48	223.67	225.20	226.57	228.89
黄埔区	Huangpu	27.52	30.19	33.34	36.89	41.00	45.83	46.10	46.47	46.67	47.43
番禺区	Panyu	142.36	147.26	153.31	159.95	167.61	176.65	177.64	143.75	144.86	146.75
花都区	Huadu	67.93	71.91	76.61	81.79	87.70	94.59	94.86	95.64	96.48	97.51
南沙区	Nansha	17.80	19.03	20.46	22.06	23.89	26.01	26.77	62.33	62.51	63.53
萝岗区	Luogang	19.60	22.10	25.08	28.51	32.57	37.41	38.06	38.67	39.61	40.58
增城市	Zengcheng	75.70	79.88	84.83	90.29	96.51	103.76	104.14	104.92	105.18	106.97
从化市	Conghua	47.27	49.02	51.16	53.51	56.21	59.39	59.58	60.41	61.02	62.01

注：2006年～2009年常住人口数根据2010年第六次全国人口普查结果进行了修正。2015年行政区划调整，数据见表2-5.

Note: The permanent population from 2006 to 2009 are revised according to the Sixth National Population Census.The district has been adjusted in 2015, data in Form 2-5

2-5 主要年份各区年末人口数

Population at Year-end by District in Main Years

单位:万人 (10000 person)

地 区	District	2015	2016	2017
常住人口	**Permanent Population**			
全 市	**Total**	**1350.11**	**1404.35**	**1449.84**
荔湾区	Liwan	92.17	92.50	95.00
越秀区	Yuexiu	115.68	116.11	116.38
海珠区	Haizhu	161.37	163.79	166.31
天河区	Tianhe	154.57	163.10	169.79
白云区	Baiyun	240.34	244.19	257.24
黄埔区	Huangpu	89.85	108.26	109.10
番禺区	Panyu	154.41	164.11	171.93
花都区	Huadu	101.58	105.49	107.55
南沙区	Nansha	65.58	68.74	72.50
从化区	Conghua	62.53	63.53	64.21
增城区	Zengcheng	112.03	114.53	119.83
户籍人口	**Registered Population**			
全 市	**Total**	**854.19**	**870.49**	**897.87**
荔湾区	Liwan	72.10	72.69	73.59
越秀区	Yuexiu	117.48	117.44	117.82
海珠区	Haizhu	101.05	102.26	104.03
天河区	Tianhe	84.46	86.77	90.28
白云区	Baiyun	91.78	94.36	98.92
黄埔区	Huangpu	43.95	45.75	48.94
番禺区	Panyu	85.57	88.65	93.45
花都区	Huadu	70.68	72.38	74.90
南沙区	Nansha	38.35	39.26	41.54
从化区	Conghua	61.52	61.85	62.63
增城区	Zengcheng	87.25	89.08	91.77

2-6 各区户籍总人口自然变动状况（2017年）

Statistics on Natural Changes of Total Registered Population by District (2017)

单位：人、‰ (person, ‰)

区	District	年平均人数 Annual Average Population	出生 Birth		死亡 Death		
			人数 Population	出生率 Brith Rate	人数 Population	死亡率 Death Rate	# 婴儿 Infant
全 市	**Total**	**8841809**	**200958**	**22.73**	**60947**	**6.89**	**2.49**
荔湾区	Liwan	731391	10192	13.93	6376	8.72	3.02
越秀区	Yuexiu	1176318	15219	12.94	8805	7.49	3.65
海珠区	Haizhu	1031425	16010	15.52	7393	7.17	2.83
天河区	Tianhe	885271	19507	22.04	3252	3.67	1.92
白云区	Baiyun	966386	27031	27.97	5745	5.94	2.41
黄埔区	Huangpu	473448	16210	34.24	2345	4.95	1.86
番禺区	Panyu	910514	25042	27.50	4128	4.53	1.26
花都区	Huadu	736389	19962	27.11	4870	6.61	2.26
南沙区	Nansha	404014	10261	25.40	2582	6.39	2.88
从化区	Conghua	622418	14936	24.00	4268	6.86	3.34
增城区	Zengcheng	904238	26588	29.40	11183	12.37	2.55

2-7 各区户籍人口迁移状况（2017年）

Statistics on Migration of Registered Population by District (2017)

单位:人、‰ (person, ‰)

区	District	迁入人数 Number of Immigration	迁入率 Immigration Rate	迁出人数 Number of Emigration	迁出率 Emigration Rate	净增人数 Number of Net Migration	净增率 Net Migration Rate
全　市	**Total**	**180585**	**20.74**	**47114**	**5.41**	**133471**	**15.33**
荔湾区	Liwan	7310	10.06	1445	1.99	5865	8.07
越秀区	Yuexiu	17314	14.74	5586	4.75	11728	9.99
海珠区	Haizhu	16247	15.89	5486	5.37	10761	10.52
天河区	Tianhe	39668	45.71	14302	16.48	25366	29.23
白云区	Baiyun	22378	23.72	3970	4.21	18408	19.51
黄埔区	Huangpu	14503	31.70	1806	3.95	12697	27.75
番禺区	Panyu	29050	32.77	7131	8.04	21919	24.73
花都区	Huadu	10897	15.06	2451	3.39	8446	11.67
南沙区	Nansha	7882	20.07	537	1.37	7345	18.70
从化区	Conghua	2468	3.99	1487	2.40	981	1.59
增城区	Zengcheng	12868	14.45	2913	3.27	9955	11.18

2-8 各区计划生育情况（2017年）
Statistics on Family Planning by District (2017)

单位：人、% (person, %)

区	District	已婚育龄妇女人数 Married Women at Childbearing Age	女性初婚人数 Number of Women First Married	晚婚率 Late Married Rate	政策生育率 Family Planning Rate	一孩率 One-child Rate	二孩率 Two-child Rate	多孩率 More Than One-child Rate	出生人口性别比 Sex Ratio of Birth Population
全　市	**Total**	**1731168**	**52977**	**86.45**	**97.98**	**37.17**	**59.21**	**3.62**	**111.62**
荔湾区	Liwan	112166	3211	93.21	98.36	45.05	51.88	3.07	110.39
越秀区	Yuexiu	192200	5804	96.42	99.27	43.65	53.49	2.86	109.45
海珠区	Haizhu	176229	4501	94.36	98.41	42.83	53.97	3.20	109.07
天河区	Tianhe	184203	7390	96.22	97.32	39.79	56.47	3.74	109.81
白云区	Baiyun	204068	5337	87.48	97.53	34.23	61.68	4.09	113.20
黄埔区	Huangpu	108788	3374	85.63	96.96	35.17	60.76	4.06	113.82
番禺区	Panyu	200292	5562	88.80	98.33	36.75	60.58	2.67	113.06
花都区	Huadu	155931	4327	82.44	98.33	31.51	64.91	3.59	116.58
南沙区	Nansha	86508	2969	78.17	98.98	37.05	60.10	2.85	111.01
从化区	Conghua	125017	3903	69.33	96.04	34.68	59.07	6.25	110.11
增城区	Zengcheng	185766	6599	72.18	98.39	34.50	61.90	3.60	109.42

2-9 各区户籍人口年龄构成（2017年）
The Registered Population Age Composition by District (2017)

地区	District	人口数（人）Total Population (person)			占总人口比重（%）The Proportion of the Total Population (%)		
		18岁以下 Under 18	18-60岁 Between 18 and 60	60岁以上 Above 60	18岁以下 Under 18	18-60岁 Between 18 and 60	60岁以上 Above 60
总计	**Total**	**1714642**	**5645623**	**1618452**	**19.10**	**62.88**	**18.02**
荔湾区	Liwan	99619	439375	196945	13.54	59.70	26.76
越秀区	Yuexiu	169782	719412	289035	14.41	61.06	24.53
海珠区	Haizhu	162107	626879	251277	15.58	60.26	24.16
天河区	Tianhe	177521	601835	123453	19.66	66.66	13.68
白云区	Baiyun	210359	613501	165308	21.27	62.02	16.71
黄埔区	Huangpu	111415	310289	67653	22.77	63.41	13.82
番禺区	Panyu	204329	601435	128762	21.86	64.36	13.78
花都区	Huadu	160491	472918	115591	21.43	63.14	15.43
南沙区	Nansha	80079	266250	69066	19.28	64.09	16.63
从化区	Conghua	142643	401604	82096	22.77	64.12	13.11
增城区	Zengcheng	196297	592125	129266	21.39	64.52	14.09

2-10 主要年份各区常住人口城镇人口比重（2010-2017年）

The Proportion of Urban Population in the Permanent Population by District in Main Years (2010-2017)

单位:%　　(%)

地　区	District	2010	2011	2012	2013	2014	2015	2016	2017
全 市	**Total**	**83.78**	**84.13**	**85.02**	**85.27**	**85.43**	**85.53**	**86.06**	**86.14**
荔湾区	Liwan	96.70	96.81	97.68	98.02	100.00	100.00	100.00	100.00
越秀区	Yuexiu	100.00	100.00	100.00	100.00	100.00	100.00	100.00	100.00
海珠区	Haizhu	100.00	100.00	100.00	100.00	100.00	100.00	100.00	100.00
天河区	Tianhe	99.61	99.72	100.00	100.00	100.00	100.00	100.00	100.00
白云区	Baiyun	78.13	78.47	79.95	80.21	80.26	80.53	80.73	80.93
黄埔区	Huangpu	90.37	90.77	91.39	91.45	91.47	91.56	91.58	91.58
番禺区	Panyu	80.06	82.55	83.94	84.24	84.28	85.04	88.49	89.07
花都区	Huadu	64.54	64.91	66.21	66.53	66.59	66.85	67.26	67.26
南沙区	Nansha	68.83	70.59	71.99	72.11	72.19	72.33	72.47	72.50
从化区	Conghua	38.61	41.33	43.09	44.31	44.49	44.79	44.81	45.01
增城区	Zengcheng	68.47	69.32	70.95	71.67	71.86	71.88	71.90	72.12

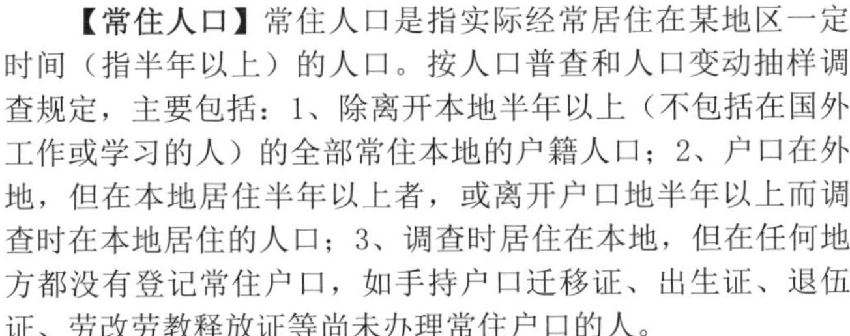

主要指标解释

Explanatory Notes on Main Statistical Indicators

【常住人口】常住人口是指实际经常居住在某地区一定时间（指半年以上）的人口。按人口普查和人口变动抽样调查规定，主要包括：1、除离开本地半年以上（不包括在国外工作或学习的人）的全部常住本地的户籍人口；2、户口在外地，但在本地居住半年以上者，或离开户口地半年以上而调查时在本地居住的人口；3、调查时居住在本地，但在任何地方都没有登记常住户口，如手持户口迁移证、出生证、退伍证、劳改劳教释放证等尚未办理常住户口的人。

【户籍人口】户籍人口是指公民依照《中华人民共和国户口登记条例》，已在其经常居住地的公安户籍管理机关登记了常住户口的人。这类人口不管其是否外出，也不管外出时间长短，只要在某地注册有常住户口，则为该地区的户籍人口。户籍人口数一般是通过公安部门的经常性统计月报或年报取得。

【晚婚率】指在一定时期内（通常为一年）的女性初婚人口中23岁以上人数占当年女性初婚人数的比例，一般用百分比表示。计算公式：

晚婚率=本年23岁以上女性初婚人数/本年女性初婚人数×100%

【出生率（又称粗出生率）】指在一定时期内（通常为一年）一定地区的出生人数与同期平均人数(或期中人数)之比，一般用千分率表示。计算公式：

$$出生率 = \frac{年出生人数}{年平均人数} \times 1000‰$$

出生人数是指活产婴儿，即胎儿脱离母体时(不管怀孕月数)，有过呼吸或其他生命现象。年平均人数是年初、年底人口数的平均数，也可用年中人口数代替。

【死亡率（又称粗死亡率）】 指在一定时期内(通常为一年)一定地区的死亡人数与同期平均人数(或期中人数)之比，一般用千分率表示。计算公式：

$$死亡率 = \frac{年死亡人数}{年平均人数} \times 1000‰$$

【人口自然增长率】 指在一定时期内(通常为一年)人口自然增加数(出生人数减死亡人数)与该时期内平均人数(或期中人数)之比，一般用千分率表示。计算公式：

$$人口自然增长率 = \frac{本年出生人数-本年死亡人数}{年平均人数} \times 1000‰$$

人口自然增长率 = 人口出生率-人口死亡率

【The population of permanent residents】 The population of permanent residents refers to the population who actually and usually lives in a given area for a certain time (above half a year). According to the provisions of the population census and the sampling survey of population, the population of permanent residents mainly includes the following types: 1.All registered population who usually live in one certain place, excluding the person who leave away above half a year, including persons working or studying abroad. 2.The population who has lived in a certain place above half a year and whose household registration at other place, or living at a certain place at the survey moment, and leaving the household registered location for half a year. 3.The population who live at a certain place at the survey moment, but without registered permanent residence certificate everywhere, for example the person who has not gained registered permanent residence certificate, and with registration movement certificate, birth certificate,retirement certificate,or prisoners released certificate.

【The registered population】 According to the household registration ordinance of the People's Republic of China, the registered population refers to the citizens who have registered in the household registration department where the citizens usually live. No matter going out or not, no matter how long dose he go out, as long as the person has gained the permanent residence registration, the person is the region's registered population. Registered population data is generally gained from the regular statistical monthly or annual report of republic security department.

【Birth Rate (or Crude Birth Rate)】 means the ratio between the number of births in a certain period (usually a year)and the average population in the same period (or mid-year figure).It is usually calculated in terms of permillage and its calculating formula is:

$$\text{Birth Rate} = \frac{\text{Number of Births}}{\text{Average Number of Population}} \times 1000‰$$

Number of Births refers to live births,when babies have showed any vital phenomena regardless of the length of pregnancy.

Average Number of Population is the average of the number of population at the beginning of the year and,at the end of the year and sometimes is substituted for with mid-year population.

【Death Rate(or Crude Death Rate)】 refers to the ratio of number of deaths to the average population (or mid-year population)during a certain period of time (usually a year),which is often presented as perminvar.its calculating formula is:

$$\text{Death Rate} = \frac{\text{Number of Deaths}}{\text{Average Number of Population}} \times 1000‰$$

【Natural Growth Rate of Population】 refers to the ratio of natural increase in population (number of births minus number of deaths) in a certain period of time (usually a year) to the average population (or mid-year population) of the same period,which is often presented as perminvar.The following formula are applied:

$$\text{Number of Growth of Population} = \frac{\text{Number of Births} - \text{Number of Deaths}}{\text{Average Number of Population}} \times 1000‰$$

Natural Growth Rate of Population = Birth Rate-Death Rate

第三篇 CHAPTER 3

从业人员和工资

EMPLOYMENT AND WAGES

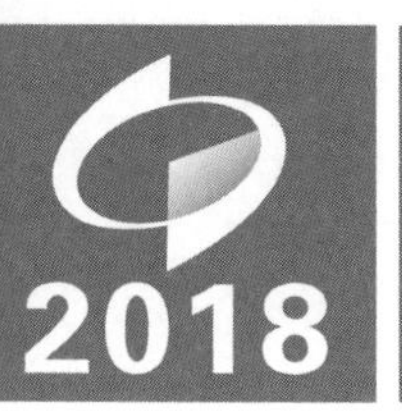

简要说明

Brief Introduction

第三篇　从业人员和工资

一、本篇资料反映广州市社会从业人员总量及构成、城镇单位就业与工资等基本情况。

二、本篇资料由广州市统计局人口和社会科技统计处整理提供。

三、本篇资料中的城镇非私营单位在岗职工及工资统计范围只包括城镇以上国有、集体及其他经济类型单位，不包括乡镇企业、私营单位和个体工商户。

四、本篇资料中的社会从业人员主要包括本市劳动力以及外来劳动力。

五、1998年，劳动统计年报中对全部调查单位改按企业登记注册类型分组，使统计口径发生变化，即国有单位中不再包括国有联营和有限责任公司中的国有独资公司；城镇集体单位中不再包括集体联营和股份合作企业；其他单位则包括国有联营和有限责任公司中的国有独资公司，集体联营和股份合作企业。

3 Employment and Wages

I. The data in this chapter show the basic conditions of social composition of employees, employment and wages in urban units of Guangzhou.

II. The data in this chapter are prepared and provided by the Division of Population, Social, Science and Tech1ology Statistics of Guangzhou Statistical Bureau.

Ⅲ. The statistical coverage of staff and worker urban units and wages in this chapter only includes the state-owned units, the collective -owned units and other economic ownership in urban areas, not including township enterprises, private institutions and individual businesses.

Ⅳ. The employed persons in this chapter mainly include the labor resources of Guangzhou origin and the migrant labors.

V. Since 1998,the statistical coverage of the annual reports of labor statistics has been adjusted, in which all the survey units are grouped by registration ownership of the enterprises, i.e. the state-owned units excludes the exclusively state-invested companies in state-owned joint ownership units and limited liability companies, the urban collective units excludes the collective-owned joint ownership units and share-holding cooperative operation and the other units include the exclusively state-invested companies in state-owned joint ownership units and limited liability companies, the collective-owned jointed owner-ship units and share-holding cooperative operation.

3-1 社会就业情况主要指标

Main Indicators of Social Employment Situation

项　　目	Item	2017	2017年比2016年增长(%) Growth Rate in 2017 over 2016 (%)
全社会从业人员 (人)	Total Number of Employed Persons at Year-end (person)	8623278	3.2
第一产业	Primary Industry	620030	-0.1
第二产业	Secondary Industry	2866097	-2.2
第三产业	Tertiary Industry	5137151	7.0
城镇非私营单位从业人员 (人)	Number of Employed Persons in Urban Units at Year-end (person)	3291696	1.2
国有单位	State-owned Units	725640	1.6
集体单位	Urban Collective-owned Units	72509	-9.4
其他单位	Units of Other Types of Ownership	2493547	1.4
# 外商及港澳台投资单位	Enterprises with Funds from Foreign Countries, Hong Kong,Macao and Taiwan	955340	-3.9
私营、个体和其他从业人员 (人)	Employed Persons in Private Enterprises and Self-employed Individuals at Year-end (person)	5331582	4.5
城镇非私营单位从业人员工资总额(万元)	Total Wages of Employed Persons in Urban Units (10000 yuan)	31983933	12.1
国有单位	State-owned Units	8829974	16.8
集体单位	Urban Collective-owned Units	347116	-7.1
其他单位	Units of Other Types of Ownership	22806843	10.7
# 外商及港澳台投资单位	Enterprises with Funds from Foreign Countries, Hong Kong,Macao and Taiwan	8213989	4.4
城镇非私营单位从业人员年平均工资(元)	Average Wage of Employed Persons in Urban Units (yuan)	97522	10.6
国有单位	State-owned Units	122325	14.9
集体单位	Urban Collective-owned Units	47731	1.4
其他单位	Units of Other Types of Ownership	91775	9.1
# 外商及港澳台投资单位	Enterprises with Funds from Foreign Countries, Hong Kong,Macao and Taiwan	85290	8.3
城镇非私营单位在岗职工年平均工资(元)	Average Wage of Fully Employed Staff and Workers in Urban Units (yuan)	98612	10.7
国有单位	State-owned Units	123863	15.2
集体单位	Urban Collective-owned Units	48364	1.0
其他单位	Units of Other Types of Ownership	92576	9.0
# 外商及港澳台投资单位	Enterprises with Funds from Foreign Countries, Hong Kong,Macao and Taiwan	85183	8.8
年末城镇登记失业人员 (人)	Number of Registered Unemployed Persons in Urban Areas (person)	209608	-11.3
城镇登记失业率 (%)	Registered Unemployment Rate in Urban Areas (%)	2.40	-0.01(百分点)

注：1．私营、个体和其他从业人员指全社会从业人员中扣除城镇非私营单位从业人员外的部分。

2．城镇登记失业人员及城镇登记失业率由广州市人力资源和社会保障局提供。

Note: I. Employed persons in private enterprises and self-employed individuals are refer to employed persons other than employed persons in urban units.

II. Data on number of registered unemployed persons in urban areas and registered unemployment rate in urban areas are provided by Guangzhou Municipal Bureau of Labor and Social Security.

3-2 主要年份全社会从业人员人数

Number of Employed Persons in Main Years

单位：人 (person)

年 份 Year	合 计 Total	城镇非私营单位从业人员 Employed Persons in Urban Units	私营、个体和其他从业人员 Employed Persons in Private Enterprises, Self-employed Individuals and others
1978	2668989	1473615	1195374
1980	2750467	1565533	1184934
1985	3134739	1756497	1378242
1990	3411513	1893944	1517569
1995	4077775	2082361	1995414
2000	4962579	1755512	3207067
2001	5029338	1686900	3342438
2002	5070216	1755779	3314437
2003	5210706	1880184	3330522
2004	5407087	1943955	3463132
2005	5744550	1997579	3746971
2006	5994973	2071574	3923399
2007	6236312	2236902	3999410
2008	6529045	2255380	4273665
2009	6791495	2351538	4439957
2010	7110695	2463713	4646982
2011	7431755	3102356	4329399
2012	7512997	3268488	4244509
2013	7599295	3245858	4353437
2014	7848358	3263983	4584375
2015	8109881	3203134	4906747
2016	8352580	3252340	5100240
2017	8623278	3291696	5331582

注：1. 2000年以前，城镇非私营单位从业人员统计口径为城镇单位职工口径。
2. 2006年～2010年数据根据第六次全国人口普查结果作了相应调整。

Note: I.The statistical scale of employed persons in urban units is the statistical scale of staff and workers before 2000.
II. The data from year 2006 to 2010 are revised according to the Sixth National Population Census.

3-3 主要年份三次产业从业人员及构成

Employed Persons and Composition by Three strata of Industry in Main Years

年 份 Year	从业人员（人）Employed Persons (person)	第一产业 Primary Industry	第二产业 Secondary Industry	第三产业 Tertiary Industry	构成（%）Composition (%) 第一产业 Primary Industry	第二产业 Secondary Industry	第三产业 Tertiary Industry
1978	2668989	1165987	857527	645475	43.69	32.13	24.18
1980	2750467	1106432	922756	721279	40.23	33.55	26.22
1985	3134739	979869	1180526	974344	31.26	37.66	31.08
1990	3411513	963548	1241813	1206152	28.24	36.40	35.36
1995	4077775	924969	1583686	1569120	22.68	38.84	38.48
2000	4962579	956596	1982905	2023078	19.27	39.96	40.77
2001	5029338	969793	1960309	2099236	19.28	38.98	41.74
2002	5070216	949624	1953095	2167497	18.73	38.52	42.75
2003	5210706	958819	2001677	2250210	18.40	38.42	43.18
2004	5407087	901318	2046552	2459217	16.67	37.85	45.48
2005	5744550	869141	2222177	2653232	15.13	38.68	46.19
2006	5994973	831303	2335315	2828355	13.87	38.95	47.18
2007	6236312	774596	2477232	2984484	12.42	39.72	47.86
2008	6529045	730174	2625645	3173226	11.18	40.22	48.60
2009	6791495	733557	2733281	3324657	10.80	40.25	48.95
2010	7110695	590223	2736424	3784048	8.30	38.48	53.22
2011	7431755	629012	2829341	3973402	8.46	38.07	53.47
2012	7512997	647755	2817179	4048063	8.62	37.50	53.88
2013	7599295	646758	2631214	4321323	8.51	34.62	56.87
2014	7848358	627996	2842800	4377562	8.00	36.22	55.78
2015	8109881	628668	2868823	4612390	7.75	35.38	56.87
2016	8352580	620855	2930870	4800855	7.43	35.09	57.48
2017	8623278	620030	2866097	5137151	7.19	33.24	59.57

注：2006年～2010年数据根据第六次全国人口普查结果作了相应调整。

Note:The data from year 2006 to 2010 are revised according to the sixth National Population Census.

3-4 三次产业全社会从业人员及构成（2017年末）

Employed Persons and Composition by Three Strata of Industry (Year-end of 2017)

项　目	Item	从业人员（人）Employed Persons (person)	构成（%）Composition (%)
合　计	**Total**	**8623278**	**100.00**
按产业分	**Grouped By Industry**		
第一产业	Primary Industry	620030	7.19
第二产业	Secondary Industry	2866097	33.24
第三产业	Tertiary Industry	5137151	59.57
按行业分	**Grouped By Sector**		
农、林、牧、渔业	Agriculture, Forestry, Animal Husbandry and Fishery	620657	7.20
工　业	Industry	2560180	29.69
建筑业	Construction	311884	3.62
批发和零售业	Wholesale and Retail Trade	1697661	19.69
交通运输、仓储和邮政业	Transport, Storage and Post	505095	5.86
住宿和餐饮业	Hotels and Catering Services	528807	6.13
信息传输、软件和信息技术服务业	Information Transmission, Software and Information Technology	241738	2.80
金融业	Financial Intermediation	120116	1.39
房地产业	Real Estate	349231	4.05
租赁和商务服务业	Leasing and Business Services	312801	3.63
科学研究和技术服务业	Scientific Research and Technical Services	194506	2.26
水利、环境和公共设施管理业	Management of Water Conservancy, Environment and Public Facilities	66508	0.77
居民服务、修理和其他服务业	Service to Households, Repair and Other Services	404505	4.69
教　育	Education	310590	3.60
卫生和社会工作	Health and Social Work	134976	1.56
文化、体育和娱乐业	Culture, Sports and Entertainment	73835	0.86
公共管理、社会保障和社会组织	Public Management, Social Security and Social Organizations	190188	2.20

3-5 全市全社会从业人员（2017年末）

Number of Employed Persons (Year-end of 2017)

单位：人 (person)

项　　目	Item	合　计 Total	城镇非私营单位从业人员 Number of Employed Persons in Urban Units	私营、个体和其他从业人员 Employed Persons in Private Enterprises, Self-employed Individuals and Others
总　　计	**Total**	**8623278**	**3291696**	**5331582**
按国民经济行业分	**Grouped by Economic Sector**			
农、林、牧、渔业	Agriculture, Forestry, Animal Husbandry and Fishery	620657	1735	618922
采矿业	Mining	185		185
制造业	Manufacturing	2515261	769562	1745699
电力、热力、燃气及水生产和供应业	Production and Supply of Electricity, Heat, Gas and Water	44734	36555	8179
建筑业	Construction	311884	267087	44797
批发和零售业	Wholesale and Retail Trade	1697661	281509	1416152
交通运输、仓储和邮政业	Transport, Storage and Post	505095	302267	202828
住宿和餐饮业	Hotels and Catering Services	528807	99847	428960
信息传输、软件和信息技术服务业	Information Transmission, Software and Information Technology	241738	165897	75841
金融业	Financial Intermediation	120116	92815	27301
房地产业	Real Estate	349231	199640	149591
租赁和商务服务业	Leasing and Business Services	312801	242283	70518
科学研究和技术服务业	Scientific Research and Technical Services	194506	138669	55837
水利、环境和公共设施管理业	Management of Water Conservancy, Environment and Public Facilities	66508	53371	13137
居民服务、修理和其他服务业	Service to Households, Repair and Other Services	404505	31723	372782
教　育	Education	310590	247900	62690
卫生和社会工作	Health and Social Service	134976	131566	3410
文化、体育和娱乐业	Culture, Sports and Entertainment	73835	39082	34753
公共管理、社会保障和社会组织	Public Management, Social Security and Social Organizations	190188	190188	

3-6 主要年份城镇非私营单位从业人员数及工资
Number and Wages of Employed Persons in Urban Units in Main Years

年份 Year	城镇非私营单位从业人员年末人数（人） Number of Employed Persons in Urban Units at Year-end (person)	城镇非私营单位从业人员工资总额（万元） Total Wages of Employed Persons in Urban Units (10000 yuan)	城镇非私营单位从业人员年平均工资（元） Average Wage of Employed Persons in Urban Units (yuan)
1995	2104432	2176743	10349
2000	1755512	3489371	19714
2005	1997579	6772629	34171
2006	2071574	7532573	36566
2007	2236902	8961040	40280
2008	2255380	10251127	45368
2009	2351538	11439796	49054
2010	2463713	13354746	54091
2011	3102356	17486373	56618
2012	3268488	20305943	62598
2013	3245858	21724541	68594
2014	3263983	23881767	73131
2015	3203134	25674928	79534
2016	3252340	28537980	88136
2017	3291696	31983933	97522

3-7 主要年份城镇非私营单位在岗职工工资总额及指数

Total Wages of Fully Employed Staff and Workers in Urban Units and Related Indices in Main Years

年份 Year	在岗职工工资总额（万元） Total Wages of Fully Employed Staff and Workers in Urban Units (10000 yuan)	国有单位 State-owned Units	集体单位 Urban Collective-owned Units	其他单位 Units of Other Types of Ownership	# 外商及港澳台投资单位 Enterprises with Funds from Foreign Countries,Hong Kong,Macao and Taiwan	在岗职工年平均工资（元） Average Wage of Fully Employed Staff and Workers in Urban Units (yuan)
1978	101809	76913	24896			714
1980	142243	108015	34228			941
1985	278892	208829	65660	4403	3127	1621
1990	656434	487524	121441	47469	41198	3504
1991	783043	565974	148783	68286	61119	4022
1992	971335	690135	183771	97429	89978	4792
1993	1316773	941475	226929	148369	106957	6342
1994	1815428	1277944	308933	228551	183030	8623
1995	2146245	1481375	344494	320376	263343	10317
1996	2395597	1672483	348629	374485	313623	11813
1997	2615842	1798987	338388	478467	404483	13118
1998(原口径) 1998 (Original Standards)	2831440	1900631	344677	586132	454061	14318
1998(新口径) 1998 (New Standards)	2831440	1758088	322399	750953	454061	14318
1999	3085768	1917375	296558	871835	507875	16202
2000	3480880	2188085	289750	1003045	586413	19091
2001	3878065	2401471	216967	1259627	691639	22141
2002	4534911	2817578	229015	1488318	838420	25583
2003	5335484	3185006	243455	1907023	1097924	28237
2004	5983255	3529828	240966	2212461	1251256	31025
2005	6653196	3837476	233643	2582077	1464470	33853
2006	7389676	3967484	238729	3183463	1718714	36321
2007	8770687	4448123	254851	4067713	2228358	40187
2008	10053742	4970189	261939	4821614	2655221	45365
2009	11180296	5345813	276463	5558020	2889870	49215
2010	13044801	6053212	284742	6706846	3565786	54495
2011	17008733	7040246	274165	9694322	5332522	57473
2012	19695115	7944452	356403	11394260	5950277	63752
2013	21107782	5536325	408310	15163147	6568426	69692
2014	23049712	6233018	414591	16402103	6773266	74245
2015	24874876	6690706	361441	17822729	7250138	81171
2016	27703134	7457706	357722	19887706	7595025	89096
2017	31032760	8704188	327055	22001517	7945622	98612

注：1．本表数据2011年以前为城镇单位职工工资总额，2011年起为城镇非私营单位在岗职工工资总额。

2．城镇非私营单位职工含劳务派遣人员。

Note: I. The name of Total Wages of Fully Employed Staff and Workers in Urban Units is adjusted to Total Wages of Staff and Workers in Urban Units since 2011.

II. Fully employed staff and workers in urban units contain labor dispatching personnel .

3-7 续表 continued

指数(上年=100) Indices (preceding year=100)

年 份 Year	在岗职工工资总额(上年=100) Total Wages of Fully Employed Staff and Workers in Urban Units (preceding year=100)	国有单位 State-owned Units	集体单位 Urban Collective-owned Units	其他单位 Units of Other Types of Ownership	# 外商及港澳台投资单位 Enterprises with Funds from Foreign Countries,Hong Kong,Macao and Taiwan	在岗职工年平均工资(上年=100) Average Wage of Fully Employed Staff and Workers in Urban Units (preceding year=100)
1978	116.2	121.3	102.8			105.0
1980	139.7	140.4	137.5			114.8
1985	123.2	122.0	124.3	190.7	236.4	121.2
1990	107.7	106.1	105.4	137.1	152.4	107.1
1991	119.3	116.1	122.5	143.9	148.4	114.8
1992	124.1	121.9	123.5	142.7	147.2	119.1
1993	135.6	136.4	123.5	152.3	118.9	132.4
1994	137.9	135.7	136.1	154.0	171.1	136.0
1995	118.2	115.9	111.5	140.2	143.9	119.7
1996	111.6	112.9	101.2	116.9	119.1	114.5
1997	109.2	107.6	97.1	127.8	129.0	111.1
1998	108.2	105.7	101.9	122.5	112.3	109.2
1999	109.0	109.1	92.0	116.1	111.9	113.2
2000	112.8	114.1	97.7	115.1	115.5	117.8
2001	111.4	109.8	74.9	125.6	117.9	116.0
2002	116.9	117.3	105.6	118.2	121.2	115.6
2003	117.7	113.0	106.3	128.1	131.0	110.4
2004	112.1	110.8	99.0	116.0	114.0	109.9
2005	111.2	108.7	97.0	116.7	117.0	109.1
2006	111.1	103.4	102.2	123.3	117.4	107.3
2007	118.7	112.1	106.8	127.8	129.7	110.6
2008	114.6	111.7	102.8	118.5	119.2	112.9
2009	111.2	107.6	105.5	115.3	108.8	108.5
2010	116.7	113.2	103.0	120.7	123.4	110.7
2011	130.4	116.3	96.3	144.5	149.6	111.6
2012	115.8	112.8	130.0	117.5	111.6	110.9
2013	107.2	69.7	114.6	133.1	110.4	109.3
2014	109.2	112.6	101.5	108.2	103.1	106.5
2015	107.9	107.3	87.2	108.7	107.0	109.3
2016	111.4	111.5	99.0	111.6	104.8	109.8
2017	112.0	116.7	91.4	110.6	104.6	110.7

注：1. 本表数据2011年以前为城镇单位职工工资总额指数，2011年起为城镇非私营单位在岗职工工资总额指数。
2. 2011年城镇非私营单位在岗职工年平均工资指数按可比口径计算。

Note: I. The name of Total Wages of Fully Employed Staff and Workers in Urban Units is adjusted to Total Wages of Staff and Workers in Urban Units since 2011.
II. The data of 2011 are calculated at comparable coverage.

3-8 城镇非私营单位从业人数与工资（2017年）
Number and Wages of Employed Persons in Urban Units (2017)

项　　目	Item	2016	2017
城镇非私营单位从业人员年末人数　（人）	**Number of Employed Persons in Urban Units at Year-end　(person)**	3252340	3291696
国有单位	State-owned Units	713964	725640
集体单位	Urban Collective Owned Units	80008	72509
其他单位	Units of Other Types of Ownership	2458368	2493547
# 外商及港澳台投资单位	Enterprises with Funds from Foreign Countries, Hong Kong, Macao and Taiwan	994445	955340
城镇非私营单位从业人员年平均人数　（人）	**Average Number of Employed Persons in Urban Units　(person)**	3237942	3279659
国有单位	State-owned Units	710198	721847
集体单位	Urban Collective Owned Units	79371	72724
其他单位	Units of Other Types of Ownership	2448373	2485088
# 外商及港澳台投资单位	Enterprises with Funds from Foreign Countries, Hong Kong, Macao and Taiwan	999146	963064
城镇非私营单位从业人员工资总额　（万元）	**Total Wages of Employed Persons in Urban Units　(10000 yuan)**	28537980	31983933
国有单位	State-owned Units	7560077	8829974
集体单位	Urban Collective Owned Units	373651	347116
其他单位	Units of Other Types of Ownership	20604252	22806843
# 外商及港澳台投资单位	Enterprises with Funds from Foreign Countries, Hong Kong, Macao and Taiwan	7868131	8213989
城镇非私营单位从业人员年平均工资　（元）	**Average Wage of Employed Persons in Urban Units　(yuan)**	88136	97522
国有单位	State-owned Units	106450	122325
集体单位	Urban Collective Owned Units	47076	47731
其他单位	Units of Other Types of Ownership	84155	91775
# 外商及港澳台投资单位	Enterprises with Funds from Foreign Countries, Hong Kong, Macao and Taiwan	78749	85290

3-9 全市城镇非私营单位在岗职工人数与工资（2017年）

项　　目	Item
合　计	**Total**
按隶属关系分	**Grouped by Subordination**
中央属单位	Units Subordinated to Central Government
省属单位	Units Subordinated to Provincial Government
市属单位	Units Subordinated to Municipal Government
按执行会计制度类别分	**Grouped by Accounting Regulation Implemented**
企　业	Enterprises
事业单位	Institutions
行政单位	Agencies & Organizations
民间非营利组织	Civil Nonprofit Organizations
其　他	Others
按国民经济行业分	**Grouped by Economic Sector**
农、林、牧、渔业	Agriculture, Forestry, Animal Husbandry and Fishery
#农、林、牧、渔服务业	Services for Agriculture, Forestry, Animal Husbandry and Fishery
采矿业	Mining
制造业	Manufacturing
#食品制造业	Manufacture of Foods
纺织服装、服饰业	Manufacture of Textile Wearing Apparel, Clothing
皮革、毛皮、羽毛及其制品和制鞋业	Manufacture of Leather, Fur, Feather and Related Products and Footwear
文教、工美、体育和娱乐用品制造业	Manufacture of Culture and Education,Art and Crafts,Sports and Entertainment Supplies
化学原料和化学制品制造业	Manufacture of Raw Chemical Materials and Chemical Products
医药制造业	Manufacture of Medical
通用设备制造业	Manufacture of General Purpose Machinery
汽车制造业	Manufacture of Automobile
铁路、船舶、航空航天和其他运输设备制造业	Manufacture of Railway, Ship, Aerospace and Other Transportation Equipment
电气机械和器材制造业	Manufacture of Electrical Machinery and Equipment
计算机、通信和其他电子设备制造业	Manufacture of Computers, Communications and Other Electronic Equipment
电力、热力、燃气及水生产和供应业	Production and Supply of Electricity, Heat,Gas and Water
建筑业	Construction
房屋建筑业	Housing Industry
土木工程建筑业	Civil Engineering Construction
建筑安装业	Architectural Installation
建筑装饰和其他建筑业	Building Decoration and Other Construction
批发和零售业	Wholesale and Retail Trade
批发业	Wholesale
零售业	Retail Trade
交通运输、仓储和邮政业	Transport, Storage and Post
铁路运输业	Railway Transport
道路运输业	Highway Transport

Number and Wages of Fully Employed Staff and Workers in Urban Units (2017)

单位数 (个) Number of Units (unit)	在岗职工年末人数 (人) Number of Fully Employed Staff and Workers in Urban Units at Year-end (person)	在岗职工年平均人数 (人) Average Number of Fully Employed Staff and Workers in Urban Units (person)	在岗职工工资总额 (万元) Total Wages of Fully Employed Staff and Workers in Urban Units (10000 yuan)	在岗职工年平均工资 (元) Average Wages of Fully Employed Staff and Workers in Urban Units (yuan)
20737	**3164220**	**3146946**	**31032760**	**98612**
730	421542	415794	5246702	126185
1597	345131	341145	4403358	129076
18410	2397547	2390007	21382700	89467
14986	2549938	2537164	23488581	92578
3454	405068	402466	5144561	127826
1218	161091	159816	2086980	130586
577	25122	24850	143233	57639
502	23001	22650	169405	74792
52	1684	1698	13216	77832
18	618	625	4521	72331
2510	761804	765853	6150828	80313
95	40326	39163	364397	93046
168	30025	30829	164685	53419
92	24586	25221	119007	47186
150	35424	37119	188145	50687
214	40996	41521	470566	113332
72	33029	33099	320757	96908
129	31617	32056	271804	84790
204	117701	116940	1259422	107698
39	22193	23976	211185	88082
174	56938	56885	371595	65324
201	153726	149959	1054733	70335
82	36502	35858	513907	143317
467	244303	233913	1739827	74379
129	118503	113535	654021	57605
126	74913	72674	761873	104834
109	25211	25472	200659	78776
103	25676	22232	123274	55449
3037	271195	273901	2198767	80276
2088	160148	162568	1497264	92101
949	111047	111333	701503	63009
650	294465	290309	2976992	102546
8	14863	14579	157095	107755
256	120087	119130	1036997	87048

3-9 续表

项　　目	Item
水上运输业	Waterway Transport
航空运输业	Air Transport
装卸搬运和运输代理业	Handing and Transportation Agents
仓储业	Storage
邮政业	Post
住宿和餐饮业	Hotels and Catering Services
住宿业	Hotels Services
餐饮业	Catering Services
信息传输、软件和信息技术服务业	Information Transmission, Software and Information Technology
电信、广播电视和卫星传输服务	Telecommunications, Broadcasting, TV Transmission and Satellite Services
互联网和相关服务	Networks Related Services
软件和信息技术服务业	Software and Information Technology Services
金融业	Financial Intermediation
# 货币金融服务	Monetary Financial Services
资本市场服务	Capital Market Services
保险业	Insurance
房地产业	Real Estate
租赁和商务服务业	Leasing and Business Services
租赁业	Leasing Services
商务服务业	Business Services
科学研究和技术服务业	Scientific Research and Technical Services
研究与试验发展	Research and Experimental Development
专业技术服务业	Professional Skill Services
科技推广和应用服务业	Science and Technology Popularization and Application Services
水利、环境和公共设施管理业	Management of Water Conservancy, Environment and Public Facilities
水利管理业	Management of Water Conservancy
生态保护和环境治理业	Ecological Protection and Environmental Governance Industry
公共设施管理业	Management of Public Facilities
居民服务、修理和其他服务业	Service to Households, Repair and Other Services
教　育	Education
卫生和社会工作	Health and Social Work
卫　生	Health
社会工作	Social Work
文化、体育和娱乐业	Culture, Sports and Entertainment
新闻和出版业	Press and Publishing Industry
广播、电视、电影和影视录音制作业	Radio,Television,Movie and Recording Manufacturing
文化艺术业	Culture and Art
体　育	Sports
娱乐业	Entertainment
公共管理、社会保障和社会组织	Public Management, Social Security and Social Organizations
# 社会保障	Social Security

continued

单位数（个） Number of Units (unit)	在岗职工年末人数（人） Number of Fully Employed Staff and Workers in Urban Units at Year-end (person)	在岗职工年平均人数（人） Average Number of Fully Employed Staff and Workers in Urban Units (person)	在岗职工工资总额（万元） Total Wages of Fully Employed Staff and Workers in Urban Units (10000 yuan)	在岗职工年平均工资（元） Average Wages of Fully Employed Staff and Workers in Urban Units (yuan)
62	18498	18621	239736	128745
15	88183	86617	1108195	127942
211	19433	18781	158268	84270
79	6742	6563	54917	83677
19	26659	26018	221784	85243
654	91031	90594	487811	53846
280	31166	31672	184989	58408
374	59865	58922	302822	51394
755	163910	162567	2281939	140369
43	37621	37966	541903	142734
48	12180	11623	220526	189732
664	114109	112978	1519510	134496
346	72166	71501	1597738	223457
249	50677	50717	1038558	204775
31	6650	6149	316335	514449
59	14689	14484	241121	166474
2490	190189	188080	1603168	85239
1898	230874	232196	1886987	81267
76	5996	6298	57370	91092
1822	224878	225898	1829617	80993
1416	134134	132982	1698739	127742
290	28034	28508	344337	120786
936	98135	96492	1257148	130285
190	7965	7982	97254	121842
423	50493	50531	331503	65604
81	2537	2524	34652	137288
54	3219	3173	35600	112197
288	44737	44834	261251	58271
435	30764	29760	174197	58534
2457	238169	237666	2893580	121750
775	128708	126406	1663438	131595
648	120594	118631	1600805	134940
127	8114	7775	62633	80557
459	36565	37289	416510	111698
101	11043	11472	142351	124086
85	9512	9718	118427	121863
162	6841	6837	71473	104539
75	6722	6677	66918	100221
36	2447	2585	17341	67084
1831	187264	185842	2403613	129336
28	1462	1431	15012	104907

3-10 城镇国有单位在岗职工人数与工资（2017年）

项　　目	Item
总　计	**Total**
按执行会计制度类别分	**Grouped by Accounting Regulation Implemented**
企　业	Enterprises
事业单位	Institutions
行政单位	Agencies & Organizations
民间非营利组织	Civil Nonprofit Organizations
其　他	Others
按国民经济行业分组	**Grouped by Economic Sector**
农、林、牧、渔业	Agriculture, Forestry, Animal Husbandry and Fishery
采矿业	Mining
制造业	Manufacturing
电力、热力、燃气及水生产和供应业	Production and Supply of Electricity, Heat,Gas and Water
建筑业	Construction
批发和零售业	Wholesale and Retail Trade
交通运输、仓储和邮政业	Transport, Storage and Post
住宿和餐饮业	Hotels and Catering Services
信息传输、软件和信息技术服务业	Information Transmission, Software and Information Technology
金融业	Financial Intermediation
房地产业	Real Estate
租赁和商务服务业	Leasing and Business Services
科学研究和技术服务业	Scientific Research and Technical Services
水利、环境和公共设施管理业	Management of Water Conservancy, Environment and Public Facilities
居民服务、修理和其他服务业	Service to Households, Repair and Other Services
教　育	Education
卫生和社会工作	Health and Social Service
文化、体育和娱乐业	Culture, Sports and Entertainment
公共管理、社会保障和社会组织	Public Management, Social Security and Social Organizations

Number and Wages of Fully Employed Staff and Workers in Urban State-owned Units (2017)

单位数 （个） Number of Units (unit)	在岗职工年末人数 （人） Number of Fully Employed Staff and Workers in Urban Units at Year-end (person)	在岗职工年平均人数 （人） Average Number of Fully Employed Staff and Workers in Urban Units (person)	在岗职工工资总额 （万元） Total Wages of Fully Employed Staff and Workers in Urban Units (10000 yuan)	在岗职工年平均工资 （元） Average Wages of Fully Employed Staff and Workers in Urban Units (yuan)
5960	**706570**	**702729**	**8704188**	**123863**
1248	145196	145340	1474476	101450
3344	394652	392068	5084301	129679
1215	161055	159780	2086490	130585
51	984	989	7685	77701
102	4683	4552	51236	112558
36	1250	1269	10069	79347
99	12542	12620	120237	95275
10	5518	5353	57157	106775
50	14657	14400	116812	81120
191	4961	5037	43462	86285
82	30476	30833	279084	90515
113	12999	13056	82353	63077
32	5376	5401	61067	113066
31	4427	4367	74127	169744
120	2907	2936	29173	99363
235	28858	29084	232657	79995
433	46545	46197	722415	156377
294	33671	33711	225889	67008
192	11415	11326	72653	64147
1494	174581	173917	2424236	139390
548	109222	107529	1505746	140032
235	20624	20565	248398	120787
1765	186541	185128	2398653	129567

3-11 城镇集体单位在岗职工人数与工资（2017年）

项　　目	Item
总　计	**Total**
按执行会计制度类别分	**Grouped by Accounting Regulation Implemented**
企　业	Enterprises
事业单位	Institutions
行政单位	Agencies & Organizations
民间非营利组织	Civil Nonprofit Organizations
其　他	Others
按国民经济行业分组	**Grouped by Economic Sector**
农、林、牧、渔业	Agriculture, Forestry, Animal Husbandry and Fishery
采矿业	Mining
制造业	Manufacturing
电力、热力、燃气及水生产和供应业	Production and Supply of Electricity, Heat,Gas and Water
建筑业	Construction
批发和零售业	Wholesale and Retail Trade
交通运输、仓储和邮政业	Transport, Storage and Post
住宿和餐饮业	Hotels and Catering Services
信息传输、软件和信息技术服务业	Information Transmission, Software and Information Technology
金融业	Financial Intermediation
房地产业	Real Estate
租赁和商务服务业	Leasing and Business Services
科学研究和技术服务业	Scientific Research and Technical Services
水利、环境和公共设施管理业	Management of Water Conservancy, Environment and Public Facilities
居民服务、修理和其他服务业	Service to Households, Repair and Other Services
教　育	Education
卫生和社会工作	Health and Social Service
文化、体育和娱乐业	Culture, Sports and Entertainment
公共管理、社会保障和社会组织	Public Management, Social Security and Social Organizations

Number and Wages of Fully Employed Staff and Workers in Urban Collective-owned Units (2017)

单位数 (个) Number of Units (unit)	在岗职工年末人数 (人) Number of Fully Employed Staff and Workers in Urban Units at Year-end (person)	在岗职工年平均人数 (人) Average Number of Fully Employed Staff and Workers in Urban Units (person)	在岗职工工资总额 (万元) Total Wages of Fully Employed Staff and Workers in Urban Units (10000 yuan)	在岗职工年平均工资 (元) Average Wages of Fully Employed Staff and Workers in Urban Units (yuan)
1192	**67407**	**67624**	**327055**	**48364**
995	59648	59887	288592	48189
71	4762	4749	23735	49980
36	960	951	4573	48082
90	2037	2037	10155	49852
3	17	17	64	37824
53	14294	15240	82679	54251
2	116	115	733	63739
28	4874	4242	18608	43867
168	1717	1701	11470	67432
26	560	603	2646	43886
33	1484	1497	6380	42615
1	6	6	59	98333
1	3	3	12	38667
299	7537	7596	35573	46831
354	27355	27221	123068	45211
29	636	639	4890	76531
36	3922	3895	18064	46376
28	893	893	4190	46925
75	2570	2532	11168	44107
39	1305	1304	6728	51594
12	79	81	492	60716
5	39	39	231	59333

3-12 城镇非私营其他单位在岗职工人数与工资（2017年）

项　　目	Item
总　计	**Total**
按登记注册类型分	**Grouped by Registration Status**
股份合作	Cooperative Enterprises
联　营	Joint Ownership Enterprises
有限责任公司	Limited Liability Corporations
股份有限公司	Share Holding Enterprises
内资其他	Other Enterprises
港澳台投资	Enterprises with Funds from Hong Kong, Macao and Taiwan
外商投资	Foreign Funded Enterprises
按国民经济行业分	**Grouped by Economic Sector**
农、林、牧、渔业	Agriculture, Forestry, Animal Husbandry and Fishery
采矿业	Mining
制造业	Manufacturing
电力、热力、燃气及水生产和供应业	Production and Supply of Electricity, Heat,Gas and Water
建筑业	Construction
批发和零售业	Wholesale and Retail Trade
交通运输、仓储和邮政业	Transport, Storage and Post
住宿和餐饮业	Hotels and Catering Services
信息传输、软件和信息技术服务业	Information Transmission, Software and Information Technology
金融业	Financial Intermediation
房地产业	Real Estate
租赁和商务服务业	Leasing and Business Services
科学研究和技术服务业	Scientific Research and Technical Services
水利、环境和公共设施管理业	Management of Water Conservancy, Environment and Public Facilities
居民服务、修理和其他服务业	Service to Households, Repair and Other Services
教　育	Education
卫生和社会工作	Health and Social Service
文化、体育和娱乐业	Culture, Sports and Entertainment
公共管理、社会保障和社会组织	Public Management, Social Security and Social Organizations

注：城镇非私营其他单位指城镇非私营单位中扣除国有单位和集体单位外的其他各种类型单位。

Number and Wages of Fully Employed Staff and Workers in Urban Other Types of Ownership (2017)

单位数 (个) Number of Units (unit)	在岗职工年末人数 (人) Number of Fully Employed Staff and Workers in Urban Units at Year-end (person)	在岗职工年平均人数 (人) Average Number of Fully Employed Staff and Workers in Urban Units (person)	在岗职工工资总额 (万元) Total Wages of Fully Employed Staff and Workers in Urban Units (10000 yuan)	在岗职工年平均工资 (元) Average Wages of Fully Employed Staff and Workers in Urban Units (yuan)
13585	**2390243**	**2376593**	**22001517**	**92576**
691	11048	10933	68016	62212
78	2741	2641	17676	66929
7191	1033166	1016396	9003283	88580
907	337828	334739	4388747	131110
1293	79709	79114	578173	73081
2037	424329	432527	3423215	79145
1388	501422	500243	4522407	90404
13	417	412	3082	74816
2358	734968	737993	5947913	80596
70	30868	30390	456017	150055
389	224772	215271	1604407	74530
2678	264517	267163	2143835	80244
542	263429	258873	2695262	104115
508	76548	76041	399078	52482
722	158528	157160	2220813	141309
314	67736	67131	1523599	226959
2071	179745	177548	1538422	86648
1309	174661	175891	1531262	87057
954	86953	86146	971433	112766
93	12900	12925	87550	67737
215	18456	17541	97354	55501
888	61018	61217	458176	74845
188	18181	17573	150965	85907
212	15862	16643	167621	100715
61	684	675	4728	70043

Note: Other types of units in urban are refer to units other than state-owned units and collective-owned units.

3-13 城镇非私营单位从业人员女性年末人数（2017年）

行　　业	Sector
合　计	**Total**
农、林、牧、渔业	Agriculture, Forestry, Animal Husbandry and Fishery
采矿业	Mining
制造业	Manufacturing
电力、热力、燃气及水生产和供应业	Production and Supply of Electricity, Heat,Gas and Water
建筑业	Construction
批发和零售业	Wholesale and Retail Trade
交通运输、仓储和邮政业	Transport, Storage and Post
住宿和餐饮业	Hotels and Catering Services
信息传输、软件和信息技术服务业	Information Transmission, Software and Information Technology
金融业	Financial Intermediation
房地产业	Real Estate
租赁和商务服务业	Leasing and Business Services
科学研究和技术服务业	Scientific Research and Technical Services
水利、环境和公共设施管理业	Management of Water Conservancy, Environment and Public Facilities
居民服务、修理和其他服务业	Service to Households, Repair and Other Services
教　育	Education
卫生和社会工作	Health and Social Service
文化、体育和娱乐业	Culture, Sports and Entertainment
公共管理、社会保障和社会组织	Public Management, Social Security and Social Organizations

Number of Female Staff and Workers at Year-end in Urban Units (2017)

年末人数 (人) Number of Staff and Workers at Year-end (person)	#国有 State-owned Units	#集体 Urban Collective-owned Units	女性从业人员比重(%) Proportion of Female Staff and Workers (%) 合计 Total	#国有 State-owned Units	#集体 Urban Collective-owned Units
1332478	**331564**	**31770**	**40.48**	**45.69**	**43.82**
518	374	5	29.86	29.06	27.78
305151	3431	12888	39.65	26.92	89.76
8690	1706	43	23.77	30.89	37.07
38998	1698	573	14.60	10.87	11.13
149021	2230	934	52.94	42.61	53.37
84819	7097	131	28.06	22.79	23.39
53236	6576	870	53.32	49.06	57.50
63880	1872		38.51	33.63	
52006	2177	1	56.03	48.58	33.33
74404	1577	2378	37.27	37.62	27.58
92205	5650	8020	38.06	19.34	27.15
45464	16591	215	32.79	34.49	32.72
21187	13479	2182	39.70	39.23	42.60
13808	4917	251	43.53	42.38	27.77
154609	108440	2246	62.37	60.15	82.12
91534	78241	980	69.57	70.06	73.57
16371	9469	39	41.89	43.13	48.75
66577	66039	14	35.01	34.90	35.90

【从业人员】指在各类法人单位工作中，由单位支付劳动报酬的人员，包括在岗职工、劳务派遣人员和其他就业人员。这一指标反映了一定时期内全部劳动力资源的实际利用情况，是研究我国基本国情国力的重要指标。

【在岗职工】指在本单位工作且与本单位签订劳动合同，并由单位支付各项工资和社会保险、住房公积金的人员，以及上述人员中由于学习、病伤、产假等原因暂未工作仍由单位支付工资的人员。

【劳务派遣人员】根据《中华人民共和国劳动合同法》规定，指与劳务派遣单位签订劳动合同；并被劳务派遣单位派遣到实际用工单位工作；且劳务派遣单位与实际用工单位签订《劳务派遣协议》的人员。无论用工单位是否直接支付劳动报酬，劳务派遣人员均由实际用工单位填报，而劳务派遣单位（派出单位）不填报这些人员。

【工资总额】根据《关于工资总额组成的规定》，工资总额是指本单位在报告期内（季度或年度）直接支付给本单位人员的劳动报酬总额。包括计时工资、计件工资、奖金、津贴和补贴、加班加点工资、特殊情况下支付的工资。

工资总额是税前工资，包括单位从个人工资中直接为其代扣或代缴的房费、个人所得税、水费、电费、住房公积金和社会保险基金个人缴纳部分等。

工资总额不论是计入成本的还是不计入成本的，不论是以货币形式支付的还是以实物形式支付的，均应列入工资总额的计算范围。

工资总额由基本工资、绩效工资、工资性津贴和补贴、其他工资四部分组成。工资总额不包括病假、事假等情况的扣款。

【在岗职工平均工资】指企业、事业、机关单位的在岗职工在一定时期内平均每人所得的货币工资额。它表明一定时期在岗职工工资收入的高低程度，是反映在岗职工工资水平的主要指标。

计算公式为：在岗职工平均工资=报告期实际支付的全部在岗职工工资总额/报告期全部在岗职工平均人数。

【Practitioners】refers to employees in various legal person units, paid by the unit labor remuneration, including on-the-job, labor dispatch personnel and other employees. This indicator reflects all the actual utilization of labor resources at a certain period of time, is an important index to study the basic situation of our country national strength.

【Staff and workers 】refers to the staff work in the unit and the unit signed labor contracts, and by the unit to pay the wages and social insurance, housing provident fund staff, and the staff in learning, because of injuries and other reasons not to work on maternity leave, still receive wages from their working units.

【Dispatch Personnel】refers to personnel signed labor contracts with the labor dispatch unit,and by the labor dispatch unit sent to the actual labor units, and the labor dispatch unit and the actual labor units signed “labor dispatch agreement” ,according to the "Labor contract law provisions of the people's Republic of China". No matter whether the direct labor units to pay labor remuneration, labor dispatch personnel are filled by the actual labor units.

【Total Wages】according to the “Regulations on the payroll” the composition of total wages, payroll is refers to the unit paid directly to the total remuneration of the staff during the reporting period (quarterly or annual). Including hourly wages, piece-rate wages, bonuses, allowances and subsidies, overtime pay overtime wages, special circumstances wages.

Total wages is pre-tax wages, including the unit from individual pay directly for its withholding or paying rent, personal income tax, water, electricity, housing provident fund and the social insurance fund individual pay part etc.

Wages regardless of whether it is included in the cost was not included in the cost, whether in monetary form of payment or payment in kind, should be included in the scope of calculation of total wages.

Four parts of Total wages including the basic salary, performance salary, wages and allowances and subsidies, and other wages. Total wages not including deduction of sick leave and personal leave.

【Average Wage of Fully Employed Staff and Workers】refer to the average wage in monetary terms per person during a certain period of time for fully employed staff and workers in enterprises, institutions and government agencies, which reflects the general level of wage income of fully employed staff and workers during a certain period of time and is calculated as follows:

Average Wage of Fully Employed Staff and Workers =Total Wages of Fully Employed Staff and Workers at the Report Period/Average Number of Fully Employed Staff and Workers at the Report Period

第四篇 CHAPTER 4

固定资产投资

INVESTMENT IN FIXED ASSETS

第四篇　固定资产投资

一、本篇资料反映广州市固定资产投资的基本情况。

二、本篇资料由广州市统计局固定资产投资统计处整理提供。

三、固定资产投资统计的资料来源主要为全面统计报表。按照现行的固定资产投资统计报表制度，从2011年起固定资产投资项目统计起报点由计划总投资50万元及以上提高到500万元及以上，固定资产投资不再称全社会固定资产投资。固定资产投资按经济类型分为：国有经济、集体经济、联营经济、股份制经济、私营经济、港澳台投资经济、外商投资经济、其他经济和个体经济。

从2012年起民间投资包含内容有所调整，民间投资是指工商登记注册类型为：集体、股份合作、私营独资、私营合伙、私营有限责任公司、个体户、个人合伙等纯民间主体的固定资产投资及混合经济成分中由集体、私营、个体控股的投资主体单位的全部固定资产投资。

4 Investment in Fixed Assets

I. The data in this chapter show the basic conditions of the total investment in fixed assets of Guangzhou .

II. The data in this chapter are prepared and provided by the Division of Investment and Construction Statistics of Guangzhou Municipal Bureau of Statistics.

Ⅲ. The data sources for the statistics of investment in fixed assets mainly come from the complete statistical report forms. According to the present regulations in the reporting scheme on the statistics of the investment in fixed assets, the statistics report point of the fixed assets investment projects has been increased from a planned total investment of 500,000 yuan and above to 5,000,000 yuan and above since 2011. The investment in fixed assets is no longer called the whole society investment in fixed assets. The investment in fixed assets is classified by the following types of ownership: state-owned economy, collective-owned economy, joint-owned economy, share-holding economy, private economy, economy funded by the enterprises from Hong Kong, Macao and Taiwan, foreign funded economy, individual investment and the economy of other types of ownership.

The content of non-state-owned investment has been adjusted since 2012, and non-state-owned investment refers to the industrial and commercial registration type: collective, cooperative, private, private partnership, private limited liability company, the self-employed, private partnership of pure folk subject of investment in fixed assets and mixed by the collective, private, individual holdings investment main body unit of economic composition the total investment in fixed assets.

4-1 固定资产投资主要经济指标

Main Indicators of Total Investment in Fixed Assets

单位：万元 (10000 yuan)

项　　目	Item	2017	2017年比2016年增长(%) Growth Rate in 2017 over 2016 (%)
固定资产投资额	**Total Investment in Fixed Assets**	**59198316**	**5.7**
按投资类别分	Grouped by Type of Investment		
# 房地产开发	Real Estate Development	27028935	6.4
按登记注册类型分	Grouped by Registration Status		
内资企业	Domestic Funded Enterprises	49040929	6.9
国有企业	State-owned Enterprises	11220223	1.6
集体企业	Collective-owned Enterprises	817869	-41.2
股份合作企业	Cooperative Enterprises	14036	-64.2
联营企业	Joint Ownership Enterprises	636	-84.1
国有联营企业	State Joint Ownership Enterprises		
集体联营企业	Collective Joint Ownership Enterprises		
国有与集体联营企业	Joint State-collective Enterprises		
其他联营企业	Other Joint Ownership Enterprises	636	
有限责任公司	Limited Liability Corporations	24293863	12.2
国有独资公司	State Sole Funded Corporations	2339567	13.2
其他有限责任公司	Other Limited Liability Corporations	21954296	12.1
股份有限公司	Share-holding Corporations Ltd.	3255627	22.2
私营企业	Private Enterprises	8625918	2.0
其他企业	Other Enterprises	812757	26.5
港、澳、台商投资企业	Enterprises with Funds from Hong Kong, Macao and Taiwan	3906028	-37.2
# 与港、澳、台商合资经营企业	Joint-venture Enterprises	1002931	-53.5
与港、澳、台商合作经营企业	Cooperative Enterprises	703726	-20.8
港、澳、台商独资经营企业	Enterprises with Sole Funds	2160224	-30.9
港、澳、台商投资股份有限公司	Share-holding Corporations Ltd.	35161	-27.4

注：1. 机关、事业、社会团体及其他依法成立的单位固定资产投资登记注册类型参照企业登记注册类型划分。
2. 从2011年起，固定资产投资项目统计起报点由计划总投资50万元及以上提高到500万元及以上，增速按可比口径计算。
3. 从2012年起，"国家预算内资金"改称为"国家预算资金"，"国家预算资金"和"自筹资金"有所调整。故与上年不可比(下同)。
4. 2017年固定资产投资增速按可比口径计算。(下同)

Note: I. The registration status of agencies, institutions, social organizations and other units established according to law is divided referring to the registration status of enterprises.
II. Since 2011, the cut-off point of investment in fixed assets is changed from a minimum of 50000 yuan to a minimum of 5000000 yuan. The growth rates in this table are calculated at comparable prices.
III. Since 2012，the coverage of state budget and self-raising funds have been changed. So the data in 2012 is not comparable with the pervious year(the same as below).
Ⅳ. Fixed asset investment growth rate in 2017 is calculated by comparable caliber. (the same as below)

4-1 续表 continued

单位：万元 (10000 yuan)

项目	Item	2017	2017年比2016年增长(%) Growth Rate in 2017 over 2016 (%)
外商投资企业	Foreign Funded Enterprises	6248581	27.1
#中外合资经营企业	Joint-venture Enterprises	3916292	23.0
中外合作经营企业	Cooperative Enterprises	158481	-42.0
外资企业	Enterprises with Sole Foreign Funds	1888392	88.6
外商投资股份有限公司	Share-holding Corporations Ltd.	168817	-16.9
个体经营	Self-employed Individual	2778	5.1
按构成分	Grouped by Use of Funds		
建筑工程	Construction Project	28275166	-0.9
安装工程	Installation Project	3695117	-12.8
设备工器具购置	Purchases of Equipment and Instruments	8947522	-3.8
其他费用	Others	18280511	22.1
房屋建筑面积 （平方米）	**Floor Space of Buildings (sq.m)**		
施工面积	Floor Space under Construction	120448368	4.2
#住　宅	Residential Buildings	64279658	3.2
竣工面积	Floor Space Completed	14963804	-8.9
#住　宅	Residential Buildings	8328026	持平
本年实际到位资金合计	**Total Actually Funds Provided This Year**	**88160640**	**12.4**
上年末结余资金	Surplus Fund from Year-end of Preceding Year	21009840	67.8
本年实际到位资金小计	Subtotal Actually Funds Provided This Year	67150800	1.8
国家预算资金	State Budget	5374687	-18.2
国内贷款	Domestic Loans	14148186	31.8
债　券	Bonds	154850	-41.5
利用外资	Foreign Investment	316523	-14.5
自筹资金	Self-raising Funds	27223541	-4.1
其他资金	Others	19933013	1.7

4-2 主要年份固定资产投资额(按经济类型分)

Total Investment in Fixed Assets in Main Years (by Type of Ownership)

单位：万元 (10000 yuan)

年 份 Year	合 计 Total	国有经济 State-owned Units	集体经济 Collective-owned Units	联营经济 Joint Ownership Economic Units	股份经济 Share Holding Economic Units	私营经济 Private Economic Units	外商及港澳台经济 Economic Units with Funds from Foreign Regions,Hong Kong, Macao and Taiwan Investors	其他经济 Others	个体经济 Individual Investment
1978	72641	68584	1755						2302
1980	99565	89823	2934						6808
1985	436197	346000	44788						45409
1986	524813	434240	42264						48309
1987	584140	468967	64131						51042
1988	902161	703117	105514						93530
1989	933326	780946	84009						68371
1990	905937	761738	73172						71027
1991	1037424	850310	99147						87967
1992	1881379	1520508	230316						130555
1993	3733976	1885582	676520	15912	72334		842469	5870	235289
1994	5257053	2701653	835384	20679	132421		1234395		332521
1995	6182515	3324871	724898	62755	280004	2157	1464489		323341
1996	6389360	3172138	662454	69611	213638	5617	1947862		318040
1997	6565767	3543369	556536	30949	369066	66960	1720070		278817
1998	7588283	3803451	685243	35596	444474	123884	2210943		284692
1999	8782586	4514598	784507	23172	764251	286732	2129471	2959	276896
2000	9236676	4830889	619778	2579	1326102	534456	1514900	45197	362775
2001	9782093	4475639	368690	5930	1330108	1007708	2311811	10684	271523
2002	10092421	3529709	492329	6974	1986469	1304823	2502251	27560	242306
2003	11751668	4469885	452236	21451	2353980	1391787	2814567	24940	222822
2004	13489283	5371055	308617	37673	2298098	2135297	3183159	19930	135454
2005	15191582	5612243	295243	46941	3326313	1872079	3881748	26366	130649
2006	16963824	6070411	309514	17087	3876752	1904587	4646403	63002	76068
2007	18633437	6802190	440692	41760	4168899	2385743	4655795	20552	117806
2008	21055373	7972112	566318	56254	3881865	3260658	5225525	11599	81042
2009	26598516	12724805	698449	80059	4517995	3444249	5018306	9301	105352
2010	32635731	15528450	711201	54940	6832917	3253895	6055481	4042	194805
2011	34122005	12858860	807709	29504	9432487	4461680	6475334	18585	37846
2012	37583868	12330573	1941043	1836	10077974	4749672	8272350	156227	54193
2013	44545508	11979522	3333867	80244	13579487	6547526	8862572	9755	152535
2014	48895026	13918358	3453080	16779	15251803	7345376	8854921	53056	1653
2015	54059522	13013007	2793087	33652	19220207	9502398	9419157	62785	15229
2016	57035860	13109710	1433043		22249191	8457260	11141497	642515	2644
2017	59198316	13559790	831905	636	25209923	8625918	10154609	812757	2778

4-3 主要年份固定资产投资额指数（按经济类型分，上年=100）

Indices of Total Investment in Fixed Assets in Main Years (by Type of Ownership, preceding year =100)

年份 Year	合计 Total	国有经济 State-owned Units	集体经济 Collective-owned Units	联营经济 Joint Ownership Economic Units	股份经济 Share Holding Economic Units	私营经济 Private Economic Units	外商及港澳台经济 Economic Units with Funds from Foreign Regions,Hong Kong, Macao and Taiwan Investors	其他经济 Others	个体经济 Individual Investment
1978	99.2	95.9	103.1						
1980	134.0	130.4	182.4						179.5
1985	145.8	141.0	231.5						131.4
1986	120.3	125.5	94.4						106.4
1987	111.3	108.0	151.7						105.7
1988	154.4	149.9	164.5						183.2
1989	103.5	111.1	79.6						73.1
1990	97.1	97.5	87.1						103.9
1991	114.5	111.6	135.5						123.9
1992	181.4	178.8	232.3						148.4
1993	198.5	124.0	203.4						180.2
1994	140.8	143.3	140.2	130.0	183.1		146.5		141.3
1995	117.6	123.1	78.1	303.5	211.5		118.6		97.2
1996	103.4	95.4	88.2	110.9	76.3	260.4	133.0		98.4
1997	102.8	111.7	84.0	44.5	172.8	1192.1	88.3		87.7
1998	115.6	107.3	123.1	115.0	120.4	185.0	128.5		102.1
1999	115.7	118.7	114.5	65.1	172.0	231.5	96.3		97.3
2000	105.2	107.0	79.0	11.1	173.5	186.4	71.1	1527.4	131.0
2001	105.9	92.7	59.5	229.9	100.3	188.6	152.6	23.6	74.9
2002	103.2	78.9	133.5	117.6	149.4	129.5	108.2	258.0	89.2
2003	116.4	126.6	91.9	307.6	118.5	106.7	112.5	90.5	92.0
2004	114.8	120.2	68.2	175.6	97.6	153.4	113.1	79.9	60.8
2005	112.6	104.5	95.7	124.6	144.7	87.7	122.0	132.3	96.5
2006	111.7	108.2	104.8	36.4	116.6	101.7	119.7	239.0	58.2
2007	109.8	112.1	142.4	244.4	107.5	125.3	100.2	32.6	154.9
2008	113.0	117.2	128.5	134.7	93.1	136.7	112.2	56.4	68.8
2009	122.3	150.4	123.3	142.3	113.6	105.6	96.0	80.2	130.0
2010	122.7	122.0	101.8	68.6	151.2	94.5	120.7	43.5	184.9
2011	110.0	89.4	161.1	53.7	138.5	139.1	107.6	690.6	84.3
2012	110.2	95.9	240.3	6.2	106.8	106.5	127.8	840.6	143.2
2013	118.5	97.2	171.8	4370.6	134.7	137.9	107.1	6.2	281.5
2014	114.5	123.7	109.9	22.3	115.7	117.5	102.2	579.3	1.2
2015	110.6	93.5	80.9	200.6	126.0	129.4	106.4	118.3	921.3
2016	108.0	100.7	51.3		115.8	89.0	118.3	1023.4	17.4
2017	105.7	103.4	58.1		113.3	102.0	91.1	126.5	105.1

4-4　主要年份固定资产投资额(按投资类别分)

Total Investment in Fixed Assets in Main Years (by Type of Investment)

单位：万元　　(10000 yuan)

年 份 Year	合 计 Total	建设改造投资 Construction and Innovation	房地产开发 Real Estate Development
1978	72641	72641	
1980	99565	99565	
1985	436197	389725	46472
1986	524813	472248	52565
1987	584140	514109	70031
1988	902161	762070	140091
1989	933326	780967	152359
1990	905937	788518	117419
1991	1037424	881075	156349
1992	1881379	1483959	397420
1993	3733976	2481589	1252387
1994	5257053	3362533	1894520
1995	6182515	4091379	2091136
1996	6389360	4097720	2291640
1997	6565767	4191544	2374223
1998	7588283	4894594	2693689
1999	8782586	5823559	2959027
2000	9236676	5680860	3555816
2001	9782093	5911886	3870207
2002	10092421	5828523	4263898
2003	11751668	7556862	4194806
2004	13489283	8718968	4770315
2005	15191582	10110736	5080846
2006	16963824	11395931	5567893
2007	18633437	11595406	7038031
2008	21055373	13421349	7634024
2009	26598516	18425067	8173449
2010	32635731	22799149	9836582
2011	34122005	21068400	13053605
2012	37583868	23879357	13704511
2013	44545508	28821219	15724289
2014	48895026	30733497	18161529
2015	54059522	32683631	21375891
2016	57035860	31627311	25408549
2017	59198316	32169381	27028935

4-5 主要年份固定资产投资额指数(按投资类别分，上年=100)

Indices of Total Investment in Fixed Assets in Main Years (by Type of Investment, preceding year =100)

年份 Year	合计 Total	建设改造投资 Construction and Innovation	房地产开发 Real Estate Development
1978	99.2	99.2	
1980	134.0	134.0	
1985	145.8	152.0	108.3
1986	120.3	121.2	113.1
1987	111.3	108.9	133.2
1988	154.4	148.2	200.0
1989	103.5	102.5	108.8
1990	97.1	101.0	77.1
1991	114.5	111.7	133.2
1992	181.4	168.4	254.2
1993	198.5	167.2	315.1
1994	140.8	135.5	151.3
1995	117.6	121.7	110.4
1996	103.4	100.2	109.6
1997	102.8	102.3	103.6
1998	115.6	116.8	113.5
1999	115.7	119.0	109.9
2000	105.2	97.5	120.2
2001	105.9	104.1	108.8
2002	103.2	98.6	110.2
2003	116.4	129.7	98.4
2004	114.8	115.4	113.7
2005	112.6	116.0	106.5
2006	111.7	112.7	109.6
2007	109.8	101.8	126.4
2008	113.0	115.7	108.5
2009	122.3	137.3	107.1
2010	122.7	123.7	120.4
2011	110.0	99.4	132.7
2012	110.2	113.3	105.0
2013	118.5	120.7	114.7
2014	114.5	113.9	115.5
2015	110.6	106.3	117.7
2016	108.0	96.8	118.9
2017	105.7	105.1	106.4

4-6 各时期固定资产投资额(按投资类别分)

Total Investment in Fixed Assets in Different Periods (by Type of Investment)

单位：万元 (10000 yuan)

时 期	Period	合 计 Total	建设改造投资 Construction and Innovation	房地产开发 Real Estate Development
"六五"时期	6th Five-year Plan Period	1310742	1221368	89374
"七五"时期	7th Five-year Plan Period	3850377	3317912	532465
"八五"时期	8th Five-year Plan Period	18092347	12300535	5791812
"九五"时期	9th Five-year Plan Period	38562672	24688277	13874395
"十五"时期	10th Five-year Plan Period	60307047	38126975	22180072
"十一五"时期	11th Five-year Plan Period	115886881	77636902	38249979
"十二五"时期	12th Five-year Plan Period	219205929	137186104	82019825
1950-2017	1950-2017	574326039	359150633	215175406
1979-2017	1979-2017	573624024	358448618	215175406
1991-2017	1991-2017	568289052	353735485	214553567
2001-2017	2001-2017	511634033	316746673	194887360

4-7 各时期固定资产投资额平均每年增长速度

Average Growth Rate of Investment in Fixed Assets in Different Periods

单位：% (%)

时期	Period	合计 Total	建设改造投资 Construction and Innovation	房地产开发 Real Estate Development
“六五”时期	6th Five-year Plan Period	34.2	31.6	
“七五”时期	7th Five-year Plan Period	19.6	18.3	29.1
“八五”时期	8th Five-year Plan Period	50.4	40.7	89.2
“九五”时期	9th Five-year Plan Period	7.5	6.3	9.6
“十五”时期	10th Five-year Plan Period	9.0	10.0	7.5
“十一五”时期	11th Five-year Plan Period	14.4	14.7	14.0
“十二五”时期	12th Five-year Plan Period	12.7	10.5	16.8
1951-2017	1951-2017	18.1	17.2	
1979-2017	1979-2017	20.3	18.6	
1991-2017	1991-2017	18.6	16.7	24.3
2001-2017	2001-2017	12.1	12.2	12.0

4-8 主要年份固定资产投资额和房屋建设

Total Investment in Fixed Assets and Building Construction in Main Years

年份、时期 Year and Period	固定资产投资额（万元） Total Investment (10000 yuan)	#住宅 Residential Buildings	新增固定资产（万元） Newly Increased Fixed Assets (10000 yuan)	房屋施工面积（万平方米） Floor Space under Construction (10000 sq.m)	#住宅 Residential Buildings	房屋竣工面积（万平方米） Floor Space Completed (10000 sq.m)	#住宅 Residential Buildings
1978	72641	8987	95685	429.55	173.09	184.97	84.82
1980	99565	24254	77438	610.94	334.12	269.07	163.33
1985	436197	104015	344990	1448.87	820.45	796.96	531.33
1990	905937	232839	779577	1681.89	970.81	879.68	537.36
1995	6182515	1696316	3449779	4958.58	2840.92	1847.86	1212.84
2000	9236676	3250326	6907436	6152.47	3789.88	2404.81	1539.43
2001	9782093	3316894	7075104	6612.84	3916.82	2138.40	1304.28
2002	10092421	3457617	6527323	6376.80	3809.32	2129.56	1392.66
2003	11751668	3522168	7793951	6540.20	3643.26	2243.10	1317.25
2004	13489283	3712961	11128640	7263.32	3817.60	2308.23	1045.58
2005	15191582	3777003	10763964	7165.93	3836.53	2405.30	1091.48
2006	16963824	3783416	9304960	6895.68	3751.36	1677.24	918.05
2007	18633437	5041090	10817946	8113.99	4049.79	2243.77	1001.43
2008	21055373	5398216	12247285	8272.29	3986.32	1849.70	865.15
2009	26598516	5246903	15732420	8690.90	3740.54	2208.57	965.85
2010	32635731	5727122	24136234	10114.91	4279.53	2388.95	950.10
2011	34122005	8116313	24504493	11555.51	5083.07	2804.28	938.38
2012	37583868	8626775	27514867	12381.69	5152.06	2957.66	940.44
2013	44545508	9969708	30678913	13959.31	5753.99	3683.50	897.97
2014	48895026	10391431	40303235	13995.56	6410.68	3699.66	1266.35
2015	54059522	14068084	32570813	13129.83	6461.25	2712.01	1031.79
2016	57035860	16183963	21570430	11563.90	6228.81	1642.25	832.98
2017	59198316	17789504	23131329	12044.84	6427.97	1496.38	832.80
“六五”时期 6th Five-year Plan Period	1310742	402770	1030043			3328.09	2352.35
“七五”时期 7th Five-year Plan Period	3850377	989264	3056834			4454.23	2808.76
“八五”时期 8th Five-year Plan Period	18092347	5632278	11179716			7045.41	4339.71
“九五”时期 9th Five-year Plan Period	38562672	12083398	28672107			10112.06	6673.86
“十五”时期 10th Five-year Plan Period	60307047	17786643	43288982			11224.59	6151.25
“十一五”时期 11th Five-year Plan Period	115886881	25196747	72238845			10368.23	4700.58
“十二五”时期 12th Five-year Plan Period	219205929	51172311	155572321			15857.11	5074.93
1950-2017	574326039	147336148	360427654			68077.53	34776.19
1979-2017	573624024	147278589	359875370			65990.21	34029.27
1991-2017	568289052	145844844	355653730			57746.03	28606.11
2001-2017	511634033	128129168	315801907			40588.56	17592.54

4-9 主要年份固定资产投资资金来源

单位：万元

年 份 Year	本年实际到位资金合计 Total Actually Funds Provided This Year	上年末结余资金 Surplus Funds from Year-end of Preceding Year	本年实际到位资金小计 Subtotal Actually Funds Provided This Year	国家预算资金 State Budget
1995	7978652	961511	7017141	67608
1996	7944084	1513379	6430705	51257
1997	8185958	1394838	6791120	92550
1998	9955334	1433763	8521571	200069
1999	10983747	1548943	9434804	233267
2000	11679071	1552005	10127066	196772
2001	11649579	1546436	10103143	123638
2002	12856766	1649716	11207050	211676
2003	14649881	1674756	12975125	353310
2004	16786548	1874335	14912213	311727
2005	19247238	2186460	17060778	3411
2006	22251012	2776720	19474292	33390
2007	26264563	3171623	23092940	57376
2008	28401679	4790650	23611029	117411
2009	37433615	5422810	32010805	60397
2010	45784696	6679725	39104971	94606
2011	44686057	6928519	37757538	66080
2012	50680896	7005541	43675355	1623733
2013	62310524	9002625	53307899	2007191
2014	66210278	10665183	55545095	3172741
2015	73139833	12342615	60797218	3969682
2016	78459388	12523570	65935818	6570588
2017	88160640	21009840	67150800	5374687

注：从2012年起，“国家预算内资金”改称“国家预算资金”，“自筹资金”下的财政资金划归“国家预算资金”统计(下同)。

Source of Total Investing Funds in Fixed Assets in Main Years

(10000 yuan)

国内贷款 Domestic Loans	债券 Bonds	利用外资 Foreign Investment	自筹资金 Self-raising Funds	其他资金 Others
1058442	27815	1256012	2413074	2194190
867596	6388	1656655	2003513	1845296
906033	3112	1657279	2429018	1703128
1279909	1029	1185066	3196317	2659181
1998108	23600	909234	3330138	2940457
2174224	62353	883291	3356781	3453645
1912787	22888	706179	4230371	3107280
2696256		910991	3938859	3449268
2653393		957866	5241604	3768952
2922647		1212633	6321305	4143901
4172521		1156940	7016193	4711713
5172610	130000	1508470	7321261	5308561
5591643		1313436	9042335	7088150
5093992		1066041	11324092	6009493
7557122	79875	724921	14972268	8616222
8654938	68000	900581	20398053	8988793
5881319		933747	20621521	10254871
8083156		599341	22563088	10806037
8777717		2261740	26204283	14056968
8326434	980542	986947	28876766	13201665
8455066	93620	175650	31109228	16993972
10735339	264644	370074	28390607	19604566
14148186	154850	316523	27223541	19933013

Note: Since 2012, financial funds belong to state budget instead of self-raising funds(the same as below).

4-10 主要年份三次产业固定资产投资额及构成

Total Investment in Fixed Assets and its Composition in Main Years by the Three Strata of Industries

年份 Year	合计 (万元) Total (10000 yuan)	第一产业 Primary Industry	第二产业 Secondary Industry	第三产业 Tertiary Industry	构成 (%) Composition (%)	第一产业 Primary Industry	第二产业 Secondary Industry	第三产业 Tertiary Industry
1978	72641	4317	32100	36224	100.00	5.94	44.19	49.87
1980	99565	4953	39722	54890	100.00	4.97	39.90	55.13
1985	436197	13672	143702	278823	100.00	3.13	32.94	63.93
1990	905937	14268	346872	544797	100.00	1.57	38.29	60.14
1995	6182515	42433	1698901	4441181	100.00	0.69	27.48	71.83
2000	9236676	66584	1411261	7758831	100.00	0.72	15.28	84.00
2001	9782093	17789	1419209	8345095	100.00	0.18	14.51	85.31
2002	10092421	24625	1913745	8154051	100.00	0.24	18.96	80.80
2003	11751668	14657	2265387	9471624	100.00	0.12	19.28	80.60
2004	13489283	30084	2863780	10595419	100.00	0.22	21.23	78.55
2005	15191582	9816	4379347	10802419	100.00	0.06	28.83	71.11
2006	16963824	17999	4632303	12313522	100.00	0.11	27.30	72.59
2007	18633437	11541	4015821	14606075	100.00	0.06	21.55	78.39
2008	21055373	16269	4510845	16528259	100.00	0.08	21.42	78.50
2009	26598516	34894	5454577	21109045	100.00	0.13	20.51	79.36
2010	32635731	34280	6262773	26338678	100.00	0.10	19.19	80.71
2011	34122005	39223	5529978	28552804	100.00	0.11	16.21	83.68
2012	37583868	71881	5998727	31513260	100.00	0.19	15.96	83.85
2013	44545508	107320	7169083	37269105	100.00	0.24	16.09	83.67
2014	48895026	151898	7174196	41568932	100.00	0.31	14.67	85.02
2015	54059522	337727	7795480	45926315	100.00	0.62	14.42	84.96
2016	57035860	211577	7320025	49504258	100.00	0.37	12.83	86.80
2017	59198316	105089	7515079	51578148	100.00	0.18	12.69	87.13

4-11 主要年份固定资产投资资金来源构成

Composition of Source of Total Investing Funds in Fixed Assets in Main Years

单位：%　　(%)

年份 Year	本年实际到位资金合计 Total Actually Funds Provided This Year	上年末结余资金 Surplus Funds from Year-end of Preceding Year	本年实际到位资金小计 Subtotal Actually Funds Provided This Year	国家预算资金 State Budget	国内贷款 Domestic Loans	债券 Bonds	利用外资 Foreign Investment	自筹资金 Self-raising Funds	其他资金 Others
1995	100.00	12.05	87.95	0.85	13.27	0.35	15.74	30.24	27.50
1996	100.00	19.05	80.95	0.65	10.92	0.08	20.85	25.22	23.23
1997	100.00	17.04	82.96	1.13	11.07	0.04	20.25	29.67	20.81
1998	100.00	14.40	85.60	2.01	12.86	0.01	11.90	32.11	26.71
1999	100.00	14.10	85.90	2.12	18.19	0.21	8.28	30.32	26.77
2000	100.00	13.29	86.71	1.68	18.62	0.53	7.56	28.74	29.57
2001	100.00	13.27	86.73	1.06	16.42	0.20	6.06	36.31	26.67
2002	100.00	12.83	87.17	1.65	20.97		7.09	30.64	26.83
2003	100.00	11.43	88.57	2.41	18.11		6.54	35.78	25.73
2004	100.00	11.17	88.83	1.86	17.41		7.22	37.66	24.69
2005	100.00	11.36	88.64	0.02	21.68		6.01	36.45	24.48
2006	100.00	12.48	87.52	0.15	23.25	0.58	6.78	32.90	23.86
2007	100.00	12.08	87.92	0.22	21.29		5.00	34.43	26.98
2008	100.00	16.87	83.13	0.41	17.94		3.75	39.87	21.16
2009	100.00	14.49	85.51	0.16	20.19	0.21	1.94	40.00	23.01
2010	100.00	14.59	85.41	0.21	18.90	0.15	1.97	44.55	19.63
2011	100.00	15.50	84.50	0.15	13.16		2.09	46.15	22.95
2012	100.00	13.82	86.18	3.21	15.95		1.18	44.52	21.32
2013	100.00	14.45	85.55	3.22	14.09		3.63	42.05	22.56
2014	100.00	16.11	83.89	4.79	12.58	1.48	1.49	43.61	19.94
2015	100.00	16.88	83.12	5.43	11.56	0.13	0.24	42.53	23.23
2016	100.00	15.96	84.04	8.37	13.68	0.34	0.47	36.19	24.99
2017	100.00	23.83	76.17	6.10	16.05	0.17	0.36	30.88	22.61

4-12 主要年份固定资产投资额(按构成分)

Total Investment in Fixed Assets in Main Years (by Use of Funds)

单位：万元 (10000 yuan)

年份 Year	合计 Total	建筑工程 Construction Project	安装工程 Installation Project	设备工器具购置 Purchases of Equipment and Instruments	其他费用 Others
1995	6182515	3066640	313788	1474613	1327474
1996	6389360	3225327	420182	1501358	1242493
1997	6565767	3230953	530177	1475112	1329525
1998	7588283	3805530	433223	1465162	1884368
1999	8782586	4443801	539333	1520186	2279266
2000	9236676	4862795	489173	1284866	2599842
2001	9782093	4943427	800645	1792544	2245477
2002	10092421	5043136	1002446	1735461	2311378
2003	11751668	5926676	669398	1907214	3248380
2004	13489283	7167180	829078	2328974	3164051
2005	15191582	7899596	1187729	2749875	3354382
2006	16963824	8375238	1348824	3657839	3581923
2007	18633437	9571281	1320128	3299746	4442282
2008	21055373	11296603	1511046	3227977	5019747
2009	26598516	15003807	1747019	3798896	6048794
2010	32635731	18964747	2548287	4866404	6256293
2011	34122005	18138348	2749538	6193268	7040851
2012	37583868	21468095	3262986	6003316	6849471
2013	44545508	25879973	3812480	6995873	7857182
2014	48895026	27760295	3735106	7380551	10019074
2015	54059522	30635972	4329579	8300480	10793491
2016	57035860	28524666	4236463	9297170	14977561
2017	59198316	28275166	3695117	8947522	18280511

4-13 主要年份固定资产投资额构成
Composition of Total Investment in Fixed Assets in Main Years

单位：%　　　　(%)

年 份 Year	合 计 Total	建筑工程 Construction Project	安装工程 Installation Project	设备工器具购置 Purchases of Equipment and Instruments	其他费用 Others
1995	100.00	49.60	5.08	23.85	21.47
1996	100.00	50.48	6.58	23.50	19.44
1997	100.00	49.21	8.07	22.47	20.25
1998	100.00	50.15	5.71	19.31	24.83
1999	100.00	50.60	6.14	17.31	25.95
2000	100.00	52.65	5.30	13.91	28.14
2001	100.00	50.54	8.19	18.32	22.95
2002	100.00	49.97	9.93	17.20	22.90
2003	100.00	50.43	5.70	16.23	27.64
2004	100.00	53.13	6.15	17.26	23.46
2005	100.00	52.00	7.82	18.10	22.08
2006	100.00	49.37	7.95	21.56	21.12
2007	100.00	51.37	7.08	17.71	23.84
2008	100.00	53.65	7.18	15.33	23.84
2009	100.00	56.41	6.57	14.28	22.74
2010	100.00	58.11	7.81	14.91	19.17
2011	100.00	53.16	8.06	18.15	20.63
2012	100.00	57.12	8.68	15.97	18.23
2013	100.00	58.10	8.56	15.71	17.63
2014	100.00	56.78	7.64	15.09	20.49
2015	100.00	56.67	8.01	15.35	19.97
2016	100.00	50.01	7.43	16.30	26.26
2017	100.00	47.76	6.24	15.12	30.88

4-14 固定资产投资额(2017年，按投资类别分)

单位：万元

项　　目	Item
总　计	**Total**
按登记注册类型分	**Grouped by Registration Status**
内资企业	Domestic Funded Enterprises
国有企业	State-owned Enterprises
集体企业	Collective-owned Enterprises
股份合作企业	Cooperative Enterprises
联营企业	Joint Ownership Enterprises
国有联营企业	State Joint Ownership Enterprises
集体联营企业	Collective Joint Ownership Enterprises
国有与集体联营企业	Joint State-collective Enterprises
其他联营企业	Other Joint Ownership Enterprise
有限责任公司	Limited Liability Corporations
国有独资公司	State Sole Funded Corporations
其他有限责任公司	Other Limited Liability Corporations
股份有限公司	Share Holding Corporations Ltd.
私营企业	Private Enterprises
其他企业	Other Enterprises
港、澳、台商投资企业	Enterprises with Funds from Hong Kong
# 与港、澳、台商合资经营企业	Joint-venture Enterprises
与港、澳、台商合作经营企业	Cooperative Enterprises
港、澳、台商独资经营企业	Enterprises with Sole Funds
港、澳、台商投资股份有限公司	Share-holding corporations Ltd.
外商投资企业	Foreign Funded Enterprises
# 中外合资经营企业	Joint-venture Enterprises
中外合作经营企业	Cooperative Enterprises
外资企业	Enterprises with Sole Foreign Funds
外商投资股份有限公司	Share-holding corporations Ltd.
个体经营	Individual Investment
按隶属关系分	**Grouped by Jurisdiction of Management**
中央属	Central Investment
省　属	Provincial Investment
市　属	Municipal Investment
区　属	District Investment
其　他	Others
按建设性质分	**Grouped by Type of Construction**
# 新　建	New Construction
扩　建	Expansion
改建和技术改造	Reconstruction
单纯购置	Purchase
按构成分	**Grouped by Use of Funds**
建筑工程	Construction
安装工程	Installation
设备工器具购置	Purchase of Equipment and Instruments
其他费用	Others

Total Investment in Fixed Assets (2017, by Type of Investment)

(10000 yuan)

合　计 Total	全市构成 (%) Composition (%)
59198316	**100.00**
49040929	82.84
11220223	18.95
817869	1.38
14036	0.03
636	
636	
24293863	41.04
2339567	3.95
21954296	37.09
3255627	5.50
8625918	14.57
812757	1.37
3906028	6.60
1002931	1.69
703726	1.19
2160224	3.65
35161	0.06
6248581	10.56
3916292	6.62
158481	0.27
1888392	3.19
168817	0.29
2778	
6256915	10.57
3334024	5.63
9297923	15.71
9369587	15.83
30939867	52.26
48815382	82.46
1466176	2.48
4595908	7.76
4195153	7.09
28275166	47.76
3695117	6.24
8947522	15.12
18280311	30.88

4-14　续表 1

单位：万元

项　　目	Item
按行业分	**Grouped by Sector**
农、林、牧、渔业	Agriculture, Forestry, Animal Husbandry and Fishery
工　业	Industry
采矿业	Mining
制造业	Manufacturing
农副食品加工业	Processing of Food from Agricultural Products
食品制造业	Manufacture of Foods
酒、饮料和精制茶制造业	Manufacture of Wine, Beverages and Refined Tea
烟草制品业	Manufacture of Tobacco
纺织业	Manufacture of Textile
纺织服装、服饰业	Manufacture of Textile Wearing Apparel, clothing
皮革、毛皮、羽毛及其制品和制鞋业	Manufacture of Leather, Fur, Feather and Related Products and Footwear
木材加工和木、竹、藤、棕、草制品业	Processing of Timber, Manufacture of Wood, Bamboo, Rattan, Palm, and Straw Products
家具制造业	Manufacture of Furniture
造纸及纸制品业	Manufacture of Paper and Paper Products
印刷和记录媒介复制业	Printing, Reproduction of Recording Media
文教、工美、体育和娱乐用品制造业	Manufacture of Culture and Education, Arts and Crafts, Sports and Entertainment Supplies
石油加工、炼焦和核燃料加工业	Processing of Petroleum, Coking, Processing of Nuclear Fuel
化学原料及化学制品制造业	Manufacture of Raw Chemical Materials and Chemical Products
医药制造业	Manufacture of Medicines
化学纤维制造业	Manufacture of Chemical Fibers
橡胶和塑料制品业	Manufacture of Rubber and Plastics
非金属矿物制品业	Manufacture of Non-metallic Mineral Products
黑色金属冶炼和压延加工业	Smelting and Pressing of Ferrous Metals
有色金属冶炼和压延加工业	Smelting and Pressing of Non-Ferrous Metals
金属制品业	Manufacture of Metal Products
通用设备制造业	Manufacture of General Purpose Machinery
专用设备制造业	Manufacture of Special Purpose Machinery
汽车制造业	Manufacture of Automobile
铁路、船舶、航空航天和其他运输设备制造业	Manufacture of Railway, Ship, Aerospace and Other Transportation Equipment
电气机械和器材制造业	Manufacture of Electrical Machinery and Equipment
计算机、通信和其他电子设备制造业	Manufacture of Computers, Communications and Other Electronic Equipment
仪器仪表制造业	Manufacture of Instrument
其他制造业	Other manufacturing
废弃资源综合利用业	Comprehensive Utilization of Waste Resources
金属制品、机械和设备修理业	Metal Products, Machinery and Equipment Repair

continued

(10000 yuan)

合　计 Total	全市构成 (%) Composition (%)
105700	0.18
7362593	12.44
5788722	9.78
27278	0.05
129328	0.22
21949	0.04
1631	
33847	0.06
33984	0.06
8170	0.01
6005	0.01
59655	0.10
25957	0.04
27256	0.05
38797	0.07
71461	0.12
97255	0.16
244153	0.41
1000	
120062	0.20
73498	0.12
590	
42451	0.07
46473	0.08
280838	0.48
215319	0.36
1164514	1.97
136626	0.23
254149	0.43
2557801	4.32
42458	0.07
8689	0.02
6187	0.01
11341	0.02

4-14 续表 2

单位:万元

项　目	Item
电力、热力、燃气及水生产和供应业	Production and Supply of Electricity, Heat, Gas and Water
电力、热力生产和供应业	Production and Supply of Electric Power and Heat Power
燃气生产和供应业	Production and Supply of Gas
水的生产和供应业	Production and Supply of Water
建筑业	Construction
批发和零售业	Wholesale and Retail Trades
交通运输、仓储和邮政业	Transport, Storage and Post
铁路运输业	Railway Transport
道路运输业	Road Transport
水上运输业	Water Transport
航空运输业	Air Transport
管道运输业	Transport via Pipelines
装卸搬运和运输代理业	Handling and Transportation Agents
仓储业	Storage
邮政业	Post
住宿和餐饮业	Hotels and Catering Services
信息传输、软件和信息技术服务业	Information Transmission, Software and Information Technology
电信、广播电视和卫星传输服务	Telecommunications, Broadcasting, TV transmission and Satellite Services
互联网和相关服务	Networks Related Services
软件和信息技术服务业	Software and Information Technology Services
金融业	Financial Intermediation
房地产业	Real Estate
# 房地产开发经营	Real Estate Development and Management
租赁和商务服务业	Leasing and Business Services
科学研究和技术服务业	Scientific Research and Technical Services
水利、环境和公共设施管理业	Management of Water Conservancy, Environment and Public Facilities
居民服务、修理和其他服务业	Service to Households, Repair and Other Services
教　育	Education
卫生和社会工作	Health and Social Work
文化、体育和娱乐业	Culture, Sports and Entertainment
新闻和出版业	Press and Publishing Industry
广播、电视、电影和影视录音制作业	Radio, Television, Movie and Recording Manufacturing
文化艺术业	Culture and Art
体　育	Sports
娱乐业	Entertainment
公共管理、社会保障和社会组织	Public Management, Social Security and Social Organizations
国际组织	International Organizations

continued

(10000 yuan)

合　计 Total	全市构成 (%) Composition (%)
1573871	2.66
796965	1.35
27022	0.04
749884	1.27
163827	0.28
1114849	1.88
9067102	15.32
1777027	3.00
3705060	6.26
488449	0.83
2761622	4.66
14864	0.03
74037	0.12
234753	0.40
11290	0.02
318528	0.54
2175858	3.67
1013725	1.71
46465	0.08
1115668	1.88
51709	0.09
28714709	48.51
27028935	45.66
2246475	3.79
502957	0.85
5376553	9.08
4671	0.01
672259	1.13
804720	1.36
371830	0.63
28674	0.05
32489	0.05
147991	0.25
69609	0.12
93067	0.16
143976	0.24

4-15 各区固定资产投资
(2017年，按法人单位办公所在地分)

项　　目	Item	全 市 Total	荔湾区 Liwan	越秀区 Yuexiu
固定资产投资额（万元）	Total Investment in Fixed Assets (10000 yuan)	59198316	1793758	2688803
按隶属关系分	**Grouped by Administrative Relationship**			
中央省属	Central Government and Provincial Government	9590939	145073	776114
市属及其他	Municipal Government and others	49607377	1648685	1912689
按登记注册类型分	**Grouped by Registration Status**			
# 国有经济投资	State-owned Investment	13559790	135265	1523366
民间投资	Investment by Non-state-owned Units	24957292	452520	407222
港澳台商经济投资	Investment from Hong Kong, Macao and Taiwan	3906028	273064	226331
外商经济投资	Foreign Investment	6248581	22033	11491
按构成分	**Grouped by Use of Funds**			
# 建筑安装工程合计	Construction and Installation Project	31970283	829535	1461098
建筑工程	Construction Project	28275166	709401	1297211
安装工程	Installation Project	3695117	120134	163887
新增固定资产（万元）	Newly Increased Fixed Assets (10000 yuan)	23131329	1555677	2875225
房屋施工面积（平方米）	Floor Space under Construction (sq.m)	120448368	5446391	3802999
房屋竣工面积（平方米）	Floor Space Completed (sq.m)	14963804	1081081	304344

注：国有经济投资包括国有企业、国有联营企业、国有独资公司的投资额。民间投资是指工商登记注册类型为：集体、股份合作、私营独资、私营合伙、私营有限责任公司、个体户、个人合伙等纯民间主体的固定资产投资及混合经济成分中由集体、私营、个体控股的投资主体单位的全部固定资产投资(下同)。

Total Investment in Fixed Assets by Districts

(2017, by the Locations of the Offices of Corporate Units)

海珠区 Haizhu	天河区 Tianhe	白云区 Baiyun	黄埔区 Huangpu	番禺区 Panyu	花都区 Huadu	南沙区 Nansha	从化区 Conghua	增城区 Zengcheng
6558705	5344873	5493279	11011895	6361786	3508049	7449292	2090527	6897349
1570369	1486827	3032747	713483	42591		1422763	306445	94527
4988336	3858046	2460532	10298412	6319195	3508049	6026529	1784082	6802822
2409186	1086675	1332713	2543940	833177	813041	1992326	274136	615965
1692248	2276330	1181657	4903742	4029215	1920206	2796809	1112309	4185034
185226	465542	192093	679878	305561	222385	493067	513934	348947
248392	24708	66809	2446970	508545	404326	1071027	52972	1391308
2801205	2767687	1832506	6606144	3605870	2061710	4018968	1504605	4480955
2525715	2281374	1662176	5707512	3322555	1973624	3819738	1238838	3737022
275490	486313	170330	898632	283315	88086	199230	265767	743933
803292	1582918	2937713	4108751	2201450	1130271	3354374	551256	2030402
8336557	13077115	6955288	16640424	15567962	13691042	13198896	6278030	17453664
527573	1021261	934128	1421811	1967756	1471117	2184198	393517	3657018

Note: The state-owned investment refers to the investment from state-ownered enterprises, state joint ownership enterprises and sole state-funded corporations. The investment by non-state-owned units refers to the total investment excluding the investment from state-owned enterprises, state joint ownership enterprises, sole state-funded corporations, enterprises with funds from foreign regions,Hong Kong, Macao and Taiwan. The investment by private enterprises refers to private holding investment and individual investment of the investment from collective-owned enterprises, other cooperative enterprises, other limited liability corporations,private enterprises, other domestic funded enterprises and share holding corporations. The same as in the following tables.

4-16 新增固定资产（2017年，按投资类别分）

Total Newly Increased Fixed Assets (2017, by Type of Investment)

单位：万元 (10000 yuan)

项目	Item	合计 Total	# 房地产开发 Real Estate Development
总计	**Total**	**23131329**	**7206153**
按登记注册类型分	**Grouped by Registration Status**		
内资企业	Domestic Funded Enterprises	17418683	5052102
国有企业	State-owned Enterprises	3477445	174311
集体企业	Collective-owned Enterprises	286780	66377
股份合作企业	Cooperative Enterprises	4750	
联营企业	Joint Ownership Enterprises	621	
国有联营企业	State Joint Ownership Enterprises		
集体联营企业	Collective Joint Ownership Enterprises		
国有与集体联营企业	Joint State-collective Enterprises		
其他联营企业	Other Joint Ownership Enterprise	621	
有限责任公司	Limited Liability Corporations	6994086	2875681
国有独资公司	State Sole Funded Corporations	361980	37224
其他有限责任公司	Other Limited Liability Corporations	6632106	2838457
股份有限公司	Share Holding Corporations Ltd.	3572950	253944
私营企业	Private Enterprises	2755010	1681789
其他企业	Other Enterprises	327041	
港、澳、台商投资企业	Enterprises with Funds from Hong Kong, Macao and Taiwan	2292071	1749517
# 与港、澳、台商合资经营企业	Joint-venture Enterprises	671462	414856
与港、澳、台商合作经营企业	Cooperative Enterprises	443393	432451
港、澳、台商独资经营企业	Enterprises with Sole Funds	1165520	902210
港、澳、台商投资股份有限公司	Share-holding Corporations Ltd.	11696	
外商投资企业	Foreign Funded Enterprises	3417843	404534
# 中外合资经营企业	Joint-venture Enterprises	2561455	52765
中外合作经营企业	Cooperative Enterprises	15890	7699
外资企业	Enterprises with Sole Foreign Funds	596149	151428
外商投资股份有限公司	Share-holding Corporations Ltd.	239349	192642
个体经营	Self-employed Individual	2732	
按隶属关系分	**Grouped by Jurisdiction of Management**		
中央属	Central Investment	4621003	253944
省属	Provincial Investment	2520160	
市属	Municipal Investment	4217281	1158523
区属	District Investment	3488588	771807
其他	Others	8284297	5021879
按建设性质分	**Grouped by Type of Construction**		
# 新建	New Construction	15800196	7206153
扩建	Expansion	343136	
改建和技术改造	Reconstruction	2722786	
单纯购置	Purchase	4212198	

4-17 新增固定资产(2017年，按行业分)

Total Newly Increased Fixed Assets (2017, by Sector)

单位：万元 (10000 yuan)

项目	Item	2016	2017
按行业分	**Grouped by Sector**		
农、林、牧、渔业	Agriculture, Forestry, Animal Husbandry and Fishery	185447	45090
工　业	Industry	4001993	3571848
采矿业	Mining		
制造业	Manufacturing	3536369	3156821
农副食品加工业	Processing of Food from Agricultural Products	53364	36740
食品制造业	Manufacture of Foods	92470	34634
酒、饮料和精制茶制造业	Manufacture of Wine ,Beverages and Refined Tea	56783	24162
烟草制品业	Manufacture of Tobacco	3769	264
纺织业	Manufacture of Textile	43969	24932
纺织服装、服饰业	Manufacture of Textile Wearing Apparel,clothing	79729	17254
皮革、毛皮、羽毛及其制品和制鞋业	Manufacture of Leather, Fur, Feather and Related Products and Footwear	56823	5849
木材加工和木、竹、藤、棕、草制品业	Processing of Timber, Manufacture of Wood, Bamboo, Rattan, Palm and Straw Products		7127
家具制造业	Manufacture of Furniture	63810	32380
造纸及纸制品业	Manufacture of Paper and Paper Products	59883	24410
印刷和记录媒介复制业	Printing, Reproduction of Recording Media	41264	15228
文教、工美、体育和娱乐用品制造业	Manufacture of Culture and Education, Arts and Crafts, Sports and Entertainment Supplies	98152	13083
石油加工、炼焦和核燃料加工业	Processing of Petroleum, Coking, Processing of Nuclear Fuel	42384	61476
化学原料及化学制品制造业	Manufacture of Raw Chemical Materials and Chemical Products	169316	60760
医药制造业	Manufacture of Medicines	84115	55642
化学纤维制造业	Manufacture of Chemical Fibers		1000
橡胶和塑料制品业	Manufacture of Rubber and Plastics	104489	35621
非金属矿物制品业	Manufacture of Non-metallic Mineral Products	62078	50173
黑色金属冶炼和压延加工业	Smelting and Pressing of Ferrous Metals	11025	
有色金属冶炼和压延加工业	Smelting and Pressing of Non-Ferrous Metals	19375	18012
金属制品业	Manufacture of Metal Products	174987	39591
通用设备制造业	Manufacture of General Purpose Machinery	156371	80408
专用设备制造业	Manufacture of Special Purpose Machinery	127639	112616
汽车制造业	Manufacture of Automobile	1158735	486966
铁路、船舶、航空航天和其他运输设备制造业	Manufacture of Railway, Ship, Aerospace and Other Transportation Equipment	41563	117412
电气机械和器材制造业	Manufacture of Electrical Machinery and Equipment	143447	172530
计算机、通信和其他电子设备制造业	Manufacture of Computers, Communications and Other Electronic Equipment	452645	1594379
仪器仪表制造业	Manufacture of Instrument	65060	24076
其他制造业	Other manufacturing	19075	8250
废弃资源综合利用业	Comprehensive Utilization of Waste Resources	13972	733
金属制品、机械和设备修理业	Metal Products, Machinery and Equipment Repair	40077	1113

4-17 续表 continued

单位：万元 (10000 yuan)

项 目	Item	2016	2017
电力、热力、燃气及水生产和供应业	Production and Supply of Electricity, Heat,Gas and Water	465624	415027
电力、热力生产和供应业	Production and Supply of Electric Power and Heat Power	230432	100099
燃气生产和供应业	Production and Supply of Gas	46630	5411
水的生产和供应业	Production and Supply of Water	188562	309517
建筑业	Construction	235614	101946
批发和零售业	Wholesale and Retail Trades	1055121	409947
交通运输、仓储和邮政业	Transport, Storage and Post	1908345	5695776
铁路运输业	Railway Transport		657
道路运输业	Road Transport	136517	2370444
水上运输业	Water Transport	387209	984053
航空运输业	Air Transport	1248231	2230208
管道运输业	Transport via Pipelines		
装卸搬运和运输代理业	Handling and Transportation Agents	28778	20807
仓储业	Storage	84597	81614
邮政业	Post	23013	7993
住宿和餐饮业	Hotels and Catering Services	219911	217625
信息传输、软件和信息技术服务业	Information Transmission, Software and Information Technology	525348	1075043
电信、广播电视和卫星传输服务	Telecommunications, Broadcasting ,TV transmission and Satellite Services	253652	805772
互联网和相关服务	Networks Related Services	22922	49844
软件和信息技术服务业	Software and Information Technology Services	248774	219427
金融业	Financial Intermediation	15320	17135
房地产业	Real Estate	8173242	7378205
# 房地产开发经营	Real Estate Development and Management	7032795	7206153
租赁和商务服务业	Leasing and Business Services	1671455	1468170
科学研究和技术服务业	Scientific Research and Technical Services	296315	111121
水利、环境和公共设施管理业	Management of Water Conservancy, Environment and Public Facilities	1877017	2008113
居民服务、修理和其他服务业	Service to Households, Repair and Other Services	34175	4622
教 育	Education	479995	318620
卫生和社会工作	Health and Social Work	445470	460361
文化、体育和娱乐业	Culture, Sports and Entertainment	302259	116384
新闻和出版业	Press and Publishing Industry	2940	6576
广播、电视、电影和影视录音制作业	Radio, Television, Movie and Recording Manufacturing	23131	16949
文化艺术业	Culture and Art	130838	47824
体 育	Sports	75408	4101
娱乐业	Entertainment	69942	40934
公共管理、社会保障和社会组织	Public Management, Social Security and Social Organizations	143403	131323
国际组织	International Organizations		

4-18 民间固定资产投资和房屋建设情况（2017年）

Investment in Fixed Assets and Building Construction by Private Units (2017)

项　　目	Item	固定资产投资额（万元）Investment in Fixed Assets (10000 yuan)	房屋施工面积（平方米）Floor Space under Construction (sq.m)	房屋竣工面积（平方米）Floor Space Completed (sq.m)
总　计	**Total**	**24957292**	**70267090**	**8145981**
按登记注册类型分	**Grouped by Registration Status**			
# 集体企业	Collective-owned Enterprises	817869	2305284	588900
股份合作企业	Cooperative Enterprises	14036	3600	
联营企业(不含国有及国有控股企业和外商及港澳台商及其控股企业)	Joint Ownership Enterprises	636		
有限责任公司(不含国有及国有控股企业和外商及港澳台商及其控股企业)	Limited Liability Corporations	13813116	42258345	3876925
股份有限公司(不含国有及国有控股企业和外商及港澳台商及其控股企业)	Share-holding Corporations Ltd.	320632	452752	
私营企业	Private Enterprises	8625918	23133691	3592126
其他企业	Other Enterprises	812757	1006289	70691
个体经营	Individual Investment	2778	7739	7739
按投资类别分	**Grouped by Type of Investment**			
# 房地产开发	Real Estate Development	17544498	62402178	6958740

4-19 住宅投资建设情况（2017年）

Statistics on Investment and Construction of Residential Buildings (2017)

项　　目	Item	固定资产投资额（万元）Investment in Fixed Assets (10000 yuan)	房屋施工面积（平方米）Floor Space under Construction (sq.m)	房屋竣工面积（平方米）Floor Space Completed (sq.m)
总　计	**Total**	**17789504**	**64279658**	**8328026**
按登记注册类型分	**Grouped by Registration Status**			
内资企业	Domestic Funded Enterprises	14940825	48963308	6195191
国有企业	State-owned Enterprises	199379	640288	300252
集体企业	Collective-owned Enterprises	13609	244484	140701
股份合作企业	Cooperative Enterprises			
联营企业	Joint Ownership Enterprises			
有限责任公司	Limited Liability Corporations	11288248	32514117	3412042
股份有限公司	Share-holding Corporations Ltd.	151471	2962866	303552
私营企业	Private Enterprises	3180805	12427621	2038644
其他企业	Other Enterprises	107313	173932	
港、澳、台商投资企业	Enterprises with Funds from Hong Kong, Macao and Taiwan	1619316	10368503	1355975
外商投资企业	Foreign Funded Enterprises	1229363	4947847	776860
个体经营	Individual Investment			
按投资类别分	**Grouped by Type of Investment**			
# 房地产开发	Real Estate Development	17694861	63994729	8318292

4-20 固定资产投资资金来源（2017年，按投资类别分）

Total Investment in Fixed Assets by Source of Funds (2017, by Type of Investment)

单位：万元 (10000 yuan)

项　　目	Item	合　计 Total	#房地产开发 Real Estate Development
本年实际到位资金合计	Total Actually Funds Provided This Year	88160640	57038743
上年末结余资金	Surplus Fund from Year-end of Preceding Year	21009840	19171290
本年实际到位资金小计	Subtotal Actually Funds Provided This Year	67150800	37867453
国家预算资金	State Budget	5374687	
国内贷款	Domestic Loans	14148186	7659251
债　　券	Bonds	154850	
利用外资	Foreign Investment	316523	90548
自筹资金	Self-raising Funds	27223541	11916528
其他资金	Others	19933013	18201126
本年各项应付款合计	Total Payment This Year	10382290	7056622
# 工程款	Payment Against Projects	4097769	3580909

4-21 主要年份基础设施投资额

Total Investment of Infrastructure in Main Years

单位：万元 (10000 yuan)

年 份 Year	基础设施投资额合计 Total Investment in Infrastructure	电力、热力、燃气及水生产和供应业 Production and Supply of Electricity, Heat, Gas and Water	交通运输、仓储和邮政业 Transport, Storage and Post	信息传输、软件和信息技术服务业 Information Transmission, Software and Information Technology	水利、环境和公共设施管理业 Management of Water Conservancy, Environment and Public Facilities
2006	5486487	1027261	2584536	323481	1551209
2007	5396237	823335	2395913	231485	1945504
2008	6058585	721278	2993037	310452	2033818
2009	10205364	1921535	3755212	1018626	3509991
2010	13322053	2300961	4498051	898385	5624656
2011	9977291	891065	4274037	1864116	2948073
2012	10650125	1241487	4568369	1229343	3610926
2013	11371899	1016015	5935429	1037231	3383224
2014	12466576	1227907	6707111	1251867	3279691
2015	13390770	1105701	6316844	1816401	4151824
2016	15164507	1603562	7922729	1110701	4527515
2017	16842963	1573871	8832349	1060190	5376553

注：基础设施投资是指为社会生产和生活提供基础性、大众性服务的工程和设施。因此表中的交通运输、仓储和邮政业不包括通用仓储、低温仓储、危险品仓储和谷物、棉花等农产品仓储业；信息传输、软件和信息技术服务业不包括软件和信息技术服务业。与其他表的国民经济行业分类略有不同。

Note: Infrastructure investment refers to projects and facilities that provide basic and popular services for social production and life.Therefore the transportation, storage and postal services in the tables do not include general storage, low temperature storage, dangerous goods storage and storage of agricultural products such as grain and cotton; information transmission,software and information technology services do not include software and information technology services. The industry classification of national economy is slightly different from other tables.

4-22 房地产开发与经营(2017年，按法人单位办公所在地分)

项 目	Item	全 市 Total	荔湾区 Liwan	越秀区 Yuexiu
企业个数 (个)	Number of Enterprises (unit)	1306	41	128
年末从业人数 (人)	Employed Persons at Year-end (person)	48789	1240	3336
本年完成投资 (万元)	Total Investment Completed This Year (10000 yuan)	27028935	1251775	642737
#住 宅	Residential Buildings	17694861	952975	299143
办公楼	Office Buildings	3302306	8952	92700
商业营业用房	Houses for Business Use	2985026	74616	150915
房屋施工面积 (平方米)	Floor Space of Buildings under Construction (sq.m)	106584887	5118381	3383863
#住 宅	Residential Buildings	63994729	3411772	1850807
办公楼	Office Buildings	11216734	28040	368007
商业营业用房	Houses for Business Use	12591059	431492	473927
#新开工面积	Floor Space of Newly Started Buildings	18538816	677221	542762
#住 宅	Residential Buildings	11189516	430673	231638
办公楼	Office Buildings	1634407		43068
商业营业用房	Houses for Business Use	2073311	18410	116493
房屋竣工面积 (平方米)	Floor Space of Buildings Completed (sq.m)	13206648	1081081	299079
#住 宅	Residential Buildings	8318292	727126	149590
办公楼	Office Buildings	641929		67867
商业营业用房	Houses for Business Use	1337204	86160	16939
商品房销售面积 (平方米)	Floor Space of Buildings Actually Sold This Year (sq.m)	17577529	566776	216501
现房销售面积	Floor Space of Existing Buildings with Contracts Signed	3795896	58019	33746
#住 宅	Residential Buildings	2661575	34632	15350
办公楼	Office Buildings	162916		430
商业营业用房	Houses for Business Use	259547	1190	16347
期房销售面积	Floor Space of Buildings Presold This Year	13781633	508757	182755
#住 宅	Residential Buildings	11013203	436776	127896
办公楼	Office Buildings	1606720		11000
商业营业用房	Houses for Business Use	671332	47814	42110
商品房销售合同金额(万元)	Contracted Value of Buildings Actually Sold This Year(10000 yuan)	30995202	2369779	723357
现房销售合同金额	Contracted Value of Existing Buildings with Contracts Signed	6044947	165437	124729
#住 宅	Residential Buildings	4321949	104450	44548
办公楼	Office Buildings	362706		2544
商业营业用房	Houses for Business Use	601963	6339	73386
期房销售合同金额	Contracted Value of Buildings Presold	24950255	2204342	598628
#住 宅	Residential Buildings	19861653	1913714	436675
办公楼	Office Buildings	3092862		43474
商业营业用房	Houses for Business Use	1535344	218610	112001

Real Estate Development and Management
(2017, by the Locations of the Offices of Corporate Units)

海珠区 Haizhu	天河区 Haizhu	白云区 Baiyun	黄埔区 Huangpu	番禺区 Panyu	花都区 Huadu	南沙区 Nansha	从化区 Conghua	增城区 Zengcheng
147	228	70	83	154	112	109	68	166
3700	11054	2164	4158	6656	3327	3366	2523	7265
1048135	3069882	1383378	4637900	3536865	1991814	3914988	1199527	4351934
635511	1709235	809875	3505767	1805361	1171779	2224548	932726	3647941
216433	528173	309870	686153	633955	75914	617034	40817	92305
115012	367960	149910	200093	512965	573963	379441	142046	318105
7643376	11899462	5152263	14791425	13957166	10657021	11649136	5692344	16640450
4426043	5753287	2734603	9158328	6803595	6753378	6360132	4641929	12100855
1105778	2327340	768695	1977113	1793439	451921	1815594	183272	397535
1149565	1662299	375262	1613564	2109664	1727874	1310330	267653	1469429
313108	950505	666970	2701052	3158216	2200313	1793951	1028818	4505900
193614	503284	256907	1742330	1318238	1163540	1065947	809032	3474313
39903	50007	45280	325445	343485	306943	293359	90444	96473
71688	204929	68251	266784	470380	403533	173207	68746	210890
522573	799526	368538	1266749	1701339	1252885	2049546	277283	3588049
385334	502018	358335	676090	907916	658124	1274563	206911	2472285
	2061		46320	229298	103894	185388	2955	4146
33161	101051	3749	285662	91324	212481	139161	20233	347283
617270	1262771	409788	3268907	1749992	1448236	2151870	1867192	4018226
61376	455014	112394	438305	441194	361607	190465	537473	1106303
53812	321643	64680	185858	207619	282806	98368	429657	967150
	39114		82197	35212	46	1631		4286
2839	17666	8482	30003	14238	19978	14412	107421	26971
555894	807757	297394	2830602	1308798	1086629	1961405	1329719	2911923
459102	510140	202140	2041181	693947	935072	1632000	1287424	2687525
86873	239408	82229	543814	275781	59844	231282	10358	66131
6589	50915	13025	49870	216608	78474	37628	19325	108974
2051960	4494356	887071	5390275	3140085	2010145	3208279	1886387	4833508
239168	1354652	191554	596318	754775	420592	211725	726235	1259762
223793	1021300	84591	335411	513742	330268	106115	453631	1104100
	164044		143349	44414	55	3741		4559
5443	36755	13192	55558	31343	30628	26107	271719	51493
1812792	3139704	695517	4793957	2385310	1589553	2996554	1160152	3573746
1596633	2122906	500137	3687161	1290880	1355167	2512849	1115752	3329779
199173	823980	136390	865831	511388	76183	355503	11587	69353
13656	161924	58990	89461	497225	145768	78621	16074	143014

4-23 房地产开发与经营（2017年，按项目所在地分）

项　目	Item	全　市 Total	荔湾区 Liwan	越秀区 Yuexiu
本年完成投资　（万元）	Total Investment Completed This Year (10000 yuan)	27028935	1434010	538635
#住　宅	Residential Buildings	17694861	1048792	200995
办公楼	Office Buildings	3302306	32365	100509
商业营业用房	Houses for Business Use	2985026	79158	146755
房屋施工面积　（平方米）	Floor Space of Buildings under Construction (sq.m)	106584887	6987693	2083836
#住　宅	Residential Buildings	63994729	4561431	874669
办公楼	Office Buildings	11216734	181329	393188
商业营业用房	Houses for Business Use	12591059	586721	341820
#新开工面积	Floor Space of Newly Started Buildings	18538816	677221	513734
#住　宅	Residential Buildings	11189516	430673	220533
办公楼	Office Buildings	1634407		43068
商业营业用房	Houses for Business Use	2073311	18410	114825
房屋竣工面积　（平方米）	Floor Space of Buildings Completed (sq.m)	13206648	1167169	299079
#住　宅	Residential Buildings	8318292	778478	149590
办公楼	Office Buildings	641929		67867
商业营业用房	Houses for Business Use	1337204	109561	16939
商品房销售面积　（平方米）	Floor Space of Buildings Actually Sold This Year (sq.m)	17577529	742932	155037
现房销售面积	Floor Space of Existing Buildings with Contracts Signed	3795896	134735	22936
#住　宅	Residential Buildings	2661575	98708	5869
办公楼	Office Buildings	162916	3889	430
商业营业用房	Houses for Business Use	259547	5753	15762
期房销售面积	Floor Space of Buildings Presold This Year	13781633	608197	132101
#住　宅	Residential Buildings	11013203	551732	81065
办公楼	Office Buildings	1606720		11235
商业营业用房	Houses for Business Use	671332	47609	39801
商品房销售合同金额(万元)	Contracted Value of Buildings Actually Sold This Year(10000 yuan)	30995202	2799342	509564
现房销售合同金额	Contracted Value of Existing Buildings with Contracts Signed	6044947	316167	97035
#住　宅	Residential Buildings	4321949	215635	19622
办公楼	Office Buildings	362706	20096	2544
商业营业用房	Houses for Business Use	601963	15304	72099
期房销售合同金额	Contracted Value of Buildings Presold	24950255	2483175	412529
#住　宅	Residential Buildings	19861653	2232174	260738
办公楼	Office Buildings	3092862		44407
商业营业用房	Houses for Business Use	1535344	217168	107384

Real Estate Development and Management (2017, by Region of Item)

海珠区 Haizhu	天河区 Tianhe	白云区 Baiyun	黄埔区 Huangpu	番禺区 Panyu	花都区 Huadu	南沙区 Nansha	从化区 Conghua	增城区 Zengcheng
1125966	2533247	1415936	4874597	3551051	2081028	3923004	1199527	4351934
609981	1392750	840140	3755825	1814034	1219915	2231762	932726	3647941
299344	449828	303178	654310	634399	78217	617034	40817	92305
114657	335204	157456	218491	513414	579765	379975	142046	318105
5917317	9061380	5778892	16021927	14423697	11940746	12036605	5692344	16640450
2962509	3643935	3432038	10351422	7109641	7656522	6659778	4641929	12100855
1055707	2485880	552991	1895656	1800388	455194	1815594	183272	397535
1110054	1584846	383395	1625441	2123740	1760739	1337221	267653	1469429
289650	947393	583644	2701052	3184786	2312667	1793951	1028818	4505900
181598	500172	155658	1742330	1333366	1275894	1065947	809032	3474313
39903	50007	45280	325445	343485	306943	293359	90444	96473
68149	204929	69919	266784	473919	403533	173207	68746	210890
136638	464981	668385	1601294	1701339	1252885	2049546	277283	3588049
88010	306569	604307	871539	907916	658124	1274563	206911	2472285
	2061		46320	229298	103894	185388	2955	4146
8193	66008	5316	320705	91324	212481	139161	20233	347283
547073	947824	366394	3397999	1801789	1561322	2171741	1867192	4018226
67940	213501	145466	488589	480015	404706	194232	537473	1106303
52086	125608	101611	233067	229172	316512	102135	429657	967150
	34671		82197	35212	600	1631		4286
7543	11396	2274	30003	14346	23666	14412	107421	26971
479133	734323	220928	2909410	1321774	1156616	1977509	1329719	2911923
378567	417596	145447	2119989	706799	1005059	1632000	1287424	2687525
87177	258642	62456	543814	275781	59844	231282	10358	66131
8898	50791	13025	49870	216732	78474	37833	19325	108974
1865436	3834893	958551	5684592	3263608	2103370	3255951	1886387	4833508
244282	897489	309406	683161	834919	457986	218505	726235	1259762
218890	649774	201731	418171	568743	358757	112895	453631	1104100
	143556		143349	44414	447	3741		4559
7945	27859	8114	55558	31543	34222	26107	271719	51493
1621154	2937404	649145	5001431	2428689	1645384	3037446	1160152	3573746
1394224	1866576	509939	3894635	1333989	1410998	2512849	1115752	3329779
200114	878280	80216	865831	511388	76183	355503	11587	69353
18273	161654	58990	89461	497495	145768	80063	16074	143014

4-24 房地产开发投资额和新增固定资产（2017年）

单位：万元

项　　目	Item	企业数（个）Number of Enterprises (unit)
全　　市	**Total**	**1306**
按企业登记注册类型分	**Grouped by Registration Status**	
内资企业	Domestic Funded Enterprises	1006
国有企业	State-owned Enterprises	25
集体企业	Collective-owned Enterprises	18
股份合作企业	Cooperative Enterprises	2
联营企业	Joint Ownership Enterprises	1
# 国有联营企业	State Joint Ownership Enterprises	
集体联营企业	Collective Joint Ownership Enterprises	
国有与集体联营企业	Joint State-collective Enterprises	
有限责任公司	Limited Liability Corporations	591
# 国有独资公司	State Sole Funded Corporations	31
股份有限公司	Share-holding Corporations Ltd.	10
私营企业	Private Enterprises	358
其他企业	Other Enterprises	1
港、澳、台商投资企业	Enterprises with Funds from Hong Kong, Macao and Taiwan	233
# 与港、澳、台商合资经营企业	Joint-venture Enterprises	46
与港、澳、台商合作经营企业	Cooperative Enterprises	86
港、澳、台商独资经营企业	Enterprises with Sole Funds	99
港、澳、台商投资股份有限公司	Share-holding Corporations Ltd.	2
外商投资企业	Foreign Funded Enterprises	67
# 中外合资经营企业	Joint-venture Enterprises	20
中外合作经营企业	Cooperative Enterprises	11
外资企业	Enterprises with Sole Foreign Funds	29
外商投资股份有限公司	Share-holding Corporations Ltd.	4
按资质分	**Grouped by Grade**	
一级资质	Grade One	12
二级资质	Grade Two	97
三级资质	Grade Three	456
四级以下(含四级)	Grade Four and below	741
按隶属关系分	**Grouped by Jurisdiction of Management**	
中央属	Central Investment	18
省　属	Provincial Investment	26
市属及以下	Municipal Investment	1262

Investment and Newly Increased Fixed Assets in Real Estate Development (2017)

(10000 yuan)

投资额合计 Total Investment	住宅 Residential Buildings	办公楼 Office Buildings	商业营业用房 Houses for Business Use	其他用房 Other Buildings	新增固定资产 Newly Increased Fixed Assets
27028935	**17694861**	**3302306**	**2985026**	**3046742**	**7206153**
22429613	14852582	2636348	2339135	2601548	5052102
304421	151843	31163	22502	98913	174311
33877	7479	7868	6145	12385	66377
100				100	
16377019	11258218	1788087	1437431	1893283	2875681
648721	288676	153639	164769	41637	37224
191094	151471	6325	15539	17759	253944
5397203	3176412	802905	838778	579108	1681789
125899	107159		18740		
2860397	1619316	503215	504564	233302	1749517
632329	306802	83710	173139	68678	414856
681684	400038	96992	110125	74529	432451
1523518	904853	322513	213679	82473	902210
22866	7623		7621	7622	
1738925	1222963	162743	141327	211892	404534
816836	467962	83416	102120	163338	52765
122361	101213	18906	2138	104	7699
599027	489992	60421	13623	34991	151428
99725	71967		18301	9457	192642
868223	523283	93093	52105	199742	503711
1634470	1039875	103522	138794	352279	451954
4352144	2887355	326913	483816	654060	2088056
20174098	13244348	2778778	2310311	1840661	4162432
530832	390490	10951	28123	101268	253944
432293	79617	153803	108879	89994	
26065810	17224734	3137332	2848024	2855480	6952209

4-25 房地产开发房屋面积（2017年）

单位:平方米

项　　目	Item
全　市	**Total**
按企业登记注册类型分	**Grouped by Registration Status**
内资企业	Domestic Funded Enterprises
国有企业	State-owned Enterprises
集体企业	Collective-owned Enterprises
股份合作企业	Cooperative Enterprises
联营企业	Joint Ownership Enterprises
# 国有联营企业	State Joint Ownership Enterprises
集体联营企业	Collective Joint Ownership Enterprises
国有与集体联营企业	Joint State-collective Enterprises
有限责任公司	Limited Liability Corporations
# 国有独资公司	State Sole Funded Corporations
股份有限公司	Share-holding Corporations Ltd.
私营企业	Private Enterprises
其他企业	Other Enterprises
港、澳、台商投资企业	Enterprises with Funds from Hong Kong, Macao and Taiwan
# 与港、澳、台商合资经营企业	Joint-venture Enterprises
与港、澳、台商合作经营企业	Cooperative Enterprises
港、澳、台商独资经营企业	Enterprises with Sole Funds
港、澳、台商投资股份有限公司	Share-holding Corporations Ltd.
外商投资企业	Foreign Funded Enterprises
# 中外合资经营企业	Joint-venture Enterprises
中外合作经营企业	Cooperative Enterprises
外资企业	Enterprises with Sole Foreign Funds
外商投资股份有限公司	Share-holding Corporations Ltd.
按资质分	**Grouped by Grade**
一级资质	Grade One
二级资质	Grade Two
三级资质	Grade Three
四级以下(含四级)	Grade Four and below
按隶属关系分	**Grouped by Jurisdiction of Management**
中央属	Central Investment
省　属	Provincial Investment
市属及以下	Municipal Investment

Floor Space of Buildings in Real Estate Development (2017)

(sq.m)

施工面积 Floor Space of Buildings under Construction	# 住宅 Residential Buildings	竣工面积 Floor Space of Buildings Completed	# 住宅 Residential Buildings	商品房销售面积 Floor Space of Buildings Actually Sold	# 住宅 Residential Buildings
106584887	**63994729**	**13206648**	**8318292**	**17577529**	**13674778**
80357981	48698379	9747249	6185457	13819575	11066436
1145795	508889	545995	290518	167181	166816
382138	244484	217712	140701	78482	25442
3600					
54427839	32459435	5640205	3412042	10198357	8073581
2778415	1618882	131075	131075	290750	256354
3723567	2962866	357427	303552	248863	247507
20478944	12348773	2985910	2038644	2958890	2386109
196098	173932			167802	166981
18216010	10368503	2391782	1355975	2570963	1842365
3837477	1869599	567614	271274	520410	316290
4839002	3078776	630116	461383	480250	371455
9201265	5193746	1194052	623318	1564078	1148395
338266	226382			6225	6225
8010896	4927847	1067617	776860	1186991	765977
2806805	1170663	114412	64720	549265	228172
825794	316060	25665	25665	115966	88787
3245948	2631725	336153	223691	477567	412789
618081	489478	591387	462784	25043	20404
5737621	4111550	680821	487850	554625	482339
8629559	5425567	832314	563406	995424	885604
27751106	17144444	4681252	3030205	3757341	2928241
64466601	37313168	7012261	4236831	12270139	9378594
5151304	3802158	357427	303552	702831	598920
1110074	705638			65749	17262
100323509	59486933	12849221	8014740	16808949	13058596

4-26 房地产开发资金来源（2017年）

单位：万元

项　　目	Item
全　市	**Total**
按企业登记注册类型分	**Grouped by Registration Status**
内资企业	Domestic Funded Enterprises
国有企业	State-owned Enterprises
集体企业	Collective-owned Enterprises
股份合作企业	Cooperative Enterprises
联营企业	Joint Ownership Enterprises
# 国有联营企业	State Joint Ownership Enterprises
集体联营企业	Collective Joint Ownership Enterprises
国有与集体联营企业	Joint State-collective Enterprises
有限责任公司	Limited Liability Corporations
# 国有独资公司	State Sole Funded Corporations
股份有限公司	Share-holding Corporations Ltd.
私营企业	Private Enterprises
其他企业	Other Enterprises
港、澳、台商投资企业	Enterprises with Funds from Hong Kong, Macao and Taiwan
# 与港、澳、台商合资经营企业	Joint-venture Enterprises
与港、澳、台商合作经营企业	Cooperative Enterprises
港、澳、台商独资经营企业	Enterprises with Sole Funds
港、澳、台商投资股份有限公司	Share-holding Corporations Ltd.
外商投资企业	Foreign Funded Enterprises
# 中外合资经营企业	Joint-venture Enterprises
中外合作经营企业	Cooperative Enterprises
外资企业	Enterprises with Sole Foreign Funds
外商投资股份有限公司	Share-holding Corporations Ltd.
按资质分	**Grouped by Grade**
一级资质	Grade One
二级资质	Grade Two
三级资质	Grade Three
四级以下(含四级)	Grade Four and below
按隶属关系分	**Grouped by Jurisdiction of Management**
中央属	Central Investment
省　属	Provincial Investment
市属及以下	Municipal Investment

注：本表资金来源为本年发生额。

Real Estate Development by Source of Funds (2017)

(10000 yuan)

合 计 Total	国内贷款 Domestic Loans	利用外资 Foreign Investment	自筹资金 Self-raising Funds	其他资金 Others
37867453	**7659251**	**90548**	**11916528**	**18201126**
29441722	6427235		10421355	12593132
427294	30000		381714	15580
53781			20951	32830
100			100	
22884379	4830395		8238609	9815375
780304	209440		363543	207321
342953	188599		127265	27089
5503201	1319741		1652716	2530744
230014	58500			171514
6250258	952441	90548	1077596	4129673
1176413	283970		211877	680566
1407057	366351	88284	325379	627043
3643981	302120	2264	540340	2799257
22807				22807
2175473	279575		417577	1478321
853811			206956	646855
315301	119821		1437	194043
759556	79754		159213	520589
90915				90915
1688564	173599		320503	1194462
1840759	108068		395935	1336756
6843074	1484327		1478646	3880101
27495056	5893257	90548	9721444	11789807
980711	196825		305532	478354
942194	319490		415551	207153
35944548	7142936	90548	11195445	17515619

Note: The source of funds in this table refers to the amount in current year.

4-27 房地产开发主要财务指标（2017年）

单位：万元

项　　目	Item
全　市	**Total**
按企业登记注册类型分	**Grouped by Registration Status**
内资企业	Domestic Funded Enterprises
国有企业	State-owned Enterprises
集体企业	Collective-owned Enterprises
股份合作企业	Cooperative Enterprises
联营企业	Joint Ownership Enterprises
# 国有联营企业	State Joint Ownership Enterprises
集体联营企业	Collective Joint Ownership Enterprises
国有与集体联营企业	Joint State-collective Enterprises
有限责任公司	Limited Liability Corporations
# 国有独资公司	State Sole Funded Corporations
股份有限公司	Share-holding Corporations Ltd.
私营企业	Private Enterprises
其他企业	Other Enterprises
港、澳、台商投资企业	Enterprises with Funds from Hong Kong, Macao and Taiwan
# 与港、澳、台商合资经营企业	Joint-venture Enterprises
与港、澳、台商合作经营企业	Cooperative Enterprises
港、澳、台商独资经营企业	Enterprises with Sole Funds
港、澳、台商投资股份有限公司	Share-holding Corporations Ltd.
外商投资企业	Foreign Funded Enterprises
# 中外合资经营企业	Joint-venture Enterprises
中外合作经营企业	Cooperative Enterprises
外资企业	Enterprises with Sole Foreign Funds
外商投资股份有限公司	Share-holding Corporations Ltd.
按资质分	**Grouped by Grade**
一级资质	Grade One
二级资质	Grade Two
三级资质	Grade Three
四级以下(含四级)	Grade Four and below
按隶属关系分	**Grouped by Jurisdiction of Management**
中央属	Central Investment
省　属	Provincial Investment
市属及以下	Municipal Investment

Main Financial Indicators of Real Estate Development (2017)

(10000 yuan)

资产总计 Total Assets	所有者权益 Owners′ Equity	营业收入 Business Revenue	营业成本 Cost of Business	利润总额 Total Profits
260945406	**57850980**	**23695327**	**14363395**	**4747515**
184634661	39466950	15531859	10036277	2802522
1257492	515291	110880	30029	76393
371356	127641	29504	18280	1147
37533	4446	3120	679	329
2619	-1870	202	70	-27
130572735	31302085	11130296	7246994	2199875
6401897	2083740	764526	495557	240266
13452630	2169156	556614	334425	79895
38940297	5350201	3701243	2405799	444910
56179996	13969284	5975230	3208964	1484692
12516942	4089190	1409952	801568	336162
13658818	3448345	1591687	755905	458905
29742518	6298880	2903130	1616980	655314
261718	132869	70461	34511	34311
20130749	4414746	2188237	1118154	460301
4332493	1704184	876472	348105	198287
3125238	649966	460338	271931	97486
11066718	1656352	499089	319762	13525
611160	156456	109870	65710	20688
52821975	17184466	1263181	473856	215706
26560270	5385705	2621426	1352734	702121
58854288	14961252	6720498	3827424	1560290
122708873	20319557	13090222	8709381	2269398
4916208	1393158	639881	463652	126794
3204394	915276	150608	93337	12320
252824804	55542546	22904838	13806406	4608401

【固定资产投资额】以货币形式表现的在一定时期内建造和购置固定资产的工作量以及与此有关的费用的总称。该指标是反映固定资产投资规模、结构和发展速度的综合性指标，又是观察工程进度和考核投资效果的重要依据。

【房地产开发投资】各种登记注册类型的房地产开发公司、商品房建设公司及其他房地产开发单位统一开发的包括统代建、拆迁还建的住宅、厂房、仓库、饭店、宾馆、度假村、写字楼、办公楼等房屋建筑物和配套的服务设施、土地开发工程，如道路、给水、排水、供电、供热、通讯、平整场地等基础设施工程的投资。包括实际从事房地产开发或经营活动的附营房地产开发单位。不包括单纯的土地交易活动。

【房屋施工面积】指报告期内施工的全部房屋建筑面积。包括本期新开工的面积和上期开工跨入本期继续施工的房屋面积，以及上期已停建在本期复工的房屋面积。本期竣工和本期施工后又停缓建的房屋，其建筑面积仍计入本期房屋施工面积中。

【房屋竣工面积】指在报告期内房屋建筑按照设计要求已全部完工，达到住人和使用条件，经验收鉴定合格（或达到竣工验收标准），可正式移交使用的各栋房屋建筑面积的总和。

【Total Investment in Fixed Assets】 refers to the volume of activities in construction and purchases of fixed assets and related fees, expressed in monetary terms. It is a comprehensive indicator which shows the size, structure and growth of the investment in fixed assets, providing basis for observing the progress of construction projects and evaluating results of investment.

【Investment in Real Estate Development】It includes the investment by the real estate development companies, commercial buildings construction companies and other real estate development units of various types of ownership in the construction of house buildings, such as residential buildings, factory buildings, warehouses, hotels, guesthouses, holiday villages, office buildings, and the complementary service facilities and land development projects, such as roads, water supply, water drainage, power supply, heating, telecommunications, land leveling and other projects of infrastructure. It covers the activities of the non-real estate companies in real estate development or management, but excludes the activities in simple land transactions.

【Floor Space under Construction】 refers to total floor space of all buildings under construction during the reference period, including floor space of newly started buildings during the reference period, floor space of construction extended from the previous period to the current period, and floor space of construction suspended during the previous period but resumed in the current period. Floor space of construction completed in the current period and floor space of construction started and then suspended in the current period are still included in floor space under construction.

【Floor Space of Buildings Completed】refer to the floor space of housing construction in accordance with the design requirements have been completed In the reporting period, to live and the conditions of use, have been checked or reach the completion acceptance criteria, of housing construction put to use.

第五篇 CHAPTER 5

能源和环境
ENERGY AND ENVIRONMENT

简要说明
Brief Introduction

第五篇　能源和环境

一、本篇资料反映广州市能源和环境综合情况。

（一）能源部分主要包括：能源生产、消费基本情况，规模以上工业企业能源加工转换效率和工业企业分行业主要能源消费量，全市用电量等。

1. 能源统计资料取自广州市能源生产销售与库存、工业企业能源购进、消费和库存表及附表等。

2. 统计口径与计算说明：

⑴ 5-1表至5-3表及5-6表和5-7表的统计口径均为全社会口径；5-4表和5-5表的统计口径均为年主营业务收入2000万元及以上工业企业法人单位。

⑵ 计算能源消费指标涉及的地区生产总值、工业增加值均采用可比口径。

⑶ 5-2表和5-3表的能源消费总量及分行业能源消费量中的电力按等价值计算；5-4表能源加工转换效率表中的电力按当量值计算，即每千瓦小时折0.1229千克标准煤。

3. 本篇的5-2表、5-6表和5-7表电力数据来自广州供电局有限公司。

（二）环境部分主要包括水环境、大气环境、固体废物、生态环境、自然灾害、城市环境、农村环境等。

环境资料由市环保局、水务局、住建委、国规委、城管委等单位提供。

二、本篇资料由广州市统计局能源统计处整理提供。

5 Energy and Environment

I. This paper reflects the comprehensive situation of energy and environment in Guangzhou.

1.The energy part mainly includes: the energy production, the consumption basic situation, the scale above industrial enterprise energy processing conversion efficiency and the industrial enterprise by profession main energy consumption, the whole city electricity consumption and so on.

1.1 Energy statistics from Guangzhou energy production, sales and inventory, industrial enterprises energy purchase, consumption and inventory tables and schedules.

Statistical calibre and calculation description:

1.2 The statistical caliber of 5-1 table to 5-3 table and 5-6 table to 5-7 table are all the whole social caliber, and the statistical caliber of 5-4 table to 5-5 table are all 20 million yuan of annual main business income and corporate unit of industrial enterprise above.

1.2.1 Calculation of energy consumption indicators related to the regional gross domestic product, industrial value added using comparable caliber.

1.2.2 The total energy consumption in table 5-2 and table 5-3 and the energy consumption in each industry are calculated by equal value, and the power in the table of conversion efficiency of energy processing in table 5-4 is calculated at an equal value, that is, 0.1229 kg of standard coal per kilowatt-hour.

1.2.3 The 5-2, 5-6 and 5-7 tables are from Guangzhou Power supply Bureau Co., Ltd.

1.3 The environmental part mainly includes water environment, atmosphere environment, solid waste, ecological environment, natural disaster, urban environment, rural environment and so on.

2.The environmental information is provided by the Municipal Environmental Protection Bureau, the Water Bureau, the Construction Commission, the National Planning Commission, the Urban Management Commission, and so on.

II.This data in this chapter is collected and provided by Guangzhou Bureau of Statistics Energy Statistics Department.

5-1 能源生产量

Energy Production

项　　目	Item	2016	2017
一次能源	**Primary Energy**		
水　电　　（亿千瓦·时）	Hydropower　(100 million kwh)	6.92	4.50
二次能源	**Secondary Energy**		
汽　油　　（万吨）	Gasoline　(10000 tons)	260.22	252.24
煤　油　　（万吨）	(10000 tons)	179.85	176.81
柴　油　　（万吨）	Diesel Oil　(10000 tons)	378.50	352.76
燃料油　　（万吨）	Fuel oil　(10000 tons)	0.10	0.07
液化石油气　　（万吨）	Liquefied Petroleum　(10000 tons)	56.12	52.84
火　电　　（亿千瓦·时）	Thermal Power　(100 million kwh)	299.71	311.24

5-2 能源消费基本情况
Energy Consumption

项　　目	Item	2016	2017
能源消费总量　（万吨标准煤）	Total Energy Consumption (10000 tons of SCE)	5852.60	5961.97
#工　业	Industry	2381.37	2359.38
电力消费　（亿千瓦·时）	Electricity Consumption (100 million kwh)	823.57	869.59
#工　业	Industry	416.46	436.45
万元地区生产总值能耗下降率(%)	Decrease Rate of Energy Consumption per 10000 yuan GDP (%)	4.96	4.81
万元地区生产总值电耗下降率(%)	Decrease Rate of Electricity Consumption per 10000 yuan GDP (%)	2.34	1.32
工业增加值能耗下降率　(%)	Decrease Rate of Energy Consumption per Unit of Industrial Value-added (%)	6.58	5.79
工业增加值电耗下降率　(%)	Decrease Rate of Electricity Consumption per Unit of Industrial Value-added(%)	0.25	0.35

注：电力数据根据广州供电局有限公司提供的资料进行整理。

Note: The data of electricity are collected in accordance with the data provided by Guangzhou Electricity Supply Limited Company.

5-3 能源消费总量
Total Consumption of Energy

单位:万吨标准煤 (10000 tons of SCE)

项目	Item	2016 数量 Consumption Volume	2016 构成(%) Composition (%)	2017 数量 Consumption Volume	2017 构成(%) Composition (%)
合计	**Total**	**5852.60**	**100.00**	**5961.97**	**100.00**
生产消费	Production Consumption	4908.89	83.88	4999.23	83.85
第一产业	Primary Industry	41.70	0.72	40.75	0.68
第二产业	Secondary Industry	2554.75	43.65	2528.84	42.42
第三产业	Tertiary Industry	2312.44	39.51	2429.64	40.75
生产消费中:	In Production Consumption:				
工业	Industry	2381.37	40.69	2359.38	39.57
生活消费	Residential Consumption	943.71	16.12	962.74	16.15
城镇	Urban Areas	701.54	11.98	716.10	12.01
乡村	Rural Areas	242.17	4.14	246.64	4.14

5-4 规模以上工业企业能源加工转换效率(2017年)
Efficiency of Energy Conversion by Industrial Enterprises above Designated Size (2017)

项目	Item	火力发电 Thermal Power Generation	供热 Heating	炼油 Petroleum Refining
投入量合计 (万吨标准煤)	Total Input (10000 tons of SCE)	934.27	163.85	1810.52
产出量合计 (万吨标准煤)	Total Output (10000 tons of SCE)	382.51	143.30	1770.79
加工转换损失量 (万吨标准煤)	Losses in Energy Conversion (10000 tons of SCE)	551.76	20.55	39.73
加工转换效率 (%)	Efficiency of Energy Conversion (%)	40.94	87.46	97.81

5-5 规模以上工业企业分行业主要能源消费量（2017年）

行　　业	Sector
工　业	**Industry**
按轻重工业分	Grouped by Light & Heavy Industries
轻工业	Light Industry
重工业	Heavy Industry
按主要工业行业分	Grouped by Sector
#农副食品加工业	Processing of Food from Agricultural Products
食品制造业	Manufacture of Foods
酒、饮料和精制茶制造业	Manufacture of Wine ,Beverages and Refined Tea
烟草制品业	Manufacture of Tobacco
纺织业	Manufacture of Textile
纺织服装、服饰业	Manufacture of Textile Wearing Apparel,Clothing
皮革、毛皮、羽毛及其制品和制鞋业	Manufacture of Leather, Fur, Feather and Related Products and Footwear
木材加工和木、竹、藤、棕、草制品业	Processing of Timber, Manufacture of Wood, Bamboo,Rattan,Plam and Straw Products
家具制造业	Manufacture of Furniture
造纸和纸制品业	Manufacture of Paper and Paper Products
印刷和记录媒介复制业	Printing, Reproduction of Recording Media
文教、工美、体育和娱乐用品制造业	Manufacture of Culture and Education ,Arts and Crafts, Sports and Entertainment Supplies
石油加工、炼焦和核燃料加工业	Processing of Petroleum, Coking, Processing of Nuclear Fuel
化学原料和化学制品制造业	Manufacture of Raw Chemical Materials and Chemical Products
医药制造业	Manufacture of Medicines
化学纤维制造业	Manufacture of Chemical Fibers
橡胶和塑料制品业	Manufacture of Rubber and Plastics
黑色金属冶炼和压延加工业	Smelting and Pressing of Ferrous Metals
有色金属冶炼和压延加工业	Smelting and Pressing of Non-ferrous Metals
金属制品业	Manufacture of Metal Products
电力、热力生产和供应业	Production and Supply of Electricity, Heat,Gas and Water
水的生产和供应业	Production and Supply of Water

注：本表电力消费量包含企业自产自用电量。

Consumption of Main Energy by Industrial Sector above Designated Size (2017)

煤　炭 (吨) Coal (ton)	燃料油 (吨) Fuel Oil (ton)	汽　油 (吨) Gasoline (ton)	柴　油 (吨) Diesel Oil (ton)	热　力 (百万千焦) Heating (million kJ)	电　力 (万千瓦·时) Electricity (10000 kwh)
14662269	**28647**	**83936**	**164518**	**27054715**	**3797192**
1386699	5555	32313	60597	20234231	913225
13275570	23092	51623	103921	6820484	2883967
194279	100	716	2399	2359607	53154
2713	481	1294	8518	1838632	56107
3576		453	916	1421673	34405
		47	5		6743
544342	845	2725	3507	10644098	108513
10804	812	3292	6310	729164	40858
6436	260	2726	2367	2978	37661
		488	1099		9661
	5	2209	1866	3282	20801
536929	55	1560	5850	2413103	83014
		2321	3332	29824	28484
9098	728	1224	4221	11240	39257
385441	1627	4093	4420	45196	142653
138124	3345	7314	15939	4871035	213252
11931	104	855	1079	341653	39500
		113	96	28797	5327
39045	1113	4052	7436	838854	163679
7943		392	1843	357898	179464
5341	1061	812	1976		28568
11619	1693	3485	8239	49731	82989
12114497	833	1496	2220	86570	1256976
		585	212		127322

Note: The electricity consumption in the table includes electricity generated and used by enterprise itself.

5-6 主要年份城市用电量

Total Electricity Supply in Main Years

单位：万千瓦·时 (10000 kwh)

年 份 Year	用电总量 Consumption	各行业用电 Total Electricity Consumption of Industry	#工 业 Industry	生活用电 Power Consumed by Urbanites
1990	651907	551870	402427	100037
1991	850413	729858	557693	120555
1992	988361	844301	641685	144060
1993	1194668	1013769	765423	180899
1994	1340090	1123076	824998	217014
1995	1491687	1239195	900550	252492
1996	1607619	1321780	948271	285839
1997	1700635	1399021	987404	301614
1998	1893271	1546097	1066325	347174
1999	2056799	1684648	1155344	372151
2000	2363174	1945091	1351669	418083
2001	2540201	2072950	1428461	467251
2002	2849015	2373574	1607851	475441
2003	3349712	2804357	1943780	545355
2004	3846375	3228990	2239481	617385
2005	4256677	3537004	2531916	719673
2006	4694234	3898916	2740256	795318
2007	5271258	4372014	3063610	899244
2008	5459185	4472140	3098761	987045
2009	5670810	4559439	3098871	1111371
2010	6258983	5075414	3497243	1183569
2011	6635544	5349058	3614532	1286486
2012	6941253	5519444	3589545	1421809
2013	7106910	5692959	3656433	1413951
2014	7658542	6052408	3860372	1606134
2015	7793233	6179721	3937448	1613512
2016	8235701	6533151	4164565	1702550
2017	8695865	6918037	4364466	1777828

注：本表数据由广州供电局有限公司提供。

Note: The data of this table are provided by Guangzhou Electricity Supply Ltd.

5-7 全市用电

Total Electricity Consumption

单位：万千瓦·时　　(10000 kwh)

项　　目	Item	2016	2017
用电总量	**Total Consumption of Electricity**	**8235701**	**8695865**
各行业用电	**Total Electricity Consumption of Industry**	**6533151**	**6918037**
按产业分	**Grouped By Industry**		
第一产业	Primary Industry	61892	65993
第二产业	Secondary Industry	4256220	4457395
第三产业	Tertiary Industry	2215039	2394649
按行业分	**Grouped By Sector**		
农、林、牧、渔业	Agriculture, Forestry, Animal Husbandry and Fishery	61892	65993
工　业	Industry	4164565	4364466
按轻重工业分	By Light and Heavy Industries		
轻工业	Light Industry	1326546	1315457
重工业	Heavy Industry	2838019	3049009
按主要工业行业分	By Sector		
食品、饮料和烟草制造业	Food, Beverage and Tobacco Products	154086	161110
纺织业	Manufacture of Textile	168933	174057
服装鞋帽、皮革羽绒及其制品业	Wearing Apparel, Footwear, Caps, Leather, Furs, Feather and Related Products	156662	165788
木材加工及制品和家具制造业	Processing of Timber, Manufacture of Wood Products and Manufacture of Furniture	67529	73509
造纸和纸制品业	Manufacture of Paper and Paper Products	86190	85376
印刷和记录媒介复制业	Printing, Reproduction of Recording Media	27401	28919
文体用品制造业	Manufacture of Articles for Culture, Education and Sport Activities	24866	24715
石油加工、炼焦及核燃料加工业	Processing of Petroleum, Coking, Processing of Nuclear Fuel	140793	150254
化学原料及化学制品制造业	Manufacture of Raw Chemical Materials and Chemical Products	163466	167321
医药制造业	Manufacture of Medicines	39461	42348
化学纤维制造业	Manufacture of Chemical Fibers	16618	16898
橡胶和塑料制品业	Manufacture of Rubber	224356	226202
非金属矿物制品业	Manufacture of Non-metallic Mineral Products	115261	117394
黑色金属冶炼和压延加工业	Smelting and Pressing of Ferrous Metals	127137	136869
有色金属冶炼和压延加工业	Smelting and Pressing of Non-ferrous Metals	39927	46622
金属制品业	Manufacture of Metal Products	197874	211811
通用及专用设备制造业	Manufacturing of General Purpose and Special Purpose Machinery	264534	313398
交通运输、电气、电子设备制造业	Manufacture of Transport, Electrical and Electronic Equipment	701968	728958
工艺品及其他制造业	Manufacture of Artwork and Other Manufacturing	409329	424030
废弃资源和废旧材料回收加工业	Recycling and Disposal Waste	3345	3792
电力、热力的生产和供应业	Production and Supply of Electric Power and Heat Power	901548	921040
燃气生产和供应业	Production and Supply of Gas	16188	17152
水的生产和供应业	Production and Supply of Water	102987	109638
建筑业	Construction	91655	92929
交通运输、仓储、邮政业	Transport, Storage and Post	234552	264123
信息传输、计算机服务和软件业	Information Transmission, Computer Service and Software	134543	158254
商业、住宿和餐饮业	Business, Hotels and Catering Services	348037	373359
金融、房地产、商务及居民服务业	Financial Intermediation, Real Estate, Business Services and Services to Households	930154	998919
公共事业及管理组织	Public Management and Social Organizations	567753	599994
生活用电	**Electricity Consumption by Urban and Rural Households**	**1702550**	**1777828**
城镇居民	Urban Residents	1071471	1101528
乡村居民	Rural Residents	631079	676300

注：本表数据由广州供电局有限公司提供。

Note: The data of this table are provided by Guangzhou Electricity Supply Ltd..

5-8 主要年份环境保护基本情况

项　　目	Item	1995
市区二氧化硫年日平均值　（毫克/立方米）	**Daily Mean Value of SO2 in Urban Area (mg/m3)**	**0.059**
市区二氧化氮年日平均值　（毫克/立方米）	Daily Mean Value of NO2 in Urban Area (mg/m3)	
市区可吸入颗粒平均浓度　（毫克/立方米）	Annual Concentration of Breathable Particular Matter (mg/m3)	
市区PM2.5平均浓度　（毫克/立方米）	PM2.5 Average Concentrations in Urban Area (mg/m3)	
降水PH值	The PH Value of the Precipitation	3.65
酸雨频率　(%)	Frequency of Acid Rain (%)	73.40
环境空气质量优良天数　（天）	The Number of Days of Good Air Quality (day)	
环境空气质量优良率　(%)	The Rate of Good Air Quality (%)	
废水排放总量　（万吨）	**Volume of Waste Water Discharged (10000 tons)**	**91267**
工业废水排放量	Volume of Industrial Waste Water Discharged	30930
生活污水排放量	Volume of Living Waste Water Discharged	60337
工业废水排放达标量　（万吨）	Volume of Industrial Waste Water up to the Discharge Standards (10000 tons)	19685
工业废水排放达标率　(%)	Percentage of Industrial Waste Water up to the Discharge Standards (%)	63.64
工业废气排放总量　（亿标立方米）	**Volume of Industrial Waste Gas Emission (100 million cu.m)**	**1871.61**
二氧化硫排放量　（万吨）	Volume of Sulphur Dioxide Emission (10000 tons)	14.09
工　业	Industry	14.09
生　活	Living	
工业烟粉尘排放量　（万吨）	Volume of Industrial Soot and Dust Emission (10000 tons)	3.09
建成烟尘控制区数　（个）	**Number of Soot Control Zones Established (unit)**	
建成烟尘控制区面积　（平方公里）	Area of Soot Control Zones Established (sq.km)	
一般工业固体废物产生量　（万吨）	**Volume of General Industrial Solid Wastes Produced (10000 tons)**	**313.00**
一般工业固体废物综合利用量	Volume of Comprehensive Utilization of General Industrial Solid Wastes	224.00
一般工业固体废物综合利用率　(%)	Comprehensive Utilization Rate of General Industrial Solid Wastes (%)	71.30
危险废物产生量　（万吨）	**Volume of Hazardous Wastes Produced (10000 tons)**	
道路交通噪声昼间平均等效声级　（分贝）	**Day-time Average Equivalent Sound Level of Road Traffic Noise (decibel)**	**72.60**

注：1. 从2012年起市环保局不再统计工业废水排放达标量、工业废水排放达标率、建成烟尘控制区数、建成烟尘控制区面积4个指标。
2. 从2013年起广州市全面实施新的环境空气质量标准(GB3095—2012)，环境空气质量优良天数和环境空气质量优良率依据二氧化硫、二氧化氮、可吸入颗粒物、细颗粒物、一氧化碳和臭氧等6项指标进行评价。
3. 废水排放总量从2013年起统计口径调整为包含工业废水排放量、城镇生活污水排放量和集中式治理设施废水排放量(不包括污水处理厂)。
4. 二氧化硫排放量从2013年起统计口径调整为包含工业二氧化硫排放量、生活二氧化硫排放量和集中式治理设施二氧化硫排放量。
5. 根据《环境噪声监测技术规范 城市声环境常规监测》(HJ 640—2012)关于道路交通噪声评价要求，从2014年起将“交通干线噪声平均值”指标修改为“道路交通噪声昼间平均等效声级”，指标内容不变。
6. 根据《环境空气质量标准》(GB3095—2012)等有关环境空气质量评价要求，增加指标“市区PM2.5平均浓度”。
7. 2010年(含)之前，“工业烟粉尘排放量”为“烟尘排放量”。
8. 2015年“一般工业固体废物综合利用量”包括了综合利用往年贮存量0.46万吨。

Fundamental State of Environment Protection in Main Year

2000	2005	2006	2007	2008	2009	2010	2011	2012	2013	2014	2015
0.045	**0.053**	**0.054**	**0.051**	**0.046**	**0.039**	**0.030**	**0.028**	**0.022**	**0.020**	**0.017**	**0.013**
0.061	0.068	0.067	0.065	0.056	0.056	0.050	0.049	0.049	0.052	0.048	0.047
	0.088	0.076	0.077	0.071	0.070	0.070	0.069	0.069	0.072	0.067	0.059
									0.053	0.049	0.039
4.71	4.34	4.41	4.42	4.47	4.74	5.06	5.20	5.24	5.34	5.21	5.24
62.30	81.40	75.40	82.60	77.80	60.50	50.70	42.00	40.60	23.70	40.50	38.40
	332	334	333	345	347	357	360	360	260	282	312
98.57	91.00	91.51	91.20	94.50	95.07	97.81	98.63	98.36	71.23	77.50	85.50
95434	**125837**	**128302**	**111491**	**126156**	**119317**	**125662**	**141521**	**152747**	**157843**	**161484**	**161905**
24123	20249	20445	21103	34475	26023	23604	24580	22716	22558	19181	18608
71311	105588	107858	90388	91681	93294	102059	116941	130031	135179	142149	143112
21732	19449	19629	20102	33045	25116	22828	23916				
90.09	96.05	96.01	95.25	95.85	96.51	96.72	97.30				
1959.16	**2342.16**	**2126.49**	**1994.63**	**2435.84**	**2539.47**	**3155.59**	**4120.19**	**3646.58**	**3753.74**	**3737.21**	**3550.92**
19.58	14.94	12.92	10.53	9.99	9.05	7.85	6.83	6.66	6.57	5.89	5.02
19.21	14.50	12.48	10.09	9.55	8.61	7.41	6.59	6.42	6.33	5.65	4.78
0.37	0.44	0.44	0.44	0.44	0.44	0.44	0.24	0.24	0.24	0.24	0.24
4.69	1.79	1.80	1.79	1.86	1.38	1.13	1.53	1.26	1.10	1.00	0.92
	14	**14**	**13**	**13**	**15**	**15**	**15**				
284.60	441.61	470.82	779.86	908.62	895.00	927.10	952.03				
346.80	**540.36**	**632.30**	**609.03**	**661.56**	**641.84**	**691.79**	**659.34**	**614.85**	**555.56**	**495.88**	**463.38**
285.30	520.25	605.46	592.13	605.65	597.95	621.91	625.53	588.98	528.89	468.47	441.35
83.48	91.23	91.13	100.00	91.24	92.35	89.75	94.87	95.70	95.17	94.47	95.15
18.30	**22.48**	**18.43**	**20.39**	**16.38**	**22.59**	**24.54**	**30.30**	**29.78**	**38.55**	**46.50**	**50.52**
69.10	**69.30**	**69.40**	**69.20**	**69.10**	**69.20**	**69.10**	**68.90**	**68.90**	**68.80**	**68.90**	**69.00**

Note: Ⅰ. Since 2012,Guangzhou Municipal Bureau of Environmental Protection have canceled the following items:Volume of Industrial Waste Water Discharged, Percentage of Industrial Waste Water up to the Discharge Standards, Number of Soot Control Zones Established and Area of Soot Control Zones Established.

Ⅱ. Since 2013, new environment air quality standard (GB3095-2012) has been implemented in guangzhou. The Number of Days of Good Air Quality and The Rate of Good Air Quality are tested on the basis of the following items : Sulfur dioxide, Nitrogen ioxide, TSP, PM, carbon monoxide,ozone.

Ⅲ. Since 2013,Volume of Waste Water Discharged statistic scope has been adjusted.The scope includes Volume of Industrial Waste Water Discharged, Volume of Living Waste Water Discharged and Volume of Waste Water Discharged of centralized facilities.

Ⅳ. Since 2013, Volume of Sulphur Dioxide Emission statistic scope has been adjusted. The scope includes Volume of Industry Sulphur Dioxide Emission, Volume of Living Sulphur Dioxide Emission and Volume of Sulphur Dioxide Emission of centralized facilities.

Ⅴ. Since 2014,the index "Average of Main Road Noise" has been renamed as "Day-time Average Equivalent Sound Level of Road Traffic Noise" according to "Technical Specifications for Environmental Noise Monitoring Routine Monitoring for Urban Environmental Noise"(HJ 640-2012).

Ⅵ. There adds an index of " PM2.5 Average Concentrations in Urban area" according to "Ambient Air Quality Standards "(GB3095-2012).

Ⅶ. The statistical coverage of data of "Volume of Industrial Soot and Dust Emission" of year 2010 and before is "Soot and Dust Emission".

Ⅷ. The data of "Volume of Comprehensive Utilization of General Industrial Solid Wastes" of year 2015 includes utilizing the stocks of industrial solid wastes of the previous year .

5-9 环境保护基本情况
Fundamental State of Environment Protection

项　　目		Item		2016	2017
水环境		**Water Environment**			
降水量	(毫米)	Precipitation	(mm)	2448.6	1846.9
水资源总量	(亿立方米)	Total Amount of Water Resource	(100 million cu.m)	105.35	77.32
人均水资源量	(立方米/人)	Per Capita Water Resources	(cu.m/person)	750.17	533.30
用水总量	(亿立方米)	Water Use	(100 million cu.m)	64.53	65.39
#农业用水		Agriculture		10.55	11.06
工业用水		Industry		36.46	36.49
生活用水		Consumption		16.62	16.89
生态环境补水		Ecological Protection		0.90	0.95
废水排放总量	(万吨)	Total Waste Water Discharged	(10000 tons)	161111	172658
#工业废水排放量		Industrial Waste Water Discharged		19326	20605
城镇生活污水排放量		Urban Living Waste Discharged		141562	151795
大气环境		**Atomospheric Environment**			
二氧化硫平均浓度	(微克/立方米)	Average Concentration of Sulfur Dioxide	(micrograms/m^3)	12	12
二氧化氮平均浓度	(微克/立方米)	Average Concentration of Nitrogen Dioxide	(micrograms/m^3)	46	52
可吸入颗粒物平均浓度	(微克/立方米)	Average Concentration of Inhalable Particles	(micrograms/m^3)	56	56
PM2.5平均浓度	(微克/立方米)	Mean Concentration of PM2.5	(micrograms/m^3)	36	35
降水PH值		The PH Value of the Precipitation		5.42	5.96
酸雨频率	(%)	Frequency of Acid Rain	(%)	29.4	12.7
环境空气质量达标天数	(天)	Up to Standard Days of the Environment Air Quality	(day)	310	294
环境空气质量达标率	(%)	Up to Standard Rate of Air Environmental Quality	(%)	84.7	80.5
工业废气排放总量	(亿标立方米)	Volume of Industrial Waste Gas Emission	(100 million cu.m)	4075.23	4131.49
二氧化硫排放量	(万吨)	Volume of Sulphur Dioxide Emission	(10000 tons)	2.08	1.54
#工业二氧化硫排放量		Industry		2.07	1.53
氮氧化物排放量	(万吨)	Volume of Nitrogen Dioxide Emission	(10000 tons)	7.23	
#工业氮氧化物排放量		Industry		2.09	1.89
烟(粉)尘排放量	(万吨)	Volume of Soot and Dust Emission	(10000 tons)	1.29	
#工业烟粉尘排放量		Volume of Industrial Soot and Dust Emission	(10000 tons)	0.90	0.86
固体废物		**Solid Wastes**			
一般工业固体废物产生量	(万吨)	Volume of General Industrial Solid Wastes Produced	(10000 tons)	509.92	535.21
一般工业固体废物综合利用量	(万吨)	Volume of Comprehensive Utilization of General Industrial Solid Wastes	(10000 tons)	492.06	511.28
一般工业固体废物综合利用率	(%)	Comprehensive Utilization Rate of General Industrial Solid Wastes	(%)	96.48	95.10
危险废物产生量	(万吨)	Volume of Hazardous Wastes Produced	(10000 tons)	57.22	55.89

5-9 续表 continued

项目	Item	2016	2017
生态环境	**Ecological Environment**		
人均耕地面积 (亩)	Per Capita Area of Cultivated land (mu)	0.09	0.08
累计水土流失治理面积 (千公顷)	Accumulated Area of Soil Erosion Control (1000 hectares)	5.5	11.3
自然保护区数 (个)	Number of Natural Reserves (unit)	5	5
自然保护区面积 (万公顷)	Area of Natural Reserves (1000 hectares)	0.96	0.96
自然灾害	**Natural Disasters**		
地质灾害次数 (次)	Geological Disasters (unit)	21	58
地质灾害直接经济损失 (万元)	Direct Economic Losses (unit)	97	574
森林火灾次数 (次)	Forest Fires (unit)	7	17
城市环境	**City Environment**		
城区面积 (平方公里)	Urban Area (sq.km)	2099.20	2099.20
城市建设用地面积 (平方公里)	Urban Construction Area (sq.km)	728.54	733.00
城市供水总量 (万立方米)	Urban Water Supply (10000 cu.m)	22.89	23.81
#生活用水量	Consumption	15.46	16.04
城市污水处理厂集中处理率 (%)	Ration of Waste Water Centralized Treated of Urban Sewage Work (%)	94.2	95.0
道路交通噪声昼间平均等效声级(分贝)	Average Diurnal Equivalent Sound Level of Road Traffic Noise (decibels)	69.0	69.0
农村环境	**Rural Environment**		
农村自来水普及率 (%)	Rural Water Supply Popularizing Rate (%)	100.00	100.00
农村卫生厕所普及率 (%)	Rural Sanitary Latrine Popularizing Rate (%)	99.52	99.76

注：从2016年起根据《环境空气质量标准》(GB3095—2012)等有关环境空气质量评价要求：

1.市区二氧化硫年日平均值、市区二氧化氮年日平均值、市区可吸入颗粒平均浓度、市区PM2.5平均浓度4个指标分别修改为二氧化硫平均浓度、二氧化氮平均浓度、可吸入颗粒物平均浓度、PM2.5平均浓度；且单位毫克/立方米均修改为微克/立方米。

2.环境空气质量优良天数修改为环境空气质量达标天数。

3.环境空气质量优良率修改为环境空气质量达标率。

4.2017年废水排放总量、工业废水排放量、城镇生活污水排放量、工业废气排放总量、二氧化硫排放量、工业二氧化硫排放量、工业氮氧化物排放量、工业烟粉尘排放量、一般工业固体废物产生量、一般工业固体废物综合利用量、一般工业固体废物综合利用率、危险废物产生量等指标为初步数据。

5.2017年机动车氮氧化物、总颗粒物排放量尚未核定，全市氮氧化物、烟(粉)尘排放量两项指标的数据暂时空缺。

Note: According to the Environmental Air quality Standards (GB3095-2012) and other relevant environmental air quality evaluation requirements:

Ⅰ. The annual daily average of sulfur dioxide in urban area, the annual daily average of nitrogen dioxide in urban area, the average concentration of inhalable particles in urban area and the average concentration of PM2.5 in urban area were revised to mean concentration of sulfur dioxide and nitrogen dioxide, respectively. The mean concentration of inhalable particulate matter and PM2.5; And unit milligram / cubic meter is revised to microgram / cubic meter.

Ⅱ. The number of good days of ambient air quality has been revised to the number of days when the quality of ambient air has reached the standard.

Ⅲ. The ambient air quality rate is modified to the ambient air quality standard rate.

Ⅳ. Total wastewater discharge, industrial wastewater discharge, urban domestic sewage discharge, total industrial waste gas discharge, sulfur dioxide emission, industrial nitrogen oxide discharge, industrial smoke and dust discharge, The general industrial solid waste production quantity, the general industrial solid waste comprehensive utilization ratio, the hazardous waste production quantity and so on are the preliminary data.

Ⅴ. Total particulate matter emissions of motor vehicles in 2017 have not yet been approved, but the data on the two indexes of nitrogen oxides and smoke (dust) emissions in the whole city have not been approved for the time being.

【能源消费总量】是指一定地域内，全国（地区）国民经济各行业和居民家庭在一定时间消费的各种能源的总和。包括：原煤、原油、天然气、水能、核能、风能、太阳能、地热能、生物质能等一次能源；一次能源通过加工转换产生的洗煤、焦炭、煤气、电力、热力、成品油等二次能源和同时产生的其它产品；其他化石能源、可再生能源和新能源。其中水能、风能、太阳能、地热能、生物质能等可再生能源，是指人们通过一定技术手段获得的，并作为商品能源使用的部分。在核算过程中，一次能源、二次能源消费不能重复计算。能源消费总量分为终端能源消费量、能源加工转换损失量和能源损失量三部分。

（1）终端能源消费量：指一定时期内，全国（地区）生产和生活消费的各种能源在扣除了用于加工转换二次能源消费量和损失量以后的数量。

（2）能源加工转换损失量：指一定时期内，全国（地区）投入加工转换的各种能源数量之和与产出各种能源产品之和的差额。该指标是观察能源在加工转换过程中损失量变化的指标。

（3）能源损失量：指在一定时期内，能源在输送、分配、储存过程中发生的损失和由客观原因造成的各种损失量，不包括各种气体能源放空、放散量。

【废水排放总量】为废水排放量、城镇生活污水排放量和集中式治理设施污水排放量之和。

【工业废水排放量】指报告期内经过企业厂区所有排放口排到企业外部的工业废水量。包括生产废水、外排的直接冷却水、超标排放的矿井地下水和与工业废水混排的厂区生活污水，不包括外排的间接冷却水（清污不分流的间接冷却水应计算在废水排放量内）。

【一般工业固体废物产生量】指未被列入《国家危险废物名录》或者根据国家规定的危险废物鉴别标准（GB5085）、固体废物浸出毒性浸出方法（GB5086）及固体废物浸出毒性测定方法（GB/T 15555）鉴定方法判定不具有危险特性的工业固体废物。

【一般工业固体废物综合利用量】报告期内企业通过回收、加工、循环、交换等方式，从固体废物中提取或者使其转化为可以利用的资源、能源和其他原材料的固体废物量（包括当年利用的往年工业固体废物累计贮存量）。如用作农业肥料、生产建筑材料、筑路等。

【Total Energy Consumption】refers to the total consumption of energy of various kinds by the production sectors of the economy and the households in a given period of time. It includes the primary kinds of energy such as coal, crude oil, natural gas, hydro-power, nuclear power, wind power, solar power, geothermal power and bio-energy; the secondary kinds of energy and their products which are transformed from the primary energy such as washed coal, coke, coal gas, electricity, heating, and petroleum products; and other kinds of fossil energy, renewable energy and new energy. The renewable energy, including hydro-power, wind power, solar power, geothermal power and bio-energy, refers to the part attained with some given technical means and used for commercial purposes. Total energy consumption can be divided into three parts: end-use energy consumption; loss during the process of energy conversion; and energy loss.

(1) End-use Energy Consumption: It refers to the total energy consumption by the production sectors and the households in the country (region) in a given period of time. It does not include the consumption during the conversion of primary energy into secondary energy and the loss in the process of energy conversion.

(2) Loss During the Process of Energy Conversion: It refers to the total input of various kinds of energy for conversion, minus the total output of various kinds of energy in the country in a given period of time. It is an indicator to show the loss that occurs during the process of energy conversion.

(3) Energy Loss: It refers to the total of the loss of energy during the course of energy transport, distribution and storage and the loss caused by any objective reason in a given period of time. The loss of various kinds of gas due to gas discharges and stocktaking is not included.

【Total Volume of Waste Water Discharged】includes the total volume of wastewater emissions, urban sewage and centralized sewage treatment facilities emissions.

【Volume of Industrial Waste Water Discharged】refers to the volume of industrial waste water discharged ,through all outlets to the outside of industrial enterprises in the reference period, including waste water produced, direct cooling water, underground water from mines that does not meet the standard of discharge, and the domestic sewage mixed up with industrial waste water when discharged, but excluding discharged indirect cooling water. (the indirect cooling water that clear water and turbid water is not divided should be included in total volume of waste water discharged)

【Volume of General Industrial Solid Wastes Produced】refers not included in the "National List of Hazardous Waste"or in accordance with state hazardous waste identification standard(GB5085),solid waste leaching toxicity method(GB5086)and solid waste leaching toxicity determination method(GB/T 15555)identification of characteristics is determined not to be hazardous industrial solid waste.

【Volume of General Industrial Solid Wastes Utilized in a Comprehensive Way】refers to the volume of solid wastes from which useful materials can be extracted or which can be converted into usable resources, energy or other materials by means of reclamation, processing, recycling and exchange(including utilizing in the year the stocks of industrial solid wastes of the previous year). Examples of such utilizations include fertilizers, building materials and road materials.

第六篇 CHAPTER 6

财政和金融

GOVERNMENT FINANCE AND BANKING

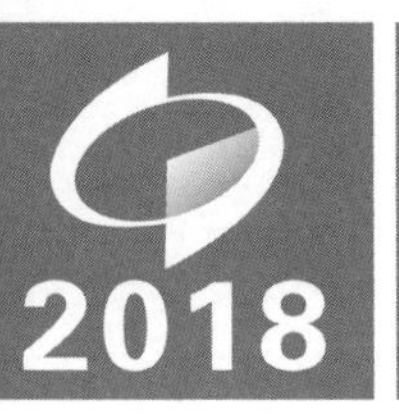

第六篇　财政和金融

一、本篇资料的主要内容

本篇反映广州市财政、金融方面的基本情况。包括以下五个部分：1.财政收支情况；2.金融机构的存贷款情况；3.资本市场的业务情况；4.保险业务情况；5.外资金融机构及代表处一览表等。

二、本篇各部分的资料来源

1. 财政收支资料根据广州市财政局财政总决算报表等统计报表的有关项目加工整理；

2. 金融机构存贷款资料由中国人民银行广州分行营业管理部提供；

3. 保险业务、外资保险公司及保险公司代表处资料由中国保险监督管理委员会广东监管局提供；

4. 资本市场资料由中国证券业监督管理委员会广东监管局提供；

5. 外资金融机构及代表处资料由中国银行业监督管理委员会广东监管局提供。

三、本篇资料由广州市统计局国民经济核算处负责整理

6 Government Finance and Banking

Ⅰ. The main contents of this chapter reflect the basic financial and financial situation of Guangzhou. Including the following five parts: FIinancial revenue and expenditure; The deposit and loan situation of financial institutions; Capital market operations;Insurance business List of foreign financial institutions and representative offices.

Ⅱ. Data sources of each part of this chapter

1. The data of financial revenue and expenditure is processed according to the statistical statements of Guangzhou Municipal Bureau of Finance General accounts of Finance and other statistical statements;

2. The data on deposits and loans of financial institutions is provided by the Business Administration Department of the Guangzhou Branch of the Bank of China;

3. The insurance business, foreign insurance companies and representative offices of insurance companies is provided by the Guangdong Administration of Supervision and Control of the China Insurance Regulatory Commission;

4. The capital market information is provided by Guangdong Supervision Bureau of China Securities Regulatory Commission.

5. The information of foreign financial institutions and representative offices is provided by Guangdong Supervision Bureau of China Banking Regulatory Commission.

Ⅲ.The data of this chapter are collated by the Department of National accounts of Guangzhou Bureau of Statistics.

6-1 财政和金融业主要经济指标
Main Indicators of Government Finance and Financial Intermediation

项　　目	Item	2016	2017	2017年比2016年增长(%) Growth Rate in 2017 over 2016 (%)
地方财政收入 (万元)	Revenue of Local Government (10000 yuan)	22184824	28448315	28.2
一般公共预算收入	General Budgetary Revenue	13936442	15367365	10.3
# 增值税	Value-added Tax	3093013	4087649	32.2
企业所得税	Corporate Income Tax	1615390	1909983	18.2
个人所得税	Individual Income Tax	772512	912142	18.1
政府性基金收入	Governmental Funds Revenue	8248382	13080950	58.6
地方财政支出 (万元)	Expenditure of Local Government (10000 yuan)	28456639	34846967	22.5
一般公共预算支出	General Budgetary Expenditure	19437465	21860130	12.5
# 一般公共服务支出	General Public Expenditure	1750807	2082353	18.9
教育支出	Operating Expenses for Education	3219820	4043335	25.6
科学技术支出	Operating Expenses for Science and Technology	1129546	1712569	51.6
医疗卫生与计划生育支出	Operating Expenses for Health and Family Planning	1738865	2023493	16.4
政府性基金支出	Governmental Fund Expenditure	9019174	12986837	44.0
金融机构本外币各项存款余额 (亿元)	Balance of Savings Deposit in Standard and Foreign Currencies in Financial Institutions (100 million yuan)	47530.20	51369.03	8.1
# 人民币	RMB	45937.34	49332.53	7.4
# 住户存款余额	Deposits of Households	13995.79	14625.63	4.5
金融机构本外币各项贷款余额 (亿元)	Balance of Loan in Standard and Foreign Currencies in Financial Institutions (100 million yuan)	29669.82	34137.05	15.1
# 人民币	RMB	28885.54	33312.73	15.3
国内财产保险公司业务	Domestic Property Insurance Companies			
保险金额 (亿元)	Amount Insured (100 million yuan)	489592	1639939	2.4倍
原保险保费收入 (万元)	Premium of Primary Insurance (10000 yuan)	2239748	2698164	20.5
赔款支出 (万元)	Indemnity Expenditure (10000 yuan)	1157070	1340054	15.8
国内人身保险公司业务	Domestic Life Insurance Companies			
原保险保费收入 (万元)	Premium of Primary Insurance (10000 yuan)	9422153	8574356	-9.0
期满给付 (万元)	Mature Payment (10000 yuan)	828217	746638	-9.8
死伤医疗给付 (万元)	Payment for Death, Injury and Medical Treatment (10000 yuan)	108975	138632	27.2

6-2 主要年份地方财政收支

Local Government Revenue and Expenditure in Main Years

单位:亿元 (100 million yuan)

年 份 year	地方财政收入 Revenue of Local Government	# 一般公共预算收入 General Budgetary Revenue	地方财政支出 Expenditure of Local Government	# 一般公共预算支出 General Budgetary Expenditure
1978	14.01	13.65	4.40	3.87
1979	13.64	13.12	4.47	4.16
1980	16.29	15.43	4.98	4.35
1985	30.18	28.85	11.82	10.75
1986	32.44	31.15	16.27	15.23
1987	35.24	34.18	16.45	15.13
1988	41.37	39.71	21.52	19.95
1989	47.23	46.51	25.41	24.66
1990	37.82	36.94	25.12	24.31
1991	49.62	48.49	32.16	30.71
1992	52.92	51.35	33.79	32.25
1993	79.27	77.37	55.19	53.82
1994	64.87	62.87	75.77	73.74
1995	99.75	97.08	112.78	111.24
1996	88.11	85.24	125.12	121.91
1997	106.07	97.72	146.92	138.99
1998	137.32	132.19	179.61	175.11
1999	188.14	176.15	231.09	222.37
2000	219.91	200.55	258.60	240.72
2001	271.91	246.19	314.98	292.63
2002	269.10	245.87	350.19	326.67
2003	300.55	274.77	395.52	370.09
2004	338.45	302.87	447.06	408.34
2005	408.85	371.26	476.28	438.41
2006	476.72	427.08	559.42	506.79
2007	838.99	523.79	850.01	623.69
2008	843.14	621.84	997.94	713.35
2009	1107.66	702.65	1059.50	789.92
2010	1399.16	872.65	1487.16	977.32
2011	1535.14	979.48	1793.35	1181.25
2012	1579.68	1102.40	1796.91	1343.65
2013	2088.14	1141.80	2283.51	1386.13
2014	2318.84	1243.10	2525.38	1436.22
2015	2391.33	1349.47	2641.02	1727.72
2016	2218.48	1393.64	2845.66	1943.75
2017	2844.83	1536.74	3484.70	2186.01

6-3 地方财政收入

Revenue of Local Government

单位:万元 (10000 yuan)

项　　目	Item	2016	2017
地方财政收入合计	Total Revenue of Local Government	22184824	28448315
一般公共预算收入	General Budgetary Revenue	13936442	15367365
# 增值税	Value-added Tax	3093013	4110774
营业税	Business Tax	722661	
企业所得税	Corporate Income Tax	1615390	1909983
个人所得税	Individual Income Tax	772512	912142
城市维护建设税	City Maintenance and Construction Tax	1238301	1355827
房产税	House Property Tax	778586	895898
印花税	Stamp Tax	310695	374452
城镇土地使用税	Urban Land Use Tax	154086	55364
车船税	Tax on Vehicles and Boat Operation	139158	163688
契　税	Deed Tax	1085760	1379127
国有资本经营收入	Operation Income of State-owned Assets		91
行政事业性收费收入	Charge of Administrative and Institutional Units	266706	186740
罚没收入	Penalty Receipts	240517	247310
专项收入	Special Revenue	1200998	1386543
其他收入	Others	1174516	1007336
政府性基金收入	Revenue from Government-controlled Funds	8248382	13080950
附:上级补助收入	Subsidies from Higher Levels Taxed Tax Return	4083630	4648338
# 消费税和增值税税收返还收入	Consumption Tax and Value-added	406982	406982
所得税基数返还收入	Tax Base Return	406731	405298

注：2016年5月1日起取消营业税，全面实行营业税改增值税。

Note: Business tax will be abolished on May 1, 2016 and VAT will be fully implemented.

6-4 地方财政支出

Expenditure of Local Government

单位:万元 (10000 yuan)

项　　目	Item	2016	2017
地方财政支出合计	Total Expenditure of Local Government	28456639	34846967
一般公共预算支出	General Budgetary Expenditure	19437465	21860130
#一般公共服务支出	Expenditure for General Public Services	1750807	2082353
国防支出	Expenditure for National Defense	13239	11161
公共安全支出	Expenditure for Public Security	1641787	1847596
教育支出	Expenditure for Education	3219820	4043335
科学技术支出	Expenditure for Science and Technology	1129546	1712569
文化体育与传媒支出	Expenditure for Culture, Sports and Media	378136	411985
社会保障和就业支出	Expenditure for Social Safety Net and Employment Effort	2064488	2365028
医疗卫生与计划生育支出	Expenditure for Medical and Health and Family Planning	1738865	2023493
城乡社区支出	Expenditure for Urban and Rural Community Affairs	3644578	3900922
农林水支出	Expenditure for Agriculture, Forestry and Water Conservancy	723828	738899
交通运输支出	Expenditure for Transportation	866614	687678
资源勘探信息等支出	Expenditure for Affairs of Exploration, Power and Information	643645	502696
商业服务业等支出	Expenditure for Affairs of Commerce and Services	222837	113825
金融支出	Expenditure for Affairs of Financial Supervision	55674	92119
援助其他地区支出	Expenditure for Post-earthquake Recovery and Reconstruction	131015	125492
住房保障支出	Expenditure for Affairs of Housing Security	938028	909586
其他支出	Other Expenditures	-173254	-341252
政府性基金支出	Expenditure for Government-controlled Funds	9019174	12986837
附:上解上级支出	Expenditure for Cental and Provincial Governments	739534	641899

6-5 主要年份金融机构(含外资)存贷款余额

Deposits and Loans in All Financial Institutions (Foreign Currencies)in Main Years

单位：亿元 (100 million yuan)

年 份 year	金融机构 本 外 币 存款余额 Deposits in Renminbi and Foreign Currencies in All Financial Institutions	#人民币 存款余额 Deposits in Renminbi Currencies in Financial Institutions	金融机构 本 外 币 贷款余额 Loans Institutions in Renminbi and Foreign Currencies in Financial Institutions	#人民币 贷款余额 Loans in Renminbi Currencies in Financial Institutions
1978		25.56		26.04
1979		31.02		26.97
1980		43.73		40.25
1981		49.19		47.04
1982		56.22		53.50
1983		64.31		59.11
1984		87.91		93.60
1985		100.72		105.19
1986		141.49		142.95
1987		203.74		211.58
1988		260.54		265.08
1989		325.47		359.28
1990		440.47		420.38
1991		601.91		491.13
1992		871.44		651.21
1993		1085.96		835.60
1994		1439.01		984.48
1995		2001.96		1312.15
1996		2712.98		1605.22
1997		3497.65		2166.01
1998		4103.45		2502.12
1999		4823.87		3435.71
2000		5545.19		3895.49
2001		6228.04		4336.50
2002		7498.35		5257.21
2003		8676.72		6127.27
2004		9613.57		6535.39
2005		11085.30		6908.03
2006		12731.23		7931.78
2007	14783.46	14309.71	9661.38	8737.05
2008	16929.47	16421.05	11079.55	10304.73
2009	20944.19	20401.72	13851.83	12598.16
2010	23953.96	23384.50	16284.31	14987.73
2011	26460.80	25791.70	17732.88	16333.43
2012	30186.57	29006.99	19936.52	18023.02
2013	33838.20	32850.57	22016.18	20172.97
2014	35469.29	34170.66	24231.71	22688.33
2015	42843.67	41574.49	27296.16	26136.95
2016	47530.20	45937.34	29669.82	28885.54
2017	51369.03	49332.53	34137.05	33312.73

6-6 中外资金融机构本外币存贷款年末余额
Deposits and Loans in Renminbi and Foreign Currencies of All Financial Institutions at Year-end

单位:亿元 (100 million yuan)

项目	Item	2016	2017
各项存款余额	**Total Deposits**	**47530.20**	**51369.03**
一、境内存款	Domestic Deposits	46281.48	49551.51
(一)住户存款	Deposits of Households	14430.11	15032.29
(二)非金融企业存款	Deposits of Non-financial Enterprises	16686.59	17784.02
(三)广义政府存款	General Deposits of Government	7987.83	10022.39
1. 财政性存款	Fiscal Deposits	1372.97	1397.86
2. 机关团体存款	Deposits of Government Departments & Organizations	6614.86	8624.53
(四)非银行业金融机构存款	Deposits of Non-banking Financial Institutions	7176.95	6712.81
二、境外存款	Overseas Deposits	1248.72	1817.52
各项贷款余额	**Total Loans**	**29669.82**	**34137.05**
一、境内贷款	Domestic Loans	29286.56	33697.95
(一)住户贷款	Loans to Households	11177.93	13941.67
(二)非金融企业存款及机关团体贷款	Loans to Non-financial Enterprises and Government Departments & Organizations	18100.63	19733.61
1. 短期贷款	Short-term loans	4838.79	5228.78
2. 中长期贷款	Medium & Long-term Loans	11647.59	13562.08
3. 票据融资	Paper Financing	1453.69	760.67
4. 融资租赁	Financial Leasing	107.14	171.69
5. 各项垫款	Total Advances	53.42	10.39
(三)非银行业金融机构贷款	Loans to Non-banking Financial Institutions	8.00	22.67
二、境外贷款	Overseas Loans	383.26	439.10

6-7 中外资金融机构外币存贷款年末余额

Deposits and Loans in Foreign Currencies of All Financial Institutions at Year-end

单位:亿美元 (100 million USD)

项　　目	Item	2016	2017
各项存款余额	**Total Deposits**	**229.62**	**311.67**
一、境内存款	Domestic Deposits	137.73	148.19
(一)住户存款	Deposits of Households	62.61	62.24
(二)非金融企业存款	Deposits of Non-financial Enterprises	67.74	76.26
(三)广义政府存款	General Deposits of Government	0.97	1.09
1. 财政性存款	Fiscal Deposits		
2. 机关团体存款	Deposits of Government Departments & Organizations	0.97	1.09
(四)非银行业金融机构存款	Deposits of Non-banking Financial Institutions	6.41	8.60
二、境外存款	Overseas Deposits	91.89	163.48
各项贷款余额	**Total Loans**	**113.06**	**126.15**
一、境内贷款	Domestic Loans	76.98	78.53
(一)住户贷款	Loans to Households	0.34	0.31
(二)非金融企业存款及机关团体贷款	Loans to Non-financial Enterprises and Government Departments & Organizations	76.64	78.22
1. 短期贷款	Short-term loans	29.52	39.91
2. 中长期贷款	Medium & Long-term Loans	47	38.24
3. 票据融资	Paper Financing	…	…
4. 融资租赁	Financial Leasing		
5. 各项垫款	Total Advances	0.12	0.07
(三)非银行业金融机构贷款	Loans to Non-banking Financial Institutions		
二、境外贷款	Overseas Loans	36.08	47.62

6-8 中外资金融机构存贷款年末余额(折人民币，2008-2016年)

Deposits and Loans of All Financial Institutions at Year-end (converted into RMB, at the end of year from 2008 to 2017)

单位：亿元 (100 million yuan)

项目	Item	2008	2009	2010	2011	2012
存款余额 （折人民币）	**Saving Deposits Balance (as RMB)**	**16929.47**	**20944.19**	**23953.96**	**26460.80**	**30186.57**
中资金融机构	Chinese Financial Institutions					
人民币	RMB	16219.23	20081.46	22775.50	25048.61	28270.68
外汇 (亿美元)	Foreign Exchange (USD 100 million)	63.11	63.67	68.09	86.82	166.36
外资金融机构	Foreign-funded Financial Institutions					
人民币	RMB	201.82	320.26	609.00	743.08	736.31
外汇 (亿美元)	Foreign Exchange (USD 100 million)	11.27	15.77	17.90	19.38	21.31
贷款余额 （折人民币）	**Loans Balance (as RMB)**	**11079.55**	**13851.83**	**16284.31**	**17732.88**	**19936.52**
中资金融机构	Chinese Financial Institutions					
人民币	RMB	10042.19	12316.01	14597.74	15904.65	17554.90
外汇 (亿美元)	Foreign Exchange (USD 100 million)	88.10	153.88	160.92	187.33	271.91
外资金融机构	Foreign-funded Financial Institutions					
人民币	RMB	262.54	282.15	389.99	428.79	468.12
外汇 (亿美元)	Foreign Exchange (USD 100 million)	26.15	29.72	34.86	34.78	32.52

6-8 续表 continued

单位:亿元 (100 million yuan)

项目	Item	2013	2014	2015	2016	2017
存款余额 （折人民币）	**Saving Deposits Balance (as RMB)**	**33838.20**	**35469.29**	**42843.67**	**47530.20**	**51369.03**
中资金融机构	Chinese Financial Institutions					
人民币	RMB	31884.74	33215.35	40732.02	44978.42	48290.54
外汇 (亿美元)	Foreign Exchange (USD 100 million)	143.82	193.55	175.25	206.65	285.24
外资金融机构	Foreign-funded Financial Institutions					
人民币	RMB	965.83	955.31	844.97	963.91	1044.08
外汇 (亿美元)	Foreign Exchange (USD 100 million)	18.17	18.68	20.20	22.97	26.43
贷款余额 （折人民币）	**Loans Balance (as RMB)**	**22016.18**	**24231.71**	**27296.16**	**29669.82**	**34137.05**
中资金融机构	Chinese Financial Institutions					
人民币	RMB	19652.37	22154.37	25540.40	28283.46	32571.07
外汇 (亿美元)	Foreign Exchange (USD 100 million)	260.66	214.50	156.47	96.85	104.99
外资金融机构	Foreign-funded Financial Institutions					
人民币	RMB	520.60	533.95	622.85	651.60	787.53
外汇 (亿美元)	Foreign Exchange (USD 100 million)	41.66	37.73	22.75	16.26	21.27

6-9 中外资金融机构人民币信贷资金平衡表

Credit Funds Balance Sheet of Financial Institutions

单位:亿元 (100 million yuan)

项　　目	Item	2016	2017
资金来源项目	**Sources of Funds**		
合　计	**Total**	**52304.45**	**55756.82**
一、各项存款	Total Deposits	45937.34	49332.53
(一)境内存款	Domestic Deposits	45326.05	48583.22
1. 住户存款	Deposits of Households	13995.79	14625.63
2. 非金融企业存款	Deposits of Non-financial Enterprises	16216.69	17285.72
3. 广义政府存款	General Government Deposits	7981.12	10015.29
4. 非银行业金融机构存款	Deposits of Non-banking Financial Institutions	7132.45	6656.58
(二)境外存款	Overseas Deposits	611.29	749.31
二、金融债券	Financial Bonds	684.99	700.16
三、卖出回购资产	Repo	37.17	262.36
四、借款及非银行业金融机构拆入	Borrowings & Placements from Non-depository Financial Institutions	72.72	83.78
五、联行往来(净)	Inter-bank Transaction		
六、应付及暂收款	Paybable and Supense Credit	1037.51	1195.20
七、各项准备	All Reserves	791.39	853.18
八、所有者权益	Creditors' Equity	2169.51	2426.52
九、其　他	Others	1573.82	903.09
资金运用项目	**Uses of Funds**		
合　计	**Total**	**52304.45**	**55756.82**
一、各项贷款	Total Loans	28885.54	33312.73
(一)境内贷款	Domestic Loans	28752.54	33184.79
1. 住户贷款	Loans to Households	11175.56	13939.65
2. 非金融企业及机关团体贷款	Loans to Non-financial Enterprises andGovernment Departments & Organizations	17568.98	19222.48
3. 非银行业金融机构贷款	Loans to Non-banking Financial Institutions	8.00	22.66
(二)境外贷款	Overseas Loans	133.00	127.94
二、债券投资	Portfolio Investments	5534.97	6717.81
三、股权及其他投资	Shares and Other Investments	7801.16	5217.61
四、买入返售资产	Reverse Repo	453.25	373.44
五、存放非银行业金融机构款项	Due From Non-depository Financial Institutions	19.50	92.25
六、联行往来(净)	Inter-bank Transaction	8862.44	9217.38
七、金银占款	Purchase of Gold & Silver		
八、中央银行外汇占款	Foreign Exchange		
九、应收及预付款	Receivables and Prepayments	434.32	517.41
十、投资性房地产	Investment Real Estate	21.26	20.08
十一、固定资产	Fixed Asset	292.01	288.11

6-10 中资金融机构人民币各项存贷款年末余额
Deposits and Loans in Renminbi of Chinese Financial Institutions at Year-end

单位:亿元 (100 million yuan)

项 目	Item	2016	2017
各项存款余额	**Total Deposits**	**44978.42**	**48290.54**
一、境内存款	Domestic Deposits	44402.67	47579.93
(一)住户存款	Deposits of Households	13939.71	14554.98
(二)非金融企业存款	Deposits of Non-financial Enterprises	15411.34	16404.22
(三)广义政府存款	General Deposits of Government	7969.96	9984.76
1. 财政性存款	Fiscal Deposits	1372.97	1397.86
2. 机关团体存款	Deposits of Government Departments & Organizations	6596.99	8586.90
(四)非银行业金融机构存款	Deposits of Non-banking Financial Institutions	7081.66	6635.97
二、境外存款	Overseas Deposits	575.75	710.61
各项贷款余额	**Total Loans**	**28283.46**	**32571.07**
一、境内贷款	Domestic Loans	28155.68	32446.31
(一)住户贷款	Loans to Households	11101.69	13850.50
(二)非金融企业存款及机关团体贷款	Loans to Non-financial Enterprises andGovernment Departments & Organizations	17045.99	18573.14
1. 短期贷款	Short-term loans	4363.78	4671.58
2. 中长期贷款	Medium & Long-term Loans	11105.28	13022.26
3. 票据融资	Paper Financing	1417.42	697.81
4. 融资租赁	Financial Leases	107.14	171.69
5. 各项垫款	Total Advances	52.37	9.80
(三)非银行业金融机构贷款	Loans to Non-banking Financial Institutions	8.00	22.67
二、境外贷款	Overseas Loans	127.78	124.76

6-11 上市公司及新三板概况(2011-2017年)
Listed Companies and NEEQ-listed Companies(2011-2017)

单位:家 (unit)

年 份 Year	境内上市公司数量 Numbers of Domestic Listed Companies	主板上市公司 Main Board-Listed Companies	中小企业板上市公司 SME-Listed Companies	创业板上市公司 GEM-Listed Companies	新三板公司 NEEQ-listed Companies
2011	53	26	20	7	
2012	61	27	24	10	
2013	60	26	24	10	
2014	62	26	26	10	35
2015	68	27	26	15	138
2016	78	31	28	19	347
2017	97	39	34	24	429

6-12 证券市场股票筹资概况(2011-2017年)
Equity Financing of Securities Market (2011-2017)

单位:亿元　　(100 million yuan)

年　份 Year	股票筹资额 Equity Financing	IPO筹资 IPO financing	股票再筹资 Equity Re-financing
2011	213.59	40.18	173.41
2012	244.55	50.58	193.97
2013	57.30	…	57.30
2014	42.92	6.93	35.99
2015	616.40	24.48	591.92
2016	676.72	43.01	633.71
2017	508.72	137.45	371.27

6-13 证券市场交易额概况(2011-2017年)
Turnover of Securities Market (2011-2017)

单位:亿元　　(100 million yuan)

年　份 Year	证券市场交易额 Turnover of Securities Market	# 股票交易 Turnover of Stock Trading
2011	38170.94	31393.64
2012	31558.13	21898.72
2013	48320.55	30858.05
2014	74196.95	49514.63
2015	217238.20	171139.46
2016	141833.54	81611.10
2017	153625.46	71038.98

6-14 主要年份原保险保费收入和赔款及给付支出
Premium of Primary Insurance and Payment in Main Years

年 份 Year	原保险保费收入 (万元) Premium of Primary Insurance (10000 yuan)	赔款及给付支出 (万元) Claim and Payment (10000 yuan)	赔款率 (%) Indemnity and Payment Ratio (%)
1980	197		
1985	5043	1153	22.86
1986	8654	3117	36.02
1987	14855	3784	25.47
1988	17985	4052	22.53
1989	28017	7742	27.63
1990	46963	45207	96.26
1991	58771	19762	33.63
1992	94839	32846	34.63
1993	204267	89930	44.03
1994	244017	96299	39.46
1995	313528	113052	36.06
1996	411021	168637	41.03
1997	579787	200828	34.64
1998	559618	195177	34.88
1999	555424	201673	36.31
2000	574506	133011	23.15
2001	810415	180525	22.28
2002	998741	230440	23.07
2003	1172755	242972	20.72
2004	1329411	278910	20.98
2005	1586302	312074	19.67
2006	1754637	399586	22.77
2007	2275036	542852	23.86
2008	3106047	675962	21.76
2009	3273766	785375	23.98
2010	4204166	880790	20.95
2011	3972972	1083773	27.28
2012	4208014	1258986	29.92
2013	4748884	1482555	31.22
2014	6018083	1710441	28.42
2015	7100726	2259963	31.83
2016	11661901	2458547	21.08
2017	11272520	2697222	23.93

注：1. 本表数据2008年起来源于中国保险监督管理委员会广东监管局，2008年前来源于广东省保险行业协会；
2. 自2011年起，保险行业数据按照执行“企业会计准则解释第2号”的新口径统计(下同)。

Note: I. Since 2008 the data in this table are provided by Guangdong Bureau of China Insurance Regulatory Commission, while the data before 2008 were provided by the Guangdong Association of Insurance Industry.

II. Since 2011 figures of insurance industry are calculated according to new standards (The same as in the following tables).

6-15 保险公司主要业务指标（2017年）

Major Business Indicators of Insurance Companies (2017)

单位：万元 (10000 yuan)

指　标	Indicators	保险金额（亿元）Amount Insured (100 million yuan)	原保险保费收入 Premium of Primary Insurance	赔款及给付支出 Claim and Payment
总　计	**Total**	**1765326**	**11272520**	**2697222**
财产保险公司	Property Insurance Companies	1639939	2698164	1340054
人身保险公司	Personal Insurance Companies	125387	8574356	1357168

6-16 财产保险公司主要指标

Main Indicators of Property Insurance Companies

单位:万元 (10000 yuan)

项　目	Item	2016		2017	
		原保险保费收入 Premium of Primary Insurance	赔款支出 Claim and Payment	原保险保费收入 Premium of Primary Insurance	赔款支出 Claim and Payment
合　计	**Total**	**2239748**	**1157070**	**2698164**	**1340054**
企业财产保险	Enterprise Property Insurance	200264	98938	202415	155448
家庭财产保险	Family Property Insurance	9613	1934	18845	5605
# 投资型家财险	Investment Family Property Insurance	308	31	157	23
机动车辆保险	Motor Vehicle Insurance	1368588	728737	1525166	804041
工程保险	Enginerring Insurance	51714	36231	81657	39312
责任保险	Liability Insurance	141381	56627	181026	73725
信用保险	Export Credit Insurance	150037	103601	255190	91003
保证保险	Guarantee Insurance	73742	17594	147015	21600
# 机动车辆消费贷款保证保险	Vehicle Loan Guarantee Insurance	2358	-24	207	404
个人贷款抵押房屋保证保险	Personal Loan Mortgage Housing Guarantee Insurance	-430	14	-368	31
船舶保险	Ship Insurance	18584	9334	17122	13494
货物运输保险	Freight Transport Insurance	46381	28772	46797	25261
特殊风险保险	Special Risk Insurance	53686	17944	49102	28857
农业保险	Agricultural Insurance	3371	2201	7562	4198
健康险	Health Insurance	28763	20359	41382	28160
意外伤害保险	Accident Injury Insurance	71338	17280	98674	29014
其他险	Other Insurance	22286	17518	26211	20336

6-17 人身保险公司主要指标
Main Indicators of Personal Insurance Companies

单位：万元 (10000 yuan)

项　　目	Item	2016	2017
原保险保费收入	**Premium of Primary Insurance**	**9422153**	**8574356**
按险种分	Classify by Insurance Code		
寿　险	Life Insurance	5720518	6808321
个人业务	Individual Insurance	5671550	6782811
新单保费	Initial Premiums	3757851	4235763
续期保费	Renewable Premiums	1913699	2547048
团体业务	Group Isurance	48968	25510
新单保费	Initial Premiums	31225	14954
续期保费	Renewable Premiums	17743	10556
意外伤害险	Personal Accidental Death and Injury Insurance	203394	245686
一年期以内业务	Within One-year Product	12379	17471
一年期业务	One-year Product	114769	130444
一年以上业务	Over One-year Product	76246	97771
健康险	Health Insurance	3498241	1520349
一年期以内及一年期业务	Winthin One Year and One-Year Product	218889	292061
个人业务	Individual Insurance	74190	119036
团体业务	Group Isurance	144699	173025
一年期以上业务	Over One-year Period Product	3279352	1228288
个人业务	Individual Insurance	3265023	1196165
团体业务	Group Isurance	14329	32123
按新型产品分	Classify by New Insurance Products		
寿险保费收入合计	Total Life Insurance Premiums	5720518	6808321
普通寿险	Ordinary Life Insurance	3894838	4589758
新单保费	Initial Premiums	3204768	3450253
续期保费	Renewable Premiums	690070	1139505
分红寿险	Participating Insurance	1804075	2195289
新单保费	Initial Premiums	582389	798694
续期保费	Renewable Premiums	1221686	1396595
投资连结保险	Unit-linked Insurance	5195	5495
万能寿险	Universal Life Insurance	16410	17779

6-17 续表 continued

单位:万元 (10000 yuan)

项　　目	Item	2016	2017
赔付支出	**Claims Paid**	**1301477**	**1357168**
赔款支出	**Compensation Expenses**	**150779**	**176797**
意外伤害险	Personal Accidental And Injury Insurance	23392	26688
一年期以内业务	Within One-year Product	1217	1303
一年期业务	One-year	22175	25385
一年期以内及一年期健康险	Winthin One Year and One-Year Health Insurance	127387	150109
个人业务	Individual Insurance	26005	34338
团体业务	Group Insurance	101382	115771
死伤医疗给付合计	**Total Casualty Medical Payments**	**108975**	**138632**
寿　险	Life Insurance	45074	50442
个人业务	Individual Insurance	38119	42991
团体业务	Group Insurance	6955	7451
一年期以上健康险	Over One-year Period Health Insurance	63901	88190
个人业务	Individual Insurance	62500	85535
团体业务	Group Insurance	1401	2655
满期给付合计	**Total Mature Payment**	**828217**	**746638**
寿　险	Life Insurance	827489	745858
个人业务	Individual Insurance	802598	695591
团体业务	Group Insurance	24891	50267
一年期以上健康险	Over One-year Period Health Insurance	728	780
个人业务	Individual Insurance	717	768
团体业务	Group Insurance	11	12
年金给付合计	**Total Pension Payments**	**213506**	**295101**
个人业务	Individual Insurance	198329	278251
团体业务	Group Insurance	15177	16850
退保金	**Cash Surrender Value**	**1270620**	**1584258**
寿　险	Life Insurance	1251100	1504871
个人业务	Individual Insurance	1224235	1490630
团体业务	Group Insurance	26865	14241
一年期以上健康险	Over One-year Period Health Insurance	19520	79387

6-18 主要外资金融机构及代表处一览表

List of Main Foreign Financial Institutions and Representative Offices

机构(代表处)名称及所属国家(地区)	Name of Institutions (Representative Offices)	批准日期 Date of Approval
法国兴业银行(中国)有限公司广州分行(法国)	Societe Generale,(China)Ltd., Guangzhou Branch (France)	1992.08
三井住友银行(中国)有限公司广州分行(日本)	Sumitomo Mitsui Banking Corporation (China), Ltd, Guangzhou Branch (Japan)	1992.09
东亚银行(中国)有限公司广州分行(中国香港)	The Bank of East Asia (China)Ltd., Guangzhou Branch (Hong Kong, China)	1992.10
南洋商业银行(中国)有限公司广州分行(中国香港)	Nanyang Commercial Bank (China), Ltd., Guangzhou Branch (Hong Kong, China)	1992.11
美国银行广州分行(美国)	Bank of Amercia N.A., Guangzhou Branch (USA)	1993.01
法国巴黎银行(中国)有限公司广州分行(法国)	BNP Paribas(China)Ltd., Guangzhou Branch (France)	1993.03
大华银行(中国)有限公司广州分行(新加坡)	United Overseas Bank Ltd., Guangzhou Branch (Singapore)	1993.11
德意志银行(中国)有限公司广州分行(德国)	Deutsche Bank (China)Ltd.AG, Guangzhou Branch (Germany)	1994.11
东方汇理银行(中国)有限公司广州分行(法国)	Credit Agricole Corparate And Investment Bank (China)Ltd. Guangzhou Branch (France)	1994.11
加拿大丰业银行广州分行(加拿大)	The Bank of Nova Scotia, Guangzhou Branch (Canada)	1994.11
蒙特利尔银行(中国)有限公司广州分行(加拿大)	Bank of Montreal (China), Co, Ltd, Guangzhou Branch (Canada)	1995.01
恒生银行(中国)有限公司广州分行(中国香港)	Hang Seng Bank Ltd., Guangzhou Branch (Hong Kong, China)	1995.07
花旗银行(中国)有限公司广州分行(美国)	Citibank, N.A.(China)Ltd., Guangzhou Branch (USA)	1997.12
汇丰银行(中国)有限公司广州分行(中国香港)	The Hong Kong and Shanghai Banking Corporation Ltd., Guangzhou Branch (Hong Kong, China)	1999.08
星展银行(中国)有限公司广州分行(新加坡)	DBS Bank Ltd., Guangzhou Branch (Singapore)	2004.04
韩国产业银行广州分行(韩国)	The Korea Development Bank Ltd., Guangzhou Branch (Republic of Korea)	2005.05
渣打银行(中国)有限公司广州分行(英国)	Standard Charted Bank Ltd. Guangzhou Branch (UK)	2005.06
华侨永亨银行(中国)有限公司广州分行(中国香港)	OCBC Wing Hang Bank Ltd., Guangzhou Branch (Hong Kong, China)	2006.09
国民银行(中国)有限公司广州分行(韩国)	Kookmin Bank Ltd., Guangzhou Branch (Republic of Korea)	2007.06

注：本表资料由中国银监会广东监管局提供。

Note: The data in this table are provided by China Banking Regulatory Commission Guangdong Office.

6-18 续表 continued

机构(代表处)名称及所属国家(地区)	Name of Institutions (Representative Offices)	批准日期 Date of Approval
三菱东京日联银行(中国)有限公司广州分行(日本)	Bank of Tokyo-Mitsubishi UFJ (China), Ltd.,Branch (Japan)	2008.02
印度巴鲁达银行广州分行(印度)	Bank of Baroda Guangzhou Branch (India)	2008.06
瑞穗实业银行(中国)有限公司广州分行(日本)	Mizuho Corporate Bank (China), Ltd. Guangzhou Branch (Japan)	2008.08
华商银行广州分行(中国香港)	Chinese Mercantile Bank Guangzhou Branch (Hong Kong, China)	2008.11
摩根大通银行(中国)有限公司广州分行(美国)	JPMorgan Chase Bank (China) Company Limited Guangzhou Branch (USA)	2009.03
澳大利亚和新西兰银行(中国)有限公司广州分行(澳大利亚)	Australia and New Zealand Banking (China) Ltd. Guangzhou Branch (Australia)	2009.05
大新银行(中国)有限公司广州分行(香港)	DahSing Bank (China) Limited Guangzhou Branch (Hong Kong, China)	2011.04
意大利裕信银行股份有限公司广州分行(意大利)	UniCredit S.p.A. Guangzhou Branch (Italy)	2011.12
韩亚银行(中国)有限公司广州分行(韩国)	Hana Bank (China) Company Limited ,Guangzhou Branch (Republic of Korea)	2012.07
中国信托商业银行股份有限公司广州分行(台湾)	CTBC Bank Co. Ltd., Guangzhou Branch (Taiwan, China)	2015.07
台湾银行股份有限公司广州分行(台湾)	Bank of Taiwan Co., Ltd. Guangzhou Branch (Taiwan, China)	2015.08
永隆银行有限公司广州分行(中国香港)	Wing Lung Bank Ltd., Guangzhou Branch (Hong Kong, China)	2015.09
创兴银行有限公司广州分行	Chong Hing Bank Limited Guangzhou Branch (Hong Kong, China)	2016.05
华侨永亨银行(中国)有限公司广州分行(中国香港)	OCBC Wing Hang Bank (China) Limited Guangzhou Branch	2016.05
澳门国际银行股份有限公司广州分行	Luso International Banking Limited Guangzhou Branch	2017.03
永丰银行(中国)有限公司广州分行	Bank SinoPac(China)Ltd.,Guangzhou Branch	2017.07
美国华美银行股份有限公司广州代表处(美国)	East West Bbank Guangzhou Representative Office (USA)	1996.01
葡萄牙商业银行股份有限公司广州代表处(葡萄牙)	Banco Commercial Portugues, Guangzhou Representative Office (Portugal)	1997.03
瑞士信贷银行有限公司广州代表处(瑞士)	Credit Suisse Guangzhou Representative Office (Swiss)	2005.04
意大利西雅那银行股份有限公司广州代表处(意大利)	Banca Monte Dei Paschi Di Siena S.P.A Guangzhou Representative Office (Italy)	2005.08
埃及银行广州代表处	Banque Misr Guangzhou Representative Office(Egypt)	2016.07

注：本表资料由中国银监会广东监管局提供。
Note: The data in this table are provided by China Banking Regulatory Commission Guangdong Office.

6-19　外资保险公司及代表处一览表

List of Foreign Insurance Companies and Representative Offices

机构(代表处)名称及所属国家(地区)	Name of Institutions (Representative Offices)	批准日期 Date of Approval
美亚财产保险有限公司广东分公司(美国)	AIG Insurance Company China Limited Guangdong Branch (USA)	1995.10
友邦保险有限公司广东分公司(中国香港)	AIA Company Limited Guangdong Provincial Branch(Hong Kong, China)	1995.10
中意人寿保险有限公司广东分公司(意大利)	Generali China Life Insurance Co., Ltd., Guangdong Branch (Italy)	2002.01
中宏人寿保险公司广州分公司(加拿大)	Manulife-Sinochem Life Insurance Co., LTD, Guangzhou Branch (Canada)	2003.01
安联财产保险(中国)有限公司(德国)	Allianz China General Insurance Company Ltd (Germany)	2003.01
工银安盛人寿保险有限公司广东分公司(法国)	ICBC-AXA Assurance Co., Ltd., Guangdong Branch (France)	2003.04
中德安联人寿保险公司广东分公司(德国)	Allianz China Life Insurance Company Limited Guangdong Branch (Germany)	2004.12
中英人寿保险公司广东分公司(英国)	Aviva-Cofco Life Insurance Co., Ltd., Guangdong Branch (UK)	2005.11
中美联泰大都会人寿保险有限公司广东分公司(美国)	Sino-US United MetLife Insurance Co., Ltd., Guangdong Branch (USA)	2006.02
安盛天平财产保险股份有限公司广东分公司(法国)	Tian Ping Auto Insurance Co., Ltd., Guangdong Branch (France)	2006.08
平安健康保险股份有限公司广东分公司(南非)	Ping An Health Insurance Company Of China,Ltd. Guangdong Branch (South Africa)	2007.09
瑞泰人寿保险有限公司广东分公司(南非)	Oldmutual-guodian life insurance company limited guangdong branch (South Africa)	2008.01
同方全球人寿保险有限公司广东分公司(荷兰)	AEGON THTF Life Insurance Co.,Ltd. Guangdong Branch(Holland)	2008.02
信诚人寿保险有限公司广东省分公司(英国)	CITIC-Prudential Life Insurance Company Limited Guangdong Branch (UK)	2008.06
三井住友海上火灾保险(中国)有限公司广东分公司(日本)	Mitsui Sumitomo Insurance (China) Company, Ltd, Guangdong Branch (Japan)	2008.08
陆家嘴国泰人寿保险有限责任公司广东分公司(中国台湾)	Cathay Lujiazui Life Insurance Co., Ltd, Guangdong Branch (Taiwan, China)	2008.09
日本财产保险(中国)有限公司广东分公司(日本)	Sompo Japan Insurance (China) Company, Ltd, Guangdong Branch(Japan)	2009.02
恒安标准人寿保险有限公司广东分公司(英国)	Heng An Standard Life Insurance Co., Ltd., Guangdong Branch (UK)	2009.05
东京海上日动火灾保险(中国)有限公司广东分公司(日本)	The Tokio Marine & Nichido Fire Insurance Company (China) Limited Guangdong Branch (Japan)	2010.06
国泰财产保险有限责任公司广东分公司(中国台湾)	Cathay Insurance Co., Ltd., Guangdong Branch (taiwan,China)	2010.10
招商信诺人寿保险有限公司广东分公司(美国)	CIGNA & CMC Life Insurance Co., Ltd., Guangdong Branch (USA)	2010.12
华泰人寿保险股份有限公司广东分公司(美国)	Huatai Life Insurance Co.,Ltd..Guangdong Branch (USA)	2011.05
利宝保险有限公司广东省分公司(美国)	Liberty Insurance Co., Ltd., Guangdong Branch (USA)	2011.11
中意财产保险有限公司广东分公司(意大利)	Generali China Insurance Co., Ltd., Guangdong Branch (Italy)	2012.07
中银三星人寿保险有限公司广东分公司(韩国)	BOC SAMSUNG Life Insurance Company Limited Guangdong Branch (Korea)	2013.06
交银康联人寿保险有限公司广东省分公司(澳大利亚)	BoCommLife Insurance Company Limited Guangdong Branch (Australia)	2014.05
乐爱金财产保险(中国)有限公司广东分公司(韩国)	LIG Insurance (China) Co.,Ltd. Guangdong Branch (Korea)	2014.05
安联财产保险(中国)有限公司广东分公司(德国)	Allianz China General Insurance Company Ltd Guangdong Branch(Germany)	2015.10
汇丰人寿保险有限公司广东分公司(中国香港)	HSBC Life Insurance Company Limited Guangdong Branch (Hong Kong, China)	2015.10
史带财产保险股份有限公司广东分公司(美国)	Starr Property & Casualty Insurance (China) Company Limited, Guangdong branch(USA)	2016.01
安达保险有限公司广东分公司(美国)	Chubb Insurance Company Limited Guangdong Branch(USA)	2016.07
恒大人寿保险有限公司广东分公司(新加坡)	Evergrande Life Assurance Co.,Ltd., Guangdong Branch (Singapore)	2016.09
北大方正人寿保险有限公司广东分公司(日本)	Founder Life Insurance Co., Ltd. Guangdong Branch(Japan)	2016.12
苏黎世财产保险(中国)有限公司广东分公司(瑞士)	Zurich General Insurance Company(China)Ltd Guangdong Branch(Switzerland)	2016.12
澳大利亚昆士兰保险集团股份有限公司广州代表处(澳大利亚)	QBE Insurance Group Limited, Guangzhou Representative Office (Australia)	1997.07
日本爱和谊保险公司广州代表处(日本)	Aioi Insurance Co, Ltd, Guangzhou Rep. Office (Japan)	2004.05

注：本表资料由中国保监会广东监管局提供。

Note: The data in this table are provided by China Insurance Regulatory Commission Guangdong Office.

6-20 金融机构人民币法定存款利率

Official Interest Rates of Deposits of Financial Institutions

单位:年利率 % (% p.a.)

调整时间 Adjustment time	活期存款 Demand Deposit	定期存款 Time Deposit					
		三个月 3 Months	半年 6 Months	一年 1 Year	二年 2 Years	三年 3 Years	五年 5 Years
1996. 05. 01	2.97	4.86	7.20	9.18	9.90	10.80	12.06
1996. 08. 23	1.98	3.33	5.40	7.47	7.92	8.28	9.00
1997. 10. 23	1.71	2.88	4.14	5.67	5.94	6.21	6.66
1998. 03. 25	1.71	2.88	4.14	5.22	5.58	6.21	6.66
1998. 07. 01	1.44	2.79	3.96	4.77	4.86	4.95	5.22
1998. 12. 07	1.44	2.79	3.33	3.78	3.96	4.14	4.50
1999. 06. 10	0.99	1.98	2.16	2.25	2.43	2.70	2.88
2002. 02. 21	0.72	1.71	1.89	1.98	2.25	2.52	2.79
2004. 10. 29	0.72	1.71	2.07	2.25	2.70	3.24	3.60
2006. 08. 19	0.72	1.80	2.25	2.52	3.06	3.69	4.14
2007. 03. 18	0.72	1.98	2.43	2.79	3.33	3.96	4.41
2007. 05. 19	0.72	2.07	2.61	3.06	3.69	4.41	4.95
2007. 07. 21	0.81	2.34	2.88	3.33	3.96	4.68	5.22
2007. 08. 22	0.81	2.61	3.15	3.60	4.23	4.95	5.49
2007. 09. 15	0.81	2.88	3.42	3.87	4.50	5.22	5.76
2007. 12. 21	0.72	3.33	3.78	4.14	4.68	5.40	5.85
2008. 10. 09	0.72	3.15	3.51	3.87	4.41	5.13	5.58
2008. 10. 30	0.72	2.88	3.24	3.60	4.14	4.77	5.13
2008. 11. 27	0.36	1.98	2.25	2.52	3.06	3.60	3.87
2008. 12. 23	0.36	1.71	1.98	2.25	2.79	3.33	3.60
2010. 10. 20	0.36	1.91	2.20	2.50	3.25	3.85	4.20
2010. 12. 26	0.36	2.25	2.50	2.75	3.55	4.15	4.55
2011. 02. 09	0.40	2.60	2.80	3.00	3.90	4.50	5.00
2011. 04. 06	0.50	2.85	3.05	3.25	4.15	4.75	5.25
2011. 07. 07	0.50	3.10	3.30	3.50	4.40	5.00	5.50
2012. 06. 08	0.40	2.85	3.05	3.25	4.10	4.65	5.10
2012. 07. 06	0.35	2.60	2.80	3.00	3.75	4.25	4.75
2014. 11. 22	0.35	2.35	2.55	2.75	3.35	4.00	--
2015. 03. 01	0.35	2.10	2.30	2.50	3.10	3.75	--
2015. 05. 11	0.35	1.85	2.05	2.25	2.85	3.50	--
2015. 06. 28	0.35	1.60	1.80	2.00	2.60	3.25	--
2015. 08. 26	0.35	1.35	1.55	1.75	2.35	3.00	--
2015. 10. 24	0.35	1.10	1.30	1.50	2.10	2.75	--

注：自2014年11月22日起，人民银行不再公布金融机构人民币五年期定期存款基准利率。

Note: Since November 22,2015,the central bank will not announce the official interest rate of time deposits for 5 years of financial institutions.

6-21 金融机构人民币法定贷款利率
Official Interest Rates of Loans of Financial Institutions

单位:年利率 % (% p.a.)

调整时间 Adjustment time	6个月以内 (含六个月) within 6 months (include 6 months)	六个月至一年 (含一年) 6 months–1 year (include 1 year)	一至三年 (含三年) 1–3years (include 3 years)	三至五年 (含五年) 3–5years (include 5 years)	五年以上 above 5 years
1996. 05. 01	9.72	10.98	13.14	14.94	15.12
1996. 08. 23	9.18	10.08	10.98	11.70	12.42
1997. 10. 23	7.65	8.64	9.36	9.90	10.53
1998. 03. 25	7.02	7.92	9.00	9.72	10.35
1998. 07. 01	6.57	6.93	7.11	7.65	8.01
1998. 12. 07	6.12	6.39	6.66	7.20	7.56
1999. 06. 10	5.58	5.85	5.94	6.03	6.21
2002. 02. 21	5.04	5.31	5.49	5.58	5.76
2004. 10. 29	5.22	5.58	5.76	5.85	6.12
2006. 04. 28	5.40	5.85	6.03	6.12	6.39
2006. 08. 19	5.58	6.12	6.30	6.48	6.84
2007. 03. 18	5.67	6.39	6.57	6.75	7.11
2007. 05. 19	5.85	6.57	6.75	6.93	7.20
2007. 07. 21	6.03	6.84	7.02	7.20	7.38
2007. 08. 22	6.21	7.02	7.20	7.38	7.56
2007. 09. 15	6.48	7.29	7.47	7.65	7.83
2007. 12. 21	6.57	7.47	7.56	7.74	7.83
2008. 09. 16	6.21	7.20	7.29	7.56	7.74
2008. 10. 09	6.12	6.93	7.02	7.29	7.47
2008. 10. 30	6.03	6.66	6.75	7.02	7.20
2008. 11. 27	5.04	5.58	5.67	5.94	6.12
2008. 12. 23	4.86	5.31	5.40	5.76	5.94
2010. 10. 20	5.10	5.56	5.60	5.96	6.14
2010. 12. 26	5.35	5.81	5.85	6.22	6.40
2011. 02. 09	5.60	6.06	6.10	6.45	6.60
2011. 04. 06	5.85	6.31	6.40	6.65	6.80
2011. 07. 07	6.10	6.56	6.65	6.90	7.05
2012. 06. 08	5.85	6.31	6.40	6.65	6.80
2012. 07. 06	5.60	6.00	6.15	6.40	6.55
2014. 11. 22		5.60		6.00	6.15
2015. 03. 01		5.35		5.75	5.90
2015. 05. 11		5.10		5.50	5.65
2015. 06. 28		4.85		5.25	5.40
2015. 08. 26		4.60		5.00	5.15
2015. 10. 24		4.35		4.75	4.90

注：自2014年11月22日起，金融机构人民币贷款基准利率期限档次简并为一年以内(含一年)、一至五年(含五年)和五年以上三个档次。

Note: Since Novemeber 22nd, 2014, the brackets of official interest rates of loans of financial institutions have changed into three brackets: one year (include one year), one to five years(include five years) and five years above.

【一般公共预算收入】 指国家财政参与社会产品分配所取得的收入，是实现国家职能的财力保证。主要包括：（1）各项税收：包括国内增值税、国内消费税、进口货物增值税及消费税、出口货物退增值税和消费税、营业税、企业所得税、个人所得税、资源税、城市维护建设税、房产税、印花税、城镇土地使用税、土地增值税、车船税、船舶吨税、车辆购置税、关税、耕地占用税、契税、烟叶税等。（2）非税收入：包括专项收入、行政事业性收费、罚没收入和其他收入。财政收入按现行分税制财政体制划分为中央本级收入和地方本级收入。

【一般公共预算支出】 指国家财政将筹集起来的资金进行分配使用，以满足经济建设和各项事业的需要。主要包括：一般公共服务、外交、国防、公共安全、教育、科学技术、文化体育与传媒、社会保障和就业、医疗卫生与计划生育、节能环保、城乡社区、农林水、交通运输、资源勘探信息等、商业服务业等、金融、援助其他地区、国土海洋气象等、住房保障、粮油物资储备、政府债务付息等方面的支出。财政支出根据政府在经济和社会活动中的不同职权，划分为中央财政支出和地方财政支出。

【存款】 指企业、机关、团体或居民根据资金必须收回的原则，把货币资金存入银行或其他信贷机构保管并取得一定利息的一种信用活动形式。根据存款对象或性质的不同可划分为住户存款、非金融企业存款、政府存款、非银行业金融机构存款等科目。它是银行信贷资金的主要来源。

【贷款】 指银行或其他信贷机构根据资金必须归还的原则，按一定利率，为企业、个人等提供资金的一种信用活动形式。我国银行贷款分为短期贷款、中长期贷款、融资租赁、票据融资、各项贷款、境外贷款等。

【保险公司】 在中国境内的、经过保险监督管理部门批准设立，并依法登记注册的各类商业保险公司。

【保险金额】 指保险人承担赔偿或者给付保险金责任的最高限额。

【保费】 指投保人为取得保险人在约定范围内所承担赔偿责任而支付给保险人的费用。

【赔款】 指保险人根据保险合同的规定，向被保险人支付的赔偿保险责任损失的金额。

【给付】 包括死伤医疗给付和期满给付。死伤医疗给付是指保险人根据人寿保险及长期健康保险合同的规定，因被保险人在保险期内发生保险责任范围内的保险事故支付给被保险人（或受益人）的金额。期满给付是指被保险人生存期满，保险人按人寿保险合同规定支付给被保险人的期满保险金额。

【General Public Budget Revenue】 refers to income for the government finance through participating in the distribution of social products. It is the financial guarantee to ensure government functioning. The government revenue includes the following main items: (1) Various tax revenues including domestic value added tax (VAT), domestic consumption tax, VAT and consumption tax from imports, VAT and consumption tax rebate for exports, corporate income tax, individual income tax, resource tax, city maintenance and construction tax, house property tax, stamp tax, urban land use tax, land appreciation tax, tax on vehicles and boat operation, ship tonnage tax, vehicle purchase tax, tariffs, farm land occupation tax, deed tax, and tobacco tax, etc. (2) Non-tax revenue, including special program receipts, charge of administrative and institutional units, penalty receipts and others non-tax receipts.

【General Public Budget Expenditure】 refers to the distribution and use of the funds which the government finance has raised, so as to meet the needs of economic construction and various undertakings. It includes the following main items: expenditure for general public services, expenditure for foreign affairs, expenditure for national defence expenditure for public security, expenditure for education, expenditure for science and technology, expenditure for culture, sport and media, expenditure for social safety net and employment effort, expenditure for medical and health care and family planning, expenditure for energy conservation and environment protection, expenditure for urban and rural community affairs, expenditure for agriculture, forestry and water conservancy, expenditure for transportation, expenditure for resource exploration and information, expenditure for affairs of commerce and services, expenditure for finance, aid to other regions, expenditure for land, ocean and weather, expenditure for housing security, expenditure for grain & oil reserves, interest payment for public debts. General public budget expenditure is divided into general public budget expenditure of central government and general public budget expenditure of local government according to the different functions of the governments played in economic and social activities,

【Deposit】 is a form of credit by which enterprises, institutions, organizations or households can put money into banks and other credit institutions for safekeeping and interest earning and can withdraw anytime or at appointed time.l. According to different depositors, deposits are divided into household deposits, non financial enterprise deposits, government deposits, non banking financial institutions deposits. Deposits are major sources of the credit funds of banks.

【Loan】 is a form of credit by which banks and other credit institutions provide funds at certain interest rate to enterprises and individuals in the light of the principle of unconditional repayment. Loans from Chinese banks include short-term loan, medium-term and long-term loans, financial lease, bill financing, various money advanced, foreign loans.

【Insurance Companies】 refer to commercial insurance companies of various forms registered by law and established in China with the approval of insurance regulatory agencies.

【Amount Insured】 refers to the maximum that the insurant will get for the claim of the case insured.

【Premium】 is the fee paid by the insurant to the insurer to obtain the obligation of compensation from the insurance within the agreed terms.

【Settled Claim】 is the compensation paid by the insurer to the insurant in accordance with the insurance contract.

【Payment】 includes payment for death, injury or medical treatment and payment at maturity. Payment for death, injury or medical treatment refers to the money paid to the insurant (or the beneficiary) in accordance with the life or health insurance contract when the insurant encounters accidents within the insured period covered in the contract. Payment at maturity refers to the payment to the insurant in accordance with the life insurance contract at the end of the insured period.

第七篇 CHAPTER 7

价格指数

PRICE INDICES

第七篇　价格指数

一、本篇资料反映生产、消费等环节的价格变动情况。

二、本篇资料由国家统计局广州调查队提供。

三、居民消费价格指数采用抽样调查方法编制，按照大中小兼顾以及地区分布合理的原则，采用划类选择法抽选价格调查点以及消费量较大，价格变动有代表性的商品和服务项目作为样本，对市场价格进行经常性调查，以样本推断总体。

四、工业生产者出厂价格指数和工业生产者购进价格指数均采用重点调查与典型调查相结合的调查方法，采用主观选择和随机抽样的方法选择调查企业。

五、固定资产投资价格指数采用重点调查与典型调查相结合的方法，数据采集使用企业报表与调查员实地采价相结合的方式。

六、新建住宅销售价格统计的采集渠道为部门统计，数据取自市住房和城乡建设委员会的房地产交易管理平台网签成交情况；二手住宅销售价格调查为非全面调查，采用重点调查与典型调查相结合的方法，数据来源于房地产经纪机构。

7 Price Indices

I. The data on the price indices in this chapter show the changing trend and the changing rates in production and consumption.

II. The data in this chapter are prepared and provided by Guangzhou Survey Team of National Bureau of Statistics.

Ⅲ. The data for the calculation of the consumer price indices of resident are collected with the stratified sampling method. Areas distributed in different economic regions in the districts and counties of Guangzhou are selected as the sample areas and the commodities with more consumption and the representative commodities and service item are selected as the samples. Regular surveys are conducted to collect the data on the market prices. The data on the population are estimated on the basis of the sam1pe.

IV. The data for the calculation of the industrial producer and industrial producers purchasing price indices are collected by key unit's survey and typical unit's survey under subjective choice and random sample.

V. The data for the calculation of price indices of fixed assets investment and price indices of real estate are collected by key unit's survey and typical unit's survey through enterprises reporting forms and investigators collecting prices on the spot.

Ⅵ. The data for sales prices of newly built residential buildings are department statistics, which are collected from the internet signed transaction situation on the Real Estate Transaction Management Platform of the Guangzhou Housing and Urban-Rural Construction Committee.The data for sales prices of second-hand residential buildings are collected from non-all round investigation by key unit's survey and typical unit's survey through real estate brokerage agencies.

7-1 主要年份城市居民消费价格指数
Urban Residents Consumer Price Indices in Main Years

年 份 Year	以上年价格为100 (preceding year=100)	以1978年价格为100 (1978=100)	以1952年价格为100 (1952=100)
1978	100.3		134.1
1979	104.0	104.0	172.7
1980	107.2	112.9	240.5
1985	121.5	168.1	370.8
1986	103.9	177.4	398.1
1987	113.7	212.2	465.6
1988	127.7	274.0	599.8
1989	121.6	339.6	729.3
1990	97.3	322.2	709.6
1991	103.0	329.2	711.9
1992	111.7	374.6	795.2
1993	125.0	472.4	1020.5
1994	120.0	575.4	1224.6
1995	113.5	653.1	1389.9
1996	108.2	706.7	1503.9
1997	102.2	722.2	1537.0
1998	97.7	705.6	1501.6
1999	98.5	695.0	1479.1
2000	102.8	714.5	1520.5
2001	98.9	706.6	1503.8
2002	97.6	689.6	1467.7
2003	100.1	690.3	1469.2
2004	101.7	702.0	1494.2
2005	101.5	712.5	1516.6
2006	102.3	728.9	1551.5
2007	103.4	753.7	1604.2
2008	105.9	798.2	1698.8
2009	97.5	778.2	1656.3
2010	103.2	803.1	1709.3
2011	105.5	847.3	1803.3
2012	103.0	872.7	1857.4
2013	102.6	895.4	1905.7
2014	102.3	916.0	1949.5
2015	101.7	931.6	1982.6
2016	102.7	956.8	2036.1
2017	102.3	978.8	2082.9

7-2　城市居民消费价格分类指数(上年=100)

Urban Residents Consumer Price Indices by Category (Preceding Year=100)

项　目	Item	2016	2017
居民消费价格总指数	**Consumer Price Index**	**102.7**	**102.3**
消费品价格指数	Consumer Goods Price Index	102.7	101.6
服务价格指数	Service Price Index	102.8	103.6
一、食品烟酒	I. Food，Tobacoo and Liquor	104.4	101.4
#食　品	Food	104.4	100.3
#粮　食	Grain	100.4	100.4
食用油	Cooking Oil	102.9	100.4
菜	Vegetables	115.5	93.7
#鲜　菜	Fresh Vegetables	116.9	92.7
畜肉类	Meat Products	106.5	98.8
禽肉类	Poultry Products	104.3	102.0
水产品	Aquatic Products	104.6	104.9
蛋　类	Eggs	96.9	97.5
烟　酒	Tobacoo and Liquors	101.6	100.1
二、衣　着	II. Clothing	105.9	100.0
三、居　住	III.Residence	102.9	103.3
四、生活用品及服务	IV. Household Articles and Services	99.6	100.6
#家用器具	Household Appliances	91.2	95.6
五、交通和通信	V. Transportation and Communication	99.7	101.6
六、教育文化和娱乐	VI.Education, Culture and Recreation	101.3	103.6
七、医疗保健	VII. Health Care	102.7	107.0
# 医疗服务	Health Care Services	100.0	107.1
八、其他用品和服务	VIII.Other Articles and Services	104.0	102.4

注：2001年以来按照统计制度要求，我国CPI每五年进行一次基期轮换，2016年1月开始使用2015年作为新一轮的对比基期，国家统计局对CPI调查目录进行了调整，将以前的食品类、烟酒类合并为食品烟酒类，新增其他用品和服务类，其他六个类别所含内容也有所调整。

Note: Since 2001, in accordance with requirements of the statistical system, the survey of CPI take on sample rotation for every five years.In January 2016 a new round of comparative base has been taken on.The national bureau of statistics has adjusted the CPI investigation directory. The old type of food and the old type of smoke have been combined into the new type of food,smoke and wine. The other type of goods and services has been added.The other six categories have also been adjusted.

7-3 主要年份城市商品零售价格指数
Urban Retail Price Indices in Main Years

年 份 Year	以上年价格为100 (preceding year=100)	以1978年价格为100 (1978=100)	以1952年价格为100 (1952=100)
1978	100.3		
1979	104.5	104.5	184.6
1980	107.6	113.8	252.8
1985	122.5	171.4	400.4
1986	103.3	179.8	426.0
1987	114.3	218.0	507.6
1988	129.6	284.9	656.5
1989	121.6	351.7	798.2
1990	96.3	331.4	768.7
1991	102.0	338.2	784.1
1992	108.9	379.3	853.9
1993	125.1	480.0	1068.2
1994	116.6	559.7	1245.5
1995	109.7	614.0	1366.3
1996	104.3	640.4	1425.1
1997	99.4	636.6	1416.5
1998	96.3	613.0	1364.1
1999	96.8	593.4	1320.4
2000	99.4	589.8	1312.5
2001	97.4	574.5	1278.4
2002	97.4	559.6	1245.2
2003	99.1	554.5	1234.0
2004	102.1	566.1	1259.9
2005	101.6	575.2	1280.1
2006	101.2	582.1	1295.5
2007	102.9	599.0	1333.0
2008	105.7	633.1	1409.0
2009	96.8	612.8	1363.9
2010	103.2	632.4	1407.5
2011	105.1	664.7	1479.3
2012	101.9	677.3	1507.4
2013	100.5	680.7	1514.9
2014	101.5	690.9	1537.6
2015	99.1	684.7	1523.8
2016	101.2	692.9	1542.1
2017	102.0	706.8	1572.9

7-4 城市商品零售价格指数（上年=100）

Urban Retail Price Indices by Category (Preceding Year=100)

项　目	Item	2016	2017
商品零售价格指数	**Retail Price Index**	**101.2**	**102.0**
食　品	Food	104.4	101.2
饮料、烟酒	Beverages, Tobacco and Liquor	101.0	100.0
服装、鞋帽	Garments, Shoes and Hats	105.6	99.3
纺织品	Textiles	102.0	105.2
家用电器及音像器材	Household Appliances, Music and Video Equipment	90.1	95.4
文化办公用品	Cultural and Office Appliances	95.1	94.9
日用品	Articles for Daily Use	100.8	99.8
体育娱乐用品	Sports and Recreation Articles	100.2	100.6
交通、通信用品	Transportation and Communication Appliances	100.5	100.1
家　具	Furniture	104.0	101.4
化妆品	Cosmetics	100.3	102.4
金银饰品	Gold, Silver and Jewelry	109.3	101.8
中西药品及医疗保健用品	Traditional Chinese and Western Medicines & Health Care Articles	105.9	106.3
书报杂志及电子出版物	Books, Newspapers, Magazines and Electronic Publications	98.6	100.3
燃　料	Fuels	97.1	113.3
建筑材料及五金电料	Building Materials and Hardware	102.7	101.4

7-5 主要食品平均价格

Average Price of Major Food

单位:元/千克 (yuan/kg)

商品名称	Item	代表规格品	Standard and Rate	2016	2017
大　米	Rice	东北大米	Northeast Rice	5.26	5.28
优质米	High Quality Rice	油粘米	Glutinous Rice	6.28	6.63
黄　豆	Soybean	一级	First Rate	8.31	8.00
绿　豆	Mung Bean	一级	First Rate	14.90	15.25
花生油	Peanut Oil	纯净	Pure First Rate	25.77	24.38
大白菜	Cabbage	一级绍菜	First Rate nappa cabbage	4.74	4.50
西兰花	Broccoli	一级	First Rate	12.68	10.69
青　瓜	Green Cucumber	一级青瓜	First Rate	7.27	7.01
冬　瓜	wax gourd	一级青皮冬瓜	First Rate	4.56	3.65
西红柿	tomato	一级番茄	First Rate	8.66	9.12
萝　卜	radish	一级白萝卜	First Rate	3.84	3.56
空心菜	water spinach	一级通菜	First Rate	7.02	7.02
菜　心	Chinese flowering cabbage	一级	First Rate	10.06	9.14
豇　豆	cowpea	一级白豆角	First Rate asparagus bean	12.14	11.05
生　菜	lettuce	一级	First Rate	7.60	6.86
节　瓜	zucchini	一级	First Rate	8.40	7.52
西洋菜	watercress	一级	First Rate	8.43	7.46
猪　肉	Pork	上肉一级	Fresh High Quality Pork	30.51	29.81
牛　肉	Beef	净肉	Net Beef	78.56	79.26
鸡	Chicken	白条鸡(杂交开刀)	Pulled Chicken	33.07	34.03
鸡　蛋	Eggs	新鲜褐壳	Fresh Brown Eggs	9.81	9.44
带　鱼	Hairtail	冰鲜中等原条	Middling Iced Whole Hairtail	53.42	56.68
鳙　鱼	Variegated Carp	一级	First Rate	17.67	17.42
鲫　鱼	Crucian	一级	First Rate	20.48	24.29
草　鱼	Grass Carp	一级	First Rate	24.66	24.64
苹　果	Apple	红富士一级	First Rate of Red Fuji	12.65	12.61
雪　梨	Pear	一级	First Rate	8.52	8.93
香　蕉	Banana	黄熟一级	Ripe First Rate	5.25	5.71
葡　萄	Grape	加州红提	American Red Grape	28.63	29.62
西　瓜	Watermelon	黑美人一级	Ordinary First Rate	3.47	4.29

7-6 工业生产者出厂价格指数（上年＝100）

Producer Price Index for Manufactured Goods (Preceding Year=100)

项　　目	Item	2016	2017
工业生产者出厂价格指数	**Producer Price Index for Manufactured Goods**	**98.8**	**102.3**
轻工业	Light Industry	100.3	101.4
以农产品为原材料	Using Farm Produce as Raw Materials	99.7	100.5
以非农产品为原材料	Using Nonfarm Produce as Raw Materials	100.7	102.1
重工业	Heavy Industry	98.0	102.8
采掘工业	Mining and Quarrying Industry		
原料工业	Raw Materials Industry	94.6	104.4
加工工业	Manufacturing Industry	99.2	102.3
生产资料	Means of Production	97.6	103.8
采掘工业	Mining and Quarrying Industry		
原料工业	Raw Materials Industry	94.6	104.4
加工工业	Processing Industry	98.9	103.5
生活资料	Consumer Goods	100.3	100.6
食品类	Food	100.1	101.3
衣着类	Clothing	98.1	97.4
一般日用品类	Articles for Daily Use	100.6	102.0
耐用消费品类	Durable Consumer Goods	100.6	100.2

7-7 工业生产者购进价格指数(上年＝100)

Purchasing Price Index for Industrial Producers (Preceding Year=100)

项　　目	Item	2016	2017
工业生产者购进价格指数	**Purchasing Price Index for Industrial Producers**	**98.5**	**108.8**
燃料、动力类	Fuels and Power	95.3	113.7
黑色金属材料类	Ferrous Metals	96.4	112.7
#钢　材	Steel	95.5	115.2
其　他	Others	99.7	104.1
有色金属材料和电线类	Nonferrous Metals and Wires	102.7	116.5
化工原料类	Raw Chemical Materials	99.2	109.1
木材及纸浆类	Timber and Paper Pulp	100.5	104.1
建筑材料及非金属类	Building Materials and Nonmetal Minerals	98.1	113.2
其他工业原料及半成品类	Raw Materials and Semi-finished Products of Other Industries	99.2	102.3
农副产品类	Agricultural Products	98.4	101.6
纺织原料类	Textile Raw Materials	100.3	103.1

7-8 固定资产投资价格指数（上年=100）

Prices Indices of Investment in Fixed Assets (Preceding Year=100)

项　　目	Item	2016	2017
固定资产投资价格指数	**Prices Indices of Investment in Fixed Assets**	**99.4**	**103.2**
建筑安装、装饰工程	Construction and Installation	99.2	104.4
人工费	Manpower	103.9	104.5
材料费	Materials	97.9	104.7
钢　材	Steel	96.6	106.8
木　材	Timber	99.7	103.5
水　泥	Cement	99.0	104.9
地方建筑材料	Local Building Materials	98.6	104.0
化工材料	Chemical Materials	97.1	101.8
电　料	Electical Materials and Appliances	100.0	103.1
其他材料	Other Materials	101.1	101.5
机械使用费	Machinery	99.7	102.3
设备、工器具购置	Purchase of Equipment, Tools and Installation	99.0	99.3
其他费用	Others	100.1	100.0

7-9 住宅销售价格指数（上年=100）

Sales Prices Indices of Residence Buildings (Preceding Year=100)

项　　目	Item	2016	2017
新建住宅销售价格指数	**Newly Built Residential Buildings**	**119.1**	**115.2**
新建商品住宅	Newly Built Commodity Residential Buildings	119.3	115.3
90平方米及以下	90 square meters and below	120.0	115.5
90-144平方米	90 - 144 square meters	118.8	115.8
144平方米以上	144 square meters and above	119.5	114.5
二手住宅销售价格指数	**Second-hand Residential Buildings**	**121.0**	**119.9**
90平方米及以下	90 square meters and below	121.2	120.6
90-144平方米	90 - 144 square meters	120.1	120.0
144平方米以上	144 square meters and above	122.5	117.0

7-10 各月住宅销售价格指数（2017年，上年同期=100）

Sales Prices Indices of Residence Buildings (2017,Preceding Year=100)

项　　目	Item	1月	2月	3月	4月	5月	6月
新建住宅销售价格指数	**Newly Built Residential Buildings**	**124.0**	**123.1**	**122.7**	**121.6**	**119.4**	**117.8**
新建商品住宅	Newly Built Commodity Residential Buildings	124.2	123.3	122.9	121.7	119.5	117.9
90平方米及以下	90 square meters and below	124.7	124.3	123.4	121.8	119.2	117.6
90-144平方米	90 - 144 square meters	124.6	123.6	123.3	122.5	120.9	119.1
144平方米以上	144 square meters and above	123.3	122.3	122.0	120.6	117.8	116.5
二手住宅销售价格指数	**Second-hand Residential Buildings**	**126.2**	**128.1**	**127.8**	**125.9**	**124.1**	**123.2**
90平方米及以下	90 square meters and below	125.8	128.0	128.1	126.1	124.2	123.6
90-144平方米	90 - 144 square meters	127.3	128.9	128.0	126.4	125.4	123.7
144平方米以上	144 square meters and above	124.6	126.2	126.1	123.3	119.7	120.0

7-10 续表 continued

项　　目	Item	7月	8月	9月	10月	11月	12月
新建住宅销售价格指数	**Newly Built Residential Buildings**	**116.7**	**113.2**	**109.4**	**107.7**	**106.6**	**105.5**
新建商品住宅	Newly Built Commodity Residential Buildings	116.9	113.3	109.4	107.7	106.6	105.5
90平方米及以下	90 square meters and below	115.9	113.1	109.3	108.4	107.1	106.3
90-144平方米	90 - 144 square meters	118.0	114.0	110.2	107.7	106.3	105.1
144平方米以上	144 square meters and above	115.8	112.5	108.4	107.4	106.8	105.8
二手住宅销售价格指数	**Second-hand Residential Buildings**	**121.5**	**118.3**	**114.7**	**112.5**	**111.7**	**109.8**
90平方米及以下	90 square meters and below	121.6	118.8	115.8	113.8	113.5	111.8
90-144平方米	90 - 144 square meters	122.8	118.8	114.6	112.0	110.4	108.0
144平方米以上	144 square meters and above	117.4	114.9	111.1	109.2	108.8	107.9

【商品零售价格指数】商品零售价格是商品在流通过程中最后一个环节的价格，主要包括：工业、商业、餐饮业和其他零售企业向城乡居民、机关团体出售生活消费品和办公用品的价格。商品零售价格调查任务是系统地调查、搜集和整理市场商品零售价格资料，编制商品零售价格指数，以反映市场商品零售价格的变动趋势和变动程度，为国家宏观调控和国民经济核算提供参考依据。

【城市居民消费价格指数】是度量消费商品及服务项目价格水平随着时间而变动的相对数，它反映城市居民家庭购买的生活消费品及服务价格水平的变动情况，是宏观经济调控、价格总水平监测以及国民经济核算的重要指标，其变动率在一定程度上反映了通货膨胀(或紧缩)的程度。

【工业生产者购进价格指数】是反映工业企业作为生产投入，从物资交易市场和能源、原材料生产企业购买原材料、燃料和动力产品时，所支付的价格水平变动趋势和程度的统计指标，是扣除工业企业物质消耗成本中的价格变动影响的重要依据。

【工业生产者出厂价格指数】是反映一定时期内全部工业产品出厂价格总水平的变动趋势和程度的相对数，包括工业企业售给本企业以外所有单位的各种产品和直接售给居民用于生活消费的产品。该指数可以观察出厂价格变动对工业总产值及增加值的影响。

【固定资产投资价格指数】是反映固定资产投资活动中所涉及的建筑安装工程、设备工器具购置和其他费用这三部分投资价格水平变动趋势和幅度的相对数。

【住宅销售价格指数】住宅销售价格指数分为新建住宅销售价格指数和二手住宅销售价格指数两部分。其中，新建住宅销售价格指数的统计范围是所有进入房地产市场第一次进行产权交易及网上签约的住宅交易价格，分为保障性住房和新建商品住宅两部分。二手住宅销售价格指数的统计范围是进入房屋市场进行交易，第二次及以上进行产权登记的住宅。

【Retail Price Index】 measures the relative trend and degree of changes in retail prices of commodities,reflecting the trend of changes in prices in the last link of circulation,i.e. prices of consumer goods and office appliances sold to households or organizations by enterprises of industry,commerce,catering services and other retail trades. It refects the changing trend and degree of retail prices of commodities.

It provides a reference for macroeconomic adjustment and control as well as national economic accounting.

【Urban Consumer Price Index】 reflects the trend and degree of changes in prices of consumer goods and services purchased by urban residents。 It is an important indicator for macroeconomic analysis decision-making,regularization and control, supervision of general price level and national economic accounting.The rates of change are generally considered as an indicator of inflation or deflation.

【Purchasing Price Index for Industrial Producers】 reflects changes in the level and degree of prices paid by industrial enterprises when they purchase production input such as raw materials, fuels and power from the market or from other energy or raw materials producing enterprises. These indices provide important basis for measuring the material consumption of industrial enterprises after removing influence of price changes.

【Producer Price Index for Manufactured Goods】 Producer Price Index for Manufactured Goods reflects the trend and degree of changes in general ex-factory prices of all industrial products during a given period, including sales of industrial products by an industrial enterprise to all units outside the enterprise, as well as sales of consumer goods to residents. It can be used to analyze the impact of ex-factory prices on gross output value and value-added of the industrial sector.

【Prices Indices of Investment in Fixed Assets】 reflects the trend and extent of changes in the price level in the investment activities in fixed asset, which involve three parts: the construction and installation project, purchase of engineering equipment and instrument and other expenses.

【Sales Prices Indices of Residence Buildings】 Sales Prices Indices of Residence Buildings consists of Sales Prices Indices of Newly Built Residential Buildings and Sales Prices Indices of Second-hand Residential Buildings. The statistical range of Sales Prices Indices of Newly Built Residential Buildings covers the first-time transaction of real estates in the market and the internet signed price. The newly built residential buildings include the indemnificatory buildings and the newly built commercial buildings. The statistical range of Sales Prices Indices of Second-hand Residential Buildings covers the registration of residential buildings for the second time and above in the real estate market.

第八篇 CHAPTER 8

人民生活
PEOPLE'S LIVELIHOOD

简要说明

Brief Introduction

第八篇 人民生活

一、本篇资料反映广州城乡居民生活状况，包括家庭基本情况、居民收支、消费水平、住房及主要消费品消费量和拥有量等基本情况。

二、本篇资料由广州市统计局和国家统计局广州调查队共同提供。

三、根据国家统计局广东调查总队要求，2014年起，城乡一体化住户调查收支数据绝对值以新口径公布使用。新口径是指不论户口性质和户口登记地、不论以家庭形式居住还是集体形式居住、不论居住在城市、农村还是城乡结合部，只要是常住地为广州的住户均纳入调查范围；旧口径是指以城市区域有固定居所的常住户籍居民家庭为调查范围。

四、由于新旧调查方案在调查范围和对象、城乡划分标准、样本抽选方法、计算和汇总方式、指标名称和口径等方面变化较大，新旧口径指标数据不可以直接对比使用。其中，新口径“消费支出”比旧口径“消费性支出”增加了自有住房虚拟租金折算。

五、8-4表中“净收入”是指在相关获得收入中扣除投入成本、折旧和税费后得到净收入，因此部分指标为负。

8 People's Livelihood

Ⅰ. The data in this chapter show the basic conditions of the people's livelihood in the urban and rural areas of Guangzhou Municipality, including basic conditions of families, income and expenditure of the residents, level of consumption, housing condition, consumption possession of the major Consumer goods, etc.

Ⅱ. The data in this chapter are prepared and provided by Guangzhou Municipal Bureau of Statistics and Guangzhou Survey Team of National Bureau of Statistics.

Ⅲ. According to the requirement of Guangdong Survey Team of National Bureau of Statistics, the value of income and expenditures of urban and rural integrated households are published with new statistical standard. No matter what kind of the household register is or register place is, whether living as a family or collective form in urban, rural or rural-urban continuum, as long as it is for local residents in Guangzhou, is classified into the new statistical standard. The old statistical standard covers the families which have permanent household register and resident in urban areas.

Ⅳ. The investigation field and respondent, the standard of classifying urban and rural, the sample selection rule, the calculating and summarizing method, the name of index and the statistical standard are different between the new survey method and the old one. As a result, the data of old and new statistical standard are incomparable. the "Consumption Expenditures" in new standard includes the virtue rent of private housing.

Ⅴ. In table 8-4, "Net Income" refers to the related revenue deducts the input costs, depreciation and tax fees. As a result, some parts of "Net Income" can be negative.

8-1 城乡居民人均全年可支配收入和消费支出情况

Per Capita Annual Disposable Income and Expenditure for Consumption of Urban and Rural Residents

单位：元 (yuan)

项　　目	Item	城市居民 Urban Residents	
		2016	2017
可支配收入	Disposable Income	50941	55400
消费支出	Total Living Expenditures for Consumption	38398	40637
食品烟酒	Food,Tobacco and Liquor	12595	13063
衣着	Clothing	2128	2218
居住	Residence	8535	9165
生活用品及服务	Articles for Daily Use and Services	2425	2599
交通通信	Transportation and Communication	4870	5072
教育文化娱乐	Education, Cultural and Recreation	5044	5417
医疗保健	Health Care and Medical Services	1585	1765
其他用品和服务	Miscellaneous Articles for Use and Services	1216	1338

8-1 续表 continued

单位：元 (yuan)

项　　目	Item	农村居民 Rural Residents	
		2016	2017
可支配收入	Disposable Income	21449	23484
消费支出	Total Living Expenditures for Consumption	17595	18932
食品烟酒	Food,Tobacco and Liquor	6958	7342
衣着	Clothing	747	763
居住	Residence	3437	3856
生活用品及服务	Articles for Daily Use and Services	1101	1152
交通通信	Transportation and Communication	2529	2730
教育文化娱乐	Education, Cultural and Recreation	1667	1825
医疗保健	Health Care and Medical Services	806	910
其他用品和服务	Miscellaneous Articles for Use and Services	350	354

8-2 城乡居民家庭平均每百户年末耐用消费品拥有量

Ownership of Major Durable Consumer Goods per 100 Urban and Rural Households at Year-end

项　　目		Item		城市居民 Urban Households		农村居民 Rural Households	
				2016	2017	2016	2017
家用汽车	（辆）	Automobile	(unit)	43	44	36	42
摩托车	（辆）	Motorcycle	(unit)	22	22	126	123
助力车	（辆）	Moped	(unit)	24	26	50	55
洗衣机	（台）	Washing Machine	(set)	100	100	102	103
电冰箱(柜)	（台）	Refrigerator	(set)	103	103	105	108
微波炉	（台）	Microwave Oven	(set)	67	69	35	32
彩色电视机	（台）	Color TV Set	(set)	131	132	141	144
# 接入有线电视	（台）	Cable TV	(set)	121	122	131	133
空调	（台）	Air Conditioner	(set)	235	237	184	198
热水器	（台）	Water Heater	(unit)	105	105	112	114
# 太阳能热水器	（台）	Solar Water Heater	(unit)	5	5	8	8
洗碗机	（台）	Dish-washing Machine	(unit)	2	3	3	4
排油烟机	（台）	Vacuum Cleaner	(unit)	88	89	63	68
固定电话	（部）	Telephone	(set)	65	61	52	47
移动电话	（台）	Mobile Telephone	(set)	258	260	313	316
# 接入互联网	（台）	Connected to the Internet	(set)	182	191	201	223
计算机	（台）	Computer	(set)	122	123	90	86
# 接入互联网	（台）	Connected to the Internet	(set)	111	112	75	74
照相机	（架）	Camera	(set)	67	67	26	23
中高档乐器	（台）	Medium and High Grade Musical Instruments	(set)	12	14	4	5
健身器材	（台）	Health Equipment	(set)	17	22	7	7

8-3 城市居民家庭基本情况（2017年）

Basic Conditions of Urban Households (2017)

单位：人　　(person)

项　目	Item	合　计 Total	低收入户 Low Income Households	中等偏下收入户 Lower Middle Income Households
一、调查户数(户)	Number of Households Surveyed (household)	1200	240	240
二、家庭人口数	Number of Family Members	3656	844	802
平均每户人口数	Average Household Size	3.05	3.52	3.34
1. 就业者人数	Number of Employed Persons	2152	488	453
平均每户就业人数	Average Number of Employed Persons per Household	1.79	2.03	1.89
平均每一就业者负担人数	Number of Dependents per Employee	1.70	1.73	1.77
2. 离退休人数	Number of Retired Veterans and Persons	606	102	135

8-3 续表 continued

单位：人　　(person)

项　目	Item	中等收入户 Middle Income Households	中等偏上收入户 Upper Middle Income Households	高收入户 High Income Households
一、调查户数(户)	Number of Households Surveyed (household)	240	240	240
二、家庭人口数	Number of Family Members	729	654	627
平均每户人口数	Average Household Size	3.04	2.73	2.61
1. 就业者人数	Number of Employed Persons	387	405	419
平均每户就业人数	Average Number of Employed Persons per Household	1.61	1.69	1.75
平均每一就业者负担人数	Number of Dependents per Employee	1.88	1.61	1.50
2. 离退休人数	Number of Retired Veterans and Persons	156	116	97

8-4 城市居民人均全年收支情况（2017年）

单位：元

项　　目	Item
可支配收入	Disposable Income
# 工资性收入	Income from Wages and Salaries
# 工资	Wages and Salaries
实物福利	Material Benefits
其他	Others
经营净收入	Net Business Income
# 第一产业经营净收入	Net Business Income from Primary Industry
第二产业经营净收入	Net Business Income from Secondary Industry
第三产业经营净收入	Net Business Income from Tertiary Industry
财产净收入	Net Income from Property
# 利息净收入	Net Income from Interest
红利收入	Income from Bonus
储蓄性保险净收益	Net Income from Savings Insurance
转让承包土地经营权租金净收入	Net Income from the Rent of Transferring the Right of Management of Contracted Land
出租房屋财产性收入	Income from Rental
出租机械、专利、版权等资产的收入	Income from Renting Machinery, Patent and Copyright
其他财产净收入	Other Net Income from Property
房屋虚拟租金	Virtual Rent
转移净收入	Net Income from Transfers
# 转移性收入	Income from Transfers
总支出	Total Expenditures of Households
# 消费支出	Consumption Expenditures
生产经营费用支出	Expenditures on Production and Management
# 第一产业经营费用支出	Expenditures on Production and Management in Primary Industry
第二产业经营费用支出	Expenditures on Production and Management in Secondary Industry
第三产业经营费用支出	Expenditures on Production and Management in Tertiary Industry
财产性支出	Expenditures on Properties
# 生活贷款利息支出	Expenditures on Interest of Maintenance Loans
其他财产性支出	Other Expenditures on Properties
转移性支出	Expenditures on Transfers
# 个人所得税	Income Tax
社会保障支出	Social Security Expenditures
外来从业人员寄给家人的支出	Expenditures Mailed by the Migrant Employees to Their Families
赡养支出	Alimony Expenditures
其他转移性支出	Other Expenditures on Transfers
部分商业保险支出	Parts of Expenditures on Commercial Insurance
# 意外伤害保险	Accident Insurance
商业医疗保险(含大病保险)	Commercial Medical Insurance (Including Critical Illness Insurance)
其他非储蓄性商业保险	Other Commercial Insurance, Excluding Savings Insurance
其他储蓄性商业保险	Other Commercial Savings Insurance
购置资产及非经常性转移支出	Expenditures on Acquisition of Assets and Non-recurring Expenditures on Transfers
# 购置资产支出	Expenditures on Acquisition of Assets
非经常性转移支出	Non-recurring Expenditures on Transfers
借贷性支出	Expenditures on Loans
# 存入储蓄款	Saving Deposits
借出款	Loaned Money
归还借款	Repayment of Loans
购买有价证券	Purchase of Portfolio
其他投资支出	Other Expenditures for Investment
归还住房贷款	Repayment of Loans for Housing
归还汽车贷款	Repayment of Loans for Automobile
归还教育贷款	Repayment of Loans for Education
归还其他贷款	Repayment of Loans for Other Payments
其他借贷支出	Other Expenditures on Loans

Conditions of Per Capita Cash Income and Expenditure of Urban Households (2017)

(yuan)

总平均 Average	低收入户 Low Income Households	中等偏下收入户 Lower Middle Income Households	中等收入户 Middle Income Households	中等偏上收入户 Upper Middle Income Households	高收入户 High Income Households
55400.49	29836.98	44443.08	54694.87	68207.52	98523.58
37106.56	21618.69	29613.02	39296.57	44293.08	62373.97
34771.93	20519.34	28294.09	36879.20	41502.64	57348.23
76.62	57.58	35.94	114.60	98.63	96.18
2258.01	1041.77	1282.99	2302.77	2691.81	4929.56
3166.26	1197.71	2466.52	1042.37	3473.79	9282.86
57.03	202.00	6.16	2.56	50.07	-2.15
211.46	112.40	129.32	140.40	553.66	188.22
2897.77	883.31	2331.04	899.41	2870.06	9096.79
9987.49	5218.16	8163.19	10873.88	12239.27	16690.97
139.09	-52.72	105.89	15.18	189.36	551.73
1196.15	1044.76	1515.52	1396.91	1220.89	902.70
241.09	3.01	85.11	455.57	268.53	520.25
46.47	22.60		17.42	209.30	
3943.37	1870.18	2935.14	4977.37	4617.28	6660.64
5.78	0.55	11.41	0.11	3.66	15.53
16.37	-18.06	-21.59	-12.40	119.79	34.26
4399.17	2347.84	3531.71	4023.72	5610.46	8005.86
5140.18	1802.42	4200.35	3482.05	8201.38	10175.78
8798.51	4097.85	6796.30	7710.79	12305.72	16381.23
48286.44	30154.21	37174.55	47942.56	58129.13	76961.54
40636.76	25439.08	32419.04	41081.16	47986.40	63435.36
879.17	619.83	395.36	294.17	1972.69	1327.15
21.37	75.16	3.07	2.92	6.37	7.43
168.53	3.37	186.77		550.81	152.21
689.27	541.30	205.52	291.25	1415.51	1167.51
186.43	130.65	140.21	264.98	170.21	248.69
165.17	99.72	97.12	245.40	167.65	245.87
21.26	30.93	43.09	19.58	2.56	2.82
3738.99	2295.44	2595.95	4228.73	4104.34	6205.44
528.79	100.66	136.39	624.54	545.06	1484.20
2780.52	1870.09	2153.38	3266.94	3097.59	3920.22
4.50		3.21	7.43	9.63	3.41
347.79	250.31	275.70	275.66	393.04	606.61
77.39	74.38	27.27	54.16	59.02	191.00
215.27	114.11	148.20	201.98	197.48	473.74
26.75	22.31	18.38	8.16	27.50	63.94
148.02	75.06	102.46	101.83	140.34	367.40
10.55	1.26	12.67	27.01	6.92	5.75
29.95	15.48	14.69	64.98	22.72	36.65
1707.57	1123.14	961.88	1200.31	2833.16	2808.59
483.21	297.08	3.60	2.61	1253.72	1055.87
1224.36	826.06	958.28	1197.70	1579.44	1752.72
922.25	431.96	513.91	671.23	864.85	2462.57
163.53	81.27	149.71	220.66	189.21	200.94
42.86	12.34				234.65
29.79	34.33	33.12	13.43	30.29	37.63
42.58	33.32	2.25		139.64	49.28
3.55	8.59	0.06			8.92
590.78	252.19	311.24	435.28	453.49	1737.12
40.68		17.53		52.22	160.14
7.83	9.24		0.29		32.89
0.65	0.68		1.57		1.00

8-5 主要年份城市居民人均可支配收入及恩格尔系数

Per Capita Annual Disposable Income and Engel's Coefficient of Urban Households in Main Years

年份 Year	城市居民人均可支配收入 Per Capita Annual Disposable Income of Urban Residents		恩格尔系数 (%) Engel's Coefficient of Urban Households (%)
	绝对数（元） Value (yuan)	指数（上年=100） Index (preceding year=100)	
1980	606.12		70.4
1985	1099.77	125.2	62.5
1986	1299.64	118.2	61.3
1987	1500.99	115.5	60.7
1988	1857.30	123.7	61.8
1989	2492.63	134.2	60.4
1990	2748.95	110.3	60.6
1991	3124.07	113.6	58.9
1992	3966.76	127.0	56.1
1993	5260.00	132.6	51.5
1994	7571.00	143.9	50.1
1995	9038.16	119.4	50.2
1996	9905.31	109.6	50.4
1997	10444.60	105.4	49.1
1998	11255.70	107.8	44.7
1999	12018.52	106.8	44.0
2000	13966.53	116.2	42.6
2001	14694.00	105.2	40.0
2002	13380.47	104.9	41.0
2003	15002.59	112.1	38.9
2004	16884.16	112.5	38.3
2005	18287.24	108.3	37.3
2006	19850.66	108.5	37.0
2007	22469.22	113.2	32.8
2008	25316.72	112.7	33.7
2009	27609.59	109.1	33.2
2010	30658.49	111.0	33.3
2011	34438.08	112.3	34.0
2012	38053.52	111.4	34.0
2013	42049.14	110.5	33.9
2014(旧口径)(Old Standard)	45791.51	108.9	33.6
2014(新口径)(New Standard)	42954.60	108.9	32.9
2015	46734.60	108.8	32.8
2016	50940.70	109.0	32.8
2017	55400.49	108.8	32.1

8-6 城市居民人均全年消费支出（2017年）

Per Capita Annual Consumption Expenditures of Urban Households (2017)

单位：元 (yuan)

项　目	Item	总平均 Average	低收入户 Low Income Households	中等偏下收入户 Lower Middle Income Households	中　等收入户 Middle Income Households	中等偏上收入户 Upper Middle Income Households	高收入户 High Income Households
消费支出	**Total Consumption Expenditures**	**40636.76**	**25439.08**	**32419.04**	**41081.16**	**47986.40**	**63435.36**
食品烟酒	Food,Tobacco and Liquor	13062.79	9397.60	11755.00	13935.62	14593.42	17099.55
食品	Food	7788.22	6290.94	7139.38	8201.20	8544.55	9373.36
烟酒	Tobacco and Liquor	568.45	341.00	464.79	585.42	659.29	894.43
饮料	Beverage	360.37	217.94	268.18	413.31	391.53	577.97
饮食服务	Catering Services	4345.75	2547.72	3882.65	4735.69	4998.05	6253.79
衣着	Clothing	2217.62	1217.27	1616.70	2145.68	2701.33	3699.75
衣类	Clothing Materials	1641.40	895.01	1212.32	1601.02	1985.87	2726.96
鞋类	Shoes	576.22	322.26	404.38	544.66	715.46	972.79
居住	Residence	9165.46	5499.98	7604.04	8787.93	11072.58	14211.12
租赁房房租	Rental of Housing	388.72	283.30	290.00	326.78	548.77	540.94
住房维修及管理	Repair and Management	808.15	416.90	456.29	978.24	1103.32	1243.22
水电燃料及其他	Water, Electricity, Fuels and Others	1351.10	1158.02	1239.57	1373.51	1456.91	1567.05
自有住房折算租金	Private Housing Imputed Rent	6617.49	3641.76	5618.18	6109.40	7963.58	10859.91
生活用品及服务	Articles for Daily Use and Services	2598.75	1572.91	1888.39	2597.94	3491.61	5076.00
家具及室内装饰品	Furnitures and Indoor Decorations	309.77	152.88	190.77	324.48	504.32	583.05
家用器具	Household Appliance	514.68	338.83	415.47	587.66	769.39	746.78
家用纺织品	Household Textile	281.83	176.10	239.73	271.18	395.78	492.61
家庭日用杂品	Household Articles for Daily Use	622.28	481.23	518.27	638.34	847.07	957.44
个人用品	Personal Articles for Daily Use	552.95	364.50	419.93	592.44	698.77	1018.52
家庭服务	Household Services	317.24	59.37	104.22	183.84	276.28	1277.60
交通通信	Transport and Communications	5071.82	2876.07	3450.03	5069.99	6345.93	8922.96
交通	Transport	3479.56	1767.43	2043.60	3410.73	4497.32	6732.43
通信	Communications	1592.26	1108.64	1406.43	1659.26	1848.61	2190.53
教育文化娱乐	Education, Cultural and Recreation	5417.46	3172.82	3962.42	5386.05	5995.24	7857.87
教育	Education	1640.12	1458.74	1325.44	1272.61	1085.47	1418.05
文化娱乐	Cultural and Recreation	3777.34	1714.08	2636.98	4113.44	4909.77	6439.82
医疗保健	Health Care and Medical Services	1765.07	1054.24	1299.35	1723.96	2172.34	3585.47
医疗器具及药品	Medical Apparatus and Medicines	774.33	549.61	610.77	694.16	1031.79	1387.26
医疗服务	Medical Services	990.74	504.63	688.58	1029.80	1140.55	2198.21
其他用品和服务	Miscellaneous Articles for Use and Services	1337.79	648.19	843.11	1433.99	1613.95	2982.64
其他用品	Miscellaneous Goods	672.58	275.81	342.17	723.59	806.21	1673.68
其他服务	Miscellaneous Services	665.21	372.38	500.94	710.40	807.74	1308.96

8-7 城市居民家庭年末居住情况（2017年）

Housing Conditions of Urban Households at Year-end (2017)

项　　目	Item	调查户（户）Households Surveyed (household)
按居住空间样式分	**Grouped by Design of Residential Buildings**	**1200**
单栋楼房	Separate Residential Buildings	256
单栋平房	Separate Residential Terraces	36
四居室及以上单元房	Four-room and Above Apartments	81
三居室单元房	Three-room Apartments	353
二居室单元房	Two-room Apartments	385
一居室单元房	One-room Apartments	88
筒子楼或连片平房	Tube-shaped Apartments or Bungalows	1
其他	Others	
按主要建筑材料分	**Grouped by Main Building Materials**	1200
钢筋混凝土	Reinforced Concrete	1095
砖混材料	Brick and Reinforced Concrete	90
砖瓦砖木	Brick-tile and Brick-wood	15
竹草土坯	Bamboo Grass and Adobe	
其他	Others	
按房屋来源分	**Grouped by Source of Buildings**	1200
租赁公房	Public Apartments for Lease	20
租赁私房	Private Apartments for Lease	103
自建住房	Self-built	338
购买商品房	Purchase Commercial Residential Apartment	453
购买房改住房	Purchase Housing-reformation Apartment	235
购买保障性住房	Purchase Indemnificatory Apartment	4
拆迁安置房	Settlement Apartment for House Removal	6
继承或获赠住房	Inherited or Gifted	9
免费借用房	Borrow for Free	29
雇主提供免费住房	Employer-provided for Free	
其他来源	Others	3
按主要炊用能源状况分	**Grouped by Fuel for Cooking**	1200
柴草	Firewood	10
煤炭	Coal	
罐装液化石油气	Tanked LPG	474
管道液化石油气	Pipeline LPG Gas	46
管道煤气	Pipeline Gas	20
管道天然气	Pipeline Natural Gas	578
电	Electricity	72
燃料用油	Oil for Fuel	
沼气	Methane	
其他	Others	
无炊用行为	Without Cooking Behavior	

8-8 主要年份农村居民家庭人均收支情况

Per Capita Income and Expenditure of Rural Households in Main Years

单位：元 (yuan)

年份 Year	总收入 Total Income of Household	可支配收入 Disposable Income 绝对数(元) Value (yuan)	指数(上年=100) Index (preceding year =100)	总支出 Total Expenditure of Household	#家庭经营支出 Expenditure for Household Operations	消费支出 Consumer Expenditure	恩格尔系数(%) Engel's Coefficient of Rural Households (%)
1978	288.26	249.80		265.07	37.44	221.66	67.1
1979	294.78	250.95	100.5	283.25	42.27	237.08	65.1
1980	357.71	322.66	128.6	315.17	34.52	259.46	54.7
1985	1005.17	732.70	106.5	838.87	228.82	534.53	55.5
1986	1202.57	857.17	117.0	1052.33	285.06	671.37	51.8
1987	1668.84	1074.92	125.4	1422.75	540.48	783.22	52.7
1988	2096.67	1324.48	123.2	1940.54	711.36	1063.46	50.1
1989	2103.81	1524.80	115.1	1838.45	506.87	1175.80	50.1
1990	2141.00	1538.93	100.9	1867.79	509.15	1218.85	49.1
1991	2397.31	1735.57	112.8	1902.60	545.18	1224.92	51.6
1992	2856.37	2152.28	124.0	2050.69	605.78	1224.30	54.9
1993	3639.97	2661.34	123.7	3134.42	855.54	2002.89	48.7
1994	4617.42	3670.24	137.9	3752.30	797.11	2639.60	49.6
1995	5552.10	4482.51	122.1	4578.52	904.34	3307.61	46.3
1996	6482.42	5164.67	115.2	5145.01	1112.34	3530.62	45.0
1997	7269.41	5545.91	107.4	5645.20	1467.20	3602.21	47.4
1998	7120.09	5628.95	101.5	5829.06	1222.32	4143.55	42.6
1999	7181.00	5833.92	103.6	5106.16	1045.10	3634.66	48.5
2000	7080.42	6085.97	104.3	5515.70	671.49	4453.33	38.2
2001	7542.65	6445.72	105.9	5423.27	679.66	4388.39	43.8
2002(旧口径)	7918.81	6856.62	106.4	5506.95	711.37	4434.95	43.3
2002(新口径)	6888.84	5831.34		5272.93	762.60	4182.38	
2003	7032.36	6129.95	105.1	5217.68	734.44	4115.94	43.9
2004	7510.31	6625.16	108.1	5419.08	725.36	4353.18	43.8
2005	8380.25	7080.19	106.9	6741.70	1049.77	5395.58	43.2
2006	8982.66	7788.27	110.0	7008.43	1011.94	5628.86	42.6
2007	9997.12	8612.84	110.6	7934.08	1166.57	6341.51	42.8
2008	11107.23	9828.12	114.1	8409.80	1056.11	6837.67	42.3
2009	12303.11	11066.69	112.6	9338.02	1040.28	7742.20	44.0
2010	14249.13	12675.55	114.5	10891.68	1231.02	8987.06	45.9
2011	16191.16	14817.72	116.9	12145.71	1145.86	10100.86	44.7
2012	18398.47	16788.48	113.3	13368.63	1259.56	10964.52	44.5
2013	20670.14	18887.04	112.5	14477.13	1401.45	11688.20	44.2
2014	21814.24	17662.80	110.3	16783.29	822.46	12867.79	42.9
2015	23454.21	19323.10	109.4	20225.47	952.10	15924.85	39.4
2016	26016.14	21448.60	111.0	22079.20	1175.65	17595.07	39.5
2017	27461.08	23483.88	109.5	23493.03	1200.97	18932.29	38.8

注：1.自2014年起广州实施城乡一体化分市县住户调查制度，农村家庭居民收入数据以新口径公布，"人均可支配收入"指标代替"人均纯收入"指标，不再公布"人均纯收入"数据。本表收入指标2014年以前数据为"人均纯收入"数据，2014年指数按可支配收入同口径计算。

2.2015年起"消费支出"和"恩格尔系数"为新口径数据，本表2014年以前该两项指标数据为旧口径。

Note: I.The integrated household income and expenditure survey has been carried out in Guangzhou since since 2014. Therefore, the income of rural households is published accroding to a new statistical standard. "Per Capita Net Income" is no longer used and repalced by " Per Capita Disposable Income" . In this table , " Per Capita Net Income " is preserved before 2014 , but the index is calculated in the same standard of disposable income in 2014.

II."Consumer expenditure" and "Engel's coefficient " have been calculated arrcording to the new standard since 2015, and the data of these two indicators before that are calculated according to the prior standard.

8-9 农村居民家庭基本情况（2017年）

项　　目	Item	总平均 Average
调查户数　（户）	Number of Households Surveyed (household)	450
各组比重　(%)	Proportion (%)	100
调查户常住人口　（人）	Number of Permanent Residents in Households Surveyed (person)	1759
平均每户常住人口　（人）	Average Number of Permanent Residents per Household (person)	3.91
#整半劳动力　（人）	Average Number of Full/Semi Labor Force per Household(person)	2.99
从业人员数　（人）	Number of Employees (person)	2.63
平均每个从业人员负担人口数（人）	Average Number of Residents per Employee (person)	1.49
平均每户生产性固定资产原值（元）	Average Original Value of Fixed Assets per Household (yuan)	13059.99
平均每人经营耕地面积　（亩）	Per Capita Cultivated Area (mu)	0.20
平均每户居住面积　（平方米）	Net Living Space per Household (sq.m)	194.90
平均每人居住面积　（平方米）	Per Capita Net Living Space (sq.m)	49.86
平均每人全年消费	**Per Capita Annual Consumption**	
粮　食　（千克）	Grain (kg)	110.18
谷　物　（千克）	Cereal (kg)	103.31
薯　类　（千克）	Tubers (kg)	1.45
豆　类　（千克）	Beans (kg)	5.42
油脂类　（千克）	Oil and Fats (kg)	10.29

Basic Conditions of Rural Households (2017)

低收入户 Low Income Households	中等偏下收入户 Lower Middle Income Households	中等收入户 Middle Income Households	中等偏上收入户 Upper Middle Income Households	高收入户 High Income Households
90	90	90	90	90
20	20	20	20	20
399	389	356	335	280
4.43	4.32	3.96	3.72	3.11
2.96	3.30	3.19	3.03	2.49
2.46	2.87	2.76	2.80	2.28
1.81	1.51	1.44	1.33	1.37
17867.94	9116.30	16387.40	14817.22	7154.85
0.35	0.10	0.14	0.23	0.20
177.38	186.11	199.68	200.07	209.04
40.01	43.06	50.48	53.75	67.19
104.87	98.83	95.82	98.50	95.47
97.96	90.95	87.50	89.65	86.32
1.38	1.68	1.96	2.16	2.23
5.53	6.20	6.36	6.69	6.92
9.50	9.49	10.54	10.94	11 46

8-9 续表

项目		Item		总平均 Average
蔬菜及其制品	(千克)	Vegetables and Processed Products	(kg)	110.64
#鲜 菜	(千克)	Fresh Vegetables	(kg)	105.85
肉 类	(千克)	Meat	(kg)	39.39
#猪 肉	(千克)	Pork	(kg)	32.87
禽 类	(千克)	Poultry	(kg)	27.13
#鸡	(千克)	Chicken	(kg)	16.87
水产品	(千克)	Aquatic Products	(kg)	25.03
#鱼	(千克)	Fish	(kg)	19.51
蛋类及蛋制品	(千克)	Eggs and Egg Products	(kg)	7.74
#鲜 蛋	(千克)	Eggs	(kg)	7.14
奶及奶制品	(千克)	Milk and Milk Products	(kg)	7.23
#鲜 奶	(千克)	Fresh Milk	(kg)	3.34
干鲜瓜果类	(千克)	Dried and Fresh Melons and Fruits	(kg)	40.40
#鲜瓜果	(千克)	Fresh Melons and Fruits	(kg)	36.25
糖果糕点类	(千克)	Confectionery	(kg)	8.69
#食 糖	(千克)	Sugar	(kg)	2.27
烟酒饮料类	(千克)	Tobacco, Liquor and Beverage	(kg)	39.57
烟草类	(千克)	Tobacco	(kg)	34.60
酒 类	(千克)	Liquor	(kg)	4.43
饮 料	(千克)	Beverage	(kg)	0.54

continued

低收入户 Low Income Households	中等偏下收入户 Lower Middle Income Households	中等收入户 Middle Income Households	中等偏上收入户 Upper Middle Income Households	高收入户 High Income Households
106.77	114.32	124.62	123.08	122.90
102.62	108.99	118.38	117.36	116.60
37.63	40.38	43.36	41.30	44.69
31.97	30.88	31.99	28.63	30.14
24.62	25.55	25.80	23.22	23.63
15.56	16.40	16.96	15.57	16.41
21.99	27.26	31.88	31.31	32.77
17.56	20.24	22.80	21.36	21.90
7.49	8.34	9.14	10.38	10.85
7.08	7.61	8.17	9.53	9.93
7.39	10.27	12.15	16.27	21.48
3.89	5.92	6.97	8.59	13.07
35.94	48.41	58.44	62.52	69.34
32.13	43.71	52.39	55.83	62.30
8.15	7.81	9.35	10.36	11.33
1.83	1.90	1.78	1.56	1.27
35.69	31.77	26.63	25.37	31.25
31.86	27.34	22.68	20.76	24.66
3.36	3.71	3.22	3.64	5.49
0.47	0.72	0.73	0.97	1.10

8-10 农村居民家庭人均收支情况（2017年）

单位：元

项　　目	Item	总平均 Average
全年总收入	Total Income of Households	27461.08
全年可支配收入	Annual Disposable Income	23483.88
工资性收入	Income from Wages and Salaries	17324.06
# 工资	Wages and Salaries	16337.86
实物福利	Material Benefits	49.01
经营净收入	Net Business Income	2686.55
# 第一产业经营净收入	Net Business Income from Primary Industry	937.21
财产净收入	Net Income from Property	2156.29
转移净收入	Net Income from Transfers	1316.98
全年总支出	Total Expenditures of Households	23493.03
消费支出	Consumption Expenditures	18932.29
食品烟酒消费支出	Food,Tobacco and Liquor	7342.29
食品	Food	5324.24
# 粮 食	Grain	630.06
食用油	Oil	218.01
蔬菜和食用菌	Vegetable and Edible Fungus	666.01
肉禽蛋奶及制品	Meat, Poultry, Eggs, Milk and Processed Products	2386.41
水产品及制品	Aquatic and Processed Products	612.87
干鲜瓜果类	Dried and Fresh Melons and Fruits	441.39
糖果糕点类	Confectionery	174.58
烟酒饮料类	Tobacco, Liquor and Beverage	669.34
饮食服务	Catering Services	1348.71
衣着消费支出	Clothing	763.25
居住消费支出	Residence	3856.19
生活用品及服务消费支出	Articles for Daily Use and Services	1151.85
交通通信消费支出	Transportation and Communication	2729.73
教育文化娱乐消费支出	Education, Cultural and Recreation	1825.26
医疗保健消费支出	Health Care and Medical Services	909.48
其他用品和服务消费支出	Miscellaneous Articles for Use and Services	354.24
家庭经营费用支出	Expenditures on Household Operation	1200.97
财产性支出	Expenditures on Properties	12.46
转移性支出	Expenditures on Transfers	1491.79
部分商业保险支出	Parts of Expenditures on Commercial Insurance	97.33
购置资产及非经常性转移支出	Expenditures on Acquisition of Assets and Non-recurring Expenditures on Transfers	1637.71
购置资产支出	Expenditures on Acquisition of Assets	315.97
非经常性转移支出	Non-recurring Expenditures on Transfers	1321.74
借贷性支出	Expenditures on Loans	120.48
全年现金总收入	Total Monetary Income	27063.76
# 第一产业经营现金收入	Monetary Income from Primary Industry	1645.73
非收入现金所得	Monetary Income Excluding Wage and Salary	1522.12
借贷性现金所得	Monetary Income From Loan	306.45
全年现金总支出	Total Monetary Expenditures	20598.65
# 现金消费支出	Monetary Expenditures on Consumption	16044.32
家庭经营费用现金支出	Monetary Expenditures on Household Operation	1194.87

Per Capita Annual Income and Expenditure of Rural Households (2017)

(yuan)

低收入户 Low Income Households	中等偏下收入户 Lower Middle Income Households	中等收入户 Middle Income Households	中等偏上收入户 Upper Middle Income Households	高收入户 High Income Households
16419.09	20611.80	26127.11	33388.39	47266.60
13315.22	18588.12	23056.80	30740.18	43357.60
11451.65	15197.08	17741.92	22620.08	28359.48
10620.00	14587.08	16796.76	21243.85	26665.57
7.55	61.19	61.62	55.57	85.26
928.59	1636.19	2457.18	4475.68	4814.74
610.87	562.47	664.45	1619.50	1466.34
328.09	1338.33	1583.54	2223.09	6754.02
606.89	416.52	1274.16	1421.33	3429.36
16900.99	19173.49	22009.42	26644.04	36889.73
13083.97	16139.25	18060.43	21690.69	28419.86
5074.28	6585.96	6810.83	8726.78	10403.22
4009.20	5004.44	4832.49	5762.78	7041.03
586.80	575.43	562.24	665.14	738.55
182.43	214.38	202.27	213.38	272.73
498.41	579.42	631.61	755.02	876.35
1868.04	2427.21	2064.50	2495.08	3030.14
366.40	536.20	565.11	669.40	976.25
269.63	362.25	458.48	507.85	635.56
117.96	146.96	168.00	217.34	227.00
518.43	572.58	624.41	787.39	918.63
546.65	1008.94	1353.93	2176.61	2443.56
479.09	652.46	614.20	864.06	1057.86
2720.22	3344.22	3857.79	4023.60	5966.05
814.08	871.70	1187.58	1192.45	1921.22
1500.52	2161.89	2650.24	3745.11	4161.73
1610.85	1439.93	1734.54	1869.28	2795.23
692.80	786.18	915.76	900.09	1388.52
192.13	296.91	289.49	369.32	726.03
1866.59	365.62	886.56	1309.85	1695.71
8.79	4.64		24.37	59.87
808.94	1434.64	1380.04	1720.66	2754.20
58.57	74.89	134.23	96.27	136.48
1029.87	1106.76	1516.01	1646.64	3374.58
118.52	8.90	123.29	38.07	1591.66
911.35	1097.86	1392.72	1608.57	1782.92
44.26	47.69	32.15	155.56	449.03
16060.20	20221.03	25698.70	32939.75	46906.06
2181.42	775.04	1076.92	2371.30	1976.27
1034.51	1452.07	1507.94	1267.65	2583.51
222.46	187.08	219.18	248.68	769.56
14987.16	16978.61	19019.46	23062.22	31908.08
10926.87	13063.91	15286.80	17963.25	24249.07
1856.99	363.66	873.33	1305.75	1695.64

【可支配收入】指住户在调查期内获得的、可用于最终消费支出和储蓄的总和，即调查户可以用来自由支配的收入。按照收入的来源，可支配收入包含四项，分别为：工资性收入、经营净收入、财产净收入和转移净收入。

【工资性收入】指就业人员通过各种途径得到的全部劳动报酬和各种福利，包括受雇于单位或个人、从事各种自由职业、兼职和零星劳动得到的全部劳动报酬和福利。

【经营净收入】指住户或住户成员从事生产经营活动所获得的净收入，是全部经营收入中扣除经营费用、生产性固定资产折旧和生产税之后得到的净收入。计算公式具体为：

经营净收入=经营收入-经营费用-生产性固定资产折旧-生产税

【财产净收入】指住户或住户成员将其所拥有的金融资产、住房等非金融资产和自然资源交由其他机构单位、住户或个人支配而获得的回报并扣除相关的费用之后得到的净收入。财产净收入包括利息净收入、红利收入、储蓄性保险净收益、转让承包土地经营权租金净收入、出租房屋净收入、出租其他资产净收入和自有住房折算租金等。财产净收入不包括转让资产所有权的溢价所得，这应该计入“非收入所得”。计算公式具体为：

财产净收入=财产性收入-财产性支出

【转移净收入】指国家、单位、社会团体对住户的各种经常性转移支付和住户之间的经常性收入转移扣除调查户对国家、单位、住户或个人的经常性或义务性转移支付之后得到的净收入。包括国家、单位、社会团体对住户转移的养老金或退休金、社会救济和补助、政策性生活补贴、救灾款、经常性捐赠和赔偿、政策性生产补贴以及报销医疗费等，住户之间的赡养收入、住户非常住成员寄回带回的收入等，在扣除缴纳的税款、各项社会保障支出、赡养支出、经常性捐赠和赔偿支出以及其他经常转移支出等的净收入。计算公式具体为：

转移净收入=转移性收入-转移性支出

【实物福利】指单位或雇主免费或低价提供给员工的各种实物产品和服务折价。

【消费支出】指住户用于满足家庭日常生活消费需要的全部支出，包括用于消费品的支出和用于服务性消费的支出。根据用途不同，消费支出可划分为食品烟酒、衣着、居住、生活用品及服务、交通通信、教育文化娱乐、医疗保健、其他用品及服务八大类。根据来源不同，消费支出可划分为现金消费支出、实物消费支出（含自产自用、来自单位和个人、来自政府和其他社会组织）。

【部分商业保险支出】包括意外伤害保险、商业医疗保险（含大病保险）、其他非储蓄型商业保险和其他储蓄性商业保险等。

【购置资产支出】包括构建住房支出、购买住房支出以及购置第一、二、三产业生产性固定资产支出。

【非经常性转移支出】包括博彩支出、婚丧嫁娶礼金支出、一次性赔偿支出、一次性馈赠支出和其他非经常性转移支出。

【非收入现金所得】主要包括出售资产所得、非经常性转移所得及其他非收入所得，此指标统计口径有所调整，不包含借贷性所得部分。

【Disposable Income】refers to the sum of the household income gained during the period of investigation that can be used as final consumption expenditure and deposit. It means the discretionary income of the households. According to the source of income, disposable income contains four parts: income from wages and salaries, net business income, net income from property and net income from transfers.

【Income from Wages and Salaries】refers to the labor remuneration and benefits obtained by the employments through various means, including all the labor remuneration and benefits in the employ of enterprises or individual, self-employed and part-time jobs.

【Net Business Income】refers to the net income of residents or resident members obtained in the production and business operation activities. It means the operating income deducts operating costs, productive fixed assets depreciation and production taxes. Calculation:

Net business income = operating income – operating costs – productive fixed assets depreciation – production taxes

【Net Income from Property】means that the residents or resident members give the financial assets,Non-financial assets(such as housing)and natural resources they owned to other enterprises, residents or individual to manage, then they receive the net income after deducting the related expenses of the return. Net income from property includes net income from interest, income from bonus, net income from savings insurance, net income from the rent of transferring the right of management of contracted land, income from rental, income from renting other assets and virtual rent. Net income from property does not include the premium income of transferring the ownership of assets, and this premium income should be accounted into gain. Calculation:

Net income from property = Income from property – Expenditure of property

【Net Income from Transfers】 refers the transfer income from country, institutions and social organizations to the residents minus the transfer expenditures from investigated residents to country, institutions ,residents or personal. Income from transfers includes pension or retirement pay, social relief and assistance, policy allowance, relief, regular donations, policy production subsidies and medical reimbursement that country, institutions, social organizations transfer to residents. It also includes alimony, the revenue sent back by the non-permanent residents. Net income means that all the income mentioned above should deduct the payment of taxes, the social security expenditure, alimony expenditure, regular donations, compensation expenditure and other regular expenditure on transfers. Calculation:

Net income from transfers = Income from transfers – Expenditure on transfers

【Material Benefits】refers to the physical products and discounted services that enterprises or employers provide employees for free or at a low price.

【Expenditure for Consumption】 refers to all the expenditures paid by urban households for consumption in daily life, including expenditure for customer goods and services. According to the different purposes, expenditure for consumption can be divided into eight categories: Food, tobacco and liquor, Clothing, Residence, Household facilities, articles and services, Transportation and communication services, Education, cultural and recreation services, Health care and medical services, Miscellaneous commodities and services. According to the different sources, expenditure for consumption divided into monetary expenditure for consumption and material expenditure for consumption (including self-produced and self-used, from institutions and person, from government and other social organizations).

【Parts of Expenditures on Commercial Insurance】 includes accident insurance, commercial medical insurance (including critical illness insurance), other commercial insurance excluding savings insurance and other commercial savings insurance.

【Expenditures on Acquisition of Assets】 includes expenditures on building houses, purchasing houses and purchasing productive fixed assets of primary, secondary and tertiary industry.

【Non-recurring Expenditures on Transfers】 includes expenditures on gambling, funeral, wedding gifts, one-time compensation, one-time gift and other non-recurring expenditures on transfers.

【Monetary Income Excluding Wage and Salary】 mainly includes income from selling assets, non-recurring transfers, and other income excluding wage and salary. But it does not contain income from loan.

第九篇 CHAPTER 9

城市建设

CITY CONSTRUCTION

第九篇　城市建设

一、本篇资料反映广州市城市建设和公用事业的规模、速度、效益及综合水平等基本情况。

二、本篇资料由广州市统计局固定资产投资统计处整理提供。

三、本篇资料依据国家住房和城乡建设部制定的《城市（县城）建设统计报表制度》编制。统计数据由广州市住房和城乡建设委员会、广州市水务局、广州市国土资源和规划委员会、广州市城市管理委员会以及广州市林业和园林局等单位提供。

9 City Construction

I.The data in this chapter show the basic conditions of scale, speed, mileage and comprehensive level of the city construction and utilities in Guangzhou.

II.The data in this chapter are prepared and provided by the Division of Investment and Construction Statistics of Guangzhou Municipal Bureau of Statistics.

III. The data in this chapter are collected and tabulated in accordance with the statistical survey scheme of Construction of cities and Counties stipulated by Ministry of Housing and Urban-Rural Development of the People's Republic of China, all of which are provided by Guangzhou Housing and Urban-Rural Construction Committee, Guangzhou Water Authority, Guangzhou Land Resource and Urban Planning Committee, Guangzhou City Management Committee, Administration of Forestry and Gardening of Guangzhou Municipality.

9-1 城市市政设施

Public Facilities in Urban Districts

项　　目		Item		2016	2017
道路长度	(公里)	Length of Roads	(1000 m)	7559.02	7819.31
# 快速路		Expressways		104.78	252.79
主干路		Main Roads		864.78	1054.14
道路面积	(万平方米)	Area of Roads	(10000 sq.m)	11525.40	13012.82
# 人行道		Pavement		2232.32	2244.38
人均城市道路面积	(平方米)	Per Capita Area of Roads	(sq.m)	8.64	10.98
桥梁座数	(座)	Number of Bridges	(unit)	1419	1491
# 立交桥		Crossroads		193	183
道路照明灯盏数	(千盏)	Number of Street Lights	(1000 units)	333.92	335.92
排水管道长度	(公里)	Length of Sewer Pipelines	(1000 m)	10369	20886
建成区排水管道密度	(公里/平方公里)	Density of Sewer Pipelines	(1000 m/sq.km)	8.30	16.50
污水排放量	(万立方米)	Sewage Discharge Quantity	(10000 cubic metres)	150865	173496
污水处理厂	(座)	Sewage Treatment Plant	(unit)	47	47
污水处理厂处理能力	(万立方米/日)	Sewage Treatment Capacity	(10000 cubic metres/day)	495	524
污水处理厂处理量	(万立方米)	Quantity of Sewage Treatment	(10000 cubic metres)	158389	164822
污水处理率	(%)	Sewage Treatment Rate	(%)	94.2	95.0
# 污水处理厂集中处理率	(%)	Concentrated Sewage Treatment Rate	(%)	94.2	95.0

注：1. 本表数据为全市(11区)口径；

2. 本表数据由广州市住房和城乡建设委员会汇总相关单位数据后提供。

Note: I. The coverage in this table includes 11 districts.

II.The data in this table are collected by Guangzhou Housing and Urban-Rural Construction Committee from the related sectors.

9-2 城市供水

Water Supply in Urban Districts

项　　目	Item	2016	2017
综合生产能力 （万立方米/日）	Overall Production Capacity (10000 cu.m/day)	777.80	787.80
供水管道长度 （公里）	Length of Water Supply Pipelines (1000 m)	22266.20	22264.27
供水总量 （万立方米）	Total Volume of Water Supply (10000 cu.m)	228850.42	238064.28
# 售水量	Sales Volume of Tap Water	190163.14	195125.76
生产运营用水	For Production Use	35516.44	34732.37
公共服务用水	For Public Services	43441.69	43848.64
居民家庭用水	For Household Use	105128.39	107022.75
其他用水	Others	6076.62	9522.00
用水户数 （户）	Number of Households with Access to Tap Water (unit)	2780187	2894023
# 家庭用户	Number of Families with Access to Tap Water	2492531	2570017
用水人口 （万人）	Number of Residents with Access to Tap Water (10000 persons)	1759.49	1575.09
人均日生活用水量 （升）	Per Capita Daily Consumption of Tap Water for Residential Use (liter)	240.80	278.99
用水普及率 （%）	Coverage Rate of Urban Population with Access to Tap Water (%)	100.00	100.00

注：1.本表数据为全市(11区)口径；
2.本表资料不包企业自建设施供水；
3.本表数据由广州市水务局提供。

Note: I. The coverage in this table includes 11 districts.
II. The data in this table exclude the water supply by self-built facilities of corporations.
III. The data in this table are provided by Guangzhou Municipal Water Bureau.

9-3 城市燃气供应

Gas Supply in Urban Districts

项　　目	Item	2016	2017
液化石油气	**Liquefied Petroleum Gas**		
储气能力 (吨)	Storage Capacity (ton)	38088.49	36888.49
供气管道长度 (公里)	Length of Gas Supply Pipelines (1000 m)	7.20	6.44
供气总量 (吨)	Total Supply of Gas (ton)	857673.99	790627.21
销售气量	Sales Volume of Gas	857548.69	790431.25
# 居民家庭	Households	365564.94	338211.69
用气户数 (户)	Number of Households (unit)	3501112	3341995
# 家庭用户	Families	2530105	2379806
用气人口 (万人)	Number of Residents with Access to Gas (10000 persons)	697.01	520.57
天然气	**Natural Gas**		
储气能力 (万立方米)	Storage Capacity (10000 cu.m)	667.34	669.45
供气管道长度 (公里)	Length of Gas Supply Pipelines (1000 m)	7776.33	7499.78
供气总量 (万立方米)	Total Supply of Gas (10000 cu.m)	191674.18	207476.09
# 销售气量	Sales Volume of Gas	144997.22	190064.45
# 居民家庭	Households	31021.06	34158.22
用气户数 (户)	Number of Households (unit)	2107114	2258231
# 家庭用户	Families	2094265	2244762
用气人口 (万人)	Number of Residents with Access to Gas (10000 persons)	634.46	652.92
燃气普及率 (%)	Coverage Rate of Urban Population with Access to Gas (%)	99.80	99.03

注：1.本表数据为全市(11区)口径；
2.本表数据由广州市城市管理委员会提供。

Note: I. The coverage in this table includes 11 districts.
II. The data in this table are provided by City Administrative Committee of Guangzhou Municipal.

9-4 城市市政公用设施建设固定资产投资额

Investment in Fixed Assets in Public Facilities in Urban Districts

单位：万元 (10000 yuan)

项　　目	Item	2016	2017
本年完成投资	Investment Completed in Current Year	3336569	5024914
供　水	Water Supply	142001	95648
燃　气	Gas Supply	21624	18951
轨道交通	Rail Traffic	2148033	2517833
道路桥梁	Roads and Bridges	425505	846389
排　水	Drainage	274104	484707
园林绿化	Parks and Green Areas	26537	91296
市容环境卫生	Environmental sanitation	141734	255767
其　他	Others	145939	713783

注：1.本表数据为全市(11区)口径；
2.本表数据由广州市住房和城乡建设委员会汇总相关单位数据后提供。

Note: I. The coverage in this table includes 11 districts.
II.The data in this table are collected by Guangzhou Housing and Urban-Rural Construction Committee from the related sectors.

9-5 城市园林绿化

Parks, Gardens and Green Areas in Urban Districts

项　　目	Item	2016	2017
绿化覆盖面积 (公顷)	Coverage Area of Afforestation (hectare)	154142	154742
# 建成区	Developed Areas	52207	53686
建成区绿化覆盖率 (%)	Green Coverage Rate in Developed Areas (%)	41.80	42.54
绿地面积 (公顷)	Area of Green Areas (hectare)	144524	145159
# 建成区	Developed Areas	45837	47262
建成区绿地率 (%)	Rate of Green Areas in Developed Areas (%)	36.70	37.45
公园绿地面积 (公顷)	Area of Gardens (hectare)	29473	26863
人均公园绿地面积 (平方米)	Per Capita Garden (sq.m)	16.80	17.06
公园个数 (个)	Number of Parks (unit)	247	247
公园面积 (公顷)	Area of Parks (hectare)	5198	5198
建成区面积 (平方公里)	Developed Areas (sq.km)	1249.11	1263.34

注：1.本表数据为全市(11区)口径；
　　2.本表数据由广州市林业和园林局提供。

Note: I. The coverage in this table includes 11 districts.
　　II. The data in this table are provided by Administration of Forestry and Gardening of Guangzhou Municipality.

9-6 城市市容环境卫生

City Appearance and Environmental Sanitation

项　　目	Item	2016	2017
道路清扫保洁面积 (万平方米)	Area of Roads under Cleaning Program (10000 sq.m)	22357	22357
# 机械化	By Mechanization	7685	9087
城镇生活垃圾清运量 (万吨)	Volume of Living Garbage Disposal (10000 tons)	504.35	526.11
城镇生活垃圾处理量 (万吨)	Garbage Treatment (10000 tons)	504.35	526.11
城镇生活垃圾无害化处理厂(场)数 (座)	Number of Garbage Harmless Disposal Factories (unit)	6	6
城镇生活垃圾无害化处理量 (万吨)	Volume of Garbage Harmless Disposal (10000 tons)	484.67	507.69
城镇生活垃圾无害化处理率 (%)	Rate of Garbage Harmless Disposal (%)	96.10	96.50
公共厕所 (座)	Number of Public Lavatories (unit)	1251	1389
市容环卫专用车辆设备总数 (辆)	Number of Special Vehicles for Environmental Sanitation (unit)	4550	4483

注：1.本表数据为全市(11区)口径；
　　2.本表数据由广州市城市管理委员会提供。

Note: I. The coverage in this table includes 11 districts.
　　II. The data in this table are provided by City Administrative Committee of Guangzhou Municipal.

主要指标解释

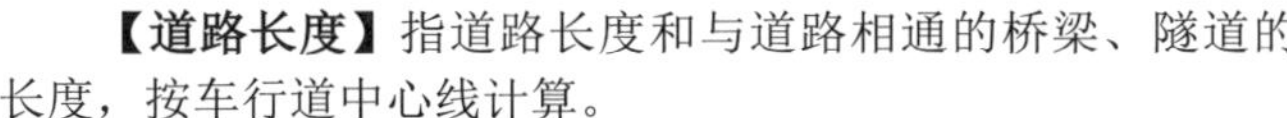

2018 Explanatory Notes on Main Statistical Indicators

【道路长度】指道路长度和与道路相通的桥梁、隧道的长度，按车行道中心线计算。

【快速路】城市道路中设有中央分隔带，具有四条以上的车道，全部或部分采用立体交叉与控制出入，供车辆以较高的速度行驶的道路。

【主干路】在城市道路网中起骨架作用的道路。

【供水总量】指报告期供水企业（单位）供出的全部水量，包括有效供水量和漏损水量。有效供水量指水厂将水供出厂外后，各类用户实际使用到的水量，包括售水量和免费供水量。漏损水量指在供水过程中由于管道及附属设施破损而造成的漏水量、失窃水量以及水表失灵少计算的水量。

【售水量】指报告期供水企业(单位)收费供应的水量，只包括本地售水量，不包括销往本区域外的售水量。

【生产运营用水】指在城市范围内生产、运营的农、林、牧、渔业、工业、建筑业、交通运输业等单位在生产、运营过程中的用水。

【公共服务用水】指为城市社会公共生活服务的用水。包括行政事业单位、部队营区和公共设施服务、社会服务业、批发零售贸易业、旅馆饮食业以及社会服务业等单位的用水。

【居民家庭用水】指城市范围内所有居民家庭的日常生活用水。包括城市居民、农民家庭、公共供水站用水。

【污水处理厂】指在城市或工业区的城市污水通过排水管道集中于一个或几个处所，并利用由各种处理单元组成的污水处理系统进行净化处理，最终使处理后的污水和污泥达到规定要求后排放水体或再利用的生产场所。不包括渗水井、化粪池（含改良化粪池）和污水处理装置。

【污水处理能力】指污水处理厂（或处理装置）每昼夜处理污水量的设计能力。

【污水处理量】指污水处理厂（或污水处理装置）实际处理的污水量。包括物理处理量、生物处理量和化学处理量。

【生活垃圾清运量】指报告期内收集和运送到各垃圾处理场（厂）的垃圾的数量。

【生活垃圾无害化处理量】指报告期内简易处理场和各种垃圾无害化处理场（厂）处理垃圾的总量。垃圾简易处理量指垃圾简易填埋场所处理的垃圾总量。垃圾无害化处理量指垃圾无害化处理场（厂）所处理的垃圾总量。

【绿地面积】指报告期末用作园林和绿化的各种绿地面积。包括公园绿地、生产绿地、防护绿地、附属绿地和其他绿地的面积。

【公园绿地面积】指城市中向公众开放的、以游憩为主要功能，有一定的游憩设施和服务设施，同时兼有健全生态、美化景观、防灾灭灾等综合作用的绿化用地。它是城市建设用地、城市绿地系统和城市市政公用设施的重要组成部分。

【Length of Roads】 refers to the length of roads and of the bridges and tunnels connected to the roads, calculated by the center line of the roads.

【Annual Volume of Water Supply】 refers to the total volume of water supplied by water-works(units) during the reference period, including both the effective water supply and loss during the water supply.

【Expressway】 refers to the road which there is a central separation zone in, with more than four lanes, all or part of which adopts three-dimensional intersection and control access for vehicles to drive at high speed.

【Main Road】 refers to the road that acts as a leading part in urban road network.

【Volume of Sold Water】 refers to the total volume of paid water supplied by water-works(units) during the reference period, only including the volume of paid water sold to local region, not including the volume of paid water sold to other regions.

【Volume of Water for Production】 refers to water consumption for urban production of enterprises of farming, forestry, animal husbandry and fishery, industry, construction, transport, and so on.

【Water Consumption of Public Service】 refers to water consumption for urban public services, including the consumption of government agencies and public institutions. Military barracks, public facilities, wholesale and retail outlets, restaurants, hotels, and other units providing public services.

【Household Water Consumption】 refers to consumption of water for daily life of all households within the boundary of cities, including water consumption of urban residents and farmers, and public water supply stations.

【Wastewater Treatment Plant】 refers to place where wastewater in urban or industrial areas is concentrated in one or several spaces through drainage pipes, and purified by wastewater treatment system composed of various treatment units, and finally the treated wastewater and sludge are discharged after meeting the specified requirements. Seepage wells, septic tanks (including improved septic tanks) and sewage treatment plants are not included.

【Wastewater Treated Capability】 refers to design capacity of wastewater treatment plant (or treatment system) to dispose wastewater day and night.

【Wastewater Treatment Volume】 refers to the amount of wastewater actually disposed by wastewater treatment sites (or wastewater treatment plants), including physical processing volume, biological processing volume and chemical processing capacity.

【Consumption Wastes Disposed Volume】 refers to the volume of consumption wastes collected and transported to disposal factories or sites during the reference period.

【Consumption Wastes Harmlessly Disposed Volume】 refers to the total amount of garbage handled by simply disposed sites and innocuously disposed sites (or plants). The amount of garbage simply disposed refers to the total amount of garbage disposed in a simple landfill. The amount of garbage innocuous disposed refers to the total amount of garbage handled by the garbage innocuous treatment sites (or plants).

【Area of Urban Greenbelt】 refers to the total area occupied for green projects at the end of the reference period, including park green land, production green land, protection green land, green land attached to institutions, and other greenbelt.

【Park Green Areas】 refers to green areas open to the public for amusement and rest with the facilities of amusement, rest and services, Its function includes perfecting ecology, beautifying landscape, and preventing and reducing disaster. It is an important component of urban construction sites, urban green area system and public facilities in urban districts.

第十篇 CHAPTER 10

农业
AGRICULTURE

简要说明

Brief Introduction

第十篇　农　业

一、本篇资料反映广州市农业生产和农村社会经济的基本情况。

二、本篇资料由广州市统计局农村统计处整理提供。

三、本篇资料中农村经济收益分配表由广州市农业局提供。

四、本篇资料主要来源于广州市农村统计报表制度。农村统计报表制度的统计范围包括各区的各种经济类型的全部农林牧渔业生产单位。

10 Agriculture

I. The data in this chapter show the basic conditions of agricultural production and rural economy in Guangzhou.

II. The data in this chapter are prepared and provided by the Division of Rural Statistics of Guangzhou Municipal Bureau of Statistics.

III. The data on rural economic income distribution are provided by Guangzhou Agriculture Bureau.

IV. The data in this chapter mainly come from the statistical reporting summary tables on rural area of Guangzhou Municipality. The statistical coverage of the statistical reporting summary scheme includes all the productive units of farming, forestry, animal husbandry and fishery and those related nonagricultural affiliated units with various ownership in every district in Guangzhou Municipality.

10-1 农业主要指标

Major Indicators of Agriculture

项　　目	Item	2016	2017
乡镇户数 (户)	Number of Rural Households (household)	1615460	1710782
乡镇人口 (人)	Rural Population (person)	5486608	5714997
乡镇从业人员 (人)	Number of Rural Employed Persons (person)	3405798	3480836
农、林、牧、渔业从业人员 (人)	Number of Rural Employed Persons in Agriculture, Forestry, Animal Husbandry and Fishery (person)	647604	650520
常用耕地面积 (公顷)	Area of Cultivated Land (hectare)	95188	92108
有效灌溉面积 (公顷)	Irrigated Area (hectare)	78752	75783
农业机械总动力 (万瓦)	Total Power of Agricultural Machinery (10000 w)	162306	137101
化肥施用量(折纯) (吨)	Consumption of Chemical Fertilizers (100 percent effective content equivalent) (ton)	114157	112143
农药使用量 (吨)	Consumption of Pesticides (ton)	3341	3400
农村用电量 (万千瓦·时)	Electricity Consumed in Rural Area (10000 kwh)	1889945	1525106
农、林、牧、渔业总产值 (万元)	Gross Output Value of Agriculture, Forestry, Animal Husbandry and Fishery (10000 yuan)	4366530	4329167
农、林、牧、渔业增加值 (万元)	Value-added of Agriculture, Forestry, Animal Husbandry and Fishery (10000 yuan)	2597126	2584211
农、林、牧、渔业商品产值率(%)	Rate of Commodity Output Value of Agriculture, Forestry, Animal Husbandry and Fishery (%)	92.86	95.9
主要农产品产量	Output of Major Agricultural Products		
粮　食 (吨)	Grain (ton)	436500	273403
花　生 (吨)	Peanuts (ton)	18828	16918
蔬　菜 (吨)	Vegetables (ton)	3740161	3837712
园林水果 (吨)	Fruits (ton)	494768	528079
肉　类 (吨)	Meat (ton)	218285	192216
水产品 (吨)	Aquatic Products (ton)	482515	471568
农业产业化生产单位 (个)	Number of Township Enterprises (unit)	1072	1101
都市农业从业人员 (万人)	Employed Persons in Urban Agriculture (10000 person)	215	221
都市农业总收入 (万元)	Total Income of Urban Agriculture (10000 yuan)	19031687	19538064
农村居民人均可支配收入 (元)	Per Capita Disposable Income of Rural Residents (yuan)	21449	23484

注：自2014年起广州实施城乡一体化分市县住户调查制度，农村家庭居民收入数据以新口径公布，"人均可支配收入"指标代替"人均纯收入"指标，不再公布"人均纯收入"数据。

Note: Guangzhou started an integrated household income and expenditure survey in 2014 and the income of rural households is published with new statistical standard. The "Per Capita Net Income" is no longer used and the "Per Capita Disposable Income" takes the place of it.

10-2 主要年份年末耕地面积

Area of Cultivated Land at Year-end in Main Years

单位：公顷 (hectare)

年 份 Year	常用耕地面积 Area of Cultivated Land	水(旱)田 Paddy Fields	旱 地 Dry Fields	平均每个农业人口拥有耕地 Cultivated Area Per Rural Person	平均每个农业从业人员拥有耕地 Cultivated Area Per Rural Employee
1978	249479	221451	28028	0.09	0.21
1980	248260	220258	28002	0.11	0.23
1985	234171	207431	26740	0.09	0.24
1990	221138	196266	24872	0.09	0.24
1995	177892	158849	19043	0.07	0.20
1996	172179	153332	18847	0.07	0.19
1997	169700	151631	18069	0.07	0.19
1998	168491	150843	17648	0.07	0.19
1999	164816	147455	17361	0.07	0.19
2000	159115	142220	16895	0.05	0.17
2001	154941	137628	17313	0.05	0.17
2002	146311	128888	17423	0.05	0.16
2003	134934	115565	19369	0.06	0.15
2004	131954	116943	15011	0.06	0.16
2005	130094	111700	18394	0.06	0.15
2006	106579	88971	17608	0.05	0.13
2007	104500	84747	19753	0.05	0.13
2008	102155	85064	17091	0.04	0.13
2009	100784	84992	15792	0.03	0.13
2010	100647	87516	13131	0.03	0.13
2011	99552	85267	14285	0.03	0.15
2012	99086	85522	13564	0.03	0.15
2013	98148	84495	13653	0.03	0.14
2014	96398	82719	13679	0.03	0.15
2015	95411	81742	13669	0.03	0.15
2016	95188	80820	14368	0.03	0.15
2017	92108	77907	14201	0.03	0.14

注：2002年及以前年份的常用耕地面积数按国家新口径进行了换算。

Note: The data of the area of cultivated land in 2002 and before have been converted to the new statistical standard.

10-3 耕地面积及变动情况（2017年）

Statistics on Area of Cultivated Land and Its Changes (2017)

单位：公顷 (hectare)

项　目	Item	全市 Total	荔湾区 Liwan	海珠区 Haizhu	天河区 Tianhe	白云区 Baiyun	黄埔区 Huangpu
年初耕地总资源	Total Resources of Cultivated Land at Year-beginning	96690	616	159	274	9392	2315
年末耕地总资源	Total Resources of Cultivated Land at Year-end	94063	615	159	200	9217	2286
# 常用耕地面积	Area of Cultivated Land	92108	615	157	199	9138	2020
# 水　田	Paddy Fields	77907	52		135	7596	1423
当年增加耕地面积	Area of Increased Cultivated Land in Current Year	323					104
# 园地改为耕地	Area of Cultivated Land Adapted from Garden Land	85					2
当年减少耕地面积	Area of Decreased Cultivated Land in Current Year	2950	1		74	175	133
# 国家基建占用	Occupied by Capital Construction	1314				167	117
其他基建占用	Occupied by Other Construction	1255	1		74		
粮食占用耕地面积	Area of Cultivated Land Occupied by Grain	25784				287	920
蔬菜占用耕地面积	Area of Cultivated Land Occupied by Vegetables	24394	42	112	147	5413	711

10-3 续表 continued

单位：公顷 (hectare)

项　目	Item	番禺区 Panyu	花都区 Huadu	南沙区 Nansha	从化区 Conghua	增城区 Zengcheng
年初耕地总资源	Total Resources of Cultivated Land at Year-beginning	7297	11215	18124	20642	26656
年末耕地总资源	Total Resources of Cultivated Land at Year-end	6529	10593	17419	20640	26405
# 常用耕地面积	Area of Cultivated Land	6383	10472	16627	20195	26302
# 水　田	Paddy Fields	4746	9349	16383	16924	21299
当年增加耕地面积	Area of Increased Cultivated Land in Current Year	24	3	135		57
# 园地改为耕地	Area of Cultivated Land Adapted from Garden Land	3	3	20		57
当年减少耕地面积	Area of Decreased Cultivated Land in Current Year	792	625	840	2	308
# 国家基建占用	Occupied by Capital Construction	221	77	730	2	
其他基建占用	Occupied by Other Construction	497	510	14		159
粮食占用耕地面积	Area of Cultivated Land Occupied by Grain	569	2326	1163	11414	9105
蔬菜占用耕地面积	Area of Cultivated Land Occupied by Vegetables	1348	3003	3244	2500	7874

10-4 农村基层基本情况（2017年）

项　目	Item	全　市 Total
农村基层组织 （个）	Rural Grassroots Units (unit)	
镇政府	Number of Town Governments	35
村(居)民委员会	Number of Villagers' Committees	1246
农村人口状况	Statistics on Rural Population	
乡镇户数 （户）	Number of Rural Households (household)	1710782
乡镇人口 （人）	Rural Population (person)	5714997
农村社会基础设施 （个）	Number of Rural Infrastructure (unit)	
自来水受益村	Number of Villages Benefiting from Tap Water	1245
通有线电视村	Number of Villages Available for Cable Television	1244
通宽带村	Number of Villages Available for Broadband Internet	1244
农村劳动力资源总数 （人）	Total Number of Rural Labor Force (person)	3906244
#本地劳动力	Local Labor Force	2016089
#劳动年龄内的人口数	Number of Population within Labor Age	3806933
农村从业人员合计 （人）	Total Number of Rural Employed Persons (person)	3480836
#劳动年龄内	Within Labor Age	
农、林、牧、渔业从业人员	Number of Rural Employed Persons in Agriculture, Forestry, Animal Husbandry and Fishery	620657
农业	Agriculture	518269
林业	Forestry	6879
畜牧业	Animal Husbandry	30593
渔业	Fishery	42797
农、林、牧、渔服务业	Service Industry for Agriculture	22119
工　业	Industry	1604887
建筑业	Construction	231585
批发和零售业	Wholesale and Retail Trade	271738
交通运输、仓储和邮电业	Transport, Storage and Post	143722
住宿和餐饮业	Hotels and Catering Services	221919
信息传输、软件和信息技术服务业	Information Transmission, Software and Information Technology Services	85216
其他行业	Others	301112

Basic Statistics on Rural Grassroots Units (2017)

白云区 Baiyun	黄埔区 Huangpu	番禺区 Panyu	花都区 Huadu	南沙区 Nansha	从化区 Conghua	增城区 Zengcheng
4	1	6	6	6	5	7
137	31	194	202	140	234	308
203155	25567	529402	238087	268043	138334	308194
846192	111742	1563686	931777	711352	534634	1015614
136	31	194	202	140	234	308
136	31	194	202	140	233	308
136	31	194	202	140	233	308
561205	70440	1125612	629733	507999	339888	671367
282062	56168	343820	308597	231390	306805	487247
544061	68366	1108716	621157	497858	315228	651547
498463	67868	991311	587028	470000	288738	577428
73597	22170	51929	99492	84566	126636	162267
66468	17006	37807	88085	72637	106028	130238
185	1456	99	794	473	2183	1689
1605	1082	2426	2557	699	10572	11652
3426	1433	10511	6902	8335	3283	8907
1913	1193	1086	1154	2422	4570	9781
223589	17692	489972	346162	233217	77780	216475
31314	6661	71098	29747	34119	20647	37999
38693	4708	119072	34362	29749	13891	31263
22693	2697	47586	22122	19676	8849	20099
31457	4555	86745	25117	25138	19698	29209
13426	1381	41633	6832	8480	5325	8139
63694	8004	83276	23194	35055	15912	71977

10-5 农林牧渔业生产经营户及从业人员情况(2017年)

项　　目	Item
从事农、林、牧、渔业生产经营户(户)	Number of Households Engaging in Agriculture, Forestry, Animal Husbandry and Fishery (household)
农、林、牧、渔业从业人员数（人）	Number of Rural Employed Persons in Agriculture, Forestry, Animal Husbandry and Fishery (person)
农业	Agriculture
林业	Forestry
畜牧业	Animal Husbandry
渔业	Fishery
农、林、牧、渔服务业	Service Industry for Agriculture

10-5 续表

项　　目	Item
从事农、林、牧、渔业生产经营户(户)	Number of Households Engaging in Agriculture, Forestry, Animal Husbandry and Fishery (household)
农、林、牧、渔业从业人员数（人）	Number of Rural Employed Persons in Agriculture, Forestry, Animal Husbandry and Fishery (person)
农业	Agriculture
林业	Forestry
畜牧业	Animal Husbandry
渔业	Fishery
农、林、牧、渔服务业	Service Industry for Agriculture

Number of Households and Laborers Engaging in Agriculture, Forestry, Animal Husbandry and Fishery (2017)

全 市 Total	荔湾区 Liwan	海珠区 Haizhu	天河区 Tianhe	白云区 Baiyun	黄埔区 Huangpu
411259	2857	1967	568	39097	19457
650520	7005	2604	1334	78044	33815
543733	6743	2604	1149	70631	27291
7361			34	185	1851
31420			8	1605	1194
45413	246		28	3517	2233
22593	16		115	2106	1246

continued

番禺区 Panyu	花都区 Huadu	南沙区 Nansha	从化区 Conghua	增城区 Zengcheng
21811	69592	46672	103735	105503
51929	99492	87117	126913	162267
37807	88085	72911	106274	130238
99	794	518	2191	1689
2426	2557	1401	10577	11652
10511	6902	9776	3293	8907
1086	1154	2511	4578	9781

10-6 主要年份农林牧渔业总产值

Gross Output Value of Agriculture, Forestry, Animal Husbandry and Fishery in Main Years

单位：万元 (10000 yuan)

年 份 Year	合 计 Total	农业 Agriculture	林业 Forestry	畜牧业 Animal Husbandry	渔业 Fishery
1978	79940	62212	1367	11018	3551
1980	89465	69534	2316	11730	3650
1985	180163	117429	2312	43583	9530
1986	207553	133272	2921	48420	12630
1987	259437	171381	3534	58134	15286
1988	374875	235199	4210	100127	22571
1989	410575	258918	5325	105375	25131
1990	439322	280156	5011	110313	28142
1991	489080	311918	4809	124979	32183
1992	590289	359850	8004	165373	42635
1993	773560	415462	9442	220827	108282
1994	1034215	562429	8198	315842	125140
1995	1268076	673678	10672	369589	185396
1996	1429078	701636	11152	429758	247883
1997	1508110	748281	12706	449656	254502
1998	1540244	770438	12643	439267	265520
1999	1600738	818349	12683	433928	280155
2000	1630468	823477	13224	430589	296503
2001	1670518	878086	13344	406407	304442
2002	1750598	942935	11577	404566	321379
2003	1806678	978410	12823	388590	332774
2004	2014423	1055554	36602	401247	358246
2005	2208105	1126688	38424	477025	376560
2006	2178394	1140576	18192	421336	406265
2007	2544675	1349965	18284	519306	432804
2008	2913008	1445324	19898	639605	526876
2009	2956200	1500816	21683	612002	536132
2010	3221258	1662415	26613	641581	583252
2011	3506065	1783512	34286	721893	627707
2012	3667902	1872361	32169	766839	637314
2013	3899763	2027062	39615	758607	677539
2014	3983015	2141475	40369	648663	732958
2015	4134562	2260493	42178	618008	751349
2016	4366530	2407531	38691	657981	767014
2017	4329167	2401771	36563	565886	794899

10-7 主要年份农林牧渔业总产值指数

Indices of Gross Output Value of Agriculture, Forestry, Animal Husbandry and Fishery in Main Years

上年=100 (preceding year=100)

年 份 Year	合 计 Total	农业 Agriculture	林业 Forestry	畜牧业 Animal Husbandry	渔业 Fishery
1978	103.2	101.5	124.9	113.4	102.4
1980	108.2	107.1	230.1	98.1	127.9
1985	108.1	103.8	110.8	125.1	112.9
1986	105.2	101.9	113.1	110.4	113.0
1987	104.4	104.8	120.6	103.0	103.2
1988	105.7	101.0	86.2	120.1	114.6
1989	101.4	100.5	138.3	98.7	101.2
1990	106.3	106.1	62.3	109.3	109.5
1991	111.1	111.8	98.5	113.0	106.3
1992	114.0	109.4	182.1	123.3	121.7
1993	99.1	81.2	75.2	119.3	160.8
1994	117.4	118.6	83.9	114.8	122.3
1995	109.3	106.0	106.1	104.5	126.9
1996	106.6	97.1	107.2	106.9	128.0
1997	106.6	107.4	97.5	105.3	106.3
1998	104.6	100.1	97.2	103.7	112.1
1999	109.5	118.0	110.5	99.9	106.3
2000	102.0	98.9	108.4	101.8	104.8
2001	101.6	103.6	92.9	95.2	107.1
2002	109.1	123.5	96.1	97.4	101.7
2003	100.7	94.5	75.4	98.5	108.5
2004	105.1	112.6	120.5	97.5	101.9
2005	104.1	102.3	103.7	108.4	101.2
2006	98.1	100.7	47.1	87.9	107.3
2007	103.1	102.2	90.2	103.1	101.3
2008	103.4	97.3	104.0	110.0	109.1
2009	103.9	103.0	109.0	104.9	105.2
2010	103.1	103.3	96.6	102.1	102.9
2011	102.6	103.6	122.0	98.3	102.5
2012	102.8	103.5	93.1	100.3	104.4
2013	102.9	102.4	120.7	98.2	106.5
2014	100.1	104.7	98.0	84.0	102.4
2015	102.2	103.8	104.2	91.8	103.1
2016	100.7	101.1	100.4	96.1	101.1
2017	100.7	102.6	94.3	91.1	99.9

注：农林牧渔业总产值指数按可比价计算。

Note: The indices of gross output value of farming, forestry, animal husbandry and fishery are calculated by constant price.

10-8 农林牧渔业总产值、增加值和商品产值（2017年）

单位:万元

项　目	Item	全市 Total
农、林、牧、渔业总产值(当年价格)	**Gross Output Value of Agriculture, Forestry, Animal Husbandry and Fishery (at current prices)**	**4329167**
农业	Agriculture	2401771
林业	Forestry	36563
畜牧业	Animal Husbandry	565886
渔业	Fishery	794899
农、林、牧、渔服务业	Service Industry for Agriculture	530048
农、林、牧、渔业总产值构成　(%)	**Composition of Gross Output Value of Agriculture, Forestry, Animal Husbandry and Fishery (%)**	**100.00**
农业	Agriculture	55.48
林业	Forestry	0.85
畜牧业	Animal Husbandry	13.07
渔业	Fishery	18.36
农、林、牧、渔服务业	Service Industry for Agriculture	12.24
农、林、牧、渔业增加值	**Value-added of Agriculture, Forestry, Animal Husbandry and Fishery**	**2584211**
农业	Agriculture	1660344
林业	Forestry	25177
畜牧业	Animal Husbandry	230768
渔业	Fishery	449277
农、林、牧、渔服务业	Service Industry for Agriculture	218645
农、林、牧、渔业增加值构成　(%)	**Composition of Value-added of Agriculture, Forestry, Animal Husbandry and Fishery (%)**	**100.00**
农业	Agriculture	64.25
林业	Forestry	0.97
畜牧业	Animal Husbandry	8.93
渔业	Fishery	17.39
农、林、牧、渔服务业	Service Industry for Agriculture	8.46
农、林、牧、渔业商品产值	**Commodity Output Value of Agriculture, Forestry, Animal Husbandry and Fishery**	**4150418**
农业	Agriculture	2328931
林业	Forestry	36517
畜牧业	Animal Husbandry	553428
渔业	Fishery	701494
农、林、牧、渔服务业	Service Industry for Agriculture	530048
农、林、牧、渔业商品率　(%)	**Rate of Commodity Output Value of Agriculture, Forestry, Animal Husbandry and Fishery (%)**	**95.87**
农业	Agriculture	96.97
林业	Forestry	99.88
畜牧业	Animal Husbandry	97.80
渔业	Fishery	88.25
农、林、牧、渔服务业	Service Industry for Agriculture	100.00

Gross Output Value, Value-added and Commodity Output Value of Agriculture, Forestry, Animal Husbandry and Fishery (2017)

(10000 yuan)

荔湾区 Liwan	海珠区 Haizhu	天河区 Tianhe	白云区 Baiyun	黄埔区 Huangpu	番禺区 Panyu	花都区 Huadu	南沙区 Nansha	从化区 Conghua	增城区 Zengcheng
79101	**15260**	**49699**	**640401**	**137499**	**505921**	**647145**	**863187**	**474856**	**916098**
69210	7540	5216	393793	54651	165600	406359	461299	284801	553302
		26	888	2353	129	1559		13611	17997
			111278	46814	45903	98884	63329	97443	102235
5776	7168	316	34584	7512	263502	73151	327765	8834	66291
4115	552	44141	99858	26169	30787	67192	10794	70167	176273
100.00	**100.00**	**100.00**	**100.00**	**100.00**	**100.00**	**100.00**	**100.00**	**100.00**	**100.00**
87.50	49.41	10.50	61.49	39.75	32.73	62.79	53.44	59.97	60.40
		0.05	0.14	1.71	0.03	0.24		2.87	1.96
			17.38	34.05	9.07	15.28	7.34	20.52	11.16
7.30	46.97	0.64	5.40	5.46	52.08	11.31	37.97	1.86	7.24
5.20	3.62	88.81	15.59	19.03	6.09	10.38	1.25	14.78	19.24
52807	**9839**	**22040**	**378988**	**73532**	**294918**	**390971**	**534424**	**279930**	**546762**
47845	5263	3557	272229	37780	114479	280916	318894	196883	382498
		255	612	1620	89	836		9373	12392
			45379	19091	18719	40325	25825	39737	41692
3265	4331	180	19577	4246	148931	41035	185252	4993	37467
1697	245	18048	41191	10795	12700	27859	4453	28944	72713
100.00	**100.00**	**100.00**	**100.00**	**100.00**	**100.00**	**100.00**	**100.00**	**100.00**	**100.00**
90.61	53.49	16.14	71.83	51.38	38.82	71.85	59.67	70.33	69.96
		1.15	0.16	2.21	0.03	0.21		3.35	2.27
			11.97	25.96	6.35	10.31	4.83	14.20	7.62
6.18	44.02	0.82	5.17	5.77	50.50	10.49	34.66	1.78	6.85
3.21	2.49	81.89	10.87	14.68	4.30	7.14	0.84	10.34	13.30
78761	**16219**	**49699**	**623805**	**132018**	**505919**	**647135**	**724778**	**474593**	**897491**
68870	7541	5216	378932	50025	165600	406350	411795	284801	549801
		25	874	2190	129	1560		13611	18128
			110451	46031	45901	98882	59352	97441	95370
5776	8126	317	33690	7603	263502	73151	242837	8573	57919
4115	552	44141	99858	26169	30787	67192	10794	70167	176273
99.57	**106.28**	**100.00**	**97.41**	**96.01**	**100.00**	**100.00**	**83.97**	**99.94**	**100.00**
99.51	100.00	100.00	96.23	91.54	100.00	100.00	89.27	100.00	100.00
		100.00	98.43	93.05	100.04	100.00		100.00	100.00
			99.26	98.33	99.99	100.00	93.72	100.00	100.00
100.00	113.38	100.00	97.42	101.20	100.00	100.00	74.09	97.05	100.00
100.00	100.00	100.00	100.00	100.00	100.00	100.00	100.00	100.00	100.00

10-9 按历史时期分农林牧渔业总产值

Gross Output Value of Agriculture, Forestry, Animal Husbandry and Fishery by History Period

时　期	Period	合　计 Total	农业 Agriculture	林业 Forestry	畜牧业 Animal Husbandry	渔业 Fishery
按现行价格计算(万元)	**Current Price　(10000 yuan)**					
“六五”时期	6th Five-year Plan Period	658543	455112	8949	135454	34854
“七五”时期	7th Five-year Plan Period	1691762	1078926	21001	422369	103760
“八五”时期	8th Five-year Plan Period	4155220	2323337	41125	1196610	493636
“九五”时期	9th Five-year Plan Period	7708638	3862181	62408	2183198	1344563
“十五”时期	10th Five-year Plan Period	9450322	4981673	112770	2077835	1693401
“十一五”时期	11th Five-year Plan Period	13813535	7099096	104670	2833830	2485329
“十二五”时期	12th Five-year Plan Period	19191307	10084903	188617	3514011	3426867
1979-2017	1979-2017	65536242	34828246	618111	13610710	11150829
1991-2017	1991-2017	63014719	33160491	584844	13029351	11005710
2001-2017	2001-2017	51150861	26974973	481311	9649543	9167511
平均增长速度　(%)	**Average Speed of Growth (%)**					
“六五”时期	6th Five-year Plan Period	6.2	3.3	-5.8	17.9	15.5
“七五”时期	7th Five-year Plan Period	4.6	2.8	0.3	8.1	8.2
“八五”时期	8th Five-year Plan Period	10.0	4.6	3.7	14.8	26.4
“九五”时期	9th Five-year Plan Period	5.9	4.0	4.0	3.5	11.2
“十五”时期	10th Five-year Plan Period	5.8	7.8	-3.2	1.2	4.8
“十一五”时期	11th Five-year Plan Period	2.3	1.3	-14.2	1.3	5.1
“十二五”时期	12th Five-year Plan Period	2.1	3.6	6.9	-5.7	3.8
1979-2017	1979-2017	4.9	3.7	-0.1	4.5	9.3
1991-2017	1991-2017	4.6	3.9	-1.0	1.7	9.1
2001-2017	2001-2017	2.8	3.6	-3.8	-2.3	3.9

10-10 渔业生产情况（2017年）

Statistics on Fishery Production (2017)

项　　目	Item	全　市 Total	荔湾区 Liwan	海珠区 Haizhu	天河区 Tianhe	白云区 Baiyun	黄埔区 Huangpu
水产品养殖总面积（公顷）	**Total Cultured Area of Aquatic Products (hectare)**	**27034**	**30**		**28**	**2436**	**668**
#淡水养殖	Freshwater Artificially Cultured	22501	30		28	2436	668
#鱼　塘	Fish Pond	20591			28	2380	616
水产品总产量（吨）	**Total Aquatic Products (ton)**	**471568**	**2378**	**2274**	**295**	**37076**	**7305**
按作业分	Grouped by Production						
海洋捕捞	Marine Fishing	17543		2170			183
海水养殖	Mariculture	81016	1528				
淡水捕捞	Freshwater Fishing	33591		104			
淡水养殖	Freshwater Aquaculture	339418	850		295	37076	7122
按种类分	Grouped by Species						
鱼　类	Fish	418563	1528	2209	295	36779	7265
甲壳类	Shrimps, Prawns and Crabs	21257		65			29
贝　类	Shell-fish	27289					11
其他水产类	Other Aquatic Products	4459	850			297	

10-10 续表 continued

项　　目	Item	番禺区 Panyu	花都区 Huadu	南沙区 Nansha	从化区 Conghua	增城区 Zengcheng
水产品养殖总面积（公顷）	**Total Cultured Area of Aquatic Products (hectare)**	**4208**	**5560**	**8003**	**1642**	**4459**
#淡水养殖	Freshwater Artificially Cultured	2511	5560	5167	1642	4459
#鱼　塘	Fish Pond	2347	5345	5110	949	3816
水产品总产量(吨)	**Total Aquatic Products (ton)**	**150102**	**67316**	**136561**	**9132**	**59129**
按作业分	Grouped by Production					
海洋捕捞	Marine Fishing	13597		1250		343
海水养殖	Mariculture	37181		42307		
淡水捕捞	Freshwater Fishing	27828	93	3800		1766
淡水养殖	Freshwater Aquaculture	71496	67223	89204	9132	57020
按种类分	Grouped by Species					
鱼　类	Fish	118038	67292	119339	9067	56751
甲壳类	Shrimps, Prawns and Crabs	5376	24	15533		230
贝　类	Shell-fish	26449		130		699
其他水产类	Other Aquatic Products	239		1559	65	1449

10-11 畜牧业生产情况（2017年）

项　　目		Item		全　市 Total
年末牛存栏量	(头)	Number of Farm Cattle on Hand at Year-end	(head)	17543
役用牛		Draft Cattle		791
肉用牛		Beef Cattle		4048
奶　牛		Cow		12704
牛奶产量	(吨)	Output of Milk	(ton)	41479
牛出栏量	(头)	Number of Slaughtered Cattle	(head)	6585
牛肉产量	(吨)	Output of Beef	(ton)	860
生猪饲养量	(头)	Total Number of Hogs Raised	(head)	1251095
年末生猪存栏量	(头)	Number of Hogs on Hand at Year-end	(head)	389569
# 能繁殖的母猪		Female Hogs		41766
生猪出栏量	(头)	Number of Slaughtered Fattened Hogs	(head)	861526
猪肉产量	(吨)	Output of Pork	(ton)	64537
年末羊存栏量	(头)	Number of Sheep and Goats on Hand at Year-end	(head)	12284
羊出栏量	(头)	Number of Slaughtered Sheep and Goats	(head)	17911
羊肉产量	(吨)	Output of Mutton	(ton)	316
年末兔存栏量	(只)	Number of Rabbits on Hand at Year-end	(unit)	13182
兔出栏量	(只)	Number of Slaughtered Rabbits	(unit)	58658
兔肉产量	(吨)	Output of Rabbit Meat	(ton)	123
年末家禽存栏量	(万只)	Number of Poultry on Hand at Year-end	(10000 units)	2799
# 三　鸟		Chickens, Ducks and Gooses		2092
# 鸡		Chickens		1453
家禽出栏量	(万只)	Number of Slaughtered Poultry	(10000 units)	9999
# 三　鸟		Chickens, Ducks and Gooses		7160
# 鸡		Chickens		4647
禽肉产量	(吨)	Output of Poultry Meat	(ton)	125783
禽蛋产量	(吨)	Output of Poultry Eggs	(ton)	31573
肉类总产量	(吨)	Output of Meat	(ton)	192216
蜂蜜产量	(吨)	Output of Honey	(ton)	1121

Statistics on Animal Husbandry Production (2017)

白云区 Baiyun	黄埔区 Huangpu	番禺区 Panyu	花都区 Huadu	南沙区 Nansha	从化区 Conghua	增城区 Zengcheng
1418	954	980	168	1395	4694	7934
50	255	97	72	119	198	
	76	34	19		206	3713
1368	623	849	77	1276	4290	4221
4330	3040	2364	437	6603	17100	7605
174	86	176	27	509	1053	4560
22	11	23	3	66	138	597
114349	238663	5548	291977	203790	366492	30276
30417	69132	1663	83089	55360	140943	8965
3547	7421		9196	4316	17091	195
83932	169531	3885	208888	148430	225549	21311
6288	12700	291	15648	11119	16896	1595
700	420	31	1311	315	1941	7566
700	1205	41	3893	410	3269	8393
12	21	2	69	7	57	148
117		350	4715		7500	500
78		530	8280		47770	2000
		3			115	5
481	153	211	389	114	353	1098
474	90	199	337	110	298	584
391	87	56	165	38	272	444
2786	479	776	1415	756	893	2894
2186	280	743	1312	751	709	1179
1860	274	154	672	141	585	961
32352	4025	18677	22630	14442	10330	23327
1408	1624	4629	1975	294	12256	9387
38683	16757	18995	38548	25646	27737	25850
105		14			503	499

10-12 农村电力、化肥用量和农田水利建设情况（2017年）

项　　目	Item	全　市 Total
农村电气化	**Rural Electrification**	
农村用电量（万千瓦·时）	Electricity Consumed in Rural Areas (10000 kilowatt/hour)	1525106
农村小水电站个数（个）	Number of Small Hydropower Stations in Rural Areas (unit)	141
农村小水电站装机容量（千瓦）	Installed Capacity of Small Hydropower Stations in Rural Areas (kilowatt)	135247
农村小水电站发电量(万千瓦·时)	Generated Energy of Small Hydropower Stations in Rural Areas (10000 kilowatts/hour)	27344
农村化学化	**Rural Chemicalizing**	
化肥施用量（实物量、吨）	Consumption of Chemical Fertilizers (gross weight) (ton)	303831
化肥施用量（折纯量、吨）	Consumption of Chemical Fertilizers (effective weight) (ton)	112143
农用薄膜使用量（吨）	Consumption of Plastic Film in Agriculture (ton)	2759
农药施用量（吨）	Consumption of Agricultural Pesticide (ton)	3400
农用柴油使用量（吨）	Consumption of Diesel Oil in Agriculture (ton)	30565
农田水利建设	**Construction of Water Conservancy Works**	
有效灌溉面积（公顷）	Irrigated Area (hectare)	75783
有效灌溉面积占耕地比重 (%)	As Percentage of Total Cultivated Land (%)	82.28
旱涝保收面积（公顷）	Drought and Flooded Area under Control and Ensuring Stable Yields (hectare)	65514
旱涝保收面积占耕地比重 (%)	As Percentage of Total Cultivated Land (%)	71.13
机电排灌面积（公顷）	Area with Motorized Drainage and Irrigation Facilities (hectare)	48676
机电排灌面积占耕地比重 (%)	As Percentage of Total Cultivated Land (%)	52.85

Statistics on Electricity, Chemical Fertilizer Consumption and Construction of Water Conservancy Works in Rural Areas (2017)

荔湾区 Liwan	海珠区 Haizhu	天河区 Tianhe	白云区 Baiyun	黄埔区 Huangpu	番禺区 Panyu	花都区 Huadu	南沙区 Nansha	从化区 Conghua	增城区 Zengcheng
25775	48739	23890	263848	131812	423288	227633	299267	23215	57639
			1	3		17		105	15
			2000	1110		6510		98357	27270
				68				19599	7677
410	987	452	37195	12266	12781	43571	113229	33160	49780
150	334	151	15582	4320	4655	16138	40726	11647	18440
225	5	3	100	51	260	548	587	300	680
3	10	1	421	398	337	256	589	672	713
	1526	10	980	151	1648		9000	12413	4837
247	153	199	7428	2020	4459	10253	16627	16848	17549
40.18	98.00	100.00	81.29	100.00	69.86	97.91	100.00	83.42	66.71
247	153	199	7407	2020	3618	9941	16501	11227	14201
40.18	98.00	100.00	81.05	100.00	56.69	94.93	99.25	55.59	53.99
186	153	199	6013	1849	3618	6995	14609	3188	11866
30.20	98.00	100.00	65.80	91.50	56.69	66.80	87.86	15.79	45.12

10-13 农业机械总动力和拥有量（2017年）

项目		Item		全市 Total
农业机械总动力	**（千瓦）**	**Total Power of Agricultural Machinery**	**(kilowatt)**	**1371013**
其中：柴油发动机动力		Power of Diesel Engines		694307
汽油发动机动力		Power of Gasoline Engines		208601
电动机动力		Power of Electric Motors		458450
主要农业机械拥有量		**Possession of Major Agricultural Machinery**		
大中型拖拉机	（台）	Number of Large and Medium Tractors	(unit)	328
小型拖拉机	（台）	Number of Mini-Tractors	(unit)	2917
大中型拖拉机配套农具	（台）	Number of Large and Medium Tractor Accessory Farm Machinery	(unit)	760
小型拖拉机配套农具	（台）	Number of Mini-Tractor Towing Farm Machinery	(unit)	5210
农用排灌柴油机	（台）	Diesel Engines for Agricultural Use	(unit)	29834
农用排灌电动机	（台）	Electric Motors for Agricultural Use	(unit)	17979
农用水泵	（台）	Water Pumps for Agricultural Use	(unit)	37104
节水灌溉机械	（套）	Irrigation Machinery of Saving Water	(set)	26728
联合收割机	（台）	Combine Harvesters	(unit)	193
机动脱粒机	（台）	Motorized Threshers	(unit)	14179
渔用机动船	（艘）	Motorized Fishing Boats	(unit)	2139

Total Power and Possession of Major Agricultural Machinery (2017)

荔湾区 Liwan	海珠区 Haizhu	天河区 Tianhe	白云区 Baiyun	黄埔区 Huangpu	番禺区 Panyu	花都区 Huadu	南沙区 Nansha	从化区 Conghua	增城区 Zengcheng
1180	**17723**	**1569**	**80594**	**22152**	**188087**	**183058**	**495000**	**162150**	**219500**
	15716	1115	15456	18047	94021	91132	283000	113420	62400
	1132		33060	1184	15098	25003	75000	13124	45000
1180	875	454	32078	2921	78968	59268	135000	35606	112100
			14	13	29	22	50	66	134
			60	10	411	398	280	1024	734
			14	19	30	21	330	146	200
			60	10	412	591	120	1794	2223
	39	64	620	490	3096	3151	18500	2349	1525
		101	876	175	4696	2044	7500	312	2275
	38		3137	543	7964		18000	3612	3810
			419		2939	395	21000	1960	15
			1	4	3	12	38	84	51
			175		42	667		5035	8260
	125		74	58	948		893	4	37

10-14 主要农作物及水果种植面积和产量（2017年）

项目	Item	全市 Total	荔湾区 Liwan	海珠区 Haizhu
农作物总播种面积（公顷）	**Total Sown Area of Farm Crops (hectare)**	**247284**	**2224**	**639**
粮食作物	Grain Crops	56122		
#稻谷	Rice	37175		
大豆	Soybeans	849		
经济作物	Economic Crops	38877	1958	
#甘蔗	Sugarcane	7268		
花生	Peanuts	6201		
木薯	Cassava	56		
花卉	Flowers	21890	1958	
其他作物	Other Farm Crops	152285	266	639
#蔬菜	Vegetables	151041	266	639
果用瓜	Melon-fruits	430		
园林水果年末面积（公顷）	**Planting Area of Fruits at Year-end (hectare)**	**63906**		**928**
#柑桔橙	Citrus	3210		
香(大)蕉	Bananas and Plantains	5319		20
荔枝	Lychees	30483		30
龙眼	Longans	7911		322
主要农作物产量（吨）	**Yield of Major Farm Crops (ton)**			
粮食作物	Grain Crops	273403		
#稻谷	Rice	192706		
大豆	Soybeans	2772		
经济作物	Economic Crops			
#甘蔗	Sugarcane	890224		
花生	Peanuts	16918		
木薯	Cassava	1063		
花卉（万元）	Flowers (10000 yuan)	501723	67501	14
其他作物	Other Farm Crops			
#蔬菜	Vegetables	3837712	3967	11647
果用瓜	Melon-fruits	11081		
园林水果总产量（吨）	**Gross Output of Fruits (ton)**	**528079**		**6090**
#柑桔橙	Citrus	44567		
香(大)蕉	Bananas and Plantains	193393		869
荔枝	Lychees	49052		278
龙眼	Longans	37842		524

Sown Area and Output of Major Farm Crops and Fruits (2017)

天河区 Tianhe	白云区 Baiyun	黄埔区 Huangpu	番禺区 Panyu	花都区 Huadu	南沙区 Nansha	从化区 Conghua	增城区 Zengcheng
830	**42235**	**7567**	**16930**	**31259**	**33691**	**43071**	**68838**
	697	1898	1383	5895	2707	23202	20340
	62	1482	90	1651	875	20209	12806
	30		49	151	117	276	226
26	1214	1399	7720	6452	9398	5287	5423
	37	24	13	36	6598	80	480
	249	100		559	15	3212	2066
						47	9
26	927	831	7707	4534	2784	1739	1384
804	40324	4270	7827	18912	21586	14582	43075
790	40212	4223	7777	18545	21531	14570	42488
14	112	26	50	31	54	12	131
73	**1676**	**2999**	**597**	**4056**	**5678**	**26366**	**21533**
	48	49		36	68	2058	951
	40	244	212	86	3178	104	1435
26	739	1728	15	2026	928	13444	11547
21	496	636	87	1496	183	2060	2610
	4039	9267	6641	29085	14741	117375	92255
	317	7053	513	9727	4716	103919	66461
	111	1	336	491	561	765	507
	3471	2027	1379	3497	837826	4982	37042
	590	338	1	1563	63	8911	5452
						872	191
	21867	13494	91613	196652	32512	52616	25454
12676	891505	72657	161129	455722	660542	327857	1240010
139	2834	1101	1047	1268	1398	446	2848
262	**6142**	**10911**	**12918**	**20754**	**190340**	**121057**	**159605**
	287	524		110	1405	16640	25601
3	1345	3617	5004	1664	133260	1077	46554
99	1130	2396	63	7850	3362	25374	8500
75	1481	1384	1191	7416	2036	13335	10400

10-15 主要农产品产量与建国以来最高年份比较（2017年）

Output of Major Farm Products in Comparison with that of Peak Year since 1949 (2017)

项 目	Item	2017	建国以来最高年份（不含当年）Peak Year since 1949 (excluding current year)		2017年为建国以来最高年(%) 2017 as Percentage of Peak Year (%)
			年 份 Year	产 量 Output	
农产品总产量 （吨）	**Total Yield of Farm Products (ton)**				
粮 食	Grain	273403	1984	1259928	21.70
#稻 谷	Rice	192706	1984	1242982	15.50
花 生	Peanuts	16918	1982	56397	30.00
糖 蔗	Sugarcane		1985	2395941	
蔬 菜	Vegetables	3837712	2017	3837712	100.00
水 果 （含果用瓜）	Fruits	539160	2004	553819	97.35
单位播种面积产量 （千克/公顷）	**Yield per Unit Sowed Area (kilogram/hectare)**				
粮 食	Grain	4872	2000	5758	84.61
#稻 谷	Rice	5184	2000	5952	87.10
花 生	Peanuts	2728	2017	2728	100.00
蔬 菜	Vegetables	25408	2016	25644	99.08
水 果	Fruits	8263	1992	8420	98.14
禽畜产品产量 （吨）	**Total Output of Poultry and Animal Husbandry Products (ton)**				
肉类总产量	Output of Meat	192216	2000	327702	58.66
#猪 肉	Pork	64537	2010	174778	36.93
牛羊肉	Beef and Mutton	1176	2003	1973	59.60
家禽肉	Poultry Meat	125783	2002	184134	68.31
牛 奶	Milk	41479	2010	61530	67.41
鲜 蛋	Eggs	31573	1994	37321	84.60
水产品总产量 （吨）	**Total Output of Aquatic Products (ton)**				
海水产品	Seawater Aquatic Products	98559	2017	98559	100.00
淡水产品	Freshwater Aquatic Products	373009	2016	400639	93.10

10-16 农牧渔业生产水平

Production Level of Agriculture, Animal Husbandry and Fishery

单位：千克 (kg)

项　　目	Item	2016	2017
平均每个农业户生产	**Average Production per Household**		
粮　食	Grain	1107	665
#稻　谷	Rice	761	469
花　生	Peanuts	48	41
甘　蔗	Sugarcane	2220	2165
蔬　菜	Vegetables	9482	9332
水　果	Fruits	1274	1311
花　卉　（元）	Flowers (yuan)	11031	12200
生　猪　（头）	Hogs (head)	2	2
家　禽　（只）	Poultry (head)	280	243
#鸡	Chickens	144	113
禽　蛋	Eggs of Poultry	64	77
水产品	Aquatic Products	1223	1147
#鱼　类	Fish	1088	1018
平均每个农业从业人员生产	**Average Production per Employed Person Engaging in Farming**		
粮　食	Grain	814	503
#稻　谷	Rice	560	354
花　生	Peanuts	35	31
甘　蔗	Sugarcane	1632	1637
蔬　菜	Vegetables	6971	7058
水　果	Fruits	937	992
花　卉　（元）	Flowers (yuan)	8110	9227
平均每个畜牧业从业人员生产	**Average Production per Employed Person Engaging in Animal Husbandry**		
肉类总产量	Output of Meat	6652	6118
#猪　肉	Pork	2214	2054
牛羊肉	Beef and Mutton	47	37
禽　肉	Meat of Poultry	4369	4003
禽　蛋	Eggs of Poultry	765	1005
平均每个渔业从业人员生产	**Average Production per Employed Person Engaging in Fishery**		
水产品	Aquatic Products	10351	10384
#鱼　类	Fish	9203	9217

10-17 农村经济效益主要指标

Main Indicators of Rural Economic Returns

项　　目	Item	2016	2017
农、林、牧、渔业劳动生产率（元/人）	**Labor Productivity of Agriculture, Forestry, Animal Husbandry and Fishery (yuan/person)**	**40104**	**39725**
农业	Agriculture	31021	30536
林业	Forestry	35396	34203
畜牧业	Animal Husbandry	81771	73446
渔业	Fishery	92999	98931
农村经济净收入分配率 (%)	**Distribution Rate of Rural Economic Net Income (%)**	**100.00**	**100.00**
国家	State	7.93	7.89
集体	Collective	10.75	10.75
个人	Individual	75.39	75.39
其他	Others	5.93	5.97
森林覆盖率 (%)	Rate of Land Covered by Forestry (%)	42.14	42.32
耕地水利化程度 (%)	Rate of Cultivated Land under Irrigation (%)	81.48	80.57
农、林、牧、渔业劳动机械化程度 (%)	Rate of Labor Mechanization of Farming, Forestry, Animal Husbandry and Fishery (%)	9.23	6.32
每百元农村总收入提供国家税收 （元）	Taxes Created by per 100 yuan Rural Income (yuan)	2.15	2.26
每百元费用提供农村净收入 （元）	Net Rural Income Created by per 100 yuan Expenditure (yuan)	30.44	27.90

10-18 都市农业主要指标

Main Economic Indicators of Urban Agriculture

指　　标	Item	2016	2017
都市农业总收入 (万元)	Total Income of Urban Agriculture (10000 yuan)	19031687	19538064
# 农林牧渔业收入 (万元)	Income of Agriculture, Forestry, Animal Husbandry and Fishery (10000 yuan)	4008010	3973773
加工本地农产品总收入 (万元)	Total Income of Processing of Local Agriculture Products(10000 yuan)	9201618	9625150
运输本地农产品总收入 (万元)	Total Income of Transpot of Local Agriculture Products (10000 yuan)	1140721	1275303
批发零售本地农产品总收入 (万元)	Total Income of Wholesale and Retail Trade of Local Agriculture Products (10000 yuan)	4609212	4569839
观光休闲旅游农业企业总收入(万元)	Total Income of Agricultural sightseeing Tourism Enterpises (10000 yuan)	72126	93999
都市农业增加值 (万元)	Value-added of Urban Agriculture (10000 yuan)	7839650	8125751
# 农林牧渔业增加值 (万元)	Value-added of Agriculture, Forestry, Animal Husbandry and Fishery (10000 yuan)	2597100	2584211
加工本地农产品增加值 (万元)	Value-added of Processing of Local Agriculture Products (10000 yuan)	1930029	2175235
运输本地农产品增加值 (万元)	Value-added of Transpot of Local Agriculture Products (10000 yuan)	632644	707283
批发零售本地农产品增加值 (万元)	Value-added of Wholesale and Retail Trade of Local Agriculture Products (10000 yuan)	2673343	2650506
观光休闲旅游农业增加值 (万元)	Value-added of Agricultural Sightseeing Tourism (10000 yuan)	6535	8516
都市农业实现利润 (万元)	Total Profit of Urban Agriculture (10000 yuan)	862605	883658
都市农业实现税金 (万元)	Total Pre-tax Profit of Urban Agriculture (10000 yuan)	340086	317032
种子、种苗销售额 (万元)	Sales value of Seeds and Seedlings (10000 yuan)	82746	108384
观光休闲旅游总收入 (万元)	Total Income of Agricultural Sightseeing Tourism (10000 yuan)	72126	93971
接待观光休闲游客人次 (万人次)	Total Number of Agricultural Sightseeing Tourist (10000 Person-times)	6958	1254
都市农业从业人员 (万人)	Employed Persons in Urban Agriculture (10000 Person)	215	221
都市农业劳动生产率 (元/人)	Urban Agriculture Labor Productivity (yuan/person)	36468	36826
农业产业化规模比重 (%)	Proportion of Industrialization of Agriculture (%)	13.7	16.6
农业产业化企业(组织)幅射能力 (%)	Radiation Ability of Industrialization of Agriculture Enterprises (Organizations) (%)	31.1	36.2
带动本地农户数 (户)	Numbers of Local Farmers Drived by Industrialization of Agriculture Enterprises (unit)	122695	148975
绿色农产品个数 (个)	Numbers of Green Agricultural Products (unit)	155	47
绿色农产品产值 (万元)	Output Value of Green Agricultural Products (10000 yuan)	34006	28981
高新科技农产品个数 (个)	Numbers of High-tech Agricultural Products (unit)	46	45
高新科技农产品产值 (万元)	Output Value of High-tech Agricultural Products (10000 yuan)	156807	106628
农业产业化生产单位 (个)	Industrialization of Agriculture Enterprises (unit)	1072	1101
# 农业龙头企业 (个)	Agriculture Leading Enterprises (unit)	85	92
# 国家级 (个)	National (unit)	8	8
省　级 (个)	Provincial (unit)	22	13
市　级 (个)	Municipal (unit)	55	33
农业生产基地(示范区) (个)	Agricultural Production Bases (Demonstration Area) (unit)	63	55
规模以上农业生产单位 (个)	Agricultural Enterprises above the Designcoted Size (unit)	888	926
农产品交易市场 (个)	Trade Markets of Agricultural Products (unit)	41	40

注：1. 从2011年起“高新科技农产品个数”改用不重复计算的实际生产新产品个数。
2. 从2011年起“高新科技农产品产值”改为按生产新产品口径计算。
3.今年“绿色农产品个数”不含“有机农产品个数”。

Note:I.Since 2011, the number of high-tech agricultural products is replaced by the calculation of actual production of new products without repetition.
II.Since 2011, the output value of high-tech agricultural products has been changed the scale of new products.
III.The number of green agricultural products this year does not contain the number of organic agricultural products.

10-19 建制镇社会经济发展基本情况（2017年）

乡镇名称	Name of Towns	乡镇行政区域面积（公顷）Area of Administrative Division (hectare)	常住人口（人）Permanent Population (Person)	公共财政收入（万元）Public Government Revenue (10000 yuan)	工业总产值（万元）Gross Industrial Output Value (10000 yuan)	建筑业总产值（万元）Construction Industry Output Value (10000 yuan)	住宿餐饮业企业数（个）Number of Enterprises in Wholesale, Retail Trades, Hotels and Catering Services (unit)
白云区	**Baiyun**						
人和镇	Renhe Town	7440	183812	19656	826675	45638	43
太和镇	Taihe Town	15537	375940	58485	1821746	119248	25
钟落潭镇	Zhongluotan Town	16900	219335	26180	1639757	21078	22
江高镇	Jianggao Town	10228	196862	33816	4462170	62104	20
番禺区	**Panyu**						
南村镇	Nancun Town	4700	297772	55042	2629530	172658	156
新造镇	Xinzao Town	1400	31328	17103	375674		3
化龙镇	Hualong Town	5373	78137	30000	8536432	1000	5
石楼镇	Shilou Town	12600	152021	45221	2047368	10246	38
沙湾镇	Shawan Town	3745	115988	38895	992780	8092	43
石基镇	Shiji Town	4703	108224	41139	995200	16165	10
花都区	**Huadu**						
梯面镇	Timian Town	9128	10614	6218	111170	1134	
花山镇	Huashan Town	11640	118570	13227	1182700	5023	9
花东镇	Huadong Town	20844	165128	126720	1173588	31068	25
炭步镇	Tanbu Town	11330	69415	17944	613154	2716	5
赤坭镇	Chini Town	16040	57835	10465	171626	82110	6
狮岭镇	Shiling Town	13631	271060	29707	1876800	132654	43
南沙区	**Nansha**						
万顷沙镇	Wanqingsha Town	14285	50210	35450	2277308	9297	2
横沥镇	Hengli Town	5413	42073	17908	1207329		2
黄阁镇	Huangge Town	7650	55458	43469	10100715		4
东涌镇	Dongyong Town	9200	190245	119954	2439737	8398	6
大岗镇	Dagang Town	9007	130296	91390	812062		16
榄核镇	Lanhe Town	7450	89107	78217	1429549	7367	4
黄埔区	**Huangpu**						
九龙镇	Jiulong Town	17942	108575	65008	784200	21810	9
从化区	**Conghua**						
温泉镇	Wenquan Town	21224	54326	7763	176411		23
良口镇	Liangkou Town	43915	42835	6746	17849		8
吕田镇	Liangtian Town	39300	32006	13354	79455	500	2
太平镇	Taiping Town	21033	99322	15723	867141	18879	10
鳌头镇	Aotou Town	41000	150047	15224	931900		1
增城区	**Zengcheng**						
新塘镇	Xintang Town	8632	257894	12853	4796500	435023	78
石滩镇	Shitan Town	17097	146691	37578	1344400		5
中新镇	Zhongxin Town	23237	94166	25135	793900		10
正果镇	Zhengguo Town	23941	62595	10678	57400		
派潭镇	Paitan Town	28900	77567	17586	39000		11
小楼镇	Xiaolou Town	13600	40582	11072	56400		1
仙村镇	Xiancun Town	5665	48132	13900	851100		2

Basic Statistics on Social and Economic Development of Towns(2017)

社会消费品零售总额(万元) Total Retail Sales of Consumer Goods (10000 yuan)	小学在校学生数(人) Number of Enolled Primary School Students (person)	幼儿园托儿所数(个) Number of Kindergartens (unit)	医疗卫生机构床位数(床) Hospital Beds (bed)	城乡居民基本医疗保险参保人数(人) Number of Persons Participating in Basic Medical Care Insurance for Urban and Rural Residents(person)	城乡居民基本养老保险参保人数(人) Number of Persons Participating in Basic Pension Insurance for Urban and Rural Residents(person)	城镇建成区面积(公顷) Area of Developed Areas in Urban Units (hectare)	城镇建成区总人口(人) Total Population of Developed Areas in Urban Units (person)
371643	9883	20	280	57937	51666	640	5178
1196482	16506	50	372	50181	24367	880	3844
236479	10778	28	499	83154	39967	650	11047
336520	10582	26	1300	52800	18127	1600	23562
1588546	16360	36	938	52308	16587	1857	86076
68532	1571	5	81	9052	3054	117	7241
3000	3689	9	80	28062	11512	225	3005
346201	8101	22	700	49983	19529	950	73144
358535	9941	24	120	45298	4028	1814	92785
431253	8026	21	300	32872	23748	1569	21080
8673	770	1	36	7069	4281	160	1698
112623	6584	19	91	62275	39050	700	11446
254395	10974	21	206	87967	46630	2982	21543
49318	3042	5	88	37881	22840	690	39707
88307	2758	3	100	38186	21556	540	9014
787761	25335	50	324	51225	20591	2747	87521
154126	2914	9	117	25922	8378	300	8000
39431	1203	10	280	19889	9119	460	1329
198256	3510	12	125	27610	11780	600	7000
601638	10010	23	260	58537	25190	544	18094
168542	6903	28	301	46272	24876	1430	87931
61200	6945	16	91	37492	31328	890	17893
12966790	6153	13	453	76098	37997	816	13008
87972	2808	6	79	33595	27618	715	5614
94085	2230	2	46	32580	15113	198	4461
37020	1405	3	96	23679	18071	73	3107
197539	8357	22	115	61975	49000	400	15329
156213	9987	12	183	106839	79880	1068	14369
1561221	29462	66	861	77204	40749	4442	97321
203600	10687	19	135	86300	51470	370	10066
30000	6091	15	140	61216	29872	1716	13027
2833	1809	2	75	42532	25103	160	2774
92087	3252	4	108	63391	32604	150	7236
39874	1786	8	100	39990	19560	100	3895
320	2265	5	49	35120	16680	220	6570

10-20 全市村委会社会经济基本情况(2017年)

项　　目	Item	全市 Total
一、基本情况	**Basic Information**	
村委会数　(个)	Number of Village Committees　(unit)	1105
行政区域面积　(公顷)	Area of Administrative Region　(hectare)	560308
自然村数　(个)	Number of Villages　(unit)	6292
通公共交通村数　(个)	Number of Villages Available for Public Transport　(unit)	991
通宽带互联网村数　(个)	Number of Villages Available for Broadband Internet　(unit)	1105
完成改厕村数　(个)	Number of Villages with Improved Toilets　(unit)	1105
垃圾集中处理村数　(个)	Number of Villages with Centralized Garbage Disposal　(unit)	1104
污水集中处理村数　(个)	Number of Villages with Centralized Sewage Treatment　(unit)	862
有电子商务配送站点村数　(个)	Number of Villages with E-Commerce Distribution Centre　(unit)	519
二、人口情况	**Population**	
户籍户数　(户)	Registered Households　(household)	855130
户籍人口　(人)	Registered Population　(person)	2839875
全家外出人口　(人)	Number of outflow population of migrant households　(person)	181160
常住户数　(户)	Permanent Households　(household)	1423890
常住人口　(人)	Permanent Population　(person)	4857284

Social and Economic Information of Village Committees (2017)

白云区 Baiyun	黄埔区 Huangpu	番禺区 Panyu	花都区 Huadu	南沙区 Nansha	从化区 Conghua	增城区 Zengcheng
118	28	155	186	124	220	274
44553	17338	40430	89022	40791	180178	147996
565	211	255	1312	205	1739	2005
118	28	155	145	123	179	243
118	28	155	186	124	220	274
118	28	155	186	124	220	274
118	28	155	185	124	220	274
52	4	113	149	124	172	248
51	2	124	63	123	80	76
126129	17057	148168	148922	108453	110880	195521
445563	86939	378194	497559	298365	468033	665222
18586	2828	21478	47938	11638	20492	58200
218269	19539	417387	226663	220025	107376	214631
903005	95567	1180641	878062	579233	459985	760791

10-20 续表

项　　目		Item	
三、社保及社会服务情况		**Social Insurance and Social Service**	
新型农村合作医疗参保人数	（人）	Number of Persons Participating in New Rural Cooperative Medical System	(person)
城乡居民基本养老保险参保人数	（人）	Number of Persons Participating in Persion Insurance for Urban and Rural Residents	(person)
农村居民最低生活保障人数	（人）	Number of Persons List in A Minimum Standard of Living for Rural Residents	(person)
农村五保供养人数	（人）	Number of Persons list in Five Guarantees	(person)
小学校数	（个）	Number of Primary Schools	(unit)
幼儿园、托儿所数	（个）	Number of Kindergartens and Nurseries	(unit)
体育健身场所数	（个）	Number of Gymnasia and Stadium	(unit)
图书室(馆)、文化站数	（个）	Number of Liberaries and Cultural Stations	(unit)
卫生室数	（个）	Number of Health Stations	(unit)
四、土地流转和非农业用地情况		**Land Transfer and Non-Agraiculture land**	
村集体流出的农业用地总面积	（亩）	Area of Agraiculture Land of Village Collectives	(mu)
# 流出的耕地面积	（亩）	Area of Cultivated land of Village Collectives contracted or subcontrancted to others	(mu)
村集体经营性建设用地面积	（亩）	Area of Rural Collective Construction Land	(mu)
全村宅基地面积	（亩）	Area of Homestead of the Whole Village	(mu)
五、村务情况		**Village Administrative Affairs**	
全年村集体收入	（万元）	Annual Income of Village Collectives	(10000 yuan)
# 经营收入	（万元）	Operating Income	(10000 yuan)
补助收入	（万元）	Subsidy	(10000 yuan)
年末村集体资产总额	（万元）	Total Assets of Village Collectives at Year-end	(10000 yuan)
村干部人数	（人）	Number of Village Cadres	(person)

continued

全市 Total	白云区 Baiyun	黄埔区 Huangpu	番禺区 Panyu	花都区 Huadu	南沙区 Nansha	从化区 Conghua	增城区 Zengcheng
1969801	243807	53651	252812	392093	205940	320680	500818
910774	103771	26530	96201	171415	97422	187407	228028
28442	2691	924	1041	4155	1934	9489	8208
4357	78	50	147	783	453	1216	1630
473	72	13	92	96	53	61	86
720	129	11	197	125	89	66	103
2580	508	37	254	423	161	457	740
1146	122	28	156	174	134	232	300
1062	139	25	106	193	119	205	275
596569	83304	8087	127946	142337	56055	29398	149442
451336	69953	5000	115725	84551	46717	15716	113674
121147	21131	714	43052	19603	16507	2552	17588
418615	47879	13659	68018	76247	52115	24876	135821
553802	83539	11447	219824	96556	52847	14101	75488
315994	58735	177	158517	46842	31563	2682	17478
35456	1025	240	2400	3376	3351	1960	23104
4223419	478312	235235	1211114	977831	888572	144947	287408
7711	828	252	1062	1228	753	1589	1999

【农林牧渔业总产值】是以货币表现的农林牧渔业的全部产品总量和对农林牧渔业生产活动进行的各种支持性服务活动的价值。它反映一定时期内农林牧渔业生产总规模和总成果，是观察农林牧渔业生产水平和发展速度，研究农林牧渔业内部比例关系、农林牧渔业与工业、农林牧渔业与国家建设、人民生活比例关系的重要指标，同时也是计算农林牧渔业劳动生产率和农林牧渔业增加值的基础资料。

农林牧渔业总产值的计算，一般采用“产品法”，即凡有产品产量的，都按单位产品价格乘产量的办法求得每种产品产量的产值，然后相加求得各业的产值，最后各业相加求出农林牧渔业总产值。

【常用耕地面积】是指可以用来种植各种农作物，经常进行耕锄的田地，包括熟地、当年新开荒地、连续撂荒未满三年的耕地和当年的休闲地(轮歇地)，还包括以种植农作物为主，并附带种植桑、茶、果树和其他林木的土地，以及沿海、沿湖地区已围垦利用的“海涂”、“湖田”等面积。但不包括专业性的桑园、茶园、果园、果木苗圃、林地、芦苇地、天然或人工草地面积。

【农作物播种面积】是指一定生产季节结束时实际播种或移植有农作物的面积。播种面积的统计年度，凡是能在本日历年度内(自1月1日至12月31日)收获的农作物(包括上年秋冬播和本年春播、夏播在本年收获的全部作物)播种面积，都包括在内。

【农业机械总动力】是指主要用于农、林、牧、渔业的各种动力机械的动力总和。包括耕作机械、农用排灌机械、收获机械、植保机械、林业机械、畜牧机械、渔业机械、农产品加工机械、农用运输机械、其他农业机械。

【都市农业】是指在城市化地区，利用田园景观、自然生态及环境资源，通过农林牧渔业生产、农业经营活动、农村文化及农家生活，为人们休闲旅游、体验农业、了解农村提供场所，集农业的生产、生活、生态等功能于一体的产业。

【绿色农业】是指以获得国家认证的绿色农产品生产基地为场所，实施绿色农业工程，开发无污染、安全、优质的绿色农产品、有机农产品的综合高效产业。

【都市农业总收入】是指都市农业统计地理区域内各生产经营单位当年农业生产、加工本地农产品的价值量以及运输、批发零售本地农产品和观光休闲旅游农业的总收入。它是由农业生产产值、加工本地农产品产值、运输本地农产品总收入、批发零售本地农产品总收入和观光休闲旅游农业企业总收入组成。

【农业产业化】农业产业化是以国内外市场为导向，以经济效益为中心，通过自身的组织形式和运行机制，把分散的农户与某组织联成一体，众多的农户在该组织的带动下按同一标准进行统一生产，使一种或一类产品的生产在一个较大的区域内连成一片，形成较大规模，实现了农业由家庭分工向区域分工和社会分工的转变，形成了农户生产的专业化、农业布局的区域化、农产品生产的标准化和农业经营的规模化，将农业的产前、产中、产后诸环节有机地联为一体的经济运行方式。

【农业龙头企业】是指由区级或县级以上政府部门认定的，以农副产品生产、加工或流通企业为龙头，用合同契约关系或产权联结等多种形式，带动当地农户从事专业生产的经营组织。

【自然村】是指在农村地域内由居民自然聚居而形成的村落，自然村一般都应该有自己的名称。自然村与行政村在地域上往往会相互重叠，如果一个自然村包括多个行政村，按一个自然村计算；如果一个行政村包括多个自然村的，按实际自然村个数计算。如果一个行政村的村民居住过于分散，没有明显的聚居现象，可将邻近的20户左右的住户组合成一个自然村。自然村的划分遵从当地的习惯划分方法。

【Gross Output Value of Agriculture】 refers to the total volume of products of farming,forestry,animal husbandry,and fishery and the value of various services supporting the production of farming,forestry,animal husbandry and fishery in monetary terms, which reflects the total scale and total results of farming, forestry, animal husbandry, and fishery production during a given period of time.It is an important indicator to observe the production level and development speed of farming,forestry, animal husbandry,and fishery,to study the internal structure of farming, forestry,animal husbandry,and fishery,and to review the relationship among farming, forestry, animal husbandry,and fishery and industry, national construction and people's life.It is also the basic data to calculate the labor productivity and value-added of farming,forestry, animal husbandry,and fishery.

Generally,the gross output value of farming,forestry,animal husbandry, and fishery is calculated with the production approach, i.e.the gross output value of each single product is obtained by multiplying the output of each product by its price.Then the output value of each sector is obtained.Finally,the sum of output value of all sectors is equal to the gross output value of farming, forestry, animal husbandry,and fishery.

【Area of Regularly Cultivated Land】 refers to farmland among the total land resources which is exclusively used for farming and is under regular cultivation with harvest in normal years. Included are currently cultivated land ,land that has been abandoned or put in idle for less than 3 years and could be re-used for cultivation at any time,and new-claimed land that has been put into cultivation for more than 3 years,Excluded are the land under temporary cultivation,land (large or small plots)that is claimed along river bends,lake sides or banks of reservoirs,as well as land that has been designated under the reen for Grainprograms of the state and provincial governments but is still temporarily under cultivation.

【Sown Area of Crops】 refers to area of land sown or transplanted crops at the end of a production season.

The statistical year of sown area refers to area of land sown during the year (from Jan.1 to Dec.31)with a harvest of crops (including all those sown in the autumn and winter of the preceding year).

【Total Power of Agricultural Machinery】 refers to total mechanical power of machinery used in agriculture, forestry, animal,husbandry and fishery,including machinery for ploughing,irrigation and darinage,harvesting,farm products process,transport,plant protection,animal husbandry,forestry and fishery and other agricultural machineries.

【Urban Agriculture】 refers to industry that integrates agricultural production, life and ecology in urbanized area. This industry utilizes countryside landscape, natural ecology and environmental resources to provide places for leisure traveling, agricultural experience and understanding through production of agriculture, forestry, animal husbandry and fishery, agricultural operating activities, rural culture and life experience.

【Green Agriculture】 refers to comprehensive efficient industry that implements green agriculture engineering and develops non-polluting, safe and high quality green agricultural products in the green agricultural production base that obtained national certification.

【Total Income of Urban Agriculture】 refers to the total income of production and business enterprises in the statistical geographic area of urban agriculture. The income includes agricultural production of the year, magnitude of value of processing local agriculture products, transporting, wholesaling and retailing local agriculture products and the income of agricultural sightseeing and tourism.

【Industrialization of Agriculture】 refers to an economical operation method that oriented by domestic and international market, and takes economic benefits as centre. This method unites the scattered farmer households to the organizations through its organizational forms and operating mechanism. The organizations lead numerous farmer households to product unified productions under the unified standard. The production of the same species can extend within a large region and have a large scale. This method achieves the agriculture transition from family division to regional division and social division. It forms a specialization of agricultural production, regionalization of agricultural distribution, standardization of agricultural products and scaled agricultural operation. This economical operation method dynamically links the agricultural pre-production, in-production and post-production to integration.

【Agriculture Leading Enterprises】 refers to the enterprises that recognized by governments above district-level or country-level. The enterprises producing, processing and circulating agricultural and sideline products are the leading enterprises, and they can encourage local farmer households to work on professional production through contract, agreement or property right connection.

【Village】 refers to a clustered human settlement in rural area, which normally owns its name. The area of village and administrative village often overlaps. If a village is divided into many administrative villages, it should be taken as a village. If an administrative village contains many villages, it should be taken as many villages. If the villagers of an administrative village live far from each other, 20 households nearby would be taken as a village. The division of a village should follow local customs.

第十一篇 CHAPTER 11

工业
INDUSTRY

简要说明

Brief Introduction

第十一篇　工　业

一、本篇资料反映广州市工业基本情况。

二、规模以上工业指年主营业务收入2000万元以上的工业企业。

三、本篇资料中工业行业分类按2011年《国民经济行业分类》（GB/T4754-2011）标准划分；企业规模按国家统计局《统计上大中小微企业划分办法》（国统字[2011]75号）标准执行。

四、本篇资料由广州市统计局工业交通处整理提供。

11 Industry

I. The data in this chapter reflect the statistics on industrial enterprises of Guangzhou.

II. The industrial enterprises above designated size refer to the industrial enterprises with an annual sales income of 20 million yuan and above.

III. The industrial sectors in this chapter are grouped in accordance with the National Economic Sector Grouping Standard of 2011 (GB/T4754-2011) , the industrial scale is grouped In accordance with the Grouping Way of Large, Medium, Small size and Micro-enterprise Standards (State Statistics [2011] No. 75).

IV. The data in this chapter are prepared and provided by the Division of Industry and Transportation Statistics of Guangzhou Municipal Bureau of Statistics.

11-1 工业总产值(2017年)
Gross Output Value of Industry (2017)

项　　目	Item	工业总产值(万元) Gross Output Value of Industry (10000 yuan)	工业总产值指数(%) Indices of Gross Output Value of Industry (%)
总　计	**Total**	**226910619**	**104.5**
规模以上工业企业	**Industrial Enterprises above Designated Size**	**209296501**	**104.5**
按登记注册类型分	Grouped by Registration Status		
内资企业	Domestic Funded Enterprises	106920280	104.9
国有企业	State-owned Enterprises	599084	86.9
集体企业	Collective-owned Enterprises	226816	97.4
股份合作企业	Cooperative Enterprises	153103	103.6
联营企业	Joint Ownership Enterprises		
国有联营企业	State Joint Ownership Enterprises		
集体联营企业	Collective Joint Ownership Enterprises		
国有与集体联营企业	Joint State-collective Enterprises		
其他联营企业	Other Joint Ownership Enterprise		
有限责任公司	Limited Liability Corporations	68570890	105.7
国有独资有限责任公司	Sole State Funded Corporations	53017584	104.1
其他有限责任公司	Other Limited Liability Corporations	15553306	108.2
股份有限公司	Share-holding Corporations Ltd.	13988453	121.0
私营企业	Private Enterprises	23362727	98.2
私营独资企业	Private-funded Enterprises	380182	80.2
私营合伙企业	Private Partnership Enterprises	95253	75.4
私营有限责任公司	Private Limited Liability Corporations	19818035	98.4
私营股份有限公司	Private Share Holding Corporations	3069257	102.5
其他企业	Other Enterprises	19207	79.0
港、澳、台商投资企业	Enterprises with Funds from Hong Kong, Macao and Taiwan	23458374	97.9
与港、澳、台商合资经营企业	Joint-venture Enterprises	6642535	105.1
与港、澳、台商合作经营企业	Cooperative Enterprises	650085	91.7
港、澳、台商独资经营企业	Enterprises with Sole Funds	15911042	94.8
港、澳、台商投资股份有限公司	Share-holding Corporations Ltd.	230078	103.8
其他港澳台投资	Other Enterprises with Funds from Hong Kong, Macao and Taiwan	24634	88.2
外商投资企业	Foreign Funded Enterprises	78917847	107.6
中外合资经营企业	Joint-venture Enterprises	49596098	111.3
中外合作经营企业	Cooperative Enterprises	386301	104.0
外资企业	Enterprises with Sole Foreign Funds	24377534	102.3
外商投资股份有限公司	Share-holding Corporations Ltd.	4038439	103.9
其他外商投资	Other Foreign Funded Enterprises	519475	85.7
按隶属关系分	Grouped by Administrative Relationship		
中央企业	Central Government	20061748	106.6
省属企业	Provincial Government	11893378	104.7
市属企业	Municipal Government	177341375	104.2
按轻重工业分	Grouped by Light & Heavy Industries		
轻工业	Light Industry	53706000	98.0
重工业	Heavy Industry	155590501	107.1
按生产规模分	Grouped by Size of Enterprises		
大型企业	Large Enterprises	125256982	105.1
中型企业	Medium Enterprises	36816017	102.8
小微型企业	Small and Micro Industrial Enterprises	47223502	104.2

注：2017年不含广东电网全口径工业总产值为19619.98亿元(以下各表同)。
Note: Gross Output Value of Industry of Guangzhou in 2017 excluding Guangdong Power Grid is 19619.98 billion yuan (The same as below).

11-1 续表 continue

项　　目	Item	工业总产值(万元) Gross Output Value of Industry (10000 yuan)	工业总产值指数(%) Indices of Gross Output Value of Industry (%)
按工业行业分	Grouped by Sector		
煤炭开采和洗选业	Mining and Washing of Coal		
石油和天然气开采业	Extraction of Petroleum and Natural Gas		
黑色金属矿采选业	Mining and Processing of Ferrous Metal Ores		
有色金属矿采选业	Mining and Processing of Non-Ferrous Metal Ores		
非金属矿采选业	Mining and Processing of Nonmetal Ores	23767	52.9
开采辅助活动	Mining Auxiliary Activities		
其他采矿业	Mining of Other Ores		
农副食品加工业	Processing of Food from Agricultural Products	3633936	103.0
食品制造业	Manufacture of Foods	4587586	103.0
酒、饮料和精制茶制造业	Manufacture of Wine ,Beverages and Refined Tea	2181690	107.9
烟草制品业	Manufacture of Tobacco	3928837	102.0
纺织业	Manufacture of Textile	1861922	86.1
纺织服装、服饰业	Manufacture of Textile Wearing Apparel,Clothing	2892008	80.5
皮革、毛皮、羽毛及其制品和制鞋业	Manufacture of Leather, Fur, Feather and Related Products and Footwear	1901550	96.1
木材加工和木、竹、藤、棕、草制品业	Processing of Timber, Manufacture of Wood, Bamboo,Rattan, Palm and Straw Products	264395	84.9
家具制造业	Manufacture of Furniture	2319788	113.0
造纸和纸制品业	Manufacture of Paper and Paper Products	1424333	97.0
印刷业和记录媒介复制业	Printing, Reproduction of Recording Media	994000	107.2
文教、工美、体育和娱乐用品制造业	Manufacture of Culture and Education ,Arts and Crafts, Sports and Entertainment Supplies	1617546	95.8
石油加工、炼焦和核燃料加工业	Processing of Petroleum, Coking, Processing of Nuclear Fuel	5100117	100.3
化学原料和化学制品制造业	Manufacture of Raw Chemical Materials and Chemical Products	14330019	94.3
医药制造业	Manufacture of Medicines	2903104	102.3
化学纤维制造业	Manufacture of Chemical Fibers	86980	97.9
橡胶和塑料制品业	Manufacture of Rubber	4224986	105.0
非金属矿物制品业	Manufacture of Non-metallic Mineral Products	2446452	102.4
黑色金属冶炼和压延加工业	Smelting and Pressing of Ferrous Metals	3899469	95.0
有色金属冶炼和压延加工业	Smelting and Pressing of Non-Ferrous Metals	2914888	115.1
金属制品业	Manufacture of Metal Products	3074568	99.9
通用设备制造业	Manufacture of General Purpose Machinery	6120342	103.9
专用设备制造业	Manufacture of Special Purpose Machinery	2469949	111.4
汽车制造业	Manufacture of Automobile	51170356	117.4
铁路、船舶、航空航天和其他运输设备制造业	Manufacture of Railway, Ship, Aerospace and Other Transportation Equipment	3889362	83.4
电气机械及器材制造业	Manufacture of Electrical Machinery and Equipment	8354237	112.0
计算机、通信和其他电子设备制造业	Manufacture of Computers, Communications and Other Electronic Equipment	21770795	104.0
仪器仪表制造业	Manufacture of Instrument	957900	115.3
其他制造业	Other Manufacturing	136506	103.0
废弃资源综合利用业	Comprehensive Utilization of Waste Resources	134246	120.4
金属制品、机械和设备修理业	Metal Products, Machinery and Equipment Repair	715055	89.1
电力、热力的生产和供应业	Production and Supply of Electric Power and Heat Power	43149866	103.3
燃气生产和供应业	Production and Supply of Gas	2852724	252.2
水的生产和供应业	Production and Supply of Water	963222	106.2

11-2 主要年份工业总产值及工业总产值指数

Gross Output Value and Indices of Industry in Main Years

年 份 Year	工业总产值（万元） Gross Output Value of Industry (10000 yuan)	轻工业 Light Industry	重工业 Heavy Industry	工业总产值指数（%） Indices of Gross Output Value of Industry (%)	轻工业 Light Industry	重工业 Heavy Industry
1978	753873	476737	277136	104.4	102.9	106.8
1980	881242	574239	307003	111.7	118.0	103.0
1985	1779333	1163704	615629	122.1	122.9	120.9
1986	1921490	1206778	714712	104.3	106.1	101.3
1987	2421760	1551033	870727	120.7	122.7	117.2
1988	3413107	2251117	1161990	125.6	128.4	120.4
1989	4071472	2598755	1472717	106.2	103.4	111.7
1990	4424437	2830366	1594071	110.1	113.6	103.7
1991	5794842	3588318	2206524	123.6	122.7	125.4
1992	7905237	4753211	3152026	132.2	129.9	136.7
1993	11422184	6595134	4827050	132.5	129.8	137.5
1994	14921455	8784293	6137162	122.4	126.0	116.2
1995（原规定） 1995 (original stipulation)	19353440	11263263	8090177	120.2	115.6	128.9
1995（新规定） 1995 (new stipulation)	17224948	10263515	6961433	120.2	115.6	128.9
1996	20685796	12641264	8044532	119.1	126.1	106.8
1997	23753915	14395602	9358313	117.9	116.8	120.2
1998	25127025	15661603	9465422	114.0	112.8	116.3
1999	27793652	16797164	10996488	114.3	111.3	120.1
2000	31000188	17622183	13378005	113.6	107.9	123.9
2001	33931904	18855507	15076397	114.9	110.6	121.9
2002	37889079	20185702	17703377	115.0	109.6	122.8
2003	47059104	23752778	23306326	126.5	119.5	135.5
2004	57666925	25977971	31688954	120.0	108.9	130.1
2005	67679563	28714137	38965426	115.4	110.1	118.8
2006	81123964	31875454	49248510	116.9	111.0	120.2
2007	98757886	37208718	61549168	120.1	114.8	124.3
2008	114684010	43536797	71147213	112.0	114.2	111.0
2009	123554645	46730599	76824046	111.7	109.8	112.8
2010	144389877	51073851	93316026	118.5	115.2	120.4
2011	166241771	61592119	104649652	111.6	116.8	108.8
2012	170901752	57926380	112975372	111.2	114.5	109.7
2013	182242642	66739903	115502739	113.0	112.6	113.1
2014	193898823	71047066	122851757	107.5	105.4	108.7
2015	198925099	72812543	126112556	106.0	102.7	107.8
2016	211250630	75372248	135878382	105.8	100.2	109.0
2017	226910619	70930781	155979838	104.5	99.1	107.1

11-3 按历史时期分工业总产值
Gross Output Value of Industry by History Periods

时 期 Period	工业总产值 (万元) Gross Output Value of Industry (10000 yuan)	轻工业 Light Industry	重工业 Heavy Industry	工业总产值年平均增长(%) Annual Average Growth Speed of Gross Output Value of Industry (%)	轻工业 Light Industry	重工业 Heavy Industry
“六五”时期 6th Five-year Plan Period	6447893	4209237	2238656	12.8	13.1	12.4
“七五”时期 7th Five-year Plan Period	16252266	10438049	5814217	13.1	14.5	10.6
“八五”时期 8th Five-year Plan Period	59397158	34984219	24412939	26.1	24.7	28.7
“九五”时期 9th Five-year Plan Period	128360576	77117816	51242760	15.7	14.8	17.3
“十五”时期 10th Five-year Plan Period	244226575	117486095	126740480	18.3	12.0	26.1
“十一五”时期 11th Five-year Plan Period	562510382	210425419	352084963	15.8	13.2	17.9
“十二五”时期 12th Five-year Plan Period	912210087	330118011	582092076	9.8	10.2	9.5
1979-2017	2369267192	932157233	1437109959	15.0	13.6	16.3
1991-2017	2344866027	916434589	1428431438	16.1	13.7	18.8
2001-2017	2157108293	804332554	1352775739	13.4	10.3	16.5
2011-2017	1350371336	476421040	873950296	8.5	7.1	9.1

11-4 规模以上工业企业单位数

Number of Industrial Enterprises above the Designated Size

单位：个 (unit)

项　　目	Item	2016	2017
总　计	**Total**	**4662**	**4664**
按登记注册类型分	Grouped by Registration Status		
内资企业	Domestic Funded Enterprises	3190	3275
国有企业	State-owned Enterprises	27	21
集体企业	Collective-owned Enterprises	22	17
股份合作企业	Cooperative Enterprises	15	12
联营企业	Joint Ownership Enterprises	1	
国有联营企业	State Joint Ownership Enterprises		
集体联营企业	Collective Joint Ownership Enterprises		
国有与集体联营企业	Joint State-collective Enterprises	1	
其他联营	Other Joint Ownership Enterprise		
有限责任公司	Limited Liability Corporations	594	618
国有独资有限责任公司	State Sole Funded Corporations	46	47
其他有限责任公司	Other Limited Liability Corporations	548	571
股份有限公司	Share-holding Corporations Ltd.	127	140
私营企业	Private Enterprises	2401	2465
私营独资企业	Private-funded Enterprises	89	73
私营合伙企业	Private Partnership Enterprises	26	19
私营有限责任公司	Private Limited Liability Corporations	2204	2294
私营股份有限公司	Private Share Holding Corporations	82	79
其他企业	Other Enterprises	3	2

11-4 续表 continued

单位:个 (unit)

项　　目	Item	2016	2017
港、澳、台商投资企业	Enterprises with Funds from Hong Kong, Macao and Taiwan	808	749
与港、澳、台商合资经营企业	Joint-venture Enterprises	148	132
与港、澳、台商合作经营企业	Cooperative Enterprises	44	41
港、澳、台商独资经营企业	Enterprises with Sole Funds	604	565
港、澳、台商投资股份有限公司	Share-holding Corporations Ltd.	11	10
其他港澳台投资	Other Enterprises with Funds from Hong Kong, Macao and Taiwan	1	1
外商投资企业	Foreign Funded Enterprises	664	640
中外合资经营企业	Joint-venture Enterprises	185	182
中外合作经营企业	Cooperative Enterprises	18	14
外资企业	Enterprises with Sole Foreign Funds	445	421
外商投资股份有限公司	Share-holding Corporations Ltd.	9	13
其他外商投资	Other Foreign Funded Enterprises	7	10
按隶属关系分	Grouped by Administrative Relationship		
中央企业	Central Government	42	40
省属企业	Provincial Government	39	38
市属企业	Municipal Government	4581	4586
按轻重工业分	Grouped by Light & Heavy Industries		
轻工业	Light Industry	2555	2466
重工业	Heavy Industry	2107	2198
按生产规模分	Grouped by Size of Enterprises		
大型企业	Large Enterprises	194	191
中型企业	Medium Enterprises	681	672
小微型企业	Small and Micro Industrial Enterprises	3787	3801

11-5 规模以上工业销售产值

Sales Value of Industrial Enterprises above the Designated Size

单位：万元 (10000 yuan)

项　目	Item	2016	2017
总　计	**Total**	**191679472**	**208150649**
按登记注册类型分	**Grouped by Registration Status**		
国有企业	State-owned Industry	1056168	588766
集体企业	Collective-owned Industry	541356	223807
私营企业	Private Entreprises	29078672	22860286
港、澳、台商投资企业	Enterprises with Funds from Hong Kong, Macao and Taiwan	29296226	23192958
外商投资企业	Foreign Funded Enterprises	77825935	78596749
其他企业	Other Enterprises	53881115	82688083
按隶属关系分	**Grouped by Administrative Relationship**		
中央企业	Central Governments	18940893	20687039
省属企业	Provincial Governments	11019817	11805179
市属企业	Municipal Government	161718762	175658431
按轻重工业分	**Grouped by Light & Heavy Industries**		
轻工业	Light Industry	62863549	53267858
重工业	Heavy Industry	128815923	154882791
按生产规模分	**Grouped by Size of Enterprises**		
大中型企业	Large and Medium Industrial Enterprises	148332329	161291198
小微型企业	Small and Micro Industrial Enterprises	43347143	46859451

11-6 主要年份规模以上工业企业出口交货值及比重

Delivery Value of Exports and Proportion of Industrial Enterprises above the Designated Size in Main Years

单位：万元 (10000 yuan)

年份 Year	工业销售产值 Sale Output Value of Industry	出口交货值 Delivery Value of Exports	出口交货值比重(%) Proportion of Exports Delivery Value (%)
2001	27171297	6502235	23.93
2002	31156870	7881230	25.30
2003	39241536	9599697	24.46
2004	50207200	12824023	25.54
2005	59120813	14945688	25.28
2006	71756225	17218091	24.00
2007	87657013	19543878	22.30
2008	103134403	22092456	21.42
2009	111566225	22173771	19.87
2010	136078573	27646009	20.32
2011	153296007	31114440	20.30
2012	158508246	28472183	17.96
2013	169212664	30641635	18.11
2014	176986490	31591443	17.85
2015	181026853	30656076	16.93
2016	191679472	30048026	15.68
2017	208150649	26954414	12.95

11-7 规模以上工业企业出口交货值（2017年）

Delivery Value of Exports of Industrial Enterprises above the Designated Size (2017)

单位:万元　　　　(10000 yuan)

项　　目	Item	出口产品交货值 Delivery Value of Exports
总　　计	**Total**	**26954414**
按登记注册类型分	Grouped by Registration Status	
国有企业	State-owned Industry	2125
集体企业	Collective-owned Industry	149969
其他企业	Others	26802320
按隶属关系分	Grouped by Administrative Relationship	
中央企业、省属企业	Central and Provincial Governments	1460793
市属企业	Municipal Government	25493621
按轻重工业分	Grouped by Light & Heavy Industries	
轻工业	Light Industry	10098996
重工业	Heavy Industry	15855418
按生产规模分	Grouped by Size of Enterprises	
大中型企业	Large and Medium Enterprises	21990666
小微型企业	Small and Micro Industrial Enterprises	4963748
按工业行业分	Grouped by Sector	
煤炭开采和洗选业	Mining and Washing of Coal	
石油和天然气开采业	Extraction of Petroleum and Natural Gas	
黑色金属矿采选业	Mining and Processing of Ferrous Metal Ores	
有色金属矿采选业	Mining and Processing of Non-Ferrous Metal Ores	
非金属矿采选业	Mining and Processing of Nonmetal Ores	
开采辅助活动	Mining Auxiliary Activities	
其他采矿业	Mining of Other Ores	
农副食品加工业	Processing of Food from Agricultural Products	48659
食品制造业	Manufacture of Foods	137460
酒、饮料和精制茶制造业	Manufacture of wine,Beverages and Refined Tea	2173
烟草制品业	Manufacture of Tobacco	8922
纺织业	Manufacture of Textile	855887
纺织服装、服饰业	Manufacture of Textile Wearing Apparel,Clothing	482725
皮革、毛皮、羽毛及其制品和制鞋业	Manufacture of Leather,Fur,Feather and Related Products and Footwear	916186

11-7 续表 continued

单位：万元 (10000 yuan)

项　　目	Item	出口产品交货值 Delivery Value of Exports
木材加工和木、竹、藤、棕、草制品业	Processing of Timber,Manufacture of Wood, Bamboo, Rattan, Plam and Straw Products	26925
家具制造业	Manufacture of Furniture	214482
造纸和纸制品业	Manufacture of Paper and Paper Products	71837
印刷业和记录媒介复制业	Printing, Reproduction of Recording Media	377132
文教、工美、体育和娱乐用品制造业	Manufacture of Culture and Education ,Arts and Crafts, Sports and Entertainment Supplies	551964
石油加工、炼焦和核燃料加工业	Processing of Petroleum, Coking, Processing of Nuclear Fuel	14627
化学原料和化学制品制造业	Manufacture of Raw Chemical Materials and Chemical Products	1132945
医药制造业	Manufacture of Medicines	171399
化学纤维制造业	Manufacture of Chemical Fibers	11862
橡胶和塑料制品业	Manufacture of Rubber	1050645
非金属矿物制品业	Manufacture of Non-metallic Mineral Products	287258
黑色金属冶炼和压延加工业	Smelting and Pressing of Ferrous Metals	364487
有色金属冶炼和压延加工业	Smelting and Pressing of Non-Ferrous Metals	53544
金属制品业	Manufacture of Metal Products	916832
通用设备制造业	Manufacture of General Purpose Machinery	782467
专用设备制造业	Manufacture of Special Purpose Machinery	485275
汽车制造业	Manufacture of Automobile	1602280
铁路、船舶、航空航天和其他运输设备制造业	Manufacture of Railway, Ship, Aerospace and Other Transportation Equipment	1492697
电气机械及器材制造业	Manufacture of Electrical Machinery and Equipment	2419766
计算机、通信和其他电子设备制造业	Manufacture of Computers, Communications and Other Electronic Equipment	11862765
仪器仪表制造业	Manufacture of Instrument	250098
其他制造业	Other Manufacturing	36333
废弃资源综合利用业	Comprehensive Utilization of Waste Resources	
金属制品、机械和设备修理业	Metal Products, Machinery and Equipment Repair	69960
电力、热力的生产和供应业	Production and Supply of Electric Power and Heat Power	254822
燃气生产和供应业	Production and Supply of Gas	
水的生产和供应业	Production and Supply of Water	

11-8 工业三大支柱产业主要指标(2017年)
Major Indicators of Three Pillar Industrial Industries (2017)

行　业	Sector	单位数(个) Number of Units (unit)	从业人员(万人) Employed Persons (10000 persons)	工业总产值(亿元) Gross Output Value of Industry (100 million yuan)
合　计	**Total**	**1162**	**42.92**	**9328.85**
汽车制造业	Automobile Manufacturing	297	15.64	5117.04
# 汽车零部件制造业	Auto Parts Manufacturing	277	9.79	1398.01
电子产品制造业	Electronic Appliance Manufacturing	465	20.28	2290.71
石油化工制造业	Petrochemical Manufacturing	400	7.00	1921.10
三大支柱产业占全市比重（%）	Three Pillar Industries Proportion of All Industrial Enterprises (%)	24.91	33.63	44.57

注：本表统计范围为规模以上工业企业。
Note:The data in this table cover the industrial enterprises above designated size.

11-8 续表 continued

行　业	Sector	主营业务收入(亿元) Revenue from Principal Business (100 million yuan)	利润总额(亿元) Total Profits (100 million yuan)	税金总额(亿元) Total Pre-tax Profits (100 million yuan)
合　计	**Total**	**9234.23**	**773.30**	**525.51**
汽车制造业	Automobile Manufacturing	5023.33	465.19	300.29
# 汽车零部件制造业	Auto Parts Manufacturing	1385.63	143.73	52.28
电子产品制造业	Electronic Appliance Manufacturing	2241.36	148.12	23.92
石油化工制造业	Petrochemical Manufacturing	1969.54	159.99	201.30
三大支柱产业占全市比重(%)	Three Pillar Industries Proportion of All Industrial Enterprises (%)	44.31	57.33	56.86

11-9 主要工业产品产量(2017年)

Output of Major Industrial Products(2017)

产品名称		Name of Products		2016	2017
食用植物油	(吨)	Edible Vegetable Oil	(ton)	1448165	1570173
乳制品	(吨)	Dairy Products	(ton)	280885	277386
罐　头	(吨)	Canned Food	(ton)	18673	15121
饮料酒(混合量)	(千升)	Alcoholic Beverages (mixed)	(1000 litre)	852949	909790
# 啤　酒	(千升)	Beer	(1000 litre)	852743	909722
饲　料	(吨)	Fodder	(ton)	5903102	4856177
卷　烟	(万支)	Cigarettes	(10000 piece)	6405000	6240801
纱	(吨)	Yarn	(ton)	14482	22969
布	(万米)	Cloth	(10000 meters)	54755	45356
印染布	(万米)	Dyeing cloth	(ton)	48433	39593
服　装	(万件)	Garments	(10000 units)	58352	41169
皮革鞋靴	(万双)	Leather Shoes	(10000 pairs)	5855	4635
手提包(袋)、背包	(万个)	Handbag, Backpack	(10000unit)	3250	4059
人造板	(立方米)	Artificial Boards	(cu.m)	449780	422615
家　具	(万件)	Furniture	(10000 units)	1133	1021
机制纸及纸板	(吨)	Machine-made Paper and Paperboards	(ton)	893065	828927
# 新闻纸		Newsprint		403685	334318
纸制品	(吨)	Paper Products	(ton)	993906	1040235
化学试剂	(吨)	Chemical Reagent	(ton)	118081	88640
涂　料	(吨)	Coating	(ton)	630654	823097
初级形态的塑料	(吨)	Plastics	(ton)	2797329	2317458
橡胶轮胎外胎	(条)	Tires	(unit)	18146272	13906479
塑料制品	(吨)	Plastic Products	(ton)	1132567	1182538
合成洗涤剂	(吨)	Synthetic Detergents	(ton)	3813594	2082851
化学药品原药	(吨)	Chemical Medicines	(ton)	18979	20613
中成药	(吨)	Traditional Chinese Medicine	(ton)	68847	71552
发电量	(亿千瓦·时)	Electricity	(100 million kwh)	333	343
原油加工量	(吨)	Crude Oil Processing	(ton)	12236445	11738092
汽　油	(吨)	Gasoline	(ton)	2602155	2522381
煤　油	(吨)	Kerosene	(ton)	1798500	1768098
柴　油	(吨)	Diesel Oil	(ton)	3785048	3527608
燃料油	(吨)	Fuel Oil	(ton)	267259	2530
粗　钢	(吨)	Steel	(ton)	1439602	1635728
钢　材	(吨)	Steel Products	(ton)	10252985	9548638
交流电动机	(千瓦)	AC Motors	(kw)	745999	259477
发动机生产量	(万千瓦)	Internal Combustion Engines	(10000 kw)	16847	19385

注：1.发电量：根据国家能源司要求，2017年剔除中国南方电网有限责任公司在云贵地区的水利发电量数，同期数据相应调整。

2.燃料油：2017年广州华鸿油品有限公司关停。

Note: Ⅰ.Electricity generation: according to the State Energy Department, the data will be adjusted accordingly in 2017, excluding the water power generation of China Southern Power Grid Co. Ltd in the Yungui area.

Ⅱ. Fuel Oil: Guangzhou Huahong Oil products Co., Ltd is closed in 2017.

11-9 续表 continued

产品名称		Name of Products		2016	2017
自动柜员机(ATM机)	(台)	Automated Teller Machines	(set)	38811	33753
工业机器人	(套)	Industrial Robot	(set)	2287	3205
工业自动调节仪表与控制系统	(套)	Industrial Automatic Regulating Instrument and Control System	(set)	435681	776736
电 梯	(台)	Elevators & Escalators	(unit)	78740	81284
医疗仪器设备及器械	(台)	Medical Equipment and Instruments	(set)	976	4603
钟	(只)	Clocks	(unit)	4453577	2655505
自行车	(辆)	Bicycles	(unit)	1481869	1552619
摩托车整车	(辆)	Motorcycles	(unit)	2914178	2608720
汽 车	(辆)	Motor Vehicles	(unit)	2628831	3108083
其中：乘用车	(辆)	Sedans	(unit)	2625845	3098158
其中：运动型多用途乘用车(SUV)	(辆)	Sports Utility Vehicle	(unit)	1093906	1473341
新能源汽车	(辆)	New Energy Automobile	(unit)	4869	7382
变压器	(千伏安)	Transformers	(1000 volt-amperes)	30904644	39040352
原电池及原电池组(非扣式)	(万只)	Batteries	(10000 units)	28729	53074
家用电冰箱	(台)	Household Refrigerators	(set)	3735037	2778945
家用电风扇	(台)	Electric Fans	(set)	406984	435902
房间空气调节器	(台)	Air Conditioners	(set)	12442193	7096194
电饭锅	(个)	Electric Rice Cooker	(unit)	1256353	1098431
家用吸排油烟机	(台)	Extractor Hoods	(set)	173992	41426
家用燃气灶具	(台)	Gas Appliances	(unit)	2317559	2585214
电光源	(万只)	Bulbs	(10000 units)	13842	9660
电话单机	(部)	Telephone Sets	(unit)	1155477	1073053
移动通信手持机	(台)	Mobile Telecommunication Handset	(unit)	3011361	148772
微型电子计算机	(台)	Micro-computers	(unit)	138309	51752
其中：平板电脑	(台)	Tablet Personal Computer	(unit)	5841	149244
彩色电视机	(台)	Color TV Sets	(set)	9358455	8144822
其中：智能电视	(台)	Smart TV	(set)	6124337	4713878
移动通信基站设备	(信道)	Mobile Communication Base Station Equipment	(Signal Channel)	6017	8467
光缆	(芯千米)	Optical Cable	(Core Km)	19962	17755
锂离子电池	(万只)	Lithium Ion Battery	(10000unit)	14634	16684
光电子器件	(万只)	Optoelectronic Device	(10000unit)	677364	1106114
其中：液晶显示屏	(万片)	LED	(10000unit)	6805	7737
数字激光音、视盘机	(台)	Digital Video Player	(set)	187985	77542
显示器	(台)	Displayer	(set)	2003019	2024019
其中：平板显示器	(台)	Flat-panel Displayer	(set)	1972664	1937928

11-10 主要年份规模以上工业企业全员劳动生产率

Overall Labor Productivity of Industrial Enterprises above the Designated Size in Main Years

单位：元/人 (yuan/person)

年 份 Year	合 计 Total	国有企业 State-owned Enterprises	集体企业 Collective-owned Enterprises	“三资”企业 Foreign Funded Enterprises	其他企业 Other Enterprises
1998	53499	64347	27238	56952	46688
1999	60087	81519	30910	58846	47523
2000	60342	108088	32429	61748	48220
2001	69917	89566	40058	72400	67034
2002	76324	103186	40514	76773	79963
2003	89991	126215	36475	97733	83382
2004	96845	168409	30129	107890	70332
2005	115051	231185	31305	125912	86735
2006	132200	300403	31106	145278	97882
2007	156811	392930	32447	170755	116857
2008	175472	242679	25413	193910	153715
2009	181874	170356	31688	213960	142523
2010	214972	224214	44324	254371	165119
2011	259100	263492	55373	291514	218851
2012	272724	750301	47742	285933	227791
2013	289951	230952	93367	317224	262868
2014	322896	259265	94184	325220	330959
2015	343152	226904	129102	349101	344765
2016	361278	297301	137011	338364	394322
2017	405367	287909	78495	356116	469989

注：本表数据按工业增加值计算，以下劳动生产率表同。

Note: The data in this table are calculated on basis of the value-added of industry. The same as in the following tables.

11-11 规模以上工业企业全员劳动生产率(2017年，按行业分)

单位：元/人

行　　业	Sector
合　计	**Total**
煤炭开采和洗选业	Mining and Washing of Coal
石油和天然气开采业	Extraction of Petroleum and Natural Gas
黑色金属矿采选业	Mining and Processing of Ferrous Metal Ores
有色金属矿采选业	Mining and Processing of Non-Ferrous Metal Ores
非金属矿采选业	Mining and Processing of Nonmetal Ores
开采辅助活动	Mining Auxiliary Activities
其他采矿业	Mining of Other Ores
农副食品加工业	Processing of Food from Agricultural Products
食品制造业	Manufacture of Foods
酒、饮料和精制茶制造业	Manufacture of Wine ,Beverages and Refined Tea
烟草制品业	Manufacture of Tobacco
纺织业	Manufacture of Textile
纺织服装、服饰业	Manufacture of Textile Wearing Apparel,Clothing
皮革、毛皮、羽毛及其制品和制鞋业	Manufacture of Leather, Fur, Feather and Related Products and Footwear
木材加工和木、竹、藤、棕、草制品业	Processing of Timber, Manufacture of Wood, Bamboo,Rattan,Palm and Straw Products
家具制造业	Manufacture of Furniture
造纸和纸制品业	Manufacture of Paper and Paper Products
印刷业和记录媒介复制业	Printing, Reproduction of Recording Media
文教、工美、体育和娱乐用品制造业	Manufacture of Culture and Education ,Arts and Crafts, Sports and Entertainment Supplies
石油加工、炼焦和核燃料加工业	Processing of Petroleum, Coking, Processing of Nuclear Fuel
化学原料和化学制品制造业	Manufacture of Raw Chemical Materials and Chemical Products
医药制造业	Manufacture of Medicines
化学纤维制造业	Manufacture of Chemical Fibers
橡胶和塑料制品业	Manufacture of Rubber
非金属矿物制品业	Manufacture of Non-metallic Mineral Products
黑色金属冶炼和压延加工业	Smelting and Pressing of Ferrous Metals
有色金属冶炼和压延加工业	Smelting and Pressing of Non-Ferrous Metals
金属制品业	Manufacture of Metal Products
通用设备制造业	Manufacture of General Purpose Machinery
专用设备制造业	Manufacture of Special Purpose Machinery
汽车制造业	Manufacture of Automobile
铁路、船舶、航空航天和其他运输设备制造业	Manufacture of Railway, Ship, Aerospace and Other Transportation Equipment
电气机械及器材制造业	Manufacture of Electrical Machinery and Equipment
计算机、通信和其他电子设备制造业	Manufacture of Computers, Communications and Other Electronic Equipment
仪器仪表制造业	Manufacture of Instrument
其他制造业	Other Manufacturing
废弃资源综合利用业	Comprehensive Utilization of Waste Resources
金属制品、机械和设备修理业	Metal Products, Machinery and Equipment Repair
电力、热力的生产和供应业	Production and Supply of Electric Power and Heat Power
燃气生产和供应业	Production and Supply of Gas
水的生产和供应业	Production and Supply of Water

Overall Labor Productivity of Industrial Enterprises above the Designated Size(2017, by Sector)

(yuan/person)

全 市 Total	国有企业 State-owned Enterprises	集体企业 Collective-owned Enterprises	"三资"企业 Foreign Funded Enterprises	其他企业 Other Enterprises
405367	**287909**	**78495**	**356116**	**469989**
210126				210126
216362	400432	64222	362190	188371
362970	129108		416826	228867
446838	986554		420745	510013
7895642				7895642
133045			139185	122923
117726		223114	101790	126189
90753		70291	80186	101171
155759			189531	138783
196922			175282	204853
214516		122944	294167	138168
129677	151707		137759	115954
116011			106772	138005
3732983			1339337	3878285
513743	23282	506607	765686	249439
322839	131383		410944	295062
205260			367937	149181
149868			180476	120938
232114		270788	306905	183060
464796	70114		489541	327006
91097			78142	102569
133405	228694		137691	124122
218049		65439	284553	168882
213678			291180	176337
753429	212386		849800	470445
184978	201073		222270	179024
160955		36000	165694	156992
200765		69135	223306	180222
175371			163697	188449
90453			49631	99518
375338			502713	269278
247180	185922		313600	174507
5132467	26072		1259961	5385338
940312			140117	1211354
565237	400536	365643	648218	772836

11-12 主要年份规模以上工业企业主要经济指标

单位：万元

项　　目	Item	2000	2006	2007
企业单位数　（个）	Number of Enterprises (unit)	4531	5188	4988
# 亏损企业	Number of Loss-making Enterprises	954	1032	886
营业收入	Busmess Revenue			
主营业务收入	Revenue from Principal Business	25342544	72493321	88630531
# 主营业务成本	Cost of Principal Business	20560789	59529969	72210640
主营业务税金及附加	Taxes and Other Charges on Principal Business	462801	1256139	1873470
盈利企业的盈利总额	Total Profits of Profitable Enterprises	1577983	6008538	8044372
亏损企业的亏损总额	Total Losses of Loss-making Enterprises	393740	620087	513225
盈亏相抵后的利润总额	Total Profits of All Enterprises	1184243	5388451	7531147
应交所得税	Income Tax Payable	160118	676932	861833
应交增值税	Value-added Tax Payable	919339	2643027	3199893
流动资产年末合计	Total Working Capitals at the Year-end	15082653	31365356	37716223
# 存　货	Inventory	4301980	8145761	9334080
# 产成品存货	Inventory of Finished Goods	1528452	2478717	2960730
固定资产原价年末数	Original Value of Fixed Assets at the Year-end	17672981	33587396	37780990
年末资产合计	Total Assets at the Year-end	30861594	69036123	80412681
年末负债合计	Total Liabilities at the Year-end	18249287	33474848	40571015
年末所有者权益合计	Total Owners' Equity at the Year-end	12612306	35561275	39841666
# 实收资本	Capital Hold	8458358	20776240	22730283
# 国家资本	State Capital	1375635	6936604	7035569
外商资本	Foreign Capital	3578053	7759689	8286574
本年应付职工薪酬	Wages Payable	1623490	4184674	5216279
全部从业人员年平均人数　（人）	Annual Average Number of Staff and Workers (person)	1173960	1490877	1540930
工业总产值　（当年价格）	Gross Industrial Output Value (at current prices)	25685694	72820564	89104386
工业增加值　（当年价格）	Value-added of Industry (at current prices)	7083953	19709445	24163424

Main Indicators of Industrial Enterprises above the Designated Size in Main Years

(10000 yuan)

2008	2009	2010	2011	2012	2013	2014	2015	2016	2017
7442	7023	6969	4437	4373	4812	4774	4650	4662	4664
1725	1407	1060	689	744	652	676	757	628	583
			155253526	160103135	168367739	174162507	174280858	186584492	212465657
104244867	112140930	136246497	152702405	157283477	165067607	170773477	171050610	182567070	208404043
84647623	90316538	110733636	126083338	129613672	135511005	140533545	141198777	150794562	175026269
2549525	3249519	3427818	3215979	3287339	3651929	3655250	3865985	3788058	4012517
8003202	8584412	10910868	10629334	9666882	11721003	11707720	11919417	12885022	14183445
1072933	793247	598124	1044071	1410834	667252	827867	933685	568663	694547
6930269	7791165	10312744	9585263	8256048	11053751	10879853	10985732	12316359	13488898
983288	1138346	1440506	1616771	1473553	1902197	2005738	2190998	2232541	2387294
4520708	3843777	4696284	4545000	4354268	5125516	4882891	5386846	5177392	5228958
43871519	50733991	60871184	65179319	64593607	74129378	74764969	80408497	88188186	96779199
11054940	11529881	14111012	15232168	14522684	16005082	17037284	17158817	18033526	18627915
3751238	3761104	4694208	5213396	5427243	5540642	5958356	5632484	6056731	6892340
45244307	47978199	52094111	53921739	55980684	62689307	68562811	76523257	78525615	83420835
91648730	99655278	112655080	118306012	121573804	135540623	140934954	155333696	167377121	179076236
49694345	55020064	63320448	66428322	64458098	73585807	76229825	82261928	86779985	90880623
41954385	44631180	49334632	51877690	57115706	61954816	64705129	73071768	80597136	88195613
26272164	27564197	28796044	29125022	30434735	32278772	33859432	36002643	39035369	38744839
7510952	4533428	4529442	3763637	1692610	4011019	4419667	11612683	12734788	13956470
5586787	5940516	5915409	6476297	6874272	7019315	7711786	6920908	7226057	6725689
8089617	8159771	8634171	7650769	8148319	9441451	10920005	11495875	11694022	12648031
1719873	1615692	1662226	1547037	1499914	1534434	1462674	1418883	1355635	1276030
105149110	113767645	138312477	157127151	160664335	171987181	181935543	186842162	195704254	209296501
27875000	29385200	35733200	40083754	40906208	44491105	47229177	48689258	48976125	51726075

11-13 规模以上工业企业主要经济指标（2017年）

单位：万元

项　　目		Item	
企业单位数	（个）	Number of Enterprises	(unit)
#亏损企业		Number of Loss-making Enterprises	
主营业务收入		Revenue from Principal Business	
#主营业务成本		Cost of Principal Business	
主营业务税金及附加		Taxes and Other Charges on Principal Business	
盈利企业的盈利总额		Total Profits of Profitable Enterprises	
亏损企业的亏损总额		Total Losses of Loss-making Enterprises	
盈亏相抵后的利润总额		Total Profits of All Enterprises	
应交所得税		Income Tax Payable	
应交增值税		Value-added Tax Payable	
流动资产年末合计		Total Working Capitals at the Year-end	
#应收账款		Accounts Receivable	
#存　货		Inventory	
#产成品存货		Inventory of Finished Goods	
固定资产原价年末数		Original Value of Fixed Assets at the Year-end	
累计折旧		Accumulated Depreciation	
固定资产净值		Net Value of Fixed Assets	
年末资产合计		Total Assets at the Year-end	
年末负债合计		Total Liabilities at the Year-end	
年末所有者权益合计		Total Owners' Equity at the Year-end	
#实收资本		Capital Hold	
#国家资本		State Capital	
外商资本		Foreign Capital	
本年应付职工薪酬		Wages Payable	
全部从业人员年平均人数	（人）	Annual Average Number of Staff and Workers	(person)
工业总产值	（当年价格）	Gross Industrial Output Value	(at current prices)
工业增加值	（当年价格）	Value-added of Industry	(at current prices)

Main Indicators of Industrial Enterprises above the Designated Size (2017)

(10000 yuan)

全 市 Total	# 市 属 Managed by Municipal
4664	4586
583	571
208404043	151358243
175026269	123873355
4012517	1896712
14183445	12196468
694547	640916
13488898	11555552
2387294	2073109
5228958	4176569
96779199	83274034
24534647	23314180
18627915	14756441
6892340	6150746
83420835	54015561
40964356	26661391
42456479	27354170
179076236	130375750
90880623	70238065
88195613	60137685
38744839	27401972
13956470	3334569
6725689	6664882
12648031	11116037
1276030	1206105
209296501	152441375
51726075	34089948

11-14 规模以上工业企业主要经济指标(2017年，按轻重工业分)

单位：万元

项　　目		Item	
企业单位数	(个)	Number of Enterprises	(unit)
# 亏损企业		Number of Loss-making Enterprises	
主营业务收入		Revenue from Principal Business	
# 主营业务成本		Cost of Principal Business	
主营业务税金及附加		Taxes and Other Charges on Principal Business	
盈利企业的盈利总额		Total Profits of Profitable Enterprises	
亏损企业的亏损总额		Total Losses of Loss-making Enterprises	
盈亏相抵后的利润总额		Total Profits of All Enterprises	
应交所得税		Income Tax Payable	
应交增值税		Value-added Tax Payable	
流动资产年末合计		Total Working Capitals at the Year-end	
# 应收账款		Accounts Receivable	
# 存　货		Inventory	
# 产成品存货		Inventory of Finished Goods	
固定资产原价年末数		Original Value of Fixed Assets at the Year-end	
累计折旧		Accumulated Depreciation	
固定资产净值		Net Value of Fixed Assets	
年末资产合计		Total Assets at the Year-end	
年末负债合计		Total Liabilities at the Year-end	
年末所有者权益合计		Total Owners' Equity at the Year-end	
# 实收资本		Capital Hold	
# 国家资本		State Capital	
外商资本		Foreign Capital	
本年应付职工薪酬		Wages Payable	
全部从业人员年平均人数	(人)	Annual Average Number of Staff and Workers	(person)
工业总产值	(当年价格)	Gross Industrial Output Value	(at current prices)
工业增加值	(当年价格)	Value-added of Industry	(at current prices)

Main Indicators of Industrial Enterprises above the Designated Size (2017, by Light and Heavy Industry)

(10000 yuan)

全市 Total		#市属 Managed by Municipal Government	
轻工业 Light Industry	重工业 Heavy Industry	轻工业 Light Industry	重工业 Heavy Industry
2466	2198	2444	2142
316	267	316	255
53610205	154793838	49258814	102099429
38988580	136037689	37472097	86401258
1310929	2701588	335644	1561068
4239837	9943608	3941278	8255190
251332	443215	251333	389583
3988505	9500393	3689945	7865607
754581	1632713	693587	1379522
1791131	3437827	1525541	2651028
32194428	64584771	29652981	53621053
7208736	17325911	6981554	16332626
7484924	11142991	5677438	9079003
2555719	4336621	2426150	3724596
17290800	66130035	16267452	37748109
8621159	32343197	8083814	18577577
8669641	33786838	8183638	19170532
49248019	129828217	45174802	85200948
23643473	67237150	22353274	47884791
25604546	62591067	22821528	37316157
10661391	28083448	9556479	17845493
1969408	11987062	1045496	2289073
1745552	4980137	1733451	4931431
5196525	7451506	5019252	6096785
640769	635261	628820	577285
53706000	155590501	49204126	103237249
15189968	36536107	12721105	21368843

11-15 规模以上工业企业主要经济指标(2017年，按经济类型分)

单位:万元

项目		Item	
企业单位数	(个)	Number of Enterprises	(unit)
# 亏损企业		Number of Loss-making Enterprises	
主营业务收入		Revenue from Principal Business	
# 主营业务成本		Cost of Principal Business	
主营业务税金及附加		Taxes and Other Charges on Principal Business	
盈利企业的盈利总额		Total Profits of Profitable Enterprises	
亏损企业的亏损总额		Total Losses of Loss-making Enterprises	
盈亏相抵后的利润总额		Total Profits of All Enterprises	
应交所得税		Income Tax Payable	
应交增值税		Value-added Tax Payable	
流动资产年末合计		Total Working Capitals at the Year-end	
# 应收账款		Accounts Receivable	
# 存　货		Inventory	
# 产成品存货		Inventory of Finished Goods	
固定资产原价年末数		Original Value of Fixed Assets at the Year-end	
累计折旧		Accumulated Depreciation	
固定资产净值		Net Value of Fixed Assets	
年末资产合计		Total Assets at the Year-end	
年末负债合计		Total Liabilities at the Year-end	
年末所有者权益合计		Total Owners' Equity at the Year-end	
# 实收资本		Capital Hold	
# 国家资本		State Capital	
外商资本		Foreign Capital	
本年应付职工薪酬		Wage Payable	
全部从业人员年平均人数	(人)	Annual Average Number of Staff and Workers	(person)
工业总产值	(当年价格)	Gross Industrial Output Value	(at current prices)
工业增加值	(当年价格)	Value Added of Industry	(at current prices)

Main Indicators of Industrial Enterprises above the Designated Size
(2017, by Type of Ownership)

(10000 yuan)

全 市 Total	国有企业 State-owned Enterprises	集体企业 Collective-owned Enterprises	"三资"企业 Foreign Funded Enterprises	其他企业 Other Enterprises	# 国有及国有控股工业企业 State-owned and State-holding Enterprises
4664	21	17	1389	3237	264
583	5	1	235	342	44
208404043	611793	227075	100892643	106672532	95195868
175026269	475416	169937	82067851	92313065	83252921
4012517	3249	597	1428863	2579808	3257993
14183445	51342	7850	8676520	5447733	5145508
694547	13890	137	322756	357764	240164
13488898	37452	7713	8353764	5089969	4905344
2387294	10434	1352	1564204	811304	872259
5228958	16174	2637	2826562	2383585	2229262
96779199	550309	75644	49874658	46278588	30631231
24534647	99354	14922	14741994	9678377	3708442
18627915	89851	7973	8238139	10291952	6764241
6892340	51814	4521	3444014	3391991	2317783
83420835	2006044	84644	35177861	46152286	47556089
40964356	855541	67165	19538129	20503521	21975182
42456479	1150503	17479	15639732	25648765	25580907
179076236	2165560	119527	72832822	103958327	82557202
90880623	1142009	61701	40189447	49487466	39591647
88195613	1023551	57826	32643375	54470861	42965555
38744839	89259	6194	17015737	21633649	18347359
13956470	80148		1485033	12391289	13562251
6725689			6662104	63585	992120
12648031	152702	100486	7053913	5340930	3426150
1276030	9372	15123	657155	594380	187703
209296501	599084	226816	102376222	106094379	94437758
51726075	269829	118708	23402317	27935221	25174758

11-16 规模以上工业企业主要经济指标(2017年，按企业规模分)

单位：万元

项　　目	Item
企业单位数 (个)	Number of Enterprises (unit)
#亏损企业	Number of Loss-making Enterprises
主营业务收入	Revenue from Principal Business
#主营业务成本	Cost of Principal Business
主营业务税金及附加	Taxes and Other Charges on Principal Business
盈利企业的盈利总额	Total Profits of Profitable Enterprises
亏损企业的亏损总额	Total Losses of Loss-making Enterprises
盈亏相抵后的利润总额	Total Profits of All Enterprises
应交所得税	Income Tax Payable
应交增值税	Value-added Tax Payable
流动资产年末合计	Total Working Capitals at the Year-end
#应收账款	Accounts Receivable
#存　货	Inventory
#产成品存货	Inventory of Finished Goods
固定资产原价年末数	Original Value of Fixed Assets at the Year-end
累计折旧	Accumulated Depreciation
固定资产净值	Net Value of Fixed Assets
年末资产合计	Total Assets at the Year-end
年末负债合计	Total Liabilities at the Year-end
年末所有者权益合计	Total Owners' Equity at the Year-end
#实收资本	Capital Hold
#国家资本	State Capital
外商资本	Foreign Capital
本年应付职工薪酬	Wages Payable
全部从业人员年平均人数 (人)	Annual Average Number of Staff and Workers (person)
工业总产值 (当年价格)	Gross Industrial Output Value (at current prices)
工业增加值 (当年价格)	Value-added of Industry (at current prices)

Main Indicators of Industrial Enterprises above the Designated Size (2017, by Size of Enterprises)

(10000 yuan)

全　市 Total			# 国有及国有控股工业企业 State-owned and State-holding Enterprises		
大　型 Large Enterprises	中　型 Medium Enterprises	小微型 Small and Micro Enterprises	大　型 Large Enterprises	中　型 Medium Enterprises	小微型 Small and Micro Enterprises
191	672	3801	43	58	163
17	77	489	3	11	30
134397598	29451887	44554558	81485731	3680167	10029970
112927192	23717973	38381104	70799263	3048482	9405176
3628168	175828	208521	3205173	27066	25754
9222848	2433190	2527407	4460541	275235	409732
137743	249284	307520	38086	122431	79647
9085105	2183906	2219887	4422455	152804	330085
1542483	402756	442055	756850	39852	75557
3518611	786812	923535	2022690	115165	91407
51288612	19456608	26033979	23334669	3578137	3718425
10575920	5990587	7968140	2029434	805183	873825
9104716	4076077	5447122	5241493	773025	749723
3355091	1586915	1950334	1709199	287038	321546
55353838	13246623	14820374	38509000	4026735	5020354
27284707	6323117	7356532	17826772	1541407	2607003
28069131	6923506	7463842	20682228	2485328	2413351
109395194	30860120	38820922	68024185	7165750	7367267
53969183	15673497	21237943	31477683	4283095	3830869
55426011	15186623	17582979	36546502	2882655	3536398
20780392	7600436	10364011	13643786	2414164	2289409
10429670	1658701	1868099	10245231	1625061	1691959
2811958	1711856	2201875	665250	303776	23094
6683415	3164310	2800306	2744362	408332	273456
502302	368609	405119	133347	33257	21099
136256982	29816017	43223502	82549041	3634953	8253764
36600474	6996283	8129318	23461454	814100	899204

11-17 规模以上工业企业主要经济指标(2017年，按行业分)

单位:万元

行　　业	Sector
合　计	**Total**
煤炭开采和洗选业	Mining and Washing of Coal
石油和天然气开采业	Extraction of Petroleum and Natural Gas
黑色金属矿采选业	Mining and Processing of Ferrous Metal Ores
有色金属矿采选业	Mining and Processing of Nonferrous Metal Ores
非金属矿采选业	Mining and Processing of Nonmetal Ores
开采辅助活动	Mining Auxiliary Activities
其他矿采选业	Mining of Other Ores
农副食品加工业	Processing of Food from Agricultural Products
食品制造业	Manufacturing of Foods
酒、饮料和精制茶制造业	Manufacture of Wine ,Beverages and Refined Tea
烟草制品业	Manufacturing of Tobacco
纺织业	Textile Industry
纺织服装、服饰业	Manufacture of Textile Wearing Apparel,Clothing
皮革、毛皮、羽毛及其制品和制鞋业	Manufacture of Leather, Fur, Feather and Related Products and Footwear
木材加工及木、竹、藤、棕、草制品业	Processing of Timber, Manufacture of Wood, Bamboo,Rattan,Palm and Straw Products
家具制造业	Manufacturing of Furniture
造纸及纸制品业	Manufacturing of Paper and Paper Products
印刷和记录媒介复制业	Printing and Record Media Duplication Industry
文教、工美、体育和娱乐用品制造业	Manufacture of Culture and Education ,Arts and Crafts, Sports and Entertainment Supplies
石油加工、炼焦和核燃料加工业	Processing of Petroleum, Coking, Processing of Nuclear
化学原料及化学制品制造业	Manufacturing of Raw Chemical Material and Chemical Products
医药制造业	Manufacturing of Medical and Pharmaceutical Products
化学纤维制造业	Manufacturing of Chemical Fiber
橡胶和塑料制品业	Manufacture of Rubber and Plastic
非金属矿物制品业	Manufacturing of Non-metallic Mineral Products
黑色金属冶炼和压延加工业	Smelting and Pressing of Ferrous Metals
有色金属冶炼和压延加工业	Smelting and Pressing of Non-ferrous Metals
金属制品业	Manufacturing of Metal Products
通用设备制造业	Manufacturing of General Purpose Equipment
专用设备制造业	Manufacturing of Special Purpose Equipment
汽车制造业	Manufacture of Automobile
铁路、船舶、航空航天和其他运输设备制造业	Manufacture of Railway, Ship, Aerospace and Other Transportation Equipment
电气机械及器材制造业	Manufacturing of Electric Machinery and Equipment
计算机、通信和其他电子设备制造业	Manufacture of Computers, Communications and Other Electronic Equipment
仪器仪表制造业	Manufacture of Instrument
其他制造业	Other Manufacturing
废弃资源综合利用业	Comprehensive Utilization of Waste Resources
金属制品、机械和设备修理业	Metal Products, Machinery and Equipment Repair
电力、热力的生产和供应业	Production and Supply of Electric Power and Heat Power
燃气生产和供应业	Production and Supply of Gas
水的生产和供应业	Production and Supply of Water

Main Indicators of Industrial Enterprises above the Designated Size (2017, by Sector)

(10000 yuan)

单位数 (个) Number of Enterprises (unit)	# 亏损企业 Loss-making Enterprises	工业总产值 Gross Output Value of Industry	工业增加值 Value-added of Industry	工业销售产值 Sales Value of Industry	主营业务收入 Revenue from Principal Business	# 主营业务成本 Cost of Principal Business	# 主营业务税金及附加 Taxes and Charges on Core Business
4664	**583**	**209296501**	**51726075**	**208150649**	**208404043**	**175026269**	**4012517**
3		23767	5821	23758	21742	17757	831
110	13	3633936	300397	3606435	3848429	3454507	7451
133	13	4587586	1696669	4476082	4684830	2828982	42562
26	7	2181690	678121	1910982	2335546	1578074	37297
1		3928837	2303159	4643553	3809263	1171530	971179
157	14	1861922	351413	1845821	1862096	1672023	8651
408	49	2892008	961417	2849954	2788095	2436691	14545
280	39	1901550	604087	1897278	1847510	1607907	10887
42	5	264395	78923	259474	246896	212890	2609
101	11	2319788	727251	2314078	2212495	1623799	16020
97	11	1424333	275396	1459956	1451040	1268736	6471
86	12	994000	291203	999959	930793	769606	4709
147	28	1617546	595065	1596660	1728689	1384866	9472
13	1	5100117	2106896	5051430	5114661	3414152	1083922
394	36	14330019	3356439	13997323	14791962	10415899	112708
83	5	2903104	1117186	2706864	2702281	1421651	26628
9	1	86980	20177	85544	79245	66676	420
323	49	4224986	868439	4140718	4086373	3416075	21774
203	23	2446452	540918	2445670	2361082	2005763	15336
33	7	3899469	309926	3858959	3803576	3570234	12113
51	8	2914888	66164	3149786	3092159	3021242	3330
226	29	3074568	581645	3013464	3095552	2630966	16962
250	17	6120342	1492046	5985428	6162694	4754239	41436
200	23	2469949	647702	2419818	2494882	1904955	16586
297	31	51170356	11785814	51554310	50233274	42236269	1325793
73	23	3889362	622875	3843372	3914954	3595417	12506
339	41	8354237	1593595	8152513	8151910	6778055	41751
402	66	21770795	3811841	21050705	21361773	18682037	61983
53	6	957900	301990	930882	933935	685011	5745
20	4	136503	21055	137783	137256	118422	688
7		134249	50145	123350	128124	87415	970
16	2	715055	303166	706508	709322	594143	6823
32	4	43149866	12330751	43132695	42853620	41644188	60954
18	2	2852724	405086	2833137	3512063	3317652	3091
31	3	963222	523297	946400	915921	638440	8314

11-17 续表 1

单位:万元

行　　业	Sector
合　　计	**Total**
煤炭开采和洗选业	Mining and Washing of Coal
石油和天然气开采业	Extraction of Petroleum and Natural Gas
黑色金属矿采选业	Mining and Processing of Ferrous Metal Ores
有色金属矿采选业	Mining and Processing of Nonferrous Metal Ores
非金属矿采选业	Mining and Processing of Nonmetal Ores
开采辅助活动	Mining Auxiliary Activities
其他矿采选业	Mining of Other Ores
农副食品加工业	Processing of Food from Agricultural Products
食品制造业	Manufacturing of Foods
酒、饮料和精制茶制造业	Manufacture of Wine ,Beverages and Refined Tea
烟草制品业	Manufacturing of Tobacco
纺织业	Textile Industry
纺织服装、服饰业	Manufacture of Textile Wearing Apparel,Clothing
皮革、毛皮、羽毛及其制品和制鞋业	Manufacture of Leather, Fur, Feather and Related Products and Footwear
木材加工及木、竹、藤、棕、草制品业	Processing of Timber, Manufacture of Wood, Bamboo,Rattan,Palm and Straw Products
家具制造业	Manufacturing of Furniture
造纸和纸制品业	Manufacture of Paper and Paper Products
印刷和记录媒介复制业	Printing and Record Media Duplication Industry
文教、工美、体育和娱乐用品制造业	Manufacture of Culture and Education ,Arts and Crafts, Sports and Entertainment Supplies
石油加工、炼焦和核燃料加工业	Processing of Petroleum, Coking, Processing of Nuclear
化学原料及化学制品制造业	Manufacturing of Raw Chemical Material and Chemical Products
医药制造业	Manufacturing of Medical and Pharmaceutical Products
化学纤维制造业	Manufacturing of Chemical Fiber
橡胶和塑料制品业	Manufacture of Rubber and Plastic
非金属矿物制品业	Manufacturing of Non-metallic Mineral Products
黑色金属冶炼和压延加工业	Smelting and Pressing of Ferrous Metals
有色金属冶炼和压延加工业	Smelting and Pressing of Non-ferrous Metals
金属制品业	Manufacturing of Metal Products
通用设备制造业	Manufacturing of General Purpose Equipment
专用设备制造业	Manufacturing of Special Purpose Equipment
汽车制造业	Manufacture of Automobile
铁路、船舶、航空航天和其他运输设备制造业	Manufacture of Railway, Ship, Aerospace and Other Transportation Equipment
电气机械及器材制造业	Manufacturing of Electric Machinery and Equipment
计算机、通信和其他电子设备制造业	Manufacture of Computers, Communications and Other Electronic Equipment
仪器仪表制造业	Manufacture of Instrument
其他制造业	Other Manufacturing
废弃资源综合利用业	Comprehensive Utilization of Waste Resources
金属制品、机械和设备修理业	Metal Products, Machinery and Equipment Repair
电力、热力的生产和供应业	Production and Supply of Electric Power and Heat Power
燃气生产和供应业	Production and Supply of Gas
水的生产和供应业	Production and Supply of Water

continued

(10000 yuan)

利润总额 Total Profits	利税总额 Total Pre-tax Profits	应交所得税 Income Tax Payable	应交增值税 Value-added Tax Payable	流动资产年末合计 Total Working Capitals at the Year-end	# 应收账款 Accounts Receivable	# 存　货 Inventory	# 产成品存货 Inventory of Finished Goods
13488898	**22730373**	**2387294**	**5228958**	**96779199**	**24534647**	**18627915**	**6892340**
708	1956	175	417	8036	1439	1077	996
252014	287060	29494	27595	2027719	250741	400649	127104
636408	957232	139166	278262	2438470	428567	375484	184959
199054	350881	42881	114530	1361063	226812	204886	131828
207470	1423725	52012	245076	1921928	86342	1715541	66889
80085	110753	16165	22017	1046785	306150	289246	73238
70265	164118	15105	79308	1288186	307554	376760	185850
54303	97478	6930	32288	1114063	324450	267070	86527
14102	24968	2764	8257	340355	51310	63321	32504
285435	403167	37397	101712	1502447	166369	176199	76501
104913	147020	16371	35636	1512008	331981	148459	64179
23266	46862	13097	18887	496741	190365	124301	34885
95694	143363	19192	38197	1032914	250249	351131	135573
425971	1796219	101654	286326	1777144	149942	363233	51765
1206624	1857022	221371	537690	7971323	2452022	1238456	536094
421433	621716	62822	173655	3511304	585566	603602	249786
3127	4574	800	1027	52370	17781	13192	6211
149512	272015	44605	100729	2497706	806602	593804	233113
161236	248437	32971	71865	1735751	748297	229248	83627
69578	116857	13086	35166	1430990	159573	447877	227160
2951	19708	3478	13427	1371587	288914	214599	103245
125492	194644	31149	52190	2291955	643329	570190	165125
513278	753563	81184	198849	5612757	1629181	1258909	617753
214581	313720	42712	82553	2025457	670914	602877	179167
4651939	7654859	876850	1677127	18857314	5481107	2551658	1121121
14572	40691	9710	13613	4150981	472761	1322457	521343
482925	690894	83652	166218	5288090	1873298	1333472	511562
1326093	1526817	164201	138741	13022070	4627252	2206761	919773
90964	125038	11720	28329	903111	284306	221908	80166
2997	6339	1077	2654	75993	6692	18618	7102
21700	30398	3076	7728	151386	10236	15370	12780
16493	51086	3836	27770	660022	320536	131793	42657
1315552	1890907	158904	514401	4938081	215294	153649	11174
111064	156504	24275	42349	1160509	67865	27622	2770
137099	199782	23412	54369	1202583	100850	14496	7813

11-17　续表 2

单位：万元

行　　业	Sector
合　计	**Total**
煤炭开采和洗选业	Mining and Washing of Coal
石油和天然气开采业	Extraction of Petroleum and Natural Gas
黑色金属矿采选业	Mining and Processing of Ferrous Metal Ores
有色金属矿采选业	Mining and Processing of Nonferrous Metal Ores
非金属矿采选业	Mining and Processing of Nonmetal Ores
开采辅助活动	Mining Auxiliary Activities
其他矿采选业	Mining of Other Ores
农副食品加工业	Processing of Food from Agricultural Products
食品制造业	Manufacturing of Foods
酒、饮料和精制茶制造业	Manufacture of Wine ,Beverages and Refined Tea
烟草制品业	Manufacturing of Tobacco
纺织业	Textile Industry
纺织服装、服饰业	Manufacture of Textile Wearing Apparel,Clothing
皮革、毛皮、羽毛及其制品和制鞋业	Manufacture of Leather, Fur, Feather and Related Products and Footwear
木材加工及木、竹、藤、棕、草制品业	Processing of Timber, Manufacture of Wood, Bamboo,Rattan,Palm and Straw Products
家具制造业	Manufacturing of Furniture
造纸及纸制品业	Manufacturing of Paper and Paper Products
印刷和记录媒介复制业	Manufacture of Leather, Fur, Feather and Related Products and Footwear
文教、工美、体育和娱乐用品制造业	Manufacture of Culture and Education ,Arts and Crafts, Sports and Entertainment Supplies
石油加工、炼焦和核燃料加工业	Processing of Petroleum, Coking, Processing of Nuclear
化学原料及化学制品制造业	Manufacturing of Raw Chemical Material and Chemical Products
医药制造业	Manufacturing of Medical and Pharmaceutical Products
化学纤维制造业	Manufacturing of Chemical Fiber
橡胶和塑料制品业	Manufacture of Rubber and Plastic
非金属矿物制品业	Manufacturing of Non-metallic Mineral Products
黑色金属冶炼和压延加工业	Smelting and Pressing of Ferrous Metals
有色金属冶炼和压延加工业	Smelting and Pressing of Non-ferrous Metals
金属制品业	Manufacturing of Metal Products
通用设备制造业	Manufacturing of General Purpose Equipment
专用设备制造业	Manufacturing of Special Purpose Equipment
汽车制造业	Manufacture of Automobile
铁路、船舶、航空航天和其他运输设备制造业	Manufacture of Railway, Ship, Aerospace and Other Transportation Equipment
电气机械及器材制造业	Manufacturing of Electric Machinery and Equipment
计算机、通信和其他电子设备制造业	Manufacture of Computers, Communications and Other Electronic Equipment
仪器仪表制造业	Manufacture of Instrument
其他制造业	Other Manufacturing
废弃资源综合利用业	Comprehensive Utilization of Waste Resources
金属制品、机械和设备修理业	Metal Products, Machinery and Equipment Repair
电力、热力的生产和供应业	Production and Supply of Electric Power and Heat Power
燃气生产和供应业	Production and Supply of Gas
水的生产和供应业	Production and Supply of Water

continued

(10000 yuan)

固定资产原价年末数 Original Value of Fixed Assets at the Year-end	累计折旧 Accumulated Depreciation	固定资产净值 Net Value of Fixed Value	年末资产合计 Total Assets at the Year-end	年末负债合计 Total Liabilities at the Year-end	年末所有者权益合计 Total Owners' Equity at the Year-end	全部从业人员年平均人数（人） Average Number of Employed Persons (person)
83420835	**40964356**	**42456479**	**179076236**	**90880623**	**88195613**	**1276030**
4457	1833	2624	14295	7447	6848	277
641484	300923	340561	2905829	1520479	1385350	13884
1696684	821150	875534	3875866	1651468	2224398	46744
1093382	554747	538635	2085119	1200394	884725	15176
691005	415024	275981	2547509	590404	1957105	2917
815607	492950	322657	1494124	651106	843018	26413
364631	196614	168017	1577683	992081	585602	81666
341681	206308	135373	1418355	850457	567898	66564
62172	34281	27891	447379	183505	263874	5067
406186	149180	257006	2317210	823790	1493420	36931
637819	213910	423909	2214832	1360031	854801	12838
496608	294021	202587	770409	429665	340744	22456
687687	376196	311491	1492273	661913	830360	51294
2250490	1596779	653711	2573152	1705393	867759	5644
3984714	2111431	1873283	12179130	6066464	6112666	65333
1352029	615627	736402	5858819	2049446	3809373	34605
67169	39907	27262	107340	32938	74402	983
1851935	977661	874274	3945118	2048868	1896250	57947
1128302	604241	524061	2536757	1452524	1084233	23304
2086224	926726	1159498	2855766	1993127	862639	6668
220924	108260	112664	1742525	1344390	398135	7263
1103162	553997	549165	3108425	1602955	1505470	43600
2048448	1041560	1006888	7962639	3814042	4148597	68427
762389	355964	406425	2859001	1405782	1453219	30312
12738912	6991423	5747489	27474717	16883167	10591550	156429
1845958	709226	1136732	6039526	4544865	1494661	33673
2287750	1058668	1229082	7560611	3834627	3725984	99009
7000911	3646974	3353937	19522817	10194709	9328108	189866
291172	152364	138808	1176441	424706	751735	17220
39762	17156	22606	103643	75060	28583	2328
60870	29383	31487	227330	106041	121289	1336
658268	253926	404342	1159616	628493	531123	12265
26688010	13033429	13654581	37264796	13564307	23700489	24025
1361102	215593	1145509	2637037	1577819	1059218	4308
5652931	1866924	3786007	7020147	4608160	2411987	9258

11-18 规模以上大中型工业企业主要经济指标（2017年，按轻重工业分）

单位：万元

项 目		Item	
企业单位数	（个）	Number of Enterprises	(unit)
# 亏损企业		Number of Loss-making Enterprises	
主营业务收入		Revenue from Principal Business	
# 主营业务成本		Cost of Principal Business	
主营业务税金及附加		Taxes and Other Charges on Principal Business	
盈利企业的盈利总额		Total Profits of Profitable Enterprises	
亏损企业的亏损总额		Total Losses of Loss-making Enterprises	
盈亏相抵后的利润总额		Total Profits of All Enterprises	
应交所得税		Income Tax Payable	
应交增值税		Value-added Tax Payable	
流动资产年末合计		Total Working Capitals at the Year-end	
# 应收账款		Accounts Receivable	
# 存 货		Inventory	
# 产成品存货		Inventory of Finished Goods	
固定资产原价年末数		Original Value of Fixed Assets at the Year-end	
累计折旧		Accumulated Depreciation	
固定资产净值		Net Value of Fixed Assets	
年末资产合计		Total Assets at the Year-end	
年末负债合计		Total Liabilities at the Year-end	
年末所有者权益合计		Total Owners' Equity at the Year-end	
# 实收资本		Capital Hold	
# 国家资本		State Capital	
外商资本		Foreign Capital	
本年应付职工薪酬		Wages Payable	
全部从业人员年平均人数	（人）	Annual Average Number of Staff and Workers	(person)
工业总产值	（当年价格）	Gross Industrial Output Value	(at current prices)
工业增加值	（当年价格）	Value-added of Industry	(at current prices)

Major Indicators of Large and Medium-sized Industrial Enterprises above the Designated Size (2017，by Light and Heavy Industry)

(10000 yuan)

全 市 Total		# 市 属 Managed by Municipal Government	
轻工业 Light Industry	重工业 Heavy Industry	轻工业 Light Industry	重工业 Heavy Industry
462	401	455	379
54	40	54	35
36933285	126916200	32765635	77374922
24905020	111740145	23508892	65042014
1227780	2576216	253864	1443712
3322297	8333741	3072110	6823816
140031	246995	140030	212467
3182266	8086746	2932080	6611349
597183	1348055	540445	1133009
1422290	2883133	1165397	2125890
22614260	48130959	20208599	38070122
4318457	12248049	4108407	11446580
5296859	7883934	3517273	6023641
1763112	3178894	1648724	2619126
12812721	55787740	11893043	28723596
6522738	27085086	6018287	13912519
6289983	28702654	5874756	14811077
35535856	104719458	31806047	62054994
16166212	53476468	14963935	35060448
19369644	51242990	16842112	26994546
7045941	21334887	6091895	11897195
1644561	10443810	817684	1429455
1030364	3493450	1021862	3446834
3959496	5888229	3799259	4615254
425213	445698	414776	392293
37724209	128348791	33402924	78562891
11318294	32278463	8897143	17519873

11-19 规模以上大中型工业企业主要经济指标（2017年，按经济类型分）

单位:万元

项　　目		Item	
企业单位数	（个）	Number of Enterprises	(unit)
#亏损企业		Number of Loss-making Enterprises	
主营业务收入		Revenue from Principal Business	
#主营业务成本		Cost of Principal Business	
主营业务税金及附加		Taxes and Other Charges on Principal Business	
盈利企业的盈利总额		Total Profits of Profitable Enterprises	
亏损企业的亏损总额		Total Losses of Loss-making Enterprises	
盈亏相抵后的利润总额		Total Profits of All Enterprises	
应交所得税		Income Tax Payable	
应交增值税		Value-added Tax Payable	
流动资产年末合计		Total Working Capitals at the Year-end	
#应收账款		Accounts Receivable	
#存　货		Inventory	
#产成品存货		Inventory of Finished Goods	
固定资产原价年末数		Original Value of Fixed Assets at the Year-end	
累计折旧		Accumulated Depreciation	
固定资产净值		Net Value of Fixed Assets	
年末资产合计		Total Assets at the Year-end	
年末负债合计		Total Liabilities at the Year-end	
年末所有者权益合计		Total Owners' Equity at the Year-end	
#实收资本		Capital Hold	
#国家资本		State Capital	
外商资本		Foreign Capital	
本年应付职工薪酬		Wages Payable	
全部从业人员年平均人数	（人）	Annual Average Number of Staff and Workers	(person)
工业总产值	（当年价格）	Gross Industrial Output Value	(at current prices)
工业增加值	（当年价格）	Value-added of Industry	(at current prices)

Major Indicators of Large and Medium-sized Industrial Enterprises above the Designated Size (2017, by Type of Ownership)

(10000 yuan)

合 计 Total	国有企业 State-owned Enterprises	集体企业 Collective-owned Enterprises	"三资"企业 Foreign Funded Enterprises	其他企业 Other Enterprises
863	7	8	458	390
94	1	1	55	37
163849485	450496	140949	84761402	78496638
136645165	328887	97305	68570940	67648033
3803996	2424		1331751	2469821
11656038	40271	2204	7461042	4152521
387026	4552	137	176431	205906
11269012	35719	2067	7284611	3946615
1945238	7820	588	1337288	599542
4305423	12388	2	2450332	1842701
70745219	447994	23463	39045015	31228747
16566506	70325	4269	11613649	4878263
13180793	65867		6210615	6904311
4942006	35718		2710961	2195327
68600461	1936597	31165	28145989	38486710
33607824	815154	21007	15671725	17099938
34992637	1121443	10158	12474264	21386772
140255314	1999430	36777	56866141	81352966
69642680	1052643	12909	31863570	36713558
70612634	946787	23868	25002571	44639408
28380828	56781	618	11890069	16433360
12088371	56781		1009429	11022161
4523814			4502990	20824
9847725	139564	92731	6002653	3612777
870911	8027	14061	539065	309758
166073000	468954	140956	86134169	79328921
43596757	241066	95567	20321639	22938485

11-20 规模以上工业企业主要经济效益指标（2017年）

项　　目		Item	
工业经济效益综合指数	(%)	Industrial Economic Benefit Synthetic	(%)
总资产贡献率	(%)	Ratio of Total Assets to Industrial Output Value	(%)
资本保值增值率	(%)	Ratio of Capital Maintenance and Appreciation	(%)
资产负债率	(%)	Assets-Liability Ratio	(%)
流动资产周转率	(次)	Number of Times of Annual of Turnover Working Capitals	(times)
工业成本费用利润率	(%)	Ratio of Profits to Industrial Cost	(%)
工业全员劳动生产率	(元/人)	Overall Labor Productivity	(yuan/person)
工业产品销售率	(%)	Proportion of Products Sold	(%)
工业资金利税率	(%)	Ratio of Pre-tax Profits to Total Capital	(%)
主营业务收入利润率	(%)	Main Business Revenue Profit Margin	(%)
每百元主营业务收入中的成本	(元)	The Cost of Operating Income per 100 yuan	(yuan)
工业增加值率	(%)	Ratio of Value-added to Gross Industrial Output Value	(%)
企业亏损面	(%)	Ratio of Loss-making Enterprises to Total Industrial Enterprises	(%)
工业产成品存货可供销售天数	(天)	Days for Sale of Inventory of Finished Products	(day)
每百元资金提供的总产值	(元)	Output Value Created by per 100 yuan	(yuan)
每百元资金提供的利税	(元)	Pre-tax Profits Created by per 100 Yuan	(yuan)
每百元固定资产原价提供利税	(元)	Pre-tax Profits Created by per 100 yuan Original Value of Fixed Assets	(yuan)
每百元固定资产原价提供总产值	(元)	Output Value Created by per 100 yuan Original Value of Fixed Assets	(yuan)
每百元固定资产净值提供利税	(元)	Pre-tax Profits Created by per 100 yuan Net Value of Fixed Assets	(yuan)
每百元固定资产净值提供总产值	(元)	Output Value Created by per 100 yuan Net Value of Fixed Assets	(yuan)
每百元总产值实现利税	(元)	Pre-tax Profits Created by per 100 yuan Output Value	(yuan)
每百元总产值占用全部资产	(元)	Total Assets Used by per 100 yuan Output Value	(yuan)
平均每个职工拥有全部资产	(元)	Average Assets Owned by per Staff and Worker	(yuan)
平均每个职工提供利税	(元)	Average Pre-tax Profits Created by per Staff and Worker	(yuan)

Main Indicators on Economic Benefit of Industrial Enterprises above the Designated Size (2017)

全 市 Total	# 市 属 Managed by Municipal Government
359.10	287.74
13.71	14.56
109.91	110.55
50.75	53.87
2.15	1.82
7.01	8.25
405367	282645
99.45	98.90
16.33	15.94
6.47	7.63
83.98	81.84
24.71	22.36
12.50	12.45
11.91	14.63
150.32	137.80
16.33	15.94
27.25	32.64
250.89	282.22
53.54	64.45
492.97	557.29
10.86	11.56
85.56	85.53
1403386	1080965
178134	146163

11-21 规模以上工业企业主要经济效益指标（2017年，按轻重工业分）

项目		Item	
工业经济效益综合指数	(%)	Industrial Economic Benefit Synthetic	(%)
总资产贡献率	(%)	Ratio of Total Assets to Industrial Output Value	(%)
资本保值增值率	(%)	Ratio of Capital Maintenance and Appreciation	(%)
资产负债率	(%)	Assets-Liability Ratio	(%)
流动资产周转率	（次）	Number of Times of Annual of Turnover Working Capitals	(times)
工业成本费用利润率	(%)	Ratio of Profits to Industrial Cost	(%)
工业全员劳动生产率	（元/人）	Overall Labor Productivity	(yuan/person)
工业产品销售率	(%)	Proportion of Products Sold	(%)
工业资金利税率	(%)	Ratio of Pre-tax Profits to Total Capital	(%)
主营业务收入利润率	(%)	Main Business Revenue Profit Margin	(%)
每百元主营业务收入中的成本	（元）	The Cost of Operating Income per 100 yuan	(yuan)
工业增加值率	(%)	Ratio of Value-added to Gross Industrial Output Value	(%)
企业亏损面	(%)	Ratio of Loss-making Enterprises to Total Industrial Enterprises	(%)
工业产成品存货可供销售天数	（天）	Days for Sale of Inventory of Finished Products	(day)
每百元资金提供的总产值	（元）	Output Value Created by per 100 yuan	(yuan)
每百元资金提供的利税	（元）	Pre-tax Profits Created by per 100 Yuan	(yuan)
每百元固定资产原价提供利税	（元）	Pre-tax Profits Created by per 100 yuan Original Value of Fixed Assets	(yuan)
每百元固定资产原价提供总产值	（元）	Output Value Created by per 100 yuan Original Value of Fixed Assets	(yuan)
每百元固定资产净值提供利税	（元）	Pre-tax Profits Created by per 100 yuan Net Value of Fixed Assets	(yuan)
每百元固定资产净值提供总产值	（元）	Output Value Created by per 100 yuan Net Value of Fixed Assets	(yuan)
每百元总产值实现利税	（元）	Pre-tax Profits Created by per 100 yuan Output Value	(yuan)
每百元总产值占用全部资产	（元）	Total Assets Used by per 100 yuan Output Value	(yuan)
平均每个职工拥有全部资产	（元）	Average Assets Owned by per Staff and Worker	(yuan)
平均每个职工提供利税	（元）	Average Pre-tax Profits Created by per Staff and Worker	(yuan)

Main Indicators on Economic Benefit of Industrial Enterprises above the Designated Size (2017, by Light and Heavy Industry)

全 市 Total		#市 属 Managed by Municipal Government	
轻工业 Light Industry	重工业 Heavy Industry	轻工业 Light Industry	重工业 Heavy Industry
259.89	461.86	233.51	343.67
15.23	13.13	13.11	15.34
108.04	110.68	109.20	111.38
48.01	51.79	49.48	56.20
1.67	2.40	1.66	1.90
8.33	6.58	8.01	8.37
237058	575135	202301	370161
99.18	99.55	97.73	99.45
17.35	15.90	14.67	16.59
7.44	6.14	7.49	7.70
72.73	87.88	76.07	84.62
28.28	23.48	25.85	20.70
12.81	12.15	12.93	11.90
17.16	10.09	17.73	13.13
131.43	158.17	130.04	141.83
17.35	15.90	14.67	16.59
41.01	23.65	34.12	32.00
310.60	235.28	302.47	273.49
81.79	46.29	67.83	63.00
619.47	460.51	601.25	538.52
13.20	10.05	11.28	11.70
91.70	83.44	91.81	82.53
768577	2043699	718406	1475891
110657	246195	88279	209216

11-22 规模以上工业企业主要经济效益指标（2017年，按经济类型分）

项　　目		Item	
工业经济效益综合指数	(%)	Industrial Economic Benefit Synthetic	(%)
总资产贡献率	(%)	Ratio of Total Assets to Industrial Output Value	(%)
资本保值增值率	(%)	Ratio of Capital Maintenance and Appreciation	(%)
资产负债率	(%)	Assets-Liability Ratio	(%)
流动资产周转率	（次）	Number of Times of Annual of Turnover Working Capitals	(times)
工业成本费用利润率	(%)	Ratio of Profits to Industrial Cost	(%)
工业全员劳动生产率	（元/人）	Overall Labor Productivity	(yuan/person)
工业产品销售率	(%)	Proportion of Products Sold	(%)
工业资金利税率	(%)	Ratio of Pre-tax Profits to Total Capital	(%)
主营业务收入利润率	(%)	Main Business Revenue Profit Margin	(%)
每百元主营业务收入中的成本	（元）	The Cost of Operating Income per 100 yuan	(yuan)
工业增加值率	(%)	Ratio of Value-added to Gross Industrial Output Value	(%)
企业亏损面	(%)	Ratio of Loss-making Enterprises to Total Industrial Enterprises	(%)
工业产成品存货可供销售天数	（天）	Days for Sale of Inventory of Finished Products	(day)
每百元资金提供的总产值	（元）	Output Value Created by per 100 yuan	(yuan)
每百元资金提供的利税	（元）	Pre-tax Profits Created by per 100 Yuan	(yuan)
每百元固定资产原价提供利税	（元）	Pre-tax Profits Created by per 100 yuan Original Value of Fixed Assets	(yuan)
每百元固定资产原价提供总产值	（元）	Output Value Created by per 100 yuan Original Value of Fixed Assets	(yuan)
每百元固定资产净值提供利税	（元）	Pre-tax Profits Created by per 100 yuan Net Value of Fixed Assets	(yuan)
每百元固定资产净值提供总产值	（元）	Output Value Created by per 100 yuan Net Value of Fixed Assets	(yuan)
每百元总产值实现利税	（元）	Pre-tax Profits Created by per 100 yuan Output Value	(yuan)
每百元总产值占用全部资产	（元）	Total Assets Used by per 100 yuan Output Value	(yuan)
平均每个职工拥有全部资产	（元）	Average Assets Owned by per Staff and Worker	(yuan)
平均每个职工提供利税	（元）	Average Pre-tax Profits Created by per Staff and Worker	(yuan)

Main Indicators on Economic Benefit of Industrial Enterprises above the Designated Size (2017, by Type of Ownership)

全 市 Total	国有企业 State-owned Enterprises	集体企业 Collective-owned Enterprises	“三资”企业 Foreign Funded Enterprises	其他企业 Other Enterprises	# 国有及国有控股工业企业 State-owned and State-holding Enterprises
359.10	256.06	145.86	344.28	387.14	929.86
13.71	3.94	9.66	18.36	10.68	13.51
109.91	106.57	89.61	109.36	110.33	107.00
50.75	52.74	51.62	55.18	47.60	47.96
2.15	1.11	3.00	2.02	2.31	3.11
7.01	6.29	3.53	9.05	5.13	5.63
405367	287909	78495	356116	469989	1341202
99.45	98.28	98.67	99.43	99.49	100.08
16.33	3.34	11.75	19.25	13.98	18.49
6.47	6.12	3.40	8.28	4.77	5.15
83.98	77.71	74.84	81.34	86.54	87.45
24.71	45.04	52.34	22.86	26.33	26.66
12.50	23.81	5.88	16.92	10.57	22.73
11.91	30.49	7.17	12.29	11.45	8.77
150.32	35.22	243.57	156.27	147.50	168.00
16.33	3.34	11.75	19.25	13.98	18.49
27.25	2.84	12.93	35.84	21.78	21.85
250.89	29.86	267.96	291.02	229.88	198.58
53.54	4.94	62.62	80.62	39.20	40.63
492.97	52.07	1297.66	654.59	413.64	369.17
10.86	9.49	4.83	12.32	9.48	11.00
85.56	361.48	52.70	71.14	97.99	87.42
1403386	2310670	79036	1108305	1749021	4398289
178134	60686	7238	191875	169140	553672

11-23 规模以上工业企业主要经济效益指标（2017年，按企业规模分）

项　　目		Item	
工业经济效益综合指数	(%)	Industrial Economic Benefit Synthetic	(%)
总资产贡献率	(%)	Ratio of Total Assets to Industrial Output Value	(%)
资本保值增值率	(%)	Ratio of Capital Maintenance and Appreciation	(%)
资产负债率	(%)	Assets-Liability Ratio	(%)
流动资产周转率	(次)	Number of Times of Annual of Turnover Working Capitals	(times)
工业成本费用利润率	(%)	Ratio of Profits to Industrial Cost	(%)
工业全员劳动生产率	(元/人)	Overall Labor Productivity	(yuan/person)
工业产品销售率	(%)	Proportion of Products Sold	(%)
工业资金利税率	(%)	Ratio of Pre-tax Profits to Total Capital	(%)
主营业务收入利润率	(%)	Main Business Revenue Profit Margin	(%)
每百元主营业务收入中的成本	(元)	The Cost of Operating Income per 100 yuan	(yuan)
工业增加值率	(%)	Ratio of Value-added to Gross Industrial Output Value	(%)
企业亏损面	(%)	Ratio of Loss-making Enterprises to Total Industrial Enterprises	(%)
工业产成品存货可供销售天数	(天)	Days for Sale of Inventory of Finished Products	(day)
每百元资金提供的总产值	(元)	Output Value Created by per 100 yuan	(yuan)
每百元资金提供的利税	(元)	Pre-tax Profits Created by per 100 Yuan	(yuan)
每百元固定资产原价提供利税	(元)	Pre-tax Profits Created by per 100 yuan Original Value of Fixed Assets	(yuan)
每百元固定资产原价提供总产值	(元)	Output Value Created by per 100 yuan Original Value of Fixed Assets	(yuan)
每百元固定资产净值提供利税	(元)	Pre-tax Profits Created by per 100 yuan Net Value of Fixed Assets	(yuan)
每百元固定资产净值提供总产值	(元)	Output Value Created by per 100 yuan Net Value of Fixed Assets	(yuan)
每百元总产值实现利税	(元)	Pre-tax Profits Created by per 100 yuan Output Value	(yuan)
每百元总产值占用全部资产	(元)	Total Assets Used by per 100 yuan Output Value	(yuan)
平均每个职工拥有全部资产	(元)	Average Assets Owned by per Staff and Worker	(yuan)
平均每个职工提供利税	(元)	Average Pre-tax Profits Created by per Staff and Worker	(yuan)

Main Indicators on Economic Benefit of Industrial Enterprises above the Designated Size (2017, by Size of Enterprises)

全 市 Total			# 国有及国有控股工业企业 State-owned and State-holding Enterprises		
大 型 Large Enterprises	中 型 Medium Enterprises	小微型 Small and Micro Enterprises	大 型 Large Enterprises	中 型 Medium Enterprises	小微型 Small and Micro Enterprises
565.94	220.36	203.36	1192.74	222.87	202.05
16.03	11.13	6.63	15.44	5.00	6.58
112.19	107.86	55.45	111.92	102.29	55.30
49.33	50.79	54.71	46.27	59.77	54.65
2.62	1.51	1.71	3.49	1.03	1.72
7.43	7.93	5.21	6.00	4.27	5.15
728655	189802	200665	1759429	244791	198886
99.79	98.33	99.16	100.06	97.85	99.17
20.45	11.93	10.01	21.92	4.87	9.93
6.76	7.42	4.98	5.43	4.15	4.92
84.02	80.53	86.14	86.89	82.84	86.19
26.86	23.46	18.81	28.42	22.40	18.73
8.90	11.46	12.87	6.98	18.97	18.40
8.99	19.40	15.76	7.55	28.08	15.64
171.70	113.02	129.03	187.54	59.95	129.09
20.45	11.93	10.01	21.92	4.87	9.93
29.32	23.75	22.62	25.06	7.33	22.33
246.16	225.08	291.65	214.36	90.27	290.38
57.83	45.45	44.91	46.66	11.87	44.34
485.43	430.65	579.11	399.13	146.26	576.69
11.91	10.55	7.75	11.69	8.12	7.69
80.29	103.50	89.81	82.40	197.13	89.76
2177877	837205	958260	5101291	2154659	953392
323150	85363	82740	723700	88714	81669

11-24 规模以上工业企业分组主要指标（2017年）

Major Indicators of Industrial Enterprises above the Designated Size by Group (2017)

单位：万元 (10000 yuan)

项 目	Item	企业单位数（个） Number of Enterprises (unit)	盈亏相抵后利润总额 Total Profits of All Enterprises	固定资产原价年末数 Original Value of Fixed Assets at the Year-end	工业增加值 Value-added of Industry	工业总产值 Gross Industrial Output Value	从业人员年平均人数（人） Annual Average Employed Persons (person)
总 计	**Total**	**4664**	**13488898**	**83420835**	**51726075**	**209296501**	**1276030**
按总产值分组	Grouped by Gross Output Value						
1亿元及以上	100 million yuan and above	1624	13044369	78937615	47989223	195138814	948191
5000万元-9999万元	50-99.99 million yuan	1142	242802	2374784	2104320	8026414	161805
4999万元及以下	49.99 million yuan and below	1898	201727	2108436	1632532	6131273	166034
按固定资产原价分组	Grouped by Original Value of Fixed Assets						
1亿元及以上	100 million yuan and above	693	11476521	76790537	42570272	167758245	661784
5000万元-9999万元	50-99.99 million yuan	421	810135	2993686	2457408	10284849	144921
4999万元及以下	49.99 million yuan and below	3550	1202242	3636612	6698395	31253407	469325
按利税总额分组	Grouped by Pre-tax Profits						
1亿元及以上	100 million yuan and above	264	11638513	59364024	39005108	143821126	398348
5000万元-9999万元	50-99.99 million yuan	193	987056	5431700	2585537	11737095	116898
4999万元及以下	49.99 million yuan and below	4207	863329	18625111	10135430	53738280	760784
按从业人员人数分组	Grouped by Staff and Workers						
2000人及以上	2000 Persons and above	92	7270188	46843589	32138803	119429328	373981
500人-1999人	500-1999 Persons	395	3229134	16490794	8806932	34427071	360649
499人及以下	499 Persons and below	4177	2989576	20086452	10780340	55440102	541400

【工业】指从事自然资源的开采，对采掘品和农产品进行加工和再加工的物质生产部门。具体包括：

(1)对自然资源的开采，如采矿、晒盐等(但不包括禽兽捕猎和水产捕捞)；

(2)对农副产品的加工、再加工，如粮油加工、食品加工、轧花、缫丝、纺织、制革等；

(3)对采掘品的加工、再加工，如炼铁、炼钢、化工生产、石油加工、机器制造、木材加工等，以及电力、燃气及水的生产和供应等；

(4)对工业品的修理、翻新，如机器设备的修理等。

工业统计调查单位为工业法人单位。

工业法人单位指从事工业生产经营活动的法人单位。工业法人单位应同时具备以下条件：①依法成立，有自己的名称、组织机构和场所，能够独立承担民事责任；②独立拥有（或授权）使用资产，承担负债，有权与其他单位签订合同；③具有包括资产负债表在内的账户，或者能够根据需要编制账户。

【工业法人单位】 指从事工业生产经营活动的法人单位。工业法人单位应同时具备以下条件：①依法成立，有自己的名称、组织机构和场所，能够独立承担民事责任；②独立拥有（或授权）使用资产，承担负债，有权与其他单位签订合同；③具有包括资产负债表在内的账户，或者能够根据需要编制账户。

【轻工业】 指主要提供生活消费品和制作手工工具的工业。按其所使用的原料不同，可分为两大类：

(1)以农产品为原料的轻工业，是指直接或间接以农产品为基本原料的轻工业。主要包括食品制造、饮料制造、烟草加工、纺织、缝纫、皮革和毛皮制作、造纸以及印刷等工业；

(2)以非农产品为原料的轻工业，是指以工业品为原料的轻工业。主要包括文教体育用品、化学药品制造、合成纤维制造、日用化学制品、日用玻璃制品、日用金属制品、手工工具制造、医疗器械制造、文化和办公用机械制造等工业。

【重工业】 是指为国民经济各部门提供物质技术基础的主要生产资料的工业。按其生产性质和产品用途，可分为下列三类：

(1)采掘(伐)工业，是指对自然资源的开采，包括石油开采、煤炭开采、金属矿开采、非金属矿开采和木材采伐等工业；

(2)原材料工业，指向国民经济各部门提供基本材料、动力和燃料的工业。包括金属冶炼及加工、炼焦及焦炭化学、化工原料、水泥、人造板以及电力、石油和煤炭加工等工业；

(3)加工工业，是指对工业原材料进行再加工制造的工业。包括装备国民经济各部门的机械设备制造工业、金属结构、水泥制品等工业，以及为农业提供的生产资料如化肥、农药等工业。

根据上述划分原则，修理业中以重工业产品为修理作业对象的划为重工业，反之划为轻工业。

【工业总产值】 指工业企业在报告期内生产的以货币形式表现的工业最终产品和提供工业劳务活动的总价值量。

（1）工业总产值计算应遵循的原则

①工业生产的原则。即凡是企业在报告期内生产的最终产品和提供的劳务，均应包括在内。其中的最终产品，不管是否在报告期内销售，只要是报告期内生产的，就应包括在内。凡不是工业生产的产品，均不得计入工业总产值。

②最终产品的原则。即企业生产的成品价值必须是本企业生产的，经检验合格不需再进行任何加工的最终产品。企业对外销售的半成品也应视为最终产品计入工业总产值。而在本企业内各车间转移的半成品和在制品只能计算其期末期初差额价值。

③“工厂法”原则。即以法人工业企业作为一个整体计算工业总产值，是其报告期内生产的最终产品和提供劳务的总价值量。

（2）工业总产值的内容

包括三部分：生产的成品价值、对外加工费收入、自制半成品在制品期末期初差额价值。

【工业增加值】 是指工业行业在报告期内以货币表现的工业生产活动的最终成果，是企业全部生产活自动的总成果扣除了在生产过程中消耗或转移的物质产品和劳务价值后的余额，是企业生产过程中新增加的价值。

【资产总计】 指企业过去的交易或者事项形成的、由企业拥有或者控制的、预期会给企业带来经济利益的资源。资产一般按流动性（资产的变现或耗用时间长短）分为流动资产和非流动资产。其中流动资产可分为货币资金、交易性金融资产、应收票据、应收账款、预付款项、其他应收款、存货等；非流动资产可分为长期股权投资、固定资产、无形资产及其他非流动资产等。

【负债合计】 指企业过去的交易或者事项形成的，预期会导致经济利益流出企业的现时义务。负债一般按偿还期长短分为流动负债和非流动负债。

【所有者权益】 指企业资产扣除负债后由所有者享有的剩余权益。公司的所有者权益又称股东权益。包括实收资本、资本公积、盈余公积、未分配利润等。

【固定资产原价】 指固定资产的成本，包括企业在购置、自行建造、安装、改建、扩建、技术改造某项固定资产时所发生的全部支出总额。

【主营业务收入】 指指企业确认的销售商品、提供劳务等主营业务的收入。根据会计“主营业务收入”科目的期末贷方余额（结转前）填报。如未设置该科目，以“营业收入”代替填报。

【主营业务成本】 指企业经营主要业务所发生的成本总额。根据会计“主营业务成本”科目的期末借方余额（结转前）填报。

【主营业务税金及附加】 指企业经营主要业务应负担的消费税、城市维护建设税、教育费附加及房产税、土地使用税、车船使用税、印花税等。根据会计“主营业务税金及附加”科目的期末借方余额（结转前）填报。如未设置该科目，以“税金及附加”代替填报。

【利润总额】 指企业在一定会计期间的经营成果，是生产经营过程中各种收入扣除各种耗费后的盈余，反映企业在报告期内实现的盈亏总额。根据会计“利润表”中“利润总额”项目的本年累计数填报。

【应交增值税】 指按照税法规定，以销售货物、服务、无形资产、不动产或提供加工、修理修配劳务的增值额和货物进口金额为计税依据而课征的一种流转税。填报本指标时，应按权责发生制核算企业本期应负担的增值税。

【总资产贡献率】 该指标反映企业全部资产的获利能力，是企业经营业绩和管理水平的集中体现，是评价和考核企业盈利能力的核心指标。计算公式为:

总资产贡献率(%) = (利润总额+税金总额+利息支出) / 平均资产总额 × 100%

其中:税金总额为产品销售税金及附加与应交增值税之和；平均资产总额为期初、期末资产总计的算术平均值。

【资产负债率】 该指标既反映企业经营风险的大小,也反映企业利用债权人提供的资金从事经营活动的能力。计算公式为:

资产负债率(%) = 负债总额 / 资产总额 × 100%
资产及负债均为报告期期末数。

【流动资产周转率】 指一定时期内流动资产完成的周转次数，反映投入工业企业流动资金的周转速度。计算公式为:

流动资产周转率(%)=销售收入/流动资产平均余额×100%

【成本费用利润率】 反映工业投入的生产成本及费用的经济效益，同时也反映企业降低成本所取得的经济效益。计算公式为:

成本费用利润率(%) = 利润总额 / 成本费用总额 × 100%

其中:成本费用总额为产品销售成本、销售费用、管理费用、财务费用之和。

【全员劳动生产率】 该指标反映企业的生产效率和劳动投入的经济效益。计算公式为:

全员劳动生产率(%) = 工业增加值 / 平均用工人数×100%

由于工业增加值是按现行价格计算的，而用工人数不含价格因素，因此应将增加值价格因素予以消除。具体方法可采用总产值价格变动系数消除价格影响。

【产品销售率】 该指标反映工业产品已实现销售的程度,是分析工业产销衔接情况、研究工业产品满足社会需求的指标。计算公式为:

产品销售率(%) = 报告期现价工业销售产值 / 报告期工业总产值×100%

【Industry】 refers to the material production sector which is engaged in the extraction of natural resources and processing and reprocessing of minerals and agricultural products, including

I.Extraction of natural resources, such as mining, salt production (but not including hunting and fishing);

II.Processing and reprocessing of farm and sideline produces, such as grain and oil processing, food processing, silk reeling, spinning and weaving and leather making;

III. Processing and reprocessing of mineral products, such as steel making, iron smelting, chemicals manufacturing, petroleum processing, machine building, timber processing, and production and supply of electricity, gas and water;

IV. repairing and renovating of industrial products such as the machinery.

In industrial surveys, the units of enquiry are industrial corporate units.

Industrial corporate units refer to corporate units engaging in industrial production and operation activities, which meet the following requirements:

I.They are established legally, having their own names, organizations, location, and are able to take civil liability independently;

II.They possess (or are authorized to use) assets independently, assume liabilities and are entitled to sign contracts with other units;

III. They have accounts including the balance sheets or can compile the accounts according to the need.

【Industrial corporate units】 refer to corporate units engaging in industrial production and operation activities, which meet the following requirements:

I.They are established legally, having their own names, organizations, location, and are able to take civil liability independently;

II.They possess (or are authorized to use) assets independently, assume liabilities and are entitled to sign contracts with other units;

III. They have accounts including the balance sheets or can compile the accounts according to the need.

【Light Industry】 refers to industry which produces consumer goods and hand tools.It consists of two categories depending on the materiais used:

(1)Industries using farm products as raw materials.These are branches of light industry which directly or indirectly use farm products as basic raw materials,including the manufacture of food and beverages,tobacco processing,textile,clothing,fur and leather manufacturing ,paper making, printing,etc.

(2)Industries using nonfarm products as raw materials.These are branches of light industry which use manufactured goods as raw materials, including the manufacture of cultural,educational articles and sports goods,chemicals,synthetic fiber,chemical products for daily use,glass products for daily use,metal products machinery,etc.

【Heavy Industry】 refers to the industry which produces capital goods,and provides various sectors of the national economy with necesary material and technical basis.It consists of the following three branches according to the purpose of production or the use of products:

(1)Mining,quarrying and logging industry refers to the industry that extracts natural resources,including extraction of petroleum, coal,metal and nonmetalores and logging.

(2)Raw materials industry refers to the industry that provides various sectors of the national economy with raw materials,fuels and power.It inc1udes smelting and processing of metals,coking and coke chemistry, chemical materials and building materials such as cement,plywood,and power,petroleum refining and coal dressing.

(3)Manufacturing industry refers to the industry that processes raw materials.It includes machine building industry which equips sectors of the national economy,industry of metal structure and cement products, industries producing means of agricultural production,such as chemical fertilizers and pesticides.

According to the above principle of classification,the repairing trades which are engaged primarily in repairing products of heavy industry are classified into heavy industry while these engaged in repairing products of light industry are classified into light industry.

【Gross Industrial Output Value】 refers to the total value of industrial final products and industrial services provided by industrial enterprises in monetary form during the reporting period.

I.The principles to be followed in the calculation of industrial output value

1. The principle of industrial production. That is, all enterprises in the reporting period in the production of final products and services, should be included. The final product, whether sold during the reporting period or not, shall be included as long as it is manufactured during the reporting period. All products that are not produced by industry shall not be counted into the gross industrial output value.

2.The principle of the final product. That is, the value of the finished product produced by the enterprise must be the final product which has been tested and no further processing is required. The semi-finished product sold by the enterprise shall also be regarded as the final product to be included in the gross industrial output value. The semi-finished products and WIP transferred in the workshop can only calculate the difference value at the beginning of the end of the period.

3. The principles of the Factory Law. That is to say, the total value of the final product and the service provided during the reporting period is calculated by the corporate industrial enterprise as a whole.

II. The content of total industrial output value includes three parts: the value of finished product produced, the income of external processing fee, and the difference value at the beginning of the end of the finished product.

【Value-added of Industry】refers to the final results of industrial production of the industrial trade in money terms during the reference period.

【Total Assets】refer to all resources that are owned or controlled by enterprises through previous trades or transactions with expectation of making economic profits. Classified by the degree of liquidity, total assets include current assets and non-current assets. Current assets can be classified into monetary capital, trading financial assets, notes receivable, accounts receivable, advanced payments, other receivables and inventories. Non-current assets can be divided into long-term equity investment, fixed assets, intangible assets and other non-current assets. Data on this indicator can be obtained from the year-end figures of total assets in the Balance Sheet of accounting records.

【Total Liabilities】refer to payable liabilities of enterprises that accumulated from previous trades or transactions with expectation of economic profits leaking out. In terms of payment, it can be divided into liquid liabilities and long-term liabilities. Data on this indicator can be obtained from the year-end figures of total liabilities in the Balance Sheet of accounting records.

【Owner undefined equity】refers to the residual equity enjoyed by the owner after deducting liabilities from the assets of the enterprise. The owner undefined equity of the company is also known as the shareholder undefined equity. Including paid-in capital, capital reserves, surplus reserves, undistributed profits and so on.

【The Cost of fixed Assets】including the total amount of expenditure incurred by an enterprise in purchasing, building, installing, rebuilding, expanding, and technically transforming a fixed asset.

【Revenue from Principal Business】refers to the income confirmed of an enterprise from the principal business of selling products and providing labor services. Data on this indicator can be obtained from the year-end credit balance of "revenue from principal business" in the accounting record of enterprise (before carryover).

【Cost of Principal Business】refers to the total cost occurred from the principal business of the enterprise. Data can be obtained from the year-end debit balance of "cost of principal business" in the accounting record of enterprise (before carryover).

【The Main Business Tax and Additional】refers to the consumption tax, urban maintenance and construction tax, education fee and real estate tax, land use tax, vehicle and vessel use tax, stamp duty, etc. According to the final debit balance (before carryover) of the main Business tax and additional account. If the subject is not set up, substitute tax and additional instead.

【Total Profits】refers to the operation results in a certain accounting period, and it is the balance of various incomes minus various spendings in the course of operation, reflecting the total profits and losses of enterprises in reference period. Data are obtained from the amount of total profits in the profit statement of the accounting record of enterprise.

【Value added tax (VAT)】refers to a turnover tax levied on the basis of taxation to sell goods, services, intangible assets, immovable property or provide processing, repair and repair services and import goods. When completing this index, the value-added tax that enterprises should bear in the current period should be accounted for on the accrual basis.

【Rate of Return on Total Assets】reflects the state of return on total assets of an enterprise.It epitomizes the business achievements and administrative level of an enterprise.It is also used as a key index in assessing the economic efficiency of an enterprise. Its calculating formula is:

Rate of Return on Total Assets (%) = (Total Profit + Total Taxes + Interest Exchange) / Average Total Assets × 100%

Total taxes are the sum of sales tax and additional Plus added-value tax to be paid；Average total assets are the arithmetic average value of the total assets at the beginning and end of the reporting period.

【Asset-Debt Ratio】reflects the risks an enterprise take while in operation.It also indicates the enterprise's capability in utilizing the fund provided by creditors.Its calculating formula is:

Asset-Debt ratio (%)=total liabilities/total assets ×100%.Both liabilities and assets are the figures at the end of the reporting period

【Turnover of Current Assets】refers to the turnover time of current assets in a certain period of time,reflecting the turnover speed of current assets in an industrial enterprise.Its calculating formula is:

Turnover of Current Assets (%) = Sales Revenue / Average Ba - lance of Liquid Liabilities × 100%

【Cost-Profit Ratio】reflects the economic returns on industrial prodution cost and expenses.It also shows the economic benefits an enterprise gains by reducing production cost. Its calculating formula is:

Cost-Profit ratio (%) = total profits / total cost and expenses × 100%.

Total cost and expenses refer to the sum of cost of goods sold,distribution cost,administrative expenses and finance cost

【Labor productivity of Total Workers】reflects the production efficiency of an enterprise and the economic returns of its labor investment.Its calculating formular is:

Labor Productivity of Total Workers (%) = Industrial Added - Value/Average Number of Workers and Staff ×100%

Since industrial added-value is calculated at the current price while the average number of workers and staff doesn't invol-ve price factor, coefficient of price changes should be adopted in calculating industrial added-value.

【Product Sales Ratio】reflects how many industrial products have been sold.It is the index to analyze the situation of market and industrial production and relations between demand and supply.

$$\text{Product Sales Ratio(\%)} = \frac{\text{Sales Value of Industry}}{\text{Total Output Value of Industry}} \times 100\%$$

第十二篇 CHAPTER 12

建筑业

CONSTRUCTION

简|要|说|明

Brief Introduction

第十二篇　建筑业

一、本篇资料反映广州市建筑业概况和发展情况。主要包括资质以上建筑业企业生产经营和资质以上劳务分包建筑企业经营资料。

二、本篇资料由广州市统计局固定资产投资统计处整理提供。

三、本篇资料是依据国家统计局和广东省统计局制定的“建筑业统计报表制度”规定收集的年报资料，其统计范围包括：广州市境内各种登记注册类型（个体户除外）的具有建筑业资质的所有独立核算建筑业企业（包括没有工作量的建筑业企业）及所属产业活动单位。

12 Construction

I.The data in this chapter show the general situation and the development of the construction industry of Guangzhou Municipality. They cover mainly the situation of production and management of the grade enterprises of construction.

II.The data in this chapter are prepared and provided by the Division of Investment and Construction Statistics of Guangzhou Municipal Bureau of Statistics.

III.The data in this chapter are collected in accordance with the Reporting Scheme of Construction Statistics stipulated by the National Bureau of Statistics and Guangdong Provincia l Bureau of Statistics. The coverage of construction statistics includes the various registration types (except the self-employed) with the construction industry qualified independent accounting construction enterprises (including the workload of construction enterprises) and their respective industrial units of Guangzhou Municipality.

12-1 资质以上建筑业企业主要经济指标
Major Indicators of Grade Construction Enterprises

项　　目		Item		2016	2017
建筑企业个数	(个)	Number of Construction Enterprises	(unit)	824	883
年末从业人员	(人)	Number of Employed Persons at Year-end	(person)	404908	548256
固定资产原价	(亿元)	Original Value of Fixed Assets	(100 million yuan)	460	457
固定资产净值	(亿元)	Net Value of Fixed Assets	(100 million yuan)	306	331
建筑业总产值	(万元)	Gross Output Value of Construction	(10000 yuan)	27653341	31874585
# 建筑工程		Output Value of Construction		23463009	27645069
安装工程		Output Value of Installation		3361134	3311972
房屋建筑施工面积	(万平方米)	Floor Space of Buildings under Construction	(10000 sq.m)	16289.56	19323.31
# 新开工		Floor Space Started in Current Year		4284.01	5320.11
房屋建筑竣工面积	(万平方米)	Floor Space of Buildings Completed	(10000 sq.m)	2805.16	3167.27
# 住　宅		Residential Buildings		2013.68	2241.69
主营业务收入	(万元)	Income on Projects Settlement Account	(10000 yuan)	34522314	38605698
主营业务成本	(万元)	Cost on Projects Settlement Account	(10000 yuan)	31866742	34372751
利润总额	(万元)	Total Profits	(10000 yuan)	1065252	1057141

12-2 主要年份建筑业主要指标
Major Indicators of Construction Sector in Main Years

年份 Year	建筑业总产值（万元）Gross Output Value (10000 yuan)	房屋建筑施工面积（万平方米）Floor Space of Buildings under Construction (10000 sq.m)	房屋建筑竣工面积（万平方米）Floor Space of Buildings Completed (10000 sq.m)
1978	30673	247.42	138.52
1980	46450	351.89	159.95
1985	153489	674.77	285.22
1986	176960	773.88	300.17
1987	184390	772.38	330.14
1988	287655	1076.05	408.85
1989	368755	1094.90	489.88
1990	355333	876.08	439.08
1991	425798	909.09	377.71
1992	668171	1257.61	487.95
1993	1031846	1680.21	605.50
1994	1516519	2268.99	734.75
1995	1816133	2708.58	890.81
1996	1893478	2983.56	1043.26
1997	1965269	2764.64	941.10
1998	2287004	3086.95	1054.71
1999	2470523	3136.47	1187.02
2000	2561326	3161.25	1150.36
2001	3403870	3490.22	1205.79
2002	3733922	3522.67	1334.43
2003	4785787	4291.55	1398.91
2004	5459314	4727.78	1596.21
2005	6331382	5311.14	1598.79
2006	6870406	5502.47	1520.25
2007	7507109	5951.92	1623.36
2008	8754491	6156.62	1719.79
2009	10134050	6190.86	1500.35
2010	12805288	7135.48	1509.20
2011	15613171	8439.12	1596.98
2012	17417072	9119.66	2859.31
2013	21828895	15055.70	2556.74
2014	23339417	16398.88	2674.22
2015	24898087	15159.70	2861.93
2016	27653341	16289.56	2805.16
2017	31874585	19323.31	3167.27

注：2004年及以后年份统计数据口径为资质以上建筑业企业。

Note: Since 2004 the statistical coverage of all data in this table is all grade construction enterprises.

12-3　资质以上建筑业企业签订合同情况(2017年)

Statistics on Construction Contracts of Grade Construction Enterprises (2017)

单位：万元　　(10000 yuan)

项　目	Item	签订合同额 Value of Signed Contracts	上年结转合同额 Value of Contracts Balanced from Preceding Year	本年新签合同额 Value of Contracts Newly Signed in Current Year
总　计	**Total**	**121182347**	**60923495**	**60258852**
按地区分	**Grouped by District**			
荔湾区	Liwan	5317166	2444665	2872501
越秀区	Yuexiu	23170067	11504237	11665830
海珠区	Haizhu	19594829	7558270	12036559
天河区	Tianhe	41877736	25775496	16102240
白云区	Baiyun	1266640	399757	866883
黄埔区	Huangpu	4475337	2365079	2110258
番禺区	Panyu	4008309	2671065	1337244
花都区	Huadu	1623799	901769	722030
南沙区	Nansha	13444541	4171053	9273488
从化区	Conghua	1198484	403361	795123
增城区	Zengcheng	5205439	2728743	2476696
按隶属关系分	**Grouped by Administrative Relationship**			
中央属企业	Central Government	58527520	33350474	25177046
省属企业	Provincial Government	22289183	11277645	11011538
市属企业	Municipal Government	18302985	7808824	10494161
区属企业	District or County Governments	1097888	453540	644348
其他企业	Others	20964771	8033012	12931759
按登记注册类型分	**Grouped by Registration Status**			
内资企业	Domestic Funded Enterprises	120794952	60771961	60022991
国有企业	State-owned Enterprises	5613854	1708320	3905534
集体企业	Collective-owned Enterprises	268375	178055	90320
股份合作企业	Share-holding Cooperative Enterprises	228646	127393	101253
联营企业	Joint Ownership Enterprises	79741	39944	39797
# 国有联营企业	State Joint Ownership Enterprises	79741	39944	39797
集体联营企业	Collective Joint Ownership Enterprises			
国有与集体联营企业	Joint State-collective Enterprises			
有限责任公司	Limited Liability Corporations	91837387	46531020	45306367
# 国有独资公司	State Sole Funded Corporations	53180208	30417506	22762702
股份有限公司	Share-holding Corporations Ltd.	13952218	8090786	5861432
私营企业	Private Enterprises	8814731	4096443	4718288
其他企业	Other Enterprises			
港澳台商投资企业	Enterprises with Funds from Hong Kong, Macao and Taiwan Investors	338530	136423	202107
# 合资经营企业(港或澳、台资)	Joint-venture Enterprises(Hong Kong,Macao and Taiwan Investors)	230562	65424	165138
合作经营企业(港或澳、台资)	Cooperative Enterprises(Hong Kong,Macao and Taiwan Investors)	52917	20413	32504
港澳台商独资经营企业	Enterprises with Sole Funds from Hong Kong, Macao and Taiwan	1289		1289
港澳台商投资股份有限公司	Share-holding Corporations Ltd. with Funds from Hong Kong, Macao and Taiwan	53762	50586	3176
外商投资企业	Foreign Funded Enterprises	48865	15111	33754
# 中外合资经营企业	Joint-venture Enterprises	2465	590	1875
中外合作经营企业	Cooperative Enterprises	24360	11956	12404
外资企业	Enterprises with Sole Foreign Funds	22040	2565	19475
外商投资股份有限公司	Share-holding Corporations Ltd.			

12-4 资质以上建筑业企业生产情况(2017年)

项　　目	Item	企业数（个）Number of Construction Enterprises (unit)
总　计	**Total**	**883**
按地区分	**Grouped by District**	
荔湾区	Liwan	37
越秀区	Yuexiu	176
海珠区	Haizhu	136
天河区	Tianhe	212
白云区	Baiyun	73
黄埔区	Huangpu	56
番禺区	Panyu	95
花都区	Huadu	28
南沙区	Nansha	23
从化区	Conghua	26
增城区	Zengcheng	21
按隶属关系分	**Grouped by Administrative Relationship**	
中央属企业	Central Government	35
省属企业	Provincial Government	79
市属企业	Municipal Government	88
区属企业	District or County Governments	56
其他企业	Others	625
按登记注册类型分	**Grouped by Registration Status**	
内资企业	Domestic Funded Enterprises	867
国有企业	State-owned Enterprises	40
集体企业	Collective-owned Enterprises	25
股份合作企业	Share-holding Cooperative Enterprises	2
联营企业	Joint Ownership Enterprises	1
# 国有联营企业	State Joint Ownership Enterprises	1
集体联营企业	Collective Joint Ownership Enterprises	
国有与集体联营企业	Joint State-collective Enterprises	
有限责任公司	Limited Liability Corporations	285
# 国有独资公司	State Sole Funded Corporations	36
股份有限公司	Share-holding Corporations Ltd.	22
私营企业	Private Enterprises	492
其他企业	Other Enterprises	
港澳台商投资企业	Enterprises with Funds from Hong Kong, Macao and Taiwan Investors	12
# 合资经营企业(港或澳、台资)	Joint-venture Enterprises(Hong Kong, Macao and Taiwan Investors)	8
合作经营企业(港或澳、台资)	Cooperative Enterprises(Hong Kong, Macao and Taiwan Investors)	2
港澳台商独资经营企业	Enterprises with Sole Funds from Hong Kong, Macao and Taiwan	1
港澳台商投资股份有限公司	Share-holding Corporations Ltd. with Funds from Hong Kong, Macao and Taiwan	1
外商投资企业	Foreign Funded Enterprises	4
中外合资经营企业	Joint-venture Enterprises	1
中外合作经营企业	Cooperative Enterprises	1
外资企业	Enterprises with Sole Foreign Funds	2
外商投资股份有限公司	Share-holding Corporations Ltd.	

Statistics on Production of Grade Construction Enterprises (2017)

建筑业总产值 (万元) Gross Output Value of Construction (10000 yuan)				竣工产值 (万元) Output Value of Completed Projects (10000 yuan)	竣工率 (%) Ratio of Floor Space of Buildings Completed (%)
	建筑工程 Output Value of Construction	安装工程 Output Value of Installation	其 他 Others		
31874585	**27645069**	**3311972**	**917544**	**15843276**	**49.71**
1125738	770807	327174	27757	538957	47.88
5042379	4214308	785565	42506	3544708	70.30
5542629	5129227	228183	185219	2838255	51.21
10740097	9760138	545954	434005	3083357	28.71
441124	316014	97691	27419	194324	44.05
1574978	573566	893080	108332	725147	46.04
1191185	1053202	128558	9425	201331	16.90
601830	595835	888	5107	128838	21.41
4095845	4018925	76157	763	3847202	93.93
600613	442742	128935	28936	203153	33.82
918167	770305	99787	48075	538004	58.60
15255803	13869224	1224728	161851	7658442	50.20
5692882	4876313	597881	218688	1862381	32.71
3580144	3139713	348984	91447	3025139	84.50
470598	398846	50294	21458	327579	69.61
6875158	5360973	1090085	424100	2969735	43.20
31637331	27481408	3245916	910007	15782681	49.89
2037022	1763844	167117	106061	1059850	52.03
88528	82574	1220	4734	70959	80.15
118378	82365	24321	11692	142048	120.00
31829	31545	284			
31829	31545	284			
21272515	18568575	2155000	548940	10597822	49.82
9414227	8899430	423029	91768	7128576	75.72
3180663	2994009	153872	32782	1570981	49.39
4908396	3958496	744102	205798	2341021	47.69
216692	150627	66056	9	43182	19.93
150564	148464	2092	8	2013	1.34
31506	874	30631	1	31506	100.00
1289	1289			1289	100.00
33333		33333		8374	25.12
20562	13034		7528	17413	84.69
2156	2155		1	2155	99.95
9868	9868			8572	86.87
8538	1011		7527	6686	78.31

12-4 续表

项　　目	Item	房屋建筑施工面积（平方米）Floor Space of Buildings under Construction (sq.m)
总　　计	**Total**	**193233112**
按地区分	**Grouped by District**	
荔湾区	Liwan	7754048
越秀区	Yuexiu	35942269
海珠区	Haizhu	57853788
天河区	Tianhe	76115171
白云区	Baiyun	1432331
黄埔区	Huangpu	2591537
番禺区	Panyu	3309970
花都区	Huadu	2695643
南沙区	Nansha	2300907
从化区	Conghua	972515
增城区	Zengcheng	2264933
按隶属关系分	**Grouped by Administrative Relationship**	
中央属企业	Central Government	111897212
省属企业	Provincial Government	11245278
市属企业	Municipal Government	38753391
区属企业	District or County Governments	3653462
其他企业	Others	27683769
按登记注册类型分	**Grouped by Registration Status**	
内资企业	Domestic Funded Enterprises	193080694
国有企业	State-owned Enterprises	2503141
集体企业	Collective-owned Enterprises	1770274
股份合作企业	Share-holding Cooperative Enterprises	1102186
联营企业	Joint Ownership Enterprises	
#国有联营企业	State Joint Ownership Enterprises	
集体联营企业	Collective Joint Ownership Enterprises	
国有与集体联营企业	Joint State-collective Enterprises	
有限责任公司	Limited Liability Corporations	109436608
#国有独资公司	State Sole Funded Corporations	75177947
股份有限公司	Share-holding Corporations Ltd.	55003308
私营企业	Private Enterprises	23265177
其他企业	Other Enterprises	
港澳台商投资企业	Enterprises with Funds from Hong Kong, Macao and Taiwan Investors	7500
#合资经营企业(港或澳、台资)	Joint-venture Enterprises(Hong Kong, Macao and Taiwan Investors)	3000
合作经营企业(港或澳、台资)	Cooperative Enterprises(Hong Kong, Macao and Taiwan Investors)	
港澳台商独资经营企业	Enterprises with Sole Funds from Hong Kong, Macao and Taiwan	4500
港澳台商投资股份有限公司	Share-holding Corporations Ltd. with Funds from Hong Kong, Macao and Taiwan	
外商投资企业	Foreign Funded Enterprises	144918
中外合资经营企业	Joint-venture Enterprises	
中外合作经营企业	Cooperative Enterprises	144918
外资企业	Enterprises with Sole Foreign Funds	
外商投资股份有限公司	Share-holding Corporations Ltd.	

continued

# 本年新开工 Floor Space Started in Current Year	房屋建筑竣工面积 （平方米） Floor Space of Buildings Completed (sq.m)	# 住 宅 Residential Buildings	年平均人数 （人） Average Annual Employed Persons (person)
53201142	**31672728**	**22416878**	**535872**
2174161	1305650	813127	19420
9280871	7934696	4815323	119008
18600944	8035794	7228123	44245
18115662	10251588	7598132	179264
252954	420487	145429	11463
785196	1183017	759689	23271
726419	464866	59680	14273
669938	413864	222183	11972
1593057	173657	123257	85472
234433	470986	233996	14049
767507	1018123	417939	13435
28805035	9790767	9669306	200461
3202119	2145163	1433120	63603
11000664	9345677	5727287	68703
1177244	1330520	674067	19994
9016080	9060601	4913098	183111
53119856	31600707	22416878	532632
610868	228671	139599	59144
325014	385002	231258	4463
372560	632959	269143	2141
			290
			290
26961338	15200921	10669812	314560
14882138	8226077	6582193	142044
16785795	7652886	7200583	13579
8064281	7500268	3906483	138455
	4500		2499
			1584
			401
	4500		290
			224
81286	67521		741
			75
81286	67521		621
			45

12-5 资质以上建筑业企业承包工程完成情况(2017年)

单位：万元

项　　目	Item
总　计	**Total**
按地区分	**Grouped by District**
荔湾区	Liwan
越秀区	Yuexiu
海珠区	Haizhu
天河区	Tianhe
白云区	Baiyun
黄埔区	Huangpu
番禺区	Panyu
花都区	Huadu
南沙区	Nansha
从化区	Conghua
增城区	Zengcheng
按隶属关系分	**Grouped by Administrative Relationship**
中央属企业	Central Government
省属企业	Provincial Government
市属企业	Municipal Government
区属企业	District or County Governments
其他企业	Others
按登记注册类型分	**Grouped by Registration Status**
内资企业	Domestic Funded Enterprises
国有企业	State-owned Enterprises
集体企业	Collective-owned Enterprises
股份合作企业	Share-holding Cooperative Enterprises
联营企业	Joint Ownership Enterprises
#国有联营企业	State Joint Ownership Enterprises
集体联营企业	Collective Joint Ownership Enterprises
国有与集体联营企业	Joint State-collective Enterprises
有限责任公司	Limited Liability Corporations
#国有独资公司	State Sole Funded Corporations
股份有限公司	Share-holding Corporations Ltd.
私营企业	Private Enterprises
其他企业	Other Enterprises
港澳台商投资企业	Enterprises with Funds from Hong Kong, Macao and Taiwan Investors
#合资经营企业（港或澳、台资）	Joint-venture Enterprises（Hong Kong, Macao and Taiwan Investors）
合作经营企业（港或澳、台资）	Cooperative Enterprises（Hong Kong, Macao and Taiwan Investors）
港澳台商独资经营企业	Enterprises with Sole Funds from Hong Kong, Macao and Taiwan
港澳台商投资股份有限公司	Share-holding Corporations Ltd. with Funds from Hong Kong, Macao and Taiwan
外商投资企业	Foreign Funded Enterprises
中外合资经营企业	Joint-venture Enterprises
中外合作经营企业	Cooperative Enterprises
外资企业	Enterprises with Sole Foreign Funds
外商投资股份有限公司	Share-holding Corporations Ltd.

Statistics on Contracted Projects of Grade Construction Enterprises (2017)

(10000 yuan)

直接从建设单位承揽工程完成的产值 Output Value of Completed Projects Directly Contracted with Construction Units	自行完成施工产值 Output Value of Projects Completed by Oneself	分包出去工程产值 Output Value of Projects Subcontracted	从建设单位以外承揽工程完成的产值 Output Value of Completed Projects Contracted with Other Units
37602680	**30031323**	**7571357**	**1843262**
1193162	973168	219994	152570
7982691	4893084	3089607	149295
7493797	4826391	2667406	716238
11270585	10504167	766418	235930
567797	424498	143299	16626
1482908	1375425	107483	199553
1220245	1189331	30914	1854
601830	596525	5305	5305
3752154	3740524	11630	355321
602910	590043	12867	10570
1434601	918167	516434	
16474148	14117693	2356455	1138110
7227848	5446025	1781823	246857
6340197	3422741	2917456	157403
483045	463721	19324	6877
7077442	6581143	496299	294015
37351700	29794913	7556787	1842418
2202257	2023305	178952	13717
88445	88445		83
118439	117792	647	586
31829	31829		
31829	31829		
26199925	19746321	6453604	1526194
13259693	9163869	4095824	250358
3659349	3091625	567724	89038
5051456	4695596	355860	212800
230418	215848	14570	844
164290	149720	14570	844
31506	31506		
1289	1289		
33333	33333		
20562	20562		
2156	2156		
9868	9868		
8538	8538		

12-6 资质以上建筑业企业财务指标(2017年)

单位：万元

项　　目	Item	资产总计 Total Assets
总　　计	**Total**	**46874419**
按地区分	**Grouped by District**	
荔湾区	Liwan	2576163
越秀区	Yuexiu	10410942
海珠区	Haizhu	9066506
天河区	Tianhe	12186612
白云区	Baiyun	827421
黄埔区	Huangpu	2253140
番禺区	Panyu	1867202
花都区	Huadu	911338
南沙区	Nansha	2751335
从化区	Conghua	452551
增城区	Zengcheng	3571209
按隶属关系分	**Grouped by Administrative Relationship**	
中央属企业	Central Government	18854315
省属企业	Provincial Government	8983289
市属企业	Municipal Government	7561196
区属企业	District or County Governments	1356022
其他企业	Others	10119597
按登记注册类型分	**Grouped by Registration Status**	
内资企业	Domestic Funded Enterprises	45104736
国有企业	State-owned Enterprises	1474743
集体企业	Collective-owned Enterprises	121192
股份合作企业	Share-holding Cooperative Enterprises	57573
联营企业	Joint Ownership Enterprises	8256
#国有联营企业	State Joint Ownership Enterprises	8256
集体联营企业	Collective Joint Ownership Enterprises	
国有与集体联营企业	Joint State-collective Enterprises	
有限责任公司	Limited Liability Corporations	31533757
#国有独资公司	State Sole Funded Corporations	12997199
股份有限公司	Share-holding Corporations Ltd.	5348632
私营企业	Private Enterprises	6560583
其他企业	Other Enterprises	
港澳台商投资企业	Enterprises with Funds from Hong Kong, Macao and Taiwan Investors	515582
#合资经营企业(港或澳、台资)	Joint-venture Enterprises(Hong Kong, Macao and Taiwan Investors)	380216
合作经营企业(港或澳、台资)	Cooperative Enterprises(Hong Kong, Macao and Taiwan Investors)	13458
港澳台商独资经营企业	Enterprises with Sole Funds from Hong Kong, Macao and Taiwan	1414
港澳台商投资股份有限公司	Share-holding Corporations Ltd. with Funds from Hong Kong, Macao and Taiwan	120494
外商投资企业	Foreign Funded Enterprises	1254101
中外合资经营企业	Joint-venture Enterprises	8431
中外合作经营企业	Cooperative Enterprises	1098009
外资企业	Enterprises with Sole Foreign Funds	147661
外商投资股份有限公司	Share-holding Corporations Ltd.	

Financial Indicators of Grade Construction Enterprises (2017)

(10000 yuan)

负债合计 Total Liabilities	所有者权益 Owners' Equity	# 实收资本 Paid-in Capitals	# 国家资本 State Capital
35099691	**11774728**	**6637242**	**2257912**
1876125	700038	654756	515804
8358733	2052209	1098919	259850
6518568	2547938	1455315	593259
9722639	2463973	1842945	762635
558334	269087	189747	11527
1456250	796890	398920	32840
1336000	531202	256917	4000
764906	146432	77219	15478
2313745	437590	280486	17000
332242	120309	72507	
1862149	1709060	309511	45519
15180243	3674072	2282335	1197374
6910256	2073033	1333890	829591
6062655	1498541	843523	176814
220375	1135647	75787	2800
6726162	3393435	2101707	51333
34505107	10599629	6514218	2257356
1095055	379688	272491	196311
85465	35727	20891	-253
37609	19964	14000	
4765	3491	1000	1000
4765	3491	1000	1000
24481908	7051849	4329995	1900822
10205099	2792100	1855757	1581064
4488782	859850	444317	158475
4311523	2249060	1431524	1001
424788	90794	79206	556
296831	83385	74259	556
11364	2094	1712	
363	1051	1035	
116230	4264	2200	
169796	1084305	43818	
4607	3824	1600	
22503	1075506	38950	
142686	4975	3268	

12-6 续表 1

单位:万元

项　　目	Item
总　　计	**Total**
按地区分	**Grouped by District**
荔湾区	Liwan
越秀区	Yuexiu
海珠区	Haizhu
天河区	Tianhe
白云区	Baiyun
黄埔区	Huangpu
番禺区	Panyu
花都区	Huadu
南沙区	Nansha
从化区	Conghua
增城区	Zengcheng
按隶属关系分	**Grouped by Administrative Relationship**
中央属企业	Central Government
省属企业	Provincial Government
市属企业	Municipal Government
区属企业	District or County Governments
其他企业	Others
按登记注册类型分	**Grouped by Registration Status**
内资企业	Domestic Funded Enterprises
国有企业	State-owned Enterprises
集体企业	Collective-owned Enterprises
股份合作企业	Share-holding Cooperative Enterprises
联营企业	Joint Ownership Enterprises
#国有联营企业	State Joint Ownership Enterprises
集体联营企业	Collective Joint Ownership Enterprises
国有与集体联营企业	Joint State-collective Enterprises
有限责任公司	Limited Liability Corporations
#国有独资公司	State Sole Funded Corporations
股份有限公司	Share-holding Corporations Ltd.
私营企业	Private Enterprises
其他企业	Other Enterprises
港澳台商投资企业	Enterprises with Funds from Hong Kong, Macao and Taiwan Investors
#合资经营企业(港或澳、台资)	Joint-venture Enterprises(Hong Kong, Macao and Taiwan Investors)
合作经营企业(港或澳、台资)	Cooperative Enterprises(Hong Kong, Macao and Taiwan Investors)
港澳台商独资经营企业	Enterprises with Sole Funds from Hong Kong, Macao and Taiwan
港澳台商投资股份有限公司	Share-holding Corporations Ltd. with Funds from Hong Kong, Macao and Taiwan
外商投资企业	Foreign Funded Enterprises
中外合资经营企业	Joint-venture Enterprises
中外合作经营企业	Cooperative Enterprises
外资企业	Enterprises with Sole Foreign Funds
外商投资股份有限公司	Share-holding Corporations Ltd.

continued

(10000 yuan)

营业收入 Income of Business	#主营业务收入 Revenue from Principal Business	主营业务成本 Cost of Principal Business	其他业务利润 Other Operational Profit
38962490	**38605698**	**34372751**	**50173**
1588299	1572766	1557985	1244
9393126	9294569	7593329	17333
7591188	7558114	6894199	8589
11561732	11460652	10610895	8151
661258	642764	567521	3905
2053977	1996209	1828874	3623
1226113	1217273	983921	1568
527779	517180	497903	4988
2597277	2595340	2361817	39
357871	357638	309896	56
1403870	1393193	1166411	677
15292062	15237298	14009755	3727
7580839	7517728	6975858	13471
6584141	6486194	6054835	19984
212199	199782	179819	2627
9293249	9164696	7152484	10364
38722120	38365843	34158182	49840
1413766	1353948	1269220	9719
97871	95863	90119	762
99578	99046	94147	532
30893	30893	29553	
30893	30893	29553	
25808511	25616802	23457402	31269
11451716	11420406	10856534	10610
4730538	4664670	4392291	1489
6540963	6504621	4825450	6069
200471	199984	180953	308
150513	150030	134729	304
31506	31506	29489	
2155	2155	2055	
16297	16293	14680	4
39899	39871	33616	25
5889	5890	4359	
11386	11386	10456	
22624	22595	18801	25

12-6 续表 2

单位：万元

项　　目	Item
总　计	**Total**
按地区分	**Grouped by District**
荔湾区	Liwan
越秀区	Yuexiu
海珠区	Haizhu
天河区	Tianhe
白云区	Baiyun
黄埔区	Huangpu
番禺区	Panyu
花都区	Huadu
南沙区	Nansha
从化区	Conghua
增城区	Zengcheng
按隶属关系分	**Grouped by Administrative Relationship**
中央属企业	Central Government
省属企业	Provincial Government
市属企业	Municipal Government
区属企业	District or County Governments
其他企业	Others
按登记注册类型分	**Grouped by Registration Status**
内资企业	Domestic Funded Enterprises
国有企业	State-owned Enterprises
集体企业	Collective-owned Enterprises
股份合作企业	Share-holding Cooperative Enterprises
联营企业	Joint Ownership Enterprises
#国有联营企业	State Joint Ownership Enterprises
集体联营企业	Collective Joint Ownership Enterprises
国有与集体联营企业	Joint State-collective Enterprises
有限责任公司	Limited Liability Corporations
#国有独资公司	State Sole Funded Corporations
股份有限公司	Share-holding Corporations Ltd.
私营企业	Private Enterprises
其他企业	Other Enterprises
港澳台商投资企业	Enterprises with Funds from Hong Kong, Macao and Taiwan Investors
#合资经营企业(港或澳、台资)	Joint-venture Enterprises(Hong Kong, Macao and Taiwan Investors)
合作经营企业(港或澳、台资)	Cooperative Enterprises(Hong Kong, Macao and Taiwan Investors)
港澳台商独资经营企业	Enterprises with Sole Funds from Hong Kong, Macao and Taiwan
港澳台商投资股份有限公司	Share-holding Corporations Ltd. with Funds from Hong Kong, Macao and Taiwan
外商投资企业	Foreign Funded Enterprises
中外合资经营企业	Joint-venture Enterprises
中外合作经营企业	Cooperative Enterprises
外资企业	Enterprises with Sole Foreign Funds
外商投资股份有限公司	Share-holding Corporations Ltd.

continued

(10000 yuan)

管理费用 Management Cost	财务费用 Financial Cost	营业利润 Business Profits	利润总额 Total Profits	产值利润率(%) Rate of Profits to Output (%)
1352859	**287268**	**1055473**	**1057141**	**3.32**
55794	7644	-38221	-35883	
324705	30240	161296	162622	3.23
250199	70835	342481	340212	6.14
350606	89829	274026	274995	2.56
47496	2426	21641	21745	4.93
106211	8405	43827	40156	2.55
52273	17073	154073	155020	13.01
20128	3736	-1010	794	0.13
84816	12939	47017	47186	1.15
15042	1947	17395	17605	2.93
45589	42194	32948	32689	3.56
436534	144091	390739	388018	2.54
271055	70445	190565	188297	3.31
204033	11652	118753	117658	3.29
15232	-188	5463	5525	1.17
426005	61268	349953	357643	5.20
1336196	285841	1043759	1045220	3.30
65445	-274	25209	25675	1.26
4166	-19	1132	1108	1.25
4594	-18	514	512	0.43
938	-18	242	237	0.74
938	-18	242	237	0.74
883644	200328	685215	682121	3.21
302129	87691	266374	262269	2.79
94962	42314	130130	129097	4.06
282447	43528	201317	206470	4.21
12447	1644	10982	11065	5.11
9031	1753	3315	3345	2.22
1864	-9	126	127	0.40
90	-3	4	4	0.31
1462	-97	7537	7589	22.77
4216	-217	732	856	4.16
894	-1	612	525	24.35
1492	-136	-493	-277	
1830	-80	613	608	7.12

12-7 资质以上建筑业企业盈亏情况(2017年)

单位:个、万元

项　　目	Item
总　计	**Total**
按地区分	**Grouped by District**
荔湾区	Liwan
越秀区	Yuexiu
海珠区	Haizhu
天河区	Tianhe
白云区	Baiyun
黄埔区	Huangpu
番禺区	Panyu
花都区	Huadu
南沙区	Nansha
从化区	Conghua
增城区	Zengcheng
按隶属关系分	**Grouped by Administrative Relationship**
中央属企业	Central Government
省属企业	Provincial Government
市属企业	Municipal Government
区属企业	District or County Governments
其他企业	Others
按登记注册类型分	**Grouped by Registration Status**
内资企业	Domestic Funded Enterprises
国有企业	Stateowned Enterprises
集体企业	Collectiveowned Enterprises
股份合作企业	Shareholding Cooperative Enterprises
联营企业	Joint Ownership Enterprises
# 国有联营企业	State Joint Ownership Enterprises
集体联营企业	Collective Joint Ownership Enterprises
国有与集体联营企业	Joint Statecollective Enterprises
有限责任公司	Limited Liability Corporations
# 国有独资公司	State Sole Funded Corporations
股份有限公司	Shareholding Corporations Ltd.
私营企业	Private Enterprises
其他企业	Other Enterprises
港澳台商投资企业	Enterprises with Funds from Hong Kong, Macao and Taiwan Investors
# 合资经营企业（港或澳、台资）	Joint-venture Enterprises（Hong Kong, Macao and Taiwan Investors）
合作经营企业（港或澳、台资）	Cooperative Enterprises（Hong Kong, Macao and Taiwan Investors）
港澳台商独资经营企业	Enterprises with Sole Funds from Hong Kong, Macao and Taiwan
港澳台商投资股份有限公司	Share-holding Corporations Ltd. with Funds from Hong Kong, Macao and Taiwan
外商投资企业	Foreign Funded Enterprises
中外合资经营企业	Jointventure Enterprises
中外合作经营企业	Cooperative Enterprises
外资企业	Enterprises with Sole Foreign Funds
外商投资股份有限公司	Shareholding Corporations Ltd.

Statistics on Profits and Losses of Grade Construction Enterprises (2017)

(unit, 10000 yuan)

企业数 Number of Construction Enterprises	盈 余 Profits		亏 损 Losses	
	企业数 Number of Enterprises	金 额 Value	企业数 Number of Enterprises	金 额 Value
883	**717**	**1185565**	**166**	**128424**
38	30	23001	8	58884
176	148	176334	28	13712
136	111	343326	25	3114
211	183	285000	28	10005
73	58	23544	15	1799
58	40	55577	18	15421
93	71	158461	22	3441
28	20	13840	8	13046
24	21	47963	3	777
25	21	18810	4	1205
21	14	39709	7	7020
36	31	461302	5	73284
82	68	200212	14	11915
101	91	124528	10	6870
24	17	6300	7	775
640	510	393223	130	35580
867	705	1172818	162	127598
38	31	25974	7	299
23	15	1949	8	841
2	2	512		
1	1	237		
1	1	237		
289	247	776884	42	94763
38	33	328617	5	66348
24	17	139856	7	10759
490	392	227406	98	20936
12	9	11614	3	549
8	5	3894	3	549
2	2	127		
1	1	4		
1	1	7589		
4	3	1133	1	277
1	1	525		
1			1	277
2	2	608		

12-8 资质以上劳务分包建筑企业生产经营情况(2017年)

单位：万元

项目	Item	企业数(个) Number of Construction Enterprises (unit)
总计	**Total**	**69**
按地区分	**Grouped by District**	
荔湾区	Liwan	8
越秀区	Yuexiu	6
海珠区	Haizhu	10
天河区	Tianhe	11
白云区	Baiyun	9
黄埔区	Huangpu	4
番禺区	Panyu	18
花都区	Huadu	
南沙区	Nansha	1
从化区	Conghua	1
增城区	Zengcheng	1
按隶属关系分	**Grouped by Administrative Relationship**	
中央属企业	Central Government	
省属企业	Provincial Government	
市属企业	Municipal Government	4
区属企业	District or County Governments	1
其他企业	Others	64
按登记注册类型分	**Grouped by Registration Status**	
内资企业	Domestic Funded Enterprises	69
国有企业	State-owned Enterprises	
集体企业	Collective-owned Enterprises	
股份合作企业	Share-holding Cooperative Enterprises	
联营企业	Joint Ownership Enterprises	
#国有联营企业	State Joint Ownership Enterprises	
集体联营企业	Collective Joint Ownership Enterprises	
国有与集体联营企业	Joint State-collective Enterprises	
有限责任公司	Limited Liability Corporations	18
#国有独资公司	State Sole Funded Corporations	1
股份有限公司	Share-holding Corporations Ltd.	
私营企业	Private Enterprises	51
其他企业	Other Enterprises	
港澳台商投资企业	Enterprises with Funds from Hong Kong, Macao and Taiwan Investors	
#合资经营企业(港或澳、台资)	Joint-venture Enterprises(Hong Kong, Macao and Taiwan Investors)	
合作经营企业(港或澳、台资)	Cooperative Enterprises(Hong Kong, Macao and Taiwan Investors)	
港澳台商独资经营企业	Enterprises with Sole Funds from Hong Kong, Macao and Taiwan	
港澳台商投资股份有限公司	Share-holding Corporations Ltd. with Funds from Hong Kong, Macao and Taiwan	
外商投资企业	Foreign Funded Enterprises	
中外合资经营企业	Joint-venture Enterprises	
中外合作经营企业	Cooperative Enterprises	
外资企业	Enterprises with Sole Foreign Funds	
外商投资股份有限公司	Share-holding Corporations Ltd.	

Statistics on Grade Construction Enterprises of Work Subcontractors (2017)

(10000 yuan)

营业收入合计 Business Revenue	# 主营业务收入 Core Business Revenue	利润总额 Total Profits	从业人员平均人数(人) Average of Employed Persons	应付职工薪酬 Benefits Payable of the Employee
746018	**745866**	**6622**	**102956**	**410658**
101372	101281	404	5016	20148
114425	114425	195	7247	52660
213612	213554	961	41443	147161
45552	45552	309	9308	33180
166750	166750	1478	29189	121032
45165	45165	711	2241	12525
51409	51405	2432	8462	22909
2443	2443	302		726
3865	3866	101	17	166
1425	1425	-271	33	151
108307	108307	616	12988	60107
2443	2443	302	115	726
635268	635116	5704	89968	349825
746018	745866	6622	102956	410658
304456	304361	3545	38335	168794
40285	40285	153	9800	39826
441562	441505	3077	64621	241864

【建筑业总产值】指以货币表现的建筑业企业在一定时期内生产的建筑业产品和服务的总和。建筑业总产值包括三部分内容:

(1)建筑工程产值:指列入建筑工程预算内的各种工程价值。

(2)设备安装工程产值:指设备安装工程价值。

(3)其他产值:建筑业总产值中除建筑工程、安装工程以外的产值。包括房屋构筑物修理产值、非标准设备制造产值、总包企业向分包企业收取的管理费以及不能明确划分的施工活动所完成的产值。

a.房屋构筑物修理产值：指房屋和构筑物的修理所完成的产值，但不包括被修理房屋、构筑物的本身价值和生产设备的本身的价值。

b.非标准设备制造产值：指加工制造没有定型的非标准生产设备的加工费和原材料价值以及附属加工厂为本企业承建工程制作的非标准设备的价值。

【房屋建筑面积】指房屋全部平面面积的总和。它从房屋的外墙线算起，包括可供使用的有效面积和墙柱等结构占用面积。多层房屋按各层(包括地下室)面积总和计算。旧房加层或改造，只计算增加的建筑面积；旧房拆除重建，计算其全部面积；临时房屋不计算建筑面积。

【主营业务收入】指企业确认的销售商品、提供劳务等主营业务的收入。根据会计“主营业务收入”科目的期末贷方余额填报。执行《企业会计准则》或《小企业会计准则》的企业，如未设置该科目，以“营业收入”代替填报。

【营业收入】指企业经营主要业务和其他业务所确认的收入总额。营业收入合计包括“主营业务收入”和“其他业务收入”。根据会计“利润表”中“营业收入”项目的本期金额数填报，即：

营业收入 =主营业务收入 +其他业务收入

【Gross Output Value of Construction】 refers to total Volume of construction products and services, expressed in monetary terms, completed by construction and installation enterprises during a given period of time. It includes:

(1)Output value of construction projects, that is the value of projects covered by the project budgets;

(2)Output value of installation projects, that is the value of the installation of equipment;

(3)Other output values, that is the values excluding output value of construction projects and output value of installation projects, including output value of repair of buildings and structures, output value of manufactured non-standard equipment, management expenses received by head enterprises from subcontract enterprises and output value of construction activities completed but unclassified.

a.Output value of repair of buildings and structures, that is the value created through the repairs of buildings or structures, but does not include the value of buildings or structures being repaired and the value of the repair of production equipment.

b.Output value of manufactured non-standard equipment, that is the value of non-standard production equipment (including raw materials and manufacturing cost) made for the construction project, and equipment manufactured by subsidiary workshops.

【Floor Space of Buildings under Construction】 refers to the sum of all of the surface area of the housing. Counting from the housing exterior lines, including the availability of effective area and wall and column structure occupied the area. The floor space of multi-storey housing is the sum of area of all layers (including basement). The additional layer or transformation of existing homes, only the increase in construction area; old house demolition and reconstruction, to calculate the total area; temporary housing does not calculate the building area.

【Main business income】 refers to the enterprise recognizes sales of goods and services, and other main business income. Furnished according to the final credit balances of accounting, the main business income subject. The implementation of Accounting Standards for Enterprises or The implementation of Accounting Standards for Small Enterprises, if without a set of the subjects, operating income instead.

【Operating income】 refers to the total income of the business recognized by business and other business. Total operating revenue includes the main business income and other operating income. Fill in the number of business income project accounting income statement for the current amount, .its calculating formula is:

Operating income = the main business income + other operating income

第十三篇 CHAPTER 13

运输和邮电

TRANSPORT，POSTAL AND TELECOMMUNICATION SERVICES

第十三篇　运输和邮电

一、本篇资料反映广州市运输、邮电通信业发展的基本状况。 交通运输业资料主要包括：五种运输方式的线路里程、运输设备拥有量、各种运输方式完成的货物运输量和旅客运输量、港口设备拥有量、港口货物吞吐量等。

邮电通信业资料主要包括：邮电业务量、邮电通信工具、邮电通信网、邮电通信水平等。

二、本篇资料由广州市统计局服务业统计处整理提供。

三、资料分别来源于民航、铁路、公路、水运、港口、公安、邮电等部门。管道运输资料由有关管道运输企业提供。

13 Transport,Postal and Telecommunication Services

I.The data in this chapter cover mainly the basis conditions of the development of transport, posts and telecommunications in Guangzhou. The data on transport cover mainly the length of the routes of five means of transportation, the owner-ship of the transport equipment, the freight traffic and passenger traffic accomplished by various means of transportation, the ownership of the port equipment and the cargo handled at ports, etc. The data on posts and telecommunications cover mainly the postal and telecommunication services, means of post and telecommunications, network of post and telecommunications, main financial of indicators of postal and telecommunication enterprises and the level of the development of the postal and telecommunication services, etc.

II.The data in this chapter are prepared and provided by the Division of Service Industries Statistics of Guangzhou Municipal Bureau of Statistics.

III.The data in this chapter come respectively from Guangzhou municipal departments of railways, transportation, post and telecommunications, etc. The data on the pipeline transport are provided by related pipeline enterprises.

13-1 运输邮电主要指标

Basic Statistics of Transport and Post

项　目	Item	2016	2017
民用车辆拥有量 (辆)	Civilian Vehicle (unit)	2424109	2489029
# 汽车	Automobile	2300405	2399158
货运量 (万吨)	Freight Traffic (10000 tons)	107992	120737
# 铁　路	Railways	4884	5121
公　路	Highways	71860	77099
水　路	Waterways	30212	37506
民　航	Civil Aviation	125	132
货物周转量 (万吨公里)	Freight Ton-kilometers (10000 ton-km)	153864229	214221822
# 铁　路	Railways	1748212	1825510
公　路	Highways	8248046	8865047
水　路	Waterways	143301809	202894590
民　航	Civil Aviation	561377	631965
客运量 (万人次)	Passenger Traffic (10000 person-times)	45823	49442
铁　路	Railways	14348	15641
公　路	Highways	23824	25430
水　路	Waterways	246	285
民　航	Civil Aviation	7404	8085
旅客周转量 (万人公里)	Passenger-kilometers (10000 passenger-km)	21698556	23488229
铁　路	Railways	4532231	4698259
公　路	Highways	2410680	2575647
水　路	Waterways	17506	15655
民　航	Civil Aviation	14738139	16198668
港口货物吞吐量 (万吨)	Volume of Freight Handled in Coastal Ports (10000 tons)	54437	59012
进　港	Import	32007	34684
出　港	Export	22430	24328
白云国际机场货邮行吞吐量 (万吨)	Volume of Freight and Post Handled in Baiyun International Airport (10000 tons)	216	234
白云国际机场旅客吞吐量 (万人次)	Volume of Passengers Handled in Baiyun International Airport (10000 person-times)	5974	6584
邮电业务收入 (万元)	Revenue of Postal and Telecommunication Services (10000 yuan)	6352822	7560250
电话交换机总容量 (万门)	Total Capacity of Telephone Exchanges (10000 gates)	535	87
报纸发行量 (万份)	Newspapers Issued (10000 copies)	132038	130667
杂志发行量 (万份)	Magazines Issued (10000 copies)	6066	4915
固定电话用户 (万户)	Number of Telephone Sets at Year-end (10000 subscribes)	434	396
移动电话用户 (万户)	Number of Mobile Telephone Subscribers (10000 subscribes)	2828	3083
国际互联网用户数 (万户)	Number of Internet Subscribers (10000 subscribes)	613	605
城市电话普及率(含移动电话) (部/百人)	Popularity Rate of Urban Telephones (Including Mobile Telephones) (set/100 persons)	374.78	387.47
# 移动电话	Mobile Telephones	324.88	343.36

注：1.因交通部从2017年起修正了公路的客货统计口径，同时修正了2016年的同比口径，故对2016年有关数据进行了相应修正。

2.因个别电信公司对2016年电信收入进行了列账调整，故对2016年邮电业务收入进行了相应调整。

3.TDM(传统交换机)退网，改为光接入和AG(大容量的宽带和电话终端设备)，故电话交换机总容量同比降幅较大。

Note: Ⅰ. Since the ministry of transportation has revised the statistical caliber of road passenger and cargo from 2017, and also revised the year-on-year caliber in 2016, relevant data in 2016 have been revised accordingly.

Ⅱ. As some telecom companies have listed and adjusted the income of telecom in 2016, they have adjusted the income of post and telecommunications in 2016 accordingly.

Ⅲ. TDM is out of network, changed to optical access and AG, so the total capacity of telephone switchboard decreases greatly compared with last year.

13-2 公路和航道线路基本情况

Basic Statisics on Highways and Waterways

项　　目	Item	2016	2017
公路里程　　（公里）	**Length of Highways　　(kilometer)**	**9336**	**9322**
# 晴雨通车里程	Length of Highways in Any Weathers	9336	9322
等级公路	Expressway and Class I to IV Highways	8392	8635
高　速	Expressway	960	972
一　级	First Class	1042	1049
二　级	Second Class	915	911
三　级	Third Class	1462	1454
四　级	Fourth Class	4013	4249
等外公路	Highways below Class IV	944	687
有路面里程	Paved Highways	8301	8563
沥青混凝土	High Class	1834	1920
水泥混凝土	Second High Class	6468	6643
简易铺路面	Medium Class	77	74
未铺装路面	Low Class	958	685
桥　梁	**Bridges**		
座　　（座）	Number　　(unit)	3003	3575
长　度　　（米）	Length　　(meter)	503601	526839
永久式桥梁	**Permanent Bridges**		
座　　（座）	Number　　(unit)	3003	3575
长　度　　（米）	Length　　(meter)	503601	526839
渡　口　　（个）	**Ferries　　(unit)**	**2**	**2**
内河航道里程　　（公里）	**Length of Navigable Inland Waterways　　(kilometer)**	**1304**	**1303**
# 等级航道里程	Standand Waterways　　(kilometer)	480	473

注：1.内河航道里程调整了统计口径，对2016年数据也进行了相应修正。
　　2.本表数据由广州市交通委员会等单位提供。

Note: I. The length of inland waterway has adjusted its statistical caliber, and the data in 2016 have been adjusted accordingly.
　　II. The data in this table are provided by Guangzhou Traffic Committee, etc.

13-3 民用车辆拥有量（2017年）
Possession of Civil Vehicles (2017)

单位：辆 (unit)

项目	Item	全市 Total	# 私人 Private
合计	**Total**	**2489029**	**1977805**
汽车	Civil Automobile	2399158	1912612
载客汽车	Passenger Vehicles	2069713	1773297
大型	Large	37729	1020
中型	Medium	13795	5122
小型	Small	2005998	1761731
微型	Minicar	12191	5424
载货汽车	Trucks	317911	135335
重型	Heavy	58770	3059
中型	Medium	22026	3844
轻型	Light	232277	124092
微型	Mini	4838	4340
其他汽车	Others	11534	3980
电车	Trolleybuses and Trams	247	
无轨	Trolleybuses	247	
有轨	Trams		
摩托车	Motorcycle	66670	64859
普通	Ordinary	66669	64858
轻便	Light	1	1
挂车	Trailers	22954	334
其他类型车	Other Kinds of Vehicles		

注：本表资料由广州市公安局交警支队提供。
Note: The data in this table is provided by the transportation policy branch of Guangzhou policy bureau.

13-4 营业性民用运输轮驳船拥有量
Possession of Business Civil Transport Vessels

项　　目		Item		2016	2017
机动船		**Motor Vessels**			
艘数	（艘）	Number of Motor Vessels	(unit)	1588	1822
#客船	（艘）	Passenger Vessels	(unit)	84	85
货船	（艘）	Cargo Vessels	(unit)	1495	1453
载客量	（客位）	Passenger Capacity	(seat)	22210	23340
净载重量	（吨位）	Dead Weight Tonnage	(ton)	26028971	37406895
总功率	（千瓦）	Total Power	(kw)	4454918	6387656
驳　船		**Barges**			
艘数	（艘）	Number of Barges	(unit)	3	3
净载重量	（吨位）	Dead Weight Tonnage	(ton)	3000	5000

注：本表资料由广州港务局等单位提供。
Note: This table is provided by Guangzhou port authority.

13-5 主要年份客货运输(吞吐量)和邮电业务收入

Total Passenger and Freight Traffic and Revenue of Postal and Telecommunication Services in Main Years

年份 Year	客运量(万人次) Passenger Traffic (10000 persontimes)	旅客周转量(万人公里) Passenger-kilometers (10000 passengerkm)	货运量(万吨) Freight Traffic (10000 tons)	货物周转量(万吨公里) Freight Tonkilometers (10000 ton-km)	港口旅客吞吐量(万人次) Volume of Passenger Handled in Coastal Ports (10000 persontimes)
1978					433
1980					489
1985	11653	1017045	18233	15653824	514
1986	10985	1090054	15439	16584196	788
1987	9152	1158152	18947	17143674	742
1988	10290	1340611	21390	18968882	765
1989	9051	1269994	18397	20193670	610
1990	9461	1340608	17842	21417482	531
1991	9996	1574625	19535	26703071	485
1992	12459	1897547	22562	28156518	484
1993	15988	2198885	24818	29564344	447
1994	17307	2202816	26461	35696673	406
1995	16107	2227019	26992	39618131	343
1996	15638	2066438	23315	30739572	233
1997	17725	2417966	23768	30573646	134
1998	19587	2563072	24443	26210641	91
1999	22007	2799796	24238	20924658	153
2000	26097	4533805	27972	22660161	134
2001	27461	4986901	28248	23370862	135
2002	30084	5570611	28496	22346711	135
2003	30546	5408605	29309	25104134	112
2004	36941	8557982	35700	27833246	119
2005	40524	9750755	38153	27240509	99
2006	43777	10915614	42759	27954630	98
2007	51180	12906006	45852	24706845	111
2008	55385	13752318	49586	24620645	90
2009	57053	14538626	52525	21762287	78
2010	62595	16936472	57369	24508491	79
2011	67756	18790926	64929	28611908	80
2012	76070	20746062	76100	49383911	75
2013	89269	22776307	89099	68224384	77
2014	98062	24996168	96553	86335522	71
2015	106082	26681268	100124	90504153	61
2016	45823	21698556	107992	153864229	87
2017	49442	23488229	120737	214221822	92

注：因交通部从2017年起修正了公路的客货统计口径，同时修正了2016年的同比口径，故对2016年有关数据进行了相应修正。

Note: Since the ministry of transportation has revised the statistical caliber of road passenger and cargo from 2017, and also revised the year-on-year caliber in 2016, relevant data in 2016 have been revised accordingly.

13-5 续表 continued

年 份 Year	港口货物吞吐量（万吨） Volume of Freight Handled (10000 tons)	#集装箱 Container	机场旅客吞吐量（万人次） Volume of Passenger Handled in Airport (10000 persontimes)	机场货邮行吞吐量（万吨） Volume of Freight Mail and Luggage Handled in Airport (10000 tons)	邮电业务收入（万元） Revenue of Postal and Telecommunication Services (10000 yuan)
1978	1950		66		2357
1980	2107		131	3	3631
1985	3700		290	6	9927
1986	3954		389	7	12744
1987	4561		505	10	19822
1988	5115	115	542	11	28482
1989	5106	103	485	11	38605
1990	5099	107	605	12	55960
1991	5657	161	745	15	79642
1992	6477	168	902	17	121473
1993	7610	177	927	19	180606
1994	8121	231	1070	23	270330
1995	8340	440	1257	28	380323
1996	8510	485	1264	32	528343
1997	8390	599	1251	35	687781
1998	8716	789	1241	41	841107
1999	11336	1355	1190	45	981527
2000	12455	1699	1279	49	1384846
2001	13539	2633	1384	53	1515282
2002	16772	3255	1601	59	1751392
2003	19200	4161	1501	54	1851326
2004	23887	4734	2033	63	2108788
2005	27283	6672	2340	75	2220589
2006	32816	9493	2622	82	2307436
2007	37053	13298	3096	90	2478199
2008	36954	15172	3344	93	2663183
2009	37549	15383	3705	122	2680007
2010	42526	18070	4098	145	2900942
2011	44770	20682	4504	153	3123440
2012	45125	21338	4831	163	3373039
2013	47267	23053	5246	173	4585063
2014	50097	24297	5479	190	5052592
2015	52096	26026	5521	200	5400082
2016	54437	27799	5974	216	6352822
2017	59012	30002	6584	234	7560250

注：因个别电信公司对2016年电信收入进行了列账调整，故对2016年邮电业务收入进行了相应调整。

Note: As some telecom companies have listed and adjusted the income of telecom in 2016, they have adjusted the income of post and telecommunications in 2016 accordingly.

13-6 民航运输主要指标
Main Indicators on Civil Aviation

项　目	Item	2016	2017
客运量　（万人次）	Passenger Traffic (10000 person-times)	7404	8085
国际航线	International Routes	1106	1192
国内航线	Domestic Routes	6298	6893
# 地区航线	Regional Routes	111	112
旅客周转量　（万人公里）	Passenger-kilometers (10000 person-km)	14738139	16198668
国际航线	International Routes	4947966	5497871
国内航线	Domestic Routes	9790173	10700797
# 地区航线	Regional Routes	180568	170010
货邮运量　（吨）	Freight Traffic (ton)	1250385	1321703
国际航线	International Routes	490287	570292
国内航线	Domestic Routes	760098	751411
# 地区航线	Regional Routes	12877	15763
货邮周转量　（万吨公里）	Freight Ton-kilometers (10000 ton-km)	561377	631965
国际航线	International Routes	433814	507383
国内航线	Domestic Routes	127563	124582
# 地区航线	Regional Routes	1517	1870
总周转量　（万吨公里）	Total Air Traffic Ton-kilometers(10000 ton-km)	1859889	2057742
国际航线	International Routes	868605	990146
国内航线	Domestic Routes	991284	1067596
# 地区航线	Regional Routes	17356	16777
飞行班次　（班次）	Flying Times of General Aviation (time)	600599	631298
国际航线	International Routes	83534	88218
国内航线	Domestic Routes	517065	543080
# 地区航线	Regional Routes	7990	7601
飞行时间　（小时）	Flying Time of General Aviation (hr)	1616477	1754453
运输飞行	Transportation Flying	1605549	1732105
专业飞行	Flying for Special Purpose	10928	22348

13-7 民航航线及飞机年末数

Number of Civil Aviation Routes and Civil Aircraft at Year-end

指 标 名 称	Item	2016	2017
定期航班航线条数 （条）	Number of Civil Aviation Routes (line)	690	715
国际航线	International Routes	175	155
国内航线	Domestic Routes	515	560
# 地区航线	Regional Routes	19	17
定期航班航线里程（公里）	Length of Civil Aviation Routes (km)	1882511	2287204
国际航线	International Routes	765664	1085440
国内航线	Domestic Routes	1116847	1201764
# 地区航线	Regional Routes	33396	28003
民航飞机期末架数 （架）	Number of Civil Aircraft (unit)	485	516
运输飞机	Aero Transport	460	486
大中型飞机	Air Bus	440	466
小型飞机	Puddle-jumper	20	20
通用航空飞机	General Aircraft	25	30
教学校验飞机	Others		
国外通航国家和地区（个）	Foreign Countries and Regions Linked with Civil Aviation Routes(unit)	40	41
通航城市 （个）	Cities Linked with Civil Aviation Routes (unit)	264	230
# 国外通航城市	Foreign Cities Linked with Civil Aviation Routes	76	77

13-8 白云国际机场吞吐量

Volume Handled in Baiyun International Airport

项　目	Item	2016	2017
飞机起降架次　（万次）	Number of Aircrafts Taking off and Landing (10000 times)	43.52	46.53
进　港	Landing	21.76	23.27
出　港	Taking off	21.76	23.26
旅客吞吐量　（万人次）	Volume of Passengers Handled (10000 person-times)	5974	6584
进　港	Landing	2949	3275
出　港	Taking off	3025	3309
货邮行吞吐量　（万吨）	Volume of Freight Handled (10000 ton)	215.92	233.85
进　港	Landing	96.36	104.93
出　港	Taking off	119.56	128.92
航线条数　（条）	Number of Civil Aviation Routes (line)	245	278
国际航线	International Routes	87	96
国内航线	Domestic Routes	158	182
# 地区航线	Regional Routes	4	4
国外通航国家和地区　（个）	Foreign Countries and Regions Linked with Civil Aviation Routes (unit)	42	43
通航城市	Cities Linked with Civil Aviation Routes	201	208
# 国外通航城市	Foreign Cities Linked with Civil Aviation Routes	76	83

注：本表数据由白云国际机场提供。
Note:The data in this table are provided by Baiyun International Airport.

13-9 输油(气)管道基本情况(2017年)
Basic Statistics on Pipelines (2017)

项目	Item	合计 Total	#输成品油管道 Refined Oil Pipelines	#输其他气体管道 Others Gas Pipelines
条数 (条)	Number Of Pipelines (unit)	30	25	4
输油(气)里程 (公里)	Length Of Pipelines (km)	121.89	101.29	17.20
延展长度 (公里)	Extension Length of Pipelines (km)	121.89	101.29	17.20
输油(气)能力 (万吨/年、千万立方米/年)	Capacity of Pipeline Traffic (10000 ton/year, 10 million cu.m/year)	5030.76	4731.76	279.00
输油(气)量 (万吨)	Pipeline Traffic (10000 tons)	879.24	723.03	147.96
输油(气)周转量 (万吨公里)	Ton-kilometers (10000 ton-km)	4710	4012	670

注：本表数据由中石化广州分公司提供。
Note:The data in this table are provided by Sinopec Guangzhou Branch.

13-10 港口码头泊位数
Number of Berths in Ports

项目	Item	2016	2017
总计	**Total**		
码头长度 (米)	Length of Quay Line (m)	70229	70229
泊位 (个)	Number of Berths (unit)	807	807
#万吨级	10000 Ton Class	76	76
泊位年通过能力	Berths Capacity		
#货物 (万吨)	Cargo (10000 tons)	37445	37445
集装箱 (万TEU)	Containers (10000 TEU)	1576	1576
旅客 (万人)	Passengers (10000 persons)	2862	2862
汽车 (万辆)	Automobile (10000 units)	1034	1034
生产用	**For Productive Use**		
码头长度 (米)	Length of Quay Line (m)	58535	58535
泊位 (个)	Number of Berths (unit)	631	631
#万吨级	10000 Ton Class	73	73

注：本表数据由广州市港务局提供。
Note:The data in this table are provided by Guangzhou Port Bureau.

13-11 港口吞吐量及货物分类（2017年）

Volume Handled in Ports and Type of Freight (2017)

单位：万吨 (10000 tons)

项 目	Item	合 计 Total	出 港 Import	进 港 Export	#沿海港口 Coastal Harbour	出 港 Import	进 港 Export
货物吞吐量	**Volume of Freight Handled**	**59011.74**	**24328.07**	**34683.67**	**57003.47**	**23929.33**	**33074.14**
外 贸	Foreign Trade	12967.40	4434.85	8532.55	12843.79	4392.84	8450.95
内 贸	Inland Trade	46044.34	19893.22	26151.12	44159.68	19536.49	24623.19
货物分类	**Type of Freight**						
煤炭及制品	Coal and Related Products	8114.86	2917.48	5197.38	7720.03	2917.48	4802.55
石油、天然气及制品	Petroleum, Natural Gas and Related Products	2539.98	919.69	1620.29	2366.24	888.27	1477.97
#原 油	Crude Oil	61.10	30.55	30.55	61.10	30.55	30.55
金属矿石	Metal Ores	754.90	122.31	632.59	754.90	122.31	632.59
钢 铁	Steel and Iron	3245.21	581.93	2663.28	3213.30	579.30	2634.00
矿建材料	Mineral Building Materials	4136.46	1358.19	2778.27	3675.08	1286.38	2388.70
水 泥	Cement	173.34	150.31	23.03	15.65	9.44	6.21
木 材	Timber	419.59	125.65	293.94	419.59	125.65	293.94
非金属矿石	Nonmetal Ores	308.75	135.64	173.11	248.09	135.64	112.45
化肥及农药	Chemical Fertilizers and Pesticides	23.23	10.42	12.81	18.35	10.02	8.33
盐	Salt	7.62	1.49	6.13	7.62	1.49	6.13
粮 食	Grain	2771.75	841.81	1929.94	2597.57	841.81	1755.76
机械、设备、电器	Machinery, Equipment and Electric Appliance	3971.19	2004.29	1966.90	3951.24	1991.36	1959.88
化工原料及制品	Chemical Raw Materials and Related Products	790.93	115.82	675.11	590.20	113.45	476.75
有色金属	Nonferrous Metals	50.50	18.21	32.29	50.50	18.21	32.29
轻工、医药产品	Light Industry, Medical and Pharmacestical Products	877.12	329.27	547.85	832.15	319.84	512.31
农林牧渔业产品	Agricultural, Forestry, Animal Husbandry and Fishery Products	236.69	31.29	205.40	224.63	21.61	203.02
其 他	Others	30589.62	14664.27	15925.35	30318.33	14547.07	15771.26

注：本表数据由广州市港务局提供。

Note:The data in this table are provided by Guangzhou Port Bureau.

13-12 港口标准集装箱吞吐量(2017年)

Cargo Handled in International Standard Containers (2017)

项目	Item	合计 Total	出港 Import	进港 Export
箱数合计 (万箱)	Total Containers (10000 units)	2037.20	1028.64	1008.56
重量合计 (万吨)	Total Weight (10000 tons)	30001.91	13980.86	16021.05
国内小计	National Total			
箱数 (万箱)	Number of Containers(10000 units)	1280.51	652.81	627.70
重量 (万吨)	Weight (10000 tons)	21957.53	10022.47	11935.06
国际小计	International Total			
箱数 (万箱)	Number of Containers(10000 units)	756.69	375.83	380.86
#中国香港	Hong Kong, China	290.64	151.02	139.62
新加坡	Singapore	30.46	15.18	15.28
马来西亚	Malaysia	21.56	17.55	4.01
韩国	Korea, Rep.	11.11	2.63	8.48
印尼	Indonesia	4.74	4.71	0.03
日本	Japan	2.97	1.50	1.47
泰国	Thailand	2.65	1.13	1.52
意大利	Italia	0.95	0.51	0.44
重量 (万吨)	Weight (10000 tons)	8044.38	3958.39	4085.99
#中国香港	Hong Kong, China	3680.49	1613.23	2067.26
新加坡	Malaysia	356.34	180.68	175.66
马来西亚	Malaysia	257.20	206.78	50.42
韩国	Korea, Rep.	137.50	19.93	117.57
印尼	Indonesia	75.33	74.88	0.45
日本	Japan	34.24	18.09	16.15
泰国	Thailand	36.27	12.55	23.72
意大利	Italia	10.66	4.94	5.72

注：本表数据由广州市港务局提供。

Note:The data in this table are provided by Guangzhou Port Bureau.

13-13 邮政电信网

Network of Postal and Telecommunication Services

项目	Item	2016	2017
邮政网 （个）	Post Network (unit)	243	243
自办邮政网点	Post Office Owned by Itself	179	180
代办网点	Commission Office	64	63
邮政储蓄所 （个）	Postal Savings Office (unit)	133	116
信箱、信筒 （个）	Mail Box (unit)	964	965
电信网 （个）	Telecommunication Office (unit)	13951	13735
自办电信网点	Telecommunication Office Owned by Itself	366	484
代办网点	Commission Office	13585	13251
邮政网络 （公里）	Postal Service Network (km)		
邮路总长度	Total Length of Mail Routes	37575	54719
农村投递线路总长度	Length of Rural Delivery Routes	21784	23927

13-14 邮政业务主要指标
Main Indicators on Post

项　目		Item		2016	2017
国内分类业务总量		Category of Domestic Services			
函　件	（万件）	Number of Letters	(10000 pcs)	18550	18645
包　裹	（万件）	Foreign Exchange	(10000 pcs)	45	44
汇　兑	（万笔）	Remittance	(10000 transactions)	168	87
订销报纸累计数	（万份）	Number of Newspapers Circulation	(10000 copies)	15551	14615
订销杂志累计数	（万份）	Number of Magazines Circulation	(10000 copies)	1446	1042
快　递	（万件）	Pieces of Express Mail Services	(10000 pcs)	286698	393320
同　城		City Express		59795	91694
异　地		Long-distance Express		221303	295357
国际及港澳台		International and Hong Kong, Macao and Taiwan Express		5600	6269
邮政储蓄年末收储余额	（万元）	Postal Savings Deposits at Year-end	(10000 yuan)	2958143	3492256

13-15 电信业务主要指标
Main Indicators on Telecommunication Services

项　　目		Item		2016	2017
通信业务量		Business Volume of Telecommunications			
移动电话用户	(万户)	Number of Mobile Telephone Subscribers	(10000 subscribers)	2828.09	3082.94
# 3G移动电话用户		3G Mobile Telephone Subscribers		223.36	115.65
4G移动电话用户		4G Mobile Telephone Subscribers		1757.57	2135.67
短信通信量	(亿条)	Volume Of Message Services		211.72	185.93
# 移动短信通信量		Short Message Services		58.04	40.34
固定电话用户	(万户)	Landline Users	(10000 subscribers)	434.33	396.07
公用电话	(万户)	Number of Public Telephones	(10000 subscribers)	42.16	41.12
国际互联网用户	(万户)	Number of Internet Subscribers	(10000 subscribers)	613.31	604.91
宽带用户		Broadband Users		495.85	521.52
窄带用户		Narrowband Users		29.30	29.24
上网卡用户		Card Users		88.16	54.15
电信主要通信能力		Main Communication Capacity of Telecommunications			
长途电话交换机容量	(万路端)	Capacity of Long-distance Telephone Exchanges	(10000 circuits)	67.90	50.20
电话交换机总容量	(万门)	Capacity of Telephone Exchanges	(10000 gates)	534.80	86.87
局用交换机容量		Capacity of Office Exchanges		152.87	69.95
接入网交换机容量		Capacity of Exchanges Linked-out		381.93	16.92
移动电话交换机容量	(万户)	Capacity of Mobile Telephone Exchanges	(10000 subscribers)	4865	4775
移动电话基站数	(个)	Number of Mobile phone Base Station	(unit)	80457	90704
互联网宽带接入端口	(个)	Broad Band Subscribers Post Of Internet	(unit)	8663668	10984457

注：TDM(传统交换机)退网，改为光接入和AG(大容量的宽带和电话终端设备)，故电话交换机总容量同比降幅较大。

Note: TDM is out of network, changed to optical access and AG, so the total capacity of telephone switchboard decreases greatly compared with last year.

13-16 邮电业务收入

Revenue of Postal and Telecommunication Services

单位：万元 (10000 yuan)

项　　目	Item	2016	2017
总　　计	**Total**	**6352822**	**7560250**
#港澳及国际	Hong Kong, Macao and International	394424	444869
邮政收入	**Revenue of Posts**	**3070185**	**4159351**
#港澳及国际	Hong Kong, Macao and International	377168	434190
函　　件	Letters	128285	131190
快　　递	Express Mail Services	2754616	3749587
汇　　兑	Postal Orders	4417	3811
包　　裹	Package	4825	6751
报　　刊	Newspapers and Magazines	8289	8244
其　　他	Others	169753	259768
电信收入	**Revenue of Telecommunications**	**3282637**	**3400899**
#港澳及国际	Hong Kong, Macao and International	17256	10679
固定电话收入	Fixed-line Telephone	185198	169260
移动电话收入	Mobile Telephone	2140184	2164434
宽带收入	Broadband Network	395307	427726
其他收入	Other Revenue	561948	639479

注：因个别电信公司对2016年电信收入进行了列账调整，故对2016年邮电业务收入进行了相应调整。

Note: As some telecom companies have listed and adjusted the income of telecom in 2016, they have adjusted the income of post and telecommunications in 2016 accordingly.

13-17　城市公共交通（2017年）

Public Traffic in City (2017)

项　　目	Item	合　计 Total	汽　车 Buses	电　车 Trolleys
营运车、船数　（辆、艘）	Number of Vehicles and Vessels (unit)	39587	14574	278
营运车船客位数　（个）	Seat for Vehicles and Vessels for Business Transportation (seat)	828306	100778	9452
营运线路条数　（条）	Lines Used by Public Traffic for Business Transportation (line)	1251	1208	15
营运线路长度　（公里）	Length of Public Traffic (km)	17884	17253	180
客运量　（万人次）	Number of Passenger Traffic (10000 person-times)	581453	233300	5203
客运收入　（万元）	Revenue of Passenger Transport (10000 yuan)	1491150	413894	8514
每辆汽、电车负担人数（人）	Number of Passengers per Bus and Trolley (person)	605		

13-17　续表　continued

项　　目	Item	轮　渡 Ferries	出租汽车 Cabs	轨道交通 Track Traffic
营运车、船数　（辆、艘）	Number of Vehicles and Vessels (unit)	48	22279	2408
营运车船客位数　（个）	Seat for Vehicles and Vessels for Business Transportation (seat)	10685	89116	618275
营运线路条数　（条）	Lines Used by Public Traffic for Business Transportation (line)	14		14
营运线路长度　（公里）	Length of Public Traffic (km)	53		398
客运量　（万人次）	Number of Passenger Traffic (10000 person-times)	1713	60676	280561
客运收入　（万元）	Revenue of Passenger Transport (10000 yuan)	8202	627262	433278
每辆汽、电车负担人数（人）	Number of Passengers per Bus and Trolley (person)			

注：1.本表数据由广州市交通委员会等单位提供。
　　2.营运车船客位数按实际可乘坐人数计算。

Note: 1. The data in this table are provided by communications commission of Guangzhou municipality,etc.
　　2. Seats of vehicles and vessels for business tran-sportation are caculated by factual seats.

13-18 规模以上运输邮电企业财务指标（2017年）

单位：万元

项目	Item	合计 Total	按经济类型分 Grouped by Economic Type 1. 内资 Domestic Funded	2. 港、澳、台商投资 Enterprises with Funds from Hong Kong, Macao and Taiwan Investors	3. 外商投资 Foreign Funded Enterprises
企业单位数（个）	Number of Enterprises (unit)	561	504	27	30
#亏损企业	Loss-making Enterprises	119	109	5	5
固定资产原价合计	Total Original Value of Fixed Assets	89675267	78992208	5764928	4918131
本年折旧	Depreciation at Current Year	3607936	3085118	300335	222483
资产合计	Total Assets	153978482	144577121	4062241	5339119
负债合计	Total Liabilities	63324194	57133747	2550812	3639634
营业收入	Business Revenue	27671951	24869879	1712727	1089345
营业成本	Cost of Business	23622676	22108040	831364	683272
营业税金及附加	Taxes and Extra Charges on Business	125345	113422	5266	6657
销售费用	Cost of Sales	1168186	1037203	103268	27715
管理费用	Cost of Management	1603652	1470734	76305	56613
财务费用	Cost of Finance	1127217	928134	63939	135145
营业利润	Operation Profits	2554770	1745380	619944	189446
利润总额(亏损为-)	Total Profits("-" indicates losses)	3285341	2407781	685955	191605
应付职工薪酬	Benefits Payable of the Employee	5572229	5207805	197685	166739
从业人员平均人数（人）	Average Employed Persons (person)	340995	311180	14899	14916

注：原来“国有经济，民营经济，其他经济”分类调整为“内资，港、澳、台商投资，外商投资”分类。

Finance Indicators of Transport, Postal and Telecommunication Services Enterprises above the Designated Size (2017)

(10000 yuan)

按行业类型分 Grouped by Sector Type					
1. 公路运输 Highway Transport	2. 水上运输 Waterway Transport	#港口 Port	3. 民航 Civil Aviation	4. 邮电 Postal and Telecom-munication Services	5. 其它 Others
419	69	16	9	58	6
81	17	2	4	14	3
36093234	12404793	2722221	20408038	10636147	10133055
1390085	496061	108862	797595	710058	214137
69051684	23502954	4380090	20024312	22852653	18546879
32526077	13192257	1612642	14333005	-5369675	8642530
6677001	4151234	605394	9783456	5915892	1144367
5300065	3346200	405200	8381693	5459065	1135652
53418	18226	7162	19055	30159	4486
72097	30010	6653	501273	564540	266
485799	345846	81766	277255	472549	22203
640191	321653	43251	91587	-159084	232870
872276	310882	155220	732146	892563	-253096
1265211	443836	216857	839284	889664	-152654
1496631	641856	126204	2148291	1067985	217467
144510	31920	9657	87785	61713	15067

Note: The classification of state-owned economy, private economy and other economies was adjusted to domestic funded, enterprises with funds from Hong Kong, Macao and Taiwan investors,foreign funded enterprises.

【货(客)运量】 指在一定时期内，各种运输工具实际运送的货物重量（旅客数量）。货运按吨计算，客运按人计算。货物不论运输距离长短、货物类别，均按实际重量统计；旅客不论行程远近或票价多少，均按一人一次作为客运量统计；半价票、小孩票也按一人统计。

【货物(旅客)周转量】 指在一定时期内，由各种运输工具运送的货物（旅客）数量与其相应运输距离的乘积之总和。该指标反映可以运输业生产总成果，也是编制和检查运输生产计划，计算运输效率、劳动生产率以及核算运输单位成本的主要基础资料。计算货物周转量通常按发出站与到达站之间的最短距离，也就是计费距离计算。计算公式为：

货物（(旅客)周转量=Σ（货物（旅客）运输量×运输距离）

【移动电话用户】 指在电信运营企业营业网点办理开户登记手续，通过移动电话交换机进入移动电话网、占用移动电话号码的各类电话用户。包括各类签约用户、智能网预付费用户、无线上网卡用户。

【Freight (Passenger) Traffic】 refers to the weight of freight (number of passenger) transported with various means within a specific period of time. Freight transport is calculated in tons and passenger traffic is calculated in terms of number of persons. Freight transport is calculated in terms of the actual weight of the goods and takes no account of the type of freight and distance of travel. Passenger traffic is calculated by the principle that one person can be counted only once in one trip and takes no account of the travelling distance and ticket price. The passengers who travel with a half price ticket or a child's ticket is also calculated as one person.

【Freight Ton-kilometres (Passenger-kilometres)】 refers to the sum of the product of the volume of transported cargo (passengers) multiplied by the transport distance. It is an important indicator to reflect the achievement of the transportation industry. This is an important indicator to show the total results of the transport industry; to prepare and examine the transport plan; and to serve as the main basic data for calculating the efficiency, labour productivity and unit cost of transport. Normally, the shortest distance between the departure station and the destination station (i.e., the payable distance) is the basis in calculating the freight ton-kilometres. The formula is as follows:

Freight ton-kilometres (passenger-kilometres)=∑freight (passenger) traffic×distance of transportation

【Mobile Telephone Subscribers】 refer to persons who have gone through registration procedures in the operation points of enterprises engaged in telecommunications and are hence connected with the mobile telephone communication network through the mobile telephone switchboards and occupy mobile phone numbers. Included are various types of subscriber, prepaid users for intelligent network and wireless network card users.

第十四篇
CHAPTER 14

国内贸易
DOMESTIC TRADE

第十四篇 国内贸易

一、本篇资料反映广州市国内市场发展的基本情况。

二、本篇资料由广州市统计局贸易外经统计处整理提供。

三、本篇资料主要根据国家统计局制定的批发和零售业、住宿和餐饮业统计报表制度，通过采取全面调查、抽样调查等方法，对基层数据汇总取得。

四、各表的调查范围：

社会消费品零售总额表的调查范围是各种经济类型的批发和零售业、住宿和餐饮业法人单位、产业活动单位及个体户。

批发和零售业商品购、销、存总额表的调查范围是各种经济类型的批发和零售业法人单位及个体户。

商品购、销、存类值表的调查范围是各种经济类型的限额以上批发和零售业的法人单位及个体户。

财务状况表的调查范围是各种经济类型的限额以上批发和零售业、住宿和餐饮法人单位。

五、关于历史数据调整问题

根据2008年第二次经济普查结果，我们对2006年-2007年社会消费品零售总额进行了调整，2008年使用的是经济普查数据。

14 Domestic Trade

I.The data in this chapter show the development of Guangzhou's domestic markets.

II.The data in this chapter are prepared and provided by the Division of Trade and External Economic Relations Statistics of Guangzhou Municipal Bureau of Statistics.

III.The data are obtained mainly in accordance with the Statistical Reporting Scheme on Wholesale and Retail Trade and Catering Services stipulated by the National Bureau of Statistics. The Methods used in data collection for enterprises (units) are complete enumeration and sample surveys, under which data are reported from lower to higher level statistical offices.

IV. The statistical coverage comes as follows:

The total retail sales of social consumer goods covered the retail value of the corporation units, economic active units and individual operators of all economic types of wholesale and retail trade, accommodation and catering industry.

The investigated objects of total purchases and sales and inventory of wholesale and retail trade come from corporation units and individual operators.

The investigated objects of commodity purchases, sales and inventory covered the corporation units and individual operators of wholesale and retail trade enterprises above the designated size.

The investigated objects of financial situation covered the corporation units of wholesale and retail trade, catering and accommodation above the designated size.

V. Based on results from the Second National Economic Census in 2008, adjustments were made for total retail sales consumer goods from year 2006 to 2007.The data of year 2008 are from the census in 2008.

14-1 主要年份社会消费品零售总额
Total Retail Sales of Consumer Goods in Main Years

单位：万元 (10000 yuan)

年 份 Year	总 计 Total	按行业分 By Sector			
		批发和零售业 Wholesale and Retail Trades	住宿和餐饮业 Hotels and Catering Services	其他行业 Others	# 制造业 Manufacturing
1978	176300	148378	16242	11680	7327
1980	287127	224457	23307	39363	24261
1985	749841	499571	115750	134520	64827
1986	802044	536172	107943	157929	69972
1987	952332	622077	134437	195818	67362
1988	1303688	833448	175891	294349	86936
1989	1442483	910670	234931	296882	90114
1990	1477826	945047	239607	293172	74574
1991	1701215	1062833	286924	351458	83978
1992	2095177	1330726	340871	423580	106090
1993	3030090	1878281	550956	600853	163413
1994	4481850	2781693	803059	897098	274554
1995	5499678	3437585	962855	1099238	331749
1996	6864426	4549455	1193692	1121279	370657
1997	8025887	5329267	1387026	1309594	509907
1998	9045719	6010638	1583833	1451248	561812
1999	10006848	6661555	1820957	1524336	605225
2000	11211340	7839516	2081458	1290366	589711
2001	12482848	8803979	2399208	1279661	571027
2002	13706815	9733195	2659750	1313870	476489
2003	14942742	11833760	2818533	290449	
2004	16777731	14030973	2636742	110016	
2005	19058398	16171817	2835312	51269	
2006	21991379	18921556	3069823		
2007	26242399	22841850	3400549		
2008	31873862	27953721	3920141		
2009	36157655	31565720	4591935		
2010	44763780	38835933	5927847		
2011	52430246	45444614	6985632		
2012	59772666	51685711	8086955		
2013	68828473	59858717	8969756		
2014	71444503	62306372	9138131		
2015	79879595	69845716	10033879		
2016	87064876	76255760	10809116		
2017	94025908	82593544	11432364		

注：根据国家统计局的要求，对2014年的数据进行了调整。
Note: The data of year 2014 has been adjusted according to National Bureau of Statistics of China.

14-2 主要年份社会消费品零售总额指数

Indices of Total Retail Sales of Consumer Goods in Main Years

上年=100 (preceding year=100)

年份 Year	总计 Total	按行业分 By Sector			
		批发和零售业 Wholesale and Retail Trades	住宿和餐饮业 Hotels and Catering Services	其他行业 Others	# 制造业 Manufacturing
1978	106.6	105.6	118.2	104.3	95.4
1980	136.1	130.5	121.6	198.2	181.8
1985	138.1	124.7	224.2	147.9	133.1
1986	107.0	107.3	93.3	117.4	107.9
1987	118.7	116.0	124.5	124.0	96.3
1988	136.9	134.0	130.8	150.3	129.1
1989	110.6	109.3	133.6	100.9	103.7
1990	102.4	103.8	102.0	98.8	82.8
1991	115.1	112.5	119.8	119.9	112.6
1992	123.2	125.2	118.8	120.5	126.3
1993	144.6	141.2	161.6	141.8	154.0
1994	147.9	148.1	145.8	149.3	168.0
1995	122.7	123.6	119.9	122.5	120.8
1996	118.3	124.0	117.5	91.3	111.7
1997	116.9	117.1	116.2	116.8	137.6
1998	112.7	112.8	114.2	110.8	110.2
1999	110.6	110.8	115.0	105.0	107.7
2000	112.0	117.7	114.3	84.6	97.4
2001	111.3	112.3	115.3	99.2	96.8
2002	109.8	110.6	110.9	102.7	83.4
2003	109.0	121.6	106.0	22.1	
2004	112.1	115.2	106.6	38.4	
2005	113.6	115.3	107.5	46.6	
2006	115.4	117.0	108.3		
2007	119.3	120.7	110.8		
2008	121.5	122.4	115.3		
2009	113.4	113.6	112.4		
2010	124.2	123.4	129.5		
2011	117.1	117.0	117.8		
2012	115.2	114.9	117.1		
2013	115.2	115.8	110.9		
2014	112.5	113.2	107.8		
2015	111.0	111.2	109.8		
2016	109.0	109.2	107.7		
2017	108.0	108.3	105.8		

注：当年指数按可比口径计算。

Note: The indices are calculated at the comparable coverage.

14-3 各时期社会消费品零售总额
Total Retail Sales of Consumer Goods in Different Periods

单位：万元 (10000 yuan)

时 期	Period	总 计 Total	按行业分 By Sector			
			批发和零售业 Wholesale and Retail Trades	住宿和餐饮业 Hotels and Catering Services	其他行业 Others	# 制造业 Manufacturing
“六五”时期	6th Five-year Plan Period	2459903	1775024	260620	424259	222331
“七五”时期	7th Five-year Plan Period	5978373	3847414	892809	1238150	388958
“八五”时期	8th Five-year Plan Period	16808010	10491118	2944665	3372227	959784
“九五”时期	9th Five-year Plan Period	45154220	30390431	8066966	6696823	2637312
“十五”时期	10th Five-year Plan Period	76968534	60573724	13349545	3045265	1047516
“十一五”时期	11th Five-year Plan Period	161029075	140118780	20910295		
“十二五”时期	12th Five-year Plan Period	332355483	289141130	43214353		
1979-2017	1979-2017	822342499	695583349	111923207	14835943	5293503

14-4 社会消费品零售总额
Total Retail Sales of Consumer Goods

单位:万元 (10000 yuan)

项目	Item	2016	2017
社会消费品零售总额	**Total**	**87064876**	**94025908**
按行业分	**By Sector**		
批发和零售业	Wholesale and Retail Trades	76255760	82593544
限额以上	Enterprises above Designated Size	41317196	38020251
限额以下	Enterprises (Units) below Designated Size and Individuals	34938564	44573293
住宿和餐饮业	Hotels and Catering Services	10809116	11432364
限额以上	Enterprises above Designated Size	4055989	3541012
限额以下	Enterprises (Units) below Designated Size and Individuals	6753127	7891352

14-5 批发和零售业商品销售总额
Total Sales of Wholesale and Retail Trade

单位：万元 (10000 yuan)

项目	Item	2016	2017
商品销售总额	Total Sales	559727457	621646628
批 发 业	Wholesale Trade	479960811	535933988
限额以上	Enterprises above Designated Size	235081640	257610432
限额以下	Enterprises (Units) below Designated Size and Individuals	244879171	278323556
零 售 业	Retail Trade	79766646	85712640
限额以上	Enterprises above Designated Size	39973400	36615500
限额以下	Enterprises (Units) below Designated Size and Individuals	39793246	49097140

14-6 限额以上批发和零售业法人企业商品分类销售总额(2017年)

Total Sales Value of Enterprises above Designated Size in Wholesale and Retail Trade by Category of Commodities (2017)

单位:万元 (10000 yuan)

项 目	Item	销售总额 Total Sales Value	批发额 Wholesale Value	零售额 Retail Value
合 计	**Total**	**294225932**	**256502082**	**37723850**
粮油、食品类	Grain and Oil	9963405	7344839	2618566
#肉禽蛋类	Meat, Poultry and Eggs	1121287	871464	249823
饮料类	Beverages	2642216	2170888	471328
烟酒类	Tobacco and Liquor	3000604	2505889	494715
服装鞋帽、针、纺织品类	Garments, Footwear, Headgear, Knitwear and Textiles	15585846	12198664	3387182
服装类	Clothing	10553135	8010457	2542678
鞋帽类	Footwear and Headgear	2430218	1787727	642491
针、纺织品类	Knitwear and Textiles	2602493	2400480	202013
化妆品类	Cosmetics	2938638	1822150	1116488
金银珠宝类	Gold, Silver and Jewelry	2092958	1383637	709321
日用品类	Daily-Use Articles	9992465	8082859	1909606
#儿童玩具类	Toys for children	343364	218252	125112
五金、电料类	Hardware and Electrical Materials	2270707	1891938	378769
体育、娱乐用品类	Sports and Recreation Articles	1274089	738181	535908
书报杂志类	Newspapers and Magazines	644472	488502	155970
电子出版物及音像制品类	E-journal and Video Products	68129	62270	5859
家用电器和音像器材类	Household Appliances and Video Appliances	6223464	3419624	2803840
中西药品类	Traditional Chinese and Western Medicines	17146090	12874052	4272038
#西 药	Western Medicines	12850144	9556067	3294077
中草药及中成药	Traditional Chinese Medicines	3099342	2604692	494650
文化办公用品类	Cultural and Office Goods	4607305	3577491	1029814
家具类	Furniture	1190358	951841	238517
通讯器材类	Communication Appliances	6570261	3932642	2637619
煤炭及制品类	Coal and Related Products	7280150	7280150	
木材及制品类	Wood and Wooden Products	365517	365517	
石油及制品类	Petroleum and Related Products	51273925	47166762	4107163
化工材料及制品类	Chemical Materials and Related Products	22331038	22331038	
#化肥类	Chemical Fertilizers	557829	557829	
金属材料类	Metal Materials	51328150	51328150	
建筑及装潢材料类	Building and Decoration Materials	3707675	3564326	143349
机电产品及设备类	Mechanical and Electrical Products	5581576	5415505	166071
#农机类	Agricultural Machinery	14297	14297	
汽车类	Motor Vehicles	53861075	44078347	9782728
种子饲料类	Seeds and Feedstuff	2417985	2417985	
棉麻类	Cotton and Hemp	417601	417601	
其他类	Others	9450233	8691234	758999

14-7 限额以上批发业法人企业商品购、销、存总额(2017年)

单位：万元

项　　目	Item
合　计	**Wholesale Trade**
#国有及国有控股	State-owned and State-controlled Enterprises
按登记注册类型分	**By Status of Registration**
内资企业	Domestic-funded Enterprises
国有企业	State-owned Enterprises
集体企业	Collective-owned Enterprises
股份合作企业	Cooperative Enterprises
联营企业	Joint Ownership Enterprises
国有联营企业	State Joint Ownership Enterprises
集体联营企业	Collective Joint Ownership Enterprises
国有与集体联营企业	Joint State-collective Enterprises
其他联营企业	Other Joint Ownership Enterprise
有限责任公司	Limited Liability Corporations
国有独资企业	State Sole Funded Corporations
其他有限责任公司	Other Limited Liability Corporations
股份有限公司	Share-holding Corporations Ltd.
私营企业	Private Enterprises
私营独资企业	Private-funded Enterprises
私营合伙企业	Private Partnership Enterprises
私营有限责任公司	Private Limited Liability Corporations
私营股份有限公司	Private Share-holding Corporations Ltd.
其他企业	Other Enterprises
港、澳、台商投资企业	Enterprises with Funds from Hong Kong, Macao and Taiwan
与港、澳、台商合资经营企业	Joint-venture Enterprises
与港、澳、台商合作经营企业	Cooperative Enterprises
港、澳、台商独资经营企业	Enterprises with Sole Funds
港、澳、台商投资股份有限公司	Share-holding Corporations Ltd.
其他港、澳、台投资企业	Other Enterprises with Funds from Hong Kong, Macao and Taiwan
外商投资企业	Foreign Funded Enterprises
中外合资经营企业	Joint-venture Enterprises
中外合作经营企业	Cooperative Enterprises
外资企业	Enterprises with Sole Foreign Funds
外商投资股份有限公司	Share-holding Corporations Ltd.
其他外商投资企业	Other Foreign Funded Enterprises
按国民经济行业分组	**By Economic Sector**
农、林、牧产品批发	Wholesale of Farming, Forestry, Animal Husbandry Products
食品、饮料及烟草制品批发	Wholesale of Food, Beverages and Tobacco Products
#米、面制品及食用油批发	Wholesale of Rice, Flour and Edible Oil
烟草制品批发	Wholesale of Tobacco
纺织、服装及家庭用品批发	Wholesale of Textile, Clothing and Household Goods
#服装批发	Wholesale of Garments
家用电器批发	Wholesale of Household Electrical Appliances
文化、体育用品及器材批发	Wholesale of Cultural, Sports Appliances and Equipment
医药及医疗器材批发	Wholesale of Medicine and Medical Appliances
矿产品、建材及化工产品批发	Wholesale of Mineral Products, Building Materials and Chemical Products
#煤炭及制品批发	Wholesale of Coal and Related Products
石油及制品批发	Wholesale of Petroleum and Related Products
金属及金属矿批发	Wholesale of Metal Minerals
建材批发	Wholesale of Building Materials
化肥批发	Wholesale of Chemical Fertilizers
机械设备、五金产品及电子产品批发	Wholesale of Mechanical Equipment, Metal Products and Electronic Products
#汽车批发	Wholesale of Automobile
汽车零配件批发	Wholesale of Automobile Accessories
摩托车及零配件批发	Wholesale of Motorcycles and Accessories
计算机、软件及辅助设备批发	Wholesale of Computers, Software and Assistant Equipments
贸易经纪与代理	Trade Broker and Agency
其他批发业	Wholesale of Other Trades

Total Purchases, Sales and Stock of Enterprises above Designated Size in Wholesale Trade (2017)

(10000 yuan)

购进总额 Total Purchase Value	# 进口 Imports Value	销售总额 Total Sales Value	批发额 Wholesale Value	零售额 Retail Value	年末库存 Stock at Year-end
251155978	**12179582**	**257610434**	**252045536**	**5564898**	**12268819**
138177427	4817615	134008541	132413879	1594662	4897710
221062300	8865635	224649363	220234565	4414798	9614074
1761483	71575	1891444	1875208	16236	514711
54386		56063	53601	2462	7651
119998	8273	128165	122652	5513	7071
7481		8690	8447	243	413
1233		1334	1091	243	112
6248		7356	7356		301
144078957	5811314	152661744	150395372	2266372	4887495
42681065	455297	43876329	43689037	187292	1332287
101397892	5356017	108785415	106706335	2079080	3555208
21212090	502233	11646381	11513785	132596	761326
53827905	2472240	58256876	56265500	1991376	3435407
13226		14996	14996		3291
164		178	142	36	2
50845359	2431178	55094897	53129749	1965148	3311639
2969156	41062	3146805	3120613	26192	120475
11555418	874730	13284851	12488001	796850	1461342
2597704	120480	2828017	2719363	108654	225863
43668		56945	56945		7454
8854119	741995	10303823	9642715	661108	1214585
47319	12255	74467	52918	21549	12821
12608		21599	16060	5539	619
18538260	2439217	19676220	19322970	353250	1193403
5922392	917657	6245280	6084107	161173	425650
74759	74759	87469	87469		
10481713	1446063	11286625	11097515	189110	698055
2021129		2012645	2012645		67220
38267	738	44201	41234	2967	2478
3748470	855147	3866866	3774009	92857	353980
8577876	981037	10655050	10334162	320888	1101751
1490138	220576	1582649	1550438	32211	534343
1192371	17372	1665811	1654053	11758	56697
16702084	601515	19997672	18565734	1431938	1742365
2984777	106252	3706037	3248157	457880	446662
3103283	14867	3322070	3242063	80007	267065
9614219	485593	10402103	9950123	451980	1292715
16989433	1087170	18514747	18050847	463900	1670149
139675312	5718452	133503337	132368853	1134484	4372451
7101651	501279	7369846	7294110	75736	280902
53990624	2791145	44479203	44126020	353183	1499618
42662718	624215	44119538	43794875	324663	1040149
12166291	209084	12320565	12207585	112980	427658
787372	75817	807031	799482	7549	82827
52036232	1930019	56606683	54952535	1654148	1359261
37008959	108243	40395095	39311835	1083260	203627
2554915	893203	2750780	2699675	51105	186697
73781	106	77345	69913	7432	4414
2972615	372201	3064267	2959025	105242	181529
1509611	327325	1643492	1641387	2105	190947
2302741	193324	2420484	2407886	12598	185200

14-8 限额以上零售业法人企业商品购、销、存总额(2017年)

单位：万元

项　　目	Item
合　计	**Retail Trade**
#国有及国有控股	State-owned and State-controlled Enterprises
按登记注册类型分	**By Status of Registration**
内资企业	Domestic-funded Enterprises
国有企业	State-owned Enterprises
集体企业	Collective-owned Enterprises
股份合作企业	Cooperative Enterprises
联营企业	Joint Ownership Enterprises
国有联营企业	State Joint Ownership Enterprises
集体联营企业	Collective Joint Ownership Enterprises
国有与集体联营企业	Joint State-collective Enterprises
其他联营企业	Other Joint Ownership Enterprise
有限责任公司	Limited Liability Corporations
国有独资企业	State Sole Funded Corporations
其他有限责任公司	Other Limited Liability Corporations
股份有限公司	Share-holding Corporations Ltd.
私营企业	Private Enterprises
私营独资企业	Private-funded Enterprises
私营合伙企业	Private Partnership Enterprises
私营有限责任公司	Private Limited Liability Corporations
私营股份有限公司	Private Share-holding Corporations Ltd.
其他企业	Other Enterprises
港、澳、台商投资企业	Enterprises with Funds from Hong Kong, Macao and Taiwan
与港、澳、台商合资经营企业	Joint-venture Enterprises
与港、澳、台商合作经营企业	Cooperative Enterprises
港、澳、台商独资经营企业	Enterprises with Sole Funds
港、澳、台商投资股份有限公司	Share-holding Corporations Ltd.
其他港、澳、台投资企业	Other Enterprises with Funds from Hong Kong, Macao and Taiwan
外商投资企业	Foreign Funded Enterprises
中外合资经营企业	Joint-venture Enterprises
中外合作经营企业	Cooperative Enterprises
外资企业	Enterprises with Sole Foreign Funds
外商投资股份有限公司	Share-holding Corporations Ltd.
其他外商投资企业	Other Foreign Funded Enterprises
按国民经济行业分组	**By Economic Sector**
综合零售	Comprehensive Retail Trade
#百货零售	Retail of General Merchandise
超级市场零售	Retail of Supermarket
食品、饮料及烟草制品专门零售	Retail of Food, Beverage and Tobacco
纺织、服装及日用品专门零售	Retail of Textile, Garments and Daily Articles Consumer
#服装零售	Retail of Garments
文化、体育用品及器材专门零售	Retail of Cultural, Sports Appliances and Equipment
#体育用品及器材零售	Retail of Sports Goods
图书、报刊零售	Retail of Books and Newspapers
医药及医疗器材专门零售	Retail of Medicine and Medical Appliances
#药品零售	Retail of Medicines
汽车、摩托车、燃料及零配件专门零售	Retail of Motor Vehicles, Motorcycles, Fuels and Parts
#汽车零售	Retail of Motor Vehicles
机动车燃料零售	Retail of Motor Vehicle Fuels
家用电器及电子产品专门零售	Retail of Household Electrical Appliances and Electronic Products
#家用视听设备零售	Retail of Household Audio and Video Equipment
日用家电设备零售	Retail of Household Electrical Appliances
计算机、软件及辅助设备零售	Retail of Computers, Software and Assistant Equipments
通信设备零售	Retail of Communication Equipments
五金、家具及室内装饰材料专门零售	Retail of Hardware, Furniture and Decoration Materials
货摊、无店铺及其他零售业	Retail of Booth and Others
#互联网零售	E-Retail

Total Purchases, Sales and Stock of Enterprises above Designated Size in Retail Trade (2017)

(10000 yuan)

购进总额 Total Purchase Value	# 进口 Imports Value	销售总额 Total Sales	批发额 Wholesale Trade	零售额 Retail Trade	年末库存 Stock at Year-end
30946656	**1144668**	**36615498**	**4456546**	**32158952**	**2861091**
4905221	205432	7940596	1108202	6832394	404881
18361893	878827	22991278	4016134	18975144	1995891
115079		131285	26514	104771	54989
188230		230705	13490	217215	16389
43124		49728	16556	33172	3127
48768		64882	1916	62966	3154
21656		31382	609	30773	1301
15422		18225	1277	16948	1580
11690		15275	30	15245	273
8624730	630845	11414125	1282131	10131994	806535
597845	90113	662545	181677	480868	48876
8026885	540732	10751580	1100454	9651126	757659
1868936	6513	2507652	939914	1567738	177152
7472359	241469	8592059	1734972	6857087	934432
20219		23318	2634	20684	3121
13186		14470	2916	11554	836
7360548	241469	8464246	1717082	6747164	919120
78406		90025	12340	77685	11355
667		842	641	201	113
2945045	111699	3619704	358109	3261595	414129
1538084	67734	1919955	198142	1721813	117200
36368		42115	1407	40708	2315
1368499	43965	1654949	158560	1496389	291494
2094		2685		2685	3120
9639718	154142	10004516	82303	9922213	451071
1602869	35112	1912069	760	1911309	193745
233667	6660	238986	8212	230774	35094
1318154	112370	1615101	73331	1541770	200583
6485028		6238360		6238360	21649
4764655	680	5580961	273740	5307221	393069
2060694	470	2477122	14157	2462965	153807
2446004	210	2770359	259582	2510777	184639
466722	11874	585462	143832	441630	95018
1470016	25431	2222849	427815	1795034	499446
741668	2677	1273239	218443	1054796	325338
470218	330	551945	200748	351197	90041
54257	72	80962	3735	77227	3653
139411		159416	54352	105064	28839
1607286	953	1827557	645037	1182520	228226
1397905	150	1543205	441701	1101504	201986
11839649	1025233	15242851	1906914	13335937	1130028
9989897	1003504	10682243	1250958	9431285	896521
1615614	5855	4308032	554049	3753983	193065
2492653	14045	2674927	503878	2171049	260192
1034870		1091787	2993	1088794	11053
904414	6060	918409	259532	658877	178585
207906	804	270792	104459	166333	27877
213988	497	244740	80120	164620	18489
349851	3216	445101	158632	286469	50069
7485606	62906	7483845	195950	7287895	115002
7327340	43824	7295821	163771	7132050	85014

14-9 限额以上批发业法人企业财务状况(2017年)

单位：万元

项目	Item
总计	**Total**
按登记注册类型分	**Grouped by Registration Status**
内资企业	Domestic-funded Enterprises
国有企业	State-owned Enterprises
集体企业	Collective-owned Enterprises
股份合作企业	Share-holding Cooperative Enterprises
联营企业	Joint-opeartion Enterprises
国有联营企业	State-owned Joint-opeartion Enterprises
集体联营企业	Collective Joint-opeartion Enterprises
国有与集体联营企业	Joint State-collective Enterprises
其他联营企业	Other Joint Ownership Enterprises
有限责任公司	Limited Liability Corporations
国有独资公司	State Sole Investment Corporations
其他有限责任公司	Other Limited Liability Corporations
股份有限公司	Share-holding Corporations Ltd.
私营企业	Private Enterprises
私营独资企业	Private Sole Investment Enterprises
私营合伙企业	Private Partnership Enterprises
私营有限责任公司	Private Limited Liability Corporations
私营股份有限公司	Private Share-holding Corporations Ltd.
其他企业	Other Enterprises
港、澳、台商投资企业	Enterprises with Funds from Hong Kong, Macao and Taiwan
与港、澳、台商合资经营企业	Joint-venture Enterprises
与港、澳、台商合作经营企业	Cooperative Enterprises
港、澳、台商独资经营企业	Enterprises with Sole Funds
港、澳、台商投资股份有限公司	Share-holding Corporations Ltd.
其他港、澳、台投资企业	Other Enterprises with Funds from Hong Kong, Macao and Taiwan
外商投资企业	Foreign Funded Enterprises
中外合资经营企业	Joint-venture Enterprises
中外合作经营企业	Cooperative Enterprises
外资企业	Enterprises with Sole Foreign Funds
外商投资股份有限公司	Share-holding Corporations Ltd.
其他外商投资企业	Other Foreign Funded Enterprises
按行业分	**Grouped by Sector**
农、林、牧产品批发	Wholesale of Farming, Forestry, Animal Husbandry Products
食品、饮料及烟草制品批发	Wholesale of Food, Beverages and Tobacco Products
# 米、面制品及食用油批发	Wholesale of Rice, Flour and Edible Oil
烟草制品批发	Wholesale of Tobacco
纺织、服装及家庭用品批发	Wholesale of Textile, Garments and Daily Articles Consumer
# 服装批发	Wholesale of Garments
家用电器批发	Wholesale of Household Electrical Appliances
文化、体育用品及器材批发	Wholesale of Cultural, Sports Appliances and Equipment
医药及医疗器材批发	Wholesale of Medicine and Medical Appliances
矿产品、建材及化工产品批发	Wholesale of Mineral Products, Building Materials and Chemical Products
# 煤炭及制品批发	Wholesale of Coal and Related Products
石油及制品批发	Wholesale of Petroleum and Related Products
金属及金属矿批发	Wholesale of Metal Minerals
建材批发	Wholesale of Building Materials
化肥批发	Wholesale of Chemical Fertilizers
机械设备、五金产品及电子产品批发	Wholesale of Mechanical Equipment, Metal Products and Electronic Products
# 汽车批发	Wholesale of Automobile
汽车零配件批发	Wholesale of Automobile Accessories
摩托车及零配件批发	Wholesale of Motorcycles and Accessories
计算机、软件及辅助设备批发	Wholesale of Computers, Software and Assistant Appliances
贸易经纪与代理	Trade Broker and Agency
其他批发业	Other Wholesales Trades

Financial Situation of Enterprises above Designated Size in Wholesale Trade (2017)

(10000 yuan)

资产总计 Total Assets	固定资产原价 Original Value of Fixed Assets	负债合计 Total Liabilities	所有者权益 Owners' Equity	营业收入 Revenue from Principal Business
82251432	**6772163**	**60736355**	**21515077**	**224817494**
68371135	5918550	50659817	17711318	195793060
1552695	83102	1323360	229335	1709105
54830	3121	20128	34702	52077
54136	8352	37194	16942	115116
1366	34	1200	166	7344
1240	32	1240		1057
126	2	-40	166	6287
39563969	2837145	31712344	7851625	132405656
8492850	1884667	6086161	2406689	37681783
31071119	952478	25626183	5444936	94723873
9026047	2001723	4201884	4824163	10282383
18118092	985073	13363707	4754385	51221379
8632	24	3658	4974	12817
70	1	73	-3	152
17286707	931583	12926792	4359915	48450301
822683	53465	433184	389499	2758109
6838050	230796	5084967	1753083	11385633
1580444	77094	1216226	364218	2424387
19280	795	19068	212	48658
5175367	146845	3815002	1360365	8829440
56879	5809	31735	25144	64687
6080	253	2936	3144	18461
7042247	622817	4991571	2050676	17638801
2237465	300266	1565614	671851	5421996
26280	415	21562	4718	77037
4340654	185156	3255482	1085172	10295530
424700	136449	142016	282684	1805387
13148	531	6897	6251	38851
1279969	87210	867601	412368	3580221
7445154	531999	4446413	2998741	9554913
1810442	123520	1232566	577876	1474322
805708	69754	435889	369819	1433711
11141463	533627	8167272	2974191	17727094
2690641	100324	1871377	819264	3313369
1132340	28441	899078	233262	2895273
4574189	271862	3208542	1365647	9434728
7874112	256202	6042928	1831184	16043250
33014620	4461199	24196394	8818226	115840046
1608686	57970	1105940	502746	6314937
12704236	3934276	7924048	4780188	38981409
8871734	157650	7538689	1333045	37970820
4637850	82308	4195246	442604	10743490
401323	12804	307278	94045	725594
14442836	498185	11704037	2738799	49034371
7344812	97162	6688340	656472	34539325
1477740	33687	874836	602904	2469917
27431	1334	21412	6019	73073
1104222	37096	845912	258310	2702025
774723	74521	613895	160828	1447225
1704366	57358	1489273	215093	2155646

14-9 续表 1

单位：万元

项　　目	Item
总　计	**Total**
按登记注册类型分	**Grouped by Registration Status**
内资企业	Domestic-funded Enterprises
国有企业	State-owned Enterprises
集体企业	Collective-owned Enterprises
股份合作企业	Share-holding Cooperative Enterprises
联营企业	Joint-opeartion Enterprises
国有联营企业	State-owned Joint-opeartion Enterprises
集体联营企业	Collective Joint-opeartion Enterprises
国有与集体联营企业	Joint State-collective Enterprises
其他联营企业	Other Joint Ownership Enterprises
有限责任公司	Limited Liability Corporations
国有独资公司	State Sole Investment Corporations
其他有限责任公司	Other Limited Liability Corporations
股份有限公司	Share-holding Corporations Ltd.
私营企业	Private Enterprises
私营独资企业	Private Sole Investment Enterprises
私营合伙企业	Private Partnership Enterprises
私营有限责任公司	Private Limited Liability Corporations
私营股份有限公司	Private Share-holding Corporations Ltd.
其他企业	Other Enterprises
港、澳、台商投资企业	Enterprises with Funds from Hong Kong, Macao and Taiwan
与港、澳、台商合资经营企业	Joint-venture Enterprises
与港、澳、台商合作经营企业	Cooperative Enterprises
港、澳、台商独资经营企业	Enterprises with Sole Funds
港、澳、台商投资股份有限公司	Share-holding Corporations Ltd.
其他港、澳、台投资企业	Other Enterprises with Funds from Hong Kong, Macao and Taiwan
外商投资企业	Foreign Funded Enterprises
中外合资经营企业	Joint-venture Enterprises
中外合作经营企业	Cooperative Enterprises
外资企业	Enterprises with Sole Foreign Funds
外商投资股份有限公司	Share-holding Corporations Ltd.
其他外商投资企业	Other Foreign Funded Enterprises
按行业分	**Grouped by Sector**
农、林、牧产品批发	Wholesale of Farming, Forestry, Animal Husbandry Products
食品、饮料及烟草制品批发	Wholesale of Food, Beverages and Tobacco Products
# 米、面制品及食用油批发	Wholesale of Rice, Flour and Edible Oil
烟草制品批发	Wholesale of Tobacco
纺织、服装及家庭用品批发	Wholesale of Textile, Garments and Daily Articles Consumer
# 服装批发	Wholesale of Garments
家用电器批发	Wholesale of Household Electrical Appliances
文化、体育用品及器材批发	Wholesale of Cultural, Sports Appliances and Equipment
医药及医疗器材批发	Wholesale of Medicine and Medical Appliances
矿产品、建材及化工产品批发	Wholesale of Mineral Products, Building Materials and Chemical Products
# 煤炭及制品批发	Wholesale of Coal and Related Products
石油及制品批发	Wholesale of Petroleum and Related Products
金属及金属矿批发	Wholesale of Metal Minerals
建材批发	Wholesale of Building Materials
化肥批发	Wholesale of Chemical Fertilizers
机械设备、五金产品及电子产品批发	Wholesale of Mechanical Equipment, Metal Products and Electronic Products
# 汽车批发	Wholesale of Automobile
汽车零配件批发	Wholesale of Automobile Accessories
摩托车及零配件批发	Wholesale of Motorcycles and Accessories
计算机、软件及辅助设备批发	Wholesale of Computers, Software and Assistant Appliances
贸易经纪与代理	Trade Broker and Agency
其他批发业	Other Wholesales Trades

continued

(10000 yuan)

主营业务收入 Revenue from Prmcipal Busmess	主营业务成本 Cose of Primcipal Busmess	主营业务税金及附加 Taxes and Other Charges on Prmcipal Busmess	其他业务利润 Profit from Other Business	销售费用 Operating Expenses
223569944	**209381479**	**548298**	**540166**	**7365162**
195046494	183494669	451518	183860	5820010
1692086	1635415	2530	6881	39492
51178	48574	162	833	1545
113726	104795	347	921	3342
7344	6841	7		206
1057	593	5		174
6287	6248	2		32
131852379	124383418	368598	89037	3817911
37654988	36125702	219994	14044	594484
94197391	88257716	148604	74993	3223427
10251600	9628343	14996	15258	376069
51078181	47687283	64878	70930	1581445
12817	11268	31		261
152	140			
48309510	45098251	61796	70580	1520589
2755702	2577624	3051	350	60595
11329763	9924854	71536	23689	761765
2413847	2217752	21023	4581	63394
48658	37323	154		8562
8784110	7609444	49987	19108	677459
64687	45226	299		10460
18461	15109	73		1890
17193687	15961956	25244	332617	783387
5405566	4950884	6720	1259	148361
77037	74759	9		1675
9925933	9235331	16903	331358	559567
1746300	1667425	1500		72809
38851	33557	112		975
3571314	3445146	1658	4165	37680
9474572	7660196	227038	27739	870373
1466768	1404934	1621	5505	67728
1432432	1022229	191250	1102	18004
17576728	14940192	61717	25536	1529852
3262188	2705420	24365	4702	317728
2879186	2705033	3613	3404	100380
9076885	8307275	35764	336376	654407
15961574	14610313	30807	23051	650616
115538205	112669270	75560	78446	1117421
6314635	6166674	6551	1024	66687
38824445	37795752	23685	13774	391170
37853860	37402237	14295	49935	143845
10734720	10422690	10445	1486	80965
723981	688542	544	316	17526
48775911	44323296	110671	39228	2434115
34441031	30942262	88595	4127	2034234
2440641	2273549	3746	10596	65265
73058	67225	37	16	2726
2697212	2579125	3256	2441	47608
1446534	1398998	1939	708	21899
2148221	2026793	3144	4917	48799

单位：万元

项 目	Item
总 计	**Total**
按登记注册类型分	**Grouped by Registration Status**
内资企业	Domestic-funded Enterprises
国有企业	State-owned Enterprises
集体企业	Collective-owned Enterprises
股份合作企业	Share-holding Cooperative Enterprises
联营企业	Joint-opeartion Enterprises
国有联营企业	State-owned Joint-opeartion Enterprises
集体联营企业	Collective Joint-opeartion Enterprises
国有与集体联营企业	Joint State-collective Enterprises
其他联营企业	Other Joint Ownership Enterprises
有限责任公司	Limited Liability Corporations
国有独资公司	State Sole Investment Corporations
其他有限责任公司	Other Limited Liability Corporations
股份有限公司	Share-holding Corporations Ltd.
私营企业	Private Enterprises
私营独资企业	Private Sole Investment Enterprises
私营合伙企业	Private Partnership Enterprises
私营有限责任公司	Private Limited Liability Corporations
私营股份有限公司	Private Share-holding Corporations Ltd.
其他企业	Other Enterprises
港、澳、台商投资企业	Enterprises with Funds from Hong Kong, Macao and Taiwan
与港、澳、台商合资经营企业	Joint-venture Enterprises
与港、澳、台商合作经营企业	Cooperative Enterprises
港、澳、台商独资经营企业	Enterprises with Sole Funds
港、澳、台商投资股份有限公司	Share-holding Corporations Ltd.
其他港、澳、台投资企业	Other Enterprises with Funds from Hong Kong, Macao and Taiwan
外商投资企业	Foreign Funded Enterprises
中外合资经营企业	Joint-venture Enterprises
中外合作经营企业	Cooperative Enterprises
外资企业	Enterprises with Sole Foreign Funds
外商投资股份有限公司	Share-holding Corporations Ltd.
其他外商投资企业	Other Foreign Funded Enterprises
按行业分	**Grouped by Sector**
农、林、牧产品批发	Wholesale of Farming, Forestry, Animal Husbandry Products
食品、饮料及烟草制品批发	Wholesale of Food, Beverages and Tobacco Products
#米、面制品及食用油批发	Wholesale of Rice, Flour and Edible Oil
烟草制品批发	Wholesale of Tobacco
纺织、服装及家庭用品批发	Wholesale of Textile, Garments and Daily Articles Consumer
#服装批发	Wholesale of Garments
家用电器批发	Wholesale of Household Electrical Appliances
文化、体育用品及器材批发	Wholesale of Cultural, Sports Appliances and Equipment
医药及医疗器材批发	Wholesale of Medicine and Medical Appliances
矿产品、建材及化工产品批发	Wholesale of Mineral Products, Building Materials and Chemical Products
#煤炭及制品批发	Wholesale of Coal and Related Products
石油及制品批发	Wholesale of Petroleum and Related Products
金属及金属矿批发	Wholesale of Metal Minerals
建材批发	Wholesale of Building Materials
化肥批发	Wholesale of Chemical Fertilizers
机械设备、五金产品及电子产品批发	Wholesale of Mechanical Equipment, Metal Products and Electronic Products
#汽车批发	Wholesale of Automobile
汽车零配件批发	Wholesale of Automobile Accessories
摩托车及零配件批发	Wholesale of Motorcycles and Accessories
计算机、软件及辅助设备批发	Wholesale of Computers, Software and Assistant Appliances
贸易经纪与代理	Trade Broker and Agency
其他批发业	Other Wholesales Trades

continued

(10000 yuan)

管理费用 Management Cost	营业利润 Business Profit	利润总额 Total Profits	本年应付职工薪酬 Total Wages Payable	本年应交增值税 Total Value-added Payable Tax
2748738	**4215971**	**4563091**	**2635048**	**2221772**
2088759	3418306	3732781	1930562	1863022
33271	-29757	11013	32875	50153
1281	607	1380	1002	204
3920	1986	1977	3534	1136
333	-43	7	266	19
329	-44	5	242	
4	1	2	24	19
780230	2669721	2730776	945479	1197390
116088	587737	591241	174475	224640
664142	2081984	2139535	771004	972750
194999	141903	353418	170838	98095
1074725	633889	634210	776568	516025
569	720	703	220	502
7	4	4	8	2
1022264	572554	570063	728683	494821
51885	60611	63440	47657	20700
318700	286938	296303	406277	193863
46132	58768	61045	41974	35386
331	2231	2353	1736	1860
263852	225301	232712	351918	152436
7389	244	-202	8690	3594
996	394	395	1959	587
341279	510727	534007	298209	164887
57422	248049	251466	67754	51130
346	270	273	1240	76
269957	262397	281310	221711	98912
11679	-1842	-887	6549	12497
1875	1853	1845	955	2272
36145	35458	40487	32650	4059
320601	427816	505323	408077	239237
24905	3522	59764	28768	5236
41124	174394	174629	46158	68260
715915	385400	639035	686156	353304
155913	61629	81332	172015	91164
35778	40775	43801	40003	23706
239390	185114	199164	271024	99941
360608	349289	351057	306474	223008
593677	1188007	1182242	471943	616962
24701	39751	31347	25359	25690
166278	533223	513703	160690	279236
103762	154423	161972	75574	101121
71943	110241	117028	46742	69348
10559	7814	10322	9955	1183
409529	1644894	1647613	404610	664581
64875	1419307	1418160	44152	506995
65557	79697	74049	64384	24078
2717	191	184	1952	283
50223	19234	21862	43389	18144
23058	-18946	-16009	15955	2682
49815	18939	14179	38159	17998

14-10 限额以上零售业法人企业财务状况(2017年)

单位：万元

项　　目	Item
总　计	**Total**
按登记注册类型分	**Grouped by Registration Status**
内资企业	Domestic-funded Enterprises
国有企业	State-owned Enterprises
集体企业	Collective-owned Enterprises
股份合作企业	Share-holding Cooperative Enterprises
联营企业	Joint-opeartion Enterprises
国有联营企业	State-owned Joint-opeartion Enterprises
集体联营企业	Collective Joint-opeartion Enterprises
国有与集体联营企业	Joint State-collective Enterprises
其他联营企业	Other Joint Ownership Enterprises
有限责任公司	Limited Liability Corporations
国有独资公司	State Sole Investment Corporations
其他有限责任公司	Other Limited Liability Corporations
股份有限公司	Share-holding Corporations Ltd.
私营企业	Private Enterprises
私营独资企业	Private Sole Investment Enterprises
私营合伙企业	Private Partnership Enterprises
私营有限责任公司	Private Limited Liability Corporations
私营股份有限公司	Private Share-holding Corporations Ltd.
其他企业	Other Enterprises
港、澳、台商投资企业	Enterprises with Funds from Hong Kong, Macao and Taiwan
与港、澳、台商合资经营企业	Joint-venture Enterprises
与港、澳、台商合作经营企业	Cooperative Enterprises
港、澳、台商独资经营企业	Enterprises with Sole Funds
港、澳、台商投资股份有限公司	Share-holding Corporations Ltd.
其他港、澳、台投资企业	Other Enterprises with Funds from Hong Kong, Macao and Taiwan
外商投资企业	Foreign Funded Enterprises
中外合资经营企业	Joint-venture Enterprises
中外合作经营企业	Cooperative Enterprises
外资企业	Enterprises with Sole Foreign Funds
外商投资股份有限公司	Share-holding Corporations Ltd.
其他外商投资企业	Other Foreign Funded Enterprises
按行业分	**Grouped by Sector**
综合零售	Integrated Retail
# 百货零售	Retail of General Merchandise
超级市场零售	Retail of Supermarket
食品、饮料及烟草制品专门零售	Retail of Food, Beverage and Tobacco
纺织、服装及日用品专门零售	Retail of Textile, Garments and Daily Articles Consumer
# 服装零售	Retail of Garments
文化、体育用品及器材专门零售	Retail of Cultural, Sports Appliances and Equipment
# 体育用品及器材零售	Retail of Sporting Goods and Equipment
图书、报刊零售	Retail of Books and Newspapers
医药及医疗器材专门零售	Retail of Medicine and Medical Appliances
# 药品零售	Retail of Medicine
汽车、摩托车、燃料及零配件专门零售	Retail of Motor Vehicles, Motorcycles, Fuels and Parts
# 汽车零售	Retail of Motor Vehicles
机动车燃料零售	Retail of Fuels for Motor Vehicles
家用电器及电子产品专门零售	Retail of Household Electrical Appliances and Electronic Products
# 家用视听设备零售	Retail of Household Audio and Video Equipment
日用家电设备零售	Retail of Household Electrical Appliances
计算机、软件及辅助设备零售	Retail of Computers, Software and Assistant Equipment
通信设备零售	Retail of Communication Equipment
五金、家具及室内装饰材料专门零售	Retail of Hardware, Furniture and Decoration Materials
货摊、无店铺及其他零售业	Retail of Booth and Others
# 互联网零售	E-Retail

Financial Situation of Enterprises above Designated Size in Retail Trade (2017)

(10000 yuan)

资产总计 Total Assets	# 固定资产原价 Original Value of Fixed Assets	负债合计 Total Liabilities	所有者权益 Owners' Equity	营业收入 Revenue from Principal Business
18584951	**1760584**	**13707504**	**4877447**	**32349750**
13925293	1048757	9932413	3992880	20259368
99898	11011	72138	27760	120424
80456	10894	44185	36271	201981
15214	2696	7519	7695	43888
17501	5137	8605	8896	57826
5295	2879	1563	3732	26855
4463	1010	2611	1852	17837
7743	1248	4431	3312	13134
7796862	544097	5555281	2241581	9982201
176306	50418	91180	85126	610922
7620556	493679	5464101	2156455	9371279
2323528	195789	1425983	897545	2214098
3591167	279120	2818083	773084	7638230
10416	771	6818	3598	20718
10004	3696	7546	2458	13591
3531159	270982	2776516	754643	7518555
39588	3671	27203	12385	85366
667	13	619	48	720
1633164	241108	1228468	404696	3183898
684883	109001	496843	188040	1710547
19052	5723	17114	1938	40861
924321	126382	709708	214613	1430195
4908	2	4803	105	2295
3026494	470719	2546623	479871	8906484
568530	170136	308212	260318	1672581
243294	43865	210145	33149	244181
599898	151496	432358	167540	1457622
1614772	105222	1595908	18864	5532100
2665996	667330	1802372	863624	5072568
1457730	263836	692862	764868	2219827
1085423	369257	986507	98916	2545294
296730	23919	248052	48678	516963
1920310	115433	1259214	661096	1901289
1282203	69609	734699	547504	1071697
314312	73593	164342	149970	509203
23996	13989	454	23542	72112
166343	44159	82643	83700	157743
1006128	44738	677465	328663	1618931
832494	37807	576375	256119	1375956
8839827	638113	6514483	2325344	13531851
3911755	385660	3032402	879353	9644379
4826563	242354	3403479	1423084	3666480
1069331	48743	817938	251393	2218853
227976	5560	118297	109679	943950
513691	26157	475697	37994	680511
162513	5708	105615	56898	250706
71647	8437	58400	13247	214702
391250	15036	322382	68868	394344
2081067	133679	1901256	179811	6585748
1996099	126591	1837463	158636	6415144

14-10 续表 1

单位：万元

项目	Item
总计	**Total**
按登记注册类型分	**Grouped by Registration Status**
内资企业	Domestic-funded Enterprises
国有企业	State-owned Enterprises
集体企业	Collective-owned Enterprises
股份合作企业	Share-holding Cooperative Enterprises
联营企业	Joint-opeartion Enterprises
国有联营企业	State-owned Joint-opeartion Enterprises
集体联营企业	Collective Joint-opeartion Enterprises
国有与集体联营企业	Joint State-collective Enterprises
其他联营企业	Other Joint Ownership Enterprises
有限责任公司	Limited Liability Corporations
国有独资公司	State Sole Investment Corporations
其他有限责任公司	Other Limited Liability Corporations
股份有限公司	Share-holding Corporations Ltd.
私营企业	Private Enterprises
私营独资企业	Private Sole Investment Enterprises
私营合伙企业	Private Partnership Enterprises
私营有限责任公司	Private Limited Liability Corporations
私营股份有限公司	Private Share-holding Corporations Ltd.
其他企业	Other Enterprises
港、澳、台商投资企业	Enterprises with Funds from Hong Kong, Macao and Taiwan
与港、澳、台商合资经营企业	Joint-venture Enterprises
与港、澳、台商合作经营企业	Cooperative Enterprises
港、澳、台商独资经营企业	Enterprises with Sole Funds
港、澳、台商投资股份有限公司	Share-holding Corporations Ltd.
其他港、澳、台投资企业	Other Enterprises with Funds from Hong Kong, Macao and Taiwan
外商投资企业	Foreign Funded Enterprises
中外合资经营企业	Joint-venture Enterprises
中外合作经营企业	Cooperative Enterprises
外资企业	Enterprises with Sole Foreign Funds
外商投资股份有限公司	Share-holding Corporations Ltd.
其他外商投资企业	Other Foreign Funded Enterprises
按行业分	**Grouped by Sector**
综合零售	Integrated Retail
# 百货零售	Retail of General Merchandise
超级市场零售	Retail of Supermarket
食品、饮料及烟草制品专门零售	Retail of Food, Beverage and Tobacco
纺织、服装及日用品专门零售	Retail of Textile, Garments and Daily Articles Consumer
# 服装零售	Retail of Garments
文化、体育用品及器材专门零售	Retail of Cultural, Sports Appliances and Equipment
# 体育用品及器材零售	Retail of Sporting Goods and Equipment
图书、报刊零售	Retail of Books and Newspapers
医药及医疗器材专门零售	Retail of Medicine and Medical Appliances
# 药品零售	Retail of Medicine
汽车、摩托车、燃料及零配件专门零售	Retail of Motor Vehicles, Motorcycles, Fuels and Parts
# 汽车零售	Retail of Motor Vehicles
机动车燃料零售	Retail of Fuels for Motor Vehicles
家用电器及电子产品专门零售	Retail of Household Electrical Appliances and Electronic Products
# 家用视听设备零售	Retail of Household Audio and Video Equipment
日用家电设备零售	Retail of Household Electrical Appliances
计算机、软件及辅助设备零售	Retail of Computers, Software and Assistant Equipment
通信设备零售	Retail of Communication Equipment
五金、家具及室内装饰材料专门零售	Retail of Hardware, Furniture and Decoration Materials
货摊、无店铺及其他零售业	Retail of Booth and Others
# 互联网零售	E-Retail

continued

(10000 yuan)

主营业务收入 Revenue from Prmcipal Busmess	主营业务成本 Cose of Primcipal Busmess	主营业务税金及附加 Taxes and Other Charges on Prmcipal Busmess	其他业务利润 Profit from Other Business	销售费用 Operating Expenses
31785439	**27500870**	**98486**	**391814**	**2879376**
19928196	17433183	67306	183867	1403855
118566	101202	528	1941	11786
201615	163291	851	188	13507
43880	38457	127	68	2297
57769	44471	287	64	2893
26855	20106	150		1271
17798	14532	67	64	943
13116	9833	70		679
9800678	8555538	31871	85175	662719
593604	558001	1125	6819	17826
9207074	7997537	30746	78356	644893
2173570	1916163	11339	32561	161916
7531398	6613491	22299	63870	548685
20718	16906	54	158	3225
13499	11847	36		957
7413269	6513424	21968	62762	539550
83912	71314	241	950	4953
720	570	4		52
3042835	2325093	12266	98276	561242
1610918	1226660	5800	60595	320380
38472	26775	211	2418	8050
1391150	1069977	6119	35263	232812
2295	1681	136		
8814408	7742594	18914	109671	914279
1660451	1426076	7111	54833	174112
205935	159387	586	38245	57434
1415922	1091253	4479	16593	242994
5532100	5065878	6738		439739
4833442	3925865	28209	220376	841171
2140011	1760746	19432	58707	305932
2402533	1945075	7810	141274	469270
514968	418350	1714	2293	70137
1866077	1221546	10502	13691	428866
1052139	606386	7036	-125	307673
491363	400958	2594	10636	53051
71737	50533	317	516	12613
146687	114762	165	5133	20791
1580717	1305731	5417	24786	180783
1338635	1119052	4292	24505	161515
13342484	12074545	33708	98115	540604
9461632	8852726	23510	96354	346456
3661676	3024322	9830	1395	184106
2187901	1966457	4345	10915	158526
931609	884156	1387	5366	41296
665863	586026	1434	2177	65695
250542	190182	927	128	33476
210983	196089	212	3257	11965
387599	313159	1419	6004	41356
6580888	5874259	10578	4998	564882
6410840	5738288	9952	2037	546931

14-10 续表 2

单位：万元

项　　目	Item
总　计	**Total**
按登记注册类型分	**Grouped by Registration Status**
内资企业	Domestic-funded Enterprises
国有企业	State-owned Enterprises
集体企业	Collective-owned Enterprises
股份合作企业	Share-holding Cooperative Enterprises
联营企业	Joint-opeartion Enterprises
国有联营企业	State-owned Joint-opeartion Enterprises
集体联营企业	Collective Joint-opeartion Enterprises
国有与集体联营企业	Joint State-collective Enterprises
其他联营企业	Other Joint Ownership Enterprises
有限责任公司	Limited Liability Corporations
国有独资公司	State Sole Investment Corporations
其他有限责任公司	Other Limited Liability Corporations
股份有限公司	Share-holding Corporations Ltd.
私营企业	Private Enterprises
私营独资企业	Private Sole Investment Enterprises
私营合伙企业	Private Partnership Enterprises
私营有限责任公司	Private Limited Liability Corporations
私营股份有限公司	Private Share-holding Corporations Ltd.
其他企业	Other Enterprises
港、澳、台商投资企业	Enterprises with Funds from Hong Kong, Macao and Taiwan
与港、澳、台商合资经营企业	Joint-venture Enterprises
与港、澳、台商合作经营企业	Cooperative Enterprises
港、澳、台商独资经营企业	Enterprises with Sole Funds
港、澳、台商投资股份有限公司	Share-holding Corporations Ltd.
其他港、澳、台投资企业	Other Enterprises with Funds from Hong Kong, Macao and Taiwan
外商投资企业	Foreign Funded Enterprises
中外合资经营企业	Joint-venture Enterprises
中外合作经营企业	Cooperative Enterprises
外资企业	Enterprises with Sole Foreign Funds
外商投资股份有限公司	Share-holding Corporations Ltd.
其他外商投资企业	Other Foreign Funded Enterprises
按行业分	**Grouped by Sector**
综合零售	Integrated Retail
# 百货零售	Retail of General Merchandise
超级市场零售	Retail of Supermarket
食品、饮料及烟草制品专门零售	Retail of Food, Beverage and Tobacco
纺织、服装及日用品专门零售	Retail of Textile, Garments and Daily Articles Consumer
# 服装零售	Retail of Garments
文化、体育用品及器材专门零售	Retail of Cultural, Sports Appliances and Equipment
# 体育用品及器材零售	Retail of Sporting Goods and Equipment
图书、报刊零售	Retail of Books and Newspapers
医药及医疗器材专门零售	Retail of Medicine and Medical Appliances
# 药品零售	Retail of Medicine
汽车、摩托车、燃料及零配件专门零售	Retail of Motor Vehicles, Motorcycles, Fuels and Parts
# 汽车零售	Retail of Motor Vehicles
机动车燃料零售	Retail of Fuels for Motor Vehicles
家用电器及电子产品专门零售	Retail of Household Electrical Appliances and Electronic Products
# 家用视听设备零售	Retail of Household Audio and Video Equipment
日用家电设备零售	Retail of Household Electrical Appliances
计算机、软件及辅助设备零售	Retail of Computers, Software and Assistant Equipment
通信设备零售	Retail of Communication Equipment
五金、家具及室内装饰材料专门零售	Retail of Hardware, Furniture and Decoration Materials
货摊、无店铺及其他零售业	Retail of Booth and Others
# 互联网零售	E-Retail

continued

(10000 yuan)

管理费用 Management Cost	营业利润 Business Profit	利润总额 Total Profits	本年应付职工薪酬 Total Wages Payable	本年应交增值税 Total Value-added Payable Tax
900222	**891653**	**911836**	**1280567**	**591965**
616289	615937	627355	787652	376395
7805	3750	6443	7128	1542
5157	18533	18598	8586	6552
1545	1387	1420	1769	888
763	9385	9331	3581	2281
52	5228	5216	662	1114
675	1655	1614	2436	641
36	2502	2501	483	526
208052	465544	474055	338254	162072
13958	15940	16735	20814	6707
194094	449604	457320	317440	155365
69101	41102	43509	97592	44423
323790	76220	73983	330659	158607
1863	-192	122	1898	383
644	83	77	313	258
313955	75668	72053	323314	156427
7328	661	1731	5134	1539
76	16	16	83	30
173326	117246	121226	246554	98901
91124	67789	68171	138233	46627
3011	2814	2803	3325	1639
78764	46591	50252	104819	50628
427	52		177	7
110607	158470	163255	246361	116669
20657	92820	93756	78035	31648
11403	13942	13765	18041	5174
68232	42193	42808	85377	29583
10315	9515	12926	64908	50264
197665	145969	146930	353966	133753
70317	81125	77657	126286	52985
97683	75979	74635	200036	56174
31199	948	4065	37796	8826
152366	72637	60103	185517	79506
86853	49554	36035	122679	51142
40046	10897	12923	35049	5458
8810	139	127	4654	-285
16400	5953	7628	17910	1344
74974	37858	42194	102102	40106
59524	18260	22767	88954	28228
241396	533539	546515	359901	195560
191281	128343	140408	269568	136633
40305	403909	404542	79992	56473
67619	11306	12548	88533	42208
6840	3620	4086	16177	8960
20517	4176	3436	24626	12665
23027	3898	4758	35097	15912
6980	-1222	-791	6179	1503
32196	11086	12366	20461	10175
62761	67413	74192	97242	76373
50950	63385	68378	86840	73495

14-11 限额以上住宿业法人企业基本情况(2017年)

项　目	Item
合　计	**Accommodation Trade**
# 国有及国有控股	State-owned and State-controlled Enterprises
按登记注册类型分组	**Grouped by Registration Status**
内资企业	Domestic Funded Enterprises
国有企业	State-owned Enterprises
集体企业	Collective-owned Enterprises
股份合作企业	Share-holding Cooperative Enterprises
联营企业	Joint Ownership Enterprises
国有联营企业	State Joint Ownership Enterprises
集体联营企业	Collective Joint Ownership Enterprises
国有与集体联营企业	Joint State-collective Enterprises
其他联营企业	Other Joint Ownership Enterprise
有限责任公司	Limited Liability Corporations
国有独资公司	State Sole Investment Corporations
其他有限责任公司	Other Limited Liability Corporations
股份有限公司	Share-holding Corporations Ltd.
私营企业	Private Enterprises
私营独资企业	Private Sole Investment Enterprises
私营合伙企业	Private Partnership Enterprises
私营有限责任公司	Private Limited Liability Corporations
私营股份有限公司	Private Share-holding Corporations Ltd.
其他企业	Other Enterprises
港、澳、台商投资企业	Enterprises with Funds from Hong Kong, Macao and Taiwan
与港、澳、台商合资经营企业	Joint-venture Enterprises
与港、澳、台商合作经营企业	Cooperative Enterprises
港、澳、台商独资经营企业	Enterprises with Sole Funds
港、澳、台商投资股份有限公司	Share-holding Corporations Ltd.
其他港、澳、台投资企业	Other Enterprises with Funds from Hong Kong, Macao and Taiwan
外商投资企业	Foreign Funded Enterprises
中外合资经营企业	Joint-venture Enterprises
中外合作经营企业	Cooperative Enterprises
外资企业	Enterprises with Sole Foreign Funds
外商投资股份有限公司	Share-holding Corporations Ltd.
其他外商投资企业	Other Foreign Funded Enterprises
按住宿行业中类分组	**Grouped by Accomodation Middle Sector**
旅游饭店	Travel Hotel
一般旅馆	Common Hotel
其它住宿服务业	Others

Basic Statistics of Enterprises above Designated Size of Hotels (2017)

法人企业（个） Number of Corporation Units (unit)	营业额（万元） Business Revenue (10000 yuan)			
		# 客房收入 Lodging Revenue	# 餐费收入 Dinner Revenue	# 商品销售收入 Sale Revenue of Commodities
519	**1321219**	**754534**	**348309**	**16424**
107	477296	225832	147037	5286
482	1062493	593988	278703	14223
61	234561	105827	80118	2980
10	6929	4175	543	326
2	1093	993	68	32
109	338585	195141	82615	4510
15	77993	42222	19034	464
94	260592	152919	63581	4046
6	39779	14283	15494	
291	435132	270390	97892	6375
24	11175	9907	806	31
5	803	402		
257	418742	257540	96430	6344
5	4412	2541	656	
3	6414	3179	1973	
26	111934	57996	35827	914
8	34228	15082	12501	119
7	33158	17677	8190	221
10	44293	24982	15136	574
1	255	255		
11	146792	102550	33779	1287
2	13703	10110	3075	27
1	3368	947	1522	
8	129721	91493	29182	1260
519	**1321219**	**754534**	**348309**	**16424**
267	987547	505170	305195	13654
233	314417	237866	39911	2556
19	19255	11498	3203	214

14-12 限额以上餐饮业法人企业基本情况(2017年)

项　　目	Item
合　计	**Catering Trade**
#国有及国有控股	State-owned and State-controlled Enterprises
按登记注册类型分组	**Grouped by Registration Status**
内资企业	Domestic Funded Enterprises
国有企业	State-owned Enterprises
集体企业	Collective-owned Enterprises
股份合作企业	Share-holding Cooperative Enterprises
联营企业	Joint Ownership Enterprises
国有联营企业	State Joint Ownership Enterprises
集体联营企业	Collective Joint Ownership Enterprises
国有与集体联营企业	Joint State-collective Enterprises
其他联营企业	Other Joint Ownership Enterprise
有限责任公司	Limited Liability Corporations
国有独资公司	State Sole Investment Corporations
其他有限责任公司	Other Limited Liability Corporations
股份有限公司	Share-holding Corporations Ltd.
私营企业	Private Enterprises
私营独资企业	Private Sole Investment Enterprises
私营合伙企业	Private Partnership Enterprises
私营有限责任公司	Private Limited Liability Corporations
私营股份有限公司	Private Share-holding Corporations Ltd.
其他企业	Other Enterprises
港、澳、台商投资企业	Enterprises with Funds from Hong Kong, Macao and Taiwan
与港、澳、台商合资经营企业	Joint-venture Enterprises
与港、澳、台商合作经营企业	Cooperative Enterprises
港、澳、台商独资经营企业	Enterprises with Sole Funds
港、澳、台商投资股份有限公司	Share-holding Corporations Ltd.
其他港、澳、台投资企业	Other Enterprises with Funds from Hong Kong, Macao and Taiwan
外商投资企业	Foreign Funded Enterprises
中外合资经营企业	Joint-venture Enterprises
中外合作经营企业	Cooperative Enterprises
外资企业	Enterprises with Sole Foreign Funds
外商投资股份有限公司	Share-holding Corporations Ltd.
其他外商投资企业	Other Foreign Funded Enterprises
按餐饮行业中类分组	**Grouped by Catering Middle Sector**
正餐服务	Dinner
快餐服务	Snack
饮料及冷饮服务	Baverage and cold drinks
其他餐饮服务	Others

Basic Statistics of Enterprises above Designated Size of Catering Sevices (2017)

法人企业（个）Number of Corporation Units (unit)	营业额（万元）Business Revenue (10000 yuan)	# 客房收入 Lodging Revenue	# 餐费收入 Dinner Revenue	# 商品销售收入 Sale Revenue of Commodities
870	**2901091**	**45255**	**2706382**	**101733**
18	165180	19308	102240	29130
776	1404061	42978	1238519	81923
10	42911	10300	27412	340
8	24238	1226	19437	298
24	27704		27700	4
120	397564	11786	348533	21534
2	3796	612	366	1779
118	393768	11174	348167	19755
6	90923	414	61433	26942
601	815153	18925	748881	32805
96	73828	118	73345	349
29	36396	453	35816	67
464	690322	18354	625119	32383
12	14607		14601	6
7	5568	327	5123	
66	464007	318	441455	19795
8	20538		20538	
4	39635		37861	1253
51	393044	318	372539	18272
3	10790		10517	270
28	1033023	1959	1026408	15
7	386014	1425	381171	10
2	1780		765	
15	624580		624373	5
1	1383	534	833	
3	19266		19266	
870	**2901091**	**45255**	**2706382**	**101733**
767	1374477	45197	1229487	61552
53	1160426	21	1153976	2163
19	248471		225304	21865
31	117717	37	97615	16153

14-13 限额以上住宿业法人企业财务状况(2017年)

单位:万元

项目	Item
合　计	**Accommodation Trade**
# 国有及国有控股	State-owned and State-controlled Enterprises
按登记注册类型分组	**Grouped by Registration Status**
内资企业	Domestic Funded Enterprises
国有企业	State-owned Enterprises
集体企业	Collective-owned Enterprises
股份合作企业	Share-holding Cooperative Enterprises
联营企业	Joint Ownership Enterprises
国有联营企业	State Joint Ownership Enterprises
集体联营企业	Collective Joint Ownership Enterprises
国有与集体联营企业	Joint State-collective Enterprises
其他联营企业	Other Joint Ownership Enterprise
有限责任公司	Limited Liability Corporations
国有独资公司	State Sole Investment Corporations
其他有限责任公司	Other Limited Liability Corporations
股份有限公司	Share-holding Corporations Ltd.
私营企业	Private Enterprises
私营独资企业	Private Sole Investment Enterprises
私营合伙企业	Private Partnership Enterprises
私营有限责任公司	Private Limited Liability Corporations
私营股份有限公司	Private Share-holding Corporations Ltd.
其他企业	Other Enterprises
港、澳、台商投资企业	Enterprises with Funds from Hong Kong, Macao and Taiwan
与港、澳、台商合资经营企业	Joint-venture Enterprises
与港、澳、台商合作经营企业	Cooperative Enterprises
港、澳、台商独资经营企业	Enterprises with Sole Funds
港、澳、台商投资股份有限公司	Share-holding Corporations Ltd.
其他港、澳、台投资企业	Other Enterprises with Funds from Hong Kong, Macao and Taiwan
外商投资企业	Foreign Funded Enterprises
中外合资经营企业	Joint-venture Enterprises
中外合作经营企业	Cooperative Enterprises
外资企业	Enterprises with Sole Foreign Funds
外商投资股份有限公司	Share-holding Corporations Ltd.
其他外商投资企业	Other Foreign Funded Enterprises
按住宿行业中类分组	**Grouped by Accomodation Middle Sector**
旅游饭店	Travel Hotel
一般旅馆	Common Hotel
其它住宿服务业	Others

Financial Situation of Enterprises above Designated Size of Hotels (2017)

(10000 yuan)

资产总计 Total Assets	固定资产原价 Original Value of Fixed Assets	负债合计 Total Liabilities	所有者权益 Owners' Equity	营业收入 Revenue from Principal Business	# 主营业务收入 Revenue from Primcipal Busmess
3840572	**2324121**	**2759918**	**1080656**	**1247902**	**1228266**
1532609	978638	651642	880967	448451	440087
2581729	1499710	1690901	890828	1002354	985180
528378	357639	310475	217903	219981	214591
11647	15134	5097	6550	6597	6360
1357	3120	914	443	1061	1061
1030057	628584	631410	398647	321828	316302
377323	231752	129973	247350	72698	71003
652734	396832	501437	151297	249130	245299
308140	92073	27624	280517	37509	37509
688567	386049	711330	-22764	409357	404325
10389	7247	5227	5162	10572	10571
197	89	728	-532	784	607
676020	378357	702687	-26668	393811	388965
1961	356	2688	-726	4190	4182
13583	17111	4051	9532	6021	5032
473321	311586	397205	76118	108614	106304
189607	61422	150704	38904	34728	33499
110200	120163	92153	18048	31669	31647
173514	130001	154348	19166	42005	41158
				212	
785522	512825	671812	113710	136934	136782
240956	257266	375050	-134094	13051	12996
3484	4832	1869	1615	3158	3158
541082	250727	294893	246189	120725	120628
3840572	**2324121**	**2759918**	**1080656**	**1247902**	**1228266**
3137321	1930774	2280817	856504	937407	922892
684989	382972	469206	215785	292872	287802
18262	10375	9895	8367	17623	17572

14-13 续表 1

单位：万元

项　　目	Item
合　计	**Accommodation Trade**
# 国有及国有控股	State-owned and State-controlled Enterprises
按登记注册类型分组	**Grouped by Registration Status**
内资企业	Domestic Funded Enterprises
国有企业	State-owned Enterprises
集体企业	Collective-owned Enterprises
股份合作企业	Share-holding Cooperative Enterprises
联营企业	Joint Ownership Enterprises
国有联营企业	State Joint Ownership Enterprises
集体联营企业	Collective Joint Ownership Enterprises
国有与集体联营企业	Joint State-collective Enterprises
其他联营企业	Other Joint Ownership Enterprise
有限责任公司	Limited Liability Corporations
国有独资公司	State Sole Investment Corporations
其他有限责任公司	Other Limited Liability Corporations
股份有限公司	Share-holding Corporations Ltd.
私营企业	Private Enterprises
私营独资企业	Private Sole Investment Enterprises
私营合伙企业	Private Partnership Enterprises
私营有限责任公司	Private Limited Liability Corporations
私营股份有限公司	Private Share-holding Corporations Ltd.
其他企业	Other Enterprises
港、澳、台商投资企业	Enterprises with Funds from Hong Kong, Macao and Taiwan
与港、澳、台商合资经营企业	Joint-venture Enterprises
与港、澳、台商合作经营企业	Cooperative Enterprises
港、澳、台商独资经营企业	Enterprises with Sole Funds
港、澳、台商投资股份有限公司	Share-holding Corporations Ltd.
其他港、澳、台投资企业	Other Enterprises with Funds from Hong Kong, Macao and Taiwan
外商投资企业	Foreign Funded Enterprises
中外合资经营企业	Joint-venture Enterprises
中外合作经营企业	Cooperative Enterprises
外资企业	Enterprises with Sole Foreign Funds
外商投资股份有限公司	Share-holding Corporations Ltd.
其他外商投资企业	Other Foreign Funded Enterprises
按住宿行业中类分组	**Grouped by Accomodation Middle Sector**
旅游饭店	Travel Hotel
一般旅馆	Common Hotel
其它住宿服务业	Others

continued

(10000 yuan)

主营业务成本 Cost of Principal Business	主营业务税金及附加 Taxes and Other Charges on Principal Business	其他业务利润 Profit from Other Business	销售费用 Operating Expenses
424355	**18935**	**10145**	**389055**
122465	9450	4718	148376
316602	14133	7750	328322
59455	3587	4022	78550
3036	138	468	1354
62	16		282
90260	4620	2316	108230
18764	1455	21	22846
71496	3165	2295	85384
13373	1703	81	6512
148471	4012	863	132716
5516	135		2592
229	10		29
140175	3855	863	129205
2551	12		890
1945	57		678
28277	2013	2356	30785
8817	390	2	12290
7117	695	2120	9358
12343	928	234	9137
79476	2789	39	29948
2169	1180		14634
676	49		1225
76631	1560	39	14089
424355	**18935**	**10145**	**389055**
272849	15876	8769	316372
144357	2737	1357	68651
7149	322	19	4032

14-13 续表 2

单位:万元

项　　目	Item
合　计	**Accommodation Trade**
# 国有及国有控股	State-owned and State-controlled Enterprises
按登记注册类型分组	**Grouped by Registration Status**
内资企业	Domestic Funded Enterprises
国有企业	State-owned Enterprises
集体企业	Collective-owned Enterprises
股份合作企业	Share-holding Cooperative Enterprises
联营企业	Joint Ownership Enterprises
国有联营企业	State Joint Ownership Enterprises
集体联营企业	Collective Joint Ownership Enterprises
国有与集体联营企业	Joint State-collective Enterprises
其他联营企业	Other Joint Ownership Enterprise
有限责任公司	Limited Liability Corporations
国有独资公司	State Sole Investment Corporations
其他有限责任公司	Other Limited Liability Corporations
股份有限公司	Share-holding Corporations Ltd.
私营企业	Private Enterprises
私营独资企业	Private Sole Investment Enterprises
私营合伙企业	Private Partnership Enterprises
私营有限责任公司	Private Limited Liability Corporations
私营股份有限公司	Private Share-holding Corporations Ltd.
其他企业	Other Enterprises
港、澳、台商投资企业	Enterprises with Funds from Hong Kong, Macao and Taiwan
与港、澳、台商合资经营企业	Joint-venture Enterprises
与港、澳、台商合作经营企业	Cooperative Enterprises
港、澳、台商独资经营企业	Enterprises with Sole Funds
港、澳、台商投资股份有限公司	Share-holding Corporations Ltd.
其他港、澳、台投资企业	Other Enterprises with Funds from Hong Kong, Macao and Taiwan
外商投资企业	Foreign Funded Enterprises
中外合资经营企业	Joint-venture Enterprises
中外合作经营企业	Cooperative Enterprises
外资企业	Enterprises with Sole Foreign Funds
外商投资股份有限公司	Share-holding Corporations Ltd.
其他外商投资企业	Other Foreign Funded Enterprises
按住宿行业中类分组	**Grouped by Accomodation Middle Sector**
旅游饭店	Travel Hotel
一般旅馆	Common Hotel
其它住宿服务业	Others

continued

(10000 yuan)

管理费用 Management Cost	营业利润 Business Profit	利润总额 Total Profits	本年应付职工薪酬 Total Wages Payable	应交增值税 Value Added Tax Payable
354576	**32665**	**36344**	**361624**	**37253**
137689	46513	50204	157725	13563
287775	38161	42373	295742	29636
67061	14937	17471	82968	6763
1155	889	910	2104	363
720	-22	-21	269	18
98069	-1081	-663	98557	10129
25526	3110	3708	27532	2855
72543	-4191	-4371	71025	7274
9979	24055	24392	10067	980
108386	-605	296	100554	11373
2171	61	35	2288	208
445	70	40	202	23
105465	-1155	-198	96989	11040
305	419	419	1075	102
2405	-12	-12	1223	10
47011	-9519	-9676	33228	4428
11568	-4900	-5119	11313	650
13307	2188	2372	11491	832
22136	-6807	-6929	10151	2946
			273	
19790	4023	3647	32654	3189
9291	-14521	-14326	7396	216
931	273	275	827	135
9568	18271	17698	24431	2838
354576	**32665**	**36344**	**361624**	**37253**
284184	31650	34963	285904	28097
64503	735	416	70044	8396
5889	280	965	5676	760

14-14　限额以上餐饮业法人企业财务状况(2017年)

单位：万元

项　　目	Item
合　计	**Catering Trade**
# 国有及国有控股	State-owned and State-controlled Enterprises
按登记注册类型分组	**Grouped by Registration Status**
内资企业	Domestic Funded Enterprises
国有企业	State-owned Enterprises
集体企业	Collective-owned Enterprises
股份合作企业	Share-holding Cooperative Enterprises
联营企业	Joint Ownership Enterprises
国有联营企业	State Joint Ownership Enterprises
集体联营企业	Collective Joint Ownership Enterprises
国有与集体联营企业	Joint State-collective Enterprises
其他联营企业	Other Joint Ownership Enterprise
有限责任公司	Limited Liability Corporations
国有独资公司	State Sole Investment Corporations
其他有限责任公司	Other Limited Liability Corporations
股份有限公司	Share-holding Corporations Ltd.
私营企业	Private Enterprises
私营独资企业	Private Sole Investment Enterprises
私营合伙企业	Private Partnership Enterprises
私营有限责任公司	Private Limited Liability Corporations
私营股份有限公司	Private Share-holding Corporations Ltd.
其他企业	Other Enterprises
港、澳、台商投资企业	Enterprises with Funds from Hong Kong, Macao and Taiwan
与港、澳、台商合资经营企业	Joint-venture Enterprises
与港、澳、台商合作经营企业	Cooperative Enterprises
港、澳、台商独资经营企业	Enterprises with Sole Funds
港、澳、台商投资股份有限公司	Share-holding Corporations Ltd.
其他港、澳、台投资企业	Other Enterprises with Funds from Hong Kong, Macao and Taiwan
外商投资企业	Foreign Funded Enterprises
中外合资经营企业	Joint-venture Enterprises
中外合作经营企业	Cooperative Enterprises
外资企业	Enterprises with Sole Foreign Funds
外商投资股份有限公司	Share-holding Corporations Ltd.
其他外商投资企业	Other Foreign Funded Enterprises
按行业分	**Grouped by Catering Middle Sector**
正餐服务	Dinner
快餐服务	Snack
饮料及冷饮服务	Beverage and Cold Drinks
其他餐饮服务	Others

Financial Situation of Enterprises above Designated Size of Catering Services (2017)

(10000 yuan)

资产总计 Total Assets	# 固定资产原价 Original Value of Fixed Assets	负债合计 Total Liabilities	所有者权益 Owners' Equity	营业收入 Revenue from Principal Business	# 主营业务收入 Revenue from Primcipal Busmess
1787746	**721374**	**1171434**	**616471**	**2736448**	**2726818**
334089	189869	208492	125597	152849	150673
1039486	398644	841217	198429	1325604	1317254
54610	66399	28945	25665	40933	40923
23282	6876	12130	11153	23030	22996
7542	2543	6629	913	26319	26319
407490	202136	412723	-4963	373252	369947
8339	125	1756	6584	3430	3429
399151	202011	410967	-11547	369822	366518
179802	18985	33221	146580	82532	80458
366140	101460	346203	19827	774153	771226
17191	7143	16320	870	69405	69402
9435	4668	5631	3805	34529	34466
336611	89271	321195	15306	656049	653188
2903	378	3057	-154	14170	14170
620	245	1366	-746	5385	5385
383620	87291	200913	182705	435626	434425
10347	5665	-1917	12263	19437	19437
16896	8172	28374	-11478	37435	37435
344670	65862	169832	174838	368636	367438
11707	7592	4624	7082	10118	10115
364640	235439	129304	235337	975218	975139
157078	140889	31011	126066	364724	364692
9460	81	4428	5032	1767	1767
192492	94265	86224	106269	589223	589176
2366		3990	-1623	1305	1305
3244	204	3651	-407	18199	18199
1787746	**721374**	**1171434**	**616471**	**2736448**	**2726818**
1083843	444955	863764	220238	1298925	1291752
473527	229167	215482	258045	1094959	1094878
169715	32228	51863	117852	232188	231992
60661	15024	40325	20336	110376	108196

14-14 续表 1

单位：万元

项目	Item
合 计	**Catering Trade**
# 国有及国有控股	State-owned and State-controlled Enterprises
按登记注册类型分组	**Grouped by Registration Status**
内资企业	Domestic Funded Enterprises
国有企业	State-owned Enterprises
集体企业	Collective-owned Enterprises
股份合作企业	Share-holding Cooperative Enterprises
联营企业	Joint Ownership Enterprises
国有联营企业	State Joint Ownership Enterprises
集体联营企业	Collective Joint Ownership Enterprises
国有与集体联营企业	Joint State-collective Enterprises
其他联营企业	Other Joint Ownership Enterprise
有限责任公司	Limited Liability Corporations
国有独资公司	State Sole Investment Corporations
其他有限责任公司	Other Limited Liability Corporations
股份有限公司	Share-holding Corporations Ltd.
私营企业	Private Enterprises
私营独资企业	Private Sole Investment Enterprises
私营合伙企业	Private Partnership Enterprises
私营有限责任公司	Private Limited Liability Corporations
私营股份有限公司	Private Share-holding Corporations Ltd.
其他企业	Other Enterprises
港、澳、台商投资企业	Enterprises with Funds from Hong Kong, Macao and Taiwan
与港、澳、台商合资经营企业	Joint-venture Enterprises
与港、澳、台商合作经营企业	Cooperative Enterprises
港、澳、台商独资经营企业	Enterprises with Sole Funds
港、澳、台商投资股份有限公司	Share-holding Corporations Ltd.
其他港、澳、台投资企业	Other Enterprises with Funds from Hong Kong, Macao and Taiwan
外商投资企业	Foreign Funded Enterprises
中外合资经营企业	Joint-venture Enterprises
中外合作经营企业	Cooperative Enterprises
外资企业	Enterprises with Sole Foreign Funds
外商投资股份有限公司	Share-holding Corporations Ltd.
其他外商投资企业	Other Foreign Funded Enterprises
按行业分	**Grouped by Catering Middle Sector**
正餐服务	Dinner
快餐服务	Snack
饮料及冷饮服务	Beverage and Cold Drinks
其他餐饮服务	Others

continued

(10000 yuan)

主营业务成本 Cost of Principal Business	主营业务税金及附加 Taxes and Other Charges on Principal Business	其他业务利润 Profit from Other Business	销售费用 Operating Expenses
1231327	**15250**	**8545**	**1021622**
69308	1674	2062	43827
667391	8211	8474	422127
22114	702	5	8228
13767	185	5	6096
12960	137		9223
180332	1762	1255	123204
1680	16		394
178652	1746	1255	122810
38848	562	2260	26388
396717	4754	4949	247356
38886	776	184	16094
17890	553	43	10281
331061	3326	4265	218311
8880	99	457	2670
2653	109		1632
137199	560	45	202405
7170	14	14	8160
18191	124		15243
106810	396	28	175832
5028	26	3	3170
426737	6479	26	397090
118836	161	-21	195435
786	37		506
289208	6176	47	198884
2346	12		256
15561	93		2009
1231327	**15250**	**8545**	**1021622**
609555	8018	7977	459011
495650	6495	506	425032
60940	263	62	108093
65182	474		29486

14-14 续表 2

单位：万元

项　　目	Item
合　计	**Catering Trade**
# 国有及国有控股	State-owned and State-controlled Enterprises
按登记注册类型分组	**Grouped by Registration Status**
内资企业	Domestic Funded Enterprises
国有企业	State-owned Enterprises
集体企业	Collective-owned Enterprises
股份合作企业	Share-holding Cooperative Enterprises
联营企业	Joint Ownership Enterprises
国有联营企业	State Joint Ownership Enterprises
集体联营企业	Collective Joint Ownership Enterprises
国有与集体联营企业	Joint State-collective Enterprises
其他联营企业	Other Joint Ownership Enterprise
有限责任公司	Limited Liability Corporations
国有独资公司	State Sole Investment Corporations
其他有限责任公司	Other Limited Liability Corporations
股份有限公司	Share-holding Corporations Ltd.
私营企业	Private Enterprises
私营独资企业	Private Sole Investment Enterprises
私营合伙企业	Private Partnership Enterprises
私营有限责任公司	Private Limited Liability Corporations
私营股份有限公司	Private Share-holding Corporations Ltd.
其他企业	Other Enterprises
港、澳、台商投资企业	Enterprises with Funds from Hong Kong, Macao and Taiwan
与港、澳、台商合资经营企业	Joint-venture Enterprises
与港、澳、台商合作经营企业	Cooperative Enterprises
港、澳、台商独资经营企业	Enterprises with Sole Funds
港、澳、台商投资股份有限公司	Share-holding Corporations Ltd.
其他港、澳、台投资企业	Other Enterprises with Funds from Hong Kong, Macao and Taiwan
外商投资企业	Foreign Funded Enterprises
中外合资经营企业	Joint-venture Enterprises
中外合作经营企业	Cooperative Enterprises
外资企业	Enterprises with Sole Foreign Funds
外商投资股份有限公司	Share-holding Corporations Ltd.
其他外商投资企业	Other Foreign Funded Enterprises
按行业分	**Grouped by Catering Middle Sector**
正餐服务	Dinner
快餐服务	Snack
饮料及冷饮服务	Beverage and Cold Drinks
其他餐饮服务	Others

continued

(10000 yuan)

管理费用 Management Cost	营业利润 Business Profit	利润总额 Total Profits	本年应付职工薪酬 Total Wages Payable	应交增值税 Value Added Tax Payable
296987	**170223**	**189740**	**608600**	**35134**
25614	31085	31191	42869	3637
189499	48804	71510	290231	29679
7242	1417	1564	13766	1696
1388	1660	1686	4832	902
2973	789	719	5601	870
54907	6647	23949	90752	6292
842	496	497	934	179
54065	6151	23452	89818	6113
9535	29800	29992	20682	1470
112719	8250	13358	153641	18219
12300	1137	1434	16342	1887
4382	1263	1032	6232	1052
94476	5675	10791	128351	14951
1561	175	101	2716	329
735	241	242	957	230
31472	61496	60849	88144	4173
3019	1281	1140	4801	103
3023	-2202	-2308	7302	1014
24359	61606	61192	73358	2842
1071	811	825	2683	214
76016	59923	57381	230225	1282
13939	35830	31939	78852	760
673	-239	-234	350	65
59559	26977	28359	148804	394
622	-1936	-1936	1216	
1223	-709	-747	1003	63
296987	**170223**	**189740**	**608600**	**35134**
178438	50999	73122	290816	29857
93839	65073	62639	249447	1075
10297	53469	52900	44704	1382
14413	682	1079	23633	2820

14-15 限额以上连锁店(公司)基本情况(2017年)

Statistics on Chain Stores (Companies) above Designated Size (2017)

单位：个 (unit)

项目	Item	连锁总店 General Chain Stores	连锁门店 Branch Chain Stores	直营店 Direct Stores	加盟店 League Stores
总计	**Total**	**135**	**8769**	**7691**	**1078**
批发业	Wholesale Trade	13	603	296	307
零售业	Retail Trade	95	5897	5130	767
按注册类型分	Grouped by Registration Status				
内资	Domestic Funded Enterprises	72	2862	2324	538
外商及港澳台投资	Enterprises with Funds from Foreign Countries, Hong Kong, Macao and Taiwan	23	3035	2806	229
按零售业态分	By Retail Format				
百货商店	Department Stores	8	771	771	
超级市场	Supermarkets	13	503	479	24
专业店	Specialized Stores	53	2312	2106	206
专卖店	Franchised Stores	15	839	819	20
其他	Others	6	1472	955	517
住宿业	Accommodation Services	7	139	139	
餐饮业	Catering Services	20	2130	2126	4
# 外商及港澳台投资	Enterprises with Funds from Foreign Countries, Hong Kong, Macao and Taiwan	8	1697	1697	
正餐	Dinner	8	162	161	1
快餐	Snack	9	1515	1515	
其他	Others	3	453	450	3

14-15 续表 continued

单位：万元 (10000 yuan)

项 目	Item	营业面积（平方米）Business Area (sq.m)	从业人数（人）Employed Persons (person)	销售总额（营业总收入）Total Sales (Business Revenue)	# 零售额 Retail Sales
总 计	**Total**	**5909916**	**131444**	**16782259**	**13313891**
批发业	Wholesale Trade	77325	2939	617616	110610
零售业	Retail Trade	5053239	80268	14544134	11727454
按注册类型分	Grouped by Registration Status				
内资	Domestic Funded Enterprises	2589305	40654	10131986	7494317
外商及港澳台投资	Enterprises with Funds from Foreign Countries, Hong Kong, Macao and Taiwan	2463934	39614	4412148	4233137
按零售业态分	By Retail Format				
百货商店	Department Stores	1295788	11004	2448657	2168090
超级市场	Supermarkets	1479820	23777	1871014	1869931
专业店	Specialized Stores	2065133	32664	9314096	6820794
专卖店	Franchised Stores	84709	5595	410362	410100
其 他	Others	127789	7228	500005	458539
住宿业	Accommodation Services	2422	2006	144572	949
餐饮业	Catering Services	776930	46231	1475937	1474878
# 外商及港澳台投资	Enterprises with Funds from Foreign Countries, Hong Kong, Macao and Taiwan	625503	34627	1209384	1209384
正 餐	Dinner	147050	7090	191066	190007
快 餐	Snack	573172	33536	1076824	1076824
其 他	Others	56708	5605	208047	208047

14-16 亿元以上商品交易市场成交情况(2017年)

Statistics on Commodity Exchange Markets with Total Sale over 100 Million Yuan (2017)

项　　目	Item	出租摊位数 (个) Number of Booths (unit)	总成交额 (万元) Total Transaction Values (10000 yuan)
合　计	**Total**	**82440**	**19912922**
粮油、食品类	Grain and Oil	9882	4946978
饮料类	Beverages	515	116133
烟酒类	Tobacco and Liquor	180	33014
服装鞋帽、针、纺织品类	Garments, Shoes, Hats, Knitwear and Textiles	42938	8447915
化妆品类	Cosmetics	2039	109784
金银珠宝类	Gold, Silver and Jewelry	600	37938
日用品类	Articles for Daily Use	12258	1543712
五金电料类	Hardware and Electrical Appliances	3287	840113
体育、娱乐用品类	Sports and Recreation Articles	393	60922
书报杂志类	Books, Newspapers and Magazines	95	19935
电子出版物及音像制品类	E-journal and Video Products		
家用电器和音像器材类	Household Appliances and Video Appliances	868	122854
中西药品类	Traditional Chinese and Western Medicines	418	13454
文化办公用品类	Cultural and Office Goods	1098	178243
家具类	Furniture	394	25923
通讯器材类	Communication Equipments	72	4843
煤炭及制品类	Coal and Coal Products		
木材及制品类	Wood and Wooden Products	175	26938
石油及制品类	Petroleum and Related Products		
化工材料及制品类	Chemical Materials and Related Products	19	5262
金属材料类	Metal Materials	592	1044497
建筑及装潢材料类	Building and Decoration Materials	1937	211921
机电产品及设备类	Mechanical and Electrical Products	361	109465
汽车类	Automobiles	2581	1887770
种子饲料类	Seed and Feedstuff	12	327
棉麻类	Cotton and Hemp		
其他类	Others	1726	124981

【社会消费品零售总额】 指企业（单位、个体户）通过交易直接售给个人、社会集团非生产、非经营用的实物商品金额，以及提供餐饮服务所取得的收入金额。个人包括城乡居民和入境人员，社会集团包括机关、社会团体、部队、学校、企事业单位、居委会或村委会等。

【商品购进总额】 指从本企业以外的单位和个人购进（包括从国外直接进口）作为转卖或加工后转卖的商品金额（含增值税）。本指标反映批发和零售业从国内外市场上购进商品的总价。

商品购进包括：（1）从工农业生产者、批发和零售业、住宿和餐饮业、出版社或报社的出版发行部门和其他服务业等企事业单位和个体经营户购进的商品；（2）从机关、社会团体购进的商品；（3）从海关、市场管理部门购进的缉私和没收的商品；（4）从居民收购的废旧商品等。

不包括：（1）企业为本单位自身经营用，不是作为转卖而购进的商品，如材料物资、包装物、低值易耗品、办公用品等；（2）未通过买卖行为而收入的商品，如接受其他部门移交的商品、借入的商品、收入代其他单位保管的商品、其他单位赠送的样品、加工回收的成品等；（3）经本单位介绍，由买卖双方直接结算，本单位只收取手续费的业务；（4）销售退回和买方拒付货款的商品；（5）商品溢余；（6）期货交易商品。

【商品销售总额】 指对本单位以外的单位和个人出售的商品金额（包括售给本单位消费用的商品，含增值税），在批发和零售业中，本指标反映在国内市场上销售商品以及出口商品的总价。

商品销售包括：（1）售给个人和社会集团消费用的商品；（2）售给农业、工业、建筑业、服务业等国民经济各行业用于生产、经营用的商品，包括售予批发和零售业作为转卖或加工后转卖的商品；（3）对国（境）外直接出口的商品。

商品销售不包括：（1）未通过买卖行为付出的商品，如因机构变动移交给其他企业单位的商品、借出的商品、归还受其他单位委托代保管的商品、付出的加工原料和赠送给其他单位的样品等；（2）促销返券所销售的、不计入营业收入的商品；（3）经本单位介绍，由买卖双方直接结算，本单位只收取手续费的业务；（4）未发生所有权转移的商品预付卡销售，如加油卡；（5）汽车维修、电话卡销售等服务性经济活动；（6）购货退回的商品；（7）商品损耗和损失；（8）出售本单位自用的废旧物资；（9）期货交易商品；（10）自来水供应企业、电力企业、天然气供应企业提供的水、电、气。

【住宿餐饮业营业额】 指住宿和餐饮业单位在经营活动中因提供服务或销售商品等取得的全部收入（含销项税），收入主要来源于提供客房、餐费服务、商品销售和其他服务，如商务服务。不包括多产业法人企业附营的其他行业产业活动单位的餐费收入、商品销售收入等各项收入。

【Total Retail Sales of Consumer Goods】 refer to the amount obtained by enterprises (units, self-employed individuals) through direct sales of non-production and non-business physical commodity to individuals, social institutions, and revenue from providing catering services. Individuals include rural and urban households, population from abroad, social institutions include government agencies, social organizations, military units, schools, institutions, neighbourhood (village) committees.

【Total Purchases of Commodities】 refer to the total value of purchases of commodities by enterprises (establishments) from other establishments or individuals (including direct import from abroad) for the purpose of re-selling, either with or without further processing of the commodities purchased. The commodities include: (1) commodities purchased from agricultural and industrial producer, wholesaler, retailer, publishing house and other service business; (2) commodities purchased from institutions and government departments; (3) confiscated goods purchased from the customs authorities or market management agencies; (4) second-hand goods and wastes purchased from residents; The commodities exclude (1) commodities purchased by enterprises (establishments) for use in their own business operation, commodities obtained without buying or selling procedures such as materials, consumable goods of low value, office appliance, etc. (2) received goods without trading, such as goods handed over from others, borrowed goods, preserved goods for others, donated goods from others, processed and retrieved goods, etc. (3) goods of direct settlement between buyer and seller with handling fees introduced by others, (4) goods returned or refused to pay by the buyer, (5) excessive goods.

【Total Sales of Commodities】 refer to value of commodities sold by the establishments to other establishments and individuals (including goods sold for self consumption, including the value-added tax). The commodities include: (1) commodities sold to urban and rural residents and social groups for their consumption; (2) commodities sold to establishments in all industries for their production and operation, including ?agriculture, industry, construction, and catering services including commodities sold to wholesale and retail establishments for re-selling, with or without further processing; and (3) commodities for direct export to abroad. Excluded are (1) extended commodities without trading, such as goods handed over to other enterprises and institutions because of the change of organizations, lent goods, returned goods preserved for others, extended processing materials and samples donated to others, (2)? goods of direct settlement between buyer and seller with handling fees introduced by others, (3) goods returned after purchase, (4) damaged and spoiled goods, (5) waste and used goods of self use.

【Hotel Services and Catering Services Business Revenue】 refers to total revenue (including VAT) of hotels and catering services received from providing services or selling commodities through business activities, income comes mainly from providing hotels, catering services, selling of commodities and other services, such as commodity services. It does not include revenue such as meal fees, selling of commodities of other industrial units affiliated with multi industrial legal entities. Income from hotels refers to income (including VAT) of hotels and catering services by providing lodging services through business activities. Income from catering services refers to income (including VAT) from providing catering services, including selling of cooked or prepared foods, such as staple food, cooked dishes, or cold dishes. It does not include meal fees of other industrial units affiliated with multi industrial legal entities.

第十五篇 CHAPTER 15

对外经济贸易和旅游

FOREIGN ECONOMY AND TOURISM

第十五篇　对外经济贸易和旅游

一、本篇资料反映广州市对外贸易、利用外资、对外承包工程和劳务合作、境外投资、外商投资企业工商注册登记以及旅游业概况及发展情况。

二、本篇资料由广州市统计局贸易外经统计处整理提供。

三、资料来源及统计范围：

1．广州进出口贸易的规模、结构情况资料主要来源于广州海关，统计范围为广州地区进出口经营单位（广州地区口岸进出口资料除外）。

2．广州利用外资规模及结构、对外承包工程及劳务合作状况、境外投资情况、软件出口和技术进口情况的资料来源于广州市商务委员会。

3．广州外商投资企业注册登记情况的资料由广州市工商行政管理局提供，但不包括在广东省工商行政管理局注册登记的在穗外商投资企业。

4．广州旅游业发展情况的资料由广州市旅游局提供。

5．广州与国外城市交流情况，广州与国外结成友好城市情况及各国驻广州领事馆情况的资料由广州市政府外事办公室提供。

6．外商投资企业包括国外及港澳台投资企业。

15 Foreign Economy and Tourism

I.The data in this chapter show the Summary data of Guangzhou's foreign trade, utilization of foreign capital, contracted projects and labor cooperation with the foreign countries or territories, external investment, basic indicators of three kinds of registered foreign-funded enterprises and international tourism.

II.The data in this chapter are prepared and provided by the Division of Trade and External Economic Relations Statistics of Guangzhou Municipal Bureau of Statistics.

III. Data sources and statistical coverage:

(1) The data on the size and composition of Guangzhou's imports and exports come from Guangzhou Customs Office; the statistical coverage covers the imports and exports operating units in Guangzhou, excluding the data of imports and exports through ports in Guangzhou.

(2) The data on the scale and composition of the utilization of foreign capitals and the contracted projects and labor cooperation with the foreign countries or territories, external investment, software exports and technical imports of Guangzhou come from Guangzhou Municipal Commission of Commerce.

(3) The basic indicators of the registered foreign-funded enterprises come from the Administration of Industry and Commerce of Guangzhou Municipality but exclude those registered by the Administration of Industry and Commerce of Guangdong Province.

(4) The data on the development of international tourism are provided by the Tourism Administration of Guangzhou Municipality.

(5) The data on exchange between Guangzhou and foreign friendly cities, consulate generals in Guangzhou are provided by Foreign Affair Office of Guangzhou Municipal People's Government.

(6) The foreign-funded enterprises cover the enterprises whose fund come from Hong Kong, Macao, Taiwan and foreign countries.

15-1 主要年份商品进出口总值和商品进出口总值指数
Total Value and Indices of Import and Export Commodities in Main Years

年 份 Year	进出口总值（亿美元） Total Value of Imports and Exports (USD 100 million)	进口总值 Imports	出口总值 Exports	进出口差额（亿美元） Balance (USD 100 million)	进出口总值指数（上年=100） Indices of Total Imports and Exports (preceding year=100)	进口总值 Imports	出口总值 Exports
1988	32.25	17.66	14.59	-3.07	148.5	154.0	142.4
1989	35.32	17.62	17.70	0.08	109.5	99.8	121.3
1990	41.79	18.24	23.55	5.31	118.3	103.5	133.0
1991	53.82	24.40	29.42	5.02	128.8	133.8	125.0
1992	70.75	33.88	36.87	2.99	131.5	138.8	125.3
1993	134.33	69.84	64.49	-5.35	189.9	206.2	174.9
1994	161.36	74.67	86.69	12.02	120.1	106.9	134.4
1995	166.99	71.32	95.67	24.35	103.5	95.5	110.4
1996	166.89	75.53	91.36	15.83	99.9	105.9	95.5
1997	187.46	81.51	105.95	24.44	112.3	107.9	116.0
1998	178.77	75.39	103.38	27.99	95.4	92.5	97.6
1999	191.85	93.18	98.67	5.49	107.3	123.6	95.4
2000	233.51	115.60	117.91	2.31	121.7	124.1	119.5
2001	230.37	114.13	116.24	2.11	98.7	98.7	98.6
2002	279.27	141.49	137.78	-3.71	121.2	124.0	118.5
2003	349.41	180.52	168.89	-11.63	125.1	127.6	122.6
2004	447.88	233.14	214.74	-18.40	128.2	129.2	127.2
2005	534.75	268.07	266.68	-1.39	119.4	115.0	124.2
2006	637.62	313.85	323.77	9.92	119.2	117.1	121.4
2007	734.94	355.91	379.03	23.12	115.3	113.4	117.1
2008	818.73	389.47	429.26	39.79	111.4	109.4	113.3
2009	766.85	392.82	374.03	-18.79	93.7	100.9	87.1
2010	1037.68	553.89	483.79	-70.10	135.3	141.0	129.3
2011	1161.68	596.94	564.74	-32.20	112.0	107.8	116.7
2012	1171.67	582.52	589.15	6.63	100.9	97.6	104.3
2013	1188.96	560.89	628.07	67.18	101.5	96.3	106.6
2014	1305.90	578.77	727.13	148.36	109.8	103.2	115.8
2015	1338.68	527.01	811.67	284.66	102.5	91.1	111.6
2016	1293.09	511.32	781.77	270.45	96.6	97.0	96.3
2017	1432.50	579.30	853.20	273.90	110.8	113.3	109.1

15-1 续表 continue

年 份 Year	进出口总值（亿元） Total Value of Imports and Exports (RMB 100 million)	进口总值 Imports	出口总值 Exports	进出口差额（亿元） Balance (RMB 100 million)	进出口总值指数（上年=100） Indices of Total Imports and Exports (preceding year=100)	进口总值 Imports	出口总值 Exports
2014	8022.80	3555.15	4467.65	912.50	108.7	102.2	114.6
2015	8306.28	3271.71	5034.57	1762.86	103.5	92.0	112.7
2016	8541.02	3382.26	5158.76	1776.50	102.8	103.4	102.5
2017	9715.52	3923.09	5792.43	1869.34	113.8	116.0	112.3

注：为进一步完善海关统计数据公布制度，从2014年开始海关总署全面公布以人民币计价的各类海关统计数据。

Note:In order to improve the customs statistical data publication system, since 2014 the General Administration of Customs has announced all kinds of Customs Statistics in RMB.

15-2 商品进出口总值(人民币计价)

单位：万元

项　　目	Item
总　计	**Total**
按贸易方式分	**By Trade Form**
一般贸易	Ordinary Trade
国家间国际组织无偿援助和捐赠的物资	Donation and Gratis Aid of International Organizations
华侨港澳同胞外籍华人捐赠的物资	Donation of Overseas Chinese
补偿贸易	Compensation Trade
来料加工装配贸易	Trade of Processing and Assembling Supplied Materials
进料加工贸易	Trade of Processing Imported Materials
寄售代销贸易	Sale by Consignment
边境小额贸易	Small Trade on Border
来料加工装配进口的设备	Equipment for Processing and Assembling by Import
对外承包工程货物	Goods for Contracted Foreign Projects
租赁贸易	Leasing Trade
外商投资企业作为投资进口的设备物品	Imported Equipment Used as Investment by Foreign Funded Enterprises
出料加工贸易	Trade of Processing Exported Materials
保税监管场所进出境货物	Inbound and Outbound Goods in Bonded Warehouses
海关特殊监管区域物流货物	Storage of Transit Goods in Bonded Warehouses
易货贸易	Barter Trade
海关特殊监管区域进口设备	Facility of Export Manufacturing District
其他贸易	Others
按登记注册类型分	**Grouped by Registration Status**
国有企业	State-owned Enterprises
集体企业	Collective-owned Enterprises
外商及港澳台投资企业	Enterprises with Funds from Foreign Countries, Hong Kong, Macao and Taiwan
合资企业	Joint-venture Enterprises
合作企业	Cooperative Enterprises
外资企业	Enterprises with Sole Foreign Funds
私营企业	Private Enterprises
其他企业	Others
个体工商户	Individual Operating Households

Total Value of Import and Export Commodities through Customs (Renminbi-denominated)

(10000 yuan)

2016			2017		
合 计 Total (by RMB)	进 口 Imports	出 口 Exports	合 计 Total (by RMB)	进 口 Imports	出 口 Exports
85410214	**33822560**	**51587654**	**97155200**	**39230940**	**57924260**
37522503	18485647	19036856	43932381	23461927	20470454
767	3	764	5453		5453
7773735	3368298	4405437	7332403	3125612	4206791
19815296	7423570	12391726	20050692	7451027	12599665
15258	15258		13286	13286	
145789		145789	382481		382481
136239	135708	531	219242	217559	1683
345703	345703		124024	124024	
7224	3096	4128	4619	2899	1720
3011672	1872326	1139346	3047056	1762397	1284659
3922987	2058102	1864885	4865482	2896834	1968648
65		65			
226	226		580	580	
12712750	114623	12598127	17177501	174795	17002706
13660556	5533164	8127392	14413194	6825758	7587436
421091	243320	177771	401671	229910	171761
39592184	19379263	20212921	41416014	20480673	20935341
12953340	6969725	5983615	14131541	7395338	6736203
724291	185863	538428	630522	167892	462630
25914553	12223675	13690878	26653951	12917443	13736508
31511521	8565954	22945567	40120670	10959082	29161588
216631	100574	116057	793963	735088	58875
8231	285	7946	9688	429	9259

15-2 续表

单位:万元

项　　目	Item
按国别(地区)分	**By Country (Territory)**
亚洲小计	Asia
#中国香港	Hong Kong, China
中国澳门	Macao, China
印度尼西亚	Indonesia
日　本	Japan
马来西亚	Malaysia
新加坡	Singapore
韩　国	Republic of Korea
泰　国	Thailand
中国台湾	Taiwan, China
阿拉伯联合酋长国	United Arab Emirates
印　度	India
非洲小计	Africa
#南　非	South Africa
欧洲小计	Europe
#英　国	United Kingdom
德　国	Germany
法　国	France
意大利	Italy
荷　兰	Netherlands
西班牙	Spain
比利时	Belgium
瑞　士	Switzerland
俄罗斯	Russia
拉丁美洲小计	Latin America
#墨西哥	Mexico
巴拿马	Panama
北美洲小计	North America
#加拿大	Canada
美　国	United States
大洋洲小计	Oceania
#澳大利亚	Australia
其　他	Others

continued

(10000 yuan)

2016			2017		
合 计 Total (by RMB)	进 口 Imports	出 口 Exports	合 计 Total (by RMB)	进 口 Imports	出 口 Exports
46748345	20480469	26267876	51613643	23340689	28272954
9963226	352081	9611145	8812249	433896	8378353
303365	19978	283387	234892	17638	217254
1605572	745389	860183	2030107	1023194	1006913
8419326	6144390	2274936	9333462	7082914	2250548
2296224	840189	1456035	2329304	808152	1521152
1415362	496192	919170	1617689	625599	992090
5133127	4125517	1007610	5846609	4623820	1222789
1696935	825664	871271	2186598	1101554	1085044
2586073	1752387	833686	2968845	2129442	839403
1501904	575290	926614	1429005	567607	861398
2445994	973722	1472272	2993900	860542	2133358
7616890	2081571	5535319	8735233	2064908	6670325
2111258	1813898	297360	2159304	1740255	419049
12982287	5360543	7621744	16102478	6999388	9103090
1595587	302796	1292791	1946426	312005	1634421
2799482	1600420	1199062	3794839	2265959	1528880
1257319	671299	586020	2150655	1404279	746376
1013737	547455	466282	1013347	504754	508593
1374377	598377	776000	1614197	665072	949125
597949	184487	413462	680175	222632	457543
731941	306436	425505	667228	236998	430230
295148	243121	52027	436911	382468	54443
650331	56350	593981	868942	98735	770207
3885642	982872	2902770	4565249	920692	3644557
1363053	100410	1262643	1648955	122358	1526597
191799	6243	185556	216763	10458	206305
12027434	3943510	8083924	13532520	4510361	9022159
732983	280588	452395	995184	307983	687201
11203649	3662710	7540939	12463256	4202379	8260877
2144942	968921	1176021	2598726	1387551	1211175
1446449	675011	771438	1857163	907578	949585
4674	4674		7351	7351	

15-3 商品进出口总值(美元计价)

单位：万美元

项　　目	Item
总　计	**Total**
按贸易方式分	**By Trade Form**
一般贸易	Ordinary Trade
国家间国际组织无偿援助和捐赠的物资	Donation and Gratis Aid of International Organizations
华侨港澳同胞外籍华人捐赠的物资	Donation of Overseas Chinese
补偿贸易	Compensation Trade
来料加工装配贸易	Trade of Processing and Assembling Supplied Materials
进料加工贸易	Trade of Processing Imported Materials
寄售代销贸易	Sale by Consignment
边境小额贸易	Small Trade on Border
来料加工装配进口的设备	Equipment for Processing and Assembling by Import
对外承包工程货物	Goods for Contracted Foreign Projects
租赁贸易	Leasing Trade
外商投资企业作为投资进口的设备物品	Imported Equipment Used as Investment by Foreign Funded Enterprises
出料加工贸易	Trade of Processing Exported Materials
保税监管场所进出境货物	Inbound and Outbound Goods in Bonded Warehouses
海关特殊监管区域物流货物	Storage of Transit Goods in Bonded Warehouses
易货贸易	Barter Trade
海关特殊监管区域进口设备	Facility of Export Manufacturing District
其他贸易	Others
按登记注册类型分	**Grouped by Registration Status**
国有企业	State-owned Enterprises
集体企业	Collective-owned Enterprises
外商及港澳台投资企业	Enterprises with Funds from Foreign Countries, Hong Kong, Macao and Taiwan
合资企业	Joint-venture Enterprises
合作企业	Cooperative Enterprises
外资企业	Enterprises with Sole Foreign Funds
私营企业	Private Enterprises
其他企业	Others
个体工商户	Individual Operating Households

Total Value of Import and Export Commodities through Customs (U.S.dollar-denominated)

(USD10000)

2016			2017		
合 计 Total (by USD)	进 口 Imports	出 口 Exports	合 计 Total (by USD)	进 口 Imports	出 口 Exports
12930895	**5113237**	**7817658**	**14324969**	**5792992**	**8531977**
5681481	2794411	2887070	6484006	3464113	3019893
114		114	813		813
1176680	509574	667106	1082180	461310	620870
3002563	1123917	1878646	2958766	1099804	1858962
2326	2326		1953	1953	
21912		21912	56032		56032
20291	20211	80	31973	31727	246
52557	52557		18119	18119	
1095	471	624	673	423	250
455851	283732	172119	450805	260646	190159
592941	310114	282827	719591	428989	290602
10		10			
35	35		86	86	
1923039	15889	1907150	2519972	25822	2494150
2068137	835916	1232221	2124503	1007516	1116987
64042	37056	26986	59208	33902	25306
5995235	2931807	3063428	6112014	3022373	3089641
1961138	1054058	907080	2086268	1091037	995231
109750	28146	81604	92944	24776	68168
3924347	1849603	2074744	3932802	1906560	2026242
4772539	1294508	3478031	5912210	1622241	4289969
29691	13907	15784	115599	106897	8702
1251	43	1208	1435	63	1372

15-3 续表

单位:万美元

项　　目	Item
按国别(地区)分	**By Country (Territory)**
亚洲小计	Asia
#中国香港	Hong Kong, China
中国澳门	Macao, China
印度尼西亚	Indonesia
日　本	Japan
马来西亚	Malaysia
新加坡	Singapore
韩　国	Republic of Korea
泰　国	Thailand
中国台湾	Taiwan, China
阿拉伯联合酋长国	United Arab Emirates
印　度	India
非洲小计	Africa
#南　非	South Africa
欧洲小计	Europe
#英　国	United Kingdom
德　国	Germany
法　国	France
意大利	Italy
荷　兰	Netherlands
西班牙	Spain
比利时	Belgium
瑞　士	Switzerland
俄罗斯	Russia
拉丁美洲小计	Latin America
#墨西哥	Mexico
巴拿马	Panama
北美洲小计	North America
#加拿大	Canada
美　国	United States
大洋洲小计	Oceania
#澳大利亚	Australia
其　他	Others

continued

(USD10000)

2016			2017		
合 计 Total (by USD)	进 口 Imports	出 口 Exports	合 计 Total (by USD)	进 口 Imports	出 口 Exports
7078078	3097004	3981074	7608510	3444898	4163612
1509030	52772	1456258	1302072	63866	1238206
46276	3027	43249	34434	2590	31844
243163	112648	130515	299316	150986	148330
1273771	929020	344751	1377903	1045875	332028
347502	127131	220371	343195	119334	223861
214160	75064	139096	238102	92227	145875
777643	624757	152886	861644	681538	180106
256923	124804	132119	322347	162516	159831
391051	264704	126347	438670	314894	123776
227728	86908	140820	210234	83846	126388
370182	147047	223135	440021	127064	312957
1154833	314952	839881	1285610	304781	980829
319357	274288	45069	318592	256882	61710
1963709	809150	1154559	2376068	1035061	1341007
241698	45803	195895	287014	46122	240892
423470	241738	181732	560128	334825	225303
189189	100489	88700	318370	208356	110014
153438	82721	70717	149632	74774	74858
207761	90174	117587	238159	98268	139891
90576	27904	62672	100274	32904	67370
111019	46459	64560	98236	34921	63315
44592	36711	7881	64307	56298	8009
98474	8523	89951	128061	14530	113531
588971	149312	439659	673607	136056	537551
206386	15229	191157	243325	18082	225243
29097	944	28153	31977	1548	30429
1820162	595845	1224317	1997135	666492	1330643
110934	42409	68525	146934	45374	101560
1695320	553405	1141915	1839383	621118	1218265
324436	146268	178168	382946	204611	178335
218560	101836	116724	273868	133755	140113
706	706		1093	1093	

15-4 商品进出口总值(2017年，按地区分)

Total Value of Import and Export Commodities through Customs (2017, by Region)

地　区	District	按美元计价 (By USD)		
		商品进出口总值 (万美元) Total Value of Imports and Exports (USD 10000)	进口总值 Imports	出口总值 Exports
全　市	**Total**	**14324969**	**5792992**	**8531977**
#荔湾区	Liwan	211710	83100	128610
越秀区	Yuexiu	1178246	441930	736316
海珠区	Haizhu	386870	124660	262210
天河区	Tianhe	959566	489913	469653
白云区	Baiyun	847736	281910	565826
黄埔区	Huangpu	4000114	2079313	1920801
番禺区	Panyu	1804256	665333	1138923
花都区	Huadu	1399106	330775	1068331
南沙区	Nansha	2881390	1194122	1687268
从化区	Conghua	237264	31533	205731
增城区	Zengcheng	418711	70403	348308

15-4 续表 continue

地 区	District	按人民币计价 (By RMB)		
		商品进出口总值（万元） Total Value of Imports and Exports (10000 yuan)	进口总值 Imports	出口总值 Exports
全 市	**Total**	**97155200**	**39230940**	**57924260**
#荔湾区	Liwan	1438120	561450	876670
越秀区	Yuexiu	7981659	2995778	4985881
海珠区	Haizhu	2627910	843841	1784069
天河区	Tianhe	6505937	3313026	3192911
白云区	Baiyun	5749863	1908340	3841523
黄埔区	Huangpu	27127093	14099247	13027846
番禺区	Panyu	12218337	4504795	7713542
花都区	Huadu	9489361	2237610	7251751
南沙区	Nansha	19562282	8077275	11485007
从化区	Conghua	1613984	213613	1400371
增城区	Zengcheng	2840654	475965	2364689

15-5 主要进口商品数量和金额

商品名称		Name of Commodities	
鲜干水果及坚果	(吨)	Fresh or Dried Fruits and Nuts	(ton)
乳　品	(吨)	Dairy	(ton)
谷物及谷物粉	(吨)	Cereals and Cereal Flour	(ton)
大　豆	(吨)	Soybean	(ton)
食用植物油	(吨)	Edible Vegetable Oil	(ton)
合成橡胶	(吨)	Synthetic Rubber	(ton)
原　木	(立方米)	Logs	(cu.m)
铁矿砂及其精矿	(吨)	Iron Ore	(ton)
煤及褐煤	(吨)	Coal and Brown Coal	(ton)
成品油	(吨)	Petroleum Products Refined	(ton)
医药品	(吨)	Pharmaceutical Products	(ton)
初级形状的塑料	(吨)	Primary Plastics	(ton)
牛皮革及马皮革	(吨)	Bovine or Equine Leather	(ton)
纸及纸板	(吨)	Paper and Paperboards	(ton)
棉纱线	(吨)	Cotton Yarn	(ton)
合成纤维纱线	(吨)	Yarn of Synthetic Fibers	(ton)
针织或钩编织物	(万米)	Knitted or Crocheted Fabrics	(10000 meters)
钻　石	(千克)	Diamonds	(kg)
钢　材	(吨)	Rolled Steel	(ton)
未锻造的铜及铜材	(吨)	Unwrought Copper and Copper Products	(ton)
未锻造的铝及铝材	(吨)	Unwrought Aluminum and Aluminum Products	(ton)
活塞式内燃机的零件	(吨)	Parts of Piston Combustion Engines	(ton)
涡轮喷气发动机	(台)	Gas Turbine Engine	(set)
机械提升搬运装卸设备及零件		Mechanical Handling Equipment and Parts	
印刷、装订机械及零件		Printing or Book-binding Machinery and Parts	
金属加工机床	(台)	Machine Tools	(set)
自动数据处理设备及其部件	(万台)	Automatic Data Processing Machines and Components	(10000 sets)
制造平板显示器用的机器及装置	(台)	Machines and Devices for the Manufacture of Flat Display	(set)
变压、整流、电感器及零件		Transformers, Rectifiers and Inductance Suppliers and Parts	
电视、收音机及无线电讯设备的零附件	(吨)	Parts of Television, Radio, Telecommunications Apparatus	(ton)
电容器	(吨)	Capacitors and Parts	(ton)
印刷电路	(百万块)	Printed Circuit	(10 000 units)
通断及保护电路装置及零件		Electrical Apparatus and Parts for Switching or Protecting Electrical Circuits	
二极管及类似半导体器件	(百万个)	Diode and Semi-conductors	(million units)
集成电路	(百万个)	IC	(1 million pcs)
电线和电缆	(吨)	Electric Wires and Cables	(ton)
汽车零配件		Parts of Motor Vehicles	
飞机及其他航空器		Aircraft	(unit)
液晶显示板	(万个)	LCD Panel	(10 000 units)
医疗仪器及器械		Medical Instruments and Appliances	
计量检测分析自控仪器及器具		Measuring or Checking Instruments and Apparatus	
塑料制品	(吨)	Plastic Articles	(ton)

Main Import Commodities in Volume and Value

2016			2017		
数 量 Volume	金 额 （万美元） Value (USD 10000)	金 额 （万元） Value (10000 yuan)	数 量 Volume	金 额 （万美元） Value (USD 10000)	金 额 （万元） Value (10000 yuan)
84812	20131	131794	83889	17315	117996
139398	99900	663684	194555	148036	1000507
3586079	87324	575074	4522553	105029	712699
1554927	65648	433603	1007968	41240	279345
291871	19411	127182	249833	18809	127562
86393	17017	112452	87665	19989	135628
721544	24928	164445	783532	28577	193418
4797485	28974	191464	7094194	47348	321692
15235466	73688	489526	13673515	87117	591672
488470	28562	188263	591868	37157	251261
7009	123093	813885	9204	140138	950057
2114159	337314	2229887	2255634	386530	2618326
37063	23643	155854	24976	20764	140822
111545	14608	96361	206455	19322	130637
246778	63923	423287	196681	56109	380969
28467	22058	145525	27006	20477	138647
3585	9866	65211	3447	10150	68524
816	284469	1881329	674	232488	1574017
1577148	106926	706248	1824731	141024	955775
156949	89491	590714	89696	69045	466514
63535	14182	95456	23948	8012	54595
16890	33591	222546	20576	38350	259747
49	41367	273552	51	52444	354407
	19546	129467		18409	124922
	75834	500823		72593	492129
4162	24858	163248	2916	27856	188590
415	24978	164636	295	20500	139080
182	30579	200944	232	38158	261753
	28909	191034		29000	196309
2218	34947	230586	1475	23480	159761
1891	14502	95758	2011	15943	107833
816	38688	256226	854	38905	263618
	63640	420817		64664	437988
9293	80564	532771	11459	80979	549713
4378	221293	1463266	4806	250382	1691314
8183	14033	92747	9138	16186	109610
	260795	1726755		307333	2080319
45	106364	712653	3681	240326	1617645
6909	341650	2254217	6060	313638	2126462
	33507	221486		42185	284848
	137143	906628		163139	1103990
17506	20698	136905	18610	21384	144719

15-6 主要出口商品数量和金额

商品名称		Name of Commodities	
印刷品	(吨)	Presswork	(ton)
成品油	(吨)	Refined Petroleum Products	(ton)
医药品	(吨)	Medical and Pharmaceutical Products	(ton)
新的充气橡胶轮胎	(万条)	New Pneumatic Rubber Tires	(10000 units)
纺织纱线、织物及制品		Textile Yarn, Fabrics and Related Products	
玻璃制品	(吨)	Glasswork	(ton)
陶瓷产品	(吨)	Ceramic	(ton)
珍珠、钻石、宝石及半宝石		Pearls, Diamonds, Jewelry and Semi-jewelry	
钢　材	(吨)	Rolled Steel	(ton)
不锈钢厨具、餐具等家用器具	(吨)	Household Stainless Steel Cookware and Tableware	(ton)
电　扇	(万台)	Electric Fans	(10000 sets)
空气调节器	(万台)	Air conditional	(10000 sets)
冰　箱	(万台)	Fridge	(10000 sets)
自动数据处理设备及其部件	(万台)	Automatic Data Processing Machines and Components	(10000 sets)
自动数据处理设备的零件	(吨)	Parts of Automatic Data Processing Machines	(ton)
打印机(包括多功能一体机)	(万台)	Printer(Multi Function Printer)	(10000 sets)
液晶显示板	(万个)	LCD Panel	(10000 sets)
静止式变流器	(百万个)	Static Converter	(million units)
原电池	(百万个)	Primary Cells and Batteries	(million units)
蓄电池	(万个)	Electric Accumulators	(10000 units)
电话机	(万台)	Telephone	(10000 units)
扬声器	(万个)	Loudspeakers	(10000 units)
录、放像机	(万台)	Video Tape Recorders	(10000 sets)
电视机	(万台)	TV	(10000 sets)
电视、收音机及无线电讯设备的零附件	(吨)	Parts of TV,radio,wireless telecommunication device	(ton)
印刷电路	(百万块)	Printed Circuits	(million units)
电线和电缆	(吨)	Electronic Wires and Cables	
集装箱	(个)	Containers	(unit)
汽车零配件		Parts of Motor Vehicles	
摩托车	(辆)	Motorcycles	(unit)
自行车	(万辆)	Bicycles	(10000 units)
摩托车及自行车的零配件		Parts of Motorcycles and Bicycles	
船　舶	(艘)	Ships	(unit)
照相机	(万架)	Cameras	(10000 sets)
手　表	(万只)	Wrist Watches	(10000 units)
家具及其零件		Furniture and Parts	
灯具、照明装置及类似品		Lamps and Lighting Fittings	
箱包及类似容器	(吨)	Package Bags and Similar Containers	(ton)
服装及衣着附件		Garments and Clothing Accessories	
鞋	(万双)	Footwear	(10000 pairs)
塑料制品	(吨)	Plastic Articles	(ton)
玩　具		Toys	
贵金属或包贵金属的首饰	(千克)	Jewelry of Precious Metals or Rolled Precious Metals	(kilogramme)

Main Export Commodities in Volume and Value

2016			2017		
数 量 Volume	金 额（万美元） Value (USD 10000)	金 额（万元） Value (10000 yuan)	数 量 Volume	金 额（万美元） Value (USD 10000)	金 额（万元） Value (10000 yuan)
45471	19036	125782	45707	20036	136073
1359263	53669	357016	1884805	100308	675594
43358	13767	90975	29593	13963	94753
1365	25067	165067	1298	20553	139482
	282933	1865419		332385	2257404
210145	27562	181801	219194	30055	204346
1013142	72997	481752	1010409	77220	524701
	72189	475923		21116	143891
1358365	122492	806132	571280	93076	633315
28668	15326	101135	35242	20484	139280
2505	19416	127803	2935	20621	140536
274	57328	375747	405	75475	514255
270	37783	249172	289	43855	297380
4055	149952	988624	3975	146017	990220
33419	57122	376667	31805	54993	375491
613	117060	771621	537	111672	757467
2915	359605	2372723	2928	410928	2785868
203	89452	590202	271	109714	745106
6537	28140	185130	7106	28383	192217
7586	24345	160606	8048	27759	187927
719	59402	389833	353	19181	129525
7967	70828	467678	9392	88738	600043
329	9396	61858	516	10544	71277
407	48542	320400	540	66334	448729
14229	115669	767772	16436	152194	1030573
1300	117422	776039	1497	124130	840037
57823	61456	406212	69041	67213	457336
23394	4610	30299	93485	30640	206358
	255518	1685658		266203	1806234
1544139	78511	517455	1437093	72469	491463
230	18016	118586	207	15732	106943
	55023	363074		63794	435104
93	204253	1342055	97	155854	1059380
580	39826	265937	595	41913	283259
5999	19263	127099	6535	19958	135574
	260666	1718075		274219	1861378
	203601	1342532		234969	1599485
279897	295145	1947738	343892	345719	2347627
	1007623	6644540		1164457	7923139
29954	173672	1145278	47937	229289	1559996
316502	156336	1031072	359065	176798	1202528
	51864	342154		67914	461468
154709	373333	2468652	253397	384249	2601560

15-7 进出口商品分类金额(按人民币计价)

单位:万元

项目	Item
合计	**Total**
第一类 活动物、动物产品	Live Animals & Animal Products
活动物	Live Animals
肉及食用杂碎	Meat and Edible Haslets
水产品	Aquatic Products
乳品、蛋品、天然蜂蜜、其他食用动物产品	Dairy Products, Eggs, Natural Honey and Other Edible Animal Products
其他动物产品	Other Animal Products
第二类 植物产品	Vegetables Products
树苗及花草	Saplings, Flowers and Herbs
蔬菜	Edible Vegetables
水果及坚果	Fruits and Nuts
咖啡、茶叶及调味香料	Coffee, Tea and Spices
谷物	Cereals
制粉工业产品	Flour,Starch and Related Prouducts
植物油籽、果实、种子、药材及饲料	Oil Seeds and Kernels and Oleaginous Fruits, Seeds, Plants for Medicinal Use and Forge
虫胶、树胶、树脂	Shellacs, Gums and Resins
编结植物材料、其他植物产品	Vegetable Plaiting Materials and Other Vegetable Products
第三类 动、植物油脂及蜡	Animal Fat ,Vegetable Oils and Waxes
动、植物油脂及蜡	Animal and Vegetable Oils, Fats and Waxes
第四类 食品、烟草及制品	Food, Tobacco and Related Products
动物产品制品	Animal Products
糖及糖食	Sugar and Sugar Confectionery
可可及可可制品	Cocoa and Cocoa Products
粮食及乳制品、糕饼点心	Grain, Milk and Pastry Products
蔬菜、水果等植物制品	Vegetable and Fruit Products
杂项食品	Miscellaneous Edible Preparation
饮料、酒及醋	Beverages, Liquor and Vinegar
食品的残渣、动物饲料	Residues and Waste from Food and Animal Fodder
烟草及烟草制品	Tobacco and Tobacco Products
第五类 矿产品	Mineral
盐、硫磺、建筑材料	Salt, Sulfur and Building Materials
矿砂、矿渣及矿灰	Ore, Slag and Mortar
矿物燃料、矿物油及产品	Mineral Fuels, Mineral Oils and Related Products
第六类 化工产品	Chemicals
无机化学品	Inorganic Chemicals
有机化学品	Organic Chemicals
药品	Medicinal and Pharmaceuticaland Products
肥料	Fertilizers
鞣料、染料浸膏、染料、颜料、油漆、油墨	Tanning and Dyeing Extracts, Coloring and Dyeing Materials, Paint and Printing Ink

Value of Imports and Exports by Category of Commodities (Renminbi-denominated)

(10000 yuan)

2016		2017	
进 口 Imports	出 口 Exports	进 口 Imports	出 口 Exports
33822560	**51587654**	**39230940**	**57924260**
1015992	90974	843806	88426
2244	60700	1777	46512
670980	11576	419978	12581
187904	15829	222083	23819
131530	2318	189442	4062
23334	551	10526	1452
1269851	87383	1278782	99260
1522	756	2831	645
3296	19026	10692	30410
133930	1095	120795	1847
6120	12664	5215	10165
575003		712310	
15959	28101	21343	26086
514775	10419	378079	8827
13614	5788	18824	11888
5632	9534	8693	9392
214227	11966	221901	15649
214227	11966	221901	15649
1321199	263133	1605020	298936
2868	2552	3517	3816
25642	48377	20832	43799
13473	2948	14579	2987
611723	62556	904284	91693
43356	12339	49079	8931
204956	57129	185719	59871
156250	16390	253738	17526
194049	46090	172517	56691
68882	14752	755	13622
2175889	917720	2867225	1218978
28937	20548	26060	22389
291804	1390	449796	411
1855148	895782	2391369	1196178
2847459	1011936	3430818	1174420
113791	74622	142781	96264
816522	170224	1030872	208182
797971	69739	930915	63574
851	989	1271	5465
199416	68059	219809	79667

15-7 续表 1

单位:万元

项　　目	Item
化妆品及其原料、芳香料制品	Cosmetics and Related Products, Perfumed Materials
洗涤用品	Detergents
蛋白类物质、改性淀粉、胶、酶	Protein Materials, Modified Starches, Glues and Enzymes
炸药、烟火制品、易燃材料制品	Explosives, Pyrotechnic Products and Combustible Products
照相及电影用品	Photographic and Cinematographic Goods
杂项化学产品	Miscellaneous Chemical Products
第七类 塑料、橡胶及其制品	Plastics, Rubber and Related Products
塑料及其制品	Plastics and Related Products
橡胶及其制品	Rubber and Related Products
第八类 皮革、毛皮及其制品、旅行用品、手提包	Leather, Furs Skins and Related Products, Travel Articles and Handbags
生皮及皮革	Raw Hides and Leather
皮革制品、旅行用品及手提包	Leather Products, Travel Articles and Handbags
毛皮、人造毛皮及制品	Furs Shins, Artificial Furs Manufactures Thereof
第九类 木及木制品、草柳编结品	Wood and Wooden Products, Straw and Wicker Plaited Products
木及木制品、木炭	Wood and Wooden Products, Charcoal
软木及软木制品	Cork and Related Products
草柳编结品	Straw and Wicker Plaited Products
第十类 木浆、纸、纸板及制品	Wood Paper Pulp, Paper, Paperboard and Related Products
木浆及其他纤维素浆、废碎纸板	Paper Pulp and Cellulose, Waste Paperboard
纸及纸板、纸浆、纸制品	Paper and Paperboard, Articles of Paper Pulp and Paper Products
书籍、印刷品、设计图纸	Books, Printed Matter and Design Drawings
第十一类 纺织原料及纺织制品	Textile Materials and Products
蚕　丝	Natural Silk
羊毛、动物毛、毛纱线及制品	Wool, Animal Hair and Woolen Woven Fabrics
棉花及制品	Cotton and Related Products
其他纺织纤维、纸纱线及机织物	Other Textile Fiber, Yarn and Related Woven Fabrics
化学纤维长丝	Chemical Fiber, Continuous Filament
化学纤维短丝	Chemical Fiber, Staple Fiber
絮胎、毡尼及无纺物、特种纱线、线绳索缆	Wadding, Felt and Adhesive-Bond Fabrics, Special Yarn, Thread, Rope and Cable
地毯及纺织铺地制品	Carpets and Related Products
特种机织物、纺织装饰品、刺绣品	Special Woven Fabrics, Textile Trimmings and Embroidery
浸渍、涂布、包覆或层压的纺织物	Soaked, Coated or Overlapping Textiles
针织物及钩编织物	Knitwear and Crocheted Fabrics
针织或钩编的服装及衣着附件	Knitted or Crocheted Garments and Clothing Accessories
非针织或非钩编的服装及衣着附件	Garments and Clothing Accessories Not Knitted or Crocheted
其他纺织制成品、成套物品	Other Textile Products
第十二类 鞋帽伞杖、加工羽毛、人造花、人发制品	Footwear, Headgear, Umbrellas, Canes, Processed Feather, Artificial Flowers and Wigs
鞋类及零件	Footwear and Accessories
帽类及零件	Headgear and Accessories

continued

(10000 yuan)

2016		2017	
进　口 Imports	出　口 Exports	进　口 Imports	出　口 Exports
210690	253253	336884	281594
181320	111211	219416	137201
138653	90214	104035	99028
52	24764	31	20026
38124	13035	41284	16469
350069	135826	403520	166950
3044457	2332664	3423555	2610408
2709910	2014413	3090100	2308039
334547	318251	333455	302369
293575	2037080	245943	2440957
200710	11378	194419	4246
24188	2017198	21274	2427620
68677	8504	30250	9091
314848	142267	377079	121839
314135	131902	376584	113134
91	194	35	85
622	10171	460	8620
331601	527943	365202	585616
188552	1559	182939	307
119405	400602	150530	449236
23644	125782	31733	136073
961643	8389757	943636	10043265
1922	20195	1884	24622
8632	4446	8464	7180
459641	320951	411429	472736
14920	2026	25626	1042
124934	100508	142510	159505
137252	76879	127782	49348
35644	83217	51418	86825
2738	46379	3008	47938
20663	184491	19062	201862
35201	161244	32441	192429
65211	645742	68524	781514
18620	1685734	19247	1688875
25396	4819099	21320	6075691
10869	238846	10921	253698
50692	1389391	83886	1882276
49110	1231396	81750	1676449
1161	58477	1469	64280

15-7 续表 2

单位:万元

项　　目	Item
伞、杖、鞭及零件	Umbrellas, Canes, Whips and Accessories
加工羽毛、羽绒及制品、人造花、人发制品	Processed Feathers and Related Products, Artificial Flowers and Wigs
第十三类 石材制品、陶瓷产品、玻璃及其制品	Stone Products,Leramics,Glass and Glossware
石材制品	Stone and Related Products
陶瓷产品	Ceramics
玻璃及其制品	Glass and Glassware
第十四类 珠宝首饰、硬币	Jewellery and Coins
珠宝首饰	Jewellery
第十五类 贱金属及其制品	Base Metals and Related Products
钢　铁	Iron and Steel
钢铁制品	Iron and Steel Products
铜及其制品	Copper and Related Products
镍及其制品	Nickel and Related Products
铝及其制品	Aluminum and Related Products
铅及其制品	Lead and Related Products
锌及其制品	Zinc and Related Products
锡及其制品	Tin and Related Products
其他贱金属、金属陶瓷及其制品	Other Base Metals, Metal Ceramics and Related Products
贱金属工具、器具、利口器、餐具及零件	Base Metal Tools, Implements, Cutlery, Tableware and Related Parts
贱金属杂项制品	Miscellaneous Products of Base Metals
第十六类 机械、电气设备、电视机及音响设备	Machinery, Electric Equipment, Television Sets and Sound Appliances
核反应堆、锅炉、机械设备及零件	Nuclear Reactors, Boilers, Mechanical Equipment and Accessories
机电、电气设备、电视机及音响设备	Machinery and Electric Equipment, Television Sets and Sound Appliances
第十七类 车辆、航空器、船舶及有关运输设备	Locomotives, Vehicles, Aircraft, Ships and Related Transportation Equipment
铁道及电车机车、车辆及零件	Railway Locomotives, Tramcars and Accessories
车辆及零附件(铁道车辆除外)	Vehicles and Related Parts and Accessories (excluding railway locomotives)
航空器、航天器及零件	Aircraft, Spacecraft and Related Parts
船舶及浮动结构体	Ships and Related Products
第十八类 仪器、医疗器械、钟表及乐器	Instruments, Medical Instruments and Equipment, Clocks and Musical Instruments
光学、照相电影、计量检验、医疗仪器设备	Optical, Photographic, Film, Measuring and Checking, Medical Instruments and Equipments
钟表及零件	Clocks and Related Parts
乐器及零附件	Musical Instruments and Related Parts and Accessories
第十九类 武器、弹药及其零件、附件	Arms and Ammunition, Parts and Auessories thereof
第二十类 杂项制品	Miscellaneous Products
家具、床上用品、照明装置、活动房	Furniture, Bed Articles, Lighting Apparatus and Luminous Signs
玩具、游戏、运动用品及零附件	Toys, Games and Sports Goods and Related Parts and Accessories
杂项制品	Miscellaneous Manufactured Articles
第二十一类 艺术品、收藏品及古物	Works of Art, Collector's Pieces and Antiques
第二十二类 特殊交易品及未分类商品	Special Commodities and Unclassified Commodities

continued

(10000 yuan)

2016		2017	
进 口 Imports	出 口 Exports	进 口 Imports	出 口 Exports
193	27182	109	35042
228	72336	558	106505
206222	965785	271274	1058706
42938	128039	53749	165610
13028	481752	14470	524701
150256	355994	203055	368395
2149008	3231768	1837521	2983108
2149008	3231768	1837521	2983108
2258090	3294442	2763107	3579073
845922	644508	1235968	440865
269908	1096893	280533	1349234
736486	41923	742043	51338
65119	869	127640	263
155878	386969	158170	442126
772	173	958	317
9791	2119	14354	3971
12734	3769	6166	2628
13405	13316	16695	11591
90676	306137	122670	336158
57399	797766	57910	940582
8041740	15463511	8867391	16924068
3637706	5934158	4012934	6547280
4404034	9529353	4854457	10376788
2226877	3531649	3645161	3685758
3754	37996	1737	208689
1412608	2115600	1880137	2353901
803092	30693	1739579	58681
7423	1347360	23708	1064487
3946892	3524972	4152111	4041593
3845860	3224943	4013383	3709857
89824	217921	122866	238062
11208	82108	15862	93674
486	15	1042	58
260139	4215591	373507	4807218
81186	3204050	86440	3614608
50843	677664	62654	821294
128110	333877	224413	371316
570	324	1024	844
891103	157383	1631949	263804

15-8 进出口商品分类金额(按美元计价)

单位:万美元

项　　目	Item
合　计	**Total**
第一类 活动物、动物产品	Live Animals & Animal Products
活动物	Live Animals
肉及食用杂碎	Meat and Edible Haslets
水产品	Aquatic Products
乳品、蛋品、天然蜂蜜、其他食用动物产品	Dairy Products, Eggs, Natural Honey and Other Edible Animal Products
其他动物产品	Other Animal Products
第二类 植物产品	Vegetables Products
树苗及花草	Saplings, Flowers and Herbs
蔬　菜	Edible Vegetables
水果及坚果	Fruits and Nuts
咖啡、茶叶及调味香料	Coffee, Tea and Spices
谷　物	Cereals
制粉工业产品	Flour,Starch and Related Prouducts
植物油籽、果实、种子、药材及饲料	Oil Seeds and Kernels and Oleaginous Fruits, Seeds, Plants for Medicinal Use and Forge
虫胶、树胶、树脂	Shellacs, Gums and Resins
编结植物材料、其他植物产品	Vegetable Plaiting Materials and Other Vegetable Products
第三类 动、植物油脂及蜡	Animal Fat ,Vegetable Oils and Waxes
动、植物油脂及蜡	Animal and Vegetable Oils, Fats and Waxes
第四类 食品、烟草及制品	Food, Tobacco and Related Products
动物产品制品	Animal Products
糖及糖食	Sugar and Sugar Confectionery
可可及可可制品	Cocoa and Cocoa Products
粮食及乳制品、糕饼点心	Grain, Milk and Pastry Products
蔬菜、水果等植物制品	Vegetable and Fruit Products
杂项食品	Miscellaneous Edible Preparation
饮料、酒及醋	Beverages, Liquor and Vinegar
食品的残渣、动物饲料	Residues and Waste from Food and Animal Fodder
烟草及烟草制品	Tobacco and Tobacco Products
第五类 矿产品	Mineral
盐、硫磺、建筑材料	Salt, Sulfur and Building Materials
矿砂、矿渣及矿灰	Ore, Slag and Mortar
矿物燃料、矿物油及产品	Mineral Fuels, Mineral Oils and Related Products
第六类 化工产品	Chemicals
无机化学品	Inorganic Chemicals
有机化学品	Organic Chemicals
药　品	Medicinal and Pharmaceuticaland Products
肥　料	Fertilizers
鞣料、染料浸膏、染料、颜料、油漆、油墨	Tanning and Dyeing Extracts, Coloring and Dyeing Materials, Paint and Printing Ink

Value of Imports and Exports by Category of Commodities (U.S.dollar-denominated)

(USD 10000)

2016		2017	
进　口 Imports	出　口 Exports	进　口 Imports	出　口 Exports
5113237	**7817658**	**5792992**	**8531977**
153965	13803	124874	13032
340	9207	263	6848
101749	1756	62293	1861
28400	2408	32803	3512
19933	350	27958	600
3543	82	1557	211
192635	13261	188561	14675
229	115	419	96
501	2874	1596	4500
20452	166	17729	274
931	1925	772	1505
87313		104970	
2426	4274	3157	3853
77867	1582	55856	1304
2062	876	2781	1760
854	1449	1281	1383
32516	1822	32735	2302
32516	1822	32735	2302
199146	39838	237480	44172
433	383	520	566
3884	7354	3092	6470
2036	445	2165	442
91951	9464	133905	13553
6534	1871	7253	1318
30592	8650	27446	8842
23651	2483	37582	2591
29488	6969	25404	8389
10577	2219	113	2001
328778	138837	422924	180511
4393	3119	3844	3290
44167	209	66241	62
280218	135509	352839	177159
430617	153367	506866	173359
17215	11307	21127	14234
123483	25761	152305	30726
120682	10542	137323	9366
130	150	185	804
30176	10309	32467	11759

15-8 续表 1

单位:万美元

项　　　目	Item
化妆品及其原料、芳香料制品	Cosmetics and Related Products, Perfumed Materials
洗涤用品	Detergents
蛋白类物质、改性淀粉、胶、酶	Protein Materials, Modified Starches, Glues and Enzymes
炸药、烟火制品、易燃材料制品	Explosives, Pyrotechnic Products and Combustible Products
照相及电影用品	Photographic and Cinematographic Goods
杂项化学产品	Miscellaneous Chemical Products
第七类 塑料、橡胶及其制品	Plastics, Rubber and Related Products
塑料及其制品	Plastics and Related Products
橡胶及其制品	Rubber and Related Products
第八类 皮革、毛皮及其制品、旅行用品、手提包	Leather, Furs Skins and Related Products, Travel Articles and Handbags
生皮及皮革	Raw Hides and Leather
皮革制品、旅行用品及手提包	Leather Products, Travel Articles and Handbags
毛皮、人造毛皮及制品	Furs Shins, Artificial Furs Manufactures Thereof
第九类 木及木制品、草柳编结品	Wood and Wooden Products, Straw and Wicker Plaited Products
木及木制品、木炭	Wood and Wooden Products, Charcoal
软木及软木制品	Cork and Related Products
草柳编结品	Straw and Wicker Plaited Products
第十类 木浆、纸、纸板及制品	Wood Paper Pulp, Paper, Paperboard and Related Products
木浆及其他纤维素浆、废碎纸板	Paper Pulp and Cellulose, Waste Paperboard
纸及纸板、纸浆、纸制品	Paper and Paperboard, Articles of Paper Pulp and Paper Products
书籍、印刷品、设计图纸	Books, Printed Matter and Design Drawings
第十一类 纺织原料及纺织制品	Textile Materials and Products
蚕　丝	Natural Silk
羊毛、动物毛、毛纱线及制品	Wool, Animal Hair and Woolen Woven Fabrics
棉花及制品	Cotton and Related Products
其他纺织纤维、纸纱线及机织物	Other Textile Fiber, Yarn and Related Woven Fabrics
化学纤维长丝	Chemical Fiber, Continuous Filament
化学纤维短丝	Chemical Fiber, Staple Fiber
絮胎、毡尼及无纺物、特种纱线、线绳索缆	Wadding, Felt and Adhesive-Bond Fabrics, Special Yarn, Thread, Rope and Cable
地毯及纺织铺地制品	Carpets and Related Products
特种机织物、纺织装饰品、刺绣品	Special Woven Fabrics, Textile Trimmings and Embroidery
浸渍、涂布、包覆或层压的纺织物	Soaked, Coated or Overlapping Textiles
针织物及钩编织物	Knitwear and Crocheted Fabrics
针织或钩编的服装及衣着附件	Knitted or Crocheted Garments and Clothing Accessories
非针织或非钩编的服装及衣着附件	Garments and Clothing Accessories Not Knitted or Crocheted
其他纺织制成品、成套物品	Other Textile Products
第十二类 鞋帽伞杖、加工羽毛、人造花、人发制品	Footwear, Headgear, Umbrellas, Canes, Processed Feather, Artificial Flowers and Wigs
鞋类及零件	Footwear and Accessories
帽类及零件	Headgear and Accessories

continued

(USD 10000)

2016		2017	
进　口 Imports	出　口 Exports	进　口 Imports	出　口 Exports
31774	38442	49961	41590
27451	16850	32448	20239
20968	13685	15338	14598
8	3770	5	2957
5765	1979	6078	2424
52965	20572	59629	24662
460495	353705	505317	384196
409902	305444	456132	339686
50593	48261	49185	44510
44514	308668	36329	359449
30424	1719	28702	620
3628	305653	3151	357495
10462	1296	4476	1334
47682	21596	55750	17963
47574	20021	55676	16683
14	29	5	12
94	1546	69	1268
50183	79960	53899	86201
28523	239	26952	46
18094	60685	22256	66119
3566	19036	4691	20036
145386	1272328	139308	1476631
291	3070	279	3638
1313	676	1249	1075
69423	48710	60608	69629
2260	305	3797	153
18919	15195	21067	23308
20766	11655	18880	7265
5390	12619	7599	12788
414	7037	443	7048
3131	28020	2808	29733
5332	24446	4799	28382
9866	97966	10150	115156
2813	255845	2849	248748
3826	730586	3168	892352
1642	36198	1612	37356
7611	210644	12424	276630
7373	186725	12107	246400
174	8867	218	9474

15-8 续表 2

单位:万美元

项　　目	Item
伞、杖、鞭及零件	Umbrellas, Canes, Whips and Accessories
加工羽毛、羽绒及制品、人造花、人发制品	Processed Feathers and Related Products, Artificial Flowers and Wigs
第十三类 石材制品、陶瓷产品、玻璃及其制品	Stone Products,Leramics,Glass and Glossware
石材制品	Stone and Related Products
陶瓷产品	Ceramics
玻璃及其制品	Glass and Glassware
第十四类 珠宝首饰、硬币	Jewellery and Coins
珠宝首饰	Jewellery
第十五类 贱金属及其制品	Base Metals and Related Products
钢　铁	Iron and Steel
钢铁制品	Iron and Steel Products
铜及其制品	Copper and Related Products
镍及其制品	Nickel and Related Products
铝及其制品	Aluminum and Related Products
铅及其制品	Lead and Related Products
锌及其制品	Zinc and Related Products
锡及其制品	Tin and Related Products
其他贱金属、金属陶瓷及其制品	Other Base Metals, Metal Ceramics and Related Products
贱金属工具、器具、利口器、餐具及零件	Base Metal Tools, Implements, Cutlery, Tableware and Related Parts
贱金属杂项制品	Miscellaneous Products of Base Metals
第十六类 机械、电气设备、电视机及音响设备	Machinery, Electric Equipment, Television Sets and Sound Appliances
核反应堆、锅炉、机械设备及零件	Nuclear Reactors, Boilers, Mechanical Equipment and Accessories
机电、电气设备、电视机及音响设备	Machinery and Electric Equipment, Television Sets and Sound Appliances
第十七类 车辆、航空器、船舶及有关运输设备	Locomotives, Vehicles, Aircraft, Ships and Related Transportation Equipment
铁道及电车机车、车辆及零件	Railway Locomotives, Tramcars and Accessories
车辆及零附件(铁道车辆除外)	Vehicles and Related Parts and Accessories (excluding railway locomotives)
航空器、航天器及零件	Aircraft, Spacecraft and Related Parts
船舶及浮动结构体	Ships and Related Products
第十八类 仪器、医疗器械、钟表及乐器	Instruments, Medical Instruments and Equipment, Clocks and Musical Instruments
光学、照相电影、计量检验、医疗仪器设备	Optical, Photographic, Film, Measuring and Checking, Medical Instruments and Equipments
钟表及零件	Clocks and Related Parts
乐器及零附件	Musical Instruments and Related Parts and Accessories
第十九类 武器、弹药及其零件、附件	Arms and Ammunition, Parts and Auessories thereof
第二十类 杂项制品	Miscellaneous Products
家具、床上用品、照明装置、活动房	Furniture, Bed Articles, Lighting Apparatus and Luminous Signs
玩具、游戏、运动用品及零附件	Toys, Games and Sports Goods and Related Parts and Accessories
杂项制品	Miscellaneous Manufactured Articles
第二十一类 艺术品、收藏品及古物	Works of Art, Collector's Pieces and Antiques
第二十二类 特殊交易品及未分类商品	Special Commodities and Unclassified Commodities

continued

(USD 10000)

2016		2017	
进 口 Imports	出 口 Exports	进 口 Imports	出 口 Exports
29	4120	16	5147
35	10932	83	15609
31219	146383	40236	155810
6475	19383	7946	24387
1966	72997	2149	77220
22778	54003	30141	54203
324920	488929	271373	440252
324920	488929	271373	440252
341348	499903	407947	526191
127942	97978	182274	64739
40816	166460	41433	198482
111540	6354	109726	7581
9832	132	18816	39
23301	58645	23339	65133
116	27	142	46
1483	320	2124	586
1926	569	921	385
2031	2000	2462	1714
13693	46455	18147	49499
8668	120963	8563	137987
1216831	2343122	1309294	2495061
550633	899607	591985	964508
666198	1443515	717309	1530553
334912	536162	540050	542849
576	5777	255	30987
213205	320693	277988	346624
120044	4643	258288	8632
1087	205049	3519	156606
597692	534196	612981	596080
582444	488755	592493	547227
13552	33017	18130	35064
1696	12424	2358	13789
74	2	152	9
39260	639224	55331	707414
12278	486015	12810	531826
7664	102612	9261	120901
19318	50597	33260	54687
85	49	152	123
133368	21859	239009	39067

15-9 广州地区口岸进出口商品总值
Commodity Value of Imports and Exports through Ports in Guangzhou Area

项　目	Item	2016		2017	
		万美元 (USD 10000)	万元 (10000 yuan)	万美元 (USD 10000)	万元 (10000 yuan)
进出口商品货物总值	**Total**	**16869710**	**111406198**	**17290840**	**117195327**
进口商品货物总值	Imports	6236702	41249071	8288141	56113738
出口商品货物总值	Exports	10633008	70157126	9002699	61081589

15-10 软件出口和技术进口情况
Software Export and Technology Import

项　目	Item	2017	
		项　目 (个) Number (unit)	金　额 (万美元) Amount (USD 10000)
软件出口	Software Export		
软件产品	Software Products	77	2329
软件服务	Software Services	751	83916
技术进口	Technology Import	47	132067
其中：制造业	Manufacturing	40	126760
房地产业	Real Estate	4	293
计算机应用业	Computer Applied Software Industry	1	589
技术咨询服务业	Technology Consulting Service	2	3891

注：技术进口是指办理了合同登记手续的，通过贸易、投资或经济技术合作等方式转移技术到境内的行为。

Notes:Technology import refers to the action of transferring technology into China in forms of trade,investment or economic technological cooperation after the contracts registrations formalities have been gone through.

15-11 历年利用外资情况

Statistics on Utilization of Foreign Capital in Main Years

年 份 Year	项目(企业)个 数(个) Number of Contracts (unit)	# 外商直接投资 Foreign Direct Investment	合同外资金额(万美元) Amount of Contracted Foreign Capital (USD 10000)	# 外商直接投资 Foreign Direct Investment	实际使用外资金额(万美元) Amount of Foreign Capital Actually Used (USD 10000)	# 外商直接投资 Foreign Direct Investment
1978	2		53			
1980	1379	21	24905	24794	3013	1287
1985	4394	290	70175	51575	15782	10389
1986	2062	104	33668	29569	17966	9316
1987	2271	126	28510	20374	8574	5562
1988	2120	289	52650	39338	27119	14521
1989	2121	292	57778	40101	43892	27481
1990	2711	389	55426	47183	27263	18613
1991	2678	571	87517	70635	40519	25938
1992	2925	1193	471080	449654	74595	57135
1993	2620	1275	704764	683634	147028	128464
1994	2907	1906	709683	685763	204816	181403
1995	2564	1774	685657	673101	225298	214444
1996	1793	865	510301	447393	260002	233153
1997	3066	661	219922	169824	289379	248003
1998	986	643	245058	193178	304467	271608
1999	1053	537	172808	141377	317600	298687
2000	1445	647	163454	152759	311541	298923
2001	1087	678	200604	196229	332746	300119
2002	1177	776	316579	302322	265299	228386
2003	1204	870	402176	351117	306409	258076
2004	1506	1046	334767	320494	247696	240062
2005	1599	1061	366155	340205	284128	264882
2006	1465	1025	463987	439124	305477	292339
2007	1460	959	715269	703506	341138	328579
2008	1378	991	604536	591864	377413	362277
2009	1022	844	388633	378401	387476	377339
2010	1170	980	505928	497384	408121	397862
2011	1273	1134	683809	674734	437626	427009
2012	1204	1095	693071	680188	474312	457485
2013	1258	1092	734009	711428	507853	480385
2014	1324	1155	827560	803975	543905	510707
2015		1429		836335		541634
2016		1757		990123		570120
2017		2459		1339133		628947

注：1.合同外资金额、实际使用外资金额按当年口径统计。

2.由于制度变化，2015年开始不再统计外商其他投资，仅统计外商直接投资。

Note: I. The amount of contracted foreign capital and foreign capital actually used are calculated at current coverage.

II. Recording to the statistical system,the only statistical indicator is foreign direct investment instead of other foreign invest since 2015.

15-12 历年利用外资项目(企业)个数、合同外资金额、实际使用外资金额指数(上年=100)

Indices of Contracts Number, Contracted Foreign Capital and Foreign Capital Actually Used in Main Years (Preceding Year=100)

年份 Year	项目(企业)个数 Number of Contracts	#外商直接投资 Foreign Direct Investment	合同外资金额 Amount of Contracted Foreign Capital	#外商直接投资 Foreign Direct Investment	实际使用外资金额 Amount of Foreign Capital Actually Used	#外商直接投资 Foreign Direct Investment
1980	250.3	300.0	1080.5	1258.6	306.2	780.0
1985	97.2	163.8	344.8	272.3	101.3	79.7
1986	46.9	35.9	48.0	57.3	113.8	89.7
1987	110.1	121.2	84.7	68.9	47.7	59.7
1988	93.4	229.4	184.7	193.1	316.3	261.1
1989	100.1	101.0	109.7	101.9	161.9	189.3
1990	127.8	133.2	95.9	117.7	62.1	67.7
1991	98.8	146.8	157.9	149.7	148.6	139.4
1992	109.2	208.9	538.3	636.6	184.1	220.3
1993	89.6	106.9	149.6	152.0	197.1	224.8
1994	111.0	149.5	100.7	100.3	139.3	141.2
1995	88.2	93.1	96.6	98.2	110.0	118.2
1996	69.9	48.8	74.4	66.5	115.4	108.7
1997	171.0	76.4	43.1	38.0	111.3	106.4
1998	32.2	97.3	111.4	113.8	105.2	109.5
1999	106.8	83.5	70.5	73.2	104.3	110.0
2000	137.2	120.5	94.6	108.1	98.1	100.1
2001	75.2	104.8	122.7	128.5	106.8	100.4
2002	108.3	114.5	174.1	170.4	110.6	110.2
2003	102.3	112.1	127.0	116.1	115.5	113.0
2004	125.1	120.2	127.7	125.6	164.8	164.4
2005	106.2	101.4	109.4	106.2	114.7	110.3
2006	91.6	96.6	126.7	129.1	107.5	110.4
2007	99.7	93.6	154.2	160.2	111.7	112.4
2008	94.4	103.3	84.5	84.1	110.6	110.3
2009	74.2	85.2	64.3	63.9	102.7	104.2
2010	114.5	116.1	130.2	131.4	105.3	105.4
2011	108.8	115.7	135.2	135.7	107.2	107.3
2012	94.6	96.6	101.4	100.8	108.4	107.1
2013	104.5	99.7	105.9	104.6	107.1	105.0
2014	105.2	105.8	112.7	113.0	107.1	106.3
2015		123.7		104.0		106.1
2016		123.0		118.4		105.3
2017		140.0		135.3		110.3

注：2002年和2004年合同外资金额、实际使用外资金额统计口径调整，当年指数按可比口径计算。

Note: The coverage of amount of contracted foreign capital and foreign capital actually used were adjusted in 2002 and 2004, the indices of which being calculated on the same coverage.

15-13 外商直接投资情况

Statistics on Foreign Direct Investment

单位：万美元 (USD 10000)

项　目	Item	2016	2017	1978-2017
项目(企业)个数　（个）	**Number of Contracts　(unit)**			
外商直接投资	Foreign Direct Investment	1757	2459	31185
合资企业	Joint-venture Enterprises	216	364	6123
合作企业	Cooperative Enterprises	6	7	5719
外资企业	Enterprises with Sole Foreign Funds	1533	2087	19326
外商投资股份制企业	Share-holding Corporations	2	1	17
合同外资金额	**Contracted Foreign Capital**			
外商直接投资	Foreign Direct Investment	990123	1339133	14116347
合资企业	Joint-venture Enterprises	153084	64219	2553767
合作企业	Cooperative Enterprises	1543	32822	3222678
外资企业	Enterprises with Sole Foreign Funds	421745	1162440	7751532
外商投资股份制企业	Share-holding Corporations	413751	79652	588370
实际使用外资金额	**Amount of Foreign Capital Actually Used**			
外商直接投资	Foreign Direct Investment	570120	628947	8735683
合资企业	Joint-venture Enterprises	135135	80280	2044090
合作企业	Cooperative Enterprises	2959	11469	1798167
外资企业	Enterprises with Sole Foreign Funds	157460	312209	4295686
外商投资股份制企业	Share-holding Corporations	274566	224989	597740

15-14 外商直接投资情况(按地区分)

Statistics on Utilization of Foreign Direct Investment Capital (by Region)

单位：万美元　　(USD 10000)

项　目	Item	2016			2017		
		项目(企业)个数(个) Number of Contracts (unit)	合同外资金　额 Contracted Foreign Capital	实际使用外资金额 Amount of Foreign Capital Actually Used	项目(企业)个数(个) Number of Contracts (unit)	合同外资金　额 Contracted Foreign Capital	实际使用外资金额 Amount of Foreign Capital Actually Used
全　市	**Total**	**1757**	**990123**	**570120**	**2459**	**1339133**	**628947**
#荔湾区	Liwan	177	10263	12214	259	6439	3259
越秀区	Yuexiu	458	43922	49000	513	65530	43856
海珠区	Haizhu	104	35869	26188	151	52448	54561
天河区	Tianhe	320	76169	100059	537	98248	80114
白云区	Baiyun	96	-16386	1417	192	23812	11083
黄埔区	Huangpu	92	421633	219006	117	224401	222131
番禺区	Panyu	163	34150	39778	219	47153	31252
花都区	Huadu	31	24659	33903	44	47076	45899
南沙区	Nansha	285	320959	62506	365	502219	104229
从化区	Conghua	6	22991	11551	26	37335	13192
增城区	Zengcheng	25	15894	14498	33	225607	19325
广州空港经济区	Guangzhou Airport Economic Zone				3	8865	45

15-15 外商直接投资项目分类(2017年)

Amount of Foreign Direct Investment Capital Actually Used by Category (2017)

单位：万美元 (USD 10000)

项目	Item	项目(企业)个数(个) Number of Contracts (unit)	合同外资金额 Contracted Foreign Capital	实际使用外资金额 Amount of Foreign Capital Actually Used
总计	**Total**	**2459**	**1339133**	**628947**
# 投资额1000万美元以上项目	Projects with Investment above 10 million USD			
按国民经济行业分	**By Sector**			
农、林、牧、渔业	Agriculture, Forestry, Animal Husbandry and Fishing	8	31076	2355
采矿业	Mining			
制造业	Manufacturing	101	317808	87197
电力、热力、燃气及水生产和供应业	Production and Supply of Electricity, Heat,Gas and Water	2	2997	8159
建筑业	Construction	18	12442	2857
交通运输、仓储和邮政业	Transport, Storage and Post	40	21432	8281
信息传输、计算机服务和软件业	Information Transmission, Software and Information Technology Services	86	70380	194733
批发和零售业	Wholesale and Retail Trade	1469	65974	38566
住宿和餐饮业	Hotels and Catering Services	110	61106	1094
金融业	Financial Intermediation	80	341497	63153
房地产业	Real Estate	49	89466	42582
租赁和商务服务业	Leasing and Business Services	274	187889	103409
科学研究和技术服务业	Scientific Research and Technical Services	159	44925	16401
水利、环境和公共设施管理业	Management of Water Conservancy,Environment and Public Facilities		-899	50
居民服务、修理和其他服务业	Service to Households, Repair and Other Services	17	420	284
教育	Education	12	6727	
卫生和社会工作	Health and Social Service	6	22112	962
文化、体育和娱乐业	Culture, Sports and Entertainment	28	63781	58864
公共管理、社会保障和社会组织	Public Management, Social Security and Social Organization			
国际组织	International Organizations			

15-15 续表 continued

单位：万美元 (USD 10000)

项 目	Item	项目(企业)个数(个) Number of Contracts (unit)	合同外资金额 Contracted Foreign Capital	实际使用外资金额 Amount of Foreign Capital Actually Used
按国别(地区)分	**By Country (Territory)**			
中国香港	Hong Kong, China	940	868282	517957
中国澳门	Macao, China	17	4660	2312
中国台湾	Taiwan, China	85	4787	1735
日 本	Japan	11	167125	27620
新加坡	Singapore	50	58426	11917
马来西亚	Malaysia	38	6536	150
韩 国	Republic of Korea	53	18724	340
英 国	United Kingdom	17	868	4081
德 国	Germany	11	2506	362
加拿大	Canada	22	1169	32
美 国	United States	48	3037	908
澳大利亚	Australia	21	991	448
法 国	France	12	202	1591
荷 兰	Netherlands	3	2200	228
英属维尔京群岛	Virgin Islands	7	21279	17091
意大利	Italy	7	55	546
萨摩亚	Samoa	3	5087	1492
毛里求斯	Mauritius	1	1904	3904
开曼群岛	Cayman Islands	2	-55	1876
阿拉伯联合酋长国	United Arab Emirates	2	17	28
比利时	Belgium	2	1124	1573
塞舌尔	Seychelles	5	1636	278
芬 兰	Finland	1	2	199
卢森堡	Luxembourg	1	427	79
巴勒斯坦	Palestine	6	131	73
土耳其	Turkey	27	555	44
斯洛伐克	Slovakia			44
伊拉克	Iraq	45	1132	20
印 度	India	53	955	16
俄罗斯联邦	Russia Federation	30	1343	16
丹 麦	Danmark	7	101	15
其 他	Others	932	163927	31972

15-16 境外企业情况(2017年)

Statistics on Overseas Enterprises Funded by Domestic Capital (2017)

单位：万美元 (USD 10000)

项　目	Item	当年新增 Newly Increased in Current Year	
		企业数(个) Number of Enterprises (unit)	中方投资额 Volume of Investment from China
总　计	**Total**	**149**	**259672**
按投资企业类型分	**By Status of Investment**		
国有企业	State-owned enterprises	6	4269
私营企业	Private-owned enterprises	138	138486
外资企业	Foreign-owned enterprises	5	116917
按国民经济行业分	**By Sector**		
农、林、牧、渔业	Agriculture, Forestry, Animal Husbandry and Fishing	4	172
采矿业	Mining		
制造业	Manufacturing	17	124861
电力、热力、燃气及水生产和供应业	Production and Supply of Electricity, Heat,Gas and Water	5	36579
建筑业	Construction	2	3093
批发和零售业	Wholesale and Retail Trade	54	36579
交通运输、仓储和邮政业	Transport, Storage and Post	9	9045
住宿和餐饮业	Hotels and Catering Services	1	140
信息传输、软件和信息技术服务业	Information Transmission, Software and Information Technology Services	16	16450
金融业	Financial Intermediation		
房地产业	Real Estate		
租赁和商务服务业	Leasing and Business Services	27	22275
科学研究和技术服务业	Scientific Research and Technical Services	12	9212
水利、环境和公共设施管理业	Management of Water Conservancy,Environment and Public Facilities	1	198
居民服务、修理和其他服务业	Service to Households, Repair and Other Services	1	1068
教育	Education		
卫生和社会工作	Health and Social Service		
文化、体育和娱乐业	Culture, Sports and Entertainment		
其他	Others		

15-16 续表 continued

单位：万美元 (USD 10000)

项 目	Item	当年新增 Newly Increased in Current Year 企业数(个) Number of Enterprises (unit)	中方投资额 Volume of Investment from China
按投资国家(地区)分	**By Investment Destination**		
中国香港	Hong Kong, China	67	35230
中国澳门	Cambodia	3	3993
日本	Japan	1	82
韩国	Republic of Korea	2	1639
柬埔寨	Cambodia	3	11580
泰国	Thailand	2	156
新加坡	Singapore	4	9422
印度	India	3	1484
越南	Vietnam	3	6662
德国	Germany	1	1147
法国	France	1	301
意大利	Italy	3	3462
英国	Britain	1	99
美国	United States of America	19	4900
澳大利亚	Australia	3	72
塞舌尔	Republic of Seychelles	1	50
缅甸	Burma	1	3000
印度尼西亚	Indonesia	5	3559
老挝	Laos	2	12680
马来西亚	Malaysia	3	129
肯尼亚	Kenya	3	8600
尼日利亚	Nigeria	2	9500
葡萄牙	Portugal	1	18523
沙特阿拉伯	Saudi Arabia	1	104007
波兰	Poland	1	8971
乌干达	Uganda	3	6275
厄瓜多尔	Ecuador	1	2865
白俄罗斯	Belarus	1	500
瑞士	Switzerland	1	338
挪威	Norway	1	117
奥地利	Austria	1	109
坦桑尼亚	Tanzania	1	100
拉脱维亚	Latvia	1	64
俄罗斯	Russia	1	40
马耳他	Malta	1	11
文莱	Brunei	1	5

15-17 对外经济合作业务情况(2017年)

Statistics on Economic Cooperation with Foreign Countries or Territories (2017)

项　目	Item	合同额(万美元) Contracted Value (USD 10000)	完成营业额(万美元) Turnover (USD 10000)
合　计	**Total**		
对外劳务合作	Labor Cooperation	59285	39262
中国香港	Hong Kong, China	15028	13824
中国澳门	Macao, China	37481	21757
日本	Japan	157	40
阿拉伯联合酋长国	United Arab Emirates	10	8
印度尼西亚	Indonesia	20	15
泰国	Thailand	36	12
马来西亚	Malaysia	1195	539
印度	India	173	48
新加坡	Singapore	11	102
菲律宾	Philippines	10	7
越南	Vietnam	875	96
缅甸	Burma	11	11
南非	South Africa	109	54
利比里亚	Liberia	49	351
马达加斯加	Madagascar	236	123
刚果(布)	The Republic of Congo	2698	830
塞拉利昂	The Republic of Sierra Leone	7	64
波兰	Poland	97	35
挪威	Norway	1	4
德国	Germany	839	14
比利时	Belgium	1	5
乌克兰	Ukraine	10	7
马耳他	The Republic of Malta	5	62
巴拿马	The Republic of Panama	167	1183
加拿大	Canada	50	6
基里巴斯	The Republic of Kiribati	5	55
帕劳共和国	The Republic of Palau	4	10

15-18 主要年份对外经济合作业务情况

Contracted Projects and Labor Cooperation with Foreign Countries or Territories in Main Years

年份 Year	新签合同数（个） Number of Contracts Newly Signed (unit)	合同额（万美元） Contracted Value (USD 10000)	完成营业额（万美元） Turnover (USD 10000)	派出人数（人次） Persons Sent Abroad (person-times)	年末在外人数（人） Persons Abroad in Year-end (person)
1985	201	189	189	113	113
1990	1005	1887	1072	994	1201
1995	806	6632	5810	1473	2893
2000	4989	10588	7288	684	1833
2001	6317	8186	7487	1088	2247
2002	6577	7837	9115	2390	3378
2003	9089	10737	10919	3237	4080
2004	9728	13047	13247	3530	4456
2005	11815	16490	16237	3556	5001
2006	13611	19691	18093	3784	5011
2007	13615	23174	21365	4503	5962
2008	19872	30362	32037	4844	7912
2009	20457	40527	38827	5187	8142
2010	47416	81878	47187	6685	8970
2011		43928	24765	8795	11790
2012		44553	28856	9867	13770
2013		51373	36696	11282	16617
2014		62866	57141	15292	24368
2015		90214	85491	16117	24375
2016		53840	45606	17887	25014
2017		59285	39262	20493	39496

注：1.2011年开始取消新签合同数统计。
　　2.本表中2017年的数据为对外劳务合作业务数据。

Note: 1.Since 2011, the indicator number of contracts newly signed has been canceled.
　　2.The data of 2017 is about the foreign labour cooperation.

15-19 旅游业总收入、外汇收入情况(2017年)

Total Income from Tourism and Foreign Exchange Earnings (2017)

项目	Item	旅游业总收入（万元） Total Income (10000 yuan)	国内旅游收入 Domestic Travel Income	旅游外汇收入 Foreign Exchange Income	旅游外汇收入（万美元） Foreign Exchange Income (USD 10000)
合计	**Total**	**36142101**	**31878867**	**4263234**	**631422**
商品销售	Commodity Sales	10022205	8948398	1073807	159040
餐饮	Catering Services	5569498	4998606	570892	84554
长途交通	Long Distance Transport	5847792	4800957	1046835	155045
住宿	Accommodation	6939283	6104803	834480	123594
邮电通讯	Post and Telecommunications	97584	63758	33826	5010
市内交通	Local Transport	798740	701335	97405	14427
游览	Tours	2645602	2486552	159050	23557
娱乐	Recreation	1669765	1424985	244780	36254
其他	Others	2551632	2349473	202159	29941

15-20 城市接待过夜旅游者情况
Tourists Staying Overnight in Guangzhou

项　　目	Item	2016	2017
人次数合计　（万人次）	**Total Number of Tourists (10000 person-times)**	**5940.56**	**6275.62**
入境旅游者	Overseas Tourists	861.87	900.48
外国人	Foreigners	329.68	345.74
亚　洲	Asia	163.46	170.31
#日　本	Japan	20.25	20.58
韩　国	Republic of Korea	18.55	17.39
蒙　古	Mongolia	0.18	0.15
印度尼西亚	Indonesia	6.23	6.04
马来西亚	Malaysia	12.67	12.75
菲律宾	Philippines	3.00	3.21
新加坡	Singapore	7.94	8.18
泰　国	Thailand	6.09	6.37
印　度	India	8.90	9.08
越　南	Vietnam	3.86	3.73
沙特阿拉伯	Saudi Arabia	5.08	5.10
欧　洲	Europe	56.90	64.58
#英　国	United Kingdom	5.57	6.38
法　国	France	6.02	6.79
德　国	Germany	4.93	5.68
意大利	Italy	3.99	3.98
瑞　士	Switzerland	0.82	0.76
瑞　典	Sweden	0.89	1.00
荷　兰	Netherlands	2.30	2.31
俄罗斯	Russia	4.76	5.55
西班牙	Spain	2.10	2.37
美　洲	America	40.56	44.04
#美　国	United States	22.34	23.49
加拿大	Canada	4.73	4.90
大洋洲	Oceania	8.43	9.13
#澳大利亚	Australia	6.40	6.55
新西兰	New Zealand	1.10	1.17
非　洲	Africa	60.33	57.68
香港同胞	Compatriots from Hong Kong	421.67	437.17
澳门同胞	Compatriots from Macao	49.55	54.41
台湾同胞	Compatriots from Taiwan	60.97	63.16
境内旅游者	Domestic Tourists	5078.69	5375.14
人天数合计　（万人天）	**Total Number of Tourists and Days (10000 person-days)**	**13630.51**	**14490.74**
入境旅游者	Overseas Tourists	1979.51	2079.17
外国人	Foreigners	831.68	886.62
香港同胞	Compatriots from Hong Kong	886.31	918.93
澳门同胞	Compatriots from Macao	104.26	114.29
台湾同胞	Compatriots from Taiwan	157.26	159.33
境内旅游者	Domestic Tourists	11651.00	12411.57

15-21 主要宾馆(酒店)基本情况
Statistics on Main Hotels

项　　目	Item	2016	2017
企业情况	**Statistics of Enterprises**		
宾馆酒店数　(家)	Number of Hotels　(unit)	337	342
# 星　级	Star-rated	188	180
五星级	Five-star	22	22
四星级	Four-star	37	34
三星级	Three-star	109	105
二星级	Two-star	20	19
一星级	One-star		
客房总数　(间)	Number of Guest Rooms　(unit)	88335	92568
床位总数　(张)	Number of Beds　(unit)	134558	137593
接待情况	**Reception Capacity**		
过夜旅游者　(万人次)	Tourists Staying Overnight　(10000 person-times)	1820.86	1862.53
海外旅游者	Overseas Tourists	239.91	238.65
国内旅游者	Domestic Tourists	1580.94	1623.88
过夜旅游者　(万人天)	Tourists Staying Overnight　(10000 person-days)	2695.04	2695.04
经营情况	**Statistics of Operation**		
营业收入　(万元)	Operating Income　(10000 yuan)	1569538	1604622
营业成本　(万元)	Operating Cost　(10000 yuan)	464103	483280
营业费用　(万元)	Operating Expense　(10000 yuan)	377992	322048
营业税金及附加　(万元)	Operating Taxes and Extra Charges　(10000 yuan)	42035	22554
经营利润　(万元)	Operational Profit　(10000 yuan)	588182	776740
管理费用　(万元)	Management Expense　(10000 yuan)	396667	388561
财务费用　(万元)	Financial Expense　(10000 yuan)	54028	52470
营业利润　(万元)	Operating Profit　(10000 yuan)	137487	193518
投资收益　(万元)	Investment Revenue　(10000 yuan)	10395	10178
营业外收支净额　(万元)	Net Non-operating Income and Expenditure　(10000 yuan)	6240	17878
利润总额　(万元)	Total Profits　(10000 yuan)	151494	203696
年末从业人员　(人)	Employed Person at Year-end　(person)	52051	58012
开房率　(%)	Room Occupancy　(%)	63.83	67.59

15-22 旅行社基本情况
Statistics on Travel Agencies

单位：万元 (10000 yuan)

项　　目	Item	2016	2017
企业情况	**Statistics of Enterprises**		
企业数 （个）	Number of Enterprises (unit)	461	514
年末从业人员 （人）	Employed Persons at Year-end (person)	16096	16203
组团(外联)旅游情况	**Organized (Overseas) Tourism Contracted**		
组团(外联)人数（万人次）	Organized (Overseas) Persons Contracted (10000 person-times)	1092.90	1066.95
入境旅游者	Overseas Tourists	23.37	16.66
国内旅游者	Domestic Tourists	1069.53	1050.29
# 出境游	Local Residents Going Overseas	293.67	287.02
经营情况	**Statistics of Operation**		
营业收入	Operating Income	2801798	2829129
营业成本	Operating Cost	2577662	2600688
营业费用	Operating Expense	127342	112097
营业税金及附加	Operating Taxes and Extra Charges	6286	2581
经营利润	Operational Profit	64398	113763
管理费用	Management Expense	77847	80022
财务费用	Financial Expense	3962	4126
营业利润	Operating Profit	-17411	-2734
营业外收支净额	Net Income of Non-business	704	5339
利润总额	Total Profits	-5692	4261

注：组团(外联)人数包括旅行社外联入境旅游者人数和组团境内旅游者人数，包括过夜人数和不过夜人数，不包括接待人数。

Note: The organized (overseas) persons contracted includes both international and domestic tourists contracted by travel agencies and the data includes tourists staying overnight or not, except reception persons.

15-23 主要年份人民币对主要外币年平均汇价

Average Exchange Rates of RMB Against Main Convertible in Main Years

单位:人民币，元 (RMB/yuan)

年 份 year	100美元 100 US Dollars	100日元 100 Japanese Yen	100港元 100 Hong Kong Dollars	100欧元 100 Euros
1987	372.21	2.5799	47.74	
1988	372.21	2.9082	47.70	
1989	376.59	2.7360	48.28	
1990	478.38	3.3233	61.39	
1991	532.27	3.9602	68.45	
1992	551.49	4.3608	71.24	
1993	576.19	5.2020	74.41	
1994	861.87	8.4370	111.53	
1995	835.07	8.9225	107.96	
1996	830.57	7.6238	107.40	
1997	828.97	6.8623	107.09	
1998	827.90	6.3487	106.88	
1999	827.83	7.2913	106.66	
2000	827.84	7.6950	106.17	
2001	827.71	6.8098	106.07	
2002	827.70	6.6651	106.08	801.45
2003	827.70	7.1347	106.24	937.77
2004	827.70	7.6552	106.23	1029.00
2005	819.17	7.4484	105.00	1019.53
2006	797.18	6.8570	102.62	1001.90
2007	760.40	6.4632	97.46	1041.75
2008	694.51	6.7427	89.19	1022.27
2009	683.25	7.3244	88.15	955.25
2010	678.89	7.7122	87.39	906.86
2011	649.43	8.1309	83.39	902.34
2012	631.71	7.9343	81.43	814.64
2013	621.35	6.4682	80.11	824.47
2014	615.16	5.7456	79.34	803.45
2015	623.71	5.1643	80.46	690.12
2016	664.98	6.1178	85.68	734.12
2017	673.98	6.0254	86.47	766.10

15-24 外商投资企业及分支机构工商登记情况（2017）

Statistics on Foreign Funded Enterprises Registered by Departments of Industry and Commerce(2017)

单位:万美元 (USD 10000)

项　　目	Item	年末户数（个）Number of Enterprises at Year-end (unit)	注册资本 Registered Capital	#外方 Capital from Foreign Partners
总　计	**Total**	**25194**	**10688895**	**7833977**
按国民经济行业分	**By Sector**			
农、林、牧、渔业	Agriculture, Forestry, Animal Husbandry and Fishing	106	104610	80095
采矿业	Mining	5	29	29
制造业	Manufacturing	4111	3293765	2266036
电力、热力、燃气及水生产和供应业	Production and Supply of Electricity,Heat,Gas and Water	62	86033	46423
建筑业	Construction	181	69667	47224
批发和零售业	Wholesale and Retail Trade	9801	575214	505991
交通运输、仓储和邮政业	Transport, Storage and Post	806	237257	160202
住宿和餐饮业	Hotels and Catering Services	1609	90199	84958
信息传输、软件和信息技术服务业	Information Transmission, Software and Information Technology	920	383285	187388
金融业	Financial Intermediation	214	143560	95165
房地产业	Real Estate	1460	2260325	1833720
租赁和商务服务业	Leasing and Business Services	4105	2809752	1983665
科学研究和技术服务业	Scientific Research and Technical Services	1348	408149	329764
水利、环境和公共设施管理业	Management of Water Conservancy,Environment and Public Facilities	21	29862	24758
居民服务、修理和其他服务业	Service to Households, Repair and Other Services	191	9544	8583
教育	Education	35	148	136
卫生和社会工作	Health and Social Service	23	73965	70555
文化、体育和娱乐业	Culture, Sports and Entertainment	196	113531	109285
其他	Others			

注：本表不包括在省工商局注册登记的在穗企业数。

Note: The data in this table exclude the enterprises located in Grangzhou and registered by Guangdong provincial bureau of industry and commerce.

15-25 广州市与国外结成友好城市一览(2017年末)
List of Foreign Friendly Cities with Guangzhou (Year-end of 2017)

国　别	Country	城　市	City	缔结日期（年、月、日）	Date of Signing
日　本	Japan	福　冈	Fukuoka	1979.05.02	May 2,1979
美　国	United States	洛杉矶	Los Angeles	1981.12.08	December 8,1981
菲律宾	Philippines	马尼拉	Manila	1982.11.05	
加拿大	Canada	温哥华	Vancouver	1985.03.27	March 27,1985
澳大利亚	Australia	悉　尼	Sydney	1986.05.12	May 12,1986
意大利	Italy	巴　里	Bari	1986.11.12	November 12,1986
法　国	France	里　昂	Lyon	1988.01.19	January 19,1988
德　国	Germany	法兰克福	Frankfurt	1988.04.11	April 11,1988
新西兰	New Zealand	奥克兰	Auckland	1989.02.17	February 17,1989
韩　国	Republic of Korea	光　州	Gwangju	1996.10.25	October 25,1996
瑞　典	Sweden	林雪平	Linkoping	1997.11.24	November 24,1997
南　非	South Africa	德　班	Durban	2000.07.17	July 17,2000
英　国	United Kingdom	布里斯托尔	Bristol	2001.05.23	May 23,2001
俄罗斯	Russia	叶卡捷琳堡	Ekaterinburg	2002.07.10	July 10,2002
秘　鲁	Peru	阿雷基帕	Arequipa	2004.10.27	October 27,2004
印度尼西亚	Indonesia	泗　水	Surabaya	2005.12.21	December 21,2005
立陶宛	Litawen	维尔纽斯	Vilnius	2006.10.12	October 12,2006
英　国	United Kingdom	伯明翰	Birmingham	2006.12.04	December 4,2006
斯里兰卡	Sri lanka	汉班托塔	Hambantota	2007.02.27	February 27,2007
巴　西	Brazil	累西腓	Recife	2007.10.22	October 22,2007
芬　兰	Finland	坦佩雷	Tampere	2008.12.02	December 2,2008
泰　国	Thailand	曼　谷	Bangkok	2009.11.13	November 13,2009
阿根廷	Agentine Republic	布宜诺斯艾利斯	Buenos Aires	2012.04.16	April 16,2012
阿联酋	United Arab Emirates	迪　拜	Dubai	2012.04.18	April 18,2012
科威特	State of Kuwait	科威特城	Kuwait City	2012.04.25	April 25,2012
俄罗斯	Russian Federation	喀　山	Kazan	2012.07.06	July 6,2012
土耳其	Republic of Turkey	伊斯坦布尔	Istanbul	2012.07.18	July 18,2012
津巴布韦	Repulic of Zimbabwe	哈拉雷	Harare	2012.09.03	September 3,2012
哥斯达黎加	Republic of Costa Rica	圣何塞	San Jose	2012.09.11	September 11,2012
日　本	Japan	登　别	Noboribetsu	2012.11.15	November 15,2012
西班牙	Kingdom of Spain	巴伦西亚	Valencia	2012.12.29	December 29,2012
摩洛哥	Kingdom of Morocco	拉巴特	Rabat	2013.10.03	October 3,2013
波　兰	The Republic Of Poland	罗　兹	Lodz	2014.08.20	August 20,2014
印　度	India	艾哈迈达巴德	Ahmedabad	2014.09.17	September 17,2014
尼泊尔	Federal Democratic Republic of Nepal	博克拉	Pokhara	2014.11.29	November 29,2014
厄瓜多尔	The Republic of Ecuador	基　多	Quito	2014.11.29	November 29,2014
智　利	Chile	圣地亚哥	San Diego	2017.06.20	June 20,2017

15-26 各国驻广州总领事馆一览(2017年末)
List of Consulate General in Guangzhou (Year-end of 2017)

馆务	Consulates	设立时间 Date of Setting up	领区范围	Consular Region
美国	United States	1979.08.31	广东、广西、福建、海南	Guangdong Guangxi Fujian Hainan
日本	Japan	1980.03.01	广东、广西、福建、海南	Guangdong Guangxi Fujian Hainan
泰国	Thailand	1989.02.12	广东、海南	Guangdong Hainan
波兰	Poland	1989.07.22	广东、广西、海南	Guangdong Guangxi Hainan
澳大利亚	Australia	1992.12.09	广东、广西、福建、海南、湖南、云南	Guangdong Guangxi Fujian Hainan Hunan Yunnan
越南	Viet Nam	1993.01.18	广东	Guangdong (Interim)
马来西亚	Malaysia	1993.10.24	广东、福建、海南、江西、湖南	Guangdong Fujian Hainan Jiangxi Hunan
德国	Germany	1995.11.07	广东、广西、福建、海南	Guangdong Guangxi Fujian Hainan
英国	United Kingdom	1997.01.14	广东、广西、湖南、福建、海南、江西	Guangdong Guangxi Hunan Fujian Hainan Jiangxi
法国	France	1997.04.24	广东、广西、福建、海南	Guangdong Guangxi Fujian Hainan
菲律宾	Philippines	1997.05.23	广东、广西、湖南、海南	Guangdong Guangxi Hunan Hainan
荷兰	Netherlands	1997.09.15	广东、广西、福建、海南	Guangdong Guangxi Fujian Hainan
加拿大	Canada	1997.11.20	广东、广西、福建、海南、湖南、江西	Guangdong Guangxi Fujian Hainan Hunan Jiangxi
柬埔寨	Cambodia	1998.07.01	广东、福建、海南	Guangdong Fujian Hainan
丹麦	Denmark	1998.09.23	广东、广西、福建、海南	Guangdong Guangxi Fujian Hainan
意大利	Italy	1998.11.04	广东、广西、福建、海南、湖南、江西	Guangdong Guangxi Fujian Hainan Hunan Jiangxi
韩国	Republic of Korea	2001.08.28	广东、广西、福建、海南	Guangdong Guangxi Fujian Hainan
印度尼西亚	Indonesia	2002.12.12	广东、广西、福建、海南	Guangdong Guangxi Fujian Hainan
瑞士	Switzerland	2005.10.10	广东、广西、福建、海南、湖南、江西	Guangdong Guangxi Fujian Hainan Hunan Jiangxi
比利时	belgium	2005.12.10	广东、福建、海南、云南、广西	Guangdong Fujian Hainan Yunnan Guangxi
新加坡	Singapore	2006.04.13	广东、海南、湖南、广西、云南、贵州	Guangdong Hainan Hunan Guangxi Yunnan Guizhou
古巴	Cuba	2006.11.08	广东、广西、海南	Guangdong Guangxi Hainan
俄罗斯	Russia	2007.04.05	广东、福建、海南、云南、江西、广西	Guangdong Fujian Hainan Yunnan Jiangxi Guangxi
新西兰	New Zealand	2007.04.26	广东、广西、湖南、福建、海南	Guangdong Guangxi Hunan Fujian Hainan
希腊	Greece	2007.05.15	广东、福建、海南、广西、湖南、云南、贵州	Guangdong Fujian Hainan Guangxi Hunan Yunnan Guizhou
印度	India	2007.10.18	广东、福建、湖南、海南、云南、四川、广西	Guangdong Fujian Hunan Hainan Yunnan Sichuan Guangxi
奥地利	Austria	2007.11.25	广东、海南、湖南、云南、贵州、广西	Guangdong Hainan Hunan Yunnan Guizhou Guangxi

注：瑞典总领事馆2009年已撤馆，墨西哥领事馆已于2008年升级为总领事馆。

Note: The Consulate General of Sweden in Guangzhou was withdrawn in 2009. And the Mexican Consulate has upgraded to the Consulate General of Mexico since 2008.

15-26 续表 conitnued

馆 务	Consulates	设立时间 Date of Setting up	领区范围	Consular Region
挪 威	Norway	2008.02.18	广东、福建、海南、广西	Guangdong Fujian Hainan Guangxi
科威特	Kuwait	2008.02.21	广东、福建、海南、广西	Guangdong Fujian Hainan Guangxi
墨西哥	Mexico	2008.04.25	广东、海南、福建、湖南、江西、广西	Guangdong Hainan Fujian Hunan Jiangxi Guangxi
巴基斯坦	Pakistan	2008.06.27	广东、福建、湖南、海南、广西	Guangdong Fujian Hunan Hainan Guangxi
以色列	Israel	2009.03.22	广东、福建、海南、广西	Guangdong Fujian Hainan Guangxi
西班牙	Spain	2009.06.14	广东、福建、湖南、广西、海南、贵州、云南	Guangdong Fujian Hunan Guangxi Hainan Guizhou Yunnan
埃塞俄比亚	Ethiopia	2009.06.14	广东、湖南、福建、江西、海南、广西	Guangdong Hunan Fujian Jiangxi Hainan Guangxi
阿根廷	Argentina	2009.07.21	广东、福建、海南、广西	Guangdong Fujian Hainan Guangxi
厄瓜多尔	Ecuador	2009.09.08	广东	Guangdong
巴 西	Brazil	2010.04.15	广东、海南、广西、福建、湖南、贵州、云南	Guangdong Hainan Guangxi Fujian Hunan Guizhou Yunnan
智 利	Chile	2010.12.29	广东、海南、广西、福建	Guangdong Hainan Guangxi Fujian
马 里	Mali	2011.07.18	广东、福建、海南、广西	Guangdong Fujian Hainan Guangxi
乌干达	Uganda	2011.08.15	广东、福建、海南、广西	Guangdong Fujian Hainan Guangxi
伊 朗	Iran	2011.12.23	广东、福建、湖南、广西	Guangdong Fujian Hunan Guangxi
土耳其	Turkey	2012.01.12	广东、福建、海南、广西	Guangdong Fujian Hainan Guangxi
斯里兰卡	Sri Lanka	2012.03.27	广东、福建、海南、广西、江西	Guangdong Fujian Hainan Guangxi Jiangxi
乌克兰	Ukraine	2012.05.30	广东、贵州、海南、湖南、广西	Guangdong Guizhou Hainan Hunan Guangxi
老 挝	Lao	2013.09.23	广东、海南、江西、福建	Guangdong Hainan Jiangxi Fujian
秘 鲁	Peru	2013.10.02	广东、广西、贵州、海南、云南、湖南	Guangdong Guangxi Guizhou Hainan Yunnan Hunan
吉尔吉斯斯坦	Kyrgyzstan	2014.04.08	广东、福建、江西、湖南、海南、广西	Guangdong Fujian Jiangxi Hunan Hainan Guangxi
尼日利亚	Nigeria	2014.07.09	广东、广西、海南	Guangdong Guangxi Hainan
科特迪瓦	Cote d Ivoire	2014.07.12	广东、福建、海南、江西、广西	Guangdong Fujian Hainan Jiangxi Guangxi
刚 果	Coga	2014.08.15	广东、海南、福建、广西	Guangdong Hainan Fujian Guangxi
哥伦比亚	Colombia	2014.12.12	广东、广西、贵州、云南、海南	Guangdong Guangxi Guizhou Yunnan Hainan
安哥拉	Angola	2015.11.06	广东、福建、海南、广西	Guangdong Fujian Hainan Guangxi
卡塔尔	Qatar	2015.11.10	广东、广西、福建、海南	Guangdong Guangxi Fujian Hainan
阿联酋	Emirates	2016.06.15	广东、广西、海南	Guangdong Guangxi Hainan
赞比亚	Zambia	2016.06.28	广东、福建、海南、广西	Guangdong Fujian Hainan Guangxi
沙特阿拉伯	Saudi Arab	2017.01.01	广东、福建、广西、海南	Guangdong Fujian Guangxi Hainan
塞内加尔	Senegal	2017.03.06	广东、广西、福建、海南	Guangdong Guangxi Fujian Hainan
尼泊尔	Nepal	2017.04.25	广东、广西、福建、海南	Guangdong Guangxi Fujian Hainan
苏 丹	Sudan	2017.05.15	广东、江西、福建、湖南、贵州、海南、浙江、广西	Guangdong Jiangxi Fujian Hunan Guizhou Hainan Zhejiang Guangxi
葡萄牙	Portugal	2017.07.17	广东、海南、福建、广西	Guangdong Hainan Fujian Guangxi
白俄罗斯	Belarus	2017.12.28	广东、福建、湖南、贵州、海南、广西	Guangdong Fujian Hunan Guizhou Hainan Guangxi

【外商直接投资】 是指外国投资者在我国境内通过设立外商投资企业、合伙企业、与中方投资者共同进行石油资源的合作勘探开发以及设立外国公司分支机构等方式进行投资。外国投资者可以用现金、实物、无形资产、股权等投资，还可以用从外商投资企业获得的利润进行再投资。

【对外劳务合作】 指组织劳务人员赴其他国家或地区为国外的企业或机构工作的经营性活动。

【国际旅游（外汇）收入】 指入境游客在中国（大陆）境内旅行、游览过程中用于交通、参观游览、住宿、餐饮、购物、娱乐等全部花费。

【国内旅游收入（旅游总花费）】 指国内游客在国内旅行、游览过程中用于交通、参观游览、住宿、餐饮、购物、娱乐等全部花费。

【Foreign Direct Investment】 refers to foreign investment in China through the establishment of foreign invested enterprises, cooperative exploration and development of petroleum resources with domestic investors and the establishment of branch organizations of foreign enterprises. Foreign investment can be made in forms of cash, physical investment, intangible assets and equity, in addition with reinvestment of the foreign enterprises with the profits gained from the investment.

【Overseas Labour Services】 refer to operational activities of organizing labour force to go abroad providing services to foreign enterprises or agencies.

【Foreign Exchange Earnings from International Tourism】 refer to the total expenditure of foreigners, overseas Chinese, Chinese compatriots from Hong Kong, Macao and Taiwan during their stay in the mainland of China on transportation, sighting, accommodation, food, shopping and entertainment.

【Income from Domestic Tourism】 refer to expenditure of domestic tourists on transportation, sighting, accommodation, food, shopping and entertainment while they travel.

第十六篇 CHAPTER 16

规模以上服务业

SERVICE ENTERPRISES ABOVE THE THE DESIGNATED SIZE

第十六篇　规模以上服务业

一、本篇资料反映广州市规模以上服务业基本情况。

二、统计范围：辖区内规模以上服务业法人单位。

三、规模以上服务业涉及行业包括：交通运输、仓储和邮政业，信息传输、软件和信息技术服务业，租赁和商务服务业，科学研究和技术服务业，水利、环境和公共设施管理业，居民服务、修理和其他服务业，教育，卫生和社会工作，文化、体育和娱乐业；以及房地产业中除房地产开发经营外等行业。

四、规模以上服务业法人单位的介定标准为：居民服务、修理和其他服务业，文化、体育和娱乐业年营业收入合计大于等于500万或从业人数大于等于50人的法人单位，上述其他行业年营业收入合计大于等于1000万或从业人数大于等于50人的法人单位。

五、调查方法：执行国家统计局制定的《规模以上服务业一套表制度》，调查方法为符合上述行业条件法人单位的全面调查。

六、本篇资料由广州市统计局服务业处整理提供。

16 Service Enterprises Above Designated Size

I.This data in this chapter reflect the basic information of some service enterprises above designated size of Guangzhou.

II. The statistical coverage of service enterprises above designated size includes relative sectors enterprises in every district in Guangzhou Municipality.

III. The sectors of service enterprises above designated size includes: Transport Storage and Postal Services Information Transmission Software and Information Technology Services Leasing and Business Services Scientific Research and Technical Services Management of Water Conservancy,Environment and Public Facilities Households' Service,Repair and Other Services Education Health and Social Work Culture,Sports and Entertainment and Real Estate (Not including Real Estate Development and Management).

IV. The service enterprises above designated size refer to the enterprises with over 50 employees by the end of the year or with annual business revenue of over 5 million yuan, of sectors including households' service, repair and other services, culture, sports and entertainment services. Besides, it covers services sectors as above III involved with over 50 employees by the end of the year or with annual business revenue of over 10 million yuan.

V. Survey method:implement the "a set of table system for Service Enterprises Above Designated Size" formulated by the National Bureau of Statistics, and is a comprehensive survey of legal entities meeting the above IV conditions..

VI. The data in this chapter are prepared and edited by the Division of Service Statistics of Guangzhou Statistics Bureau.

16-1 规模以上服务业企业主要财务指标

Main Financial Indicators of Service Enterprises above the Designated Size

单位：万元 (10000 yuan)

项　　目	Item	2017	2017年比2016年增长(%) Growth Rate in 2017 Over 2016(%)
一、年初存货	Inventory at the Year-beginning	6098125	-1.9
二、期末资产负债	Closing Balance		
流动资产合计	Total Working Capitals at ehd Year-end	143045602	13.4
本年折旧	Depreciation Drawn in Current Year	6113342	11.8
资产总计	Total Assets	470361819	12.6
应付账款	Total Liabilities	15996740	8.2
负债合计	Total Liabilities	217344049	14.1
所有者权益合计	Total Creditors'Equity	253324544	11.3
三、损益及分配	Profits and Loss		
营业收入	Business Revenue	98260031	16.8
其中：主营业务收入	Main Business Revenue	92756019	14.8
营业成本	Business Costs	74051959	17.4
其中：主营业务成本	Main Business Costs	69780269	16.4
税金及附加	Tax and Extra Charges on Business	752423	7.8
其中：主营业务税金及附加	Tax and Extra Charges on Main Business	667076	2.0
销售费用	Sales Expenses	5649368	12.2
管理费用	Management Expenses	10838863	12.8
财务费用	Financial Expenses	3203977	-4.3
投资收益(损失以“-”号记)	Investment Income(loss with “-”mark)	6581549	15.7
营业利润	Business Profits	10838079	36.2
利润总额	Total Profits	12369737	15.7
所得税费用	Income Taxes Payable	2312946	30.6
四、成本费用及增值税	Labor Cost and Value-added Tax		
研发、试验检验费	Testing Expenditure on Research and Development	1311487	32.0
应付职工薪酬(本年贷方累计发生额)	Total Wages Payable(Credit Accumulated Amount in this year)	20178986	24.0
其中：社会保险和住房公积金	Social insurance and Housing Fund	2044974	23.8
应交增值税	Value-added Tax Payable	2471997	20.7
五、平均用工人数(人)	Average number of employed persons(person)	1636729	5.5

注：增长速度按可比口径计算，下同。
Note: The growdth rates are callculated on comparable coverage.

16-2 规模以上服务业企业主要财务指标(2017年，按行业分)

单位：万元

项目	Item	企业单位数(个) Number of Enterprises (unit)
合 计	**Total**	**7414**
按行业分	**Grouped by Sector**	
交通运输、仓储和邮政业	Transport, Storage and Postal Services	1023
铁路运输业	Railway Transport Service	7
道路运输业	Road Transport Services	396
水上运输业	Waterway Transport Service	68
航空运输业	Air Transport Service	9
装卸搬运和运输代理业	Handling and Transportation Agency	432
仓储业	Warehousing Service	83
邮政业	Postal Service	28
信息传输、软件和信息技术服务业	Information Transmission, Software and Information Technology Services	1299
电信、广播电视和卫星传输服务	Telecommunications, Broadcasting Television and Satellite Transmission Services	40
互联网和相关服务	Internet and Related Services	77
软件和信息技术服务业	Software and Information Technology Services	1182
房地产业(不含房地产开发)	Real Estate (Not including Real Estate Development and Management)	987
租赁和商务服务业	Leasing and Business Services	2249
租赁业	Leasing	113
商务服务业	BusinessServices	2136
科学研究和技术服务业	Scientific Research and Technical Services	907
研究和试验发展	Research and Experimental Development	184
专业技术服务业	Professional Technical Services	619
科技推广和应用服务业	Services of Science and Technology Exchanges and Promotion	104
水利、环境和公共设施管理业	Management of Water Conservancy,Environment and Public Facilities	78
水利管理业	Management of Water Conservancy	2
生态保护和环境治理业	Ecological Protection and Environmental Treatment	22
公共设施管理业	Management of Public Facilities	54
居民服务、修理和其他服务业	Households' service,Repair and Other Services	277
居民服务业	Services to Households	58
机动车、电子产品和日用产品修理业	Motor Vehicle,Electronic Products and Consumer Productsrepair	112
其他服务业	Other Services	107
教育	Education	214
卫生和社会工作	Health and Social Work	100
卫生	Health	89
社会工作	SocialWork	11
文化、体育和娱乐业	Culture,Sports and Entertainment	280
新闻和出版业	News and Publication	57
广播、电视、电影和影视录音制作业	Production of Radio,Television,Film and Video Recording	95
文化艺术业	CultureandArts	49
体育	Sports	38
娱乐业	Entertainment	41

Main Financial Indicators of Service Enterprises above the Designated Size (2017,by Sector)

(10000 yuan)

资产总计 Total Assets	本年折旧 Depreciation Drawn in Current Year	营业收入 Business Revenue	营业成本 Business Costs	营业税金及附加 Tax and Extra Charges on Business	销售费用 Selling Expenses	管理费用 Management Expenses
470361819	**6113342**	**98260031**	**74051959**	**752423**	**5649368**	**10838863**
193421159	4057241	36515460	31820442	145516	781366	1850216
73794839	1251907	8905125	8235741	28723	15910	316934
68967631	1389301	6624183	5251847	53213	70697	485029
23536572	497880	4162234	3349210	18559	30003	344158
20024312	797595	9783456	8381693	19055	501273	277255
3655584	57305	4284544	3897443	11389	78862	217413
1978358	46946	629096	465455	7559	42597	86768
1463863	16307	2126822	2239053	7018	42024	122659
45364005	1011905	22447567	14900198	138746	2358818	3254519
23472420	793673	4630258	3852401	24105	566268	468813
2338806	50916	2332072	1205875	9965	281495	593230
19552779	167316	15485237	9841922	104676	1511055	2192476
23125975	144115	4961714	2609530	108618	427527	1093942
177863830	522726	20228464	14806859	187208	1236245	2510651
10383747	52755	877731	547478	5091	29451	97978
167480083	469971	19350733	14259381	182117	1206794	2412673
14365911	175854	8222823	5953580	47580	332512	1265357
3655494	56835	1546612	1027957	9884	135237	253498
8485015	78466	6087845	4556808	34265	168467	865329
2225402	40553	588366	368815	3431	28808	146530
7903038	69734	1148985	684117	92123	14877	102234
38547	142	27130	18820	94	307	2151
5757405	9025	184625	124838	993	7437	27141
2107086	60567	937230	540459	91036	7133	72942
575606	9526	754355	526346	4769	83060	127660
241925	4460	182397	107070	917	27652	33712
193854	1949	303156	225541	1859	37690	48265
139827	3117	268802	193735	1993	17718	45683
1613021	41695	988325	596047	3698	64161	243568
742308	26034	794645	493576	562	127983	137243
709964	25074	767693	482351	562	123149	129691
32344	960	26952	11225		4834	7552
5386966	54512	2197693	1661264	23603	222819	253473
1921086	14489	590259	443329	7591	59963	78799
747269	8781	767217	606076	5615	53452	66666
204720	3142	151062	116094	805	10779	31401
377968	4682	214777	271858	4095	25772	26855
2135923	23418	474378	223907	5497	72853	49752

16-2 续表

单位：万元

项　　目	Item	财务费用 Financial Expenses
合　计	**Total**	**3203977**
按行业分	Grouped by Sector	
交通运输、仓储和邮政业	Transport, Storage and Postal Services	1839486
铁路运输业	Railway Transport Service	749750
道路运输业	Road Transport Services	639559
水上运输业	Waterway Transport Service	321604
航空运输业	Air Transport Service	91587
装卸搬运和运输代理业	Handling and Transportation Agency	20070
仓储业	Warehousing Service	13313
邮政业	Postal Service	3603
信息传输、软件和信息技术服务业	Information Transmission, Software and Information Technology Services	-166350
电信、广播电视和卫星传输服务	Telecommunications, Broadcasting Television and Satellite Transmission Services	-157885
互联网和相关服务	Internet and Related Services	-3014
软件和信息技术服务业	Software and Information Technology Services	-5451
房地产业(不含房地产开发)	Real Estate (Not including Real Estate Development and Management)	175996
租赁和商务服务业	Leasing and Business Services	1238722
租赁业	Leasing	76832
商务服务业	BusinessServices	1161890
科学研究和技术服务业	Scientific Research and Technical Services	58945
研究和试验发展	Research and Experimental Development	11130
专业技术服务业	Professional Technical Services	26729
科技推广和应用服务业	Services of Science and Technology Exchanges and Promotion	21086
水利、环境和公共设施管理业	Management of Water Conservancy,Environment and Public Facilities	6734
水利管理业	Management of Water Conservancy	359
生态保护和环境治理业	Ecological Protection and Environmental Treatment	-1717
公共设施管理业	Management of Public Facilities	8092
居民服务、修理和其他服务业	Households' service,Repair and Other Services	1900
居民服务业	Services to Households	1097
机动车、电子产品和日用产品修理业	Motor Vehicle,Electronic Products and Consumer Productsrepair	564
其他服务业	Other Services	239
教育	Education	6852
卫生和社会工作	Health and Social Work	4727
卫生	Health	4580
社会工作	SocialWork	147
文化、体育和娱乐业	Culture,Sports and Entertainment	36965
新闻和出版业	News and Publication	-2131
广播、电视、电影和影视录音制作业	Production of Radio,Television,Film and Video Recording	671
文化艺术业	CultureandArts	-22
体育	Sports	-826
娱乐业	Entertainment	39273

continued

(10000 yuan)

营业利润 Business Profits	利润总额 Total Profits	所得税费用 Income Tax Expenses	应付职工薪酬 Total Wages Payable	应交增值税 Value-added Tax Payable	平均用工人数（人） Average Number of Employed Persons (person)
10838079	**12369737**	**2312946**	**20178986**	**2471997**	**1636729**
1228203	2081336	578831	7915111	889972	527410
-530062	-456301	31445	2757831	412846	179184
870323	1263022	215373	1498721	156034	144401
318801	451518	68777	643252	18421	32106
732146	839284	185828	2148291	198629	87785
105857	109221	24891	359153	39798	36792
18488	160574	41485	88478	13589	8747
-287350	-285982	11032	419385	50655	38395
3233323	3216565	764009	4013436	593477	241915
758567	743530	384617	840537	135945	35672
243919	123285	59406	331178	69765	17609
2230837	2349750	319986	2841721	387767	188634
715178	851625	224339	1412663	197768	195041
4458346	4866440	467222	3436663	420744	386686
114144	128324	35331	100598	3320	9326
4344202	4738116	431891	3336065	417424	377360
664738	729614	130150	1860767	230273	127933
165297	187224	28873	299451	38710	20119
450121	478767	90804	1453802	176700	99657
49320	63623	10473	107514	14863	8157
363496	368269	80293	114816	44356	12532
5399	6047	924	1239	499	103
28704	31628	6214	25503	5724	1930
329393	330594	73155	88074	38133	10499
13433	13946	8040	256147	28385	49408
13762	13193	2686	44128	4519	6390
-10006	-9088	3029	62313	13808	7601
9677	9841	2325	149706	10058	35417
77363	84014	12901	372596	13704	37761
39304	41706	9982	242668	1454	23093
36111	37886	8937	231792	962	21237
3193	3820	1045	10876	492	1856
44695	116222	37179	554119	51864	34950
31124	42686	724	160531	16838	9944
38957	48154	7053	69051	11881	6273
-6310	9005	1851	29137	3574	2588
-112681	-69609	4450	203130	6825	4215
93605	85986	23101	92270	12746	11930

16-3　规模以上服务业企业主要财务指标(2017年，按地区分)

单位：万元

地区	District	企业单位数(个) Number of Enterprises (unit)	资产总计 Total Assets	本年折旧 Depreciation Drawn in Current Year	营业收入 Business Revenue	营业成本 Business Costs	营业税金及附加 Tax and Extra Charges on Business	销售费用 Selling Expenses
合　计	**Total**	**7414**	**470361819**	**6113342**	**98260031**	**74051959**	**752423**	**5649368**
按地区分	**By District**							
荔湾区	Liwan	244	6242702	76691	2112381	1304066	15232	134575
越秀区	Yuexiu	1655	164514550	1941212	26272660	21825079	171533	1059258
海珠区	Haizhu	1182	68588604	372726	6355298	4368664	80735	388388
天河区	Tianhe	1759	129554456	1871560	28116674	20414982	184407	2165648
白云区	Baiyun	745	35487985	1007083	14853430	11988554	61968	782946
黄埔区	Huangpu	763	20501332	221298	8445663	5325161	165768	644935
番禺区	Panyu	488	12140199	124265	4613998	2995874	34989	292018
花都区	Huadu	152	1983641	49995	1189341	941685	5454	36264
南沙区	Nansha	206	29159622	402718	5442482	4312827	24117	95344
从化区	Conghua	70	479494	9415	346711	259510	1972	12413
增城区	Zengcheng	150	1709234	36379	511393	315557	6248	37579

Main Financial Indicators of Service Enterprises above the Designated Size (2017,by Region)

(10000 yuan)

管理费用 Management Expenses	财务费用 Financial Expenses	营业利润 Business Profits	利润总额 Total Profits	所得税费用 Income Tax Expenses	应付职工薪酬 Total Wages Payable	应交增值税 Value-added Tax Payable	平均用工人数(人) Average Number of Employed Persons (person)
10838863	**3203977**	**10838079**	**12369737**	**2312946**	**20178986**	**2471997**	**1636729**
497529	31764	223433	244099	40231	457054	53361	39819
2321509	1336489	1575299	2246952	413851	6044506	773721	468422
1000916	447742	628602	1010264	233414	1773283	167034	188907
3837780	651620	3913406	3897149	738999	5500967	771518	404295
971595	182270	1348479	1490956	312353	3225200	310037	209655
947415	53097	1806244	1941159	340512	1356370	175274	134295
566241	77338	724331	755907	117458	788430	139009	94337
132399	14108	123078	145867	26644	232422	20372	25205
397222	383616	458532	586932	81330	585072	43021	43197
55478	7019	12312	16519	2906	80726	7424	11249
110779	18914	24363	33933	5248	134956	11226	17348

16-4 规模以上服务业企业主要财务指标(2017年，按登记注册类型分)

单位：万元

项 目	Item	企业单位数（个）Number of Enterprises (unit)
合 计	**Total**	**7414**
按登记注册类型分	**Grouped by Registration Status**	
内资企业	Domestic Funded	6723
国有企业	State-owned	215
集体企业	Collective-owned	352
股份合作企业	Cooperative	25
联营企业	Joint Ownership Enterprises	9
国有联营企业	State Joint Ownership Enterprises	5
集体联营企业	Collective Joint Ownership Enterprises	1
其他联营企业	Joint State-collective Enterprises	3
有限责任公司	Limited Liability Corporations	2353
国有独资公司	State Sole Funded Corporations	293
其他有限责任公司	Other Limited Liability Corporations	2060
股份有限公司	Share-holding Corporations Ltd.	222
私营企业	Private Enterprises	3300
私营独资企业	Private-funded Enterprises	20
私营合伙企业	Private Partnership Enterprises	91
私营有限责任公司	Private Limited Liability Corporations	3060
私营股份有限公司	Private Share Holding Corporations	129
其他企业	Others	247
港、澳、台商投资企业	Enterprises with Funds from Hong Kong, Macao and Taiwan Investors	414
与港澳台商合资经营企业	Joint-venture Enterprises	98
与港澳台商合作经营企业	Cooperative Enterprises	43
港澳台商独资经营企业	Enterprises with Sole Funds	260
港澳台商投资股份有限公司	Share-holding Corporations Ltd.	6
其他港澳台投资企业	Other Enterprises with Funds from Hong Kong, Macao and Taiwan	7
外商投资企业	Foreign Funded Enterprises	277
中外合资经营企业	Joint-venture Enterprises	95
中外合作经营企业	Cooperative Enterprises	15
外资企业	Enterprises with Sole Foreign Funds	147
外商投资股份有限公司	Share-holding Corporations Ltd.	8
其他外商投资企业	Other Foreign Funded Enterprises	12

Main Financial Indicators of Service Enterprises above the Designated Size (2017,by Registration Status)

(10000 yuan)

资产总计 Total Assets	本年折旧 Depreciation Drawn in Current Year	营业收入 Business Revenue	营业成本 Business Costs	营业税金及附加 Tax and Extra Charges on Business	销售费用 Selling Expenses	管理费用 Management Expenses
470361819	**6113342**	**98260031**	**74051959**	**752423**	**5649368**	**10838863**
433119430	5330435	86039367	67675896	535795	4472782	9218043
66741582	1159072	11421248	10366953	65732	166902	825984
3387087	50021	765728	310412	23830	23489	199893
199561	2601	75875	50700	1421	3941	16209
151707	3871	35628	8947	1757	5059	14238
74643	2594	23803	4755	1297	2373	9779
1940	11	1971	1307	12		571
75124	1266	9854	2885	448	2686	3888
263706096	2077251	35488366	26930029	276767	1929255	3923784
159543873	705085	8886694	7384004	110498	194767	973284
104162223	1372166	26601672	19546025	166269	1734488	2950500
64900348	1703151	17338267	14894609	64727	970419	1137330
32035981	279400	19867694	14512570	97645	1328496	2792178
11591	569	26074	16756	359	2675	5799
3466880	4755	434264	118091	2730	47956	200681
26163025	252665	18033769	13524055	87797	1185339	2357785
2394485	21411	1373587	853668	6759	92526	227913
1997068	55068	1046561	601676	3916	45221	308427
19771508	417540	7296734	3607396	80545	811257	955406
5818454	49987	1105361	773208	7269	87572	146108
4165848	288900	1716731	687554	10839	138471	107138
7972637	72130	3157204	1755595	21798	378955	626582
1747598	6150	1259679	367284	40115	202370	60723
66971	373	57759	23755	524	3889	14855
17470881	365367	4923930	2768667	136083	365329	665414
10574074	251831	2084675	1209675	110035	136547	170179
1290471	29959	537618	195280	2973	87765	32251
5224130	77374	2189642	1274862	21573	132906	451809
72902	107	14848	4693	330	6949	3170
309304	6096	97147	84157	1172	1162	8005

16-4 续表

单位：万元

项　　目	Item	财务费用 Financial Expenses
合　计	**Total**	**3203977**
按登记注册类型分	**Grouped by Registration Status**	
内资企业	Domestic Funded	2887916
国有企业	State-owned	496694
集体企业	Collective-owned	-279
股份合作企业	Cooperative	238
联营企业	Joint Ownership Enterprises	469
国有联营企业	State Joint Ownership Enterprises	444
集体联营企业	Collective Joint Ownership Enterprises	-8
其他联营企业	Joint State-collective Enterprises	33
有限责任公司	Limited Liability Corporations	2064904
国有独资公司	State Sole Funded Corporations	1319946
其他有限责任公司	Other Limited Liability Corporations	744958
股份有限公司	Share-holding Corporations Ltd.	84206
私营企业	Private Enterprises	236030
私营独资企业	Private-funded Enterprises	10
私营合伙企业	Private Partnership Enterprises	-1286
私营有限责任公司	Private Limited Liability Corporations	229709
私营股份有限公司	Private Share Holding Corporations	7597
其他企业	Others	5654
港、澳、台商投资企业	Enterprises with Funds from Hong Kong, Macao and Taiwan Investors	89870
与港澳台商合资经营企业	Joint-venture Enterprises	37032
与港澳台商合作经营企业	Cooperative Enterprises	59307
港澳台商独资经营企业	Enterprises with Sole Funds	12087
港澳台商投资股份有限公司	Share-holding Corporations Ltd.	-18820
其他港澳台投资企业	Other Enterprises with Funds from Hong Kong, Macao and Taiwan	264
外商投资企业	Foreign Funded Enterprises	226191
中外合资经营企业	Joint-venture Enterprises	135503
中外合作经营企业	Cooperative Enterprises	22215
外资企业	Enterprises with Sole Foreign Funds	64247
外商投资股份有限公司	Share-holding Corporations Ltd.	1263
其他外商投资企业	Other Foreign Funded Enterprises	2963

continued

(10000 yuan)

营业利润 Business Profits	利润总额 Total Profits	所得税费用 Income Tax Expenses	应付职工薪酬 Total Wages Payable	应交增值税 Value-added Tax Payable	平均用工人数（人） Average Number of Employed Persons (person)
10838079	**12369737**	**2312946**	**20178986**	**2471997**	**1636729**
7786439	9207814	1756623	17574905	2135056	1450416
226053	315789	108519	3624776	463804	238053
217693	221432	19024	149639	26096	32872
5119	5297	989	11676	1458	1558
5373	5496	1865	8796	1649	991
5371	5615	1584	6819	1137	690
88	75	74	831	97	102
-86	-194	207	1146	415	199
3619076	4633672	1003552	6574368	836265	536776
1271837	1946132	271998	1731130	149341	104800
2347239	2687540	731554	4843238	686924	431976
2360221	2565063	395836	3729536	316999	185870
1259350	1361640	216205	3117466	481108	419031
-794	-769	134	4705	531	896
163640	164154	17494	79523	23507	9651
850793	930559	172139	2746025	411687	381703
245711	267696	26438	287213	45383	26781
93554	99425	10633	358648	7677	35265
1907094	1987170	336800	1464281	227860	93715
58268	126684	31907	266426	27085	23373
700270	699869	107270	191203	79840	13345
401789	416333	67314	882517	117164	46449
732436	730994	127312	110978	2522	9181
14331	13290	2997	13157	1249	1367
1144546	1174753	219523	1139800	109081	92598
541926	550916	113276	373333	47135	43632
197206	205189	51423	74493	16986	7030
398664	411330	53751	682678	43516	41156
-1568	-1343	170	3320	210	265
8318	8661	903	5976	1234	515

16-5 规模以上服务业企业主要财务指标(2017年，按控股情况分)

单位：万元

项目	Item	合计 Total
按控股情况分	**Group by Type of Ownership**	
单位数(个)	Number of Enterprises(unit)	7414
一、年初存货	Inventory at the Year-beginning	6098125
二、期末资产负债	Closing Balance	
流动资产合计	Total Working Capitals at the Year-end	143045602
本年折旧	Depreciation Drawn in Current Year	6113342
资产总计	Total Assets	470361819
应付账款	Total Liabilities	15996740
负债合计	Total Liabilities	217344049
所有者权益合计	Total Creditors' Equity	253324544
三、损益及分配	Profits and Loss	
营业收入	Business Revenue	98260031
其中：主营业务收入	Main Business Revenue	92756019
营业成本	Business Costs	74051959
其中：主营业务成本	Main Business Costs	69780269
税金及附加	Tax and Extra Charges on Business	752423
其中：主营业务税金及附加	Tax and Extra Charges on Main Business	667076
销售费用	Sales Expenses	5649368
管理费用	Management Expenses	10838863
财务费用	Financial Expenses	3203977
投资收益(损失以“-”号记)	Investment Income(loss with “-”mark)	6581549
营业利润	Business Profits	10838079
利润总额	Total Profits	12369737
所得税费用	Income Taxes Payable	2312946
四、成本费用及增值税	Labor Cost and Value-added Tax	
研发、试验检验费	Testing Expenditure on Research and Development	1311487
应付职工薪酬(本年贷方累计发生额)	Total Wages Payable(Credit Accumulated Amount in this year)	20178986
其中：社会保险和住房公积金	Social insurance and Housing Fund	2044974
应交增值税	Value-added Tax Payable	2471997
五、平均用工人数(人)	Average number of employed persons(person)	1636729

Main Financial Indicators of Service Enterprises above the Designated Size (2017,by Type of Ownership)

(10000 yuan)

国有控股 State-owned	集体控股 Collective-owned	私人控股 Private Holdings	港澳台商控股 Hong Kong, Macao and Taiwan Holdings	外商控股 Foreign Holdings	其他 Other Holdings
1112	495	4450	374	230	753
3535971	46496	1687191	85160	300035	443272
84343162	3023860	29009727	9513562	4149638	13005653
5002495	98532	432471	189203	116664	273977
366449687	5967951	48854569	16596671	7670601	24822340
6888221	741442	5291581	999834	569485	1506177
153549326	3054203	29701134	11543153	3863573	15632660
213186809	2913748	19173762	5053518	3807028	9189679
47911606	1710043	29672282	5684991	3087560	10193549
44043112	1637981	28565015	5608299	2948340	9953272
40008587	849967	21705766	2833397	1758282	6895960
37098799	821995	20789910	2798929	1727025	6543611
313053	40196	155547	71742	39360	132525
267323	35924	139540	70694	25664	127931
1706418	72340	2059595	767350	254116	789549
3570160	377975	4054117	860667	571128	1404816
2591490	33816	376894	61765	71106	68906
5677678	45517	375767	113711	62966	305910
5641494	378352	1736009	1251405	547751	1283068
6889056	386957	1934993	1342121	563556	1253054
1315276	45824	333131	242337	91504	284874
508537	29538	542626	60987	61651	108148
10883090	311060	4819053	1306954	921203	1937626
1011485	35520	474065	136547	169495	217862
1245315	59788	724539	158207	66865	217283
645942	50391	619705	83732	76457	160502

16-6 规模以上服务业企业营业收入(2017年，按行业分)

项　　目	Item
合　计	**Total**
按行业划分	**Grouped by Sector**
交通运输、仓储和邮政业	Transport, Storage and Postal Services
铁路运输业	Railway Transport Service
道路运输业	Road Transport Services
水上运输业	Waterway Transport Service
航空运输业	Air Transport Service
装卸搬运和运输代理业	Handling and Transportation Agency
仓储业	Warehousing Service
邮政业	Postal Service
信息传输、软件和信息技术服务业	Information Transmission, Software and Information Technology Services
电信、广播电视和卫星传输服务	Telecommunications, Broadcasting Television and Satellite Transmission Services
互联网和相关服务	Internet and Related Services
软件和信息技术服务业	Software and Information Technology Services
房地产业(不含房地产开发)	Real Estate (Not including Real Estate Development and Management)
租赁和商务服务业	Leasing and Business Services
租赁业	Leasing
商务服务业	Business Services
科学研究和技术服务业	Scientific Research and Technical Services
研究和试验发展	Research and Experimental Development
专业技术服务业	Professional Technical Services
科技推广和应用服务业	Services of Science and Technology Exchanges and Promotion
水利、环境和公共设施管理业	Management of Water Conservancy,Environment and Public Facilities
水利管理业	Management of Water Conservancy
生态保护和环境治理业	Ecological Protection and Environmental Treatment
公共设施管理业	Management of Public Facilities
居民服务、修理和其他服务业	Households' service,Repair and Other Services
居民服务业	Services to Households
机动车、电子产品和日用产品修理业	Motor Vehicle,Electronic Products and Consumer Products Repair
其他服务业	Other Services
教育	Education
卫生和社会工作	Health and Social Work
卫生	Health
社会工作	Social Work
文化、体育和娱乐业	Culture,Sports and Entertainment
新闻和出版业	News and Publication
广播、电视、电影和影视录音制作业	Production of Radio,Television,Film and Video Recording
文化艺术业	Culture and Arts
体育	Sports
娱乐业	Entertainment

Business Revenue of Service Enterprises above the Designated Size (2017, by Sector)

企业单位数 (个) Number of Enterprises (unit)	2017年营业收入 (万元) Business Revenue of 2017 (10000 yuan)	2017年比2016年增长 (%) Growth Rate in 2017 Over 2016 (%)
7414	**98260031**	**16.8**
1023	36515460	15.0
7	8905125	11.3
396	6624183	16.6
68	4162234	24.9
9	9783456	10.1
432	4284544	31.0
83	629096	2.1
28	2126822	9.2
1299	22447567	22.2
40	4630258	-0.4
77	2332072	45.0
1182	15485237	27.8
987	4961714	10.9
2249	20228464	15.6
113	877731	38.1
2136	19350733	14.7
907	8222823	16.0
184	1546612	19.3
619	6087845	14.3
104	588366	26.0
78	1148985	43.2
2	27130	39.5
22	184625	2.8
54	937230	55.4
277	754355	12.4
58	182397	13.5
112	303156	13.4
107	268802	10.5
214	988325	16.0
100	794645	22.9
89	767693	22.9
11	26952	23.7
280	2197693	10.7
57	590259	0.9
95	767217	13.1
49	151062	51.7
38	214777	34.1
41	474378	2.5

16-7 规模以上服务业企业营业收入(2017年，按地区分)

Business Revenue of Service Enterprises above the Designated Size (2017,by District)

项目	District	企业单位数(个) Number of Enterprises (unit)	2017年营业收入(万元) Business Revenue of 2017 (10000 yuan)	2017年比2016年增长(%) Growth Rate in 2017 Over 2016(%)
合计	**Total**	**7414**	**98260031**	**16.8**
按地区分	**By District**			
荔湾区	Liwan	244	2112381	-1.8
越秀区	Yuexiu	1655	26272660	11.9
海珠区	Haizhu	1182	6355298	16.1
天河区	Tianhe	1759	28116674	18.6
白云区	Baiyun	745	14853430	11.7
黄埔区	Huangpu	763	8445663	21.3
番禺区	Panyu	488	4613998	33.3
花都区	Huadu	152	1189341	14.8
南沙区	Nansha	206	5442482	41.9
从化区	Conghua	70	346711	19.6
增城区	Zengcheng	150	511393	19.2

16-8 规模以上服务业企业营业收入(2017年，按登记注册类型和控股情况分)

Business Revenue of Service Enterprises above the Designated Size (2017，by Registration Status and Type of Ownership)

项　　目	Item	企业单位数(个) Number of Enterprises (unit)	2017年营业收入(万元) Business Revenue of 2017 (10000 yuan)	2017年比2016年增长(%) Growth Rate in 2017 Over 2016 (%)
合　计	**Total**	**7414**	**98260031**	**16.8**
按登记注册类型分	**Grouped by Registration Status**			
内资企业	Domestic Funded	6723	86039367	16.1
国有企业	State-owned	215	11421248	8.6
集体企业	Collective-owned	352	765728	0.9
股份合作企业	Cooperative	25	75875	-1.3
联营企业	Joint Ownership Enterprises	9	35628	7.2
国有联营企业	State Joint Ownership Enterprises	5	23803	-1.4
集体联营企业	Collective Joint Ownership Enterprises	1	1971	-10.9
其他联营企业	Joint State-collective Enterprises	3	9854	43.2
有限责任公司	Limited Liability Corporations	2353	35488366	16.4
国有独资公司	State Sole Funded Corporations	293	8886694	42.3
其他有限责任公司	Other Limited Liability Corporations	2060	26601672	9.7
股份有限公司	Share-holding Corporations Ltd.	222	17338267	10.7
私营企业	Private Enterprises	3300	19867694	26.8
私营独资企业	Private-funded Enterprises	20	26074	-13.0
私营合伙企业	Private Partnership Enterprises	91	434264	15.8
私营有限责任公司	Private Limited Liability Corporations	3060	18033769	28.6
私营股份有限公司	Private Share Holding Corporations	129	1373587	10.6
其他企业	Others	247	1046561	12.3
港、澳、台商投资企业	Enterprises with Funds from Hong Kong, Macao and Taiwan Investors	414	7296734	20.6
与港澳台商合资经营企业	Joint-venture Enterprises	98	1105361	15.7
与港澳台商合作经营企业	Cooperative Enterprises	43	1716731	7.8
港澳台商独资经营企业	Enterprises with Sole Funds	260	3157204	31.2
港澳台商投资股份有限公司	Share-holding Corporations Ltd.	6	1259679	18.0
其他港澳台投资企业	Other Enterprises with Funds from Hong Kong, Macao and Taiwan	7	57759	107.4
外商投资企业	Foreign Funded Enterprises	277	4923930	24.9
中外合资经营企业	Joint-venture Enterprises	95	2084675	31.1
中外合作经营企业	Cooperative Enterprises	15	537618	0.9
外资企业	Enterprises with Sole Foreign Funds	147	2189642	24.8
外商投资股份有限公司	Share-holding Corporations Ltd.	8	14848	-10.9
其他外商投资企业	Other Foreign Funded Enterprises	12	97147	105.3
按控股情况分	**Group by Type of Ownership**			
国有控股	State-owned	1112	47911606	12.0
集体控股	Collective-owned	495	1710043	-3.3
私人控股	Private Holdings	4450	29672282	26.4
港澳台商控股	Hong Kong, Macao and Taiwan Holdings	374	5684991	23.9
外商控股	Foreign Holdings	230	3087560	20.7
其他	Other Holdings	753	10193549	13.9

【营业收入】指企业经营主要业务和其他业务所确认的收入总额。营业收入合计包括“主营业务收入”和“其他业务收入”。

【营业成本】指企业经营主要业务和其他业务所发生的成本总额。包括企业（单位）在报告期内从事销售商品、提供劳务等日常活动发生的各种耗费。

【营业利润】指企业从事生产经营活动所取得的利润。执行《企业会计准则》的企业，营业利润为营业收入减去营业成本、税金及附加、销售费用、管理费用、财务费用、资产减值损失，再加上公允价值变动收益、投资收益和其他收益。执行《小企业会计准则》的企业，营业利润为营业收入减去营业成本、税金及附加、销售费用、管理费用、财务费用，再加上投资收益和其他收益后的金额；执行其他企业会计制度的企业，营业利润为主营业务收入减去主营业务成本、主营业务税金及附加，加上其他业务利润后，再减去销售费用、管理费用、财务费用后的金额，应符合以下逻辑关系：营业利润等于营业收入减去营业成本、税金及附加、销售费用、管理费用、财务费用。根据会计“利润表”中“营业利润”项目的本年累计数填报。

【利润总额】指企业在一定会计期间的经营成果，是生产经营过程中各种收入扣除各种耗费后的盈余，反映企业在报告期内实现的盈亏总额。

【应付职工薪酬】指企业为获得职工提供的服务而给予各种形式的报酬以及其他相关支出。包括职工工资、奖金、津贴和补贴，职工福利费，医疗保险费、养老保险费、失业保险费、工伤保险费和生育保险费等社会保险费，住房公积金，工会经费和职工教育经费，非货币性福利，因解除与职工的劳动关系给予的补偿，其他与获得职工提供的服务相关的支出。

【平均用工人数】指报告期内(年度、月度)平均拥有的从事服务业活动的人员数。按“谁用工，谁统计”的原则实施统计，包括参加企业服务业活动的正式人员，劳务派遣人员和临时聘用人员。不包括在本企业领取工资、股息、红利未参加服务业活动的人员。

【Business Revenue】refers to the total income of the business recognized by business and other business. Total operating revenue includes the main business income and other operating income.

【Business Costs】is defined as indirect business costs that cannot be assigned to a particular product or operation.

【Business Profits】refers to the profit gained by an enterprise in its production and operation activities. For an enterprise performing the accounting standards for enterprises, the operating profit shall be the operating income minus the business cost, taxes and extra charges, selling expenses,management expenses, financial expenses, and impairment losses of assets, plus the fair value variation income, investment income and other income. For enterprises that implement the accounting standards for small enterprises, the operating profit shall be the amount of the operating income after deducting operating costs, taxes and surcharges, sales expenses, administrative expenses and financial expenses, plus the investment income and other earnings. Perform other enterprises accounting system of enterprises, operating profit of main business income minus the advocate business wu cost, advocate business wu taxes and add, and other business profits, after subtracting the cost of sales, management fees, the amount after financial expenses, shall meet the following logic: operating profit is equal to revenue minus the operating cost, additional, sales tax and fees, management fees, financial costs. According to the "business profit" item in the accounting "income statement".

【Total Profits】refers to all kinds of income surplus of enterprises after the deduction of the various cost in the process of production, to reflect the realized total profit and loss of the enterprise in the reporting period.

【Total Wages Payable】refers to various forms of compensation and other related expenses paid by an enterprise to obtain the services provided by employees. Including workers' wages, bonuses, allowances and subsidies, employee welfare, health insurance, endowment insurance, unemployment insurance, industrial injury insurance and birth insurance premium of social insurance premiums and housing accumulation fund, union funds and employee education funds, non-monetary benefits, for lifting and worker labor relations of compensation, other expenses related to for services rendered by employees.

【Average number of employed persons】 refers to the average number of persons engaged in the service industry activities within the reporting period, according to the statistics principle of "who labor, who statistics", including the formal staff, labor dispatch personnel and temporary staff who participate in the activities of the service industry enterprises. And the people receiving wages, dividends, bonus from the enterprise but not participating in the service industry activities are not included.

第十七篇 CHAPTER 17

科技
SCIENCE AND TECHNOLOGY

第十七篇　科　技

一、本篇资料反映广州市科学技术活动的基本情况。

二、资料来源：

17-6、17-7、17-8由广州市统计局人口和社会科技统计处根据国家统计局企业研发活动情况年报表数据整理。17-1至17-5表根据广州市科技创新委员会、广州市知识产权局、广州市科协等部门提供的统计数据加工整理。

17-9、17-10、17-11、17-12表分别由广州市统计局综合处、农村处、工业处和服务业处提供。

17 Science and Technology

I.The data in this chapter show the basic conditions of Guangzhou's activities of science and technology.

II. Data resources:

Tables 17-6、17-7、17-8 are organized by the population and Social Science and Technology Statistics Department of the Bureau of Statistics of Guangzhou, according to the annual report on enterprise R & D activities in the National Bureau of Statistics. Tables 17-1 to 17-5 according to the Science and Technology Innovation Commission of Guangzhou, Guangzhou intellectual property Office, Guangzhou Association of Science and Technology and other departments to provide statistical data processing.

Tables 17-9、17-10、17-11、17-12 is provided by Guangzhou Bureau of Statistics, Integrated Branch, Rural Branch, Industry Branch and Service Branch, respectively.

17-1 科技监测主要指标
Main Indicators of Scientific and Technological Monitoring

项　　目	Item	2016	2017
科研机构人均固定资产原价 (千元/人)	Per Capita Original Value of Fixed Assets of Scientific Research Institutions (1000 yuan/person)	610.50	751.60
科学研究和技术服务业新增固定资产占全社会新增固定资产比重 (%)	Proportion of Newly-increasing Fixed Assets in Science Research and Technology Services to Newly-increasing Fixed Assets of the Whole Society (%)	1.37	0.48
每万人口专利申请量 (件/万人)	Number of Patent Applications per 1 Million Persons (piece/10000 persons)	114.88	133.83
每万人口专利授权量 (件/万人)	Number of Patent Applications Granted per 1 Million Persons (piece/10000 persons)	57.19	68.09
每万人口发明专利授权量 (件/万人)	Number of Invention & Patent Applications Granted per Million Persons (piece/10000 persons)	8.89	10.57
专业技术人才数 (万人)	Number of professional and technical personnel (10000 persons)	158.40	167.50
其中：高级职称	Senior title of professional	16.60	18.40
中级职称	Middle title of professional	65.30	71.00
初级职称	Junior title of professional	76.50	78.10
技术市场合同成交金额年增长率 (%)	Annual Growth Rates of Contracted Transaction Value in Technical Market (%)	8.87	23.45
工业高新技术产品产值占工业总产值的比重 (%)	Proportion of High-tech Products of Industry to Gross Industrial Output Value (%)	46.10	46.30
工业高新技术出口产品销售收入占工业出口产品交货值比重 (%)	Proportion of Export Value of High-tech Products to Total Export Value of Commodities (%)	39.50	55.60

17-2 各类科学研究与开发机构基本情况

Basic Statistics of Scientific Research and Development Institutions

项　　目	Item	2016 全 市 Total	2016 # 市 属 Managed by Municipal Government	2017 全 市 Total	2017 # 市 属 Managed by Municipal Government
机构数　（个）	Number of Institutions　(unit)	160	47	162	51
# 自然科学	Natural Science	148	43	150	47
从业人员　（人）	Employed Persons　(person)	25432	5852	27280	6042
# 自然科学	Natural Science	24653	5521	26506	5714
在从业人员中的	Scientific Researchers of Employed	18514	3240	21476	3933
科研人员　（人）	Persons　(person)				
# 自然科学	Natural Science	17796	2920	20763	3613

17-3　获得省级以上科技成果奖励情况

Statistics on Provincial Prizes and Above for Scientific and Technological Research Achievements

单位：项　　(item)

指　　标	Indicators	2016	2017
国家级科技奖励成果	**National Prizes for Scientific and Technological Research Achievements**	**16**	**21**
国家发明奖	Number of National Invention Prizes Awarded	2	2
国家自然科学奖	Number of National Natural Sciences Prizes Awarded	2	
国家科技进步奖	Number of National Scientific and Technological Progress Prizes Awarded	12	19
省级科技奖励成果	**Provincial Prizes for Scientific and Technological Research Achievements**	**149**	**162**
省科技进步奖	Number of Provincial Scientific and Technological Progress Prizes Awarded	123	160

17-4 科协基本情况(2017年)

项目		Item	
机构数	(个)	Number of Associations for Science & Technology	(unit)
机关人数	(人)	Number of Agency Personnel	(person)
在册学会、协会、研究会	(个)	Number of Registered Societies, Associations and Research Societies	(unit)
企业科协	(个)	Associations in Enterprises	(unit)
街道科普协会	(个)	Associations in Communities	(unit)
乡镇科普协会	(个)	Associations in County-level cities	(unit)
农村专业技术协会	(个)	Specialized Rural Technological Societies	(unit)
举行国内外学术交流活动	(次)	Number of Domestic and International Academic Meetings	(times)
参加人数	(人)	Number of Participants	(person-times)
举办科普宣讲活动	(次)	Number of Lectures on Popular Science	(times)
# 举办专题展览	(次)	Number of Special Subject Exhibitions	(times)
开展科技咨询	(次)	Number of Scientific and Technological Consulting	(times)
科普宣讲活动受众人数	(人次)	Number of Participants in Lectures on Popular Science	(person-time)
举办实用技术培训	(次)	Number of Practical and Technical Training Courses	(times)
实用技术培训人数	(人)	Number of Participants to Practical and Technical Training Courses	(person)
推广新技术、新品种	(项)	Popularizing New Technologies and New Species	(items)
科普宣讲活动覆盖村	(个)	Number of Villages covered by Lectures on Popular Science	(unit)
科普宣讲活动覆盖社区	(个)	Number of Communities covered by Lectures on Popular Science	(unit)
举办青少年科普宣讲活动	(次)	Number of Lectures on Popular Science for Teenagers	(times)
青少年宣讲活动受众人数	(人次)	Number of Participants to Lectures on Popular Science for Teenagers	(person-time)
举办青少年科技竞赛	(项)	Number of Teenagers Science and Technology Competitions	(times)
青少年科技竞赛参加人数	(人)	Number of Persons Engaged in Teenagers Science and Technology Competitions	(person)
青少年科技竞赛获奖人数	(人)	Number of Winners in Teenagers Science and Technology Competitions	(person)
科技馆(科普活动中心)	(个)	Number of Science Centers	(unit)
科普教育基地(示范基地)	(个)	Number of Popular Science Exhibitions Bases	(unit)
科普活动站(室)	(个)	Number of Popular Science labs	(unit)
科普画廊建筑面积(宣传栏、科普橱窗)	(平方米)	Construction Area of Popular Science Galleries	(Square meter)
科普画廊展示面积	(平方米)	Demonstration Area of Popular Science Galleries	(Square meter)
制作科普挂图种数	(种)	Types of Popular Science Charts	(type)
科普挂图总印数	(张)	Total Amount of Printed Popular Science Charts	(piece)
接待国外专家学者	(人)	Foreign Experts and Scholars	(person)
接待港澳台地区专家学者	(人)	Experts and Scholars from Hong Kong, Macao and Taiwan	(person)
开展“讲、比”活动企业数	(个)	Number of Enterprises Holding Speech and Competition Activities	(unit)
# 国有企业	(个)	Number of State-owned Enterprises	(unit)
参与“讲、比”活动的科技人员数	(人)	Number of Persons Engaged in Science and Technology Participating in the Speech and Competition Activities	(person)
“讲、比”活动中被采纳合理化建议	(条)	Number of Rationalization Proposals Adopted in the Speech and Competition Activities	(unit)
参与“创交会”人数	(人)	Number of Persons Engaged in China Innovation and Entrepreneurship Fair	(person)

Basic Statistics on Associations for Science and Technology(2017)

合　计 Total	# 市科协 City-level Associations	区科协 District-level Associations
12	1	11
101	38	63
191	86	105
136	109	27
152		152
35		35
49		49
12	8	4
36406	36140	266
872	643	229
99	7	92
95	5	90
193953	77288	116665
24	2	22
2859	200	2659
12		12
1181	235	946
2568	1231	1337
137	80	57
57733	27070	30663
50	9	41
43370	8687	34683
10602	4574	6028
3	1	2
125		125
316		316
11142	200	10942
30285	800	29485
39	38	1
1139	539	600
82	81	1
342	341	1
8	6	2
8	6	2
2268	2118	150
2082	2082	
34000	34000	

17-5 专利申请量和专利授权量

Patent Applications and Patent Certified

单位：件 (item)

指　　标	Indicators	专利申请量 Patent Applications		专利授权量 Patent Certified	
		2016	2017	2016	2017
总　　计	**Total**	**99070**	**118332**	**48313**	**60201**
按种类分	**By Sort**				
发　　明	Creations and Inventions	31850	36941	7668	9345
实用新型	Utility Models	41472	53397	22910	32179
外观设计	Appearance Designs	25748	27994	17735	18677
按对象分	**By Applicant**				
非职务发明创造	Non-position Creations and Inventions	24401	22550	13366	9851
职务发明创造	Position Creations and Inventions	74669	95782	34947	50350
大专院校	Universities and Colleges	12145	13387	4776	5716
科研单位	Research Institutions	3204	3022	1202	1491
工矿企业	Industrial Enterprises	57822	77523	28332	42618
机关团体	Government Agencies and Organizations	1498	1850	637	525

17-6 规模以上工业企业研发机构、人员情况

Statistics on Research and Development Institutions and Personnel of Industrial Enterprises above the Designated Size

项 目	Item	2016	2017
规模以上工业企业数 （个）	Number of Industrial Enterprises above Designated Size (unit)	4659	4664
# 有R&D活动的企业数 （个）	Number of Enterprises Having R&D Activities (unit)	1738	2122
# 有研发机构的企业数 （个）	Number of Industrial Enterprises Having Research and Development Institutions above Designated Size (unit)	1157	1790
R&D人员 （人）	R&D Personnel (person)	79618	97894
R&D人员折合全时当量 （人年）	Full-time Equivalent of R&D Personnel (man-year)	59229	61689
企业办研发机构数 （个）	Number of Research and Development Institutions in Enterprises (unit)	1426	2195
研发机构人员 （人）	Personnel in Research and Development Institutions (person)	72475	91199
# 硕士毕业及以上的人员	Personnel with Educational Background of Master and Above	7578	9014

17-7 规模以上工业企业R&D经费内部支出情况

Total Expenditures for Research and Development Activity of Industrial Enterprises above the Designated Size

单位：万元 (10000 yuan)

项 目	Item	2016	2017
R&D经费内部支出合计	Expenditure for R&D	2289779	2548553
按支出用途分组	**Grouped by use of Expenditure**		
经常性支出	Recurrent Expenditure	2080484	2334171
资产性支出	Capital Expenditure	209295	214382
按资金来源分组	**Grouped by Source of Funds**		
政府资金	Government Appropriation Funds	61571	77327
企业资金	Self-raised Funds of Enterprises	2217840	2454458
境外资金	Overseas Funds	2397	12601
其他资金	Others	7971	4167

17-8 规模以上非工业企业研发情况

Research and Development of Non-industrial Enterprises above the Designated Size

项 目	Item	2016	2017
企业数 (个)	Number of Enterprises (unit)	1287	1447
# 建筑业	Constuction	187	258
服务业	Service	1100	1189
有R&D活动的企业数 (个)	Number of Enterprises Having R&D Activities (unit)	258	412
# 建筑业	Constuction	35	67
服务业	Service	223	345
R&D人员 (人)	R&D Personnel (person)	20458	30687
# 建筑业	Constuction	2240	5880
服务业	Service	18218	24807
R&D经费内部支出合计 (万元)	Expenditure for R&D (10000 yuan)	642771.8	866974.9
# 建筑业	Constuction	116590.1	272656.4
服务业	Service	526181.7	594318.5

注：本表中的建筑业企业指特、一级资质总承包、专业承包建筑业企业。服务业企业指以下行业的规模以上大中型服务业企业：交通运输、仓储和邮政业，信息传输、软件和信息技术服务业，租赁和商务服务业，科学研究和技术服务业，水利、环境和公共设施管理业，卫生和社会工作，文化、体育和娱乐业。

Note: Data in this table is the first-grade qualification of construction enterprise refers to the special and general contracting of construction enterprise specialized contracting.Services enterprises refer to the following industries more than the size of the large and medium-sized service companies: transportation, warehousing and postal service, information transmission software and information technology services, leasing and business services,scientific research and technical services, water environment and public facilities management, health and social work,culture and sports and entertainment.

17-9 高新技术产品情况(2017年)

Statistics on High-tech Products (2017)

单位：万元 (10000 yuan)

项 目	Item	企业数 (个) Number of Enterprises (unit)	总产值 Gross Output Value	产 品 销售收入 Sales Revenue	出 口 销售收入 Sales Revenue of Export
合 计	**Total**	**1756**	**82315855**	**86972935**	**15050015**
农 业	Agriculture	39	106628	102659	919
工 业	Industry	1296	82209227	82298977	14991651
服务业	Service	421		4571299	57445

17-10 农业企业高新技术产品情况(2017年)

单位：万元

项 目	Item	企业数(个) Number of Enterprises (unit)
总 计	**Total**	**39**
按地区分	By District	
荔湾区	Liwan	3
越秀区	Yuexiu	
海珠区	Haizhu	
天河区	Tianhe	2
白云区	Baiyun	5
黄埔区	Huangpu	
番禺区	Panyu	8
花都区	Huadu	
南沙区	Nansha	3
从化区	Conghua	9
增城区	Zengcheng	9
按技术领域分	By Technological Circle	
电子与信息技术	Electronic and Information Technology	
机电一体化技术	Integration Technology for Machinery with Electronics	
生物技术	Biotechnology	39
新材料技术	New Material Technology	
新能源高效节能	New Energy and High-efficiency Energy-saving	
环保技术	Environmental Protection Technology	
其他技术	Others	

注：1．从2010年起，根据广州市科技信息局新修订《广州市农业高新技术产品目录》进行统计。
2．“产品数”指标因各区(县级)市之间存在重复计算，其合计数大于全市数。

Statistics on High-tech Products of Agricultural Enterprises (2017)

(10000 yuan)

产品数 (个) Number of Products (unit)	总产值 Total Output Value	增加值 Added Value	产品销售收入 Sales Revenue	出口销售收入 Sales Revenue of Exports
66	**106628**	**38612**	**102659**	**919**
8	2498	1724	2498	
2	28737	4825	27939	
5	24968	4603	24387	710
12	21123	10096	19707	102
3	903	14	930	
12	8378	3568	10053	107
40	20021	13782	17146	
66	106628	38612	102659	919

Note: I. Since 2010, the data in this table are calculated according to the "Catalog of Agriculture High-tech Product in Guangzhou".
II. Summation of all districts by number of products is greater than total because different districts would have the same products.

17-11 规模以上工业企业高新技术产品情况（2017年）

单位：万元

项　目	Item	企业数（个）Number of Enterprises (unit)	产品数（个）Number of Products (unit)
总　计	**Total**	**1296**	**5356**
按地区分	By District		
荔湾区	Liwan	29	158
越秀区	Yuexiu	2	5
海珠区	Haizhu	22	103
天河区	Tianhe	47	320
白云区	Baiyun	151	666
黄埔区	Huangpu	290	1458
番禺区	Panyu	174	701
花都区	Huadu	248	797
南沙区	Nansha	149	549
从化区	Conghua	68	246
增城区	Zengcheng	116	353
按技术领域分	By Technological Circle		
电子与信息技术	Electronic and Information Technology		1275
机电一体化技术	Integration Technology for Machinery with Electronics		1337
生物技术	Biotechnology		850
新材料技术	New Material Technology		921
新能源高效节能	New Energy and High-efficiency Energy-saving		529
环保技术	Environmental Protection Technology		337
其他技术	Others		107

注：高新技术产品产值的口径不包含军工企业和广东电网；不含军工企业和广东电网的2017年规模以上工业总产值为177511660万元。

Statistics on High-tech Products of Industrial Enterprisesa Above the Designated Size (2017)

(10000 yuan)

总产值 Total Output Value	增加值 Added Value	产品销售收入 Sales Revenue	出口销售收入 Sales Revenue of Exports	实现利税总额 Total Profits and Taxes	享受减免税总额 Total Taxes Exemption and Reduction
82209227	**20667750**	**82298977**	**14991651**	**9020175**	**196442**
2137038	534260	2207337	37317	231401	4128
118852	57049	122813	1702	24747	904
768762	197572	755558	12192	99260	2516
1554578	387090	1561955	116719	176985	11090
2892106	694105	2929053	355001	314204	20298
30932759	8135316	30653630	8925716	2567925	45367
12416193	3215794	12515861	1006909	2061396	51440
11838851	3232006	11644219	778238	1661297	17583
13079696	2615939	13220281	2969298	1343671	21417
997490	219448	1025246	259881	69003	4880
5472902	1379171	5663024	528678	470286	16819
15439669	4029754	15624486	8620126	1285370	34856
33708282	8325946	33875814	2234348	4600668	41707
8621644	2470060	8273066	90294	1204576	45232
16570130	3993401	16480167	1913166	1104262	42156
3895331	1059530	4006200	1056131	465795	15264
3962229	784521	4030335	1074889	359404	17210
11942	4538	8909	2697	100	17

Note:The scale of output value of high-tech products does not include military enterprises and guangdong power grid; The total output value of industries above the scale in 2017, excluding military enterprises and guangdong power grid, was 177,116.6 million yuan.

17-12 服务业企业高新技术产品情况(2017年)

单位:万元

项 目	Item	企业数(个) Number of Enterprises (unit)
总 计	**Total**	**421**
按地区分	By District	
荔湾区	Liwan	10
越秀区	Yuexiu	51
海珠区	Haizhu	35
天河区	Tianhe	189
白云区	Baiyun	16
黄埔区	Huangpu	86
番禺区	Panyu	29
花都区	Huadu	2
南沙区	Nansha	1
从化区	Conghua	1
增城区	Zengcheng	1
按技术领域分	By Technological Circle	
电子与信息技术	Electronic and Information Technology	421
机电一体化技术	Integration Technology for Machinery with Electronics	
生物技术	Biotechnology	
新材料技术	New Material Technology	
新能源高效节能	New Energy and High-efficiency Energy-saving	
环保技术	Environmental Protection Technology	
其他技术	Others	

Statistics on High-tech Products of Enterprises in Service Sector Enterprises (2017)

产品数 (个) Number of Products (unit)	营业收入 Operation Revenue	产品销售收入 Sales Revenue	出口销售收入 Sales Revenue of Exports	实现利税总额 Total Profits and Taxes
2229	**3272740**	**4571299**	**57445**	**1002860**
47	150338	219120	4714	17647
257	502801	542871	1430	121465
224	65629	113739	1910	18218
1013	1841782	2842439	31059	605783
78	101843	90719		14451
458	516070	591950	17990	205061
140	90215	161477	343	18899
6	3313	3313		321
1		1191		423
4		3730		592
1	750	750		
2229	3272740	4571299	57445	1002860

【研究与试验发展（R&D）经费内部支出】指调查单位在报告年度用于内部开展R&D活动（基础研究、应用研究和试验发展）的实际支出。包括用于R&D项目（课题）活动的直接支出，以及间接用于R&D活动的管理费、服务费、与R&D有关的基本建设支出以及外协加工费等。不包括生产性活动支出、归还贷款支出以及与外单位合作或委托外单位进行R&D活动而转拨给对方的经费支出。

【Total Expenditure on Research and Development】 refers to internally to carry out R&D activities (basic research, applied research and experimental development) the actual expenditure refers to the year. Including for the direct expenditure of R&D project (the subject), and indirectly for the R&D activities of management fees, service charges, and R&D related infrastructure spending, and outside processing fees. Do not include productive activities expenses, the return of loan expenditures as well as cooperation with other units or entrust other units to carry out R&D activities and switch to pull each other expenditures.

第十八篇 CHAPTER 18

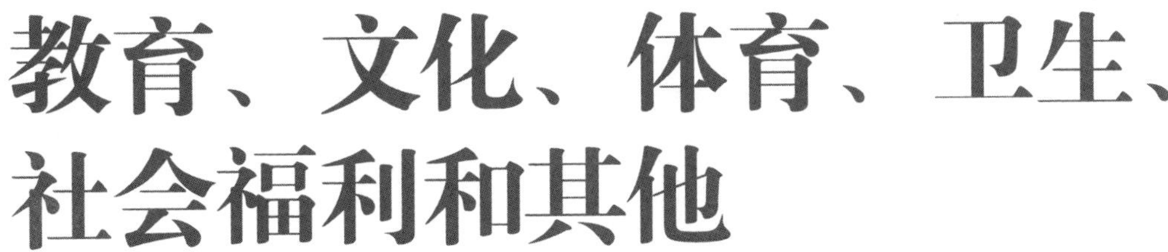

教育、文化、体育、卫生、社会福利和其他

EDUCATION，CULTURE，SPORTS，PUBLIC HEALTH，SOCIAL WELFARE AND OTHERS

简要说明

Brief Introduction

第十八篇 教育、文化、体育、卫生、社会福利和其他

一、本篇资料反映广州市教育、文化、体育、卫生、社会福利及其他事业的发展情况。

二、本篇资料由广州市统计局人口和社会科技统计处整理提供。

三、教育部分包括高等、中等、基础教育、幼儿教育、各级成人教育。资料由省教育厅、市教育局、省人力资源和社会保障厅等相关部门提供。

四、文化部分主要包括文化机构、人员及业务活动开展情况等。文化统计资料根据省文化厅、市文广新局、省新闻出版广电局、珠江电影制片厂、省档案局、市档案局等有关部门提供的统计年报加工整理。

五、体育部分主要包括体育行政部门主办的运动会和比赛活动、全民健身活动情况及运动竞技成绩等，资料由市体育局提供。

六、卫生部分主要包括卫生事业机构、床位及人员数、医院业务情况、妇幼保健情况等，资料由市卫生和计划生育委员会提供。

七、社会福利部分主要包括社会福利事业的机构数、收养救济人数、婚姻登记状况等，资料由市民政局提供。各种社会保险情况等资料由市人力资源和社会保障局提供。

八、其他部分主要包括司法工作开展情况和刑事、交通、火灾事故发生情况等，资料由市司法局、市公安局提供。

九、关于数据口径与计算的说明：

18-27表甲、乙类传染病从1997年起增加肺结核和新生儿破伤风两种病；2003年起婴儿出生缺陷发生率统计指标口径有变，从抽样调查改为全面调查。

18 Education, Culture, Sports, Public Health, Social Welfare and Others

I. The data in this chapter show the development conditions of Guangzhou's education, culture, sports, public health, social welfare and others.

II.The data in this chapter are prepared and provided by the Division of Population, Social, Science and Technology Statistic of Guangzhou Municipal Bureau of Statistics.

III.The data on education cover the situations on higher education, secondary education, primary education, kindergartens and adult education at all levels. The data are provided by Guangdong Provincial Bureau of Education, Guangzhou Municipal Bureau of Education, Guangdong Provincial Bureau of Human Resources and Social Security, etc.

IV. The data on culture mainly cover the situations on institutes, employed persons and business activities of culture. The data on culture are processed and prepared in accordance with the annual statistical reports provided by Guangdong Provincial Department of Culture, Guangzhou Municipal Culture, Radio and Press and Publication Bureau, Administration of Press, Radio, Film and Television of Guangdong Province, Pearl River Movie Factory, Guangdong Provincial Bureau of Archives and Guangzhou Municipal Bureau of Archives.

V. The data on sports mainly include the sports games and matches organized by sports administrative departments, mass sports and athletics sports. The data are provided by Guangzhou Municipal Bureau of Sports.

VI. The data on public health mainly include the number of institutions, hospital beds and personnel, hospital business, women and babies hygiene. The data are provided by Health and Family Planning Commission of Guangzhou Municipality.

VII. The data on social welfare mainly include the number of institutions, the number receiving social welfare relief funds and marriage registrations, etc. The data are provided by Guangzhou Municipal Bureau of Civil Affairs. The data on social insurance are Provided by Guangzhou Municipal Bureau of Labor and Social Security.

VIII. The data on others mainly include the judicial conditions, basic statistics on traffic accidents and fires, etc. The data are provided by Guangzhou Municipal Bureau of Justice and Guangzhou Municipal Bureau of Public Security.

IX. Introduction about coverage and computing:

Table 18-27 A&B Infectious Diseases has included phthisic and new born children lockjaw since 1997.The coverage has changed from results of spot check to results of general investigation on incidence rate of birth defect since 2003.

18-1 主要年份教育事业基本情况
Basic Statistics on Education in Main Years

项　　目	Item	2016	2017
学校数　（所）	**Number of Schools (unit)**	**1710**	**1721**
普通高等学校	Regular Institutions of Higher Education	82	82
中等职业学校	Vocational Secondary Schools	83	83
技工学校	Technical Schools	56	55
普通中学	Regular Secondary Schools	514	518
高　中	Senior Secondary Schools	124	121
初　中	Junior Secondary Schools	390	397
小　学	Primary Schools	953	961
特殊教育学校	Special Schools	22	22
专任教师　（人）	**Number of Full-time Teachers (person)**	**167874**	**173990**
普通高等学校	Regular Institutions of Higher Education	59704	61239
中等职业学校	Vocational Secondary Schools	7812	8044
技工学校	Technical Schools	5501	6123
普通中学	Regular Secondary Schools	41894	42796
高　中	Senior Secondary Schools	14352	14569
初　中	Junior Secondary Schools	27542	28227
小　学	Primary Schools	52075	54867
特殊教育学校	Special Schools	888	921

注：本表普通高等学校数据由广东省教育厅提供，技工学校数据由广东省人力资源和社会保障厅提供，其余数据由广州市教育局提供。

Note: The data of colleges and universities in this table are provided by the Department of Education of Guangdong Province, the data of technical schools are provided by Human Resources and Social Security Department of Guangdong Province, and the rest of the data are provided by the Bureau of Education of Guangzhou City.

18-1 续表 continued

项 目	Item	2016	2017
招生数 （人）	**New Student Enrollment (person)**	**805824**	**816845**
普通高等学校	Regular Institutions of Higher Education	303812	309315
中等职业学校	Vocational Secondary Schools	67560	63027
技工学校	Technical Schools	79034	76490
普通中学	Regular Secondary Schools	174552	176496
高 中	Senior Secondary Schools	58260	54406
初 中	Junior Secondary Schools	116292	122090
小 学	Primary Schools	180334	191092
特殊教育学校	Special Schools	532	425
在校学生 （人）	**Total Student Enrollment (person)**	**2973738**	**3010879**
普通高等学校	Regular Institutions of Higher Education	1057281	1067335
中等职业学校	Vocational Secondary Schools	216974	196796
技工学校	Technical Schools	222298	229651
普通中学	Regular Secondary Schools	505685	509427
高 中	Senior Secondary Schools	176275	170676
初 中	Junior Secondary Schools	329410	338751
小 学	Primary Schools	968531	1004695
特殊教育学校	Special Schools	2969	2975
毕业生数 （人）	**Graduates (person)**	**723134**	**715084**
普通高等学校	Regular Institutions of Higher Education	276789	284056
中等职业学校	Vocational Secondary Schools	72497	73208
技工学校	Technical Schools	67089	56592
普通中学	Regular Secondary Schools	173238	160974
高 中	Senior Secondary Schools	59133	58392
初 中	Junior Secondary Schools	114105	102582
小 学	Primary Schools	133032	139815
特殊教育学校	Special Schools	489	439

注：本表普通高等学校数据由广东省教育厅提供，技工学校数据由广东省人力资源和社会保障厅提供，其余数据由广州市教育局提供。

Note: The data of colleges and universities in this table are provided by the Department of Education of Guangdong Province, the data of technical schools are provided by Human Resources and Social Security Department of Guangdong Province, and the rest of the data are provided by the Bureau of Education of Guangzhou City.

18-2 主要年份每万人口在校学生数、每个教师负担学生数

Students Enrollment per 10000 Persons and Students Taught by Every Teacher in Main Years

单位：人 (person)

年 份 Year	平均每万人口在校学生数 Students Enrollment Per 10000 Persons			平均每个教师负担学生数 Students Taught by Every Teacher		
	普通高校 College and University Students	普通中学生 High School Students	小学生 Primary School Students	普通高校 College and University Students	普通中学 Regular Secondary Schools	小 学 Primary School Students
1978	44.94	795.85	1178.65	3.10	18.25	24.05
1980	54.28	598.04	1175.91	3.65	15.83	21.80
1985	94.77	456.79	993.46	4.83	15.15	20.43
1986	99.43	471.25	967.81	4.87	16.10	21.05
1987	103.35	487.88	938.26	5.18	16.40	21.04
1988	112.42	481.43	919.33	5.52	16.21	21.05
1989	116.10	463.41	941.98	5.74	15.44	21.93
1990	110.16	446.65	963.03	5.52	15.25	22.79
1991	106.92	446.28	985.58	5.58	15.56	23.24
1992	109.37	461.81	1009.11	6.04	15.99	24.16
1993	126.51	469.79	1034.06	6.87	15.94	24.52
1994	139.74	475.66	1058.77	7.75	16.20	24.62
1995	147.56	494.03	1073.74	8.13	16.42	23.90
1996	151.23	516.39	1074.82	8.23	16.53	22.77
1997	153.60	538.65	1085.07	8.72	16.79	22.24
1998	160.76	562.95	1087.87	9.33	16.99	22.14
1999	196.03	581.75	1083.13	10.83	17.25	22.81
2000	264.14	606.92	1080.31	13.95	17.59	22.16
2001	343.44	642.86	1106.66	16.48	17.60	22.04
2002	414.97	668.15	1133.21	14.40	17.38	22.04
2003	516.75	705.69	1168.69	14.48	17.21	21.76
2004	623.14	719.53	1185.82	15.45	17.28	21.88
2005	738.58	733.24	1203.62	15.89	17.09	22.02
2006	814.28	746.16	1174.64	16.22	16.89	21.85
2007	888.35	745.78	1149.31	16.33	16.38	21.24
2008	938.77	742.25	1100.35	16.90	16.07	20.45
2009	1001.75	723.94	1043.13	17.30	15.50	19.61
2010	1046.88	709.90	1023.16	17.32	14.97	18.88
2011	1100.10	689.46	1006.37	17.31	14.48	18.74
2012	1142.17	669.67	1000.36	17.49	13.74	18.43
2013	1181.11	657.14	1032.38	17.74	13.41	19.06
2014	1209.96	632.55	1068.44	17.82	12.84	19.00
2015	1221.30	603.18	1097.96	17.66	12.38	19.01
2016	1214.58	580.92	1112.63	17.71	12.07	18.60
2017	1188.74	567.37	1118.98	17.43	11.90	18.31

18-3 主要年份各级各类学校在校学生数

单位：人

年 份 Year	普通高等学校 Regular Institutions of Higher Education	中等职业学校 Vocational Secondary Schools	技工学校 Technical Schools
1978	21699		
1980	27239	18852	8273
1985	51647	48959	5615
1986	55223	61913	8670
1987	58402	69693	12479
1988	64859	78025	17225
1989	67969	84662	18514
1990	65465	95048	20319
1991	64389	103860	21692
1992	66958	113218	23842
1993	78901	141307	25242
1994	89019	154144	29742
1995	95429	182090	36078
1996	99214	212396	43446
1997	102372	210956	50566
1998	108378	210566	58396
1999	134283	227084	59779
2000	185078	219640	59570
2001	244736	209340	64008
2002	299037	200090	76660
2003	374742	200337	87878
2004	459676	184682	104317
2005	554327	191499	122108
2006	619442	216555	153175
2007	687115	237411	173413
2008	736152	244070	196197
2009	796006	251077	242085
2010	843934	248060	252812
2011	896123	248614	269188
2012	939208	239446	289967
2013	983051	240579	279329
2014	1019291	244585	240350
2015	1043221	237130	236323
2016	1057281	216974	222298
2017	1067335	196796	229651

Students Enrollment by Various Schools in Main Years

(person)

普通中学 Regular Secondary Schools	小学 Primary Schools	特殊教育学校 Special Schools
384313	569165	326
300134	590146	289
248940	541420	372
261733	537528	481
275690	530189	546
277743	530368	651
271291	551458	724
265423	572286	854
268760	593537	949
282720	617779	1032
292991	644907	1680
303004	674464	3760
319493	694401	5411
338776	705134	6096
359000	723183	5977
379505	733375	5827
398499	741950	6106
425261	756961	5224
458099	788604	5877
481481	816617	5495
511756	847524	4947
530776	874749	5302
550320	903353	5010
567619	893575	5045
576845	888965	5340
582051	862859	5246
575252	828889	5131
572280	824807	5153
561618	819771	4527
550669	822594	4719
546941	859263	4389
532870	900072	4386
515228	937870	4281
505685	968531	2969
509427	1004695	2975

18-4 主要年份研究生基本情况

Basic Statistics on Postgraduates in Main Years

单位：人 (person)

年 份 Year	培养单位(所) Training Units (unit)	#普通高校 Regular Institutions of Higher Education	毕业生数 Graduates	#普通高校 Regular Institutions of Higher Education	#博 士 Doctors
1985	15	12	654	650	7
1990	25	13	1491	1438	101
1991	24	13	1272	1234	109
1992	19	13	947	917	76
1993	18	13	1025	1003	76
1994	18	13	1079	1064	142
1995	21	13	1259	1215	154
1996	21	13	1440	1396	188
1997	21	13	1770	1715	253
1998	21	13	1843	1759	420
1999	21	13	2168	2059	371
2000	21	13	2131	2028	417
2001	22	14	2753	2671	540
2002	20	12	3133	3022	574
2003	20	12	4439	4299	772
2004	24	16	6541	6303	1160
2005	24	16	9006	8699	1331
2006	24	16	11790	11360	1579
2007	26	18	12624	12170	1751
2008	26	18	14773	14286	2086
2009	26	18	15395	14969	2462
2010	26	18	16244	15828	2265
2011	26	18	18584	18155	2374
2012	27	19	20816	20372	2583
2013	27	19	21833	21382	2700
2014	22	19	22717	22636	2788
2015	22	19	23218	23132	2881
2016	22	19	24138	24057	2896
2017	22	19	24127	24044	2979

注：1.本表数据由广东省教育厅提供。

2.2014年起，中国科学院在我市研究所招收的研究生不再纳入全市教育事业统计，因此2014年及以后的研究生数据不含中国科学院在广州的数据。下表同。

Note: 1.The data in this table are provided by the Department of Education of Guangdong Province.

2.Since 2014, Guangzhou education statistics does not include the recruit students of Chinese Academic of Sciences in Guangzhou. So since 2014 the statistic of graduates does not contain the graduates of Chinese Academy of Sciences in Guangzhou. The same as the following table.

18-4 续表 continued

单位:人 (person)

年份 Year	招生数 New Students Enrollment	#普通高校 Regular Institutions of Higher Education	#博士 Doctors	在校学生数 Students Enrollment	#普通高校 Regular Institutions of Higher Education	#博士 Doctors
1985	1526	1518	74	2878	2859	92
1990	1113	1090	76	3355	3264	293
1991	1171	1157	167	3216	3149	338
1992	1258	1228	162	3492	3426	417
1993	1521	1490	201	3940	3865	533
1994	1866	1831	298	4656	4562	681
1995	1875	1782	407	5283	5080	935
1996	2367	2249	457	6162	5888	1192
1997	2387	2288	457	6696	6388	1391
1998	2997	2921	582	7821	7521	1539
1999	3673	3559	788	9253	8952	1933
2000	5435	5274	1048	12492	12135	2549
2001	7080	6837	1352	17150	16631	3421
2002	8245	7910	1596	20408	19674	4256
2003	10864	10403	2104	26294	25253	5499
2004	13642	13143	2656	34599	33302	7474
2005	15642	15140	2780	40594	39124	8980
2006	17093	16586	2672	45238	43725	9149
2007	18084	17578	2819	49838	48298	9846
2008	19298	18776	2893	53826	52313	10753
2009	22181	21684	3132	60129	58635	11530
2010	23390	22844	3059	65911	64321	11528
2011	24216	23690	3119	69825	68223	12125
2012	25042	24504	3195	73118	71484	12526
2013	26002	25457	3294	76193	74535	13389
2014	26524	26440	3463	77211	76943	13818
2015	27137	27037	3434	79547	79268	14085
2016	28563	28459	3617	82282	81979	14532
2017	34074	33963	3847	90716	90391	15171

18-5 普通高等院校各类专业本科学生数(2017年)

Students Enrollment in Regular Institutions of Higher Education by Field of Study (2017)

单位:人 (person)

项　目	Item	毕业生数 Number of Graduates	招生数 New Students Enrollment	在校学生数 Number Of Students Enrollment
合　计	**Total**	**145329**	**159911**	**632947**
哲　学	Philosophy	129	173	652
经济学	Economics	14943	15130	62561
法　学	Law	5467	6002	24427
教育学	Education	2735	2970	11902
文　学	Literature	16701	18793	73432
历史学	History	474	539	2136
理　学	Science	7935	9376	35658
工　学	Engineering	36262	44282	161222
农　学	Agriculture	1756	2097	8032
医　学	Medicine	9077	11258	47138
管理学	Management	38821	38250	161236
艺术学	Art	11029	11041	44551

注：本表数据由广东省教育厅提供。

Note: The data in this table are provided by the Department of Education of Guangdong Province.

18-6 普通高等院校专科分学科学生数(2017年)

Students Enrollment in Regular Institutions of Higher Education for Junior College by Field of Study (2017)

单位:人 (person)

项 目	Item	毕业生数 Number of Graduates	招生数 New Students Enrollment	在校学生数 Number Of Students Enrollment
合 计	**Total**	**138727**	**149404**	**434388**
农林牧渔大类	Agriculture,Forestry,Animal Husbandry and Fishery Category	1330	1567	4500
资源环境与安全大类	Resource Environment and Security Category	1006	1285	3941
能源动力与材料大类	Energy Dynamics and Materials Category	1204	1121	3741
土木建筑大类	Civil Engineering Category	13827	11916	35812
水利大类	Water Conservancy Category	399	418	1241
装备制造大类	Equipment Manufacturing Category	11987	12703	36744
生物与化工大类	Biology and Chemical Industry Category	1235	1281	4425
轻工纺织大类	Textile Category	439	936	2451
食品药品与粮食大类	Food,Medicine and Grain Category	3076	3288	9336
交通运输大类	Transport Category	6954	8206	23753
电子信息大类	Electronic Information Category	17254	24288	66582
医药卫生大类	Medical and Health Care Category	3879	5958	15431
财经商贸大类	Finance Category	42149	38977	120845
旅游大类	Tourism Category	3922	4625	12601
文化艺术大类	Cultural and Art Design Category	11491	10775	32530
新闻传播大类	Media Category	624	1053	2729
教育与体育大类	Education and Sports Category	13070	15048	41139
公安与司法大类	Public Security and Law Category	1789	2154	5843
公共管理与服务大类	Public Administration and Services Category	3092	3805	10744

注：本表数据由广东省教育厅提供。
Note: The data in this table are provided by the Department of Education of Guangdong Province.

18-7 普通高等院校本专科基本情况(2017年)

单位：人

院 校 名 称	Name of Universities, Institutes and Colleges	毕业生数 Number of Graduates
合 计	**Total**	**284056**
中山大学	Sun Yat-sen University	7388
华南理工大学	South China University of Technology	5822
暨南大学	Jinan University	4975
华南农业大学	South China Agricultural University	9167
南方医科大学	Southern Medical University	2924
广州中医药大学	Guangzhou University of Traditional Chinese Medicine	3145
华南师范大学	South China Normal University	6081
广东工业大学	Guangdong University of Technology	9982
广东外语外贸大学	Guangdong University of Foreign Studies	4833
广东财经大学	Guangdong Business Institute	5632
仲恺农业工程学院	Zhongkai Agritechnical College	4852
广东药科大学	Guangdong Pharmaceutical University	4736
星海音乐学院	Xinghai Conservatory of Music	943
广州美术学院	Guangzhou Academy of Fine Arts	1352
广州体育学院	Guangzhou Institute of Physical Education	1621
广东技术师范学院	Guangdong Polytechnic Normal University	5736
广东金融学院	Guangdong Finance College	5028
广东警官学院	Guangdong Police College	1022
广州大学	Guangzhou University	9567
广州医科大学	Guangzhou Medical Institute	2311
广东白云学院	Guangdong Baiyun Vocational Technical College	4115
广东培正学院	Guangdong Peizheng College	3676
广东第二师范学院	Guangdong University of Education	2291
广州民航职业技术学院	Guangzhou Civil Aviation College	3662
广州航海学院	Guangzhou Maritime College	3960
广东轻工职业技术学院	Guangdong Light Industry Technical College	6813
广东省外语艺术职业学院	Guangdong College of Foreign Languages and Art	2738
广东机电职业技术学院	Guangdong Machinery and Electricity College	4928
广东工贸职业技术学院	Guangdong Vocational College of Industry & Commerce	4816
广东交通职业技术学院	Guangdong Communication Polytechnic College	3863
广东水利电力职业技术学院	Guangdong Technical College of Water Resources and Electric Engineering	4076
广东生态工程职业学院	Guangdong Eco-engineering Polytechnic	892
广东司法警官职业学院	Judicial Police Officers' Professional Institute of Guangdong	1498
广东女子职业技术学院	Guangdong Women's Professional College	1985
广东农工商职业技术学院	Guangdong AIB Polytechnic College	5402
广东邮电职业技术学院	Guangdong Posts & Telecom Vocational Technology College	1249
广东建设职业技术学院	Guangdong Construction Vocational Technology Institute	2036
广东行政职业学院	Guangdong Vocational of Administration	1368

Basic Statistics on Regular Institutions of Higher Education (2017)

(person)

招生数 Number of New Entrants	在校学生数 Number of Enrolled Students	校本部教职工人数 Number of Teachers and Staff	# 专任教师 Full-time Teachers	# 正高级 Professors	# 副高级 Associate Professors	# 中 级 Lecturers
309315	**1067335**	**88117**	**61239**	**9644**	**17354**	**23983**
7752	32489	5970	3596	1479	1249	601
6092	24646	4203	2811	875	1119	727
6030	24517	3612	2215	646	838	644
8898	36560	3304	2471	449	860	976
3040	13605	2521	1869	576	748	526
2918	13383	1770	1363	391	472	417
6085	24835	4524	2030	562	590	664
8864	37878	3213	2225	386	689	1042
4920	19985	2185	1460	306	387	466
5846	26148	1516	1248	216	408	523
5329	20483	1265	1062	131	290	465
6229	19918	1598	1332	243	459	620
1214	4264	562	315	49	110	95
1261	5303	863	516	70	156	196
1669	6569	627	426	70	121	171
1590	16035	1898	1027	147	352	448
5693	22223	1260	951	122	289	496
1634	6286	647	263	36	114	93
9599	37466	3222	2141	356	672	546
1893	9425	1768	1348	523	647	92
5009	18005	1138	946	102	197	418
4719	14993	844	634	41	61	395
3271	11559	777	502	49	139	168
4141	12542	710	564	18	133	289
4508	12965	806	612	53	161	273
6456	19965	1192	865	80	310	440
2963	7167	570	370	21	117	170
5219	14579	960	780	31	234	427
4952	14642	832	646	19	169	329
4917	14031	805	647	46	152	370
4795	14143	782	590	28	211	290
1936	5317	325	255	3	81	54
1552	4355	308	189	16	58	98
1799	6092	379	202	14	78	90
6598	18616	1019	879	33	223	549
1627	4488	414	156	2	39	66
2678	7728	422	328	9	76	176
1921	4385	336	217	23	37	113

18-7 续表

单位：人

院 校 名 称	Name of Universities, Institutes and Colleges	毕业生数 Number of Graduates
广东体育职业技术学院	Guangdong Sports Vocational Technical Institute	887
广东食品药品职业学院	Guangdong Food and Drug Vocational School	4791
广东文艺职业学院	Guangdong Vocational Literature and Art College	1232
广州工程技术职业学院	Guangzhou Institute of Technology	2265
广州番禺职业技术学院	Guangzhou Panyu Polytechnic College	4200
广州体育职业技术学院	Guangzhou Sports Training and Technical College	672
广东理工职业学院	Guangdong Polytechnic Institute of Technology	2853
广州城市职业学院	Guangzhou City Polytechnic College	3067
广东工程职业技术学院	Guangdong Polytechnic College of Engineering	4512
广州铁路职业技术学院	Guangzhou Railway Vocational Technical College	2545
广东科贸职业学院	Guangdong Vocational College of Science and Trade	2337
广州科技贸易职业学院	Guangzhou Polytechnic of Science and Trade	2269
广东青年职业学院	Guangdong Youth Polytechnic College	1968
广东舞蹈戏剧职业学院	Guangdong Dance and Drama College	287
广东南华工商职业学院	Guangdong Nanhua Vocational College of Industry and Commerce	3486
私立华联学院	Private Hualian University	2325
广东岭南职业技术学院	Guangdong Lingnan Polytechnic College	4355
广州康大职业技术学院	Kanda Vocational Technical College	1580
广州工商学院	Guangdong College of Technology and Business	4535
广州涉外经济职业技术学院	Guangzhou International Economics College	3356
广州南洋理工职业学院	Guangzhou Nanyang Institute of Technology	3641
广州科技职业技术学院	Guangzhou Vocational College of Science and Technology	4151
广州现代信息工程职业技术学院	Guangzhou Modern Information Engineering College	1807
广州华南商贸职业学院	South China Business Trade College	1824
广州华立科技职业学院	Guangzhou HuaLi Vocational College of Science and Technology	3918
广州珠江职业技术学院	Guangzhou Pearl-river Vocational College of Technology	1747
广州松田职业学院	Guangzhou Songtian Polytechnic College	1484
广州城建职业学院	Guangzhou City Construction College	5553
广州华商职业学院	Guangzhou Huashang Vocational College	3304
广州华夏职业学院	Guangzhou Huaxia Technical College	3481
广州东华职业学院	Guangdong Donghua Polytechnic College	2147
广东工业大学华立学院	Huali College, Guangdong University	5243
广州大学松田学院	Songtian College, Guangzhou University	2592
广州商学院	Guangzhou College of Commerce	2839
中山大学新华学院	Xinhua College of SYSU	4714
广州大学华软软件学院	South Institute of Software Engineering	2390
中山大学南方学院	Nanfang College of SYSU	4210
广东外语外贸大学南国商学院	South China Business College, Guangdong University of Foreign Studies	1984
广东财经大学华商学院	Huashang College, Guangdong University of Business Studies	5354
华南农业大学珠江学院	Zhujiang College of South China Agriculture University	2577
广东技术师范学院天河学院	Tianhe College of Guangdong Polytechnic Normal University	4384
华南理工大学广州学院	Guangzhou College of SCUT	4705
公安边防部队高等专科学校	Public Security Frontier Forces Higher Specialty School	
广州卫生职业技术学院	Guangzhou Health Vocational and Technical College	

注：1.从2017年起，“民办南华工商学院”变更为“广东南华工商职业学院 ”。
2.本表数据由广东省教育厅提供。

continued

(person)

招生数 Number of New Entrants	在校学生数 Number of Enrolled Students	校本部教职工人数 Number of Teachers and Staff	# 专任教师 Full-time Teachers	# 正高级 Professors	# 副高级 Associate Professors	# 中 级 Lecturers
1158	2893	285	167	12	35	81
5017	13629	852	628	36	161	284
1324	4155	340	223	7	28	90
2703	8173	499	410	8	92	232
4293	11631	912	539	35	117	280
817	2074	466	174	5	44	84
3932	11760	690	447	24	87	294
2875	8918	615	416	17	108	232
3605	9320	588	410	13	117	243
2800	7687	571	359	17	97	158
3131	9149	516	398	11	104	188
1576	5763	440	296	6	77	167
1775	5774	325	236	7	34	90
753	2359	390	248	2	50	67
3593	10598	553	430	8	60	210
2579	7314	494	335	13	44	146
6559	17842	1150	969	58	189	325
	1335	103	60		12	47
6937	22052	1301	972	85	135	318
3092	9943	623	480	18	129	217
3713	10744	616	496	18	86	197
2775	10381	988	646	80	181	232
2569	6768	592	425	17	47	188
1724	5164	313	211	7	31	91
4744	13472	905	710	28	135	288
3374	8793	539	415	27	52	87
1087	3327	222	184	9	26	113
6594	18765	1060	840	27	203	369
3335	9771	509	402	39	96	131
4947	13657	806	556	27	97	180
3571	10174	617	454	4	89	118
4301	13059	951	681	38	226	275
1820	8758	455	357	13	25	243
4405	17988	931	811	79	165	420
5587	22260	1189	931	140	208	405
3378	14322	796	565	44	108	303
4900	18283	696	584	40	72	305
2214	9052	761	469	88	104	168
5384	21931	949	793	114	97	380
3267	11739	572	461	53	54	184
4458	14227	836	714	61	163	397
5380	21583	1225	916	78	228	441
		333	149	3	27	89
1652	3158	396	221	7	68	103

Note: 1.Since 2017,Nanhua Industry and Commercial College Run by the local is renamed to Guangdong Nanhua Vocational College of Industry and Commerce.
2.The data in this table are provided by the Department of Education of Guangdong Province.

18-8 高中、初中、小学毕业生升学情况

Statistics on Graduates of Senior, Junior Secondary Schools and Primary Schools Entering Higher Level Schools

项 目		Item		2016
高中毕业生数	（人）	Graduates of Senior Secondary Schools	(person)	59133
已升学人数	（人）	Students Entering Institution of Higher Education	(person)	55943
升学率	（%）	Percentage of Graduates of Senior Secondary Schools Entering Institution of Higher Education	(%)	94.61
初中毕业生数	（人）	Graduates of Junior Secondary Schools	(person)	114105
已升学人数	（人）	Students Entering Senior Secondary Schools	(person)	108912
升学率	（%）	Percentage of Graduates of Junior Secondary Schools Entering Senior Secondary Schools	(%)	95.45
小学毕业生数	（人）	Graduates of Primary Schools	(person)	133032
已升学人数	（人）	Students Entering Junior Secondary Schools	(person)	130893
升学率	（%）	Percentage of Graduates of Primary Schools Entering Junior Secondary Schools	(%)	98.39

18-8 续表 continued

项 目		Item		2017
高中毕业生数	（人）	Graduates of Senior Secondary Schools	(person)	58392
已升学人数	（人）	Students Entering Institution of Higher Education	(person)	55683
升学率	（%）	Percentage of Graduates of Senior Secondary Schools Entering Institution of Higher Education	(%)	95.36
初中毕业生数	（人）	Graduates of Junior Secondary Schools	(person)	102582
已升学人数	（人）	Students Entering Senior Secondary Schools	(person)	97666
升学率	（%）	Percentage of Graduates of Junior Secondary Schools Entering Senior Secondary Schools	(%)	95.21
小学毕业生数	（人）	Graduates of Primary Schools	(person)	139815
已升学人数	（人）	Students Entering Junior Secondary Schools	(person)	133878
升学率	（%）	Percentage of Graduates of Primary Schools Entering Junior Secondary Schools	(%)	95.75

注：本表数据由广州市教育局提供。
Note: The data in this table are provided by Guangzhou Municipal Bureau of Education.

18-9 普通中学专任教师学历情况(2017年)

Diploma Qualifications of Full-time Teachers in Regular Secondary Schools (2017)

项 目	Item	人 数 (人) Personnel (person)	高 中 Senior Secondary Schools	初 中 Junior Secondary Schools
合 计	**Total**	**42796**	**14569**	**28227**
研究生毕业	Postgraduates	4280	2436	1844
本科毕业	Graduates Attending Regular College Course	36156	12097	24059
专科及以下毕业	Graduates Attending Specialized Subject	2360	36	2324

18-9 续表 continued

项 目	Item	构 成 (%) Composition (%)	高 中 Senior Secondary Schools	初 中 Junior Secondary Schools
合 计	**Total**	**100.00**	**100.00**	**100.00**
研究生毕业	Postgraduates	10.00	16.72	6.53
本科毕业	Graduates Attending Regular College Course	84.49	83.03	85.24
专科及以下毕业	Graduates Attending Specialized Subject	5.51	0.25	8.23

注：1.高中教师学历达标率为99.75%，初中教师学历达标率为100.00%。
2.本表数据由广州市教育局提供。

Note:1. The academic qualification rate of teachers in senior secondary schools is 99.75 percent, that in junior secondary schools is 100.00 percent.
2.The data in this table are provided by Guangzhou Municipal Bureau of Education.

18-10 各类学校教职工人数及专任教师数

Staff and Workers and Full-time Teachers by Type of School

单位：人 (person)

项　　目	Item	2016	2017
各类学校教职工人数	**Number of Staff and Workers by Type of School**	**221647**	**228748**
普通高等学校	Regular Institutions of Higher Education	90973	93465
中等职业学校	Vocational Secondary Schools	11339	11609
技工学校	Technical Schools	11960	12443
普通中学	Regular Secondary Schools	50281	51338
小　学	Primary Schools	56038	58827
特殊学校	Special Schools	1056	1066
各类学校专任教师数	**Number of Full-time Teachers by Type of School**	**167874**	**173990**
普通高等学校	Regular Institutions of Higher Education	59704	61239
中等职业学校	Vocational Secondary Schools	7812	8044
技工学校	Technical Schools	5501	6123
普通中学	Regular Secondary Schools	41894	42796
#高　中	Senior Secondary Schools	14352	14569
小　学	Primary Schools	52075	54867
特殊学校	Special Schools	888	921

18-11 学生辍学情况

Statistics on Students Dropping Out of Schools

项　　目	Item	2016	2017
高　中	**Senior Secondary Schools**		
上学年初学生 (人)	Number of Students at the Beginning of Preceding Academic Year (person)	178400	168439
#辍学生 (人)	Students Dropping Out of Schools (person)	1720	629
辍学率 (%)	Percentage of Students Dropping Out of Schools (%)	0.96	0.37
初　中	**Junior Secondary Schools**		
上学年初学生 (人)	Number of Students at the Beginning of Preceding Academic Year (person)	331154	316352
#辍学生 (人)	Students Dropping Out of Schools (person)	1069	614
辍学率 (%)	Percentage of Students Dropping Out of Schools (%)	0.32	0.19
小　学	**Primary Schools**		
上学年初学生 (人)	Number of Students at the Beginning of Preceding Academic Year (person)	910399	927474
#辍学生 (人)	Students Dropping Out of Schools (person)	1822	53
辍学率 (%)	Percentage of Students Dropping Out of Schools (%)	0.20	0.01

注：本表数据由广州市教育局提供。
Note: The data in this table are provided by Guangzhou Municipal Bureau of Education.

18-12 小学教育情况
Statistics on Primary Education

项　目	Item	2016	2017
适龄儿童入学率 (%)	Percentage of School-age Children Enrolled (%)	100.00	100.00
6-11岁学龄儿童数 (人)	Number of 6-11 School-age Children (person)	951820	988958
# 已入学人数 (人)	Number of Children Enrolled in Schools (person)	951820	988958
毕业率 (%)	Percentage of Graduation (%)	100.13	99.67
上学年预计毕业生数 (人)	Number of Graduated Pupils in Previous Year (person)	132857	140284
毕业生人数 (人)	Number of Graduates (person)	133032	139815

注：本表数据由广州市教育局提供。
Note: The data in this table are provided by Guangzhou Municipal Bureau of Education.

18-13 成人高等教育基本情况
Basic Statistics on Adult Higher Education

单位：人　　(person)

项　目	Item	2016	2017
成人高等教育	**Higher Education for Adults**		
学校数 (所)	Number of Schools (unit)	9	7
教职工人数	Number of Teachers and Staff	3120	3274
# 专任教师数	Number of Full-time Teachers	1944	2004
聘请校外教师 (人次)	Number of Teachers Engaged from Other Schools (Person-time)	3840	3595
毕业生	Graduates	117243	140876
招生数	New Students Enrollment	133790	141584
在校学生数	Students Enrolled	397651	388636

注：本表数据由广东省教育厅提供。
Note: The data in this table are provided by the Department of Education of Guangdong Province.

18-14 成人高等教育在校学生数

Number of Students Enrolled in Adult Higher Education by Level

单位:人 (person)

项　目	Item	2016	2017
成人高等教育	**Higher Education for Adults**	**397651**	**388636**
成人高等学校	Institutions of Higher Education for Adults	16434	27925
广播电视大学	Radio and TV Universities	3477	10276
职工高等学校	Schools of Higher Education for Staff and Workers	12957	17649
管理干部学院	Colleges for Management Cadres		
普通高校附设	Departments Run by Regular Institutions of Higher Education	381217	360711
函　授	Correspondence Divisions	154354	155239
业　余	Evening Universities	226863	205471
脱　产	Courses in Form of Full Time for Adults		1

注：本表数据由广东省教育厅提供。
Note: The data in this table are provided by the Department of Education of Guangdong Province.

18-15 民办普通中小学及幼儿园情况（2017年）

Statistics on Regular Secondary Schools, Primary Schools and Kindergartens Run by Society (2017)

单位：人 (person)

项　目	Item	学校数（所） Number of Schools (unit)	毕业生数 Number of Graduates	招生数 Number of New Entrants	在校学生数 Number of Enrolled Students	教职工数 Number of Teachers and Staff	#专任教师 Full-time Teachers
合　计	**Total**	**1609**	**177093**	**226042**	**770924**	**80652**	**47601**
普通中学	Regular Secondary Schools	210	35592	43334	119815	14353	8700
高　中	Senior Secondary Schools	17	3528	3753	10959	2154	1014
初　中	Junior Secondary Schools	193	32064	39581	108856	12199	7686
小　学	Primary Schools	154	44080	62829	326355	18936	16374
幼儿园	Kindergartens	1245	97421	119879	324754	47363	22527

注：本表数据由广州市教育局提供。
Note: The data in this table are provided by Guangzhou Municipal Bureau of Education.

18-16　幼儿园基本情况
Basic Statistics on Kindergartens

项　目	Item	2016	2017
幼儿园数　（所）	**Number of Kindergartens　(unit)**	**1693**	**1775**
公　办	Kindergartens Run by Government	522	530
民　办	Kindergartens Run by Society	1171	1245
教职工人数　（人）	**Number of Teachers and Staff　(person)**	**65715**	**69863**
#教　师	Teachers	32653	34096
在园幼儿数　（人）	**Number of Student Enrollment　(person)**	**463037**	**483497**

注：本表数据由广州市教育局提供。
Note: The data in this table are provided by Guangzhou Municipal Bureau of Education.

18-17　体育事业基本情况
Basic Statistics on Sports

项　目	Item	2016	2017
群众体育活动情况	**Mass Sports Activities**		
各级各类大型全民健身活动赛事（项次）	Number of large-scale Body-building Activities Run by all kinds all levels (item-times)	480	480
参加各级各类大型全民健身活动人数（万人次）	Number of Persons Taking Part in large-scale Body-building Activities Run by all kinds all levels (10000 person-times)	650	650
举办国际级、国家级单项比赛次数(次)	Number of international and national individual competitions(times)	117	86
破纪录	**Records Chalked up**		
破世界纪录　（项、人次）	World Records Chalked up　(item, person-times)		
破亚洲纪录　（项、人次）	Asian Records Chalked up　(item, person-times)		
破全国纪录　（项、人次）	National Records Chalked up　(item, person-times)		
获得冠军	**Champions Won**		
广州运动员获世界冠军　（项、人次）	World Champions　(item, person-times)	20项20人次	22项23人次
广州运动员获亚洲冠军　（项、人次）	Asian Champions　(item, person-times)	10项11人次	20项20人次
广州运动员获全国冠军　（项、人次）	National Champions　(item, person-times)	91项145人次	153项185人次

注：本表数据由广州市体育局提供。
Note: The data in this table are provided by Administration of Sports of Guangzhou Municipality.

18-18 文化主要指标
Main Indicators of Culture

项目	Item	2016	2017
电影、艺术	**Films and Arts**		
全年摄制完成影片 (部)	Film Production (film)	4	6
#故事片	Feature Films	4	6
全年发行各种新影片 (部)	Release of Various New Films (film)	495	715
#国产与合拍片	Chinese-made Films	392	485
进口片	Hong Kong-made and Import Films	103	230
电影放映、艺术表演单位	Film Projection Units and Art Performance Units		
电影院 (间)	Cinemas (unit)	80	171
放映厅 (个)	Screening Room (unit)		1061
电影院座位 (个)	Seats of Cinemas (unit)	71064	156724
艺术表演场馆 (个)	Art Performance Halls (unit)	16	22
艺术表演场馆座席数 (个)	Seats of Art Performance Halls (unit)	29189	30337
电影映出场次 (场)	Number of Film Showing (scene)	963527	2128781
电影观众人数 (万人次)	Number of Film Spectators (10000 person-times)	2755	5335
专业艺术表演团体 (个)	Specialized Arts Performance Troupes (unit)	52	54
本团原创首演剧目 (个)	Premiere Performance of Original Play (unit)	23	26
艺术表演团体演出场次 (万场)	Number of Performance for Arts Performance Troupes(scene)	0.42	0.46
艺术表演团体国内演出观众人次(万人次)	Number of Spectators for Arts Performance Troupes (10000 person-times)	406	402
广播电视事业	**Broadcasting and Television Stations**		
广　播	Broadcasting		
广播电台 (座)	Number of Broadcasting Stations (set)	2	2
节目套数 (套)	Number of Programs (set)	18	16
中短波转播发射台 (座)	Medium Wave and Short Wave Broadcasting Transmission Stations (set)	2	2
平均日播音 (时)	Broadcasting Hours per Day (hour)	362	346
广播综合人口覆盖率 (%)	Listener Rating (%)	100.00	100.00
电　视	Television		
电视台 (座)	Number of Television Stations (set)	3	3
节目套数 (套)	Number of Programs (set)	23	27
平均周播放时间 (时)	Broadcasting Hours per Week (hour)	3344	3747
制作电视剧 (集)	TV Play Programs (set)	1473	1034
电视综合人口覆盖率 (%)	Viewer Rating (%)	100.00	100.00

注：1.2016年电影放映指标仅统计了中影南方电影新干线有限公司和广州金逸珠江电影院线有限公司两家院线。从2017年起，电影放映指标统计口径变更为全市所有电影院线。

2.从2017年起，增加“放映厅(个)”指标。

Note：I. In 2016, only two cinemas of China film south Shinkansen and guangzhou jinyi pearl river cinema line were counted. Starting from 2017, the statistical caliber of film projection indicators has been changed to all cinema lines in the city.

II. From 2017, the screening room indicator has been added.

18-18 续表 continued

项 目	Item	2016	2017
图书、档案事业	**Books and Archives**		
公共图书馆 (间)	Public Libraries (unit)	14	14
总藏量 (万册)	Total Collections (10000 volumes)	2737	2986
# 图 书	Books	2401	2614
阅览室座席 (个)	Seating Capacity of Reading Rooms (seat)	26328	25861
# 少儿阅览室座席	Seating Capacity of Children Reading Rooms	5589	5516
总流通人次 (万人次)	Total Number of Circulation (10000 person-times)	3074	3117
书刊文献外借册次 (万册次)	Number of Books Borrowed by the Readers(10000 volume-times)	2130	2853
档案馆 (个)	Archives (unit)	31	27
馆藏案卷总数 (万卷)	Number of Archives (10000 volumes)	2220	1561
群众文化事业	**Mass Culture**		
群众艺术馆、文化馆 (间)	Units Responsible for Guiding Mass Art (unit)	13	13
文化站 (个)	Cultural Stations (unit)	167	169
举办展览 (个)	Number of Exhibitions (unit)	997	1261
组织文艺活动 (次)	Art Performances and Story-telling (times)	9015	9568
举办训练班 (次)	Training Courses (times)	9346	13395
文物事业	**Cultural Relics**		
博物馆、纪念馆及美术馆(个)	Museums and Memorial Halls (unit)	32	32
藏品数 (件)	Number of Cultural Relics Collection (piece)	359030	542814
# 一级品	Grade One	1049	1062
举办陈列展览 (个)	Number of Displays and Exhibitions (unit)	325	286
参观人次 (千人次)	Number of Visitors (1000 person-times)	11709	13073
文物商店 (间)	Cultural Relic Stores (unit)	2	2
出版事业	**Publishing Undertaking**		
全年出版报纸 (种)	Number of Newspapers Published (kind)	56	56
全年出版报纸 (万份)	Number of Newspapers Published (10000 copies)	213249	189428
全年出版图书 (种)	Number of Books Published (kind)	9747	9385
全年出版图书 (万册)	Number of Books Published (10000 copies)	30442	29851
全年出版杂志 (种)	Number of Magazines Published (kind)	297	300
全年出版杂志 (万册)	Number of Magazines Published (10000 copies)	11011	10397
图书销售量 (万册)	Number of Books Sold (10000 volumes)	3689	2903

注：报纸出版种数不包含校报、院报。
Note: The number of newspaper publishing do not included college newspaper.

18-19 主要年份卫生事业基本情况

Basic Statistics on Public Health in Main Years

年份 Year	卫生机构数（个） Health Care Institutions (unit)	#医院 Hospitals	卫生技术人员（人） Medical Professionals (person)	#医生 Doctors	卫生机构床位数（张） Hospital Beds (bed)	#医院 Hospitals	每万人口医生数（人） Doctors per 10000 Population (person)	每万人口医院床位数（张） Hospital Beds per 10000 Population (bed)
1978	1589	140	31547	12014	17109	14382	24.88	29.78
1980	1802	141	35792	14566	17673	14747	29.02	29.38
1985	2098	163	42522	18079	23830	19439	33.17	35.67
1986	2319	165	44666	19152	25031	20020	34.48	36.05
1987	2173	174	45818	19557	26599	21544	34.61	38.13
1988	2387	182	46957	20094	27981	22663	34.83	39.28
1989	2409	186	47988	20913	28988	23458	35.72	40.07
1990	2353	190	48276	21015	29930	24395	35.36	41.05
1991	2347	194	48618	21026	31293	25286	34.91	41.99
1992	2323	200	49052	21304	32646	26901	34.80	43.94
1993	2094	210	50097	22153	32399	27339	35.52	43.84
1994	2131	216	50819	22401	33086	27871	35.17	43.75
1995	2238	221	52851	23321	34139	28721	36.06	44.41
1996	1987	222	52450	22384	34338	29728	34.12	45.31
1997	1989	224	53654	22829	35301	30067	34.25	45.11
1998	2013	224	54053	22817	35306	30791	33.85	45.67
1999	1670	250	54480	23068	36431	31284	33.68	45.67
2000	1703	252	55677	23503	38758	33716	33.54	48.12
2001	2257	253	56262	23949	39417	34558	33.61	48.50
2002	2265	196	54652	22169	40430	32736	30.76	45.43
2003	2349	183	57274	23464	42210	34140	32.36	47.08
2004	2443	188	59943	24493	45687	35979	33.20	48.77
2005	2517	211	64182	25852	47888	39359	34.44	52.44
2006	2603	223	69091	27338	50500	42821	35.94	56.29
2007	2543	225	76791	29056	52640	45209	37.57	58.45
2008	2388	218	80687	29953	54973	47128	38.20	60.10
2009	2341	224	89179	32926	59038	50367	41.44	63.39
2010	2387	216	95546	33575	62552	53227	41.65	66.03
2011	3459	207	100832	35638	65940	55429	43.75	68.05
2012	3511	224	106708	37442	70649	62194	45.53	75.63
2013	3729	222	114802	39694	73301	64864	47.69	77.93
2014	3749	224	120915	40715	77011	68685	48.33	81.53
2015	3724	229	126681	42499	82022	73313	49.75	85.83
2016	3806	243	137953	46791	87959	79037	53.75	90.80
2017	4058	243	145045	49747	90222	81747	55.41	91.05

注：1．从2016年起卫生指标按照新的《2016国家卫生和计划生育统计调查制度》统计。其中，医生为执业(助理)医师数。
2．从2004年起医院不包卫生院及社区卫生服务中心(站)。
3．每万人口医生数和每万人口医院床位数用年末户籍人口计算。

Note: I. Since 2016, the health indicators have been counted according to the new National Health and Family Planning Survey system 2016. Among them, the number of doctors practising (assistant) doctors.
II.The number of hospitals haven't included the township hospitals since 2004.
III. Doctors per 10000 population and hospital beds per 10000 population are caculated by the registered population.

18-20 医疗卫生机构数

Number of Health Institutions

单位：个 (unit)

项　　目	Item	2016	2017
各类医疗卫生机构合计	**Total Number of Health Care Institutions**	**3806**	**4058**
医　院	**Hospitals**	**243**	**243**
综合医院	General Hospitals	139	135
中医医院	TCM Hospitals	29	28
中西医结合医院	Hospitals Which Integrate Traditional Chinese Therapeutics with Western Therapeutics in Practice	7	7
专科医院	Specialized Hospitals	65	70
护理院	Nursing Homes	3	3
基层医疗卫生机构	**Basic Health Care Institutions**	**3309**	**3602**
社区卫生服务中心(站)	Health Service Certers(Stations) for Community	342	325
社区卫生服务中心	Health Service Centers for Community	154	153
社区卫生服务站	Health Service Stations for Community	188	172
卫生院	Township Hospitals	30	30
村卫生室	Village Health Hospitals	932	932
门诊部	Outpatient Departments	715	900
诊所、卫生所、医务室	Clinics、Health Stations, Infirmaries	1290	1415
专业公共卫生机构	**Specialized Health Care Institutions**	**223**	**180**
疾病预防控制中心	CDC(Epidemic Prevention Stations)	18	17
专科疾病防治院(所、站)	Specialized Disease Prevention & Treatment Institutions	8	6
健康教育所(站、中心)	Health Education Stations(Centers)	3	3
妇幼保健院(所、站)	Maternity and Child Care Centers	14	12
急救中心(站)	First Aid Centers(Stations)	7	7
采供血机构	Blood Collection Agencies	5	5
卫生监督所(中心)	Health Supervision Stations	14	14
计划生育技术服务机构	Family-planning Technical Service Institutions	154	116
其他卫生机构	**Others**	**31**	**33**
疗养院	Sanitariums	9	9
医学科学研究机构	Research Institutions of Medical Science	5	5
医学在职培训机构	Training Institutions of Medical Science for Incunbent	1	1
临床检验中心(所、站)	Clinical Inspect Centers(stations)	11	13
统计信息中心	Statistical Information Centers	2	2
其　他	Other Medical Institutions	3	3

注：本表数据由广州市卫生和计划生育委员会提供。
Note: The data in this table are provided by Health and Family planning Commisssion of Guangzhou Municipality.

18-21 医疗卫生机构床位数(2017年)

Number of Beds in Medical and Health Institutions (2017)

单位：张 (unit)

项目	Item	2016	2017
各类医疗卫生机构床位	**Total Number of Beds in Health Institutions**	**87959**	**90222**
医院	**Hospitals**	**79037**	**81747**
综合医院	General Hospitals	50536	51361
中医医院	TCM Hospitals	10005	10249
中西医结合医院	Hospitals Which Integrate Traditional Chinese Therapeutics with Therapeutics in Practice	2018	1975
专科医院	Specialized Hospitals	15321	17264
护理院	Nursing Homes	1157	898
基层医疗卫生机构	**Community Medical and Health Institutions**	**4720**	**4825**
社区卫生服务中心(站)	Health Service Centers for Community	2964	3115
卫生院	Township Hospitals	1730	1684
门诊部	Outpatient Departments	26	26
专业公共卫生机构	**Specialized Public Health Institutions**	**3554**	**3252**
专科疾病防治院(所、站)	Specialized Disease Prevention & Treatment Institutions	106	106
妇幼保健院(所、站)	Maternity and Child Care Centers	3448	3146
其他卫生机构	**Others**	**648**	**398**
疗养院	Sanitariums	648	398

注：本表数据由广州市卫生和计划生育委员会提供。
Note: The data in this table are provided by Health and Family planning Commisssion of Guangzhou Municipality.

18-22 医疗卫生机构工作人员(2017年)

Number of Employed Personnel in Medical and Health Institutions (2017)

单位:人 (person)

项 目	Item	2016	2017
合 计	**Total**	**166537**	**175714**
# 卫生技术人员小计	Medical Technical Personnel	137953	145045
执业(助理)医师	Assistant Certified Doctors	46791	49747
# 执业医师	Certified Doctors	43737	46529
注册护士	Registered Nurses	61327	65615
药 师(士)	Pharmacists	8503	8536
技 师(士)	Technicians	7744	7639
# 检验师(士)	Testers	5630	5563
其 他	Others	13588	13508
其他技术人员	Other Technical Personnel	5646	5795
管理人员	Managerial Personnel	7642	8610
工勤技能人员	Workers	14476	15541
乡村医生和卫生员	Rural Doctors and Medical Attendants	820	723

注：本表数据由广州市卫生和计划生育委员会提供。

Note: The data in this table are provided by Health and Family planning Commisssion of Guangzhou Municipality.

18-23 民营医疗机构基本情况(2017年，按地区分)

Basic Statistics on Private Medical and Health Institutions(2017, by District)

地 区	District	医疗机构数(个) Numbers of Medical Institutions (unit)	床位数(张) Number of Beds (unit)	人员数(人) Number of Employed Personnel (person)	#卫生技术人员(人) Medical Technical Personnel (person)	#执业(助理)医师(人) Assistant Certified Doctors (person)	#注册护士(人) Registered Nurses (person)
总 计	**Total**	**2103**	**14481**	**31954**	**25120**	**10576**	**10633**
荔湾区	Liwan	133	401	1621	1407	703	506
越秀区	Yuexiu	184	594	3470	2486	1069	1131
海珠区	Haizhu	127	496	1844	1549	739	568
天河区	Tianhe	454	2570	8242	6001	2532	2660
白云区	Baiyun	329	7851	7269	5703	2142	2657
黄埔区	Huangpu	146	444	1982	1555	613	470
番禺区	Panyu	240	783	3322	2777	1098	1132
花都区	Huadu	218	607	1912	1692	780	672
南沙区	Nansha	38	60	446	275	117	109
从化区	Conghua	72	335	412	375	189	141
增城区	Zengcheng	162	340	1434	1300	594	587

注：本表数据由广州市卫生和计划生育委员会提供。

Note:The data in this table are provided by Health and Family planning Commisssion of Guangzhou Municipality.

18-24 医疗资源与服务情况（2017年）

Resources and Services on Medical Institutions (2017)

项目	Item	合计 Total	公立医疗机构 Public Medical Institutions	#政府办 Operated by Governments	民营医疗机构 Private Medical Institutions
医疗机构数（个）	Number of Units (unit)	3892	1789	559	2103
总诊疗人次（万人次）	Patients Treated (10000 person-times)	15256.25	13120.67	11721.07	2135.58
#门　诊	Outpatient Visits	13864.25	11811.86	10497.56	2052.39
急　诊	Emergency Visits	1141.83	1083.18	1015.30	58.65
观察室留观病例数（万人次）	Number of Persons for Further Observation (10000 person-times)	102.13	99.51	99.01	2.62
健康检查人次（万人次）	Number of Persons for Health Examination (10000 person-times)	905.90	721.93	617.19	183.97
入院人数（万人次）	Number of Inpatients (10000 person-times)	300.13	281.64	269.63	18.49
出院人数（万人次）	Number of Leaving Hospital(10000 person-times)	299.70	281.43	269.44	18.26
年底实有病床数（张）	Number of Beds at Year-end (unit)	90222	75741	69827	14481
病床使用率（%）	Utilization Rate of Beds (%)	88.21	94.21	94.90	55.28
病床周转次数（次/年）	Turnover Rate of Beds (times/year)	34.0	38.0	39.0	13.0
出院者平均住院日（日）	Average Hospitalization Period (day)	9.1	8.9	8.7	11.3
医师人均每日担负诊疗人次（人）	Average Daily For Per Doctor visited (person)	12.5	13.7	13.7	8.1
医师人均每日担负住院床日（人）	Doctor Responsible For Inpatient Bed Days Per Capita Daily (person)	1.9	1.9	1.9	1.9

注：本表数据由广州市卫生和计划生育委员会提供。
Note:The data in this table are provided by Health and Family planning Commisssion of Guangzhou Municipality.

18-25 医院、社区卫生服务机构、卫生院工作情况(2017年)
Statistics on Hospitals Community Health Services and Township Hospitals (2017)

项目	Item	医院 Hospitals	社区卫生服务中心(站) Community Health Centre	卫生院 Township
机构数 (个)	Number of Units (unit)	243	325	30
总诊疗人次 (万人次)	Patients Treated (10000 person-times)	9454.66	2547.46	393.38
#门 诊	Outpatient Visits	8492.35	2389.07	292.74
急 诊	Emergency Visits	862.18	74.69	77.87
观察室留观病例数(万人次)	Number of Persons for Further Observation(10000 person-times)	85.16	5.04	11.56
健康检查人次 (万人次)	Number of Persons for Health Examination(10000 person-times)	527.65	117.68	26.56
入院人数 (万人次)	Number of Inpatients (10000person-times)	269.01	5.68	6.61
出院人数 (万人次)	Number of Leaving Hospital (10000 person-times)	268.64	5.63	6.56
年末实有病床数 (张)	Number of Beds at Year-end (unit)	81747	3115	1684
平均开放病床数 (张)	Average Number of Beds in Use (unit)	79865	3061	1699
病床使用率 (%)	Utilization Rate of Beds (%)	88.99	74.74	68.32
病床周转次数 (次/年)	Turnover Rate of Beds (times/year)	34.0	18.0	39.0
出院者平均住院日 (日)	Average Hospitalization Period (day)	9.2	12.9	6.2

注：本表数据由广州市卫生和计划生育委员会提供。
Note:The data in this table are provided by Health and Family planning Commisssion of Guangzhou Municipality.

18-26 村卫生室基本情况
Statistics on Rural Health Institutions

项目	Item	2016	2017
机构数 (个)	Number of Institutions (unit)	932	932
执业(助理)医师 (人)	Certified (Assistant) Doctors (person)	459	514
注册护士 (人)	Certified (Assistant) Nurses (person)	267	276
乡村医生和卫生员 (人)	Rural Doctors and Medical Attendants (person)	820	723
乡村医生数	Rural Doctors	776	679
卫生员	Medical Attendants	44	44
总诊疗人次 (万人次)	Patients Treated (10000 person-times)	380.43	357.05

注：本表数据由广州市卫生和计划生育委员会提供。
Note: The data in this table are provided by Health and Family planning Commisssion of Guangzhou Municipality.

18-27 卫生事业其他指标
Other Indicators of Health Care

项　　目	Item	2016	2017
人均卫生资源	**Per Capita Health Resources**		
每万人口卫生机构床位数 (张)	Number of Hospital Beds per 10000 Population (unit)	62.63	62.23
每万人口卫生技术人员数 (人)	Number of Medical Technical Personnel per 10000 Population (person)	98.23	100.04
每万人口执业(助理)医师数(人)	Number of Certified (Assistant) Doctors per 10000 Population (person)	33.32	34.31
每万人口注册护士数 (人)	Number of Registered Nurses per 10000 Population (person)	43.67	45.26
防病工作	**Disease Prevention**		
甲、乙类传染病发病率(1/10万)	Incidence Disease Rate of type A&B Infectious Disease(per 100000 persons)	325.84	356.49
甲、乙类传染病死亡率(1/10万)	Death Rate of type A&B Infectious Diseases (per 100000 persons)	0.92	0.97
儿童计划免疫接种率 (%)	Planned Vaccination Rate of Children (%)		
卡介苗接种率	BCG Vaccination Rate	99.83	99.86
脊髓灰质炎接种率	Poliovirus Vaccination Rate	99.69	99.76
百白破接种率	Pertussis, Diphtheria & Tetanus Vaccination Rate	99.76	99.80
麻疹接种率	Measles Virus Vaccination Rate	99.77	99.77
乙肝基础免疫	Hepatitis B Basic Vaccination Rate	99.77	99.79
乙脑基础免疫	Encephalitis B Basic Vaccination Rate	99.75	99.72
妇幼工作	**Women and Children**		
孕产妇保健系统管理率 (%)	Management Rate of Maternity Health Care System (%)	95.70	95.93
孕产妇保健管理覆盖率 (%)	Coverage Rate of Maternity Health Care Management (%)	97.95	98.30
3岁以下儿童保健系统管理率(%)	Management Rate of Children Health Care System at 3 Years Old and below (%)	95.20	94.61
7岁以下儿童保健管理覆盖率(%)	Coverage Rate of Children Health Care Management at 7 Years Old and below (%)	99.27	99.06
出生缺陷发生率 (1/万)	Incidence Rate of Birth Defect (persons per 10000 persons)	204.46	182.60
出生低体重儿发生率 (%)	Incidence Rate of Low Weight Infants at Birth (%)	6.09	5.43
5岁以下儿童中、重度营养不良患病率 (%)	Incidence Disease Rate from Medium and Serious Malnutrition of Children at 5 Years Old and below (%)	1.27	1.31
婚前医学检查 (%)	Medical Examination Rate before Marriage (%)	34.71	30.46
婚前医学检查疾病检出率 (%)	Disease Rate through Medical Examination before Marriage (%)	16.15	18.81
生命指标	**Life Indicators**		
平均期望寿命 (岁)	Life Expectancy (year)	81.75	81.96
男　性	Male	79.01	79.14
女　性	Female	84.63	84.93
孕产妇死亡率 (1/10万)	Death Rate of Pregnant and Lying-in Women (per 100000 persons)	8.20	7.22
5岁以下儿童死亡率 (‰)	Death Rate of Children at 5 Years Old and below (‰)	3.32	3.06

注：1.本表数据由广州市卫生和计划生育委员会提供。
2.本表人均卫生资源用年末常住人口计算；
3.甲、乙类传染病发病率、死亡率用年平均常住人口计算。
4.平均期望寿命以死因统计年报计算。

Note: I. The data in this table are provided by Health and Family planning Commisssion of Guangzhou Municipality.
II. Per capita health resources is calculated by annual resident population.
III. The incidence disease rate and death rate of type A and B infections diseases are calculated by annual resident population.
Ⅳ. Life expectancy is calculated according to the statistical yearbook of death.

18-28 律师、公证、基层司法基本情况

Basic Statistics on Lawyers, Notarization and Grassroots Judicial Work

项 目		Item		2016	2017
律师工作		**Lawyers**			
律师事务所	（个）	Number of Law Offices	(unit)	604	676
执业律师	（人）	Number of Certified Lawyers	(person)	10852	12323
担任常年法律顾问	（家）	Number of Units with Permanent Legal Advisors	(unit)	18866	18314
民事诉讼代理	（件）	Civil Case Litigation Agency	(case)	71971	80211
行政诉讼代理	（件）	Administrative Action Case Litigation Agency	(case)	2517	2697
非诉讼法律事务	（件）	off-court Case	(case)	59640	31111
刑事辩护及代理	（件）	Criminal Case Litigation Agency	(case)	7216	9285
公证工作		**Notarization**			
公证处	（个）	Number of Notary Offices	(unit)	9	10
公证人员	（人）	Number of Notary Personnel	(person)	376	410
办结公证总数	（件）	Number of Notary Documents	(case)	445479	474280
# 国内公证业务		Domestic Notarization Business		339971	383716
涉外公证业务		Foreign-related Notarization Business		100273	85600
涉港澳台公证业务		Notarization Business Related to Hong Kong, Macao and Taiwan		5235	4964
基层司法工作		**Grassroots Judicial Work**			
司法所	（个）	Number of Law Services	(unit)	171	171
司法所人员	（人）	Number of Law Service Personnel	(person)	750	828
司法所兼职人员	（人）	Number of Units with Legal Advisors	(person)	7	
司法助理员	（人）	Agent of Civil Cases	(person)		
人民调解委员会	（个）	Number of People's Mediation Committees at Year-end	(unit)	3210	3327
调解人员	（人）	Number of Mediators at Year-end	(person)	14966	15235
调解纠纷总数	（件）	Number of Disputes Mediated	(case)	60039	73958

注：本表数据由广州市司法局提供。
Note:The data in this table are provided by Guangzhou Municipal Bureau of Justice.

18-29 社会治安主要指标

Main Indicators of Public Security

项　目		Item		2016	2017
刑事案件		**Criminal Cases**			
立案数	（件）	Number of Cases Registered	(case)	156534	128815
破案数	（件）	Number of Cases Cracked in Current Year	(case)	29408	29408
破案率	(%)	Percentage of Cases Cracked to Total Criminal Cases in Current Year	(%)	18.8	22.8
治安案件		**Offense Cases against Public Order**			
受理数	（件）	Number of Cases Accepted to be Treated	(case)	177562	165474
查处数	（件）	Number of Cases Investigated and Treated	(case)	172443	161946
城市交通事故		**City Traffic Accidents**			
交通事故	（件）	Number of Traffic Accidents	(case)	2544	2336
死伤人数	（人）	Number of Deaths and Injuries	(person)	3397	3058
#死亡人数		Number of Deaths		808	775
损失折款	（万元）	Losses Converted into Cash	(10000 yuan)	938	969
火　灾		**Fires**			
火灾起数	（起）	Number of Fires	(case)	2614	2543
死伤人数	（人）	Number of Deaths and Injuries	(person)	34	21
#死亡人数		Number of Deaths		22	12
损失折款	（万元）	Losses Converted into Cash	(10000 yuan)	2938	3119

注：本表数据由广州市公安局。

Note: The data in this table are provided by Guangzhou Municipal Public Security Bureau.

18-30　结婚和离婚对数

Couples of Marriage and Divorce

单位：对　　(couple)

地　　区	District	2016 登记结婚对数 Number of Marriage Registration	2016 离婚对数 Number of Divorces	2017 登记结婚对数 Number of Marriage Registration	2017 离婚对数 Number of Divorces
全　市	**Total**	**87869**	**29223**	**85818**	**25998**
荔湾区	Liwan	5836	2168	5968	1764
越秀区	Yuexiu	10896	4978	10341	4040
海珠区	Haizhu	7901	3685	8319	3062
天河区	Tianhe	12349	3360	11596	2930
白云区	Baiyun	9089	2668	8606	2372
黄埔区	Huangpu	5776	1824	5498	1458
番禺区	Panyu	8630	2891	8740	2389
花都区	Huadu	7319	2380	7068	2339
南沙区	Nansha	3714	890	3775	969
从化区	Conghua	5839	1915	5727	2091
增城区	Zengcheng	9526	2196	9392	2340
广州市本级	City Level	994	268	788	244

注：1.法院判决解除和调解解除2017年3221对、2016年3167对。
　　2.本表数据由广州市民政局提供。

Note: I. Number of divorces by the court is about 3221 in 2017, and 3167 in 2016.
　　II. The data in this table are provided by Guangzhou Municipal Civil Affairs Bureau.

18-31　社会保险情况

Conditions of Social Insurance

单位：人　　(person)

项　目	Item	2016 年末参保人数 Persons Participating in Insurance at Year-end	2016 全年享受人数 Persons Enjoying Insurance
基本养老保险	Basic Pension Insurance	12491501	1462673
城镇职工基本养老保险	Basic Pension Insurance for Employed Persons in Urban Units	11022950	911042
城乡居民养老保险	Pension Insurance for Urban and Rural Resident	1252938	415629
农转居养老保险	Pension Insurance for Resident transferred from Farmers	215613	136002
基本医疗保险	Basic Medical Care Insurance	10963787	5073355
城镇职工基本医疗保险	Basic Medical Care Insurance for Employed Persons in Urban Units	6368229	3348146
城乡居民基本医疗保险	Basic Medical Care Insurance for Urban and Rural Residents	4595558	1725209
失业保险	Unemployment Insurance	5021366	138059
工伤保险	Work Injury Insurance	4954809	14727
生育保险	Maternity Insurance	4766093	244953

18-31　续表　continued

单位：人　　(person)

项　目	Item	2017 年末参保人数 Persons Participating in Insurance at Year-end	2017 全年享受人数 Persons Enjoying Insurance
基本养老保险	Basic Pension Insurance	13430202	1518948
城镇职工基本养老保险	Basic Pension Insurance for Employed Persons in Urban Units	11964499	954887
城乡居民养老保险	Pension Insurance for Urban and Rural Resident	1255678	425270
农转居养老保险	Pension Insurance for Resident transferred from Farmers	210025	138791
基本医疗保险	Basic Medical Care Insurance	11616804	5636731
城镇职工基本医疗保险	Basic Medical Care Insurance for Employed Persons in Urban Units	6842761	3696398
城乡居民基本医疗保险	Basic Medical Care Insurance for Urban and Rural Residents	4774043	1940333
失业保险	Unemployment Insurance	5407969	134717
工伤保险	Work Injury Insurance	5793067	15146
生育保险	Maternity Insurance	5189222	316770

注：1.本表数据由广州市人力资源和社会保障局提供。
　　2.城镇职工医保享受人数仅统计享受医疗待遇人数，未包含医保个人账户注资人数。

Note: I. The data in this table are provided by Guangzhou Municipal Human Resources and Social Security Bureau.
　　II. Number of basic medical care insurance for employed persons in urban units only calculates the number of persons enjoyed medical treatment, excluding the number of personal capital account for medical insurance.

18-32 优抚和社会救助、福利事业情况

Statistics on Special Care, Social Relief and Social Welfare

项　　目	Item	2016	2017
优抚事业	**Special Care and Preferential Treatment**		
抚恤、补助优抚对象总人数(人)	Number of Persons Enjoying Regular Pensions and Allowances (person)	25280	25370
抚恤事业财政性支出 (万元)	Expenses on Special Care and Preferential Treatment (10000 yuan)	52692	55683
社会救助	**Social Relief**		
城市居民最低生活保障人数(人)	Number of Persons Enjoying Mininum living Security In Urbar Areas (Person)	22105	21723
城市居民最低生活保障户数(户)	Number of Households Enjoying Mininum living Security In Urbar Areas (Household)	14282	14359
农村居民最低生活保障人数(人)	Number of Persons Enjoying Mininum living Security In Rural Areas (Person)	26932	26193
农村居民最低生活保障户数(户)	Number of Households Enjoying Mininum living Security In Rural Areas (Household)	12068	11734
农村五保供养人数 (人)	Number of Persons Enjoying the Five Guarantees in Rural Areas (Person)	4454	4414
资助参加医疗救助保险 (人)	Number of Persons Funded to Participate in Medical Care Insurance (Person)	127604	186867
直接实施医疗救助人次数(人次)	Number of Persons Direct Implementation of Medical Assistance(Person-times)	401753	678583
# 住院救助人次数 (人次)	Number of Persons Enjoying Medical Assistance Intpatient Services (Person-times)	86800	178664
# 门诊救助人次数 (人次)	Number of Persons Enjoying Medical Assistance Outpatient Services (Person-times)	314953	499919
生活无着人员救助人次数(人次)	Number of Poor Persons Enjoying Relief (Person-times)	45861	40351
# 未成年人救济人次数 (人次)	Number of Child Enjoying Relief (Person-times)	1158	944
社会救助事业财政性支出(万元)	Expenses on Social Relief (10000 yuan)	93144	127377
自然灾害生活救助财政性支出 (万元)	Financial Relief Funds for Disasters (10000 yuan)	254	560
社会福利	**Social Welfare**		
社会福利收养性单位数 (个)	Number of Social Welfare Adoption Units (unit)	204	193
社会福利收养性单位床位数(张)	Number of Beds in Social Welfare Adoption Units (unit)	54732	56779
年末社会福利收养性单位在院人数 (人)	Number of Persons in Social Welfare Adoption Units at Year-end (Person)	28619	33435
社会福利事业财政性支出(万元)	Expenses on Social Welfare (10000 yuan)	103557	225041
城乡社区服务	**Grassroots Social Security in Urban and Rural Areas**		
社区服务设施数 (个)	Number of Community Service Facilities in Urban Areas (unit)	2234	2924
# 社区服务中心(站) (个)	Centers of Community Service	1271	2095

注：本表数据由广州市民政局提供。

Note: The data in this table are provided by Guangzhou Municipal Civil Affairs Bureau.

18-33 社会组织机构情况

Social Organization Structure

单位：个 (unit)

项　　目	Item	2016	2017
社会组织机构数	**Number of social organizations**	**7014**	**7592**
#社会团体	Social Group	2711	3015
民办非企业	Private non-enterprise Organization	4277	4535
基金会	Foundation	26	42
社会组织机构按行业分类	**Classified by Industry**		
1. 科学研究	Scientific Research	421	444
2. 生态环境	Ecological Environment	42	50
3. 教育	Education	2810	2877
4. 卫生	Hygienism	218	221
5. 社会服务	Social Service	874	999
6. 文化	Culture	452	541
7. 体育	Physical Education	506	603
8. 法律	Law	10	12
9. 工商业服务	Industrial and Commercial Services	656	712
10. 宗教	Religion	15	16
11. 农村及农村发展	Rural and Rural Development	87	100
12. 职业及从业者组织	Organizations of Occupations and Practitioners	142	186
13. 国际及涉外组织	International and Foreign Organizations	2	
14. 其他	Others	779	831

注：本表数据由广州市民政局提供。
Note: The data in this table are provided by Guangzhou Municipal Civil Affairs Bureau.

【卫生技术人员】指卫生事业机构支付工资的全部固定职工和合同制职工现任职务为卫生技术工作的专业人员。包括中医师、西医师、中西医结合高级医师、护师、中药师、西药师、检验师、其他技师、中医士、西医士、护士、助产士、中药剂士、检验士、其他初级卫生技术人员。

【医生】指经卫生部门审查合格，具有执业资格的医疗专业人员。

【社会福利收养性单位在院人数】包括民政部门管理的和城镇及农村集体举办的社会福利事业单位中收养的老人、少年儿童、缺乏生活自理能力的残疾人员和精神病人。

【律师】指依法取得律师执业证书，为社会提供法律服务的执业人员。

【公证员】指符合《公证法》规定的条件，在公证机构从事公证业务的执业人员。

【办理公证文书】指公证处在一定时期内办结的公证文书件数。公证文书是按司法部规定或批准的格式制作。包括国内公证和涉外公证两部分。其中国内公证分为经济合同公证和民事法律关系公证两大类。

【调解人员】是经群众选举或者接受聘任，在人民调解委员会领导下，从事调解工作的人员。

【调解民间纠纷】指调解委员会依照法律规定，根据自愿原则，用说服教育的方法调解社会上发生的有关民事权利和义务的争执，促成相关当事双方达到协议和谅解，解决纠纷。包括婚姻家庭纠纷，财产权益纠纷等，不包括法院受理调解的民事案件数。

【Medical Technical Personnel】 refer to all permanent medical staff and workers employed by medical institutions, including doctors of Chinese and Western medicine, senior doctors who integrate traditional Chinese therapeutics with Western therapeutics in practice, senior nurses, pharmacists of Chinese and Western medicine,1aboratory specialists, other specialists, paramedics of Chinese and Western medicine, nurses, midwives, druggists in Chinese and Western medicine, laboratory technicians, other technicians, other practitioners of Chinese medicine, nursing attendants, pharmacological workers of Chinese and Western medicine, laboratory workers, and other primary medical technical personne1.

【Doctors】refer to qualified professional medical workers approved to practice by public health departments.

【Number of People Taken in by adoption units of Social Welfare Institutions】refers to the number of old people, children, totally dependent handicapped people and mental patients taken in by social welfare institutions run by civil affairs departments and those run by collective units in urban and rural areas.

【Lawyers】are certified legal workers according to law, and provide legal service to the public.

【Notary Personnel】refer to judicial workers of the state notary offices handling notarization work according to law.

【Notarized Documents】refer to the documents settled by notary offices in a year. The nutria documents are drawn up in accordance with the regulations of the Ministry of Justice, including domestic documents and foreign-related documents. Domestic documents are divided into two major categories: documents on economic contracts and documents on civil legal relations.

【Mediators】refer to workers who are selected or employed by the masses under the lead of people's mediation committees responsible for mediating in civil disputes and cases of slight infraction of the law.

【Mediation of Civil Disputes】refers to mediation committees' work in mediating in civil disputes concerning civil rights and duties through persuasion and education in accordance with the provisions of law on a voluntary basis, so as to solve disputes by helping the parties involved come to an agreement and understanding. These disputes include divorce cases and disputes over property ownership, but exclude the civil cases to be handled by the court.

附录 APPENDIX

附 1　全国国民经济主要指标

Appendix Ⅰ. Main Indicators of National Economy of China

项　　目		Item		2016	2017
年末总人口	(万人)	Year-end Population	(10000 persons)	138271	139008
国内生产总值	(亿元)	Gross Domestic Product	(100 million yuan)	743586	827122
# 第一产业		Added Value of Agriculture		63673	65468
工业增加值		Added Value of Industry		247878	279997
全社会固定资产投资额	(亿元)	Total Investment in Fixed Assets	(100 million yuan)	606466	641238
社会消费品零售总额	(亿元)	Total Retail Sales of Consumer Goods	(100 million yuan)	332316	366262
货物周转量	(亿吨公里)	Total Freight To-kilometers	(100 million ton-km)	185295	196130
旅客周转量	(亿人公里)	Total Passener-kilometers	(100 million passenger-km)	31306	32813
邮政业务总量	(亿元)	Business Volume of Postal Services	(100 million yuan)	7397	9764
电信业务总量	(亿元)	Business Volume of Telecommunication Services	(100 million yuan)	15617.0	27556.6
货物进出口总额	(亿元)	Total Imports & Exports through Customs	(100 million yuan)	243387	277923
进口总额	(亿元)	Total Imports through Customs	(100 million yuan)	138419	153321
出口总额	(亿元)	Total Exports through Customs	(100 million yuan)	104967	124602
实际使用外商直接投资	(亿美元)	Amount of Capital Actually Used in Foreign Direct Investment	(USD 100 million)	1260	1310
一般公共预算收入	(亿元)	General Budgetary Expenditure	(100 million yuan)	159605	172567
居民消费价格总指数	(上年=100)	General Consumer Price Index	(preceding year=100)	102.0	101.6
城镇非私营单位在岗职工平均工资	(元)	Average Wage of Fully Employed Staff and Workers in Urban Units	(yuan)	67569	74318
城镇居民年人均可支配收入	(元)	Per Capita Annual Disposable Income of Urban Residents	(yuan)	33616	36396
农村居民年人均可支配收入	(元)	Per Capita Annual Disposable Income of Rural Residents	(yuan)	12363	13432
在校学生数		Number of Enrolled Students by Level of School			
# 普通本专科学校	(万人)	Undergraduate in Regular HEIS	(10000 persons)	2695.8	2753.6
普通高中学校	(万人)	Regular Senior Secondary Schools	(10000 persons)	2366.6	2374.5
普通小学	(万人)	Primary Schools	(10000 persons)	9913.0	10093.7
医疗卫生机构床位数	(万张)	Hospital Beds	(10000 units)	747	785
卫生技术人员	(万人)	Medical Technical Personnel	(10000 persons)	844	891
# 执业医师		Doctors		317	335

注：1. 2017年为初步统计数据。

2. 规模以上港口的统计范围为年通过能力在100万吨以上的沿海港口和200万吨以上的内河港口，以及从事外贸、集装箱装卸的港口，具体范围由交通运输部划定。

Note: I. The figures of 2017 are preliminary ststistics.

II. Data on production capacity and handing capacity include the seaports handing cargo more than 1 million tons. Inland river ports with turnover over 2 million tons and ports with operation in foreign trade and containing shipping. The specific scope are decided by the Administration of Transportation.

附 2　广东省国民经济主要指标

Appendix Ⅱ. Main Indicators of National Economy of Guangdong Province

项　　　目		Item		2016	2017
年末常住人口	（万人）	Year-end Population	(10000 persons)	10999	11169
年末就业人员人数	（万人）	Year-end Employed Persons	(10000 persons)	6279.22	6340.79
地区生产总值	（亿元）	Gross Domestic Products	(100 million yuan)	80854.91	89879.23
人均地区生产总值	（元）	Per Capita GDP	(yuan)	74016	81089
固定资产投资额	（亿元）	Total Investment in Fixed Assets	(100 million yuan)	33008.86	37477.96
社会消费品零售总额	（亿元）	Total Retail Sales of Consumer Goods	(100 million yuan)	34739.00	38200.07
货物周转量	（亿吨公里）	Total Freight To-kilometers	(10 million ton-km)	22029.09	28199.90
旅客周转量	（亿人公里）	Total Passener-kilometers	(100 million passenger-km)	3846.44	4143.84
港口货物吞吐量	（万吨）	Volume of Freight Handled at Ports	(10000 tons)	179924	197131
邮电业务总量	（亿元）	Business Volume of Postal and Telecommunication Services	(100 million yuan)	3864.38	6107.29
进口总值	（亿元）	Total Imports	(100 million)	23579.14	25969.10
出口总值	（亿元）	Total Exports	(100 million)	39520.54	42186.80
实际利用外商直接投资	（亿美元）	Amount of Direct Foreign Capital Actually Used	(USD 100 million)	233.49	207.29
地方一般公共预算收入	（亿元）	General Public Budgetary Revenue of Local Government	(100 million yuan)	10390.35	11315.21
地方一般公共预算支出	（亿元）	General Public Budgetary Expenditure of Local Government	(100 million yuan)	13446.09	15043.09
居民消费价格指数	（上年=100）	General Consumer Price Index	(preceding year=100)	102.3	101.5
商品零售价格指数	（上年=100）	General Retail Price Index	(preceding year=100)	100.8	101.6
城镇非私营单位就业人员年平均工资	（元）	Average Wage of Fully Employed Staff and Workers in Urban Units	(yuan)	72326	79183
城镇常住居民人均可支配收入	（元）	Per Capita Disposable Income of Urban Residents	(yuan)	37684	40975
农村常住居民人均可支配收入	（元）	Per Capita Disposable Income of Rural Residents	(yuan)	14512	15780
在校学生数	（万人）	Number of Enrolled Students by Level of School	(10000 persons)		
普通高等学校		Institutions of Higher Education		189.29	192.58
中等职业教育学校		Secondary Vocational Schools		106.57	99.39
普通中学		Regular Secondary Schools		545.22	545.37
小　学		Primary Schools		905.22	941.96
医院及卫生院床位	（万张）	Hospital Beds	(10000 units)	42.84	45.30
卫生技术人员	（万人）	Medical Technical Personnel	(10000 persons)	66.75	70.99
#医　生		Doctors		24.41	25.89

附 3　香港特别行政区主要统计指标

Appendix III. Main Indicators of Hong Kong Special Administrative Region

项　　目	Item	2016	2017
人口及生命统计	**Population and Vital Events**		
总人口(年中数)　(万人)	Mid-year Population　(10000 persons)	733.7	739.2
男　性	Male	337.6	339.3
女　性	Female	396.1	399.9
粗出生率　(‰)	Crude Birth Rate　(‰)	8.3	7.7
粗死亡率　(‰)	Crude Death Rate　(‰)	6.4	6.3
劳动、就业	**Labor and Employment**		
劳动人口　(万人)	Labor Force　(10000 persons)	392.0	394.7
劳动人口参与率　(%)	Labor Force Participation Rate　(%)	61.1	61.1
失业率　(%)	Unemployment Rate　(%)	3.4	3.1
就业不足率　(%)	Underemployment Rate　(%)	1.4	1.1
本地生产总值	**Gross Domestic Product　(GDP)**		
本地生产总值(按2015年环比物量计算)　(亿港元)	GDP　(in chained 2015 dollars, HKD 100 million)	24495	25432
人均本地生产总值(按2015年环比物量计算)(港元)	Per Capita GDP　(in chained 2015 dollars, HKD)	333879	344060
本地生产总值(按当年价格计算)　(亿港元)	GDP　(at current prices, HKD 1000 million)	24907	26626
人均本地生产总值(按当年价格计算)　(港元)	Per Capita GDP　(at current prices, HKD)	339490	360220
本地居民总收入(按当年价格计算)　(亿港元)	**Gross National Income (at current prices) (GNI)**		
本地居民总收入　(亿港元)	GNI　(HKD 100 million)	25533	27734
人均本地居民总收入　(港元)	GNI per capita　(HKD 100 million)	348022	375201
工业生产	**Industrial Production**		
工业生产指数⑥　(2008年=100)	Index of Industrial Production　(2008 = 100)	92.7	93.1
工业电力消费量　(万亿焦耳)	Industrial Electricity Consumption　(Terajoule)	11252.0	11196.0
工业煤气消费量　(万亿焦耳)	Industrial Gas Consumption　(Terajoule)	1477.0	1569.0
对外商品贸易	**External Merchandise Trade**		
进口　(亿港元)	Imports　(CIF, HKD 100 million)	40084	43570
香港产品出口　(亿港元)	Domestic Exports　(HKD 100 million)	429	435
转口　(亿港元)	Re-exports　(HKD 100 million)	35454	38324

附 3 续表 continued

项 目		Item		2016	2017
对外服务贸易		**Trade in Service**			
服务出口	（亿港元）	Exports of Service	(HKD 100 million)	7648	8103
服务进口	（亿港元）	Inports of Service	(HKD 100 million)	5781	6023
房屋及物业		**Housing and Property**			
已登记物业买卖合约涉及的价值（亿港元）		Value of Contracted Housing and Property			
住宅		Residential	(HKD 100 million)	4280	5563
非住宅		Non-Residential	(HKD 100 million)	1048	1701
总计⑦		Total	(HKD 100 million)	5329	7264
楼宇售价指数	（1999年=100）				
私人住宅单位		Private Residence		286.1	333.9
私人写字楼	（甲级、乙级及丙级）	Private Office Building	(Grade A, B & C)	426.9	486.9
运输、通讯及旅游		**Transport , Communications and Tourism**			
进出香港货物总量	（万吨）	Inward and Outward Movements of Cargo	(10000 tons)		
总卸下		Total Discharged		16669	19086
总装上		Total Loaded		11647	11777
集装箱吞吐量	（万标准集装箱）	Container Throughput	(10000 TEUs)	1981	2077
电话服务	（万条操作线路）	Telephone Services	(10000 working lines)	420	415
访港旅客	（万人次）	Visitors Arrivals	(10000 person-times)	5665	5847
酒店入住率	(%)	Hotel Room Occupancy Rate	(%)	87	89
政府收支	**（亿港元）**	**Public Accounts**	**(HKD 100 million)**		
政府收入		Total Government Revenue		5731	6124
政府支出		Total Government Expenditure		4621	4744
消费价格指数	**（按年变动率）**	**Consumer Price Indices (Oct.2009 - Sept.2010 = 100)**			
综合消费价格指数		Composite Consumer Price Index		103.0	104.5
教 育	**（万人）**	**Education**	**(persons)**		
小学学生人数		Student Enrolment in Primary Schools		34.90	36.20
中学学生人数		Student Enrolment in Secondary Schools		33.94	33.20
大学教育学生人数		Student Enrolment in Higher Education Schools		18.81	18.98

附 4　澳门特别行政区主要统计指标

Appendix Ⅳ. Main Indicators of Macao Special Administrative Region

项　　目		Item		2016	2017
人口及生命统计		**Population and Demographics Characteristis**			
年终人口估计	(万人)	End-year Estimates of Population	(10000 persons)	64.5	65.3
出生率	(‰)	Crude Birth Rate	(‰)	11.0	10.1
死亡率	(‰)	Crude Death Rate	(‰)	3.4	3.3
劳动、就业		**Labour**			
劳动人口	(万人)	Labour Force	(10000 persons)	39.7	38.7
劳动力参与率	(%)	Labour Force Participation Rate	(%)	72.3	70.8
失业率	(%)	Unemployment Rate	(%)	1.9	2.0
就业不足率	(%)	Underemployment Rate	(%)	0.5	0.4
本地生产总值		**Gross Domestic Product**			
按2015年不变价格计算		At Constant Prices (2015)			
本地生产总值	(亿澳门元)	GDP	(100 million MOP)	3590.9	3917.5
人均本地生产总值	(万澳门元)	GDP per Capita	(100 million MOP)	55.6	60.4
按当年价格计算		At Current Prices			
本地生产总值	(亿澳门元)	GDP	(100 million MOP)	3622.7	4042.0
人均本地生产总值	(万澳门元)	GDP per Capita	(10000 MOP)	56.1	62.3
对外商品贸易		**External Merchandise Trade**			
出口总值	(亿澳门元)	Exports	(100 million MOP)	100.5	112.8
进口总值	(亿澳门元)	Imports	(100 million MOP)	713.5	758.5
运输、旅游		**Transport &Tourism**			
进出澳门货运车数目	(万次)	Lorries Entering and Departing Macao	(10000 times)	36.3	34.5
访澳旅客	(万人次)	Visitors Arrival	(10000 person-times)	3095.0	3261.1
酒店入住率	(%)	Hotel Room Occupancy Rate	(%)	83	87
财政收支		**Government Accounts**			
公共财政总收入	(亿澳门元)	Total Government Revenue	(100 million MOP)	1105.0	1180.7
公共财政总支出	(亿澳门元)	Total Government Expenditure	(100 million MOP)	826.3	776.9
消费价格指数		**Consumer Price Index**			
综合消费价格指数(2013年10月至2014年9月=100)		Composite Consumer Price Index (Oct.2013 - Sept.2014 = 100)		108.23	109.56
教　育		**Education**			
小学生	(人)	Primary Education	(person)	28438	30169
中学生	(人)	Secondary Education	(person)	27473	26608
高等教育学生	(人)	Higher Education	(person)	32750	33098

注：2017年数据在日后得到更多资料时会作出修订。
Notes: Figures of 2017 are subject to revision as more data become available.

中国统计出版社最新图书简目

(仅供参考,以实际出版为准)

统计资料

中国统计年鉴　中国统计摘要　中国第三产业统计年鉴

中国第三次全国农业普查综合资料　国际统计年鉴　金砖国家联合统计手册

中国-东盟国家统计手册　中国农村统计年鉴　中国县域统计年鉴

中国农产品价格调查年鉴　中国城市统计年鉴　中国价格统计年鉴

中国贸易外经统计年鉴　中国零售和餐饮连锁企业统计年鉴　中国商品交易市场统计年鉴

大中型批发零售和住宿餐饮企业统计年鉴　中国住户调查年鉴　中国工业统计年鉴

中国环境统计年鉴　中国能源统计年鉴　中国建筑业统计年鉴

中国房地产统计年鉴　中国固定资产投资统计年鉴　中国对外直接投资统计公报

中国人口和就业统计年鉴　中国劳动统计年鉴　中国社会统计年鉴

中国科技统计年鉴　中国高技术产业统计年鉴　全国企业创新调查年鉴

中国文化及相关产业统计年鉴　2018年时间利用调查资料　中国妇女儿童状况统计资料

中国基本单位统计年鉴　中国教育统计年鉴　中国教育经费统计年鉴

中国民族统计年鉴　中国残疾人事业统计年鉴

省级综合统计年鉴系列

北京 天津 河北 山西 内蒙古 辽宁 吉林 黑龙江 上海 江苏 浙江 安徽 福建 江西 山东 河南 湖北 湖南 广东 广西 海南 重庆 四川 贵州 云南 西藏 陕西 甘肃 青海 宁夏 新疆 新疆生产建设兵团

市(县)级综合统计年鉴系列

滨海新区 石家庄 唐山 邯郸 保定 沧州 邢台 廊坊 承德 衡水 秦皇岛 张家口 太原 大同 阳泉 长治 晋城 朔州 晋中 运城 忻州 临汾 吕梁 呼和浩特 呼和浩特新城区 鄂尔多斯 包头 沈阳 大连 长春 吉林 延吉 四平 通化 松原 哈尔滨 齐齐哈尔 黑龙江垦区 上海浦东新区 南京 无锡 徐州 常州 苏州 南通 连云港 淮安 盐城 扬州 镇江 泰州 宿迁 江阴 丹阳 海门 杭州 宁波 温州 嘉兴 湖州 绍兴 金华 衢州 舟山 台州 丽水 合肥 安庆 马鞍山 福州 厦门 宁德 漳州 龙岩 南昌 九江 上饶 新余 抚州 萍乡 赣州 吉安 景德镇 济南 青岛 潍坊 枣庄 日照 滕州 郑州 洛阳 平顶山 三门峡 商丘 信阳 济源 汝州 武汉 十堰 荆州 宜昌 荆门 咸宁 长沙 广州 深圳 惠州 东莞 汕尾 南宁 柳州 桂林 梧州 来宾 河池 防城港 海口 三亚 成都 贵阳 黔南 毕节 昆明 西安 咸阳 延安 宝鸡 安康 铜川 汉中 榆林 兰州 庆阳 银川 乌鲁木齐 兵团一师 兵团十师

调查年鉴系列

天津 内蒙古 上海 浙江 福建 河南 湖北 湖南 广东 广西 重庆 四川 云南 甘肃 宁夏

统计方法应用/实用手册

实用SAS统计分析教程　Python数据分析基础　统计公文知识问答　领导干部统计知识问答

乡镇统计人员岗位知识培训系列教材：辅助调查员岗位基础知识　乡镇统计人员岗位基础知识

县级统计人员岗位知识培训系列教材：Excel在统计工作中的应用　简明统计分析

地市级统计人员岗位知识培训系列教材：统计报告与演示　中国国民经济核算体系（2016）基础知识

全国统计专业技术资格考试系列考试用书：统计业务知识（第四版）　统计业务知识学习指导与习题

全国统计专业技术资格考试系列考试用书：统计相关知识（第四版）　统计相关知识学习指导与习题

统计通俗读物/统计科普图书

我国20个统计指标的历史变迁　联合国工业发展组织：2016年工业发展报告

中国古代统计发展史　理解国民账户

重点图书

波澜壮阔四十年　砥砺奋进铸就辉煌——改革开放40年与时俱进的中国统计

新编英汉汉英统计大词典　中国国民经济核算体系2016　国民经济行业分类注释

挑大学选专业2019—考研择校指南　挑大学选专业2019—高考志愿填报指南　中华医学统计百科全书